让 我 们 甲骨文 一 起 追 寻

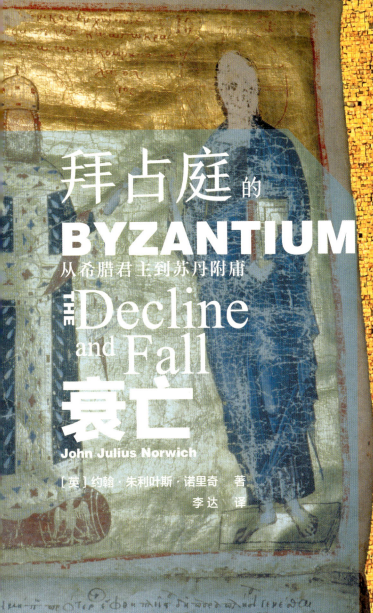

拜占庭的衰亡

BYZANTIUM

从希腊君主到苏丹附庸

THE Decline and Fall

John Julius Norwich

[英] 约翰·朱利叶斯·诺里奇 著

李达 译

社会科学文献出版社
SOCIAL SCIENCES ACADEMIC PRESS (CHINA)

目　录

示意图 *1*

家族谱系图 *11*

译者说明 *22*

致　谢 *24*

引　言 *25*

译名与转写注 *30*

第一章　亚历克修斯的崛起（1081） *1*

第二章　诺曼人（1081～1091） *16*

第三章　第一次十字军（1091～1108） *36*

第四章　亚历克修斯的晚年（1108～1118） *62*

第五章　美人约翰（1118～1143） *79*

第六章　第二次十字军（1143～1149） *108*

第七章　重整旗鼓（1149～1158） *128*

第八章　曼努埃尔的晚年（1158～1180） *149*

第九章　“暴君”安德罗尼卡（1180～1185） *176*

第十章　耶路撒冷陷落（1185～1198） *197*

第十一章　第四次十字军（1198～1205） *209*

第十二章　帝国流亡（1205～1253）　233
第十三章　光复都城（1253～1261）　253
第十四章　安茹王朝的威胁（1261～1270）　270
第十五章　勉强的统一（1270～1282）　292
第十六章　加泰罗尼亚佣兵团的报复（1282～1311）　323
第十七章　两安德罗尼卡内战（1307～1341）　345
第十八章　内战再起（1341～1347）　371
第十九章　不情愿的皇帝（1347～1354）　388
第二十章　臣服苏丹（1354～1391）　409
第二十一章　向欧洲求援（1391～1402）　440
第二十二章　帖木儿的遗产（1402～1425）　460
第二十三章　天主欢庆（1425～1448）　488
第二十四章　灭亡（1448～1453）　517

尾　声　553
皇帝列表　571
伊庇鲁斯尊主　572
穆斯林君主列表　573
教皇列表　574
参考文献　576
索　引　583

示 意 图

（布拉赫内宫）圣母教堂
布拉赫内宫
紫衣贵胄宫
木船门
霍拉的救世主教堂
哈尔希乌斯门
灯塔门
埃提乌斯蓄水池
帕玛卡里斯托斯教堂
阿斯帕蓄水池
圣塞奥多西亚门
圣劳伦提乌斯
普拉泰亚门
角
湾
第五军用门
狄奥多西城墙
吕科斯河
君士坦丁城墙
圣罗曼努斯门
第四军用门
全知基督修道院
圣使徒教堂
全能基督修道院
主街
红门
圣莫西乌斯蓄水池
阿马斯特里安努姆集会所
第三军用门
公牛集会所
佩盖圣母教堂
佩盖门（瑟利姆布里亚门）
米列莱昂修道院
阿卡狄乌斯集会所
圣埃米利安努斯门
全知圣母修道院
狄奥多西港
普萨玛西亚门
第二军用门
圣约翰·斯托迪奥斯修道院
金门
马　尔

君士坦丁堡
0
1/2
1英里
0
1千米
拉 塔
博斯普鲁斯海峡
加拉塔之塔
克里索波利斯
北
萨拉基里奥角
普斯弗里昂港
圣芭芭拉门
欧根尼乌斯门
凯内吉昂剧院
古希腊卫城
曼加纳修道院
圣伊琳妮教堂
圣索菲亚大教堂
里程碑
奥古斯都殿堂
铜器厂的圣母教堂
青铜门
灯塔
灯塔门
新以利亚教堂
克里昂宫
布克里昂港
霍尔米斯达斯港
拉 海
卡尔西顿

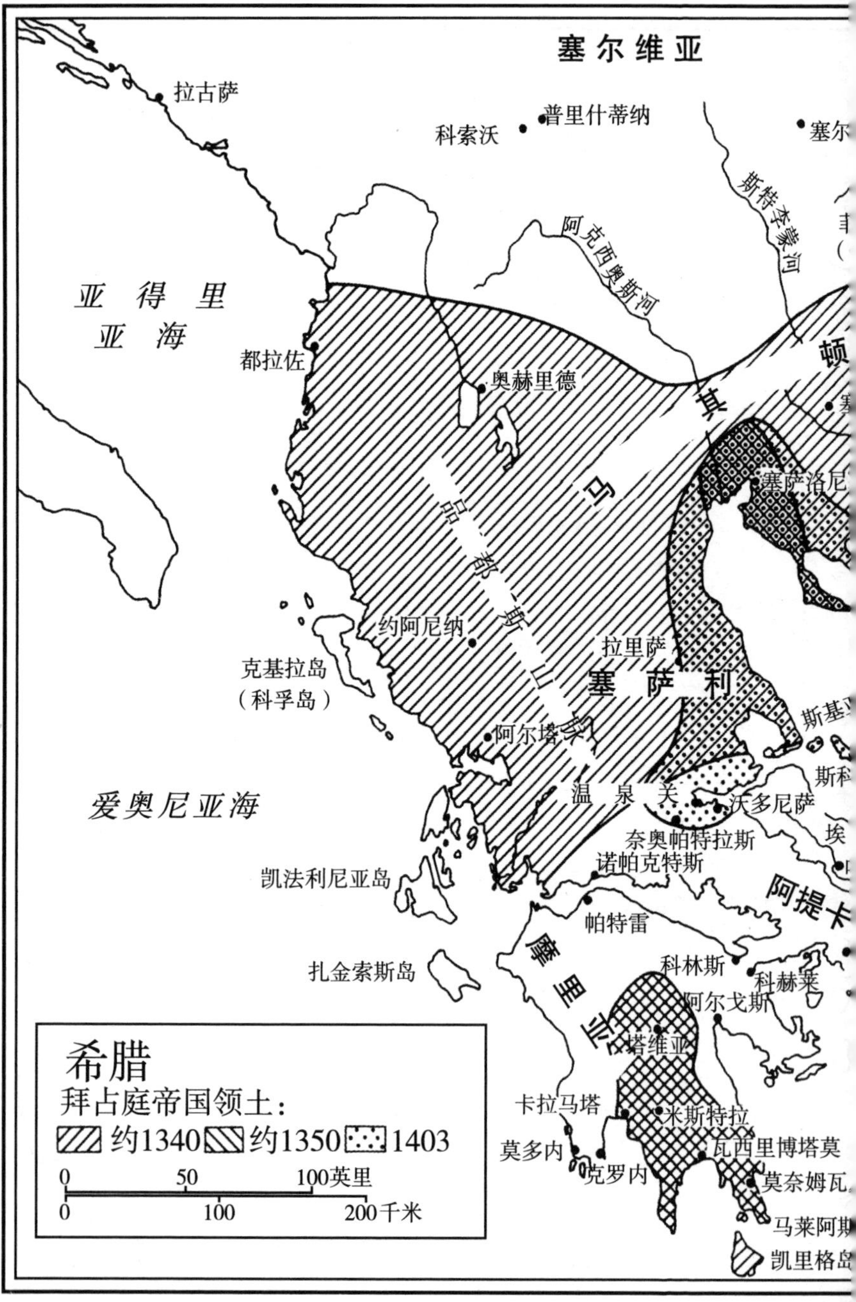
塞尔维亚
拉古萨
普里什蒂纳
科索沃
塞尔
斯特李蒙河
阿克西奥斯河
亚得里亚海
都拉佐
奥赫里德
顿
其
塞萨洛尼
品都斯山脉
约阿尼纳
拉里萨
克基拉岛（科孚岛）
塞萨利
斯基
阿尔塔
斯科
温泉关
沃多尼萨
爱奥尼亚海
奈奥帕特拉斯
埃
凯法利尼亚岛
诺帕克特斯
阿提卡
帕特雷
扎金索斯岛
摩里亚
科林斯
科赫莱
阿尔戈斯
塔维亚
希腊
拜占庭帝国领土：
约1340
约1350
1403
0
50
100英里
0
100
200千米
卡拉马塔
米斯特拉
莫多内
瓦西里博塔莫
克罗内
莫奈姆瓦
马莱阿斯
凯里格岛

特尔诺沃
加利亚
瓦尔纳
墨森布里亚
德维尔托斯
安西亚卢斯
索佐波利斯
扬博尔
黑海
里查河
亚得里亚堡
色雷斯
季季莫蒂霍
瑟利姆布里亚
德尔科斯
君士坦丁堡
克里索波利斯
雷德斯托
王子群岛
达内昂
赫拉克利亚
帕尼杜斯
萨索斯岛
马尔马拉海
尼西亚
尼
亚
加利波利
伊姆布罗斯岛
圣山
布尔萨
比
提
特内多斯岛
奥普希金军区
琴海
米蒂利尼
莱斯沃斯岛
基罗斯岛
吕底亚
亚
吉
萨迪斯
菲拉德尔菲亚
色
士麦那
希俄斯岛
北
里
雷
以弗所
米安德河
弗
斯托斯
安德罗斯岛
克
锡
米利都
安
纳克索斯岛
军
区
吕西亚
罗德岛

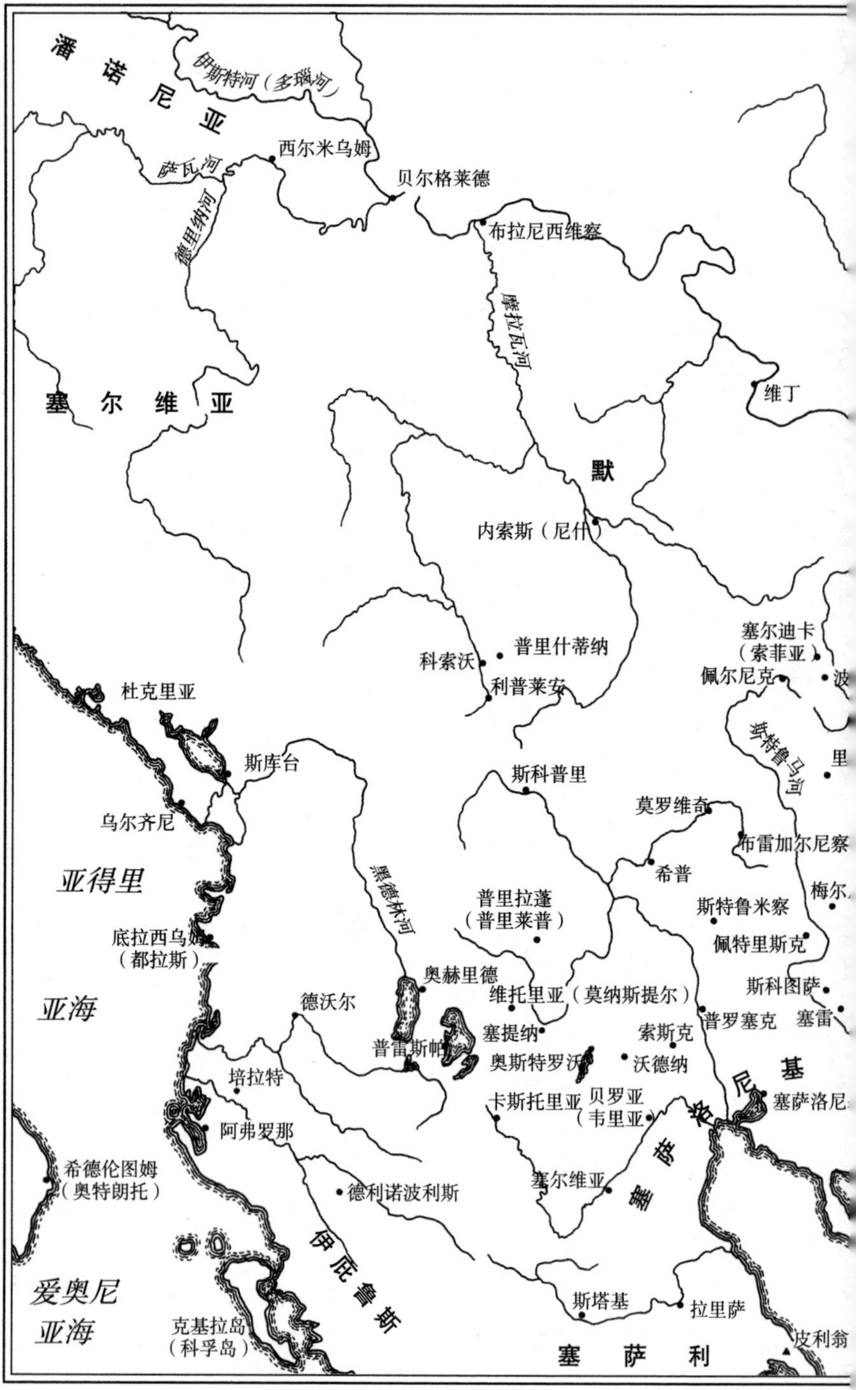

潘诺尼亚
伊斯特河（多瑙河）
西尔米乌姆
萨瓦河
贝尔格莱德
德里纳河
布拉尼西维察
摩拉瓦河
维丁
塞尔维亚
默
内索斯（尼什）
塞尔迪卡
（索菲亚）
佩尔尼克
斯特鲁马河
普里什蒂纳
科索沃
利普莱安
杜克里亚
斯库台
斯科普里
莫罗维奇
乌尔齐尼
布雷加尔尼察
希普
亚得里
黑德林河
普里拉蓬
（普里莱普）
斯特鲁米察
底拉西乌姆
（都拉斯）
佩特里斯克
奥赫里德
斯科图萨
德沃尔
维托里亚（莫纳斯提尔）
普罗塞克
塞雷
亚海
塞提纳
索斯克
普雷斯帕
奥斯特罗沃
沃德纳
培拉特
卡斯托里亚
贝罗亚
（韦里亚）
塞萨洛尼
阿弗罗那
塞萨洛尼基
希德伦图姆
（奥特朗托）
塞尔维亚
德利诺波利斯
伊庇鲁斯
爱奥尼
亚海
斯塔基
拉里萨
克基拉岛
（科孚岛）
皮利翁
塞萨利

北
多瑙河
普雷斯拉夫
德里斯特拉
（锡利斯特拉）
伊斯特河（多瑙河）
图特拉坎
康斯坦察
多布罗加
尼科波利斯
普利斯卡
亚
扬特拉河
玛利亚诺堡
瓦尔纳
大普雷斯拉夫
图查河
迪兹纳河
沃尔比扎
墨森布里亚
（内塞伯尔）
卡尔诺巴特
（马尔凯莱）
安西亚卢斯
黑海
鲁索卡斯特罗
索佐波利斯
迪亚姆波利斯
（扬博尔）
贝罗（旧扎戈拉）
德维尔托斯
（希布鲁斯河）
君士坦提亚
梅勒奥纳
阿加索波利斯
维尔西尼西亚
马克罗里瓦达
普罗巴图姆
斯库塔里昂
亚得里亚堡（埃迪尔内）
色雷斯
阿卡狄奥波利斯
（吕莱布尔加兹）
季季莫蒂霍
瑟利姆布里亚
克里索波利斯
（于斯屈达尔/
斯库塔里）
莫塞诺波利斯
雷德斯图姆
（泰基尔达）
赫拉克利亚
（埃雷利）
君士
坦丁堡
马里查河
马尔马拉海
沃勒罗斯
萨索斯岛
加利波利
萨莫色雷斯岛
兰萨库斯
伊姆布罗斯岛
阿索斯圣山
阿拜多斯
利姆诺斯岛
琴海
保加利亚
0
50英里
0
50
100千米

地中海世界
约1214~1254

北
赫尔松
狄奥多西亚
（卡法）
黑　海
科尔基斯
塞巴斯提奥波利斯
君士坦丁堡
亚美尼亚
特拉比松
（特拉布宗）
塞巴斯蒂亚
士麦那
（伊兹密尔）
梅利泰内
陶里斯
摩普绥提亚
安条克
黑　海
玛利亚诺堡
墨森布里亚
安西亚卢斯
加利亚
加拉塔
阿纳多卢堡垒
君士坦丁堡
克里索波利斯
卡尔西顿
马尔马拉海
波利斯
迪夫）
马里查河
（希布鲁斯河）
亚得里亚堡
（埃迪尔内）
瑟利姆布里亚
拉丁
马尔马拉海
尼科米底亚
科尼亚苏丹国
滨赫拉克利亚
马尔马拉海
尼西亚
加利波利
布尔萨
阿拜
多斯
库齐库斯
国
安凯拉
帝国
帝
安　纳　托　利　亚
（罗姆苏丹国）
亚
爱琴海
帕加马
莱斯沃斯岛
萨迪斯
西
士麦那
（伊兹密尔）
希俄斯岛
尼
以哥念（科尼亚）
路司得
以弗所
索布雷乌姆
米利都
阿塔利亚
（安塔利亚）
小亚美尼亚
苏拉
罗德岛
塞浦路斯岛
克里特岛
海
0
100
200英里
0
100
200
300千米

家族谱系图

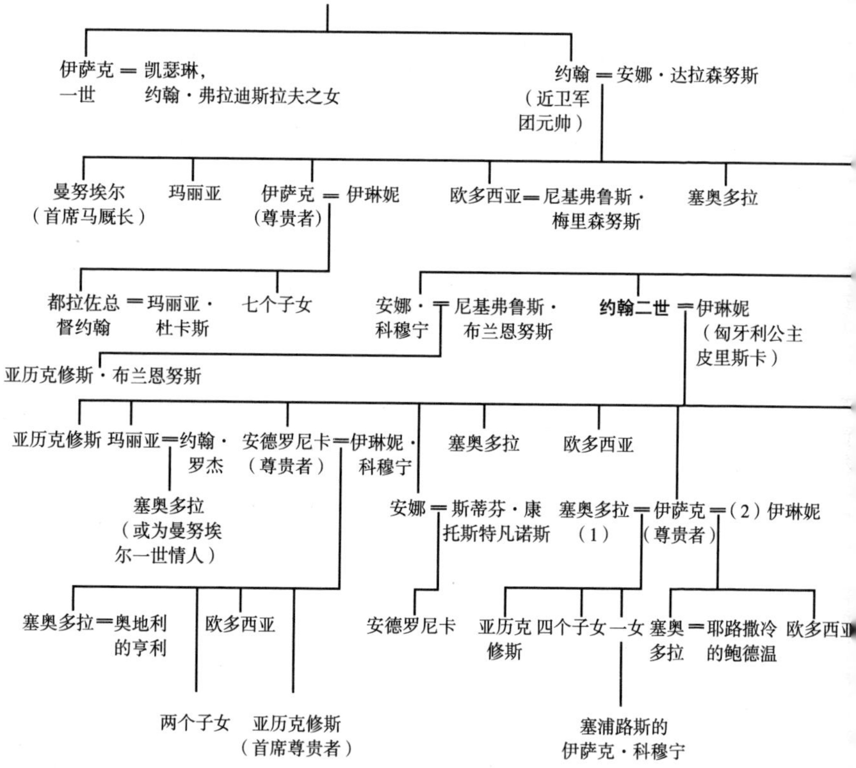

伊萨克一世 ═ 凯瑟琳，约翰·弗拉迪斯拉夫之女
约翰（近卫军团元帅）═ 安娜·达拉森努斯
曼努埃尔（首席马厩长）
玛丽亚
伊萨克（尊贵者）═ 伊琳妮
欧多西亚 ═ 尼基弗鲁斯·梅里森努斯
塞奥多拉
都拉佐总督约翰 ═ 玛丽亚·杜卡斯
七个子女
安娜·科穆宁 ═ 尼基弗鲁斯·布兰恩努斯
约翰二世 ═ 伊琳妮（匈牙利公主皮里斯卡）
亚历克修斯·布兰恩努斯
亚历克修斯
玛丽亚 ═ 约翰·罗杰
安德罗尼卡（尊贵者）═ 伊琳妮·科穆宁
塞奥多拉
欧多西亚
塞奥多拉（或为曼努埃尔一世情人）
安娜 ═ 斯蒂芬·康托斯特凡诺斯
塞奥多拉（1）═ 伊萨克（尊贵者）═（2）伊琳妮
塞奥多拉 ═ 奥地利的亨利
欧多西亚
安德罗尼卡
亚历克修斯
四个子女
一女
塞奥多拉 ═ 耶路撒冷的鲍德温
欧多西亚
两个子女
亚历克修斯（首席尊贵者）
塞浦路斯的伊萨克·科穆宁

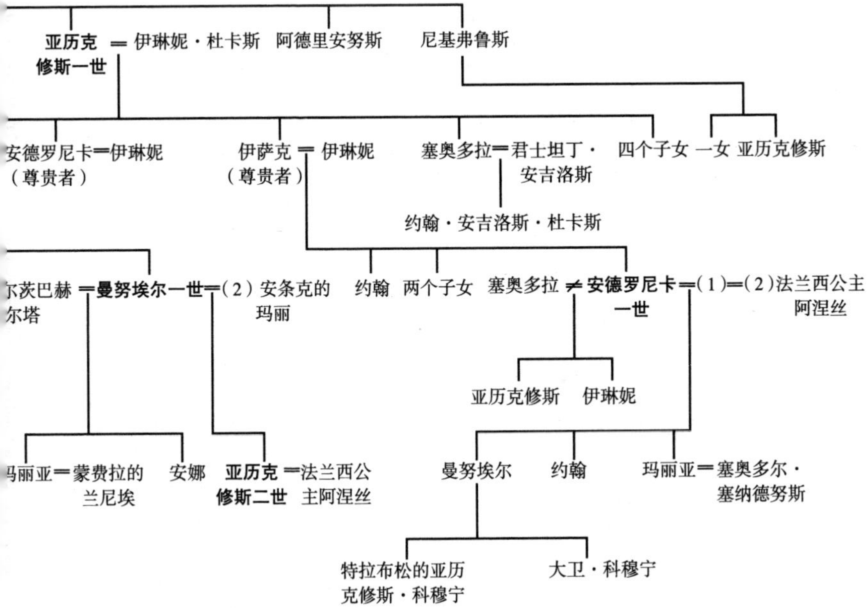
亚历克修斯一世
伊琳妮·杜卡斯
阿德里安努斯
尼基弗鲁斯
安德罗尼卡
伊琳妮（尊贵者）
伊萨克（尊贵者）
伊琳妮
塞奥多拉
君士坦丁·安吉洛斯
四个子女
一女
亚历克修斯
约翰·安吉洛斯·杜卡斯
尔茨巴赫
尔塔
曼努埃尔一世
（2）安条克的玛丽
约翰
两个子女
塞奥多拉
安德罗尼卡一世
（1）
（2）法兰西公主阿涅丝
亚历克修斯
伊琳妮
玛丽亚
蒙费拉的兰尼埃
安娜
亚历克修斯二世
法兰西公主阿涅丝
曼努埃尔
约翰
玛丽亚
塞奥多尔·塞纳德努斯
特拉布松的亚历克修斯·科穆宁
大卫·科穆宁

安吉洛斯

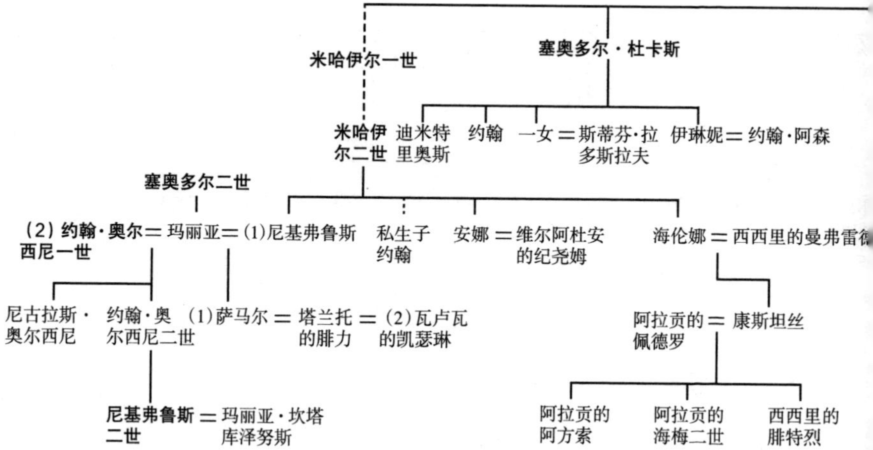

米哈伊尔一世
塞奥多尔·杜卡斯
米哈伊尔二世
迪米特里奥斯
约翰
一女＝斯蒂芬·拉多斯拉夫
伊琳妮＝约翰·阿森
塞奥多尔二世
(2) 约翰·奥尔西尼一世＝玛丽亚＝(1)尼基弗鲁斯
私生子约翰
安娜＝维尔阿杜安的纪尧姆
海伦娜＝西西里的曼弗雷
尼古拉斯·奥尔西尼
约翰·奥尔西尼二世
(1)萨马尔＝塔兰托的腓力＝(2)瓦卢瓦的凯瑟琳
阿拉贡的佩德罗＝康斯坦丝
尼基弗鲁斯二世＝玛丽亚·坎塔库泽努斯
阿拉贡的阿方索
阿拉贡的海梅二世
西西里的腓特烈

斯尊主国

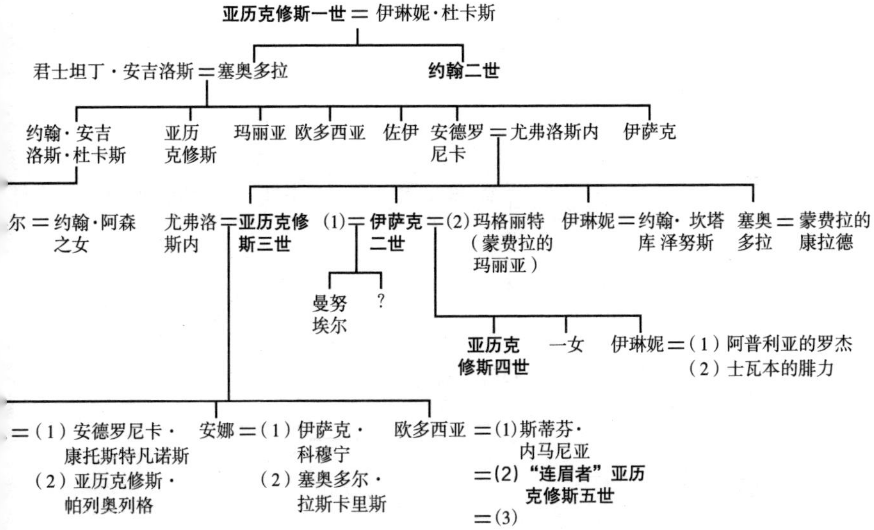

亚历克修斯一世 = 伊琳妮·杜卡斯
君士坦丁·安吉洛斯 = 塞奥多拉
约翰二世
约翰·安吉洛斯·杜卡斯
亚历克修斯
玛丽亚
欧多西亚
佐伊
安德罗尼卡 = 尤弗洛斯内
伊萨克
尔 = 约翰·阿森之女
尤弗洛斯内 = 亚历克修斯三世
(1) = 伊萨克二世 = (2) 玛格丽特（蒙费拉的玛丽亚）
伊琳妮 = 约翰·坎塔库泽努斯
塞奥多拉 = 蒙费拉的康拉德
曼努埃尔
?
亚历克修斯四世
一女
伊琳妮 = (1) 阿普利亚的罗杰
(2) 士瓦本的腓力
= (1) 安德罗尼卡·康托斯特凡诺斯
(2) 亚历克修斯·帕列奥列格
安娜 = (1) 伊萨克·科穆宁
(2) 塞奥多尔·拉斯卡里斯
欧多西亚 = (1) 斯蒂芬·内马尼亚
= (2) “连眉者”亚历克修斯五世
= (3)

安条克

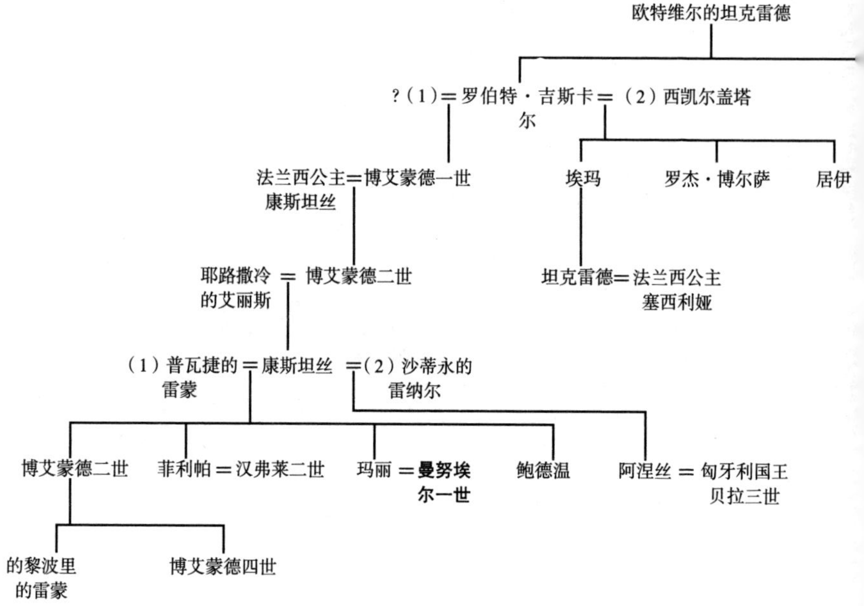

欧特维尔的坦克雷德
?（1）＝罗伯特·吉斯卡尔＝（2）西凯尔盖塔
法兰西公主康斯坦丝＝博艾蒙德一世
埃玛
罗杰·博尔萨
居伊
耶路撒冷的艾丽斯＝博艾蒙德二世
坦克雷德＝法兰西公主塞西利娅
（1）普瓦捷的雷蒙＝康斯坦丝＝（2）沙蒂永的雷纳尔
博艾蒙德二世
菲利帕＝汉弗莱二世
玛丽＝曼努埃尔一世
鲍德温
阿涅丝＝匈牙利国王贝拉三世
的黎波里的雷蒙
博艾蒙德四世

国王

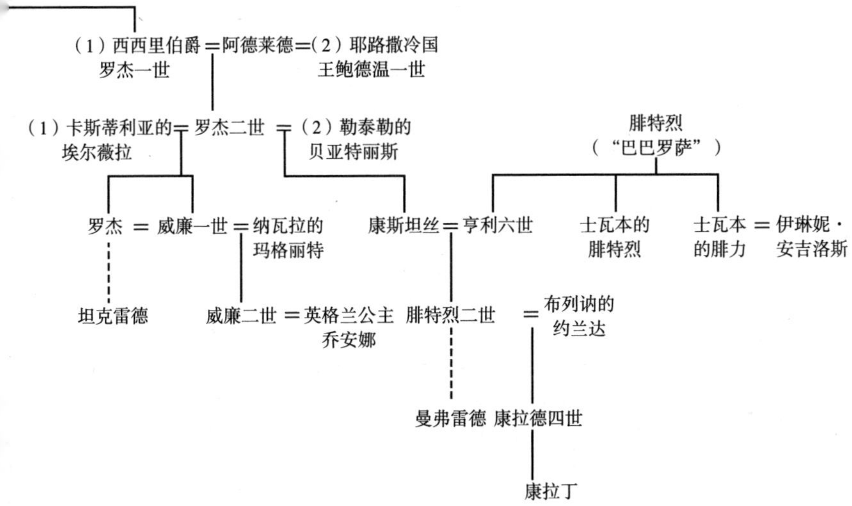

（1）西西里伯爵罗杰一世
阿德莱德
（2）耶路撒冷国王鲍德温一世
（1）卡斯蒂利亚的埃尔薇拉
罗杰二世
（2）勒泰勒的贝亚特丽斯
腓特烈（“巴巴罗萨”）
罗杰
威廉一世
纳瓦拉的玛格丽特
康斯坦丝
亨利六世
士瓦本的腓特烈
士瓦本的腓力
伊琳妮·安吉洛斯
坦克雷德
威廉二世
英格兰公主乔安娜
腓特烈二世
布列讷的约兰达
曼弗雷德
康拉德四世
康拉丁

尼西亚的拉斯卡里斯王朝

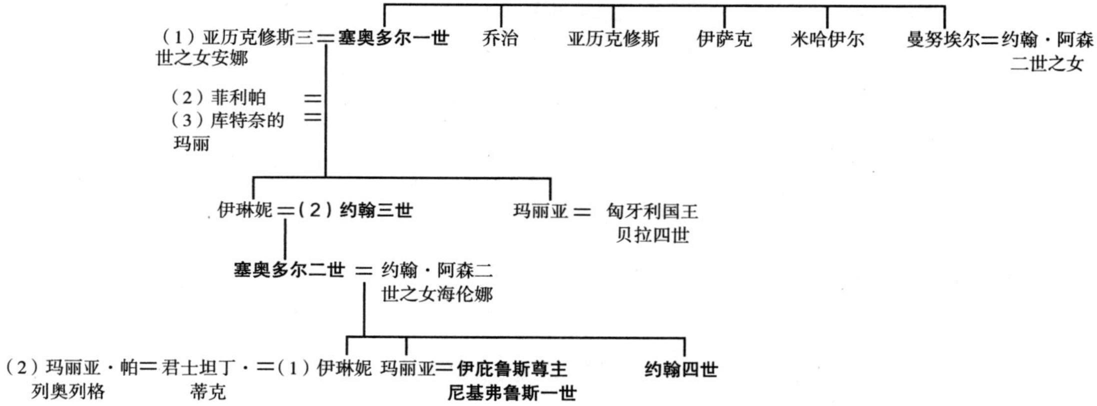

拉丁帝国皇帝

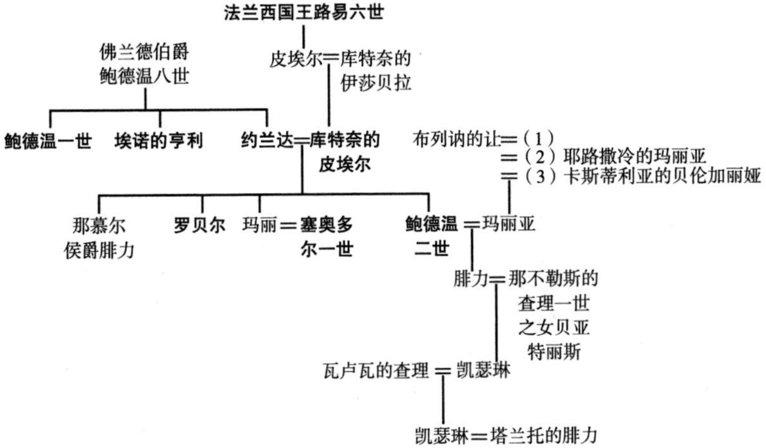
法兰西国王路易六世
佛兰德伯爵
鲍德温八世
皮埃尔＝库特奈的
伊莎贝拉
鲍德温一世
埃诺的亨利
约兰达＝库特奈的
皮埃尔
布列讷的让＝（1）
＝（2）耶路撒冷的玛丽亚
＝（3）卡斯蒂利亚的贝伦加丽娅
那慕尔
侯爵腓力
罗贝尔
玛丽＝塞奥多
尔一世
鲍德温
二世
＝玛丽亚
腓力＝那不勒斯的
查理一世
之女贝亚
特丽斯
瓦卢瓦的查理＝凯瑟琳
凯瑟琳＝塔兰托的腓力

坎塔库泽努斯家族

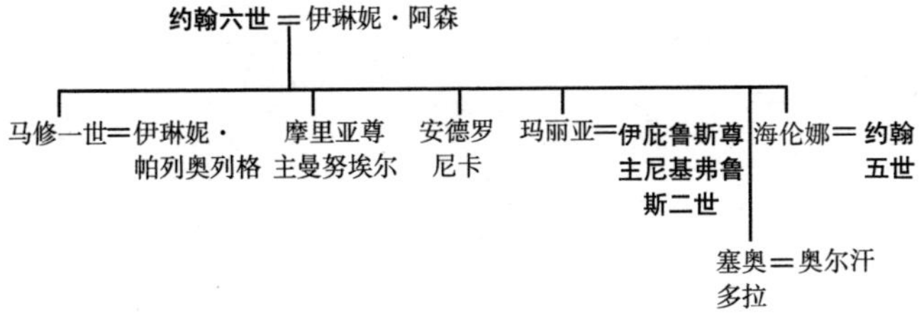
约翰六世＝伊琳妮·阿森
马修一世＝伊琳妮·
帕列奥列格
摩里亚尊
主曼努埃尔
安德罗
尼卡
玛丽亚＝伊庇鲁斯尊
主尼基弗鲁
斯二世
海伦娜＝约翰
五世
塞奥＝奥尔汗
多拉

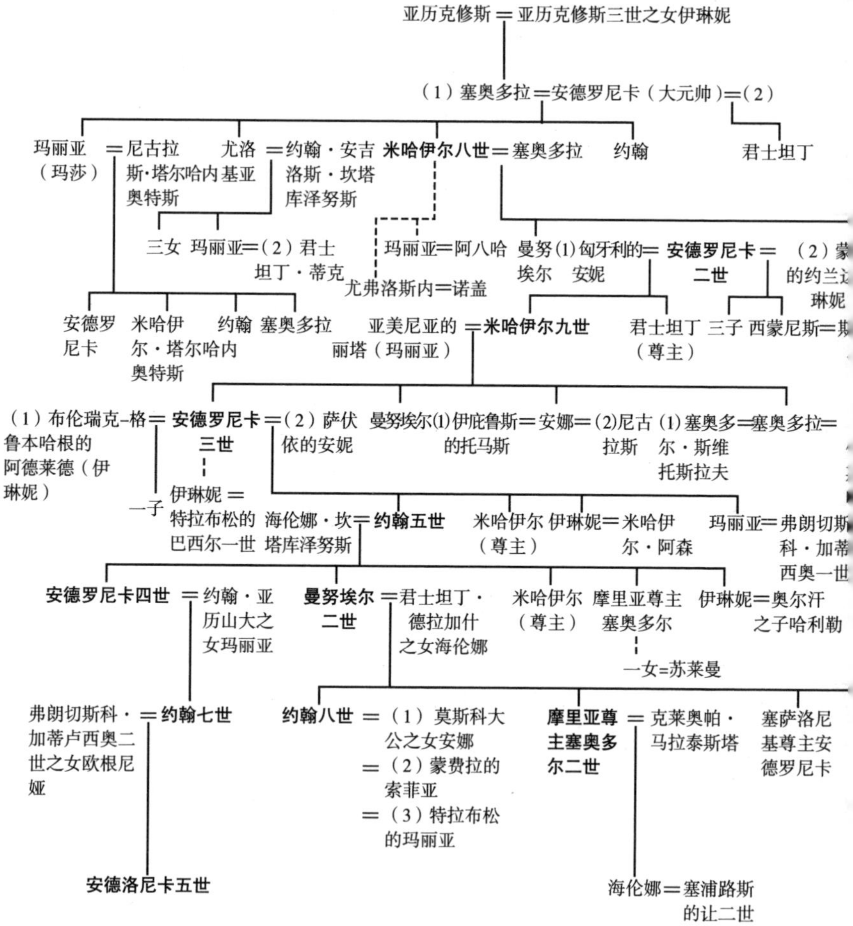
亚历克修斯＝亚历克修斯三世之女伊琳妮
（1）塞奥多拉＝安德罗尼卡（大元帅）＝（2）
玛丽亚（玛莎）＝尼古拉斯·塔尔哈内奥特斯
尤洛基亚＝约翰·安吉洛斯·坎塔库泽努斯
米哈伊尔八世＝塞奥多拉
约翰
君士坦丁
三女
玛丽亚＝（2）君士坦丁·蒂克
玛丽亚＝阿八哈
尤弗洛斯内＝诺盖
曼努埃尔
（1）匈牙利的安妮
安德罗尼卡二世
（2）蒙的约兰达琳妮
安德罗尼卡
米哈伊尔·塔尔哈内奥特斯
约翰
塞奥多拉
亚美尼亚的丽塔（玛丽亚）＝米哈伊尔九世
君士坦丁（尊主）
三子
西蒙尼斯＝
（1）布伦瑞克–格鲁本哈根的阿德莱德（伊琳妮）＝安德罗尼卡三世＝（2）萨伏依的安妮
曼努埃尔
（1）伊庇鲁斯的托马斯＝安娜＝（2）尼古拉斯
（1）塞奥多尔·斯维托斯拉夫＝塞奥多拉＝
一子
伊琳妮＝特拉布松的巴西尔一世
海伦娜·坎塔库泽努斯＝约翰五世
米哈伊尔（尊主）
伊琳妮＝米哈伊尔·阿森
玛丽亚＝弗朗切斯科·加蒂卢西奥一世
安德罗尼卡四世＝约翰·亚历山大之女玛丽亚
曼努埃尔二世＝君士坦丁·德拉加什之女海伦娜
米哈伊尔（尊主）
摩里亚尊主塞奥多尔
一女=苏莱曼
伊琳妮＝奥尔汗之子哈利勒
弗朗切斯科·加蒂卢西奥二世之女欧根尼娅＝约翰七世
约翰八世＝（1）莫斯科大公之女安娜
＝（2）蒙费拉的索菲亚
＝（3）特拉布松的玛丽亚
摩里亚尊主塞奥多尔二世＝克莱奥帕·马拉泰斯塔
塞萨洛尼基尊主安德罗尼卡
安德洛尼卡五世
海伦娜＝塞浦路斯的让二世

朝

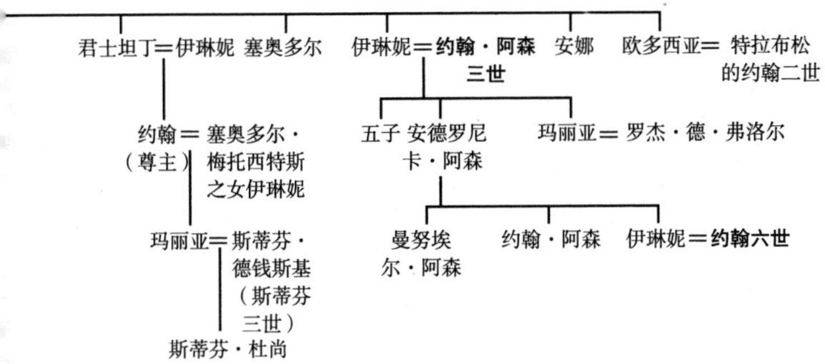
君士坦丁＝伊琳妮
塞奥多尔
伊琳妮＝约翰·阿森三世
安娜
欧多西亚＝特拉布松的约翰二世
约翰（尊主）＝塞奥多尔·梅托西特斯之女伊琳妮
五子
安德罗尼卡·阿森
玛丽亚＝罗杰·德·弗洛尔
玛丽亚＝斯蒂芬·德钱斯基（斯蒂芬三世）
曼努埃尔·阿森
约翰·阿森
伊琳妮＝约翰六世
斯蒂芬·杜尚

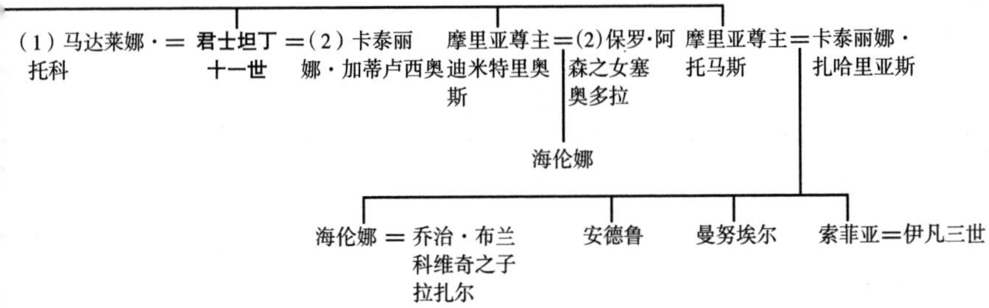
（1）马达莱娜·托科＝君士坦丁十一世＝（2）卡泰丽娜·加蒂卢西奥
摩里亚尊主迪米特里奥斯＝（2）保罗·阿森之女塞奥多拉
摩里亚尊主托马斯＝卡泰丽娜·扎哈里亚斯
海伦娜
海伦娜＝乔治·布兰科维奇之子拉扎尔
安德鲁
曼努埃尔
索菲亚＝伊凡三世

译者说明

拜占庭三部曲系列涵盖的时期超过千年，涉及的专有名词极多，而且大多没有通译名，这对汉译者而言是不小的挑战。对于没有通译名的名词，本人在选择汉译名时，尽可能按照这个名词所属的时代，选择同时代人使用的语言（拉丁语/古希腊语/中古希腊语）读音进行翻译。特殊情况大致分为以下几类。

1. 通译名及其衍生词

如果一个专有名词已有使用较多的通译名，那么汉译文中便采用这个通译名，并基于这一通译名翻译其衍生词。比如“君士坦丁”，衍生词如“君士坦斯”“君士坦提乌斯”等；又如“查士丁尼”，衍生词如“查士丁”等。

2. 同人同地不同译名

这种情况大致分两种情况，其一源自不同时代语言的差异，比如拉丁语中的“狄奥多西”用中古希腊语转写之后应译作“塞奥多西奥斯”，类似的情况如“狄奥多拉”与

“塞奥多拉”，“帖萨罗尼迦”与“塞萨洛尼基”，等等。其二是有通译名的著名人物和同名但没有如此知名度的人，比如“普罗柯比”，仅用于指六世纪著名史学著作《战史》的作者，其他同名者译为“普罗柯比乌斯”。

另外，部分语言之中存在女性姓氏阴性变格的问题，比如亚历克修斯一世之女安娜·科穆宁（Anna Komnene），音译名应为“安娜·科穆宁妮”。为减少误解，大家族成员的姓氏统一按照家族名称翻译。

3. 同名号官职不同译名

本作品中涉及了大量的官职与名号，汉译者尽可能查找词汇的原意来进行翻译，其中一些部分采用意译，以便于读者理解。比如“奥古斯塔”，基本都是根据实际情况，具体翻译为“皇后”“皇太后”“女皇”等。

本人学识有限，在历史问题和译名问题上难免出错，在此先向读者致歉，恳请方家斧正。

致　谢

一如既往，我要感谢伦敦图书馆的工作人员，没有他们的帮助与支持，本卷和之前的两卷都无法完成。我也要特别感谢朱迪丝·弗兰德斯（Judith Flanders），感谢她鹰眼般的敏锐洞察、计算机般的记忆和对语言韵律的无瑕直觉；另外还要感谢道格拉斯·马修斯（Douglas Matthews），他提供了又一份绝佳的索引。

引　言

> 1787 年 6 月 27 日那天，晚上的十一至十二点之 xxxiii
> 间，我在我花园之中的凉亭中写下了最后一页的最后一句话。放下笔之后，我坐在摇椅上，而后起身站在合欢树下，远眺田野与湖光山色。气温宜人，天穹安宁，水中是月牙的银色倒影，万籁俱静。我不会掩饰我那时重归自由的欣喜，以及就此成名的期许。但我很快放下了自豪，清醒之后的忧郁奔涌而来，因为我意识到我将永远离开一位年长且志趣相投的同伴，而且无论我未来将会写下何种历史作品，史学家的生涯总是短暂又不确定的。

爱德华·吉本如是写道，记述他完成《罗马帝国衰亡史》时的情况。我自然不敢拿我描述拜占庭历史的拙作，和英语文学之中最伟大的历史著作相提并论。但当我在一个闷热的 7 月夜晚停止打字，就此完成这三部曲时，正是十一点半，我也独自步入月光照耀之下的花园。尽管我不敢妄称我的观点可以与吉本媲美——我也没有过扬名立万——但我至少能够分享他的一点感受。我的作品就此完成，我也仿佛要和一位年长的诤友告别了。

三部曲的第一卷《拜占庭的新生：从拉丁世界到东方帝国》自君士坦丁大帝在 330 年 5 月 11 日星期一建成君士坦丁堡开始，到 800 年圣诞节查理曼加冕，拜占庭帝国的基督教对立政权神圣罗马帝国创立而结束。第二卷《拜占庭的巅峰：从光复时代到曼齐刻尔特》则紧紧追随辉煌的马其顿王朝一同跌宕起伏，在骇人的“保加利亚屠夫”巴西尔二世执政时达到顶峰，却在凶兆之中终结：拜占庭帝
xxxiv 国历史上三次惨败之中的第一场，1071 年在曼齐刻尔特被塞尔柱突厥击败。本书，三卷之中的最后一卷，则展现了这次战败的致命后果。帝国失去了小亚细亚——帝国人力资源的主要来源——大部，国力大不如前，日益衰落，以至于在一个多世纪之后完全无力抵抗第四次十字军的袭击。随后便是五十六年的拉丁人统治，直到帕列奥列格王朝的米哈伊尔八世将其终结，胜利收复都城。拉丁帝国仿佛只是一段不和谐的插曲，事实上这却是拜占庭帝国遭受的第二次惨败，帝国也未能恢复。最后两个世纪，帝国已经沦为崛起的突厥政权——奥斯曼帝国的背景，而衰亡之中的无助，或许读来难免心酸。直到最后一章，故事才在悲剧之中振奋起来——恰如每一个英雄的传说都有在所难免的结局。

我在第一卷的引言提到，从写作者的角度看来，拜占庭帝国的历史与我前一本书所写的威尼斯共和国的历史截然不同。几个世纪之后，拜占庭与威尼斯的历史愈发纠缠在一

起，经历 1204～1205 年的悲剧，此后“最尊贵的威尼斯共和国”又以其在帝国最后时光的无动于衷，再度背叛了帝国。或许有必要做进一步的比较。乍一看，双方的共同之处很多，威尼斯总归可谓拜占庭帝国的孩子，起初是拜占庭的殖民地，早期受到的文化影响完全直接来自君士坦丁堡。女儿继承了母亲的美丽与丰饶，化作传奇，世间关于大理石、孔雀石与斑岩之城的传说与现实相差无几，许多人第一次目睹这两座城时，才发现其壮丽倍于传说所言。她们都延续千年——而一千年前征服者威廉还没有完成他的伟业。两者都曾经拥有无尽的政治权势，也因残忍、狡诈和诡谲而恶名昭彰——无论事实是否如此。最后，她们都延续得太久了，我们不得不见证她们缓慢而屈辱的凋零。

但相似性仅此而已。威尼斯终究是共和国，尽管本质上施行的是寡头政治，实际上其民主性要远超其他政权——或许只有瑞士更胜一筹。虽然敬畏上帝，威尼斯人却自始至终反对教会干预内部事务，勇敢面对不止一位教 xxxv
皇的禁令；拜占庭帝国则介于君主专制与神权政治之间，绝对权威掌握在皇帝手上，皇帝则“同使徒”，也是上帝在凡间的代表。威尼斯追求物质，冷眼旁观，唯利是图；拜占庭则在基督教世界的世俗国家之中，拥有前无古人后无来者的虔敬，甚至教皇国也无法与之相比。威尼斯位于潟湖平静的浅水之中，拥有欧陆之中独特的安稳；君士坦丁堡所遭遇的军事威胁，却近乎无休止。在悲哀的最后岁月之中，威尼斯在享乐主义之中沉湎，并以最为屈辱的方式向年轻的拿破仑投降，完全没有抵抗；拜占庭帝国则保全了自己的灵魂。在最后的两百年之中，帝国的皇帝三次试图靠屈服于罗马教廷来换取庇护，但君士坦丁堡的居民从未放弃他们古来的传统信仰。在绝望的五十五天围城战之中，他们战斗到了最后一刻，以一万人抵抗二十五万人。当曾经坚不可摧的城市陷落之时，皇帝英勇地为守城战死。

读者若是读过前两卷，应该已经了解这部作品并非学术作品。虽然我曾在学校之中接受了四年的古希腊语学习，我也无法在没有词典协助的情况下读懂一句最简单的希腊语。因此我被迫几乎完全依靠权威人士对原始资料的翻译，或者二手资料的总结。事实上我没有遇到多少阻碍，特别是这一卷涉及的几个世纪之中，二手资料如此繁多，以至于选择比寻找要困难得多。此外，由于总共讨论了长达一千二百年的漫长时期——为了叙述清晰，开端必须在帝国真正开始之前，而为了收尾则要在帝国灭亡之后几年再结束——意味着这个故事必须竭尽所能继续，却又不能占用太多的页数。我必须承认，我得以完成这一任务是因为在大量问题上一笔带过，而这无疑牺牲了学术性。

但我并不后悔。我的目标本来也不是在历史研究上取得
xxxvi 成就。自我动笔那一天起，我脑海之中就仅仅存有两个目的。其一是对那些被忽视的世纪做一点小小的补偿，而这种沉默，如我在第一卷引言之中所说，是因为西欧一代又一代人所使用的各种各样的教育体系之中，完全不曾涵盖历史之中最长久，或许也是最引人遐想的基督教帝国。其二则是讲一个好故事，仅仅是尽我所能为非专业研究者的读者们，讲

一个尽可能有趣，也尽可能准确的好故事。我不敢期望读完这最后一卷的读者，放下书时会和我一样，为这段愉快的旅行结束而后悔。但我相信，至少您会同意一点：这个故事是值得讲述的。

约翰·朱利叶斯·诺里奇

于库姆城堡，1994 年 7 月

译名与转写注

xxxvii 坚持如一，在我看来是一种过誉的美德，而我在专有名词的拼写上，对一致性没有什么追求。整体上我使用拉丁拼写而非希腊拼写，以便英语读者阅读。然而当用希腊语拼写更合适时，我也会毫不犹豫地使用。

土耳其语之中的“i”（有点）和“ı”（无点）难倒了我，不仅是因为我不懂土耳其语，而且英语读者在所难免要把它当成打印错误。我也希望土耳其的朋友们原谅我全程使用君士坦丁堡，而不是伊斯坦布尔。正如斯蒂芬·朗西曼爵士此前在类似的作品中所说，不这样做的话未免太迂腐了。

第一章　亚历克修斯的崛起（1081）

我们准备了一道好菜，配了浓醇美味的酱料。如果 1
您愿意，请您尽快前来参加这场至高无上的盛宴。

——亚历克修斯·科穆宁与伊萨克·科穆宁致恺撒约翰·杜卡斯，1081 年 2 月。《亚历克修斯传》（*The Alexiad*），Ⅱ，6

1081 年 4 月 4 日，复活节的周日，在君士坦丁堡的圣索菲亚大教堂中，二十四岁的将军亚历克修斯·科穆宁正式登基，执掌一个悲哀而破碎的帝国。十年之前，帝国在凡湖以北几英里处的曼齐刻尔特要塞外惨败于塞尔柱人，这是帝国历史上最灾难性的战败，皇帝罗曼努斯四世因此被俘虏。曾经所向披靡的拜占庭大军，此时却可耻地溃逃，任征服者在安纳托利亚半岛不断扩张势力，直到约三万平方英里的帝国心脏地带被土库曼各部侵占。一瞬之间，拜占庭失去了相当一部分粮食生产地，以及绝大部分的人力资源。帝国能否存续，如今也成了未知数。

若是罗曼努斯在恢复自由之后得以重新登上皇位，他也许还能进行一些补救。塞尔柱苏丹阿尔卜·阿尔斯兰专心应对来自埃及法蒂玛哈里发的威胁，并没有和帝国继续作战。他和罗曼努斯的关系出人意料得好，罗曼努斯为获得自由签订的和约中也没有割让太多土地的条件。但罗曼努斯在君士坦丁堡的一场宫廷政变中被推翻，此后虽试图武力夺回皇位，却很快失败，被残酷地施以瞽刑后不久病逝。他可悲的
2 继承者米哈伊尔七世虽然受过更好的教育，却完全无法掌控皇权。米哈伊尔在他的两大权臣，即恺撒约翰·杜卡斯和学者米哈伊尔·普塞洛斯的操纵之下，废止了与塞尔柱苏丹的和约，塞尔柱人就此得以肆意妄为了。

西部的前景也是一片黑暗。1071 年 4 月 16 日，曼齐刻尔特之战四个月前，南意大利的诺曼人在杰出的匪徒首领罗伯特·吉斯卡尔的率领之下，历经近三年的围攻之后终于夺取了巴里。自查士丁尼时代的五个世纪以来，巴里都属拜占庭帝国管辖，这座城市曾经是一个富裕繁荣之地的首府，如今却成了帝国在半岛最后的桥头堡，成为那片动荡且充满敌意的土地上，唯一一小块飘扬拜占庭帝国旌旗的飞地的中心。当天，棕枝全日的前一天，这些旌旗被最后一次撤下。自此，“拜占庭的意大利”的说法不复存在了。次年，保加利亚爆发了危险的叛乱，泽塔[①]的米哈伊尔之子君士坦丁·伯丁在普里兹伦自立为沙皇。尽管在付出了可观的代价之后，叛乱被平息，变革之风却已经刮起，暴乱再度发生只是

① 泽塔（此前称杜克里亚，是帝国管辖的半自治公国）大约在 1035 年发动了叛乱，自此拒绝承认拜占庭帝国的宗主权。

时间问题了。

最后还有罗马的压力。米哈伊尔七世又一次在政治上判断错误，在巴里被攻破之后向教皇格里高利七世请求支援以对抗诺曼人的威胁，而格里高利就此借机将他的影响力拓展到亚得里亚海的东岸，导致米哈伊尔七世在反对时处于弱势。教皇在 1075 年为迪米特里乌斯·佐尼米尔加冕，后者成为克罗地亚国王，两年后泽塔的米哈伊尔也得到了教皇的加冕。与此同时，匈牙利人和野蛮的佩切涅格人也借机重操旧业，趁火打劫，让整个巴尔干半岛重新陷入混乱。

博坦内亚特斯治下的混乱 （1080）

当帝国各地都爆发了如此的灾难时，军队各部举起反旗
也是在所难免，叛乱很快接连爆发。第一次叛乱由诺曼佣兵
巴约勒的鲁塞尔发动，他意图效法近年在南意大利建立政权
的同胞，在安纳托利亚中部建立起一个独立的诺曼国家。鲁
塞尔最终被亚历克修斯·科穆宁生擒，在被短暂囚禁之后又
和亚历克修斯一同出征，对抗另外两位叛乱者。其一是尼基 3
弗鲁斯·布兰恩努斯，都拉佐总督，也是在曼齐刻尔特之战
立功的少数几位武官之一。另一位则是年长的安纳托利亚军
事贵族尼基弗鲁斯·博坦内亚特斯。1077 年 11 月，布兰恩
努斯抵达君士坦丁堡城下，但此后被逐回色雷斯地区；博坦
内亚特斯也准备直接进攻都城，但事实上这并不必要。1078
年 3 月城中爆发暴乱，无力抵御的米哈伊尔逃到了斯托迪奥
斯修道院中寻求庇护，博坦内亚特斯得以在 24 日胜利进入
君士坦丁堡。木已成舟，亚历克修斯被迫向新皇帝效忠，而

皇帝也授予他至贵者的高阶与近卫军团元帅（最高指挥官）的要职，随后派他率军对抗布兰恩努斯。几个月之后，他又俘虏了叛军领袖，把后者押回了君士坦丁堡，然而他没有得到自己预期的礼遇，甚至不得进城，只得到了立即返回安纳托利亚，继续与新的叛乱者作战的命令。布兰恩努斯则被关进了宫中的地牢，并在不久之后受了瞽刑。

亚历克修斯服从了皇帝的命令，没有掩藏对这一冷遇的不满，也清楚其中的原委。功高震主，尼基弗鲁斯·博坦内亚特斯忌惮他。这个年逾古稀的老人已经无力掌控局势。接下来的两年之中帝国愈发混乱，叛变与暴乱此起彼伏。塞尔柱人更是横行无忌，1080 年，阿尔卜·阿尔斯兰的儿子马利克已经将塞尔柱人的罗姆苏丹国扩展到从奇里乞亚到赫勒斯滂海峡的整个小亚细亚。与此同时，尼基弗鲁斯三世也愈发不受欢迎了。此前的篡位者，无论是尼基弗鲁斯二世、约翰一世还是罗曼努斯四世，都自称先皇子嗣的庇护人，让他们继续做名义上的共治皇帝，就此获得一点表面上的合法性。然而，博坦内亚特斯完全不打算把米哈伊尔七世的四岁儿子君士坦丁留在皇位上，对明眼的拜占庭人而言，这实在是不近人情。更不近人情的是，在自己的第二任妻子于他即位不久便亡故后，他迎娶了美貌的皇后阿兰尼亚的玛丽（Mary of Alania）[①]，安娜·科穆宁称她比菲狄亚斯
4 （Pheidias）的雕像还要美。然而问题在于她是米哈伊尔七

① 她是格鲁吉亚的巴格拉特四世的女儿，于 1065 年与米哈伊尔·杜卡斯成婚。

世的妻子，此时米哈伊尔依然在世。当然，米哈伊尔进入修道院之后她便自然和他离异了，但这样的婚姻教会自然不会赞成，更何况第三次婚姻早已被圣巴西尔谴责为“温和通奸”，对两人的惩罚是四年之内都不得领圣餐。[①] 为了重获自己本不该失去的教会支持，尼基弗鲁斯花光了国库的最后一点积蓄，而在米哈伊尔七世在位时已经极度恶劣的通货膨胀[②]此时更是愈发严重。若是再没有人牢固地掌握住帝国，拜占庭就再无希望可言了。

收亚历克修斯为养子（1080）

当尼基弗鲁斯三世声望大减时，亚历克修斯·科穆宁却威望日隆，以至于君士坦丁堡城内与城外的帝国臣民几乎一致认定，他就是帝国唯一可能的救世主。早在1070年，年仅十四岁的他便在自己的兄长曼努埃尔（Manuel）麾下与塞尔柱人作战，[③] 而后，无论是和塞尔柱人作战还是和叛军作战，他还未尝败绩。他展现了自己作为杰出将领的能力，他一次次的胜利同样赢得了麾下士兵们的爱戴与信任。除此

① 有关重婚问题，特别是皇帝“智者”利奥六世的“四婚”事件，见第二卷第八章。

② 他的绰号为“贬值四分之一者”（Parapinaces），因为在他在位时，价值基本保持稳定了五百年的诺米斯玛塔金币贬值了四分之一。见第二卷。

③ 这一部分的说法参考了他女儿安娜·科穆宁（《亚历克修斯传》，I，i）留下的那部最详尽也最有趣味的传记。而佐那拉斯的记载提及亚历克修斯在1118年逝世时享年七十岁，按照这一说法，亚历克修斯出生在1048年，在1070年时应该已经二十二岁。安娜的说法并非全部可信，但中世纪时如此早就经历战火的洗礼也不算罕见，因此我们基本可以采信她的说法，毕竟她更容易了解情况。

之外，亚历克修斯还有其他的特质，在拜占庭人看来这些特质同样重要。他出身皇室家族，他的伯父伊萨克·科穆宁在约二十年前短暂掌控过帝国；他的母亲，野心勃勃的安娜·达拉森努斯则以未来皇帝的标准教育自己的五个儿子——亚历克修斯排行第三。此外，他还和恺撒约翰·杜卡斯的孙女，即在曼齐刻尔特可耻地背叛了罗曼努斯四世的安德罗尼卡·杜卡斯[1]的女儿伊琳妮（Irene）成婚，他不但因此获得了帝
5 国最富裕也最具影响力的家族的支持，也获得了教会（牧首约翰·西菲林努斯受杜卡斯家族的保护，他于 1075 年逝世）和大部分贵族的支持。

也正因如此，亚历克修斯在朝中有许多敌人，所以他必须在宫中找一个支持者，而他找到的正是皇后。玛丽对和自己祖父同辈的新丈夫毫无爱意可言，身为米哈伊尔七世的前妻，她忠于杜卡斯家族，而亚历克修斯正是这个家族的姻亲。她也许得知了皇帝的狐朋狗友——出身蛮族的波利鲁斯（Borilus）和日耳曼努斯（Germanus）正准备谋害这位年轻将军的消息（按同时代的编年史家约翰·佐那拉斯的记载），决心保护他；此外她也可能是担心自己的丈夫安排他的远亲继承皇位，她要保护自己的儿子君士坦丁。甚至有可能是她爱上了亚历克修斯——此后发生的事也支持这一假说——就像塞奥法诺与约翰·齐米斯西斯的故事那样。[2] 无论这些说法是真是假，我们都不得而知，但

---

① 见第二卷。

② 见第二卷。

可以确定的是，1080 年，阿兰尼亚的玛丽收亚历克修斯·科穆宁为养子。

博坦内亚特斯似乎没有反对。这个虚弱年迈的老人已经完全被妻子掌控。他不但没有反对，反而还在当年年末派他的养子反击近期夺取了库齐库斯的塞尔柱人。这是亚历克修斯期待已久的机会。他已经决心要尽早把这位老态龙钟的皇帝从皇位上赶走，而且最好是直接使用武力——因为他不想刺杀皇帝。武力逼宫的难处便在于如何能集结起军队而又不被怀疑。此时这一问题一下子不复存在了。他立即下令在都城通往亚得里亚堡的大路旁的小村佐热罗斯（Tsouroulos）集结部队。

对波利鲁斯和日耳曼努斯而言，玛丽收亚历克修斯为养子以及他的新任务都不是好事。他们的宿敌如今地位愈发巩固，能以皇室成员的身份自由出入宫中，每天都能面见皇帝，而且更危险的是，皇后无处不在的密探随时可以向他通 6
报时局的变化。当他们得知军队的动向时，他们清楚这是自己最后的机会。但事先收到消息的亚历克修斯先发制人了。1081 年 2 月 14 日，在大斋前的星期日的头几个小时，他和他的兄弟伊萨克（Issac）悄然进入位于陆墙北端、濒临金角湾的布拉赫内宫，而后强行闯入了皇帝的马厩。他们抢走自己骑乘的马匹，割断其他马匹的腿筋以免追击，而后飞奔而去。他们首先赶往所谓的“葛斯弥迪乌姆”，即金角湾北端的圣葛斯默与圣达弥盎修道院，通知亚历克修斯的岳母玛丽亚，并恰好遇到了伊琳妮妹妹安娜的丈夫——富裕且权势甚大的乔治·帕列奥列格（George Palaeologus），他随即也加入其中。[1] 之后他们赶往佐热罗斯，与几乎完成集结的部队会合，还派人请恺撒约翰前来协助。

老恺撒如今在几英里外的莫罗邦多斯（Moroboundos）的私宅中居住。信使到达时他正在午睡，被他的孙子吵醒了。他起初不肯相信叛乱的消息，打了那孩子一巴掌，之后才接过信件。按安娜·科穆宁的说法，信上写的就是本章开头那段略显隐晦的邀请，对约翰·杜卡斯而言这就足够了。他立即骑上马赶往佐热罗斯。不久之后他遇到了一个税官，此人带着一笔数量相当可观的黄金正赶往君士坦丁堡，约翰说服了他与自己同行。尔后他又遇到了一群突厥人，他们也在得到大笔奖赏的许诺之后加入叛乱。他们来到等待已久的军队面前时，不出意料地得到了众人的欢呼。

两三天之后，在另外几位重要的拥护者也加入其中之后，亚历克修斯和伊萨克下令出征。此时，奇怪的是，似
7 乎没有人打算另立新皇帝，直到他们抵达小村西扎（Schiza）时，士兵们才提出了这个问题，还附带着选择：他们想要让谁当皇帝，亚历克修斯还是伊萨克？结果并不像我们所预料的那样早已确定。伊萨克更为年长，在东部

① 夏朗东（*Essai sur le règne d'Alexis Ier Comnène*）不认为这次会面是偶然发生的。他指出，安娜·科穆宁（《亚历克修斯传》，Ⅱ）提及乔治·帕列奥列格自称身上带着自己所有的金银细软，情况更可能是这一切都早已精心安排好，乔治实际上本就是同谋者。然而安娜的说法是乔治把自己的金银细软都托付到了这座修道院中。她对此并不感到意外，而我们也不必过虑。她还提及起初乔治不肯帮助科穆宁兄弟，直到自己的岳母坚持如此后才同意。若是同谋，在这种情况下，他又何必假装反对呢？

多年的奋战使他得到了安条克总督的头衔①，因而在军中颇有人气。但他还是欣然把这一任务交给了自己的兄弟，杜卡斯家族的影响力也最终占了上风。亚历克修斯得到了士兵们的热烈欢呼，被拥立为皇帝，并就此穿上了皇帝专用的、镶金的拜占庭双头鹰纹紫靴——应该是他在离开皇宫之前特意拿走的。

亚历克修斯称帝（1081）

新的僭位者和他兄弟的叛军并不是唯一一支反叛博坦内亚特斯的部队。在西扎加冕当天，他们的妹妹欧多西亚（Eudocia）的丈夫——尼基弗鲁斯·梅里森努斯（Nicephorus Melissenus）在博斯普鲁斯海峡的亚洲一侧，正对着君士坦丁堡的克里索波利斯②举起反旗。刚从安纳托利亚赶来的尼基弗鲁斯没有听说他们的行动，听说之后他立即给亚历克修斯送信，要和他瓜分帝国，分治东西。亚历克修斯绝不想与他人分享帝国，又担心断然回绝会让自己的妹夫与博坦内亚特斯联盟，便有意在回复中含糊其词，同时全速向都城开进。

他依然没有确定下一步如何行动。发动围攻是不可能

① 实际上仅仅是虚衔。1071 年曼齐刻尔特战败之后，安条克被支持罗曼努斯四世的军官菲拉莱托斯·瓦拉哈米奥斯（Philaretos Brachamios）占据，他就此自封安条克总督，占据安条克、埃德萨等地区并自治。菲拉莱托斯控制的地域在塞尔柱人的进攻下不断萎缩，其残部在日耳曼尼西亚坚守，直到第一次十字军到来时向十字军献城。——译者注

② 今于斯屈达尔，名称源自希腊语的斯库塔里，这座城市因为在十二世纪时修造了斯库塔里昂宫（Scutarion）而改名。

的，三年半之前，他本人就在君士坦丁堡城下击退了布兰恩努斯的部队，他清楚那三道高耸的城墙不是自己麾下这点部队能够攻破的。在和恺撒进行了一两天的缜密侦察之后，他们发现尽管一些地段的守卫部队（比如瓦兰吉卫队和所谓的“不朽军”）愿意为皇帝奋战至死，其他部队也许可以用些手段来劝诱，特别是那些守卫亚得里亚堡门的德
8 意志佣兵。乔治·帕列奥列格与他们的首领进行了某些交涉，很快就达成了协议。在某一天的日落时分，他和一些追随者将云梯搭在了德意志佣兵控制的城墙上，悄然翻过城楼，之后亚历克修斯趁夜将全部军队集结到塔楼之下。破晓时分已是万事俱备，站在城墙高处的帕列奥列格给出了信号，他的部下随即从内侧打开城门，让叛军涌进君士坦丁堡。

他们几乎没有遭遇抵抗。市民们对老皇帝没什么感情可言，许多人清楚他迟早要被推翻，如今一位精力充沛且受人爱戴的年轻将军取代他时，他们自然是乐观其变。他们没想到的是这支部队会以征服者的姿态进城，但亚历克修斯部队之中蛮族部队太多，而他们很快影响了其他人。士兵们入城之后不久便开始四处奸淫掳掠，趁火打劫的当地流氓也很快加入，城中很快陷入了混乱，以至于这一行动的胜败几乎变成了未知数，忠于皇帝的部队也开始怀疑这些叛军究竟是否不可战胜。乔治·帕列奥列格的父亲尼基弗鲁斯忠于皇帝，因自己的儿子叛变而惊异不已；亚历克修斯的宿敌波利鲁斯同样忠于皇帝，他获取了军事指挥权之后集结起瓦兰吉卫队，和其他能够信赖的部队一同在君士坦丁集

会所与大里程碑[1]之间集结。

但博坦内亚特斯清楚自己已经失败。他想要收买梅里森努斯为自己作战，但帝国舰队已经倒向乔治·帕列奥列格，封锁了海峡。如今他已经没有继续抵抗的意愿。年老且颇受尊敬的牧首葛斯默（Cosmas）恳求他尽快逊位以免更多的基督徒因此流血，事实上他也不需要太多劝说。他首先派尼基弗鲁斯·帕列奥列格向科穆宁兄弟送信，宣称自己同意收亚历克修斯为养子，立他为共治皇帝，并把所有的实权交给 9
他掌管，自己仅仅保留头衔和特权。在提议被恺撒约翰轻蔑地回绝之后他也没有继续争辩。他用宽松的斗篷遮住紫袍，穿过广场来到圣索菲亚大教堂，正式宣布逊位。不久之后他被送到罗曼努斯三世于半个世纪前建造的那座庞大而畸形的全知圣母修道院[2]之中，有些不情愿地成为一名僧侣。安娜·科穆宁提及此后他的朋友来拜访他，询问他近况如何时，这位老人的回答是："不能沾荤腥，这是唯一让我烦闷的事，此外的一切都微不足道了。"[3]

亚历克修斯登基（1081）

这位年轻人，拜占庭帝国的第七十六位皇帝，身材矮小粗短，膀阔肩宽。他双眼深陷，眉浓且弯，目光轻柔而深

---

① "Milion"，即"第一块里程碑"，由四个凯旋拱门组成一个方形，上面标有那里到帝国各地的距离。大里程碑位于圣索菲亚大教堂西南方向数百码处。见第一卷。

② 见第二卷。

③ 《亚历克修斯传》，Ⅲ，1。对此书的引述均参考 E. R. A. 塞特的译文。

邃，胡须浓密。连他的女儿安娜也要承认，站立时的他并不引人注目，坐在皇位上时却截然不同："他让我想起猛烈的旋风……兼具华美、风度、尊贵，还有令人敬畏的威严。"[1]当描述自己的父亲时，安娜的说法往往需要仔细考证，然而基本可以确定的是，在与亚历克修斯相识的人们看来，他将成为巴西尔二世之后最有能力的统治者，帝国也在半个多世纪之后再度出现了强势有为的皇帝。

抵达圣宫之后他便立即投入工作。紧迫的任务是恢复部队的纪律，这不只是因为他要为近期的劫掠事件负责，也因为如果无法掌控住他们，他们就随时可能发动兵变。这个任务并不容易，毕竟他们此时已经分散到都城各地的每一个城区，但二十四小时之后他们终于被集结起来，在军营之中冷静下来。君士坦丁堡就此重归和平了。但亚历克修斯身为拜
10 占庭帝国的一员，难免良心不安，毕竟是他把这些蛮族带进了城中，他难道不是与他们同罪，乃至是罪魁吗？他听从了母亲的建议，向牧首告解，牧首也随即安排教会法庭以解决这一问题。法庭的结论是有罪，皇帝、他的家人以及参与政变的所有人——还有他们的妻子——都要进行一段时间的斋戒，并接受其他的惩罚。按照他女儿的说法，亚历克修斯为赎罪做了更多的事：整整四十天的晚上，他都是在紫袍下穿着粗麻布衣服睡在地板上，只枕着一块石头。

然而此时有更要紧的国事需要处理，而最紧迫的任务就是弥合他的追随者们与杜卡斯家族之间已经出现的裂痕。分

① 《亚历克修斯传》，Ⅲ，3。

歧源自新皇帝与米哈伊尔七世的皇后，即阿兰尼亚的玛丽的关系。身为废帝的妻子，她理论上应当在新皇帝抵达之前离开，但她完全没有这么做。虽然她是新皇帝的养母，然而亚历克修斯把自己十五岁的妻子伊琳妮·杜卡斯，以及她的母亲、姐妹和祖父恺撒约翰安排到一个较小且地势较低的宫殿中，他本人则与美丽的玛丽一起住在布克里昂宫，[1] 这依然颇为可疑。杜卡斯家族对这一安排的反应可想而知，他们支持科穆宁家族无非因为亚历克修斯是其家族的一员，而非源自什么情义。乔治·帕列奥列格，即伊琳妮的妹夫，听闻一些科穆宁家族的支持者拒绝在为皇帝欢呼时也带上伊琳妮的名字，告诉他们说："我赢得胜利并不是为了你们，而是因为你们提到的伊琳妮。"尔后，在得到了舰队的支持之后，他坚持要求所有的水手在欢呼时先喊伊琳妮后喊亚历克修斯。

然而不满的不只是乔治和他的家人们。流言很快传遍城中，一些人声称亚历克修斯要和年少的妻子离婚，成为皇太后的第三任丈夫；还有人声称这些恶行是他的母亲——可畏 11
的安娜·达拉森努斯推动的，她向来厌恶杜卡斯家族，决心趁自己的儿子掌权时彻底剥夺这个家族的权势，消除他们的影响力。前一个流言也许是真的，但后一个留言确定属实。几天后，复活节的周日，亚历克修斯拒绝自己的妻子共同参加加冕典礼，人们的怒火也愈发强烈。

---

① 君士坦丁堡的圣宫由一系列的宫殿组成，奥斯曼帝国在此处修造的托普卡帕宫也是如此。皇宫区包括从圣索菲亚大教堂到马尔马拉海的整个斜坡，由一系列的小型宫殿与亭台组成。布克里昂宫是相对重要的宫殿之一，配有同名的码头。

第二次加冕礼（1081）

对杜卡斯家族，以及拜占庭帝国的所有权贵而言，这是毫无理由的冒犯。传统上，皇后不仅是皇帝的妻子，加冕之后的皇后还拥有自己的地位，以及可观的权力。她有自己的朝廷，并可以全权掌控自己庞大的收入，还在帝国许多主要典礼上发挥不可或缺的作用。有证据显示，亚历克修斯对自己的妻子不能参与她理应参加的加冕礼一事并不满意。他对伊琳妮的爱也许确实不算深，但他确实欠了她家族很大的情。此外，在即位之初就和拜占庭贵族之中最有权势的家族对立，真的明智吗？他的母亲此时还能说服他，但他不久之后就能够明白，她和自己都做得过火了。

最终发难的并非双方的领导者，而是牧首。年迈的葛斯默不情愿地给皇帝一人加冕，但依然良心不安。当安娜·达拉森努斯的代表在几天之后劝说他逊位，让她推举的宦官尤斯特拉提奥斯·加里达斯（Eustratius Garidas）继任时，他终于爆发了，高喊道："以葛斯默之名起誓，只要伊琳妮不能在我任上加冕，我就绝不逊位。"（拜占庭时代以自己的名义起誓是起重誓。）记载中没有提到他是否公开遵守了誓言，但事实不言自明。在亚历克修斯加冕七天之后，年少的皇后也在圣索菲亚大教堂加冕了。同年 5 月 8 日，葛斯默逊位，进入卡利亚斯（Callias）修道院，继任者自然是那个宦官加里达斯。

第二次加冕礼在一周后完成，杜卡斯家族清楚他们取胜了，亚历克修斯也第一次受了教训。如果他和他那位养母之

间有什么感情，现在感情也断了。玛丽同意离开布克里昂 12
宫，但前提条件是拿到一封保证她和她与米哈伊尔七世所生的儿子君士坦丁安全的“红字金玺诏书”，另外君士坦丁也要成为亚历克修斯的共治皇帝。这两个要求都迅速得到了同意，她和她的儿子就此来到曼加纳修道院——君士坦丁九世在约三十五年前为他的情人建造①——附近的奢华府邸之中居住。伊萨克·科穆宁也居住在那里，并得到了新设置的、地位仅次于两位共治皇帝的“尊贵者”（sebastocrator）头衔——恺撒的封号已经依照诺言给了尼基弗鲁斯·梅里森努斯。皇帝则把妻子带回了布克里昂宫，此后他们的婚姻生活也可谓和美，留下了至少九个孩子。

然而无论帝国内部如何阳光明媚，帝国之外的阴云已经迫近。亚历克修斯加冕一个月之后，阿普利亚公爵、诺曼人罗伯特·吉斯卡尔，对罗马帝国发动了大规模进攻。

① 见第二卷。

第二章　诺曼人（1081～1091）

13 罗伯特是出身低微的诺曼人，性格高傲，内心恶毒至极；他是个勇敢的战士，抢夺大人物的财富与权力时狡诈过人；为达目的他无所不用其极，用无可辩驳的论调驳倒批评者。他体格健硕，远超常人；肤色红润，发色金黄，肩膀宽阔，眼中几乎能闪出火光……荷马记载称阿喀琉斯在高喊时，如同众人齐声高呼一般，但他们说，罗伯特的怒吼能让数以万计的人溃逃。

——《亚历克修斯传》，Ⅰ，11

诺曼人在南意大利的故事自1015年前后开始，大约四十名年轻朝圣者来到了阿普利亚北部，拜访加尔加诺山（Monte Gargano）的大天使米迦勒的洞穴修道院。他们发现这块人口稀少而不服管束的土地既是机遇，也是挑战，而伦巴第贵族轻易地说服他们成为佣兵，与拜占庭帝国对抗。消息很快传回了诺曼底，几个自由自在的年轻人前来冒险与寻求财富的行动，就此演变为持续不断的移民。诺曼人不加区分地为希腊人与伦巴第人作战，获取的报酬也逐渐从黄金转变为土地。1030年，那不勒斯公爵塞尔吉乌斯（Sergius）为了感谢他们的支持，将诺曼佣兵的首领兰努尔夫（Rainulf）封为阿韦尔萨伯爵。尔后他们便开始迅速扩张，并在1053年，在阿普利亚的奇维塔特击败了教皇利奥九世亲自率领的规模远超于他们的大军。

此时诺曼人的领导权落入了欧特维尔家族的坦克雷德（Tancred de Hauteville）手中，此人是诺曼底公爵麾下一个地位不高的骑士。他的十二个儿子之中，有八人在意大利定居，其中五人成了战场上的领袖，其中的佼佼者罗伯特·吉斯卡尔（意为“狡诈者”）堪称天才。在奇维塔特之战后， 14
教皇的政策改变了，1059年罗伯特接受了教皇尼古拉斯二世新设置的阿普利亚、卡拉布里亚与西西里公爵的头衔。前两块土地是拜占庭帝国的领土，西西里则依然在萨拉森人手中，然而获得这一所谓合法地位的罗伯特也不可能安分下去。两年之后他和自己的幼弟罗杰（Roger）入侵西西里，并在接下来的十年之中在西西里岛与亚平宁半岛同时保持进攻的势头。如前文所述，巴里已经在1071年陷落，拜占庭帝国在意大利的最后一块领土也就此丧失；次年巴勒莫陷落，萨拉森人在西西里的统治也就此崩溃。1075年，他们吞并了伦巴第人最后的独立公国萨莱诺（Salerno）。加里利亚诺河（Garigliano）以南的意大利，就此全部处于罗伯特·吉斯卡尔的全权统治之下了。

罗伯特·吉斯卡尔觊觎帝国（1078）

数个世纪以来，这一地区被称为“马格纳加列西亚”

(Magna Graecia)，即“大希腊”，直到此时，其文化也更近似于希腊，而非意大利。当地大部分居民的母语是希腊语——至今一些偏远村庄中依然如此，几乎所有教堂与绝大多数的修道院都使用希腊教会的仪式。阿普利亚与卡拉布里亚依然和拜占庭时代一样被称为军区，许多重要机构的官员依然沿用拜占庭时代的官职名，比如将军、总督和督军。在这样的环境之下，吉斯卡尔难免会觊觎拜占庭帝国的皇位，拜占庭帝国也在愚蠢地纵容他。早在1073年，米哈伊尔七世就给他送去了两封信，提出让自己的兄弟、“英俊得如同皇帝一般”的紫衣贵胄[1]与罗伯特最美丽的女儿——他特意强调了这一点——成婚，以换取他的军事支援。由于两封信都没有得到回复，米哈伊尔又送去了第三封信，提出了更丰厚的提议：他提出让自己刚出生的儿子君士坦丁为这场联姻的新郎，并授予罗伯特的亲友至少四十四个帝国的荣誉头衔，与每年总共两百磅黄金的赏赐。

吉斯卡尔没有犹豫。皇位由谁来继承确实存在不确定性，但皇帝的儿子总归比其他所有人的可能性都大，而让自己的女儿成为拜占庭帝国的皇后，这样的机会他绝对不肯错过。授予自己的重要下属荣誉头衔，事实上意味着他们可以直接拿到米哈伊尔的贿赂，或许并不算什么好事，但这样的风险也是值得冒的。他接受了这一提议，并在不久之后把新娘送去了君士坦丁堡。她到帝国的后宫之中学习礼仪，直到

① 即皇帝在位时出生的子女。在继承顺位上，紫衣贵胄的地位要明显高于非紫衣贵胄的长子。

那个婴儿皇子长到可以结婚的年龄。安娜·科穆宁在多年之后颇为刻薄地记载称[1]，虽然皇帝特意提出了要求，年少的海伦娜（Helena）——她在抵达之后接受了东正教的洗礼并改名海伦娜——却远没有他所想的那么好，而她年幼的未婚夫“像见到了怪物一般”。考虑到安娜此后与年轻的君士坦丁订婚，深爱过他，她的这段叙述自然难称公允。

尼基弗鲁斯·博坦内亚特斯在 1078 年推翻了米哈伊尔七世，海伦娜染指皇位的可能也就此终结。废帝进入了修道院——在他看来也不算坏事，这个书生气的人更适合生活在修道院，而非皇宫。那位不幸的诺曼公主则同样被软禁在一座修女院之中，而这绝非她所期待的结局。她父亲收到消息时的感情颇为复杂。一方面他让皇帝成为自己女婿的希望落空了，另一方面对他女儿的软禁则给了他出兵干预的极佳借口。南意大利的一场叛乱让他未能立即行动，但在 1080 年夏季，他终于得以加速进行准备了。事实上他并没有错失机会，这一时期的帝国愈发混乱。在此时的境况之下，若是诺曼人发动一次筹划周密的入侵，完全有可能成功。

> 罗伯特认为仅靠自己经验丰富的旧部并不足以完成
> 这样的入侵，他开始在伦巴第与阿普利亚各地不分年龄 16
> 地征募新军，将大批梦里都不曾见过武器的可怜虫充军。这些新兵披上甲胄，拿起盾牌，笨拙地拉弓（他们从未学过射箭），听到前进的命令时还时常摔倒在地。

---

① 《亚历克修斯传》，Ⅰ，12。

安娜·科穆宁就是如此记载罗伯特对远征的准备的，而准备工作在秋季与冬季接连不断地进行。舰队整备完成，陆军扩充规模——尽管扩充的数额远没有安娜所说的那么多——并整顿了装备。为了激励希腊臣民的士气，吉斯卡尔甚至找了一个声名狼藉且明显是假冒的东正教僧侣，在准备远征时出现在萨莱诺，自称皇帝米哈伊尔七世，逃离了修道院之后来到诺曼人盟友这里寻求复位。没有多少人相信他，但罗伯特为了保证宣称的合法性，在接下来的几个月间依然对他格外尊敬。

然后在 12 月，他决定派遣使节前往君士坦丁堡，一则要求博坦内亚特斯就海伦娜被软禁一事做出解释，二则与此时正为帝国服役的诺曼雇佣军通气，三则寻求时任近卫军团元帅亚历克修斯·科穆宁的支持。他派出蓬图瓦兹（Pontoise）伯爵拉多尔夫（Radulf）出使，但此人没能成功完成任务。他与皇帝的交涉以及与诺曼佣兵的密谈未见记载，但他无疑上了那位元帅的当，而在他返程时，他得知了亚历克修斯发动政变的消息。在布林迪西见到自己的领主之后，他劝说罗伯特取消这次远征，还保证称新皇帝只想和诺曼人保持朋友关系。他是米哈伊尔七世的朋友，也是小君士坦丁，即罗伯特可能的女婿的实际保护人，尽管君士坦丁依然年幼（时年七岁），却也得到了共治帝国的权力。而海伦娜在他执政之时很安全，就像在她父亲身边一样。拉多尔夫还声称自己亲眼见到了修道院中的废帝米哈伊尔七世，因此罗伯特身边
17 的那个人无疑是个欺世盗名者。他应当立即派出新的使团与亚历克修斯谈判，商谈签署和约与盟约。之后海伦娜或者可

以与君士坦丁成婚，或者返回家中。流血厮杀可以避免，他的陆海军部队也将得以返回家中。

暴怒时的罗伯特·吉斯卡尔格外凶残，而他对不幸的拉多尔夫的处置堪称骇人。他绝不想和拜占庭帝国和谈，他的大军已经在布林迪西和奥特朗托整装待发，欧洲最宝贵的头衔近在咫尺。他已经完全丧失对这场婚姻的兴趣，毕竟即使婚姻成行，意义也大不如前了。他甚至不那么希望自己的女儿回家，毕竟他还有另外六个女儿，而且她在君士坦丁堡也比回家更有用。他依然宣称那位假冒者就是米哈伊尔七世——虽然因他演技不佳而不满——并声称他是唯一合法的皇帝。此时最重要的就是尽快出发，以免亚历克修斯先他一步遣返海伦娜，让他失去进军的理由。幸运的是此时他已经派长子博艾蒙德（Behemund）——时年二十七岁，金发碧眼，高大魁梧——率领一支先遣部队渡过亚得里亚海。他和主力军必须尽快出发。

入侵拜占庭帝国（1081）

舰队在1081年5月末起航，其中运载着约一千三百名诺曼骑士、一大批萨拉森人、一些未必可靠的希腊人，以及数千名混杂的步兵。在阿弗罗那[1]，一批拉古萨人（Ragusan）——他们和巴尔干半岛上的许多部族一样随时准备挣脱拜占庭帝国的控制——的舰船前来与他们会合，而后他们沿海岸线缓慢进军到科孚岛，当地的帝国驻军立即投降了。罗伯特·吉

① 阿弗罗那（Avlona，今称发罗拉），位于今阿尔巴尼亚境内。

斯卡尔就此获取了桥头堡，并得以保证与意大利的交通，可以放心大胆地进攻了。他的第一个目标就是都拉佐[1]，伊利里亚地区的首府与主要港口，已有八百年历史的伊格纳提亚大路从这里折向东方，穿越马其顿与色雷斯抵达君士坦丁堡。然而，围城的进展并不顺利。在向北绕过阿克罗克劳尼亚海岬（Acroceraunian）时，罗伯特的舰船遭遇了猛烈的风暴——古典时代的船只向来不在那里航行，据称那里是雷神朱庇特（Jupiter Fulminans）降下霹雳之地。一批船只受损，
18 而余下的船只抵达都拉佐城外的停泊处时，一支威尼斯舰队正从西北方向赶来。

得知吉斯卡尔在帝国领土登陆之后，亚历克修斯便向威尼斯总督多米尼克·塞尔沃（Domenico Selvo）紧急求援。这可能是多此一举了，因为对威尼斯而言，让诺曼人控制奥特朗托海峡对自己的威胁，可以说不比此举对帝国的威胁少。塞尔沃立即行动起来，他亲自召集战舰并立即出发，在傍晚与诺曼人的舰队交战。罗伯特的部下进行了坚决的抵抗，然而他们终究缺乏海战经验。威尼斯人使用了拜占庭海军的一个经典战术，贝利撒留早在五个半世纪前便在巴勒莫使用过，他们把小艇拴在桅杆顶，让士兵居高临下射击敌人。[2] 他们似乎也掌握了希腊火的秘密，诺曼编年史家戈弗雷多·马拉泰拉（Geoffrey Malaterra）记载称："他们用布置在水下的管子投射所谓的'希腊火'，火焰无法用水扑

① 希腊语称底拉西乌姆，今阿尔巴尼亚都拉斯。

② 见第一卷。

灭，就此狡诈地在海中焚毁了我们的舰船。”面对这样的战术与武器，诺曼人无力抵抗，阵型被冲散了，威尼斯人则得以安然进入都拉佐港。

都拉佐围攻战（1081）

但这并不足以逼退阿普利亚公爵，他的陆军（在海战之前他已下令他们上岸）此时毫发无损，而且开始发动围攻。亚历克修斯已经派他的老战友乔治·帕列奥列格前去指挥当地部队，命令他全力抵御敌军，等待他集结部队反击入侵者，而驻军得知援军正在赶来，便进行了坚决的抵抗。围攻持续了整整一个夏季，守军时常出城突击，在一次突击之中，头部中箭的乔治依然在暑热之中坚持作战了整整一天。最终，10 月 15 日，亚历克修斯亲率大军抵达。三天后他发起了攻击。此时的罗伯特率部稍微转移，在城北集结起阵线。他本人指挥中军，他的儿子博艾蒙德指挥左翼，他的妻子伦巴第公主萨莱诺的西凯尔盖塔（Sichelgaita）指挥右翼。

西凯尔盖塔是个值得一提的人物。她如同瓦格纳歌剧中的女主角一般，或许也是历史之中最接近“女武神”（Valkyrie）的人。她体格健壮，力量如同赫拉克勒斯，一生几乎从不离 19
开自己的丈夫，作战更是她最喜欢的活动之一。在战斗之中，她高喊着震耳欲聋的口号，鼓励着战友或诅咒着敌人，冲进混战的人群之中，金色长发在头盔之下飘动。西凯尔盖塔仿佛可以与瓦尔特洛德（Waltraute）、葛琳洁德（Grimgerda）乃至布伦希尔德（Brünnhilde）同列，成为奥丁（Wotan）麾下的女武神——即使她并非来自北欧。

和每一次皇帝亲征时一样，皇帝的瓦兰吉卫队随他来到了战场上。此时的瓦兰吉卫队中有大批英格兰人，他们是黑斯廷斯之战失败后，屈辱地离开家乡的盎格鲁－撒克逊人，此时为拜占庭帝国服役。他们之中不少人等待了十五年，终于得以和仇敌诺曼人作战，于是竭尽全力发起猛攻。他们将巨大的双手斧举过头顶，劈砍诺曼人和他们的坐骑，让阿普利亚的骑士们陷入恐慌，他们极少见到遭遇骑兵冲击之后依然不会崩溃的步兵阵线。骑士们的马匹开始惊慌，不久之后诺曼人的右翼便陷入了混乱，许多人直接逃向大海，以免被杀。

但此时，按照同时代的记载，西凯尔盖塔拯救了诺曼人。安娜·科穆宁的记载最为生动。

> 罗伯特的妻子盖塔——她骑马跟在他的身边，堪称帕拉斯（Pallas）再世，乃至雅典娜降生——看到士兵们后退，便瞪着他们，用她的母语厉声高喊荷马的名句："你们能逃多远？若是男人，便坚守阵地！"当她看到仍有人逃跑时，便拿起长枪全速冲向逃兵们。见她冲来，逃兵们恢复了秩序并重新投入战斗。

此时，博艾蒙德的左翼军队也调转方向前来助战，一批弩手开始从侧翼射击瓦兰吉卫队，而他们又无法用斧子反击。此时的他们脱离了主力部队，退路被切断了，只得坚持作战。最终，极少数疲惫的英格兰人逃进附近的大天使米迦勒礼拜堂中寻求庇护，但诺曼人立即焚毁了那座修道院——

此时他们与去加尔加诺山朝圣之时已不可同日而语——并烧死了避难的瓦兰吉卫士们。

与此同时，在中军阵的皇帝依然坚持作战，但拜占庭军 20
队的精锐早已在曼齐刻尔特之战中损失殆尽，目前他那支由蛮族佣兵组成的混杂部队既不守纪律，也不愿与阿普利亚的诺曼人死战。乔治·帕列奥列格从都拉佐率部出击，但他没能挽回战场上的颓势，更糟糕的是，亚历克修斯一世的附庸、泽塔的国王君士坦丁·伯丁逃离了战场。亚历克修斯原本对塞尔柱苏丹苏莱曼（Süleyman）借给他的七千塞尔柱仆从军寄予厚望，但他们见君士坦丁逃走之后也随即逃离了战场，让战局愈发恶化。此时亚历克修斯已经没有胜算。他陷入包围之中，乔治的父亲尼基弗鲁斯·帕列奥列格以及米哈伊尔七世的兄弟君士坦提乌斯（Constantius）均已战死。痛失战友，疲惫不堪，又因额头受伤而失血的皇帝，孤身一人缓慢地骑马穿越群山，抵达奥赫里德，集结并重组他的残部。

都拉佐继续坚守了四个月，直到 1082 年 2 月，靠着城中一个叛变的威尼斯人（按马拉泰拉的记载，此人索要的回报是与罗伯特的侄女成婚），诺曼人才得以冲进城中。然而攻破都拉佐之后，征服的脚步便加快了，各地的居民得知皇帝战败的消息后便放弃了对入侵者的抵抗，吉斯卡尔在几周之后便控制了整个伊利里亚。之后他进军卡斯托里亚（Kastoria），那里也立即投降了——即使城中驻守着至少三百多名瓦兰吉士兵。此事让诺曼人的士气愈发高涨。如果帝国的残兵败将都不肯继续抵抗，那么君士坦丁堡便是唾手可得了。

哀哉，罗伯特失算了。4 月，仍在卡斯托里亚的他收到了来自意大利的消息：阿普利亚和卡拉布里亚，以及卡帕尼亚大部正在整备军队。教皇格里高利七世也送来了一封信，称他的死敌、罗马人的国王①亨利四世抵达了罗马城下，要求加冕为西帝国皇帝。此时这位公爵必须尽快回国。他把远征军的指挥权交给博艾蒙德，并对自己父亲坦克雷德的在天
21 之灵发誓，在返回希腊之前绝不剃须，之后罗伯特匆忙返回海边，乘船横渡亚得里亚海。

亚历克修斯备战（1082）

为和罗伯特·吉斯卡尔作战，亚历克修斯寻找的援军不止威尼斯人。即位之时他就清楚罗伯特在筹备入侵，于是立即开始寻找潜在的盟友。最近的盟友便是罗伯特的侄子，他兄长汉弗莱（Humphrey）的儿子阿伯拉尔（Abelard），此人被他的叔父剥夺了财产，之后来到君士坦丁堡避难。他欣然答应秘密返回意大利，在自己兄弟赫尔曼（Herman）与拜占庭的资金支持之下发动叛乱。与此同时，皇帝也派出使团觐见亨利四世，指出任阿普利亚公爵肆意妄为的危险性。作为结盟的回报，亚历克修斯还送给亨利三十六万金币，许诺支付二十名高级官员的俸禄，还赠送了镶珍珠的金十字架胸针、一只水晶杯、一只缠丝玛瑙杯和“装着几位圣人遗

---

① 纯粹的荣誉称号，通常授予选举出的西帝国皇帝，然后再由罗马的教皇加冕。

骨的镶金圣骨匣，每件都附有小标签”。这一协议花费确实可谓不菲，但在 1082 年春季，当皇帝收到罗伯特突然离开的消息时，他还是会觉得近期的外交花费是值得的。

他本人在塞萨洛尼基越冬，试图集结部队以进行夏季的军事行动。博艾蒙德和他的军队正在帝国西部行省扩张，他的父亲很可能在不久之后就返回，向都城进军。若是想要抵御诺曼人，就必须有一支训练有素的强大部队，但佣兵需要薪酬，帝国国库已经耗竭，而加税只会让已被剥削殆尽的拜占庭臣民们发动叛乱。亚历克修斯向他的母亲、兄长与妻子求援，他们也尽力提供了援助，只留下勉强够生活的费用，但这远远不够。最终，他的兄弟、尊贵者伊萨克在圣索菲亚大教堂召集了宗教会议，根据古时留下的允许教会金银用于赎回拜占庭俘虏的教义，宣布扣押所有的教会财产。拜占庭帝国的历史之中只有一个类似的先例，在 618 年面对波斯国王库斯老入侵时，牧首塞尔吉乌斯自愿将所有教堂与修道院 22
之中的财富交给国家，皇帝希拉克略欣然接受了他的馈赠。[①] 此时却是主动索取。这次教会远没有那么开明，也几乎没有掩饰不满情绪。然而他们也只能屈服，亚历克修斯就此集结起了军队。

然而，即使这样的军队在组建起来之后的第一年中也无力阻止博艾蒙德进军。在雅尼纳（Yanina）和阿尔塔（Arta）接连取胜之后，他缓慢地将拜占庭军队赶出了马其顿，并控制了塞萨利大部。直到 1083 年春，亚历克修斯才

① 见第一卷。

在拉里萨扳回一城。他的计划颇为简单。在即将决战时，他将大部分部队以及皇帝的旌旗都交给自己的妹夫尼基弗鲁斯·梅里森努斯与另一位显赫将军巴西尔·库尔提吉奥斯（Basil Curticius），下令他们向敌人进军，而在即将接战之前调转方向假装逃跑。他本人则亲率一支精锐部队趁夜抵达诺曼人的营地附近隐蔽。破晓时，博艾蒙德见到敌军与旌旗，便立即发动了进攻。梅里森努斯和库尔提吉奥斯按照计划行事，不久之后拜占庭大军便开始后退，诺曼人则全力追击。与此同时，亚历克修斯和他的部下则冲进了敌军的营地，一番屠戮之后掠走了大批辎重。博艾蒙德返回营地之后，被迫放弃对拉里萨的围攻，返回了卡斯托里亚。他的远征就此失败了。沮丧、思乡、欠饷的诺曼大军又听闻亚历克修斯给叛逃者开出大笔贿金，士气进一步丧失，随即瓦解。博艾蒙德乘船返回意大利寻求资金支持，而他的副手在他离开之后便立即投降了。之后威尼斯人的舰队收复了都拉佐和科孚岛。1083 年年末，诺曼人在巴尔干半岛上控制的土地仅剩一两个小岛与少量滨海地域了。

亚得里亚海对岸的罗伯特·吉斯卡尔出色地完成了任务。平息阿普利亚的动乱所花的时间比他预想的长，这在很大程度上是因为叛军从君士坦丁堡获取了大笔补助，但在
23 仲夏，最后的抵抗据点也被清除了。他随后开始集结新军，以解救教皇格里高利——他此时困在圣天使城堡——并赶走亨利。次年夏初他开始进军，并于 1084 年 5 月 24 日，在罗马城外的今卡佩纳城门（Porta Capena）附近扎营。然而皇帝并没有在那里等待他，在罢黜格里高利并让自己扶植的

傀儡教皇于棕枝全日为自己加冕之后，他在阿普利亚公爵抵达城下三天之前率领大部分部队退回了伦巴第。

诺曼人劫掠罗马（1084）

若是罗马人没有愚蠢地在前一年的3月打开城门，诺曼人将会作为援军进入城中，但此时的他们以征服者的姿态进城。5月27日夜，罗伯特悄然率部绕到城北，在黎明时分发起攻击，并在几分钟之后便攻破了弗拉米尼亚城门。他们遭到了坚决的抵抗，位于台伯河另一侧、正对着圣天使城堡的马尔提乌斯原野变为一片火海。但不久之后，诺曼人便将守军击退至对岸，解救了堡垒中的教皇，以胜利者的姿态将他带回已成废墟的拉特兰宫。

真正的悲剧此时才上演。尽管罗马的繁华在那些年的兵燹之后已经所剩无几，但对吉斯卡尔的部下而言，这座城市的财富规模依然是他们之中绝大部分人未曾见识的，整个罗马城很快陷入了劫掠。劫掠持续了三天之后，城中居民忍无可忍，发动了暴乱。对此毫无防备的罗伯特被暴动者包围。危机之中，他的儿子罗杰·博尔萨（Roger Borsa）展现了少见的活跃，率领一千名重甲骑兵突破愤怒的人群，及时地解救了他的父亲。然而，此时为求自保的诺曼人开始在城中纵火。卡比托利欧山和帕拉蒂尼山火光冲天，教堂、宫殿与古神庙也仅剩下空壳。在斗兽场（Colosseum）与拉特兰宫之间的广大地域之中，几乎所有建筑都被付之一炬。当硝烟散去，幸存的罗马市民领袖在脖子上系上出鞘的剑，跪在阿普利亚公爵面前投降时，城市已被劫掠一空，只剩下荒芜与绝望。

几周之后，罗伯特·吉斯卡尔返回希腊。按安娜·科穆
24 宁的记载，他一向固执己见。已经六十八岁的他依然希望重新开始远征。1084 年秋，他带着博艾蒙德以及另外两个儿子罗杰与居伊（Guy），率领一百五十艘战舰组成的新舰队返回。出发之时的情况堪称恶劣，风暴让船只在布特林托（Butrinto）滞留了两个月，而当他们终于得以渡过海峡抵达科孚岛时，威尼斯人的舰队又成功地在三天之中两次击败他们。他们损失惨重，以至于威尼斯人派出了小艇返回威尼斯报捷。然而威尼斯人低估了吉斯卡尔。他的舰船大多已经破损不堪，已经无力进行第三次交战，但见到小艇离开之后，他意识到自己有机会发动突袭，便迅速将依然能够航行的船只集结起来，发动了最后的突击。

他算计得很精准。威尼斯人不但没有防备，他们的战舰弹药也早已耗光，因为重心太高，所有士兵和水手在接弦战中时常滑向甲板的一边，其中许多船倾覆。（这一说法见于安娜·科穆宁的记载，尽管这与我们所知的威尼斯人的航海水平未必相符。）安娜记载称威尼斯人有约一万三千人阵亡，还有两千五百人被俘，而对这些俘虏遭受的残害的病态记载，也称得上是她记述风格中最不讨喜的一个方面。① 科孚岛陷落了，这支大军在大陆越冬时，心情更好，前景也更光明。

---

① 安娜还记载了第四次交战，声称威尼斯人取得了胜利，但威尼斯人的记载中并未提及此事。鉴于总督塞尔沃在科孚岛的灾难之后被罢免，这一记载很可能只是她一厢情愿的编造而已。

罗伯特·吉斯卡尔病逝（1085）

但在入冬之后，一个比威尼斯人和拜占庭人加起来都要致命的敌人出现了：瘟疫，或许是伤寒，毫不留情地暴发了。开春时，已有约五百名诺曼骑士病死，余下的士兵也大多无力作战。然而即使此时，罗伯特也依然欢欣鼓舞。他的家人之中只有博艾蒙德生病，返回巴里疗养；初夏，决心再度进军的他派罗杰·博尔萨率先遣部队攻打凯法利尼亚岛（Cephalonia）。几周之后，他率部向南支援，却突然染病。当他的舰船抵达岛北端的阿塞尔海岬（Ather）时，他已经 25
病入膏肓。1085年7月17日，在忠实的西凯尔盖塔的陪伴之下，他就此病逝。他所停泊的海湾至今依然被称为“菲斯卡多”（Phiscardo）。

此前的四年间，他曾经让欧洲最强势的两位君主，即东帝国与西帝国的皇帝望风披靡，并解救了中世纪之中最可敬的教皇之一，亲手恢复他的权力。若是他能再存活几个月，也许他能够实现他的野心，亚历克修斯的执政也将更为短暂，乃至成为拜占庭帝国的亡国之君。但吉斯卡尔死后，帝国的直接威胁就此消除。他的儿子和侄子们立即就遗产继承问题爆发了在所难免的争执，他晚年的宏图大志也就此落空。但他们并没有遗忘他的创举。此后南欧的诺曼人对东方的觊觎之心与日俱增，十二年后，罗伯特的儿子博艾蒙德便在皇帝的资助之下，打下了第一个海外的十字军国家。

“帝国的直接威胁就此消除”，无论这句话由谁来写，都堪称大胆。拜占庭城从来都不会安全太久。帝国在西方的邻居通常不可信任，时常背叛；东方的邻居却几乎全部怀有敌意，并注定会完成最后一击。然而这几个世纪之中，来自北方的威胁接连不断，各个蛮族部族，如哥特人、匈人、阿瓦尔人、斯拉夫人、格皮德人、保加尔人、马扎尔人和乌泽人，一个个从中亚的草原上迁徙到此地。他们虽然没能夺取君士坦丁堡，却也持续保持着对帝国的威胁，让皇帝与他的臣民们难得安歇。

当诺曼人暂时离开时，佩切涅格人又登上了舞台。他们算不上新角色。在两百多年间，他们都是值得畏惧的力量，其间他们证明了自己的贪婪与残忍。读过前一卷的读者们也许还能记得，在九世纪中期时，紫衣贵胄君士坦丁七世曾经警告自己的儿子罗曼努斯，必须用无休止的奢侈品馈赠他
26 们，不计成本地满足他们，保证与他们的盟约与友好关系。[1] 然而近年的皇帝们无视了他的建议，而佩切涅格人的侵扰，在东巴尔干鲍格米派异端[2]的协助与唆使下愈发激烈。1087 年春，大批蛮族军队——安娜估计有八万人——入侵帝国；三年后，在双方互有胜负的几次战斗之后，他们终于来到了君士坦丁堡城下。

佩切涅格人与鲍格米派也不是亚历克修斯需要面对的仅有麻烦。士麦那的突厥埃米尔沙卡（Chaka）在此前十年间

---

① 见第二卷。

② 鲍格米派异端信仰摩尼教，这个恪守清规戒律的教派相信物质世界是恶魔创造与统治的。自十世纪于保加利亚发源之后，他们便迅速传播到了整个巴尔干以及小亚细亚的部分地域，乃至演化出了法国西南部的阿尔比派（Albigensians），又称清洁派（Cathars）。

将自己的影响力拓展到了整个爱琴海东岸。他在君士坦丁堡居住了一年多，尼基弗鲁斯三世赐予他首席至贵者（protonobilissimus）的头衔。但他的野心，就像此前的罗伯特·吉斯卡尔一样，指向了拜占庭帝国的皇位。佩切涅格人的入侵给了他期待已久的良机。他准备了一支舰队，在1090年秋末轻易占据了拜占庭的莱斯沃斯岛、希俄斯岛、萨摩斯岛和罗德岛。对拜占庭帝国而言，幸运的是亚历克修斯也组织起了海军；次年年初，他的亲属君士坦丁·达拉森努斯（Constantine Dalassenus）率领舰队将埃米尔赶出了马尔马拉海入口。但沙卡远没有战败，还打算继续进攻，却在1092年的一场宴会上被苏丹基利杰·阿尔斯兰（Kilij Arslan）谋杀。

勒乌尼昂血战（1091）

与此同时，佩切涅格人依然保持着对君士坦丁堡的压力。亚历克修斯全力抵御他们，虽然能够将他们限制在海湾，但部队匮乏的他无力把他们赶回原来的土地。就此，无计可施的他再度使用了拜占庭帝国最古老的外交手腕之一：远交近攻，贿赂另一个异族来对抗目前的敌人。这一策略存在风险，毕竟两个异族很可能借机结盟，就此让帝国陷入两支异族联军的合击之下。但在曼齐刻尔特之战后，帝国已经失去主要的人力资源来源，他也别无良策了。于是，在“智者”利奥请求马扎尔人进攻保加利亚的西米恩[①]两个世

---

① 见第二卷。

纪之后，亚历克修斯·科穆宁向库曼人提出了请求。

27 此前的篇章之中，库曼人被泛称为他们的古称——斯基泰人。[①] 这个突厥系的游牧部族在十一世纪从东方迁徙到今乌克兰境内。他们与佩切涅格人并没有什么根本性的矛盾，还在1087年与其共同欣然掠夺了色雷斯，但亚历克修斯给出了库曼人无法拒绝的条件，他们也就此同意了。库曼人在晚春时节抵达，而后在1091年4月28日星期一，两军于马里查河河口处的勒乌尼昂（Levunium）对垒。

当晚，皇帝下令他的士兵们祈祷。安娜如此记载：

> 日落西山时，失去阳光的天空被再度照亮，所有人将点燃的火把（即他们所谓的蜡捻）拴在长枪头上，如同繁星一般。祈祷声无疑传到天堂之中，或者说，正是天主上帝让这声音飞进天堂之中。

他们的祈祷似乎应验了。次日双方的决战之中，按照游牧部族习俗拖家带口上阵的佩切涅格人遭受惨败，近乎灭族。安娜声称他们被全歼，尽管这是夸张，却与事实相去不远。一些俘虏为帝国服役，余下的大多数人——据称是俘虏他们的人数量的三十倍——则被全部屠杀。

---

① 或许一些读者更熟悉“波洛伏齐人”（Polovtsi）的说法，鲍罗丁（Borodin）的歌剧和罗斯的民间传说就提到基辅大公伊戈尔俘虏了波洛伏齐人，让他们跳舞。（库曼人，俄语资料的波洛伏齐人，即蒙古资料中所说的钦察人。这些概念指代的与其说是同一个部族，倒不如说是一个松散的部族联盟。——译者注）

帝国军队与指挥帝国军队的亚历克修斯·科穆宁在勒乌尼昂的血腥屠戮并不值得称道，① 但事实上，这依然是拜占庭帝国在巴西尔二世逝世之后，赢得的最为重大的胜利。这场胜利不仅让帝国得以在接下来的三十年间免于佩切涅格人的侵扰，也让其他部族忌惮，还振奋了拜占庭军队的士气。更重要的是，这一战巩固了皇帝的地位。他毕竟是靠武力夺 28
取皇位的，野心勃勃的青年军官们，只要是来自那十几个拜占庭贵族家族，那么每一个人都可以同样宣称皇帝，而亚历克修斯此前展现的能力仅能有限地保护他免遭对手的阴谋陷害。此时的他终于证明了自己能够让帝国或多或少恢复旧日的辉煌。在这一战几天之后，皇帝荣耀地穿越君士坦丁堡的金门，在臣民们的齐声欢呼之中，通过装饰一新的街道来到圣索菲亚大教堂。此时的他，在即位十年之后，终于可以带着这十年间不曾有过的自信与希望，展望未来了。

① 安娜声称自己的父亲完全没有参与那次屠杀——不过就算参与了，她也会这么写，是吧？

第三章　第一次十字军（1091～1108）

29 他们接踵而来，云集于此，兵器战马甲胄一应俱全，满怀热忱的他们挤满了每一条大路。在战士之外还有大批平民，数量多于海中沙粒与空中繁星，他们手持棕榈，肩扛十字。还有背井离乡的妇孺。如同百川入海一般，他们从四面八方涌来。

——《亚历克修斯传》，Ⅹ，5

1094 年行将结束时，一个来自罗马的使团前来觐见亚历克修斯·科穆宁。乌尔班二世（Urban Ⅱ）已经担任七年教皇，其间他竭力改善君士坦丁堡与教廷的关系。在 1054 年那荒谬且颇不必要的分裂[①]之后，双方都为重归于好做出了一些努力，特别是米哈伊尔七世与教皇格里高利七世。然而得知米哈伊尔被废黜的消息之后，格里高利武断地革除了篡位者尼基弗鲁斯·博坦内亚特斯的教籍，在 1081 年也革除了亚历克修斯的教籍。被罗马教廷革除教籍，对这位君主

① 见第二卷。

而言很难说有多少影响，尽管他颇为虔诚，但他对教皇的宗教权威事实上并无太大敬意。然而这样的举措自然不会改善关系，他对格里高利的态度也因为教皇和自己厌恶的阿普利亚公爵结盟而跌入谷底。与此同时，教皇也惊异地得知亨利四世收了亚历克修斯的钱财，而当他于1085年逝世时，罗马与君士坦丁堡的关系依然恶劣。

当乌尔班于三年后继任时，他起初忙于罗马教廷内部 30
事务，无暇关注东帝国的问题。由于教皇格里高利七世与亨利四世的争斗，罗马此时依然控制在僭称教皇手中，五年之后乌尔班才靠着坚持不懈的外交斡旋返回拉特兰宫。然而在1089年时他就已经试图和解，恢复了亚历克修斯的教籍；皇帝虽然此前关闭了君士坦丁堡所有的拉丁教堂，此时也投桃报李取消禁令，并召集宗教会议，宣称教皇的姓名没有出现在双联饰板[①]上是“源于疏忽而非宗教决议”。这样的说法虽然没人相信，起码也展现了善意。双方交换了信件，对神学与礼拜方式差异的探讨之温和，几乎是拜占庭教会历史之中前所未有的。双方的裂痕就此渐渐弥合，当教皇使节抵达君士坦丁堡时，皇帝与教皇已经重归于好。

信使们邀请希腊教会派代表出席次年3月在皮亚琴察举行的西方宗教会议，亚历克修斯立即同意了。他清楚，其中讨论的大多是西欧教会的内部事务，比如买卖圣职圣物，法

① 双联饰板上刻着在世或过世的重要人物的名字，寻求上帝的格外庇佑，还要在圣餐时高声诵读。

兰西国王腓力（Philip）通奸，以及教士婚姻之类的问题，这些对他而言无非和东正教教会有些不同而已，然而这次会议也能够提供一个他期待已久的机会，获取西欧的支援以对抗突厥人。此时安纳托利亚的境况可谓比曼齐刻尔特之战后稳定许多，罗姆苏丹国在很大程度上已经瓦解，实际掌权的埃米尔们忙于内讧——不少还是源自拜占庭帝国的挑唆——而无心联合进攻帝国。这也是首次出现收复小亚细亚的良机。但在此之前，皇帝依然严重缺少人手，他依赖异族佣兵作战，其中的大部分人都不可信，包括很大程度上由盎格鲁-撒克逊人组成的瓦兰吉卫队，以及时而为寻求财富而暂时服役的西欧士兵。这些部队所能做的只有防卫帝国的西部与 31 北部边界，防备南意大利的诺曼人发动入侵，但若是要对塞尔柱人发动集中攻击，部队规模上的缺口近乎令人绝望。他需要来自西方的规模可观的军事支援，而皮亚琴察将成为他提出请求的绝佳场合。

拜占庭帝国的发言人出色地完成了任务。在当时的情境之下，他们自然没有把重点放在可能的收益上——虽然也不可能完全不提——而是着重强调这一请求的宗教意义：东方的基督教教会遭受苦难；小亚细亚在突厥人的控制下沦陷；异教徒大军出现在君士坦丁堡城下，不仅威胁东帝国，也威胁着整个基督教世界。与会者深受触动，但或许最受触动的正是教皇乌尔班。他从皮亚琴察前往克雷莫纳，接受亨利四世叛逆的儿子康拉德（Conrad）的效忠。之后他翻越阿尔卑斯山，返回自己的家乡法兰西王国，在这一漫长辛苦的旅途之中，他脑海之中的计划逐渐成形——这一计划远比亚历克修斯·科穆宁的计划宏伟：发动一场圣战，以整个欧洲的联军进攻萨拉森人。

克莱蒙会议（1095）

在他看来，皮亚琴察的会议仅仅是个序幕。抵达法兰西王国之后，他于 11 月 18 日在克莱蒙（Clermont）[①] 宣布召开一场规模更大也更重要的会议。会议将持续十天，其间大部分时间讨论通常的教会问题。然而 11 月 27 日星期二要举行一次全体会议，其间教皇将会进行一次公开演讲，讨论攸关基督教世界的问题。这个召集令起到了乌尔班二世所期望的效果，人群涌入小城聆听教皇的布道，以至于教皇被迫离开大教堂，在东门外开阔地的高台之上就座。[②]

乌尔班演讲的文稿并未存世，而同时代的四份记载之中存在的差异之大，足以证明其可信性均存疑。大致的情况是，教皇起初重复了亚历克修斯的使节在皮亚琴察所说的要 32
点，展开了他们的论述并支持他们的请求。然而和拜占庭使节不同的是，他随后把话题转移到了耶路撒冷[③]，基督徒朝圣者如今时常在那里遭到劫掠以及该城的突厥领主的迫害。

---

① 克莱蒙于 1650 年与邻近的蒙费朗（Montferrand）合并为克莱蒙费朗（Clermont-Ferrand），如今由于工业化而少有游客。很可惜，毕竟这里有建造在黑色火山岩（整座城建在一座死火山上）上的十三世纪大教堂和还要早两个世纪的罗曼式教堂——港口圣母教堂（Notre-Dame-du-Port）。

② 今德利勒广场（Place Delille）。

③ 自从哈里发欧麦尔于 638 年夺取耶路撒冷之后，该城便处于穆斯林的控制之中，但此前的基督徒朝圣者大多得以自由入城并自由朝拜，不需要授权，也不受阻拦。1077 年，塞尔柱人夺取了该城。

他声称这样的情况不能继续下去，西方的基督徒有义务前去解救东方的基督徒。所有同意加入的人若是“仅仅出于忠诚，而非为获取名利”，便会在离世时得到赦免，全部罪业被免除。远征要尽快进行，十字军必须在 1096 年 8 月 15 日，圣母升天节的盛宴上出发。

人们对这段激情演说的回应远比乌尔班预期的要大。在勒皮主教阿代马尔（Adhemar of Le Puy）的带领下，几百人，包括神父、僧侣、贵族和农民，跪在他的宝座之前请求获取十字。第一次十字军就此开始。

隐士彼得（1096）

亚历克修斯·科穆宁得知克莱蒙发生的变故时，大为震惊。乌尔班二世组织的十字军绝非他所期待的援助。对他和他的臣民们而言，与异教徒交战既不是新鲜事也不是值得激动的事，拜占庭帝国在这五百年间的绝大部分时间之中都处于这一状态。至于耶路撒冷，那里原本是帝国的领土，在他看来那里也本该属于帝国，若是有机会他也会收复那座圣城。然而这是帝国军队的任务，而非整个基督教世界的共同责任。现在安纳托利亚出现了曙光，他终于有机会收复沦陷的领土，但他如今不能以自己的方式、按照自己的安排完成这一切，却要面对成百上千目无法纪的西欧兵痞，涌入帝国的边境之后无休止地索要粮秣补给，而且基本可以肯定的是，他们不会服从他人的任何权威。皇帝需要的是雇佣军，而不是十字军。

与此同时，他也竭尽所能限制潜在的破坏。为了阻止这

些乌合之众破坏乡村，掠夺本地的平民，他下令在都拉佐以
及伊格纳提亚大路各地安排大量的补给点，每一支抵达的十 33
字军都要在一队佩切涅格人军警——应当是勒乌尼昂之战的幸存者——的护送之下前往都城。做好这些准备之后，他便只能等待这支入侵大军的到来，而第一批十字军——先于他们到来的是一群蝗虫，君士坦丁堡的占卜师们对这一异象的解读可想而知——让他最畏惧的情况变成了现实。

隐士彼得（Peter the Hermit）其实根本不是隐士，而是个亚眠（Amiens）地区的狂热云游僧侣，他虽然衣衫褴褛满身异味，却有着怪异且强烈的个人魅力。他在法兰西北部与德意志四处布道宣传十字军，很快吸引了约四万人跟随。其中包括大批妇孺，许多人相信他是带领他们前往神父们口中那个流着奶和蜜的地方——事实上是把耶路撒冷和“新耶路撒冷”弄混了。在他们之后出发的十字军主力由贵族领导和补给，而彼得的军队，除了少数随行的德意志骑士，大多数都是法兰西与德意志拖家带口的农民。这支散乱笨拙的部队穿越欧洲，一路安然抵达匈牙利的塞姆林（Semlin），即今泽蒙（Zemun），而萨瓦河对岸就是贝尔格莱德了。然而麻烦也就此开始，据说因一双鞋而起的纠纷引发了一场暴乱，彼得的部下——基本可以肯定是未经他的允许——突袭了该城的堡垒，杀死了四千匈牙利人。渡河抵达贝尔格莱德后，他们在城中纵火抢掠。他们还打算在尼什劫掠一番，然而拜占庭在保加利亚的指挥官尼基塔斯（Nicetas）派出了自己的骑兵。面对训练有素、纪律严明的部队，这些十字军无力抵御。许多人被杀，更多人被俘虏。出发时的四万人，

在抵达塞尔迪卡（索菲亚）时已经损失四分之一以上。①

此后没有出现什么意外事件，也居然没有遭受什么指责。这些远征者已经得到足够的教训——而且其领袖以及大部分追随者也是无辜的。8 月 1 日抵达君士坦丁堡时，他们
34 得到了礼遇，皇帝也召见了彼得。与他稍微一谈，再瞥一眼他的追随者，亚历克修斯就足以相信，在抵达安纳托利亚之后，这支所谓的军队在塞尔柱人面前将一触即溃。他也许本会阻止彼得带着追随者送死，但在十字军驻扎的郊区——只有少许处于监管之下的人员可以入城参观——已经出现一系列的盗抢与强奸事件。这支部队绝对不能留下，而既然他们不肯返回家乡，那就只能继续前进了。8 月 6 日，他以重兵护送，将他们运过了博斯普鲁斯海峡，任其自生自灭。

故事的结局很简短。在距离海峡仅仅五十英里处的尼科米底亚，即今伊兹米特，德意志十字军与法兰西十字军爆发争吵后分头行动，一支规模较小的意大利十字军跟随德意志十字军行动。两支部队绕尼科米底亚海湾抵达小村基波图斯（Cibotus），那里位于今亚洛瓦（Yalova）以东几英里处。他们以此为基地掠夺周边乡村，而法军一路抵达尼西亚——塞尔柱人的都城——四处奸淫掳掠，乃至虐杀②当地信仰基督教的希腊人。他们的成功让德意志人大为嫉妒，他们进军

① 中世纪历史记载之中的数据向来不准确，编年史家也都在夸大数额，从来没有给出一致的数据。这一部分的数据参考对比之下最为可信的是艾克斯的阿尔贝（Albert of Aix）的记载（Ⅰ，9～12）。

② 据称他们用烤肉叉活烤基督徒的婴儿，这一说法虽然不可信，却在当时传播甚广。

越过尼西亚之后夺取了克瑟利戈登（Xerigordon）堡垒——但他们的暴虐仅仅施加于穆斯林身上。克瑟利戈登堡垒位于土丘之上，唯一的水源在城外，而当塞尔柱人在 9 月末围攻城堡时，守军便无计可施了。他们坚守了一周，而第八天，已经要靠骡马的血液，乃至他人尿液解渴的他们最终投降了。那些背教者得以免于一死，成为奴隶，其他人则全部被杀。

消息传到基波图斯时，引起了不小的恐慌，突厥人正在向他们的营地进军的消息进一步打击了士气。一些人建议等待正在君士坦丁堡谈判的彼得返回，但他没有返回的意思。当敌军日渐逼近时，决战已经不可避免。

10 月 21 日，剩下约两万人的十字军出发离开基波图 35
斯，随即落入塞尔柱人的伏击圈。一阵箭雨阻挡了他们的去路，骑兵则被赶进步兵队列之中，几分钟之后这支大军便开始向大营溃逃，塞尔柱人随即开始追击。留在基波图斯的老人、妇女、儿童与病患几乎完全没有逃生的可能。少数幸运者得以躲进海边的一座古堡之中幸免于难，一批少男少女则被突厥人掳走。余下的人全部被无情屠戮。平民十字军就此结束。

十字军的挑战（1096）

跟随隐士彼得在 1096 年穿过欧洲，几个月后便在小亚细亚西部被全歼的这些乌合之众，并非第一次十字军的典型情况。接下来的九个月间，亚历克修斯迎来了由西欧最富裕也最有权势的封建主们率领的约七八万人的不速之客，其中有不少妇女。这支大军带来的挑战，无论是经济上、补给上、军事上，还是最重要的外交意义上的挑战，都是拜占庭帝国前所未有的。在这个危急时刻，一位杰出的领袖以机巧与敏锐应对了它们，并取得可谓卓绝的成功，帝国实在堪称幸运。

最大的问题在于信任——或者说，不信任。亚历克修斯不相信这些十字军的领袖是出于那些高尚的宗教动机前来的。他与巴约勒的鲁塞尔以及此后的罗伯特·吉斯卡尔不愉快的交往足以让他断定，至少诺曼人是为了掠夺而来，帝国自然是最理想的目标，若是不能成功就去东方建立自己的独立国家。后一个目标对他而言并不值得多么担心，在帝国和萨拉森人之间出现一系列基督徒控制的缓冲区，并不算什么坏事。但在他看来，关键的问题在于，首先这些政权不应该建立在本该属于帝国统治的领土之上，其次这些政权应当奉帝国为宗主国。他清楚，西欧的封建制基于效忠宣誓，因此他要求穿越君士坦丁堡的所有十字军领袖向他宣誓效忠，保证他们此后征服的所有土地臣属于帝国。

36 最早抵达的十字军领袖之一，韦尔芒杜瓦的于格（Hugh of Vermandois）是法兰西国王腓力一世（Philip Ⅰ）的弟弟。他在 1096 年 11 月初抵达君士坦丁堡时，仍因为亚得里亚海上的海难而惊恐不已，在收了亚历克修斯大笔礼物之后，他便欣然遵命发下了誓言。然而接下来的两位就远没有那么容易应付了。其一是下洛林公爵布永的戈德弗雷（Godfrey of Bouillon），另一位是他的兄弟布洛涅的鲍德温（Baldwin of Boulogne）——并非长子而没有封地的他，带着妻儿一同前来，决心要在东方创立自己的国家。大批来自法兰西王国北部和低地国家的骑士，以及一支规模庞大且训练有素的部队与他们一同前来。他们穿越匈牙利，一路安然抵达马尔马拉海滨的瑟利姆布里亚[1]，却在那里出于某种原因突然纪律涣散，在周围的乡村劫掠了一个星期，之后两兄弟才得以重新掌控事态，在圣诞节两天之前抵达金角湾上游，今埃于普附近，帝国安排他们在那里扎营。

一两天之后，韦尔芒杜瓦的于格作为亚历克修斯的特使前来，邀请两人前往布拉赫内宫进行宣誓仪式。戈德弗雷坚定拒绝了，声称自己已经作为公爵向西帝国皇帝亨利四世宣誓效忠，而且他也听说了隐士彼得的十字军惨败的消息，稀少的幸存者纷纷将其归罪于拜占庭人的背叛。亚历克修斯此时出于忧虑，减少了给十字军提供的补给，然而当鲍德温的部下开始掠夺周边城郊时，他又被迫让步。僵局就此持续了整整三个月，直到皇帝在得知新的十字军正在前来时，决定就此终止对他们的供应。此举让那些不速之客开始公开的敌对行为——而他也几乎正是如此打算的。他本人不会攻击作为盟友抵达的基督徒军队——至少表面上如此——但如果这两兄弟不肯发下誓言，此后前来的人又会怎么样呢？摊牌的时刻到来了，这也是最好的方式。

戈德弗雷和鲍德温原本奉命在君士坦丁堡对面的加拉塔
扎营，此时他们已经渡过金角湾，将部队在布拉赫内宫外的 37
城墙北端集结起来。当时正是复活节的星期四，亚历克修斯

① 今锡利夫里。

对他们的不虔敬颇为惊异，也相信他们是来争夺帝国皇位的，就集结起自己的部队（但预先秘密严令他们绝不得接战），下令他的弓箭手从城墙上向他们射击。起初这些策略似乎生效了；十字军后退，帝国士兵仅有七人被杀。但他们突然调转方向发起突击，忍无可忍的皇帝也随即派出突击部队反击。困惑而士气低落的法兰克人纷纷逃跑。两人别无选择，只得投降。在复活节的周日，他们带着麾下的显赫骑士们最终发下了誓言。双方的关系立即恢复和睦，亚历克修斯送上礼物并与他们共餐。次日他安排船将大部分人送过了博斯普鲁斯海峡。

塔兰托大公博艾蒙德（1097）

第一次十字军之中的所有领导者之中，有一个亚历克修斯最无法信任的人——博艾蒙德。他此时已是塔兰托大公，在 1097 年 4 月 9 日抵达君士坦丁堡，部队之中至少还有欧特维尔的坦克雷德的另外四个孙子和两个曾孙。他是十二年前几乎夺取亚历克修斯的皇位，却最终暴病而死的罗伯特·吉斯卡尔的长子。罗伯特和他的第一任妻子，也就是博艾蒙德的母亲离婚后与强势的西凯尔盖塔成婚，就此把他在意大利的领土留给了她的儿子罗杰·博尔萨，因此此时的博艾蒙德格外危险：在意大利希望渺茫的他自然要在东方带来更大的浩劫。更重要的是，他身为军官的威望，加上出色的领导能力、勤勉的训练安排，以及战场上出众的勇气，在欧洲可谓无人可比。至于他的相貌，连安娜·科穆宁都无法抑制自己的仰慕。

> 博艾蒙德的外表，简而言之，和罗马帝国之中所见的任何人，无论是希腊人还是蛮族都不同……他体格如此高大，比帝国最高大的人还要高出一肘。他腰腹紧致，肩膀宽大，双臂有力，既不瘦削也不肥胖，而是健壮匀称……只有仔细的人才能看出他背微驼。
>
> 他全身肤色格外白，仅有脸颊露出些许红色。他的 38
> 头发是淡棕色，不像其他蛮族那么长，并未垂肩，而是到耳际。他的胡子是不是红色我不得而知，因为他剃了须，面颊比大理石都光滑，然而似乎是红色。他的双眼是淡蓝色，体现着他的精神与庄重。他鼻孔很大，呼吸顺畅……他身上颇有一种魅力，但在他身边时的警惕难免让这种魅力打了折扣；他的外表透露着一丝杀气——我觉得是因为他的硕大体格，以及眼中的凶光，连他大笑时，仿佛也在威胁他人。

皇帝在他抵达后的第二天接见了他，按照安娜的记载，还礼貌地提醒了他此前的敌对行为。博艾蒙德欣然承认了，但指出此时的他是出于个人意志前来，作为盟友。当他被要求宣誓效忠时，他立即同意了。亚历克修斯刚松了一口气，他的座上宾便要求担任东部大元帅，也就是帝国在亚洲陆军部队的总指挥官。皇帝随即指出，此时进行这样的任命不合宜——虽然此后很可能授予这一职务——这位塔兰托大公颇为冷静地接受了这段搪塞。博艾蒙德实际上出色地完成了斡旋。生长在南欧的他清楚地了解希腊人，也会说希腊语，而且和他之前与之后的十字军不同，他清楚要完成这一伟业——无论结果如何，他必须成为远征的最高领袖——必须在很大程度上依靠皇帝的支持，此时疏远他未免过于鲁莽。出于这一想法，他严令禁止士兵在前往君士坦丁堡的路途之中劫掠，违者立即处死。至此他们在各方面的表现都堪称十字军的典范，他也决心保持纪律严明——至少此时如此。两星期之后，他和他的部队便被运过了博斯普鲁斯海峡，而亚历克修斯还要竭力与新来者达成协议。

图卢兹的雷蒙（1097）

圣吉勒的雷蒙四世（Raymond Ⅳ of Saint-Gilles），即图卢兹伯爵与普罗旺斯侯爵雷蒙四世，是十字军领袖之中最年长、最富裕也最显赫的一位。他的军事经验也最为丰富，身为阿拉贡公主埃尔薇拉（Elvira）的丈夫，他曾多次与西班
39 牙的摩尔人作战。而在亚历克修斯·科穆宁看来，他也是最难对付的一位。尽管此时已经年近六旬，他却是最早在克莱蒙领取十字架的贵族，还公开发誓绝不返回西欧，他的妻子与儿子阿方索（Alfonso）也随他出征。他的部队是正规十字军之中规模最大的一支，人数可能多达一万人。他与好友勒皮主教阿代马尔共同行动，乌尔班也委托这位主教管理十字军的宗教事宜，因此他难免要和博艾蒙德一样，觊觎最高军事指挥权。

然而和塔兰托大公不同，雷蒙对约束自己的部下并不上心，他们一路奸淫掳掠，与随行的佩切涅格军警屡屡爆发冲突。进入拜占庭领土几天之后，就有两名普罗旺斯的骑士被杀。不久之后，勒皮主教也无意之间离开了预定路线，因而

遭到了佩切涅格人的攻击，受伤不轻，直到他们意识到错误后才将他送回队伍。雷蒙本人在经过埃德萨时也勉强免于同样的命运；在色雷斯的罗萨（Roussa），他的军队强行冲进城镇掠夺。这一冲突爆发一两天之后，亚历克修斯派出的信使急忙赶来，要求他本人立即离开大部队赶往君士坦丁堡。在他离开之后，他的部下愈发肆意妄为，最终佩切涅格军警忍无可忍，在附近拜占庭其他驻防部队的陪同之下，他们对十字军发起了攻击，在战场上击败了他们，夺走了他们的辎重与装备。

雷蒙得知惨败的消息时，正准备第一次觐见皇帝。他自然不会高兴。他起初便表明他绝对不会宣誓效忠。若是效忠，他不但会失去来自教皇的特别授权——至少他自以为如此——也很可能会成为博艾蒙德的下属，因为他已从君士坦丁堡的流言中听说，博艾蒙德将在此后被皇帝任命为帝国的高官。雷蒙不太可能和皇帝挑明这段流言，但他还是表示，如果皇帝本人亲自指挥十字军的话，那么他会欣然为皇帝服役。亚历克修斯只能回复称，自己虽然愿意率领十字军，但现在帝国的境况不允许他离开。于是这种僵局持续了十几天，而西欧的十字军领袖们纷纷请求这位 40
图卢兹伯爵改变心意，以免让这次远征无功而返。最终双方各退一步，伯爵发下了朗格多克地区常用的誓言，尊重皇帝的荣誉，保护皇帝的安全，绝不损害他的利益；亚历克修斯清楚这是他能得到的最好条件，便理智地同意了。

之后第四支，也是最后一支十字军抵达帝国，其指挥官是诺曼底公爵罗贝尔（Robert），即征服者威廉（William

the Conqueror）的长子，在1096年9月起程前来。与他一同行动的还有他的妹夫布卢瓦伯爵斯蒂芬（Stephen of Blois）与同辈堂表兄弟佛兰德伯爵罗贝尔二世（Robert Ⅱ of Flanders），三人共同指挥这支部队。巴约主教奥多（Odo of Bayeux）和许多来自诺曼底、布列塔尼（Brittany）和英格兰的显赫骑士也在大军之中。穿越亚平宁半岛，经过卢卡（Lucca，教皇乌尔班二世在此接见了他们）、罗马和卡西诺峰（Monte Cassino），他们最终抵达了阿普利亚的诺曼底公爵领，罗杰·博尔萨公爵热情地接待了他们。佛兰德的罗贝尔尽管是罗杰的妹夫，却几乎立即登船离开，在12月初便从巴里赶往伊庇鲁斯。诺曼底公爵和布卢瓦伯爵却在南意大利流连忘返，直到1097年4月才起程渡过亚得里亚海。哀哉，第一艘离开布林迪西的舰船出港后立即倾覆，其上约四百名乘客以及骡马，还有许多金银，一同沉入海底。这一灾难让许多意志不坚定的十字军掉头返回家乡。①

继续前进的人一路顺风顺水——只有品都斯山脉（Pindus）的洪水冲走了一两个朝圣者。他们在5月初抵达了君士坦丁堡。先他们抵达的各支部队此时已经安全抵达小亚细亚，这支部队的领袖们——他们都没有就宣誓效忠的问题发难——得到了皇帝的慷慨馈赠，也因为皇帝招待的丰盛菜肴以及赠送的丝绸长袍和骏马而欣喜。斯蒂芬有些笨拙地给自己的妻子、征服者威廉之女阿德拉（Adela）写信说：

① 据称冲上海岸的每一具尸体的肩胛骨处都有神秘的十字纹章，他们虽然大受触动，却也没有改变想法。

“我的爱人，你的父亲虽然赠送过许多珍贵的礼物，却完全无法与此人相提并论。”① 普通的士兵们的赏赐自然没有这么慷慨，但愿意进城到主要教堂之中参观的人可以一如既 41
往，以每次六人的小组前来参观并参拜主要圣祠。人们没有怨言。两周之后他们追随其他部队渡过了博斯普鲁斯海峡——斯蒂芬说，这不比渡过塞纳河或者马恩河难多少——前往尼西亚会合。

互不信任（1097）

当最后一批十字军登上前往亚洲的船时，亚历克修斯·科穆宁的宽慰可想而知。他根本想不到这九个月间会有这么多士兵以及妇女儿童穿越他的领土，从隐士彼得的乌合之众，到圣吉勒的雷蒙之类的大封建主，总人数不少于十万。其间不守军纪者的劫掠时有发生，引发了一些不幸事件，然而整体上，由于他的准备与谨慎——特别是安排的食物补给以及护卫的军警——这些部队制造的事端堪称稀少。无论是否出于自愿，雷蒙之外的所有指挥官都许诺与帝国结成同盟——雷蒙也和他达成了私下理解——即使他们在未来背弃誓言，帝国的士气也最终得到了可观的加强。

在最后一点上他认识得很清楚。十字军依然在他的帝国之中，尽管他们在和他的敌人突厥人作战，但他们对未来怀有何种抱负则不得而知。他们已经清楚表明自己对拜占庭没什么感情，在巴尔干和色雷斯，自以为会被当作拯救者的他

① Sir Steven Runciman, *A History of the Crusades*, Vol. I, p. 168.

们面对的却是怀疑与不信任。在君士坦丁堡，少量得到精心照料的观光者都被看到的景象震撼了。对中世纪的法兰西农民，或者德意志的市民而言，第一次见到世间最富裕也最奢华的城市；第一次见到丝绸市场与香料市场上的那些东方才有的奇珍异宝；第一次见到穿着奢侈铺张、带着大批随从奴仆和阉人的贵族；第一次见到镀金的轿子上，发型繁复、涂脂抹粉满面放光的贵妇。他们起初自然是极度惊讶，而后便是大受震撼，但他们参加的宗教仪式则看来颇为陌生，无法理解，也近乎异端邪说。

42 拜占庭方对十字军的态度也不会温和多少。异族军队，无论理论上能有多友好，总归是不速之客，但那些肮脏无礼的野蛮人自然比绝大多数异族部队还要差。他们在帝国的田野上肆意破坏，在城镇与乡村奸淫掳掠，而他们仿佛认定这是他们的权利，还想要得到英雄与救星的礼遇，而不是被当作流氓。他们离开时人们颇为欣喜，而若是他们返回，人们都只希望回来的人越少越好。尽管他们也是基督徒，但皇帝的臣民之中必然有不少人内心期待着萨拉森人在接下来与他们的交锋之中取胜。

亚历克修斯倒不会这么希望。他并没有请求发动十字军——甚至不会同意发动——但既然十字军已经来了，他就必须尽力提供帮助，只要他们执行的是从异教徒手中收复圣地的任务。在这一问题上，基督教世界和帝国的利益是息息相关的。而如果十字军背弃了肩上的十字架，开始肆意妄为，帝国就没有义务协助了。亚历克修斯清楚，让异族军队进入国境，比把他们送出国境要容易得多。

博艾蒙德占据安条克（1100）

和许多人预料的不同，第一次十字军取得了声名远播——或许也名不副实——的成功。1097 年 6 月，尼西亚的围攻战取得胜利，之后帝国收复小亚细亚西部的领土；7 月 1 日，他们在安纳托利亚的多利留姆（Dorylaeum）击溃了塞尔柱人；1098 年 6 月 3 日，安条克落入了十字军的手中；最终在 1099 年 7 月 15 日，基督的圣战士们攻破了耶路撒冷的城防，开始了骇人听闻的屠杀，城中所有的穆斯林居民被屠戮，犹太人则在他们的会堂之中被活活烧死，之后满手鲜血的十字军在圣墓大教堂祈祷并感谢上帝。然而，此时两名十字军领袖却不在其中：布洛涅的鲍德温在幼发拉底河中游自立为埃德萨伯爵，博艾蒙德——在和图卢兹的雷蒙激烈争论一番之后——则自立为安条克大公。

在耶路撒冷，十字军进行选举以决定未来的领导人。最明显的人选是雷蒙，他是十字军领导人之中最年长、最富裕也最有经验的一位。但出乎所有人的意料，他拒绝了。他的高傲和自大早已让他的同僚们不满，他清楚自己不可能指望 43
他们服从与支持。最终他们选择了下洛林的戈德弗雷。此人在征战之中并未显示出特别的军事或者外交能力，但至少作战堪称英勇。更重要的是他确实堪称虔诚，私生活也无可指摘——这和他的大多数同僚截然不同。他也表达了推辞之意，但最终还是同意了，不过他提出要求，在基督戴上荆棘之冠的城市之中，他不应该自称国王，而是接受了“圣墓守卫者”（Advocatus Sancti Sepulchri）的尊号。

对虔诚的基督徒亚历克修斯·科穆宁而言，收复耶路撒冷的消息无疑令他欣喜。他并不信任十字军，但毕竟异教徒掌控了那座圣城近四个世纪，而且耶路撒冷距离君士坦丁堡太远，也不可能有什么重要的战略意义。然而，安条克的情况让他大为担忧。这座古城与牧首所在地也是几经浮沉，在六世纪被波斯人洗劫之后占据了近二十年，七世纪初收复之后又在637年落入阿拉伯人的手中，但969年帝国将其收复，而后作为帝国的重要领土一直到1078年。城中居民绝大多数是说希腊语的正教徒，在亚历克修斯和他明智的臣民们看来，这座城市理当属于拜占庭帝国。现在这座城市被诺曼冒险者夺走，他尽管发下了誓言，如今却完全没有交出该城的意思，也公开显露了敌意。他甚至撵走了城中的东正教牧首，安排一个拉丁教会的僧侣，即曾是主教阿代马尔的本堂神父、瓦朗斯的贝尔纳（Bernard of Valence）继任。

然而还是有一个让他满意的消息：博艾蒙德对他北方的邻居达尼什曼德部突厥人①而言，同样是不速之客。1100年夏季，这位安条克大公被他们俘虏，披枷戴镣押往远在本都山中的尼克萨（Niksar），即希腊人所谓的新凯撒利亚
44 （Neocaesarea）。他在那里停留了整整三年，直到最后被成为耶路撒冷国王的鲍德温——在戈德弗雷逝世后，于1100

① 这个土库曼政权由埃米尔达尼什曼德（Danishmend）创立，大约在十五年前出现在小亚细亚，此后统治了卡帕多西亚和塞巴斯蒂亚（Sebasteia，今锡瓦斯）以及梅利泰内的周边地区。接下来的一个世纪之中，达尼什曼德部在拜占庭历史之中扮演了重要的角色，但在塞尔柱人于1178年夺取梅利泰内之后，他们突然就消亡了，和他们的出现一样。

年 7 月即位，鲍德温与他的兄弟不同，他对这个称号完全没有顾虑——出钱赎回。

在十字军胜利之后的最初几年，很明显对拜占庭帝国口是心非的不止博艾蒙德一人。攻破耶路撒冷之后，真正的朝圣者——许多人对十字军以基督名义施加的暴行厌恶不已——已经起程返回家乡，留在海外王国（“Outremer”，同时代人如此称呼十字军在中东占据的土地）的法兰克人则是前来冒险的军人，在夺取圣城之后便四处进攻，将土地据为己有。第一次十字军的领袖们之中，只有图卢兹的雷蒙遵守诺言，将他征服的土地中部分原属帝国的领土归还皇帝——讽刺的是，他也是唯一一个拒绝在君士坦丁堡宣誓效忠的十字军领袖。余下的领主们，和他们击败的萨拉森人相比，对帝国而言也没有多大差异。

这并不出乎亚历克修斯的预料，只是证明了他先前的判断。然而 1101 年，至少四支新的远征军抵达都城准备前往东方时，他也不会有多高兴。远征军中包括米兰大主教安塞尔姆（Anselm）率领的约两万人的伦巴第人部队；一大批法兰西的骑士——包括那个在安条克围城战中逃跑的倒霉蛋布卢瓦的斯蒂芬，在他严厉的妻子阿德拉（毕竟是征服者威廉的女儿）的坚持之下返回东方挽回声誉；一支来自法兰西王国的部队，由讷维尔伯爵纪尧姆（William of Nevers）率领；还有一支大规模的法兰西－德意志联军，由阿基坦公爵纪尧姆（William of Aquitaine）和巴伐利亚公爵韦尔夫（Welf）共同指挥。韦尔芒杜瓦的于格也在其中，在夺取安条克之后即离开十字军的他如今决心完成抵达耶路撒冷的誓言。如果这些军队取得了与他们先驱者相当的成功，对拜占庭帝国会有何种影响，我们也许不必细想。事实上他们的远征以灾难收场。伦巴第人抵达之后就冲进布拉赫内宫，杀死了皇帝豢养的一头狮子，而后和斯蒂芬部会合，在觐见了亚历克修斯的图卢兹的雷蒙率领之下，夺取了安凯拉（今安卡拉），并将该城交给了帝国。但不久之后他们便在阿马西亚附近的梅尔斯万（Mersivan）遭遇达尼什曼德部及其盟军的伏击，这支十字军
45 部队中的八成被杀，妇女与孩童——这支十字军中也有不少人携家带口前来——则被掳为奴隶。雷蒙带着来自普罗旺斯的卫队与拜占庭护卫部队趁夜逃走，返回了君士坦丁堡。

后续十字军（1103）

另外两支部队的情况也没强多少。讷维尔的纪尧姆在6月末渡过博斯普鲁斯海峡，率领他的部队经过安凯拉抵达以哥念，即今科尼亚，对该城的进攻没能成功。尔后他前往赫拉克利亚吉比斯特拉（Heraclea Cybistra），即今埃雷利，敌军抛弃那里之前，污染了所有的水井。此时正是酷暑时节，干渴的讷维尔骑士们竭力寻找水源，却徒劳无功。突厥人在塞尔柱苏丹基利杰·阿尔斯兰和达尼什曼德部马利克（Malik）加齐的共同指挥之下静观他们奔走了几天，而后发起攻击。基督徒骑兵崩溃逃散，步兵和其他随营人员或死或被俘。纪尧姆、他的兄弟和少量骑士逃离战场，雇了当地的一些突厥军团①，带他们前往安条克。但这些向导背叛了他

① “Turcopoles”，为帝国服役的突厥人骑兵。

们，偷了他们的马匹和所有财产，任他们在荒野之中自生自灭。最终他们抵达了该城，而博艾蒙德的侄子坦克雷德（Tancred）可怜他们，给了他们越冬的居所。次年春天，沮丧消沉的他们继续前进，抵达了耶路撒冷。

阿基坦与巴伐利亚的十字军遭遇了几乎相同的命运。他们路上的水井也被污染，他们和讷维尔十字军一样干渴难忍，但最终在赫拉克利亚附近找到了一条河。不幸的是，这是突厥人的圈套。他们冲进水中之后，埋伏的突厥人立即乱箭齐发，从四面八方冲杀出来。他们的领袖同样靠着良马得以幸存：阿基坦的纪尧姆逃到塔苏斯，之后转往安条克，巴伐利亚的韦尔夫则丢盔弃甲躲进山中。韦尔芒杜瓦的于格就没那么幸运了，他膝盖中箭，抵达塔苏斯之后箭疮发作，于 10 月 18 日亡故，没能实现誓言。

安条克大公博艾蒙德在 1103 年被释放，让如今定居在海外王国的十字军开始了一轮新的行动。此时他们近乎不加区别地与阿拉伯人、突厥人和拜占庭人作战，时而签署短期和约。但他们称不上多成功，1104 年夏初，他们在埃德萨 46
东南方向约二十五英里处——拜利赫河（Balikh）河畔的哈兰遭遇惨败。博艾蒙德的部队没有遭受太大的损失便撤走了——惊恐的牧首贝尔纳担心突厥人抓住马尾，就切掉了马尾逃生——但埃德萨的部队几乎被全部屠戮。鲍德温和他的表亲、库特奈的乔斯林（Joscelin of Courtenay）被俘虏。

哈兰的惨败，以及 1101 年远征的几次失利，让十字军初期在军事方面的威望折损大半，而且再没能恢复。他们事实上封闭了与西方的陆地运输线，而这条交通线对安条克意义重大，对埃德萨更是性命攸关。他们也让亚历克修斯·科穆宁得以收复几座重要的堡垒，包括阿达纳、摩普绥提亚[①]和塔苏斯，以及从老底嘉（今拉塔基亚）一直到的黎波里的滨海城市。博艾蒙德此时受到了严重威胁，他留下坦克雷德照料自己的大公国，带着所谓的《法兰克人记事》（*Gesta Francorum*）——诺曼人对第一次十字军的记载，其中相当偏袒同乡——于当年秋末起航前往欧洲，寻求支援。[②]

在1105年初抵达阿普利亚之后，他在那里停留了八个月，在离开这块封地近十年之后，他在这里有许多事要处理。与此同时，他也借机鼓动年轻的诺曼人追随他的脚步，在东方打出一片天地。之后在9月，他又转往罗马面见教皇帕斯夏二世（Paschal Ⅱ），他轻而易举地让教皇相信，十字军海外王国的最大敌人既不是阿拉伯人也不是突厥人，而是亚历克修斯·科穆宁。帕斯夏完全相信了他的说法，甚至派出一名教皇特使陪同博艾蒙德前往法兰西王国，要求他四处布道，宣传对拜占庭帝国的圣战。

博艾蒙德围攻都拉佐（1108）

安条克大公此前长期在和东帝国作战，他很快就要重启

① 摩普绥提亚是其古称，此后的称呼包括米西斯（Misis）和马米斯特拉（Mamistra）。今称亚卡皮纳尔（Yakapinar）。

② 安娜·科穆宁荒谬地记载称博艾蒙德为避免被抓，特意诈死，躺在开了隐蔽通风口的棺材之中，还准备了一只死鸡以制造腐臭味。或许她对传闻实在是太轻信了。

战端，但终其一生，他对帝国——乃至对整个基督教世界——做出最大损害的事，正是他和教皇帕斯夏的谈话。自此他父亲和他进行的狭隘掠夺变成了基督教世界的官方 47 方针。十字军中不喜欢拜占庭帝国的人——他们是绝大多数——无论是出于嫉妒、怨恨、意见不合还是完全无法理解，如今他们的偏见得到了最高权威的支持和认可。对亚历克修斯和他的臣民们而言，他们最不想见到的事成真了。十字军所谓的宗教目的，仅仅是无耻的帝国主义侵略的伪装，如今他们更是彻底撕下了伪善的面具。连半个世纪前，枢机主教安贝尔和牧首米哈伊尔·凯鲁拉里奥斯的分裂也没有给东方与西方教会的统一造成如此重大的打击。①

在巴黎，腓力一世热情欢迎了博艾蒙德，并允许他在法兰西王国各地征募部队。为了进一步表示友好，之后他还许诺把女儿康斯坦丝（Constance）嫁给他，② 同时把他更年轻的私生女塞西利娅（Cecilia）许给坦克雷德。1106 年，博艾蒙德全年在法兰西王国逗留——复活节时他在诺曼底与英格兰国王亨利一世（Henry Ⅰ）会面，征集部队，准备装备，直到当年年末才带着康斯坦丝返回阿普利亚。塞西利娅已经赶往安条克，但他并不急于随她前去，直到 1107 年秋季，他的新军才准备起航。他的计划和罗伯特·吉斯卡尔二十多年前的计划基本一致：在今属阿尔巴尼亚的伊庇鲁斯海

① 见第二卷。

② 尽管这样的显赫婚姻明显增强了安条克公国的威望，但必须提及的是康斯坦丝此前和香槟伯爵成婚并离婚了，并非最理想的伴侣。

岸登陆，首先夺取坚固的堡垒都拉佐，巩固桥头堡，而后再向东进军君士坦丁堡。

然而，这次他不再幸运了。阿普利亚军成功地在阿弗罗那附近登陆，但亚历克修斯已经从塞尔柱苏丹那里雇了部队，加强了都拉佐的守备，他们也坚定地击退了突袭者。博艾蒙德不以为意，开始围攻，然而他很快就发现自己被拜占庭帝国的舰队切断了他和意大利之间的交通线，封锁了整个冬季。开春之后，亚历克修斯的陆军主力也抵达了
48 战场。海上与陆上均被包围的入侵者，在饥饿与疟疾之中勉强求生，到了 9 月，安条克大公别无选择，只得投降。他被带到德沃尔河（Devol）河畔亚历克修斯的营帐之中，被迫签署和平协议，表达自己背弃誓言的忏悔之意，向皇帝宣誓效忠，并承认他为安条克公国的宗主，边境线也得到了仔细的标明。最终他同意让城中的拉丁牧首由希腊教会接替。①

《德沃尔和约》终结了博艾蒙德的军事生涯。深感耻辱的他立即返回阿普利亚，把安条克交给坦克雷德，让他和康斯坦丝的两个儿子继承大公之位。他是个优秀的军人、出众的领导者，但野心让他迷失了方向。他在三年后颓然去世，再也没在海外王国之中露面。他被安葬在阿普利亚的卡诺萨（Canosa），如今进入大教堂的游客依然能够看到南侧墙壁外他那座奇特的东方式墓葬，这也是南意大利现

① 需要提及的是，在 1081 年的底拉西乌姆之战前，诺曼人同样遭遇了海上与陆上的封锁，军营之中也疫病横行，但当时亚历克修斯一世选择了立即出击，结果遭到惨败。不过这一次，他就谨慎多了。——译者注

存最早的诺曼墓葬。华美的青铜门，配有阿拉伯式的设计和颂扬功绩的铭文，然而内部只有两根小石柱以及墓碑，墓碑上粗糙而又有些宏伟地刻着他名字的拉丁语拼写——“BOAMVNDVS”。

第四章　亚历克修斯的晚年（1108～1118）

49 听他们的话，你们会以为我的道路上满是乳酪，我的山岭中流淌着牛奶；我的财富无与伦比，我的生活如同官僚；米底亚的财富无法与我相比，苏萨和埃克巴坦那（Ecbatana）的宫殿和我的住宅相比如同茅舍。

——奥赫里德大主教塞奥菲拉科特（Theophylact）

致帝国税官，第四十一号信件

亚历克修斯在1108年的最后几周返回君士坦丁堡，对他取得的成就颇为满意。他的帝国暂时回归和平了。安条克的坦克雷德的确已经背弃《德沃尔和约》，让它成为一纸空文，但和约已经拖垮博艾蒙德，达到了目标；坦克雷德和他麾下的十字军此时忙于与萨拉森人作战，无法给帝国带来任何麻烦。因此，在接下来的两年之中，皇帝得以将精力集中到帝国内部的事务上。在前两章中，来自国外的压力让我们无法考虑国内的事务，那么此处我们不妨也把注意力转回来吧。

亚历克修斯执政的头十年堪称艰难。在尼基弗鲁斯·博坦内亚特斯执政时，在许多臣民看来，这位出类拔萃、近乎不可战胜的年轻将军是四面楚歌的帝国存续的唯一希望，但掌权之后，他的魔力就不复存在了。即位当年，他便在都拉佐遭受了一生最惨痛的失败。他在十八个月之后于拉里萨报了一箭之仇，但诺曼人在1084年再度返回，若不是罗伯特·吉斯卡尔突然病逝，他们很可能会杀到君士坦丁堡。与此同时，除了与士麦那埃米尔沙卡的一场重要性和决定 50
意义都有限的交战之外，他再没有展开过任何将突厥人赶出小亚细亚的重大举措。1091年的复活节，即位十年而没有取得任何重大成就，亚历克修斯已经被大众认定为失败者。人们也开始怀疑，拜占庭帝国的欧洲领土，在诺曼人、佩切涅格人或者鲍格米派的几乎持续不断的施压之下，会不会和拜占庭的亚洲领土一样沦陷？他们扪心自问，帝国会不会在几年之后，仅仅剩下君士坦丁堡城墙之内的领土呢？

安条克牧首奥克西特的约翰（John of Oxite）则更为悲观，同时代的两封对皇帝的公开诽谤书声称帝国的日渐衰亡是既成事实。他还提到人民已经绝望且希望破灭。此前他们相信失败与挫折是上帝对他们罪恶的惩罚，但现在他们愈发开始觉得上帝已经彻底抛弃他们。富人开始变得贫穷，穷人，特别是马其顿、色雷斯和北巴尔干的穷人，则在饥饿与无人阻挡的蛮族入侵者面前濒于死亡。唯一免于大众的苦难的便是皇帝的家人，“他们成了帝国与我们遭受的最大灾祸的来源”。

牧首的指控多少有所夸张，安条克毕竟距离君士坦丁堡六百多英里，而且依然在萨拉森人的手中，他对欧洲省份情况的评论也很难称得上是可信资料。但他所说之中确实有许多是事实，皇帝要为此付多少责任则更难说清。诺曼人和佩切涅格人在巴尔干半岛大肆破坏，焚烧城市与乡村，杀死数以千计的居民并让数以万计的居民无家可归，这些并不是因亚历克修斯而起。他竭力反击，并在佩切涅格人发起攻击仅仅几周后就在勒乌尼昂决定性地击溃了他们。对付诺曼人确实花了更多时间，但他也可谓尽心竭力了。

任人唯亲与货币贬值（1108）

任人唯亲的指控则更难回答，安条克牧首也不是唯一做出如此指控的人。编年史家佐那拉斯就支持他的说法。

> 他给自己的亲属和一些随从大笔公帑，并给予慷慨
> 51 的津贴，让他们格外富裕。他们还如同皇帝而非普通平
> 民一般供养起一大批随从。他们的住所规模如同城市一
> 般，奢华则堪与皇宫媲美。①

当然也可以说，在任何时代的任何国家之中，所有统治者的家人都会享受某些特权。我们也应当意识到，至少在即位的最初几年，亚历克修斯在家人之外几乎再无人可以信任。考虑到拜占庭帝国十一世纪中期的一片混乱、他即位之时的境况以及他在君士坦丁堡的敌人，任命亲信总归是可以

① 佐那拉斯，第三卷。

容许的，若是没有一个强势家族的支持，他也不可能在皇位上停留多久。因此他安排自己的母亲安娜·达拉森努斯、兄长伊萨克、妹夫尼基弗鲁斯·梅里森努斯、儿子约翰（John）、女婿尼基弗鲁斯·布兰恩努斯以及其他几位近亲担任重要职务，并大加赏赐，会不会还是有一定的合理性呢？

也许有，但不幸的是，他在授予他的家人有利可图的要职与特意创造的新头衔之外，还给了他们管理地方的权力。此前，公共土地——也就是说属于帝国所有，而不是皇帝的私人财产——原本由帝国政府直接管理，亚历克修斯则将大片这类土地赐予亲属，并给予他们大笔报酬。这些赏赐，即所谓的“普罗诺亚”（pronoia），仅仅是暂时持有，他随时可以收回这些土地，而且持有者死后将其重归帝国。然而这终归是个危险的先例，也让他已经窘困的国库进一步趋于枯竭。

在他即位大半个世纪之前，拜占庭帝国的经济便在持续衰退。二十年前，诺米斯玛塔金币已经贬值25%，博坦内亚特斯和亚历克修斯在位时依然在贬值，以至于六种不同的诺米斯玛塔在同时流通，使用的较廉价金属也有六种不同的配比——尽管铸造这些贬值货币的帝国财政部要求给自己的薪金依然用原本的黄金发放。由此产生的混乱在整个帝国之中造成了经济混乱。1092年，亚历克修斯引入了海博菲隆 52
金币（hyperpyron，意为“精炼”），作为拜占庭帝国接下来两个世纪之中的标准货币。但直到1109年，他才确定了货币兑换率，让货币市场恢复了一定的秩序。情况虽远称不上令人满意，但至少帝国的财政系统得以有效运转，而这也是亚历克修斯·科穆宁最在意的问题。

也必须如此。在他执政的绝大部分时间中，帝国都在遭受来自东方或者西方的敌人的攻击，还时而遭到东西夹击。他从此前的皇帝们那里继承的部队不过是一支装备低劣、人员混杂的陆军，以及规模很小且被忽视甚久的舰队：正因为舰队不堪一用，1081 年罗伯特·吉斯卡尔发动进攻时，他被迫请求威尼斯的援助。拜占庭帝国想要存续，就必须整顿并加强陆军，并完全重建海军，而这两个任务都需要可观的开支才能完成。亚历克修斯立即着手工作，从各种渠道寻求资金。十年之后，如前文所述，他终于在陆上与海上都取得了重大胜利。他对此自然乐在其中，毕竟他自始至终都是一个军人，热衷处理军事问题。正如《亚历克修斯传》中一次次说明的那样，他最喜欢的就是参与军事训练，将他的士兵们从纪律涣散的蛮族锻炼成精锐的战士。当他塑造了他想要的部队之后，他决心要让这支部队忠于自己。他比任何人都清楚，一个出色成功的指挥官赢得士兵的信任有多容易，而当帝国出现衰弱的迹象时，士兵发动政变也是轻而易举。他不想让他的将军像此前的他推翻前一任皇帝一样推翻如今的他。出于这一考虑，以及对军务的喜爱，只要情况允许，他就会亲自指挥部队，亲率部队出征，也在不经意间证明了自己是近一个世纪之前的巴西尔二世之后，拜占庭帝国最出色的军事指挥官。

征税与征兵 （1108 ）

防卫帝国需要大笔开支，因此亚历克修斯的税收政策难免苛刻，乃至有时一点也不谨慎。他再也没有像 1082 年年初那样强征教会的全部资金，以和博艾蒙德的部队作战——准确地说这是他兄长伊萨克的决定，但贵族（当然，不包括他的亲属和近臣）、（他憎恶的）元老院成员和富裕的修 53
道院遭受了他的严苛盘剥。当经济处于混乱之中时，他可以轻易宣称此前的支付款没有完全支付，或者使用了错误的货币，乃至根本没有支付，并就此索取大笔罚款。

对皇帝那些低微的臣民而言，情况也颇为艰难。1091年安条克牧首区的景象已是如此，二十年后的情况也没好多少。在本章之初引述的那段奥赫里德大主教塞奥菲拉科特对皇帝税官所说的话，足以激起所有被征收财产税的人的同情。这位大主教还给皇帝的外甥、都拉佐总督约翰（John）写下了一封信，描述他的一个教区在诺曼人、希腊人、佩切涅格人和十字军接连不断的蹂躏之后的景象。

> 我已泪如泉涌。在教堂之中人们不再歌唱，烛台上不见火光；主教和僧侣被迫逃走，平民则举家到森林中躲藏。在这一切因战争而起的悲苦之外，农民的土地更是被俗世和教会之中的大地产主兼并一空，农民还要遭受征兵令与税收的双重盘剥。

大主教所说的只是一个教区的情况，但帝国的各个欧洲行省也都是他所描述的这番景象。对于强制实行并遭到痛恨的兵役，他的说法属实。农民比城镇之中的居民更畏惧帝国的征兵军官，这些人无休止地为帝国寻找着身强力壮的年轻人。他们的担忧是有道理的，不只是因为他们急需劳动力在饱经战火的田地之中耕作，更因为那些年轻人在服役结束之后会永久居住在君士坦丁堡或者其他的城市，再也不会返回家乡了。[①] 可以说——亚历克修斯本人也会这么说——任何尚存理智的家庭宁肯派出一个男丁为帝国服役，也不愿自己的家园被毁，儿子被杀，女儿被敌人蹂躏。然而在饥荒与惊
54 恐之中的农民，已经听不进去这些合理的解释。事实上，要为这一切苦难负责任的皇帝遭到了他绝大部分臣民的怨恨，而他也清楚这一点。

那么亚历克修斯·科穆宁又做了什么改善自己形象的措施呢？即位之初他竭力赢取臣民的爱戴，至少是尊敬。在巴西尔二世逝世的1025年到他即位时的1081年，这五十六年间帝国总共出现了十三位执政者，因此他的首要任务便是显示他不会和他们一样。他的态度颇为明确，他可悲的前辈们是一个腐朽不堪的体系的产物，他们堕落、颓废且腐败。他必须改革这一体系，让帝国恢复以往的伟大。

宗教改革（1108）

但恢复之前，先要进行整肃与净化。当他的母亲在后宫[②]

---

① 大主教记载称佩拉格尼亚军区（Pelagonia）的人口大减，乃至可以被称为“米克诺斯”（Mykonos）——这是当时基克拉泽斯群岛之中最小、最贫穷、人口最稀少的岛屿之一（尽管现在并非如此）。

② “宫殿之中，后宫向来是堕落的地方，自恶名昭彰的君士坦丁·莫诺马修斯即位后就是如此……但安娜（·达拉森努斯）进行了改革，建立了一套良好的礼仪体系，宫中如今处于非常值得赞扬的自律之中。她规定在特定的时间唱诵赞美诗，定下早餐的时间……宫廷仿佛修女院一般。”（《亚历克修斯传》，Ⅲ，ⅷ。）不过，或许难免有人会怀念当年的宽松时光。

之中肃清陈规陋习之时，他开始清除帝国之中的异端。第一个受害者是米哈伊尔·普塞洛斯的学生约翰·伊塔鲁斯（John Italus），他相信此人过于拥护柏拉图与亚里士多德的学说，贬低了基督教早期神父们的论述，而后在精心准备的审判之中将其判为有罪，在修道院中终身软禁。终其执政时期，这种调查接连不断，他在晚年还将鲍格米派的代表——我们仅知他的基督教教名是巴西尔（Basil）——在大竞技场以火刑处决，而这一酷刑在君士坦丁堡几乎从未执行过。

尽管这一切无疑包含了强烈的宣传因素，亚历克修斯的虔诚却是确定无疑的。他会忙于处理各种更紧迫的事务，比如与罗伯特·吉斯卡尔或者博艾蒙德作战，抵御佩切涅格人，或者竭力约束涌入帝国境内的十字军部队，但他从没有忘记身为地位与使徒相当的皇帝在宗教方面的责任。这些责任不只限于教条方面，他对教会事务也颇为关注，而且执政 55
之初他还就所谓“赞助地产”（charisticum），即修道院和教堂将地产的管理交给俗世的赞助者的问题，进行了一次激进改革。这一经营方式在十一世纪急剧增多，主要是出于发展生产的目的，通常效果不错，但这在所难免会产生世俗化的危险。赞助者可以把俗世人送进修道院，在其中居住，却不参与任何宗教事务；赞助者也可以向修道院院长，乃至全体僧侣施压，迫使他们参与商业活动；只要愿意，这些赞助者可以把修道院盘剥干净。

亚历克修斯本人也出资建造了几座华美的修道院，他决心阻止这种盘剥。他并没有废止这一系统，毕竟这在他即位的最初几个月，赏赐他的支持者与家人时，起到了不小的作用。然而他的法令要求转让教会地产经营权必须向牧首申报，因此增大了牧首对修道院和教会生活的控制。1107 年，他更进一步，整体改革了教会体系，特别是创立了一个布道者系统，每名布道者都有自己的负责区域，并作为群众道德的监督者与守卫者。这些布道者的效果如何不得而知，后世的编年史家很少提及他们。更有效的是所谓的“孤儿院”——实际上更类似于医院和收容所——在他的主持下建造于君士坦丁堡内城的圣保罗教堂旁边，今托普卡帕宫的位置。他的女儿对这座“城中之城”留下了如下记载：

> 不计其数的建筑物环绕在其周边，都是给贫困者与残疾者的居所——更彰显了他的仁德。其中满是跛脚乃至瘫痪的人，仿佛所罗门的廊下一般。建筑形成两道环形，且为双层结构……由于规模太大，若是在清晨前去看望他们，直到日落西山才能看望完。他们没有土地或葡萄园，而是住在自己的居室之中，由皇帝慷慨赏赐衣食……其中供养的人不计其数。①

56 然而，亚历克修斯此举也不是没有私心。他之前的皇帝们在位时，城中大量的乞讨者象征着市民低落的士气。官员无论职务高低，只要升职，就理应赏赐城中的穷苦人，甚至住宅都会被那些向他讨赏钱的人包围。尼基弗鲁斯为了寻求支持而进行的近乎疯狂的大提升，让讨赏钱的人越来越多。有些奇怪的

① 《亚历克修斯传》，XV，vii。

是，被他们纠缠的人也未必厌恶他们，因为此时在君士坦丁堡，社会地位在很大程度上不仅由官位决定，而且取决于赞助和捐赠，许多富人对这种展现自己财富的机会求之不得。当然，圣保罗孤儿院让亚历克修斯得以控制住城中的乞讨者，但他也借此削弱了那些高阶官员的威望，提升了自己的地位。

身为杰出的外交家，皇帝在执政时理当竭力弥合东西教会的裂痕。不幸的是，他过于虔诚——或者说，过于狭隘——笃信东正教的信条而在谈判时不肯让步。1098 年，教皇乌尔班派格罗塔费拉塔（Grottaferrata）修道院院长来到君士坦丁堡，紧急请求允许进行拉丁仪式时，亚历克修斯的回复只是提出召开一次联合会议以讨论这一问题。这场会议达成的结论未能存世，然而似乎取得了至少一定程度的成果，毕竟教皇解除了对东帝国革除教籍的决议。两年后，尽管裂痕远没有彻底弥合，双方的关系至少大为缓和，亚历克修斯得以向他请求支援以对付佩切涅格人。此后双方又进行了几次交流，1108 年签署《德沃尔和约》时，教皇的代表在场；按卡西诺峰编年史的说法，1112 年亚历克修斯甚至宣称要通过获取西帝国皇帝的头衔，将东西教会彻底统一，还打算在当年的夏天亲自拜访罗马。

这个说法的真实性遭到了质疑，也有理由如此。首先，西帝国的头衔不是随意给予的。亨利五世（Henry Ⅴ）确实是教皇帕斯夏的死敌，1111 年，教皇和十六名枢机主教被亨利囚禁了两个月。但帕斯夏在 4 月 13 日靠着给亨利加冕 57
而重获自由，他不可能在仅仅一年多之后就给另一个皇帝加冕。更可能的是，亚历克修斯着眼的是南意大利，博艾蒙德和他的异母兄弟罗杰·博尔萨先后于1111年的一周之内亡故，南意大利顿时群龙无首，而他自然乐于将那里收归拜占庭帝国。即使如此，他的地位虽远比当年稳固，目前的情况也未必允许他离开君士坦丁堡多久。

他就算制订了这样的计划，结果或许也只是徒劳，因为1112年夏，亚历克修斯重病缠身，几个星期不能理事。和罗马的联络仍断断续续地继续着，但教皇一如既往地坚持要求承认自己的权威。拜占庭帝国不肯在独立地位上妥协，因此没有达成什么结果。无论如何，皇帝很快就要处理另一个更紧迫的问题。

热那亚人、比萨人和突厥人（1111）

在1108年末签订《德沃尔和约》后；和平持续了三年；1111年，战端再起，并持续到亚历克修斯执政结束。当年秋季，亚历克修斯可谓侥幸地免于在两条战线上同时开战。突厥人突然开始敌对行动，与此同时，热那亚人和比萨人的舰队来到爱奥尼亚海岸威胁发动掠夺。幸运的是他和比萨人签订了一份协议，许诺不对他们的十字军活动进行任何干预，每年向他们的大教堂捐赠金币与丝绸，最重要的是允许他们在君士坦丁堡建立永久的贸易区，显赫人士还能够在圣索菲亚大教堂和大竞技场之中得到自己的保留座位。[①]

① 这并非帝国和意大利贸易共和国签订的第一份协议，早在992年，巴西尔二世便和威尼斯人签订了类似的协议（见第二卷）。有些奇怪的是，热那亚人并没有要求类似的特权，而是直到1155年才在曼努埃尔一世执政时期获得这一特权。

突厥人就不那么好对付了。对亚历克修斯而言幸运的是，他们此时还没有开始对外扩张，依然忙于蚕食和巩固在小亚细亚的领土。他们对帝国境内的入侵更类似于精心准备的掠夺，竭力避免阵地战，在广阔前线上同时攻击几个地 58
区，迫使拜占庭帝国分兵，而后再迅速带着战利品和俘虏撤走。1111 年，他们穿越赫勒斯滂海峡进入色雷斯，安娜记载称她的父亲在次年年初开始和他们作战。1113 年，另一支突厥部队——同时代人估计有五万四千人——对尼西亚发起围攻，然而他们失败了，在多利留姆遭到亚历克修斯突袭并被彻底击溃。次年，皇帝返回色雷斯，抵御库曼人对北部边境地区的侵袭，在刚刚艰难地击退他们之后，1115 年，突厥人又在以哥念的塞尔柱苏丹马利克沙的率领之下，再次开始行动。

但皇帝越来越迟缓了。他此时年近六旬——若按佐那拉斯的说法，此时他已经六十八岁——而且病势日益严重，直到次年才出兵，在 1116 年秋季他才出兵进攻安纳托利亚腹地的苏丹。他一路进军抵达菲罗梅隆，一路上遭遇的抵抗远比他预料的更小，然而每次扎营时都有大批无家可归的希腊人——因突厥人入侵而被迫背井离乡，如今从他们隐藏的地点向军营之中汇聚以寻求庇护——拖慢行军速度。此时，出于不得而知的原因，他决定撤退，而在他开始撤退时马利克沙发起了攻击。按安娜的说法①，这是极大的失误。苏丹的部队在拜占庭帝国军队的打击之下彻底溃败，马利克沙被迫

① 《亚历克修斯传》，xv，vi。

求和，交出近期征服的领土，并承认曼齐刻尔特之战前罗曼努斯四世执政时的帝国边境。

她继续记载称，这是一个历史性的胜利，然而这似乎又是她的一厢情愿而已。罗曼努斯旧日的边境一路延伸到了亚美尼亚，苏丹的领土都没延伸到那里，更不用说归还了。此后发生的事件也表明根本没有归还领土的事。马利克沙确实撤出了在安纳托利亚西部的前哨，但他依然在以哥念据守，
59 皇帝不太可能收复了多少领土。由于安娜的记述中的混杂——以及显而易见的偏颇——再加上可参照资料的匮乏[1]，我们无法确知菲罗梅隆发生了什么。但可以说清的是，无论这场胜利是决定战局还是不值一提，这都是他最后一次胜利。重病之下的他返回都城，返回内斗的中心。

安娜·达拉森努斯与伊琳妮（1117）

这对他而言也不算什么新鲜事了。即位之后，他的家庭便已经分裂。起初这在很大程度上是他自己的错，他给自己的母亲安娜·达拉森努斯太大的权力，忽视了自己十五岁的妻子伊琳妮·杜卡斯——甚至试图阻止她加冕——而倾心于阿兰尼亚的玛丽。玛丽确实很快退出了历史舞台，伊琳妮也回到了丈夫身边，但安娜依然作为皇位之后的重要掌权者活跃多年，其重要性甚至超过了她的二儿子尊贵者伊萨克。当亚历克修斯多次出征时，她便是理论上的摄政者。她因此在

① 另外一份唯一可信的记载，即佐那拉斯的史书中并不认为这一战有什么特别的重要意义。

君士坦丁堡之中愈发不受欢迎，直到皇帝也开始觉得她累赘了。大约在 1090 年，她就此退隐——名义上是自愿如此——来到全知基督（Pantepoptes）修道院，并在几年后离世。

安娜·达拉森努斯离开之后，皇后伊琳妮终于得以自行掌权了。她的女儿安娜——她对父母的恭顺堪称过犹不及——如此描述她：

> 她天性厌恶公众生活。她绝大部分的时间都在整理家务以及追寻自己的爱好——阅读圣人的著作或者为慈善出力……当她被迫在一些重要的典礼之中履行皇后的职责时，害羞的她满脸通红。女哲学家特雅诺（Theano）[①] 在不经意间露出过她的手臂，有人随意说了句："好美的手臂！"特雅诺却回答道："但不是给众人看的。"我的母亲，皇后，就是如此……她不但不肯向他人露出手臂，或者与别人对视，甚至都不肯对陌生人开言……但正如诗人所说，神也不会与必须做的事抗争，她被迫陪同皇 60
> 帝参与频繁的远征。天性节制的她本该留在皇宫之中，然而她对他的热爱足以让她克服这一切的不情愿，离开自己的家……他脚上的病需要细心呵护，他因为痛风而颇受折磨，而我母亲的抚摸是他最大的宽慰，因为只有她了解他的感受，能用轻柔的按摩减轻他的痛苦。[②]

---

① 毕达哥拉斯的弟子，此后可能成了他的妻子。

② 《亚历克修斯传》，Ⅻ，iii。

这些可能确实全部属实，但在痛风之外亚历克修斯坚定地要求伊琳妮随他出征，似乎也另有原因。他完全不信任她。他并不担心自己的安全，但他清楚她和她的女儿对她的长子，即皇储约翰·科穆宁怨恨不已，无休止地密谋诋毁他，乃至除掉他，而让安娜的丈夫恺撒尼基弗鲁斯·布兰恩努斯继承皇位。这两人很快将其他的不满者拉拢到同一条阵线上，包括皇帝的次子安德罗尼卡（Andronicus）。

伊琳妮向来竭尽所能在亚历克修斯面前诋毁约翰，把他描绘成一个沉湎酒色、无法掌权的浪荡子弟。但亚历克修斯并不这么认为。他对约翰既喜爱又信任，而且对他的能力有相当的信心——事实证明他是对的。与此同时，他也决心创立一个王朝。在他看来，拜占庭在十一世纪之中的衰颓，一个重要的原因就是皇位上的人无能，或者是佐伊软弱的丈夫，或者是帝国最富裕也最有权势的各个家族选择的傀儡。他本人就是靠着这种方式获取的皇位，但他决定终结这一切。他若是希望自己的成就得以存续，就必须保证皇位传给自己的长子，再传给自己长子的儿子，使其有序地继承下去。

返回君士坦丁堡之后，他的健康每况愈下，1118 年夏季，他自知病入膏肓了。此时他身体疼痛不止，呼吸困难，很快他就要坐直才能呼吸了。然后他的腹部与足部开始肿胀，口、舌、咽喉红肿得无法吞咽。伊琳妮把他带到自己的
61 曼加纳宫，每天在他的床边照顾几个小时，并下令全国为他的康复祈祷。但她不能让他摆脱疾病，也和所有人一样明白他时日无多了。

亚历克修斯逝世（1118）

8 月 15 日下午，约翰·科穆宁得知自己的父亲生命垂危，急着要见他一面。他立即赶去曼加纳宫，濒死的亚历克修斯把皇帝的戒指给了他，下令他立即自立为君主。约翰遵命赶往圣索菲亚大教堂，牧首在最简短的典礼之中为他加冕。返回皇宫之后，起初瓦兰吉卫队禁止他进入——这应当是伊琳妮的命令——直到他出示皇帝的戒指，以及告诉他们自己父亲生命垂危的消息，他们才最终退让并允许他通过。

那么伊琳妮在干什么呢？她依然想要让布兰恩努斯继位，因而不肯在她的丈夫和她的长子最后一次谈话时退避。尽管她很少离开他的身边，皇帝还是得以在关键时刻让她离开，挫败了她的计划。当她返回时为时已晚。直到此时，她依然最后试图逼迫他承认自己女婿的继承权，但此时虚弱得说不出话的皇帝只是微微一笑，并举起双手，仿佛在感恩上帝一般。他在当晚逝世，并于次日在最简单的典礼之中，被安葬在伊琳妮于十五年前建造的慈爱基督（Christ Philanthropos）修道院。

他理应得到更隆重的告别仪式，因为亚历克修斯·科穆宁的功绩远超他臣民们的想象。首先，他完成了最主要的目标：停止帝国自 1025 年巴西尔二世逝世后政治瓦解与士气崩溃的势头，让帝国恢复稳定。在十三位不同的君主五十六年的混乱统治之后，他一人便执政了三十七年，他的儿子执政二十五年之后意外逝世，他的孙子又执政了三十七年。其次，他的战绩可谓出色。没有哪位皇帝能够以如此的勇气、如此的坚决，在如此多的敌人面前依然坚定保卫自己的臣民，并组织起如此强大的陆海军力量。最后，他出色地处理了十字军问题，安排了数以十万计的男女老幼各色人等通过自己的领土，为他们提供给养，并尽可能护送他们从帝国的一端赶往另一端。如果十字军是在二十几年前出征，他们以及拜占庭帝国的结局或许都会相当悲惨。

62 就此，亚历克修斯在三个方面，即作为政治家、军事家和外交家，都可谓以出色的能力拯救了帝国。他难免有失败之处：没能恢复经济，没能弥合与罗马教廷的分裂，没能收复南意大利。但只有第一个问题可谓紧迫，后两个问题则如同梦想，亚历克修斯或者他的继任者都无法达成。他也有自己的错误，比如无耻地任人唯亲，以及对女人言听计从：阿兰尼亚的玛丽、安娜·达拉森努斯和他的妻子伊琳妮都拥有她们本不该有的权势。即使在继承问题上，他也不相信自己的判断，而是放任伊琳妮，宁愿在临终之时耍诈，也不肯以君主的身份坚定掌控。

他会不会因市民们向来不喜欢他——除了将他视作楷模的士兵们——而后悔呢？或许不会有多后悔吧。他从未谋求他们的欢心，也没有为市民的欢呼而在原则问题上让步。执政之初，他便尽职尽责，竭尽所能地履行责任，给他儿子留下的帝国也远比十一世纪的帝国强大有序。他离世时心满意足——也应当如此。

第五章　美人约翰（1118～1143）

我即位合法性不足，亦不合基督教教义，若把皇冠 63
传给陌生人，而非儿子，与疯癫何异？

——亚历克修斯一世对妻子所言，尼基塔斯·霍尼亚特斯（Nicetas Choniates）引述自《约翰·科穆宁》，I

前一章对亚历克修斯·科穆宁逝世时情况的记载主要采信了约翰·佐那拉斯与尼基塔斯·霍尼亚特斯[①]的记述，他们的说法与安娜·科穆宁在《亚历克修斯传》结尾的说法截然不同。安娜动情地记载了那些优秀的医生在床边争论不休；皇帝的病痛日益加重；妻子伊琳妮夜以继日忘我地陪护，“泪水如同尼罗河丰沛的河水”；女儿们，即玛丽亚（Maria）、欧多西亚以及安娜本人，都全心全意地陪护在他

① 尼基塔斯早年担任宫廷之中的秘书，最终在安吉洛斯王朝成为大部长。他的记载自亚历克修斯逝世开始，至 1206 年结束，是普塞洛斯之后流传至今的史书中，最生动也最丰富多彩的一本。我也希望他的记载能为本书接下来的几章增光添彩。

身旁；他身边灯火通明，颂歌声无休无止；而在他撒手人寰之时，皇后踢掉紫鞋，扯下面纱，抓起刀割掉自己美丽的长发。然而，安娜完全没有提到他父亲人生之中最后的一次，也未必值得称赞的一次政治阴谋——阻止安娜与她的丈夫掌权，促使他的合法继承人约翰即位。安娜在这一章中也仅仅提及了约翰一次，就这一次还都不肯说出他的名字。

安娜一生厌恶约翰的原因无非妒忌。身为亚历克修斯的长女，安娜在襁褓之中便和米哈伊尔七世的儿子——年轻的
64 皇子君士坦丁订婚，因此她人生之中的最初五年是作为拜占庭皇位继承人度过的。尔后，1087 年 9 月 13 日，皇后伊琳妮生下了儿子约翰，安娜获取皇冠的梦想就此破灭。但此景不长。君士坦丁不幸早逝，她在 1097 年嫁给了尼基弗鲁斯·布兰恩努斯，而他是 1077 年起兵争夺皇位，最终被尼基弗鲁斯三世俘虏并施瞽刑的那位同名将军的儿子。[1] 尼基弗鲁斯也是一位出色的军人与领袖，并在 1111 年左右被亚历克修斯封为恺撒，随即他妻子的野心再度燃起。前文记述了她拉拢自己的母亲伊琳妮与兄弟安德罗尼卡，以及最终的失败，但安娜直至此时也没有放弃。几乎可以断定，她打算在父亲的葬礼上谋杀约翰，而收到消息的约翰明智地回避了。约翰执政几个月之后她再度密谋，让自己的丈夫布兰恩努斯亲自带人在金门之外的乡间离宫菲罗帕提昂宫（Philopation）刺杀约翰。不幸的是，布兰恩努斯在最后一

① 个人认为，两人是父子关系，而非通常认为的爷孙关系。见《亚历克修斯传》，Ⅶ，ⅱ。

刻失去了勇气，没有如期出现。同谋的刺客们对此毫不知情，在宫外游荡时被纷纷逮捕。

新皇帝表现得格外仁慈。没有人受瞽刑或者其他肉刑。最重的刑罚也莫过于被查抄了财产——其中大多数人的财产此后还被退回。尼基弗鲁斯·布兰恩努斯免于任何惩罚，此后还在战场之上为皇帝忠实服役了二十年，直到去世，并在闲暇之际写下了一本相当乏味的史书。他的妻子则没那么幸运。得知菲罗帕提昂宫的刺杀失败时，她陷入狂怒，以最恶毒的语句咒骂上帝，声称丈夫的男子气概竟然还不如自己。她也被暂时查抄了财产，更糟的是还被永久赶出了皇宫。她
在流离与屈辱之中生活了三十五年，在慈爱圣母修女院[1]之 65
中记述自己父亲的生平，为自己的苦痛而哀怨。但她也承认，这一切大多是自作自受。

新皇帝登基（1118）

继位之时，约翰·科穆宁差一个月满三十岁。由于他姐姐的缄默，约翰早年的故事我们所知甚少，不过她还是留下了一段他出生时的简短记载：

> 这个孩子皮肤黝黑，额宽脸窄，鼻子既不扁平也不似鹰钩，而是略钩，黑眼中闪烁着新生儿的勃勃生机。

① 慈爱圣母（Theotokos Kecharitomene）修女院毗邻慈爱基督修道院，同样在皇后伊琳妮的主持下建造，一墙之隔的两栋建筑共用供水系统。修女院中的四十名修女过着修隐式的生活，共用一间宿舍，然而伊琳妮还是体贴地修造了一两间更舒适的寝室，供出身皇室的女性居住。

安娜这次终于对自己的兄弟客气了一次。即使是颇为仰慕约翰的提尔的威廉（William of Tyre）① 也承认他体格矮小，形貌丑陋，眼睛、头发与皮肤均发黑，以至于绰号为“摩尔人”。而他的另一个绰号“美人约翰”（Kaloiannis），曾经被认定是反讽，但只要稍微读一读编年史家们的记述便知道并非如此。这一描述所说的不是他的外表，而是灵魂。他的父母，无论在其他方面有何种不足，至少都是格外虔诚，甚至按当时的标准也是如此，约翰则更进一步。他厌恶轻佻低俗，朝堂之中只能讨论严肃事务，或者保持肃静。他也厌恶奢侈。皇帝的饮食极度节俭，那些富裕的贵族和贵妇若是想要在皇帝面前炫耀锦衣玉食，便难免因虚荣而遭到严厉训诫。在他看来，这只会带来颓废与堕落。

当今世界的人们或许大多难以与皇帝约翰这样的人共处，但在十二世纪的拜占庭，他却颇受爱戴。首先，他绝非
66 伪善。他的教条虽然严苛，却是出于挚诚，他全然虔诚且正直。其次，他也有和善仁慈的一面，在当时确实可谓少见。尼基塔斯·霍尼亚特斯声称他从未判处任何人死刑或肉刑，这一证言也许不够有力，但约翰对自己姐姐安娜和其他谋反者的处理，无疑展现了近乎危险的宽容。他也颇为慷慨，尽管本人坚持苦修生活，在慈善上的慷慨却没有其他皇帝可以比肩。和他父亲不同，无人能指责他偏袒自己家人，他反而有意与自己的兄弟姐妹以及远亲们保持距离，并时常从出身

---

① 提尔的威廉（约 1130～1186）是耶路撒冷王国的大法官、提尔大主教，他的历史著作（见参考文献）是拜占庭帝国与十字军海外王国之间关系的最重要参考资料。

低微者之中选拔幕僚与政府高官。他最信任的人是突厥裔的约翰·阿克索赫（John Axuch），此人幼年时在尼西亚被十字军俘虏，而后作为礼物被送给亚历克修斯·科穆宁，在皇宫之中长大，也成了这位年轻皇子的好友。继位之后，约翰立即召阿克索赫进入朝廷，而后他便平步青云了。不久之后他成了大元帅，即陆军的最高指挥官。

让皇帝身边的近臣担任这一职务是明智的，毕竟约翰·科穆宁和他的父亲一样，是一个彻头彻尾的军人。他和亚历克修斯一样相信，帝国是上帝交给他的神圣使命，保护帝国是他的职责。但亚历克修斯更多是抵御帝国周边各种各样的敌人，约翰对这一责任的解读则更为积极——他要光复被异教徒占据的所有帝国领土，让拜占庭帝国恢复巴西尔大帝，乃至查士丁尼大帝时代的荣光。这确实是雄心壮志，他坚决且勤勉地继续践行着他父亲重整军队的计划，还改进了父亲的训练方式，把士兵们锻炼成勇敢与坚韧的楷模，以至于他们自己都难以奢求企及。对他的臣民而言，他的一生仿佛就是一场漫长的远征，尽管他深爱着他的皇后——匈牙利公主皮里斯卡（Piriska），她此后改名伊琳妮，一个悦耳却过于寻常的拜占庭名字——并一生忠贞，但他花在战场上的时间远比花在君士坦丁堡宫殿之中的时间多，他的四个儿子在成长到足以随军出征之后也过上了如此的生活。

小亚细亚的境况（1118）

在一个重要的方面，约翰·科穆宁比他的父亲更幸运： 67
在亚历克修斯的时代，西部的局势很少能让他集中军力对抗亚洲的穆斯林威胁。然而在约翰即位之时以及之后的几年中，来自欧洲的直接威胁相对少得多。多瑙河对岸，库曼人与佩切涅格人都没有动静；巴尔干半岛的塞尔维亚人承认了拜占庭帝国的宗主权，也因为过于分裂而无暇给帝国制造麻烦；匈牙利人此时则将全部注意力放在了巩固对达尔马提亚海岸地区——尽管这一地区理论上是帝国的行省，事实上却早已弃让给威尼斯人——的统治上。更西方的教皇与神圣罗马帝国皇帝则在为最高领导权问题进行着漫长的争夺。至于阿普利亚的诺曼人，这个给亚历克修斯带来的焦虑比其他所有欧洲敌人加起来都多的势力，在罗伯特·吉斯卡尔之后由他无能的儿子罗杰·博尔萨掌控。1111 年罗杰死后，他的儿子、继承人威廉（William）也是同样的软弱，他完全无法掌控本地的男爵们，公国也逐渐陷入混乱。确实，他们的堂表亲——西西里伯爵罗杰（Roger of Sicily）此后迅速发展起来，并在 1130 年，以西西里国王罗杰二世的身份，将南意大利的诺曼人领土统一到自己麾下，但那已经是十二年之后，而那时身为出色外交家的约翰，也通过斡旋避免了西西里国王成为拜占庭帝国的直接威胁。

他就此得以将注意力放在小亚细亚，在曼齐刻尔特之战近半个世纪之后，那里依然处于绝望的混乱之中。大致情况是，帝国控制了北部、西部与南部的海岸线，以及西北部分的所有领土，曲折的分界线大致从以弗所以南几英里的米安德河河口延伸到特拉布松附近的黑海东南角——那里作为帝国的封邑由总督君士坦丁·加巴拉斯（Constantine Gabras）实际掌控。这条边界线的东南一侧是突厥人，他们绝大多数人臣服于以哥念的塞尔柱苏丹马苏德（Mas'ud），但苏丹的实际权力近年来由于另一个突厥部族——达尼什曼德部的崛起而日渐式微。埃米尔加齐二世（Ghazi Ⅱ）如今的统治范围从哈里斯河[1]延伸到幼发拉底河，而且持续向西面的帕夫拉戈尼亚推进。此时还有大批武装的土库曼人，表面上为雇佣他们的豪强们服役，实际上却我行我素。在亚历克修斯统治后期，这些游牧部族渗透到弗里吉亚和皮西迪亚的肥沃谷 68
地，那里气候更为温和，牧草也远比安纳托利亚中部的高原繁茂。他们就此截断了拜占庭帝国与阿塔利亚（今安塔利亚）的陆上通路。约翰第一次远征的目标正是他们，而非塞尔柱人。

他在 1119 年春季出发，直接赶往弗里吉亚的古首府——吕科斯河（Lycus）河畔的老底嘉，今德尼兹利（Denizli）以北约四英里处。[2] 在 1071 年被塞尔柱人夺取之后，老底嘉曾经在二十五年后被亚历克修斯短暂收复，但在那条变动频繁的边界线上，该城和许多城市一样再度陷落了。约翰派阿克索赫率先头部队为围攻做准备，他的大元帅出色地完成了任务。城中人的抵抗在首次突击之中便崩溃了，当地的埃米尔阿布沙拉（Abu-Shara）弃城逃走，约翰修建了一道新墙以免他再度返回。

---

① 今称克孜勒河（Kizil Irmak）。

② 如今的老底嘉已不复当年。作为重要的希腊城市，该城曾经是重要的羊毛与纺织品贸易城市，也是亚洲的七个教区之一，如今只剩一片无人的悲凉废墟。几乎没有游客前往那里，即使路过的游客也都转往十几英里外，去游览壮观的棉花堡（Pamukkale）瀑布了。

此时，出于某种不明原因，皇帝匆忙返回君士坦丁堡，这一决定有可能和他姐姐的阴谋有关。[①] 她失败的阴谋明显不是主要原因，毕竟她应当是于约翰已经在都城时制订的计划。在安娜之外还很可能有其他的阴谋者，而在继位之初，皇位尚不安稳的约翰似乎也不敢离开太久。不论原因如何，他最终在几个星期之后因索佐波利斯（Sozopolis）——位于阿塔利亚以北约三十英里处——的陷落，以及夺取从米安德河到中央的高原之间道路两侧的一系列城堡与重要据点而返回战场。秋末，阿塔利亚的至关重要的陆上交通线已经重新畅通，约翰和阿克索赫也得以欣然返回博斯普鲁斯。

尚不清楚他们是否在 1120 年返回了小亚细亚，这一部分主要参考的编年史家们[②]的记述虽然值得称道，他们对年代精确性的问题却毫不在乎。然而次年，皇帝被迫将注意力转回欧洲，应对多瑙河对岸大举入侵的佩切涅格人。

再度击败佩切涅格人（1121）

69 1091 年，在勒乌尼昂被亚历克修斯击败之后，这个不安分的部族便很少滋扰生事了。但三十年过去了，新一代已经成长起来。1121 年夏季，数以万计的蛮族涌入色雷斯，再度引发一场浩劫。这次入侵的规模远不能与他们的祖辈相提并论，然而约翰在亚洲想要实现雄心壮志，其前提便是欧洲保持和平，因此他必须坚定迅速地解决入侵者。在整备军

---

① F. Chalandon, *Les Comnène*, Vol. Ⅱ, p. 47.

② 尼基塔斯·霍尼亚特斯、约翰·基纳摩斯（John Cinnamus）和叙利亚人米哈伊尔（Michael）。

队并部署就位时，他试图挑唆佩切涅格人各部之间不和——幸运的是他们并没有最高指挥官——以及提供大量的赏赐以争取时间，就像近三个世纪之前紫衣贵胄君士坦丁七世所建议的那样。[1] 但佩切涅格人自君士坦丁时期以来吸收了不少经验教训，对这一切无动于衷。

不过这并不重要。大军准备就绪之后，皇帝决定立即行动。战役的最初阶段没能决出胜负。约翰本人受了轻伤，尽管俘虏了一些敌人，敌军大部依然复夺军营，在营中他们将马车围成环形，结成车阵坚决抵抗。拜占庭的骑兵发起了几次冲击，但车阵岿然不动。此时的皇帝——每当他不能亲自参战时，他便会跪在圣母像前祈祷——下令士兵下马，在瓦兰吉卫队的长盾与大斧簇拥之下步行冲击。大斧冲破了车阵，佩切涅格人的士气也就此崩溃了，一些人侥幸逃生，余下的人则被俘虏。许多俘虏此后被释放并赏赐了土地，得以在帝国定居，作为回报要就地加入帝国军队或承诺在此后为帝国服兵役。皇帝无疑记得那些护卫十字军穿越巴尔干的佩切涅格军警对其父亲所起的作用，尽管他自然不希望再出现同类的事件，这些士兵仍能在此后帮助帝国。与此同时，为了庆祝这场胜利，他订立了一年一度的“佩切涅格假日”，这一节日保留到了十二世纪末。

在佩切涅格人彻底被臣服——此后他们再也没有烦扰拜 70
占庭帝国——之后，约翰·科穆宁希望尽快返回小亚细亚，但他在欧洲的任务还没有结束。威尼斯人正在准备行动，匈

① 见第二卷。

牙利人与塞尔维亚人虽然在他即位之初安分守己，如今却同样在谋划战争。

在亚历克修斯的时代，威尼斯是帝国最紧密的盟友，帝国也必须依靠威尼斯，因为威尼斯舰队对抵御南意大利的诺曼人——罗伯特·吉斯卡尔和之后的博艾蒙德——而言至关重要。为了保证与威尼斯的盟约，皇帝毫不迟疑地在 1082 年赐予他们所有外国商人都没有的贸易特权，包括完全免除关税。他们在金角湾的商业区就此繁荣并扩张，直到激起拜占庭帝国居民的深切怨恨，关于威尼斯人傲慢自大的各种惊人传言也遍布大街小巷。然而约翰继位之时，诺曼人的威胁已经不复存在；当同年上任的总督多米尼克·米凯莱（Domenico Michiel）派出使团，请求继续此前的协议并保障旧有的特权时，新皇帝断然拒绝了。他回复称，从今以后威尼斯人和他们的竞争者要享受同样的待遇。威尼斯人陷入暴怒，1122 年 8 月 8 日，总督的旗舰驶出潟湖，七十一艘战舰随行出征。

他们的目标是科孚岛，这个拜占庭帝国的重要前哨由一支精锐且坚决的驻军守卫。他们围攻了六个月，直到 1123 年春收到来自巴勒斯坦的紧急求援信：国王鲍德温被俘虏，生死攸关之际的东方拉丁王国急需他们的帮助。于是他们撤围离去，科孚岛也得以暂时免于战乱。然而接下来的三年间，威尼斯人继续在东地中海活动，夺取了罗德岛、希俄斯岛、萨摩斯岛、莱斯沃斯岛和安德罗斯岛（Andros）。1126 年年初，当他们出兵进攻凯法利尼亚岛时，约翰·科穆宁终于受够了。他的舰队无力阻止侵略，而他所受的损失远比取消商业特权带来的收益更多。同年 8 月，他忍辱负重，恢复了特权。虽然帝国因此蒙羞，付出的代价总归不算太大。

与匈牙利和塞尔维亚的战争（1130）

匈牙利与帝国的纷争则可以追溯至 1095 年，刚登基的国王卡尔曼（Coloman）驱逐了他的兄弟阿尔姆斯（Almus），并在此后下令瞽刑处置他和他的儿子贝拉（Béla）。约翰即
位不久之前，阿尔姆斯带着他的亲属——此后成为皇后的伊 71
琳妮——逃到君士坦丁堡避难，他们得到了热情接待，甚至得到了在马其顿的地产，那里也很快成了他流亡同胞——无论是否自愿——的集会中心。卡尔曼对此似乎没有表示反对，但他的兄弟与继承者斯蒂芬二世（Stephen Ⅱ）对这些异见者的活动愈发关切，对拜占庭帝国进行了正式抗议，同时要求帝国驱逐阿尔姆斯。约翰自然拒绝了这一要求，斯蒂芬在 1128 年夏季发起了进攻。渡过多瑙河之后，他夺取了贝尔格莱德与尼什，后来进入如今的保加利亚，一路掠夺到塞尔迪卡和菲利普波利斯（今普罗夫迪夫），而后才撤军北返。

但皇帝也开始进军了。在匈牙利军队离开菲利普波利斯之后不久他便赶到该城，而后进军向北——基本可以确定是取道伊斯库尔谷地（Iskur）① ——抵达多瑙河河畔与帝国海

① 一些史学家认为他是取道摩拉瓦河谷（Morava），但若是如此，两军必然是毫无意义地向西转移了。尼基塔斯·霍尼亚特斯的记载中地点更往北，位于萨瓦河与多瑙河之间森林茂密的山地，即今弗鲁什卡山（Frushka Gora），但可能性不大。

军的一支分遣队会合。斯蒂芬已经退到河北岸，此时身患重病的他在病床上严令部下不得随他渡河。事实上他们也没机会渡河了。约翰在哈拉姆（Haram）城堡——那里距离多瑙河与其支流涅拉河（Nera）交汇的地方不远——之外发现了他们的营地，便乘坐战船悄然转移到河下游一两英里处。尔后他率部从背后发起突袭，将敌人击退至河对岸。一些人侥幸逃生，但更多人被俘虏。所有沦陷的城镇至此全部被收复。

在这一战前后不久，约翰·科穆宁也大胜塞尔维亚人，击败了拉西亚“首领”（Zhupan）博尔坎（Bolkan）的部队，将其中的许多俘虏像之前的佩切涅格人那样安排到小亚细亚定居。我们对此事的认知，和这一时期塞尔维亚的所有历史事件一样少得可怜，但可以确定的是尽管塞尔维亚人依然不满帝国的统治，屡次试图脱离帝国——而且时常得到匈牙利人的支持——却也再未给约翰带来任何值得一提的威胁。1130 年，他终于准备离开欧洲，将注意力再度转到东方。

72 在他离开的十年间，安纳托利亚的情况大为恶化。达尼什曼德部依然在趁科尼亚苏丹国因内讧而无力还击时蚕食其领土，他们的埃米尔加齐在 1124 年吞并梅利泰内，又在三年后占据凯撒利亚、安凯拉、卡斯塔蒙（Kastamon）和甘格拉（Gangra）[①]，如今已经是小亚细亚最为强势的统治者。三年后，1130 年 2 月，在奇里乞亚的普拉姆斯河［Pyramus，今

① 今开塞利、安卡拉、卡斯塔莫努（Kastamonu）和昌克勒（Chankiri）。

称杰伊汉河（Ceyhan）］河畔，加齐的部队将年轻的安条克公爵博艾蒙德二世（Bohemund Ⅱ）的参战部队全部屠戮，博艾蒙德的首级被送到加齐处，加齐将首级进行防腐处理后，作为礼物送给了巴格达的哈里发。

约翰·科穆宁没有为这位安条克公爵流泪，在他看来这个公国本来就属于帝国——这一看法确有其道理，但他也清楚必须尽快解决加齐。从1130年到1135年，他先后不止五次出征讨伐达尼什曼德部。起初的三年间，他被亚历克修斯的三子——尊贵者伊萨克（Isaac）的阴谋牵制，伊萨克竭尽所能要把帝国的敌人结成同盟，以便将他的兄长赶下皇位。但1132年，伊萨克起程前往圣地——至于是出于虔诚还是别的目的，我们不得而知——之后，约翰的进展便愈发迅速了。在当年的余下时间里，以及1133年年初，他取得了一系列的胜利，从比提尼亚进军到帕夫拉戈尼亚，夺取重镇卡斯塔蒙，一路推进到哈里斯河河畔。在他进军时，各地城镇之中的基督徒与穆斯林蜂拥而来投奔到他的麾下，不少当地的埃米尔也望风而降。

返回都城时，他按照传统的方式举行了凯旋式，而这也是972年约翰一世的凯旋式[①]之后的第一次。在这艰难的时光之中，四匹雪白骏马牵引下穿越金门的庆典马车，使用的是包银而非传统的包金，但街道依然装饰一新，铺上地毯和锦缎，街道两侧的房屋窗户上也挂上了毯子。从陆墙到圣索菲亚大教堂的整条道路上都搭建了看台，全城居民在队列到

① 见第二卷。

73 来时便在看台上齐声高呼，看着俘虏、勇士们、将军们，直到皇帝本人逐次经过。和此前的约翰·齐米斯西斯一样，他拒绝乘坐马车，而是将陪同他出征的圣母像放在车上，自己手持十字架步行跟随。

埃米尔加齐去世（1134）

但他的任务还没有结束。次年，他返回战场。这次远征因为他的妻子伊琳妮在比提尼亚突然去世而被打断，他和儿子们匆匆离开大军，护送她的遗体返回君士坦丁堡。葬礼结束之后，他们立即返回通往甘格拉的大路上，与主力部队会合。到了夏末，埃米尔加齐本人也撒手人寰——对帝国而言倒是个好消息。弥留之际的埃米尔见到了来自哈里发的使节，得知他和他的后代获封“马利克”，即国王，并得到了“四面黑旗、出行时开路的战鼓、一条金项链以及一支金权杖，使节们用那支权杖轻点他的肩，确认他的新封号”。但这一切对他而言没有多大用处。典礼结束后他几乎立即撒手人寰，而马利克的名号传给了他的儿子穆罕默德（Mohammed）。

穆斯林统治者死亡之后的混乱几乎是不可避免的，达尼什曼德部对拜占庭帝国的军事压力也就此暂时停止。然而一些地方的独立守军依然在制造事端。比如甘格拉，尽管那里的管理者于近期去世，把指挥权交给了自己的妻子，却对约翰进行了坚决抵抗，迫使他转向卡斯塔蒙——那里在一年前被加齐夺回。该城在提出一两个约翰乐于接受的条件之后很快投降了，他立即返回甘格拉，发动猛烈的围攻。守军抵抗了一段时间，等待传闻中周边地区的突厥各部前来救援，然而当年的冬季格外寒冷，各部都缺少补给。一两周之后，见到依然没有救兵前来，管理者的遗孀遣使求和，条件包括城中所有愿意离开的人都可以离去，并释放一些此前被俘的人。约翰再度欣然允诺——不过约翰·基纳摩斯的记载声称很少有当地人离开，大多数人主动加入了他的军队。

在甘格拉留下两千守军之后，皇帝在 1135 年年初再度 74
返回自己的都城。在这五年间他收获颇丰。加齐之死和他关系不大，但他所到之处依然是攻无不克，收复了帝国沦陷已有半个多世纪的大片土地。突厥人还没有彻底失败，但遭受一系列的打击之后暂时难以发动进攻。他此时终于要腾出手来，出兵实现自己最大的雄心壮志，目标不是穆斯林，而是此时占据着帝国领土的两个基督徒政权：奇里乞亚的亚美尼亚王国及其盟友——安条克的诺曼公国。

然而时机还未真正到来，在实现雄心之前他还要解决一个潜在敌人。西西里的罗杰已经登上王位四年多，登基之后，他的权势与影响力与日俱增，也开始谋求征服他国。阿普利亚的海港距离亚得里亚海对岸的帝国领土仅有约六十英里，而达尔马提亚海岸的富裕城市一直吸引着掠夺者，近年来西西里船长们也没有完全保持克制。对北非海岸的掠夺显示西西里国王并不满足于现状，如果不能限制住他，他便会很快觊觎地中海中部。罗杰对十字军王国领土的觊觎也已是众所周知。身为博艾蒙德二世的堂兄弟，他有理由索取安条克公国。他的母亲阿德莱德（Adelaide）于 1113 年成为鲍德温一世的第三任妻子，这明确意味着如果他们没有留下子嗣——从两人的年龄来看这很有可能——耶路撒冷的王位将传给她的儿子。然而，此后鲍德温先是花光了阿德莱德的大笔嫁妆，而后又和她离婚，无礼地把她赶回了西西里，这样的冒犯让罗杰永远无法原谅，至少在他看来，自己的继承权没有因此动摇。他确实没有对君士坦丁堡皇位的宣称权，他的叔父罗伯特·吉斯卡尔和堂兄弟博艾蒙德也没有宣称权，但这并未阻止他们的行动；而且即使他只对十字军的海外王国用兵，拜占庭帝国的未来前景也是十分黯淡的。

于是在1135年年初，从博斯普鲁斯海峡边出发的使节
75 们来到德意志觐见西帝国皇帝洛泰尔（Lothair），秋季时双方达成了协议。拜占庭提供丰厚的财政支持，洛泰尔则为此要在1137年春季发动大规模进攻以打垮西西里国王。约翰热情接待了返回的使节。在后方得到保障之后，他终于得以向东方进军。

奇里乞亚的亚美尼亚王国（1136）

亚美尼亚人在奇里乞亚——这一地区位于安纳托利亚半岛南部海滨与塔苏斯山脉之间，从阿拉尼亚（Alanya）延伸到亚历山大勒塔湾（Alexandretta）——定居可以追溯至十一世纪初，巴西尔二世在和平兼并亚美尼亚大部分土地时，向瓦斯普拉坎的王公们许诺，封赏他们塞巴斯蒂亚与幼发拉底河之间的大量土地作为回报。① 他的继承者们也进行了类似的赏赐，在1070年左右，已有不少亚美尼亚人从相对艰苦的山区之中迁出，来到南方更温暖与富庶的土地上。在曼

① 见第二卷。

齐刻尔特之战后，他们迁徙的速度大大加快，最终建立起了一系列半独立又内讧不休的公国，这就是十字军穿越奇里乞亚进军巴勒斯坦时的情况。

这种情况并未持续下去。法兰克十字军国家建立起来之后，他们决定把奇里乞亚也纳入这一秩序，作为他们与西方的主要连接通道，因此他们自然希望控制这一地区。亚美尼亚王国的大多数储君都被消灭了，只有一个家族足够强大，或者说足够狡猾，得以存留。鲁本家族（Ruben）号称亚美尼亚巴格拉提德王朝最后一个国王加吉克二世（Gagik Ⅱ）的亲属[1]，于 1071 年在托罗斯山脉起家。他的孙子利奥（Leo）于 1129 年继承了所谓小亚美尼亚的王位，并在三年后发动了野心勃勃的征服行动，夺取了塔苏斯、阿达纳和摩普绥提亚——至于他是从拜占庭帝国手中还是从十字军国家手中夺取的这些土地，记载却并未说清。[2] 然而不久之后，利奥便过度扩展了战线；1136 年后半年，他在内讧之中战败于新任安条克大公普瓦捷的雷蒙（Raymond of Poitiers），被俘虏并短暂囚禁，直到他交出阿达纳和摩普绥提亚——但明 76
显没有割让塔苏斯——并交付六万金币的赎金之后才得以重获自由。1137 年初春，刚刚重见天日，信使便带来了他所能想到的最坏消息：约翰·科穆宁出兵来征讨他了。

① “与其说是亲属，不如说是下属。”——《牛津拜占庭词典》

② 夏朗东（Chalandon，*Jean Comnène et Manuel Comnène*）花了两页篇幅（108～109 页）探讨这个麻烦的问题。这三座城市几度易手，很难确定实际的边境线。他的结论倾向于认定利奥从拜占庭帝国手中夺取了这三座城，但不能下定论。

围攻安条克（1137）

皇帝可不是贸然前来。他不仅带来了他的旧部——那些在近二十年的艰苦征战中锻炼得坚强可信的老兵，还带来了一些新部队，包括佩切涅格俘虏和从这些年前来投奔他的突厥人之中征募的达标部队。其中也许还有可观的亚美尼亚人，因为鲁本家族在他的多数同族看来，已经和大多数法兰克十字军一样不受欢迎。还有不少从两国逃到君士坦丁堡的流亡者。当这支大军出现在奇里乞亚时，胜负已分。前文提到的三个大城市再度易手，同样被攻破的还有塞琉西亚（今锡利夫凯）。位于普拉姆斯河河畔五百英尺高的断崖上，近乎坚不可摧的安纳扎布斯（今阿纳瓦萨）堡垒也在三十七天的围城战后陷落。至此利奥依然不肯投降，而是带着两个儿子退到托罗斯山中。约翰不肯耽误时间，没有出兵追击他，在肃清了几个亚美尼亚据点之后，他通过伊苏斯和亚历山大勒塔，于 8 月 29 日抵达安条克城下。

该城已经经历一系列的危机。1126 年，年仅十八岁的博艾蒙德二世从阿普利亚前来，但不到四年之后便被加齐杀死，只留下一个两岁的女儿康斯坦丝（Constance）。他的寡妻——耶路撒冷国王鲍德温之女艾丽斯（Alice），也许本应当等待他的父亲与名义上的宗主指定一位继承人，她却自行摄政。当她得知愤怒的鲍德温正在赶往安条克以安排其属意的继承人时，她甚至向北叙利亚的实际统治者——摩苏尔的阿塔贝格伊马丁·赞吉（Imad ed-Din Zengi）派出使者，送给他一匹披着华丽马衣的名马，并许诺只要他承认自己为安条克女大公，便向他宣誓效忠。

但使节没能抵达目的地，他们被鲍德温的部下俘虏，而后被带到这位国王面前处决。国王随即继续向安条克前进，抵达时发现城门紧闭。几天之后，他在城中的两个支持者趁 77
夜打开城门，让他和他的部队进城，而那时的艾丽斯依然把自己关在一座塔楼之中，直到得到保证安全的承诺后才离开。她的父亲宽恕了她，但还是把她流放到她在老底嘉的乡村别墅之中，自己掌控了摄政权。在他于 1131 年去世时，他把王位传给了他的女婿安茹的富尔克（Fulk of Anjou），此人与他的长女、艾丽斯的姐姐梅利森达（Melisende）成婚。四年间，艾丽斯等待着机会，直到 1135 年梅利森达说服了富尔克，允许自己的妹妹返回安条克，那时艾丽斯立即派出另一批使节前往君士坦丁堡，提议让她的女儿康斯坦丝（时年七岁）与皇帝的幼子曼努埃尔（Manuel）成婚。

就当时的情况而言，这样的盟约对安条克而言绝非坏事，但城中的法兰克人得知康斯坦丝要和希腊人——即使是皇帝的儿子——成婚时依然大怒，新国王富尔克得知这个消息之后的反应也是如此。他必须给康斯坦丝找到另一个丈夫，并在不久之后找到了人选。他选择的是阿基坦公爵纪尧姆九世（William Ⅸ）的小儿子——普瓦捷的雷蒙，他当时正在英格兰国王亨利一世的宫廷之中。富尔克悄然派他的一名骑士前去接他，1136 年 4 月，侥幸躲过西西里国王罗杰——前文已经提及他宣称大公国应由他继承——的抓捕之后，雷蒙最终来到了安条克。牧首拉多尔夫（Radulf）机巧地取得了艾丽斯的同意，声称这位英俊的年轻贵族是来向她求婚的。还没到三十岁的艾丽斯渴望再度成婚，自然欣然允诺，回到自己的宫中等待他的到来。与此同时，康斯坦丝则被带到了大教堂中，牧首亲自主持了她和雷蒙的婚姻。面对既成事实，她的母亲清楚自己已经失败。她凄凉地返回老底嘉，不久之后撒手人寰。

当拜占庭的攻城武器开始轰击安条克的城墙，工兵开始挖掘地道时，不少城中人也许才会明白，只有按照艾丽斯的计划让康斯坦丝与曼努埃尔·科穆宁成婚，才能避免如今的困境。肯定也会有不少人觉得，若是这位新大公留在英格兰的话该多好。普瓦捷的雷蒙大概也是这么想的。来到东方刚刚一年之后，安条克对他有什么意义，他对安条克又有什么
78 意义呢？他对自己的新公国没什么感情，这里与他在欧洲所习惯的生活圈截然不同。他无聊且孤独，年幼的妻子也无法给年长她三十岁的丈夫带来多少慰藉。他也清楚，自己面对约翰·科穆宁的部队不可能坚持多久，十字军前来为他解围的可能性也堪称渺茫。他抵抗了几天，而后就向敌营之中送信求和。如果他同意承认皇帝的宗主权，约翰能否允许他保有帝国代理人或总督的地位呢？

但约翰·科穆宁不想讨价还价。他的要求只有一个：无条件投降。雷蒙回复称他必须先与耶路撒冷国王商议后才能决定，而富尔克给出了谨慎的答复。赞吉的力量与日俱增，如今已是十字军王国存续的严重威胁，此时与唯一能够抵御他的基督教势力交恶未免过于鲁莽。此外，皇帝究竟打算深入叙利亚与巴勒斯坦多远呢？若是牺牲安条克就能停止他的南进，壮士解腕又何尝不可呢？他最终的答复远比雷蒙——

乃至约翰——预料的开明。

> 我们的父祖已经告诉我们，安条克归属帝国，而后被突厥人占据了十四年，皇帝就我们祖先定下的协议而进行的宣称是正确的。我们怎能罔顾事实，背弃正义呢？[①]

安条克就此无条件投降了，约翰也展现了一如既往的大度。雷蒙必须步行前来他的营帐宣誓效忠，让他自由进入安条克城及其附属堡垒。他还许诺，如果皇帝在接下来的战争中夺取阿勒颇、夏萨[②]、埃莫萨（今霍姆斯）和哈马（Hama），并交给公国作为永久封邑的话，他就会交出安条克城作为交换。[③] 帝国的旌旗随后插在城中，皇帝赏赐雷蒙 79
和城中的拉丁贵族以厚礼，而后在 9 月上半月拔营凯旋。此时已经来不及在当年发动一场新的大规模远征，于是约翰决定解决与亚美尼亚人的纷争，来到托罗斯山中追捕利奥及其家族。几周之后他们停止了抵抗，鲁本家族的王公们落入皇帝的手中，而后被送去君士坦丁堡羁押。

---

① Ordericus Vitalis, XIII, 34.

② 夏萨（Shaizar、Saijar）古称拉里萨（Larissa，并非塞萨利的同名城市），是奥龙特斯河河畔的重要堡垒，位于哈马西北方向约二十英里处。

③ 夏朗东（同前，132～133 页）声称约翰还坚持安排属东正教教会的安条克牧首，对此"确定无疑"，但这一说法有误。1138 年 3 月，教皇英诺森二世（Innocent Ⅱ）声称如果约翰插手安条克的拉丁教会，就拒绝任何罗马教会的成员加入拜占庭帝国的军队。Runciman, *A History of the Crusades*, Vol. Ⅱ, p. 218.

在叙利亚的征战（1138）

在亚美尼亚王国被打击，他在安条克的地位也得以巩固之后，皇帝终于得以继续他的计划：与十字军附庸共同进攻叙利亚的阿拉伯人。1138 年 3 月末，他率大军返回安条克，在雷蒙的部队之外，一批圣殿骑士和埃德萨伯爵库特奈的乔斯林二世（Joscelin Ⅱ）[①] 亲自率领的部队也前来助战。时年二十四岁的乔斯林既不受欢迎也不被信任，他继承了亚美尼亚裔的母亲——利奥的妹妹，几个月前，利奥及其三个儿子还逃到她那里避难——的黑色皮肤，还有着大鼻子和满脸麻子。奸猾、狡诈、怠惰且淫荡的他，完全是理想之中的十字军战士的对立面。对彻头彻尾的军人约翰·科穆宁而言，他比安条克大公还不值一提。

皇帝就此带着这两个让他无法满意的盟友开始计划接下来的征战。他的第一个目标是阿勒颇。在他出征一个月之前，他便下令羁押所有来自该城及周边地区的商人与旅行者，以免他准备战争的消息传到当地人那里，而后才出兵东征。他在途中夺取了一两个小城堡，但侦察阿勒颇城时，他发现赞吉的援军已经在千钧一发之际抵达城中，足以抵御强攻。他没有把时间与精力花费在长时间的围攻之上，而是向南进军，于 4 月 28 日抵达夏萨。这座城市的规模与商业意义都无法与阿勒颇相比，当地的埃米尔同样无关紧要，但那

① 乔斯林二世是乔斯林一世的儿子，因为支持鲍德温二世继承绝嗣的鲍德温一世的耶路撒冷王位而受封埃德萨伯爵。

里控制着奥龙特斯河中游的河谷，能够封锁赞吉进入叙利亚 80
的道路，因而战略意义极高。大军将其包围并驻扎下来，十八台巨型投石机在城外的要地上调遣就位，围攻随即开始。

基督徒与穆斯林留下的记载之中都认定约翰精力充沛、勇气过人。他显眼的镀金头盔仿佛能够突然出现在任何地方，鼓励困惑者，申斥怠惰者，抚慰伤病者，指示机械师，用不屈不挠的精神感染麾下所有的士兵，无论他们是希腊人、瓦兰吉人、佩切涅格人还是突厥人。如果他的拉丁盟军有同样的精神，夏萨也许就是他们的囊中之物了。然而安条克的雷蒙和埃德萨的乔斯林都不想出力。对雷蒙而言，如果皇帝征服了太多的土地，他就被迫按照近期的协议交出安条克，而把自己置于危险的前沿阵地上；乔斯林对雷蒙的厌恶几乎与对皇帝的厌恶相当，根本不想让他向南或向东扩展领土，因而竭尽所能挑拨离间。结果是，按照提尔的威廉的记载，两人完全没有参与围攻，而是在营地之中无休止地掷骰子玩。

与此同时，赞吉也率部抵达了，他的人马还得到了巴格达哈里发一支精锐部队的加强。若是独立作战，约翰·科穆宁完全能够击败他，但他不能不留人守卫攻城机械，他也不信任法兰克人。在他依然和他的儿子们就这一问题争论时，夏萨埃米尔送来了一封信，提出承认皇帝为宗主，支付岁贡，提供大笔补偿款，以及大量珍贵礼物，包括镶有宝石的桌子，以及自曼齐刻尔特之战后从罗曼努斯四世那里获得的镶红宝石的十字架。就算约翰夺取了该城，他的要求恐怕也不过如此。他立即接受了埃米尔的条件，于 5 月 21 日撤围返回了安条克。

抵达安条克时，他首次行使了宗主的权力，与自己的儿子、朝官和一支分遣部队庄重地进入城中。牧首在城门迎接了他，而后他骑在马上穿越装饰一新的大街，满脸阴云的安条克大公和埃德萨伯爵则步行陪侍于两侧。大教堂的弥撒典
81 礼之后，他继续前往宫中，在其中居住。休息了几天之后，他召雷蒙、乔斯林和主要的拉丁男爵前来，告诉他们战争还没有结束，阿勒颇依然在异教徒的手中，他还没有获得许诺给雷蒙的全部土地。然而，未来的作战必须在安条克筹划，他也需要一个安稳的后方基地储备辎重以及财富。因此他需要雷蒙按照前一年的协议，立即交出城市堡垒。

与会者哑口无言。此前皇帝还是以盟友的态度对待安条克，如今却如同征服者一般发号施令。担心他们的城市被长时间占据，法兰克人一时无言以对。最终乔斯林发话了，请求给雷蒙和他的幕僚们一些时间考虑这一要求。尔后，他悄然溜出宫去，告诉他的手下到城中的拉丁居民之中散播流言，声称皇帝要立即驱逐他们，并鼓动他们攻击希腊居民。不到一个小时，城中便爆发了暴乱，乔斯林随即跑回宫中，上气不接下气地跪倒在约翰面前，声称他的家门被愤怒的暴民攻破，暴民们指控他将城市献给了希腊人，并威胁要杀死他，他是侥幸逃生的。

约翰返回君士坦丁堡（1138）

和埃德萨伯爵相处了两个月之后，皇帝也清楚此人谎话连篇，但此时在宫内也听得到外面的喧闹了。他竭力阻止拉

丁人杀戮希腊人，也保护拉丁人的安全，而且他清楚，他的大部队，除了皇帝少数卫队之外，都在至少一英里之外的奥龙特斯河对岸宿营，而自己困在了一座愈发充满敌意的城市之中。在突变的情境之下，尽快继续叙利亚远征已无可能。他告诉雷蒙和乔斯林，此时只要维持宣誓效忠就可以，并决定返回君士坦丁堡。尔后他和大部队会合，在一两天后返回了家乡。

回家时他收到了一个好消息。他的兄弟伊萨克和侄子约翰此前八年间与穆斯林王公们合谋篡位，如今终于放弃了阴谋。无论父子俩的忏悔是出于挚诚，还是皇帝近期在东方取得胜利，并因此愈发受欢迎让他们相信自己的野心注定要失败，我们无从确知，但他们被彻底宽恕了——这比他们预料 82
的，或者说应得的惩罚要轻得多。

叙述约翰的最后几次征战并不需要太多笔墨。1139 年与 1140 年，他忙于与老敌人加齐的儿子——达尼什曼德埃米尔穆罕默德交战，而特拉布松总督君士坦丁·加巴拉斯背叛皇帝，与穆罕默德结盟，使战况愈发复杂。1139 年战事颇为顺利，皇帝向东穿越比提尼亚和帕夫拉戈尼亚，沿黑海南岸稳步推进，他们的敌人则步步后退。在年末，背叛的总督最终投降，而后约翰向南进攻达尼什曼德部控制的据点新凯撒利亚。他的势如破竹在这里首次终结。穆罕默德在这个易守难攻的坚实堡垒布置了大批部队，约翰完全无法攻破，而且在崎岖的山地上交通不便，拜占庭一方伤亡甚大。对皇帝而言，最大的耻辱在于，与他同名的侄子——他兄弟伊萨克的儿子——尽管近期才为自己的不忠而忏悔求饶，如今却叛逃到敌人那里，并随即改信伊斯兰教，迎娶了塞尔柱苏丹马苏德的女儿。[1] 1140 年年末，他放弃了围攻——其间他的小儿子曼努埃尔在一次敌军出城突击时展现了英勇[2]——返回君士坦丁堡，打算在次年继续进攻。然而在他准备攻击时，穆罕默德去世，他的继承人一如既往地陷入内讧，约翰也得以改变计划，将他的精力再度集中到叙利亚方向。

安条克的挑衅 （1142）

在他离开三年之后，趁着赞吉全力进攻大马士革，拉丁王公们本可以取得可观的进展，然而他们错过了所有机会。他们不但没有夺取萨拉森人的土地，连约翰的战果都无法维持，几乎所有土地都被穆斯林夺回。这并不是表明向叙利亚再度用兵毫无意义，而是说明安条克和埃德萨的统治者完全
83 不可信任。皇帝进行了准备，在 1142 年春出征，带着自己的四个儿子最后一次前往东方。

他们走陆路向半岛南岸的阿塔利亚进军，这条道路再度遭到威胁。头几周，他们驱逐土库曼游牧民和他们的塞尔柱领主，巩固边境防务；盛夏时节，他们抵达阿塔利亚之后，不幸发生了。约翰的长子——帝国的储君亚历克修斯（Alexius）突然染病，几天之后即病故。深爱着他的皇帝下

---

① 多年以后的奥斯曼苏丹自称是这对夫妇的后裔。

② 曼努埃尔的年龄有一定的争议，约翰·基纳摩斯的第一卷摘要中声称他时年十八岁，然而第三卷中引述他母亲的一段话又说他那时“还没满十六岁”。也许是伊琳妮算错了年份，也有可能她回忆的是更早一次的战事。

令自己的次子安德罗尼卡（Andronicus）与三子伊萨克（Isaac）护送他们兄长的遗体，走海路返回都城。在路上，安德罗尼卡——很可能染上了同种疾病——也不幸暴卒。双重打击之下的约翰痛心不已，然而他依然继续强行军穿越奇里乞亚，而后继续向东，在9月中旬突然出现在图尔贝赛尔［（Turbessel），即今泰勒拜希尔（Tell el-Bashir）］——埃德萨伯爵领的第二大城市。大惊失色的乔斯林立即把小女儿伊莎贝拉（Isabella）送去作为人质。同月25日，他抵达了圣殿骑士的大型城堡巴格拉斯（Baghras），在那里给雷蒙送信，要求他立即交出安条克，并重复了他此前补偿领土的许诺。

这正是雷蒙畏惧已久的时刻。他无法和四年前的乔斯林一样立即挑起一场暴乱，毕竟他的无能已经让城中大多数基督徒厌弃他，希望让皇帝取而代之。他唯一的机会在于拖延。他精心准备了一份谦恭的回复，宣称他必须和自己的封臣商议，他也立即商议了，封臣们拒绝了。他们指出雷蒙仅仅是作为该城继承者的丈夫代行统治而已。他没有权力处置她的领土，而且即使她同意的话，交出安条克一事没有他们的支持也是无效的，他们也绝对不会支持。若是试图交出安条克，雷蒙和他的妻子将被立即废黜。

当这份回复送到巴格拉斯的皇帝面前时，他认定这是一份战书。但行将入冬，部队疲惫不堪，他决定将进攻推迟到春季。他允许他的部下花一两周的时间去周边地区的法兰克人地产上掠夺——先给雷蒙和他的部下一个下马威——而后返回奇里乞亚，在那里肃清几个达尼什曼德部的据点，并在

84 冬季做下一次，也是他人生之中最为重大的一次远征的准备。

哀哉，这一切的准备都是徒劳了。1143 年 3 月，万事俱备之时，在托罗斯山的一次惯常的围猎之中，一支箭意外射中了皇帝的手。伤看上去并不重，起初他也没有在意，但很快伤口便严重感染了，引发了严重的败血症。不久之后他便病入膏肓。他一生之中出生入死，已经不再畏惧死亡，他以一如既往的干练开始为传位做准备。他仍在世的两个儿子之中，伊萨克依然在君士坦丁堡，曼努埃尔则在他的身边。他们两人各有一批支持者，他谨慎地听取了双方的意见，但他还是提醒他们，决定权只在自己一人手中。

约翰逝世（1143）

4 月 4 日，复活节的周日，濒死的皇帝接受了圣餐，而后下令营中任何人都可以前来他的卧室之中，可以向他提出任何请求，他决心在离世之前处理好所有未完成的事务。次日，大雨让营中积满了水，他再度打开卧室的大门，将最后的礼物馈赠给自己最忠实的臣子，包括桌上的美食。直到那时，他才召开了选定继承人的会议。他说，自己的两个儿子都是青年才俊，健壮、机智且充满活力。然而伊萨克易于发怒，而曼努埃尔在他兄长的所有品德之外，还拥有独一无二的和善，会谨慎地听取意见，理智地做出决断。因此要让他的幼子曼努埃尔来继承他的皇位。他转向跪在自己床边的儿子，用尽全力将冠冕摘下，戴在这个年轻人的头上，而后为他披上紫袍。

愈发虚弱的皇帝又度过了三天的痛苦时光，而后在1143年4月8日，他请一位来自潘菲利亚的高尚僧侣前来倾听他的告解，并完成最后的典礼，旋即去世。他的去世，恰如他生前一般虔诚、干练且井井有条。没有哪位皇帝能够像他那样尽心竭力，又矢志不渝地为帝国的利益而奋斗。可以说，弥留之际的他心中有无限的失落，若是上帝多赐予他一些光阴，他可以进一步扩展拜占庭在叙利亚的势力范围，乃至推进到巴勒斯坦，甚至能够弥合曼齐刻尔特之战留下的 85
伤口。在五十三岁时去世的约翰·科穆宁只能把他在东部的未竟之业托付给他人，但若他知道自己的儿子曼努埃尔所继承的帝国更加强大、更加辽阔，也得到了自那场惨败七十二年之后未曾有过的尊重，也许他能得到些许的宽慰。另外还有一个宽慰：曼努埃尔将成为一位出色的皇帝——至少他这么认为。

第六章　第二次十字军（1143～1149）

86 **您下令，我遵命……我演讲宣告，如今（十字军）数量倍增，不可计数。城市与堡垒均被遗弃，每七个少女也难以分到一个男人成婚，许多妇女成了丈夫仍在世的寡妇。**

——克莱尔沃（Clairvaux）的圣贝尔纳致教皇尤金三世（Eugenius Ⅲ），1146 年

在众人的见证之下，曼努埃尔·科穆宁已经被他的父亲立为皇帝，但他仍不能保证继承皇权。他清楚皇帝要在君士坦丁堡登基，而此时的他依然在奇里乞亚的荒野之中，无法立即赶去与其他皇位宣称者争夺。继续和安条克公国开战已经没有意义，他必须尽快返回都城以巩固自己的地位。另一方面，他也有尽孝的义务。他首先要安排葬礼，在约翰逝世之地建立起一座修道院；遗体则走陆路运输到摩普绥提亚，之后走普拉姆斯河进入大海，再运往博斯普鲁斯海峡畔，在他建造的全能基督修道院之中安葬。因此曼努埃尔派阿克索赫以摄政者身份先他一步赶往君士坦丁堡，命令他立即逮捕可能的皇位争夺者。他的父亲虽然没有让他的兄长伊萨克继承皇位，却允许他住在圣宫之中，因此伊萨克可以轻易掌控国库与皇帝的仪仗。

阿克索赫出色地完成了任务，当他赶到都城时，都城之中的人们尚不知道皇帝逝世的消息。他拘捕了反抗的伊萨克，并把他囚禁到全能基督修道院；为了保证安定，他也逮捕了约翰的兄弟伊萨克，并将他流放到本都的赫拉克利亚。还可能制造麻烦的人只剩下牧首，毕竟曼努埃尔需要牧首加冕。事实上牧首的位置恰巧空缺，前任牧首刚刚于不久之前 87
逝世，如今仍未任命新牧首。为了保证自己的君主得到新牧首的支持，这位大元帅把所有高阶教士召集到了宫中，给他们送上了一份绯红封蜡固定着丝绸缎带的证书，其中许诺新君主每年给圣索菲亚大教堂的教士捐赠二百银币。他们欣然接受了，向他保证称加冕时不会出任何问题。其实他们不知道自己的要价太少了，因为阿克索赫的袍袖之中还藏着另一份类似的文件，唯一的差异在于上面的许诺是捐赠二百金币。

他的速度与效率保证了都城之中没有出现任何动乱，仅仅出现了一个阴谋。先皇的女婿恺撒约翰·罗杰（John Roger）靠着和曼努埃尔的姐姐玛丽亚（Maria）成婚而得到了这个尊号。他应当是来到君士坦丁堡避难的诺曼人，是在1130年西西里国王即位时发动反叛，失败后被驱逐出境的诸多男爵之一，而他这次阴谋的支持者当然也是那些诺曼人。幸运的是阿克索赫在阴谋初期便从玛丽亚公主那里得知了消息，她的丈夫几个小时之后便被逮捕了。

曼努埃尔赶回都城 （1143）

几周之后，曼努埃尔才得以离开奇里乞亚返回都城。返回之前，他收到了安条克的雷蒙刻薄的来信，这位公爵从近乎不可避免的灾难之中出乎意料地幸免于难，恢复了旧日的傲慢与虚张声势。然而在皇位继承问题依然悬而未决时，东部的战事只能暂时推迟了。此时他必须返回履行在父亲逝世之后自己应尽的义务，曼努埃尔率部撤退，任何消息也不能阻拦他。无论是雷蒙在他撤军之后便入侵了奇里乞亚，夺回了约翰占据的数座堡垒的消息，还是他的堂兄弟安德罗尼卡与其女婿和一批贵族在打猎时被塞尔柱士兵俘虏的消息，都不能让他停止行军。毕竟他们是自作自受，而且他不会冒着失去皇位的危险解救他们。

大约在8月中旬抵达君士坦丁堡时，他的首个任务便是
88 任命米哈伊尔·库尔库阿斯（Michael Curcuas）担任新牧首，新牧首的首个任务则是为皇帝加冕。典礼结束之后，曼努埃尔在圣索菲亚大教堂的圣坛上留下了二百磅金，远超他许诺的每年补贴，还宣布给城中每个定居者两个金币以庆祝自己的加冕。几天之后他释放了他的兄长，也解除了尊贵者伊萨克的流放令，他已经不必再担心他们篡位。他得到了自己父亲的指定、牧首的加冕与臣民的承认，地位终于稳固了。

曼努埃尔·科穆宁 （1143）

曼努埃尔·科穆宁最惹人注目的是他的身高。编年史家

无一例外地提及了这一点。尽管他的身高在当代并不出奇，但对十二世纪的人而言已是不寻常。而且考虑到他行走时背微驼——他年轻时便如此①——他的身高可能更高。尼基塔斯记载称他肤色发暗，但不太黑，然而他也记载了曼努埃尔在 1149 年围攻科孚岛时，威尼斯人给一个埃塞俄比亚奴隶披上紫袍来讥讽他——这足以证明他继承了自己父亲的黝黑肤色。但他至少在两个方面与父亲截然不同。首先，他格外英俊；其次，他风度优雅，热衷享乐，这与约翰二世不苟言笑、生活简朴的风格截然不同，但也算是个合理的结果。对曼努埃尔而言，无论是在布拉赫内宫，在打猎时的行营中，还是他时常居住的博斯普鲁斯海峡畔的那些别墅之中，他都会为各种事情庆祝一番。

但他并非浅薄之辈。在作战时，褪去表面的轻佻之后，他得以展露出自己出色的军事才能与骑术。也许他过于热衷冒险，因而在军事才能上逊于他的父亲——毕竟他的征战很少大胜——但他的精力与热情是不容置疑的。他同样不畏寒暑，忍耐力堪称传奇，而唯一的弱点在于热衷孤身进入敌军领土，让自己陷入不必要的危险。吉本写道：“他似乎在战 89
争中就忘记了和平，在和平时就忘记了战争。”身为机巧的外交家，他此后一次次展现了近乎天生的创造力与判断力。拥有这些特质的他还是一位典型的拜占庭学者，对艺术与科学都颇有了解，乐于与僧侣式的神学家辩论几个小时，在最为理论性的教义问题上苦思冥想。他的一些无礼说法会让与

① 如果取曼努埃尔于二十一岁时加冕的说法，这一推测应当是合理的。

他谈话的人惊恐不已，然而曼努埃尔确实和他的父亲一样虔诚。他在辩论之中对辩论胜负与追求真伪都不甚在意，只是热衷辩论本身。他在执政期间难免越来越不受教会欢迎——他们不信任他与罗马重新联合的想法，不支持他与萨拉森人暂时结盟的策略——而当他邀请以哥念的苏丹来到君士坦丁堡，还在庄严的队列之中送他来到圣索菲亚大教堂时，教会深感耻辱。

也许最令教会不满的就是他的私生活。曼努埃尔耽于女色，完全禁不住诱惑。在第一次结婚之后他几乎立即开始了婚外情，而三十四年之后弥留之际的他依然想尽快恢复健康以继续偷情。现存资料对这些情人的身份讳莫如深，唯一可以确知身份的就是他的外甥女塞奥多拉（Theodora），[1] 她给他生了一个私生子，还成了地位最高的皇帝情人，有自己的宫殿、随从与卫队。她的表现与皇后无异，当皇后某一次意识到自己的地位受到威胁时，据说她直接除掉了这个塞奥多拉。杀一儆百，皇帝的其他情妇再不敢如此。

曼努埃尔是个不忠的丈夫，但他第一任妻子的外貌与性格无疑促进了这一点。早在 1142 年，约翰·科穆宁便提出让曼努埃尔进行皇室联姻，以便与西帝国的统治者康拉德[2]
90 联合对付西西里国王罗杰。康拉德欣然允诺，让他妻子的妹

---

① 她的确切身份存疑，毕竟曼努埃尔至少有三个侄女（外甥女）以及一个侄孙女使用了这个常用名。此处所指最可能的是他姐姐玛丽亚和诺曼人约翰·罗杰的女儿，但也不能确定。

② 康拉德是神圣罗马帝国事实上的皇帝，但从未在罗马接受教皇加冕，因此只能称罗马人的国王。

妹、苏尔茨巴赫（Sulzbach）的德意志公主贝尔塔（Bertha）前往君士坦丁堡。此时曼努埃尔的三位兄长均在世，几乎没有继承皇位的可能，曼努埃尔对此毫不热心，和自己未婚妻的会面也远没有激起他的感情。但在1144年年末，他改变了心意，和康拉德再度商谈后安排了婚约——并签署了同盟协议。贝尔塔在皇宫的后宫中隐居四年之后，终于重新出现在公众视野之中，将她法兰克蛮族的名字改成更悦耳却也更乏味的希腊名字伊琳妮，于1146年1月与皇帝成婚。

按1160年在贝尔塔葬礼上布道的塞萨洛尼基大主教、奥赫里德的巴西尔（Basil of Ochrid）的说法，皇后“外貌出众，风姿绰约，肤色如同花朵，仿佛能让万物焕发生命”。然而葬礼上所说的好话总归不能太当真，其他资料之中描绘的情况则颇为不同。尼基塔斯·霍尼亚特斯如此记载：

> 相比于外表的装饰，她更在意内在的修养，不肯涂脂抹粉，也不使用妇女喜欢的那些精巧饰品，仅仅寻求因德行而来的美。这也是年纪尚轻的皇帝对她不甚倾心，也没有保持应有的忠贞的原因。不过他还是给了她极大的荣耀、崇高的皇座、大量随从以及其他的显赫装饰，让她得到臣民的尊崇。①

在她逝世时，臣民对她的尊崇已经所剩无几。尽管她努

① 霍尼亚特斯，《曼努埃尔·科穆宁》，Ⅰ，ⅱ。

力——不过也许没尽全力——讨好拜占庭人，却从未能得到他们的爱戴。在他们看来，她死板、粗野，或者如他们所说，太“日耳曼”了。她的吝啬也堪称传奇。她仅在外交方面证明了自己的价值，几次在她的丈夫与其兄弟关系不佳时成功调和，又在康拉德此后于1148年拜访君士坦丁堡时，与曼努埃尔签下政治同盟协议之中起了重要的作用。余下的
91 时间中，她都在宫中忙于虔诚祈祷与教育自己的两个女儿——其中一个早夭。帝国之中，为她的离世而感到惋惜的人很少，皇帝也不是其中之一。

雷蒙救援（1145）

曼努埃尔·科穆宁登上拜占庭帝国的皇位时心怀愤怒。他无法忘却安条克大公在他离开奇里乞亚时的冒犯，也不能饶恕雷蒙在他返回时迅速夺回那些城堡，并在拜占庭帝国的城市、乡镇与村庄地产之中大肆破坏。在如此态势之下开始执政实在是耻辱至极，他决心发起报复。不幸的是尽管他希望亲自率军征讨，却不能成行，即位之初便仓促离开都城难免引发变故。然而1144年年初，他对东南方向发动了水陆并进的进攻，舰队由迪米特里奥斯·瓦兰纳斯（Demetrius Branas）率领，陆军则由康托斯特凡诺斯家族（Contostephanus）的两兄弟约翰（John）和安德罗尼卡（Andronicus），以及归化的突厥人乌尔苏克（Bursuk）指挥。陷落的城堡被再度收复，帝国军队还以牙还牙，破坏了安条克城的周边地区。瓦兰纳斯则在此时横扫了公国的整个滨海地区，摧毁了海岸边的所有船只并俘虏了大批当

地人，还活捉了一名带着税款的税官。

安条克大公是否计划报复，我们不得而知，因为在那一年结束之前，十字军的海外王国的形势发生了巨变：圣诞节前夜，在二十五天的围攻与骇人的血腥之中，伊马丁·赞吉攻破了十字军占据的埃德萨。在许多人看来，安条克将成为下一个目标。对雷蒙而言，他只有一条路可走：忍气吞声，来到君士坦丁堡请求曼努埃尔帮助。起初皇帝不肯接见他，直到这位安条克大公进入全能基督修道院，静静地跪在约翰的墓前忏悔时，他才得到了召见的消息。曼努埃尔随后以意外的体谅接待了他，许诺给他每年的定额补助——但并没有提供任何直接的军事支援——雷蒙略为满意地返回了东方。他没想到的是，他的这次出行——尽管不是谈判结果——的消息传到了赞吉那里，赞吉因此决定推迟对法兰克人发动进 92
攻。次年，这位伟大的阿塔贝格被醉酒的宦官杀死，十字军王国至此遭遇的最大劲敌就此不复存在了。

然而，埃德萨陷落的消息不仅影响了安条克，而且震惊了整个基督教世界。对那些认定第一次十字军的成功是上帝庇佑的西欧居民而言，这让他们对自己理所应当的想法产生了怀疑。在不到半个世纪之后，十字怎么会再度被新月击败？多年以来，到东方的旅行者在返回之后都会告诉家乡人，那些海外王国的法兰克人已经大多堕落。那么，是不是全能的天主认为他们不值得以救赎者的名义继续守卫圣地了呢？

对那里的法兰克人而言，早已熟悉圣地的他们能够更理性地看待这个问题。他们清楚埃德萨之所以被夺取，正是因为他们在军事上的虚弱。第一次十字军的热情，在 1099 年胜利夺取耶路撒冷时达到顶点，如今已经消耗殆尽。来自西欧的军事移民已经极少，还有不少朝圣者按照古时的习俗不携带武器前来。即使是那些准备前来作战的人，经历了一个夏天的征战后也就厌倦了。唯一的常备军——如果可以这么称呼的话——是两个军事组织，即医院骑士团和圣殿骑士团，但仅靠他们，根本无法抵御一次集中攻击。援军必须尽快抵达。于是耶路撒冷王国派出由贾巴拉（Jabala）主教于格（Hugh）率领的使团觐见教皇，正式向他通报这场灾难，并请求尽快发动新的十字军。

此时教皇尤金三世的地位并不怎么稳固，在中世纪罗马一如既往的混乱之中，他已经被迫在被选为教皇三天之后逃出罗马城，来到维泰博（Viterbo）避难。他无法像此前的教皇乌尔班那样领导十字军，当他考虑西帝国的王公时，可能参与远征的只有一个人选。德意志国王康拉德，此时还没得到他应有的尊号，依然在德意志地区平息纷争；英格兰国王斯蒂芬，此时正忙于解决内战；西西里的罗杰，更是有一系列被排除在外的理由。这样，就只剩下法兰西国王路易七世（Louis Ⅶ）了。年仅二十四岁的路易虔诚得近乎可悲，让他显得老成许多，他也不愿为美貌活泼的年轻妻子、阿基坦的埃莉诺（Eleanor）分心。他是一位天生的朝圣者，身
93 为基督徒，十字军是一种义务——此外也有家庭方面的因素，埃莉诺正是安条克大公的侄女。1145 年圣诞节，他宣布同意接受十字并正式通报教皇，而后为了让他的臣民和自己一样充满热情参与十字军，他派人请克莱尔沃修道院院长贝尔纳前来。

圣贝尔纳发动十字军（1146）

时年五十五岁的圣贝尔纳此时正是欧洲宗教界最有影响力的人。对当代人而言，我们无法亲身体会他那足以轻易征服任何一个与他会面的人的惊人魅力，反而会觉得他并不引人注目。高大枯槁的他因为一生过度苦修而满面阴郁，心中满是炽烈的宗教狂热，决不能容忍与妥协。他的公众生活自1115年开始，当时西托（Cîteaux）修道院院长英格兰人斯蒂芬·哈丁（Stephen Harding），让他离开修道院前去香槟的克莱尔沃创立附属修道院。他的影响力自此得以远播，在他人生之中的最后二十五年中，他不断地云游、布道、劝说、争执、辩论，写下不计其数的信件并投身于所有在他看来涉及基督教原则的争议之中。这场十字军是他心中希望的冒险。随后的棕枝全日，在国王于勃艮第的维泽莱（Vézelay）召开的集会上，贝尔纳欣然同意发动十字军。

贝尔纳的名号很快开始展现魔力，当预定的日期即将到来时，男女老幼从法兰西各地赶来，涌入小镇。由于人太多，无法全部进入大堂，人们只得匆忙在山上搭建了一座木制平台。1146年3月31日，贝尔纳便在那里进行了他一生之中最重要的演讲之一，国王路易——胸前早已展示着教皇在回信时附送的十字——则站在他的身旁。他演讲的原文未能存世，但贝尔纳演讲的方式对听众的触动也许更胜于文稿本身。在他演讲时，起初寂然无声的群众纷纷高呼领取十字。用粗布做成的十字早已打成捆以备分发；当做好的十字分发一空之后，这位院长脱下自己的长袍，撕成布条，制成了更多的十字。其他人纷纷效仿，他和他的帮手们一同缝制十字，直到入夜。

94 这一成就堪称惊人。欧洲再无人能够完成这一切。然而，从后来的事态发展来看，也许这一切本不该发生。

1146 年夏，曼努埃尔·科穆宁收到了路易七世的一封信，希望他支持即将开始的十字军。曼努埃尔相比此前任何一位皇帝都更热衷西欧文化，即使如此，一群纪律涣散的法兰西－德意志联军——圣贝尔纳已经从法兰西王国进入德意志地区，他的演讲受到了同样的热情回应——大规模通过帝国绝对不是什么好事。他清楚半个世纪前的第一次十字军对他祖父而言是何等的梦魇，因而不想这一切重演。他确实和以哥念的苏丹正在交战，此前的征战，以及目前正在进行的战争，最终都未能分出胜负。若是这些新十字军能够比他们的先辈更守纪律，也许能够带来长期的利益，但他对此持怀疑态度。他对路易的回复颇为冷淡，仅仅可谓没有冒犯而已。他会为路易的军队提供食物和其他补给，但十字军必须花钱购买。所有的领袖在穿越帝国领土时，还要再度向皇帝宣誓效忠。

无论曼努埃尔对基督教世界的新卫道者有过何种期许，都要很快落空了。约两万人的德意志十字军于 1147 年 5 月从拉蒂斯邦（Ratisbon）出发，其中掺杂了太多令人厌恶的特质，不但时而爆发宗教狂信，还有大批混世者以及为得到完全赦免而来的罪犯随行。他们进入拜占庭帝国领土之后不久就开始四处掠夺、破坏、奸淫乃至杀戮。领袖们还往往带头作恶。康拉德本人——此前拒绝参与十字军，但被贝尔纳公开申斥之后在前一年的圣诞节忏悔——保持了风度，但在亚得里亚堡（今埃迪尔内），他的侄子和副指挥士瓦本公爵腓特烈（Frederick of Swabia，他此后的绰号“巴巴罗萨”更为著名）为报复当地土匪的掠夺，焚毁了整个修道院，把其中完全无辜的僧侣全部屠杀。十字军和曼努埃尔派来监 95
视他们的拜占庭武装护卫之间，争斗愈发频繁，9 月中旬，大军终于抵达君士坦丁堡城外——皇帝要求他们渡过赫勒斯滂海峡（今达达尼尔海峡）进入亚洲，完全不通过都城，康拉德愤然拒绝了——此时德意志十字军和希腊人之间的关系已经极度恶劣。

与突厥人停战（1147）

此时，沿途的居民还没有从纷扰之中恢复，法兰西十字军又出现在了帝国的西部边境。他们的规模比德意志十字军稍小，也更合适。他们的纪律更好，许多陪伴丈夫的贵妇——包括王后埃莉诺本人——起到了进一步的约束作用。然而进军并不顺利。此时巴尔干地区的农民的敌意已经公开，为他们所剩无几的粮食开出荒谬的高价。双方很快开始互不信任，都展开了敌对行动。于是，在他们抵达君士坦丁堡之前，法兰西王国人就已经开始怨恨希腊人以及德意志十字军；10 月 4 日抵达时，他们得知了一个耻辱的消息：皇帝已经决定和突厥人停战。

尽管国王路易不可能欣然接受这一事实，曼努埃尔做出这一决定倒也堪称明智。法兰西－德意志联军出现在帝国都城的城门之外，其威胁要远超过在亚洲的突厥人。皇帝清楚这两支十字军之中都有想要联合攻击君士坦丁堡的极端分子，事实上，仅仅几天之后，圣贝尔纳的侄子、朗格勒（Langres）主教若弗雷（Geoffrey）就向国王正式提出了这一要求。直到曼努埃尔蓄意散布突厥人正在安纳托利亚集结大军的消息，声称法兰克人若不尽快通过敌对领土的话就再无机会，才得以挽救局势。与此同时，他也用惯常的奢华娱乐与宴会讨好路易——让他无暇讨论其他问题——并尽快安排国王和他的部下渡过博斯普鲁斯海峡的航船。

与这些不速之客告别，看着他们满载着人马的渡船穿越海峡时，曼努埃尔比他们之中的任何人都清楚法兰克人在其第二次征途中的危机。他本人不久前刚从安纳托利亚返回，
96 尽管突厥人集结大军的说法是夸大，但他清楚，十字军散乱的部队既士气低落又纪律涣散，根本无法抵御塞尔柱骑兵的突然袭击。他给了他们补给和向导，警告了他们饮水缺乏，并建议他们不要直接穿越内陆，而是沿依然由拜占庭帝国控制的海岸地区行动。他能做的也只有这些。如果收到这一系列警告之后，十字军还是坚持寻死，那也是他们自己的错。他当然会感到遗憾，不过，可能也就是遗憾而已。

和他们告别没几天，皇帝就收到了两个消息，来自两个完全不同的方向。其一是来自小亚细亚的信使，报告称德意志十字军在多利留姆附近被突厥人突袭，几乎被全歼。康拉德和士瓦本公爵侥幸逃生，来到尼西亚与法军会合，但他们的九成部队都在营地被杀或重伤了。

第二个消息更糟：西西里国王罗杰已派出舰队航向帝国。

联盟对抗西西里（1148）

西西里舰队的指挥官是安条克的乔治（George of Antioch），这个变节的希腊人靠着自己的出色能力，得到了接收他的国家的最荣誉称号：大埃米尔，即王国海军总指挥官兼最高行政官员。[①] 舰队在1147年秋季从奥特朗托起航，直接穿越亚得里亚海，航向科孚岛。该岛未经抵抗即陷落了。尼基塔斯记载称当地的居民在拜占庭帝国的重税之下不堪重负，在乔治的劝诱之下把诺曼人当成了解放者，还接受了一千人的驻军。

舰队折向南绕过伯罗奔尼撒半岛，一路在军事要地留下分遣部队，而后沿希腊东部海岸进军，一路抵达埃维亚岛。乔治认为抵达这里已经够远，便调转方向，对希腊发动了迅速掠夺，而后在抵达爱奥尼亚群岛之后，再度向东沿科林斯湾进军，一路在滨海城镇大肆掠夺。他的进军，按尼基塔斯的描述，“如同海怪一般吞噬遭遇的一切”。他的掠夺部队 97
甚至一路突入至底比斯——拜占庭丝绸手工业的中心。在劫掠了大量锦缎之外，乔治还掠走了大批专门负责养蚕、缫丝与织造丝绸的女工，胜利返回巴勒莫。

西西里舰队的破坏让曼努埃尔怒火中烧。无论他对十字军态度如何，一个所谓基督教国家借此机会对帝国发动袭击，让他厌恶不已，而指挥官是希腊人的事实更无助于平息

① 值得提及的是，英语的海军上将“admiral”，以及在欧洲其他语言之中略有改变的同源词，首次出现在诺曼人的西西里王国，正是源自阿拉伯语的埃米尔（emir），特别是“emir-al-bahr”，即“海洋的统治者”。

他的愤怒。一个世纪前，阿普利亚是拜占庭帝国的一个富裕的行省，如今却几乎与海盗窝点无异。这样的情况自然是无法容忍的。罗杰，“那条让自己的愤怒之火比埃特纳火山（Etna）更猛烈的恶龙……基督徒的公敌与窃据西西里的篡权者”[①]，必须被永久赶出地中海。西欧试图将他赶走，但没有成功，如今轮到拜占庭帝国出手了。若是得到充分的协助，又免于因其他问题分心，曼努埃尔相信他能够成功。十字军继续前进，他本人和突厥人已经议和，而且他确认并延长了和约。关键在于帝国的所有士兵和水手都要得以抽调出来，参与他的宏大计划，而这将成为他一生之中最大的成就：将整个南意大利和西西里收回拜占庭帝国。

问题在于寻找合适的盟友。既然法兰西和德意志都无暇出手，曼努埃尔便转向了威尼斯。他清楚，威尼斯人多年以来都在忧虑西西里海军力量的增长，他们无法和此前那样掌控地中海了。当巴勒莫、卡塔尼亚和锡拉库萨的集市愈发忙碌时，里亚托（Rialto）[②] 的商贸则愈发衰减。更重要的是，如果罗杰巩固了对科孚岛和伊庇鲁斯海岸的控制，他就有能力封锁亚得里亚海，西西里王国也将彻底封锁威尼斯。威尼斯人多少开了个价，毕竟他们不会白白出征。1148 年 3 月，在出让塞浦路斯岛、罗德岛和君士坦丁堡更多的贸易特权之
98 后，曼努埃尔终于得偿所望，获得了威尼斯全部海军六个月的征调权。他本人则在全力整备自己的海军，他的书记官约

---

① 引述自帝国 1148 年 2 月的公告。

② 位于威尼斯中心，因那里的里亚托桥而知名，附近还有同名的市场。——译者注

翰·基纳摩斯估计称他拥有五百艘战舰和一千艘运输船，另外配备了两万至三万的陆军。陆军依然交给他的大元帅阿克索赫指挥，海军交给了他姐姐安娜（Anna）的丈夫——都督[①]斯蒂芬·康托斯特凡诺斯（Stephen Contostephanus）。他本人则作为最高指挥官。

4月，这支远征大军已经准备出征。整备一新的战舰在马尔马拉海停泊，大军则等待着出征的命令。之后，事态在一瞬之间改变了。库曼人突然渡过多瑙河，进入帝国领土；威尼斯总督突然离世，舰队无法立即起航；东地中海又突然出现了一系列的夏季风暴，严重影响了航行。两支海军直到秋季才得以在亚得里亚海南部会合，联合封锁了科孚岛。路上的进攻则拖延得更久。当他解决了库曼人的侵袭时，曼努埃尔意识到品都斯山脉已经被大雪封锁，他的部队无法通过了。在马其顿安排部队越冬之后，他匆忙赶往塞萨洛尼基，会见一位重要的访客：霍亨斯陶芬家族（Hohenstaufen）的康拉德。他此时刚刚从圣地返回。

进攻大马士革（1148）

第二次十字军可谓一场惨败。康拉德带着多利留姆之战惨败后的残部，继续与法兰西十字军一同行军抵达以弗所，

---

① 此处的“都督”，即希腊语的“doux”，原本是十一世纪拜占庭帝国的高级武官（译者译为“总督”），然而实际上起之前的“舰队都督”（drungarius）的作用，下文同。这一时期，大量旧官职失效，又生造了许多新官职以供皇帝封赏，或许这一时期的官僚与记述者们混淆了原本各个官职应有的拼写。——译者注

在当年的圣诞节他生了重病。曼努埃尔和他的妻子听闻他病重的消息，立即从君士坦丁堡赶去，带他返回皇宫修养，对医学颇有了解的曼努埃尔更是亲自护理他，直到他身体康复。这位国王在都城停留到 1148 年的 3 月，而后曼努埃尔为他安排了前往巴勒斯坦的船只。法兰西十字军此时正在艰难地穿越安纳托利亚，在突厥人的袭击下损失惨重。可以说这完全是路易的错，他无视了皇帝沿海岸进军的劝告，坚持把每一次遭遇战都归因于拜占庭向导的无能，抑或背叛，也很快发展出对希腊人近乎癫狂的怨恨。最终，濒于绝望的他带着扈从以及尽可能多的骑兵到阿塔利亚乘船，将余下的部
99 队和随行的朝圣者扔下，任他们在路上自生自灭。这支在一年前出征时意气风发的大军的残余部队，直到 1148 年晚春才进入安条克。

而这仅仅是开始。强大的赞吉已经离世，但他的儿子，即更为杰出的努尔丁（Nur ed-Din）继承了他的衣钵，他在阿勒颇的据点成了穆斯林与法兰克人对垒的焦点。阿勒颇本该成为十字军的第一个目标，而在抵达安条克几天之后，雷蒙就对路易施压，要他尽快进攻该城。他拒绝了，声称自己必须先到圣墓大教堂礼拜。王后埃莉诺对自己丈夫的感情完全没有因这场危险且不适的旅途而增加——也早有人怀疑她和雷蒙的关系不只是亲属那么简单——她宣布要留在安条克并请求离婚。她和她的丈夫是远亲，这一问题在他们结婚时被忽略了，但如果重新提起，这依然是个问题——埃莉诺也清楚这一点。

路易尽管外表向来阴郁，在危机之中也不会轻言放弃。

他无视了妻子的反对，强迫她一同来到耶路撒冷，而这让雷蒙大为不满，以至于拒绝参与这次十字军。他在 5 月拖着自己面沉似水的王后来到圣城，康拉德在不久之前赶来。他们在那里暂时停留，直到 6 月 24 日，全体十字军在阿科（Acre）召开会议，商讨作战计划。他们在不久之后就达成了一致决定：必须立即动员全部人力物力，对大马士革发动集中攻击。

至于为何把大马士革选为首要目标，这依然是个谜。那里有唯一与努尔丁敌对的穆斯林势力，可以，也应该被当作法兰克人的宝贵同盟。若是发起进攻，就等于逼迫他们投入那位埃米尔的穆斯林大同盟，也等于让十字军自掘坟墓。他们抵达城下时，发现大马士革城防坚固，守军坚决。次日，他们做出这次十字军行动之中又一个灾难性的决定，将军营转移到城的东南方向，完全与水源隔离，也无遮挡。巴勒斯坦的王公们此时已经在为夺取这座城市后的分赃问题争执不休，利令智昏的他们突然之间开始紧急撤退。贿赂与背叛的流言在军营之中传播。路易和康拉德既震惊又厌恶，但很快他们就要被迫认清形势了。继续围攻大马士革不但会使其与 100
努尔丁联合，那时士气早已崩溃的他们也将死无葬身之地。7 月 28 日，围城仅五天之后，他们便下令撤退了。

整个叙利亚，恐怕没有什么能比大马士革与提比里亚之间那段深灰色的、只有沙土和玄武岩的荒漠更让人丧气了。在阿拉伯的盛夏之中，酷烈的阳光和灼热的风打在他们的脸上，无休止的阿拉伯马弓手的袭扰更是让大批人马毙命。十字军心中无疑满是绝望。他们清楚，一切已经结束。他们的人员与装备损失太大，他们既没有继续进军的意愿，也没有储备了。最折磨人的是屈辱。在各种危险之中忍饥挨饿，熬过疾病、酷寒与暑热的折磨，行军大半年之后，他们那曾经荣耀的大军，本希望让基督教世界永远铭记的勇士们，在四天的战斗之后就放弃了全部的雄心壮志，还没有从穆斯林手中夺取一寸土地。这才是最大的屈辱，而他们以及他们的敌人都无法忘怀。

路易并不急着返回法兰西王国。他的妻子此时正坚持要求离婚，他害怕这一切将会带来的麻烦与尴尬。此外，他也希望在耶路撒冷度过复活节。而康拉德只希望全速离开。9月8日，他带着扈从骑士离开阿科，乘船赶往塞萨洛尼基，皇帝在那里等待着他，并再度带他返回君士坦丁堡。两人如今已是好友。尽管近期关系紧张，曼努埃尔依然对西方的文化与习俗颇为着迷，康拉德则完全被曼努埃尔的和善与魅力折服——更不用说皇宫那不寻常的奢华，可不是他家乡那四面透风的大厅可比的。

与康拉德结盟（1148）

当年的圣诞节，两个皇室家族的姻亲进一步巩固，曼努埃尔的侄女、他已故兄长安德罗尼卡的女儿塞奥多拉（Theodora），与康拉德的兄弟、奥地利公爵亨利（Henry）成婚。①

① 拜占庭人依然为将希腊公主交给法兰克蛮族而略感忧郁，普罗多罗摩斯（Prodromus）纪念此事的诗便将其描述为可怜的塞奥多拉被“献祭给西方的野兽”。

在“罗马人的国王”于 2 月初返回德意志之前，两位统治者巩固了对抗西西里的罗杰的盟约，并同意在当年年末进行对南意大利的远征。他们甚至拟定了除掉西西里国王之后，如何分割阿普利亚和卡拉布里亚的计划。这两块土地将会交给康拉德，康拉德将立即将其作为他妹妹贝尔塔，即此时的皇后伊琳妮的嫁妆送给曼努埃尔。 101

事实上这一盟约的成果微乎其微。他们没能推翻西西里国王，而几年后曼努埃尔短暂控制阿普利亚大部时，更多是靠自己的军力，而非西帝国的协助。然而这也是第二次十字军的唯一一点成果，除此之外的其他方面，都是基督教世界的耻辱。这场远征还在法兰西和德意志之间、法兰克人和拜占庭人之间、新来的十字军和居住在海外王国的同宗之间种下了不和的种子——康拉德是唯一的例外。这还让伊斯兰世界的士气大为振奋，让他们愈发团结坚定，西方在军事方面的威信则彻底扫地。

西方的威信，直到几个世纪之后才得以恢复。

第七章　重整旗鼓（1149～1158）

102 **皇帝曼努埃尔经常认为自己可以靠着利诱或者威逼轻易获得东方人的支持，但他在西方人身上无法完成同样的事，因为他们人数太多，高傲不羁，内心残忍，财富极多，而且向来怨恨帝国。**

——尼基塔斯·霍尼亚特斯，《曼努埃尔·科穆宁》，Ⅶ，i

在康拉德于君士坦丁堡逗留时，待客殷勤的曼努埃尔·科穆宁完全没有露出厌烦的神情，也没有尽快送客的意思。然而，当他和朋友挥手告别之后，他就立即率部赶往科孚岛，对那里的围攻已经持续整整一冬天。近期的战争进展并不顺利。西西里军队控制的城市堡垒位于旧城区之上的悬崖，基本处于拜占庭帝国的投射武器的射程之外。按尼基塔斯的记载，希腊人仿佛在瞄准蓝天投射，守军则向围城者投射箭矢与石块。（他还加上了一个无法绕过的问题：西西里军队怎么会在前一年如此轻易地夺取这里？）现在，胜利的唯一希望似乎在于让驻军断粮，但他们已经花了一年的时间准备补给，而且拜占庭的封锁随时可能被满载补给的西西里舰队突破。

长时间的围攻之中，守城者经受的种种压力，攻城者同样要忍耐；开春时，希腊水手和他们的威尼斯同盟已经无法互相容忍。当威尼斯人占据一座周边小岛，焚毁了一批拜占庭商船时，敌对情绪达到了顶点。他们还侥幸夺走了帝国舰队的旗舰，甚至还弄出了前一章中提及的荒唐表 103
演，让一个埃塞俄比亚奴隶穿上皇帝的衣服，在围观的希腊人面前弄出一套加冕典礼来。皇帝是否目睹了这次冒犯，我们不得而知，但他后来确实听说了，而且无法原谅这些威尼斯人，只不过，他太需要他们的协助了。耐心、机巧与他众所周知的魅力，很快让双方的关系缓和。与此同时，围城战在他的亲自指挥下继续进行。君子报仇，十年不晚。

几个月之后他得到了回报：科孚岛在仲夏陷落。有可能是靠收买，因为尼基塔斯提及驻军的指挥官此后为帝国服役。皇帝立即起航前往达尔马提亚的港口阿弗罗那，在那里准备渡过亚得里亚海，按照约定在意大利和康拉德会师。然而风暴阻挡了他的去路，在等待有利天气时，他又收到了塞尔维亚人在邻近的匈牙利王国的武力支持下发动暴乱的消息。他还得知一个令他恼火的消息：安条克的乔治趁他出兵之时率领四十艘战舰冲过赫勒斯滂海峡，经马尔马拉海抵达君士坦丁堡城下。西西里部队没能成功登陆，就沿博斯普鲁斯海峡继续航行，掠夺亚洲一侧的富裕别墅，离开之前他们还向皇宫之中挑衅地射了几箭。

塞尔维亚暴乱（1149）

这也是皇帝无法原谅的冒犯，但塞尔维亚人的暴乱严重得多——若是西西里国王在背后支持他们的话，情况则更加严峻。塞尔维亚人和匈牙利人早就在一条船上了，而且罗杰的堂表亲布西拉（Busilla）是匈牙利国王卡尔曼的王后，因此他和匈牙利的关系向来紧密。曼努埃尔不知道的是，为了破坏他筹划的大规模远征，罗杰也筹备了一场类似的外交阴谋，资助德意志王公同盟，在尚有一线希望的巴伐利亚伯爵韦尔夫的领导之下争夺应属康拉德的皇位。因此，面对可能是整个中世纪之中最强悍的军事同盟，即东帝国与西帝国的
104 联军——在帝国分治的至此六个半世纪之中也极少出现——即将发动的夹击，罗杰成功同时拖住了两国，赢得了几个月的喘息之机。在曼努埃尔眼中，他是夺取帝国领土的篡权者，是肆意掠夺的匪徒，但至少也是值得一战的对手。

1149 年 7 月 29 日，从巴勒斯坦返回的法兰西国王路易七世和王后埃莉诺在卡拉布里亚登陆，进入内陆的小镇波坦察（Potenza），西西里国王罗杰在那里等待着他们。路易此时心情不佳，他颇不明智地带着自己的随从乘上了西西里的航船，在他们的敌国拜占庭帝国的领海之中冒险。在爱琴海之中，他们遭遇了一支希腊舰队（可能是前往科孚岛或刚刚返回），这支舰队立即发起了攻击。他本人靠高悬法兰西王国的旗帜得以幸免，埃莉诺——因为和丈夫决裂而乘上了另一艘船——则是在西西里战舰及时前来解救时才得以逃生。然而仍有一艘载有一批国王扈从和几乎所有

行李的船只被希腊舰队俘虏，带到君士坦丁堡。路易早已认定曼努埃尔·科穆宁是这次十字军失败的唯一原因，这次遭遇战更成了最后一根稻草，他此时决心好好听一下西西里国王的提议了。

反拜占庭帝国联盟失败（1149）

简而言之，这次谈判是要组织一个西欧对抗拜占庭帝国的联盟。罗杰清晰且令人信服地声称，曼努埃尔因为怨恨基督徒而和突厥人结盟，并把十字军的一切情况，包括军营所在地、整备情况和行军路线告知了他们。卧榻之上有如此毒蛇酣睡，十字军自然从出征之时便注定要失败了。因此，首要任务便是彻底消灭这个“瓦西琉斯”，以及他所统治的那个堕落且分裂教会的帝国。那时，联军才能够胜利发动第三次十字军，洗清第二次十字军留下的耻辱。

这个提议堪称虚伪至极。西西里国王根本不是十字军，无论气质还是信仰都与圣战士不沾边。他根本不在乎基督徒海外王国的死活，在他看来他们是自作自受。他更喜欢阿拉伯人，毕竟西西里岛上的人口，以及他的官僚体系之中阿拉伯人占了相当的比例，他的阿拉伯语也说得很好。另一方面，他还对安条克和耶路撒冷有宣称权；此外，若是他不主 105
动攻击曼努埃尔，皇帝也无疑要反过来攻击他。进攻是最好的防守，不是吗？若要发动进攻，现在不就是最好的时机吗？他和欧洲的主要王公一起，率领一支不会影响他名声的十字军，去征讨全西欧最受憎恨的曼努埃尔·科穆宁，正其时也。

罗杰清楚此时这个颇具讽刺意味的境况，路易则没有那么精明。会谈之后，他欣然前往蒂沃利（Tivoli）面见教皇。尤金的态度不温不火，他希望终结两个帝国的联盟，却也不愿意看到罗杰的力量更加强大。其他的显赫教士——包括圣贝尔纳——对此则颇为热情，于是在法兰西国王返回巴黎之后，地位甚高的圣丹尼（Saint-Denis）修道院院长叙热（Suger）便成了筹划新十字军的领袖人物。

康拉德最终瓦解了这个计划。这位“罗马人的国王”早就因各种理由对罗杰怨恨不已，如今他遭遇了或许是最为恶劣的冒犯。他清楚失败的十字军让他威望严重受损，罗杰却获得了前所未有的支持。然而，无论是否加冕，德意志君主才是传统意义上和宗教意义上的西欧基督教世界的剑与盾。康拉德无法容忍帝国的特权被他人僭越，当然也无法容忍这个僭越者窃取南意大利。他同样怀疑，罗杰正在出资支持巴伐利亚的韦尔夫的联盟。圣贝尔纳全力劝说他转变态度，却无果而终。这位克莱尔沃修道院的院长是法兰西王国人，在康拉德看来，法兰西王国人和西西里人一样可恶，更何况他不可能忘记上次他听从贝尔纳的建议之后，落得了什么结果。众所周知，贝尔纳盲目地反对拜占庭帝国，他也是那次失败十字军的最大煽动者，很明显他急于摆脱失败的责任，将其转嫁到东罗马帝国皇帝的头上。另一方面，曼努埃尔是康拉德深信不疑的朋友，而且两人更是已经结下庄严的同盟，康拉德也决心遵守承诺。

反拜占庭的大联盟就此无果而终了。国王罗杰竭尽所能纵横捭阖，才得以推迟康拉德和曼努埃尔对西西里王国的联合远征。然而不久之后，他制造的阻碍便被有效排除了。106
1150 年，伯爵韦尔夫在弗洛赫堡（Flochberg）遭到彻底失败，再未能恢复；曼努埃尔在次年发动惩戒远征之后，塞尔维亚人和匈牙利人也终止了战事。最终，两帝国的军队终于得以向南意大利自由进军了。在一番秘密筹划后，他们决定在 1152 年秋季开始这次拖延甚久的远征。威尼斯保证提供支持，连教皇尤金也最终同意协助。对罗杰而言，未来堪称一片黑暗。

然而在 1152 年 2 月 15 日，康拉德在班堡（Bamberg）逝世，享年五十九岁。在奥托大帝恢复西帝国两个世纪之后，他是第一位没有在罗马加冕的统治者——这一失败也几乎足以代表他的整个统治时期。“会议上如同塞涅卡（Seneca），面貌如同帕里斯（Paris），战场上如同赫克托尔（Hector）”，他在年轻时颇有前途，却没能完成他的宏图大志，没能成为皇帝，只是个悲哀不幸的国王。他的病榻之旁的意大利医师——可能来自萨莱诺著名的医校——难免引发西西里国王下毒的流言。尽管罗杰乐于在此时除掉自己的宿敌，指控他为凶手却也确实没有证据。

直到最终康拉德的头脑也保持着清醒，他最后的命令是让他的侄子与继承者，即士瓦本的腓特烈继续他已经开始的大业。出兵对付西西里国王，腓特烈是求之不得。在德意志宫廷之中那些阿普利亚流亡者的鼓动之下，他甚至打算扩展自己伯父原本的计划，在立即进军进攻罗杰的同时，带上皇冠以便顺路在罗马加冕。然而即位向来都存在未知数，这次也不能例外，他很快就被迫无限期推迟这次远征。但他和康拉德对待拜占庭帝国的态度截然不同。他内心不肯接受让自己帝国的力量与威望受损的安排。东方有另一个皇帝已经令他不满，而把存在争议的南意大利与他分享，乃至完全转交给他，更是可恶至极。如果曼努埃尔想要加入他对西西里国王的进攻，自然可以，但战果必须由他自己获取。继位不到一年，他便和在康斯坦茨（Constance）的教皇签订了协议，声称拜占庭帝国不得在意大
107 利保有领土，如果拜占庭皇帝用武力夺取了土地，就必须将他赶走。两帝国短暂的蜜月期就此结束了。

两位教皇、贝尔纳与罗杰逝世（1154）

另一方面，国王康拉德的逝世仅仅是个开始。1153 年 7 月 8 日，教皇尤金三世在蒂沃利突然逝世。他并不想成为教皇——直到逝世的那天，在教皇的长袍下面他也依然穿着熙笃会僧侣的粗糙僧衣——在教皇任上他也没有表现出多少值得一提的才能，但他的温和谦逊还是得到了身边人的爱戴与尊重，他们也衷心为他的离世哀伤。克莱尔沃的贝尔纳在六周之后也随他离开人世，而人们对他的感情就要复杂些了。贝尔纳一生真诚地践行禁欲苦修，很少有人能够如此——所幸这种人很少——而他认定自己必须干预政治问题。身为狂热者，他的干预难免要引发灾难。他号召的第二次十字军无疑给基督徒带来了中世纪最大的耻辱。许多人也许认为他堪称伟大，真心喜爱他的人却恐怕很少。

1154 年 2 月 26 日，西西里国王罗杰在巴勒莫逝世。他的儿子与继承人，所谓的“恶人”威廉（William the Bad）——这一称号未必合适，因为它在很大程度上源自他

怪异的外表[①]以及赫拉克勒斯般的体能，但事实上他是个懒惰且热衷享乐的人，远没有继承父亲的机智与外交权谋。罗杰绝对不会像威廉那样，在即位几周之后便向拜占庭皇帝求和，并许诺归还安条克的乔治在底比斯远征期间掠走的所有希腊俘虏与战利品。曼努埃尔·科穆宁立即回绝了这一提议，在他看来，这只意味着这位新国王畏惧帝国的进攻。如果他畏惧，便是实力不足，如果他实力不足，便能够战胜。

西欧在这一时期逝世的最后一位重要政界人物便是教皇尤金的继任者——年老无为的阿纳斯塔修斯四世（Anastasius Ⅳ）。他仅仅在位十七个月，其间主要考虑的便是为自己贴金。当他于1154年年底在巨大的斑岩石椁中——那原本是皇后海伦娜的石椁，他在生命仅剩几个星期时下令把她的遗骸转移到了“天堂圣坛”（Ara Coeli）的骨灰瓮里——下葬 108
时，他的继承者的才干却与他截然不同，他正是阿德里安（即哈德良）四世（Hadrian Ⅳ），唯一一位戴上三重冠的英格兰人。尼古拉斯·布雷克斯皮尔（Nicholas Breakspear）大约于1115年出生在赫特福德郡（Hertfordshire）。身为学生时他先到法兰西王国求学，而后转往罗马，在那里他的雄辩、干才与出众相貌引起了教皇尤金的注意，而且对尼古拉斯而言幸运的是，尤金对英格兰相当喜爱。[②] 此后他便平步

---

① 他外形如同怪兽，“浓厚的黑胡子让他看起来凶悍可畏，让许多人望而却步”（*Chronica S. Mariae de Ferraria*）。

② 他曾经对英格兰学者与外交家索尔兹伯里的约翰（John of Salisbury）提及，他认为约翰的同乡的称职敬业颇为可敬，因此他更喜欢他们——他提到唯一的缺陷是，轻佻会让他们失去理智。

青云，于1152年前往挪威，在整个北欧重组基督教教会。由于任务完成得极为出色，两年后，阿纳斯塔修斯逝世时，他被一致推举为新教皇。他的就职可以说来得太及时了，因为六个月之后他便要面对一个巨大的危机，而如此的危机足以摧垮他的两位先辈。“巴巴罗萨”腓特烈抵达意大利，要求加冕称帝。

“巴巴罗萨” 进军罗马（1155）

在同时代的德意志人看来，时年三十二岁的腓特烈可谓条顿骑士之中的楷模。他高大、肩宽、颇为英俊，浓密蓬乱的红棕色的头发下，双眼闪着光芒。按一位对他颇为了解的编年史家记载，[①] 他似乎随时都会笑起来。但在轻松活泼的外表之下，他有着钢铁般的意志力，并为唯一的目标而努力：让帝国恢复古时的伟大与辉煌。为实现这一目标，他不会做出任何让步，无论他面对的是教皇、东帝国皇帝，还是其他任何人。在1155年年初抵达北意大利之后，他因那里的城市与乡镇之中强烈的共和主义而惊讶与恼怒，于是立即决定展示武力。向来不安分的米兰对他而言太难对付，但他还是拿米兰的同盟托尔托纳（Tortona）开刀，在两个月的围攻之后将其攻破，并夷为平地，连两块叠在一起的石头都找不到了。

在帕维亚庆祝复活节——并按照习俗接受了伦巴第铁

---

① 阿切尔博·莫雷纳（Acerbus Morena），洛迪（Lodi）市政官，北意大利最早的俗世史学家之一。

冠——之后，腓特烈穿过托斯卡纳南下，其速度之快让罗马教廷警惕起来。年长的枢机主教们依然记得，1111 年，他的先辈亨利五世（Henry V）直接在圣彼得大教堂对帕斯夏二世下手，囚禁了他两个月，直到他最终投降。就他们对这 109
位“罗马人的国王”的了解，他完全也能做出这样的事来。因此哈德良决定骑马前去与他会面，两人于 6 月 9 日在苏特里（Sutri）附近的“草坪”（Campo Grasso）会晤。这次会谈并不成功。按照习俗，国王若是面见教皇，需要步行上前为他牵马，并在教皇下马时为他扶马镫，但他没有这么做，哈德良也拒绝赐予他传统的和平之吻。

腓特烈反驳称给教皇当马夫并不是他的义务，但哈德良坚持己见。这可不是微不足道的仪式，而是足以动摇帝国与罗马教廷根本关系的公开挑衅。腓特烈最终让步了，将军营稍向南搬迁，于 6 月 11 日清晨在小镇蒙特罗西（Monterosi）重新进行仪式。这次国王步行前去迎接教皇，为教皇牵马，据称只牵了扔石可及的距离，而后在他下马时扶马镫。哈德良在座位之上静候，腓特烈跪下来亲吻他的脚，和平之吻也随即赐予，谈判开始了。

此时似乎没有理由推迟加冕。然而在上次典礼时，罗马市民组织了市民议会并恢复了元老院，一批元老院成员在几天之后抵达了皇帝的营帐，张扬且以恩人自居的他们要求腓特烈在接受皇冠之前先发誓保证罗马城未来的自由，并支付五千磅金的特别资助。腓特烈平静地声称自己加冕是理所应当，这类许诺是不必考虑的，赏赐的时间和地点则都要由他决定。元老院成员们无功而返，然而和市民议会打过交道的教皇清楚地意识到，这次会面将带来何种风险。如果要规避这些风险，他和腓特烈就必须尽快行动。

6月17日星期六的清晨，罗马人的国王通过金门进入罗马城，径直赶往圣彼得大教堂，而教皇早在一两个小时之前已经抵达那里，在大堂的台阶上等待着他。一段简短的弥撒礼之后，在使徒墓的上方，哈德良匆忙为腓特烈佩上圣彼
110 得之剑，并为他戴上皇冠。在简短的典礼结束之后，依然戴着皇冠的皇帝直接骑马返回了城外的军营之中，教皇则到梵蒂冈躲避起来，静观其变。

此时还没到上午九点，元老院成员们还在卡比托利欧山聚集商讨如何阻止加冕礼时，却得知了加冕礼已经结束的消息。因受制于人而恼怒的他们决定动武。很快便有大批暴民开始冲击圣天使城门，另外还有一批人向北穿越特拉斯泰韦雷（Trastevere）。德意志的士兵们在城外高处的营帐之中，接到了立即准备战斗的命令。皇帝不是在仅仅几小时之前，在他们面前发誓要为教会与基督而战吗？似乎危机已经不可避免。腓特烈在当天第二次进入罗马，却没有穿加冕的礼服，而是全副武装。

罗马人的皇帝和自己臣民的血战从当天下午一直持续到傍晚，皇帝的部队直到入夜后才将最后的暴动者赶回了桥对面。双方都付出了相当的伤亡。德意志军队的伤亡人数没有可信的记载，但据说罗马市民中近千人死亡，或被杀，或溺死于台伯河中，另有约六百人被俘。元老院为自己的傲慢付出了高昂的代价，但皇帝也为这顶皇冠付出了不小的代价。他虽然获胜，却连城门都无法进入。次日日出之后，台伯河

上的所有桥梁和全城城门均被封锁。他和他的部队远没有做好围攻的准备，而罗马地区的暑热很快导致了疟疾和痢疾暴发，让他的部队遭受了相当的损失。现在唯一理智的决定便是撤退，而且鉴于教皇无法在梵蒂冈安居，他和教廷也要一同撤退。6 月 19 日，他拔营起程，率军前往萨比尼山（Sabine），一个月之后他便率部返回德意志，把孤立无援的哈德良留在蒂沃利。

在安科纳的商议（1155）

对在君士坦丁堡静观其变的曼努埃尔而言，形势已经截然不同。康拉德逝世之后，他不可能得到西帝国的帮助了。他虽然不清楚康斯坦茨协议的准确内容，认为分割意大利的可能性依然存在，但从腓特烈的态度来看，如今只剩战斗这
一条路了。如果德意志军队对西西里的威廉发起进攻——这 111
似乎迟早要发生——那么一支强大的拜占庭军队必须在场，维护君士坦丁堡的合法权益；如果他们不进攻，那么曼努埃尔就要自己掌握住主动权。

好消息是阿普利亚的诺曼贵族们此时再度准备公开叛乱。他们向来厌恶欧特维尔家族，这个家族的出身还没有他们显赫，却靠着战场上的英勇，以及阴谋和下三烂伎俩掌握了大权；此前他们发动了一系列的叛乱，反叛对象不止罗杰，还有他之前的罗伯特·吉斯卡尔。罗杰死后，才能更平庸的威廉继承了王位，这促使他们发起新的叛乱，挣脱西西里王室的枷锁，然而他们这次也需要支援。他们此前求助于腓特烈，他的仓促离开令他们大失所望，但他们并不认为自

已对他有效忠的义务。既然他抛弃了他们，他们自然要求助于曼努埃尔了。

曼努埃尔当然乐于援助。他无法发动全面远征，和匈牙利战端再起后，他需要在多瑙河沿岸驻军。然而 1155 年夏季，他首先派出了自己麾下两名高级军官，米哈伊尔·帕列奥列格——此前塞萨洛尼基的最高长官——和约翰·杜卡斯渡海前往意大利。他们的任务，本质上是率领一支小规模的拜占庭军队以及在当地征募的雇佣军，和诺曼贵族反叛军的各主要据点联络，并配合行省之内的整体叛乱。然而如果腓特烈依然在意大利，两人有在腓特烈从罗马返回途中面见他的机会的话，就必须竭力劝说他出兵协助。这看上去希望渺茫，然而他们抵达意大利时，却收到皇帝正在安科纳停驻的消息，他们便迅速前去，皇帝也欣然接见了他们。

腓特烈向北撤退时心情沉重。教皇因他不能按照原计划率军进攻西西里国王罗杰而责备他，即使腓特烈完全乐于如此。然而他麾下疾病缠身的德意志贵族们不肯听从。他们早已受够无情的烈日、古怪陌生的食物，以及身边成群的蚊虫。他们只想翻越大山，把这一切折磨阻隔在外。在帕列奥
112 列格和杜卡斯第二次觐见时，腓特烈再度试图鼓舞他的部下，却依然成效索然。泄气的他被迫向使节们承认，自己无计可施，他们只能独自发动进攻了。曼努埃尔对这一消息倒并不太担心。战略上，德意志军队加入作战是有利的；然而在外交上，若是没有他们干预，情况就要简单得多，而且从当地的局势来看他也不会缺少盟友。在国王的堂弟、洛里泰罗伯爵罗贝尔（Robert of Loritello）这位新领袖的率领之下，

叛乱此时已经扩散至整个南意大利。1155年仲夏，罗贝尔在维耶斯泰（Viesti）与米哈伊尔·帕列奥列格会面。两人恰巧得以各取所需。帕列奥列格拥有十艘战舰，近乎无尽的资金，以及从亚得里亚海对岸征召援军的权势；罗贝尔可以获取当地贵族们的支持，并控制了一段海岸线，对拜占庭帝国维持交通线而言至关重要。双方很快达成了协议，并发起进攻。

他们的第一个目标是巴里。在1071年被罗伯特·吉斯卡尔夺取之前，这座城市是拜占庭帝国在意大利的首府，也是希腊人在半岛上的最后据点。大多数市民是希腊人，他们厌恶巴勒莫的政府，欣然寻找着脱离其统治的机会。他们为攻城者打开了城门，尽管西西里驻军在城市堡垒和圣尼古拉斯教堂进行了英勇抵抗，他们还是很快就被迫投降了，看着巴里市民冲向城市堡垒——他们眼中西西里王国统治的象征——不顾帕列奥列格的阻拦，将其夷为平地。

巴里陷落的消息，以及国王威廉暴死的传言——此时他确实身染重病——让阿普利亚的滨海城市士气大跌。特拉尼随即投降，邻近的港口焦维纳佐（Giovinazzo）也随之投降。再往南，抵抗依然激烈，提尔的威廉记载称当耶路撒冷牧首在秋季抵达奥特朗托，准备去觐见教皇时，他发现这个地区一片混乱，被迫再度登船，向北转往安科纳。直到9月初，威廉的部队才在他的总督阿斯克勒廷（Asclettin）的率领之下抵达，包括约两千名骑士以及规模可观的步兵。然而他们无力抵挡叛军，在安德里亚（Andria）城下被基本歼灭。城中忠于国王的城主——安德里亚伯爵理查（Richard）为国 113

王英勇奋战，记载提及他坠马后被来自特拉尼的一名神父杀死，五脏六腑流了一地。当地人得知他战死之后便纷纷投降了。对依然忠于国王威廉的部队而言，未来仿佛一片黑暗。

教廷与拜占庭帝国结盟（1155）

原本在蒂沃利，此后转往图斯库卢姆（Tusculum）的教皇哈德良对事态发展颇为满意。尽管他对希腊人没什么感情，但总比西西里王国好；得知“恶人”威廉在免遭巴巴罗萨的报复之后，还是得到了应有的惩罚，他也大为欣慰。究竟是他主动提出和拜占庭帝国结盟，还是在君士坦丁堡的曼努埃尔或者在阿普利亚的米哈伊尔·帕列奥列格率先提出结盟，我们不得而知。可以确定的是，双方在仲夏进行了商议，哈德良同意在卡帕尼亚集结起一支雇佣军——基本可以肯定拜占庭帝国支付军饷。9 月 29 日，他开始向南进军。

在东西教会大分裂仅仅一个世纪之后，拜占庭帝国的皇帝和罗马教廷结成军事同盟，确实出人意料，然而哈德良无疑认为，此时干预南意大利是机不可失，时不再来。被流放的阿普利亚贵族们也鼓动了他，他们为了恢复自己此前的封地，欣然承认他为宗主以获取他的支持。10 月 9 日，卡普亚大公罗贝尔（Robert）和其他几个重要的诺曼贵族恢复了此前的世袭领土。当年结束之前，整个卡帕尼亚和阿普利亚大部都在拜占庭帝国或教廷的控制之下了。米哈伊尔·帕列奥列格肃清了最后几个抵抗据点，可谓取得了远超他期望的成功。仅仅六个月间，他将岛上的希腊人势力恢复到几乎与一百五十年前相当的情况。近期他还收到消息，皇帝因近期的迅速进展而大受鼓舞，准备发动大规模远征以巩固他的战果。这样继续下去，不久之后整个南意大利便要听命于君士坦丁堡了。威廉将被彻底消灭；教皇哈德良鉴于希腊人胜利、德意志人失败的事实，将会承认拜占庭帝国对这一地区的主权，改变自己的政策；科穆宁家族的伟大理想——让罗马帝国在君士坦丁堡的主持之下重新统一——也将就此实现。

国王威廉向来不肯离开自己的宫殿，但当他被迫离开时——此前他极其不愿行动——却以顽强乃至近乎鲁莽的精神鼓起勇气出征，面对危险。 114

至少这一时期存世资料中，记载最详细——文笔也远胜同侪——的诺曼西西里王国编年史家于格·法尔坎杜斯（Hugh Falcandus）是如此记述的。他也是最恶毒的记述者，即使在此处赞扬自己的君主时也依然展现了恶意。然而他所说的并非毫无可取之处。在这一问题上，威廉最初的怠惰是可以理解的，从9月到圣诞节，他身患重病，无法离开巴勒莫，把王国交给了他的“大埃米尔”伦巴第人巴里的马约（Maio）。1156年的最初几周，尚未康复的他还要解决都城之中的暴乱，而后平息西西里岛南部贵族的叛乱。然而这两次行动都取得了成功，他对贵族叛军的胜利也正好振奋了军心。开春时，他已经恢复健康，准备出征本土。

陆海军在墨西拿会合，准备进行联合行动，从水陆两路同时攻击希腊人、教皇部队和叛乱的贵族们。4月末，陆军渡海进入意大利本土，穿越卡拉布里亚，舰队则穿越海峡转向东北方向进攻布林迪西。这个冬天对拜占庭帝国和叛军都不算好。首先，因为米哈伊尔·帕列奥列格日渐居功自傲，双方出现了分歧，洛里泰罗伯爵罗贝尔不满地率部离开。后来帕列奥列格在巴里染病暴死。尽管他高傲自大，他在战场上依然是一位卓越的指挥官，他的暴死对他的部下打击甚大。约翰·杜卡斯最终掌控了部队，甚至得以和洛里泰罗伯爵和解，但双方此前的信任无法和好如初，1155 年时的迅猛势头也不复存在了。

兵败布林迪西（1156）

布林迪西已经被围攻三个星期。城市堡垒之中忠于国王的驻军正在英勇抵抗，遏制了拜占庭帝国在半岛的前进势头。而现在，得知威廉出兵的消息，希腊人发现他们的叛军盟友开始瓦解。佣兵们一如既往，在危急之时要求不切实际
115 的高额薪水，被拒绝之后他们便一哄而散。洛里泰罗伯爵罗贝尔再度离开，他的不少战友也随他一同离去。此时杜卡斯麾下只剩下他和帕列奥列格此前带来的少量部队，以及这九个月间从亚得里亚海对岸调来的稀少援军，在数量上陷入绝对劣势。西西里王国的部队之中，舰队率先抵达，他得以坚守了一两天。布林迪西港口的入口是一段狭窄的海峡，宽仅一百码。十二个世纪之前，尤里乌斯·恺撒在此阻挡了庞培的舰队；如今杜卡斯集结起四艘战舰，在出海口一字排开，并在海岸两侧集结起步兵，以同样的策略进行防守。但当威廉的陆军从西方赶来时，拜占庭军队的希望彻底破灭了。遭

到水陆并进的进攻，又因来自城市堡垒的突击而腹背受敌，杜卡斯此时无法固守，正如基纳摩斯所说，他和他的部下已是鱼入网口。

随后的战斗简短而血腥，希腊人彻底战败。西西里海军控制了港口入口外的各小岛之后，事实上阻止了他们从海路逃跑。杜卡斯、其他幸存的拜占庭士兵和没有逃走的诺曼叛军则被俘虏。四艘希腊战舰，以及曼努埃尔交给米哈伊尔·帕列奥列格用于雇佣部队和支付贿赂的大笔金银均被缴获。当天，**1156** 年 **5** 月 **28** 日，拜占庭帝国于前一年在意大利取得的全部战果就此被清除，仿佛他们从未来过。

国王以战场上旧有的规则对待希腊俘虏，然而对自己叛乱的臣民就毫不留情了。对他以及他的父亲而言，叛乱是不可饶恕的罪行。被他俘虏的叛乱者们，被囚禁已经是最幸运的结局，其他人或者被吊死、刺瞎，或者绑上重物被扔进海中。布林迪西因为进行了英勇抵抗而免遭惩处，向入侵者投降的巴里则付出了高昂的代价。威廉给了城中人两天带着金银细软搬走的时间，第三天他便摧毁了这座城市，连其中的大教堂也不能幸免。余下的只有圣尼古拉斯教堂以及其他几座较小的宗教建筑。

这是古来有之的教训，一个如今看来不言而喻，每一个中世纪欧洲的王公却仿佛无法学会的教训：距离遥远的土地，只要当地的反抗力量被组织起来，暂时掌控这一地区的 116
占领军便不可能永久征服。秋风扫落叶并不难，特别是给当地心怀不满者大笔贿赂与补助时，然而要巩固与维持获取的利益时，只有金钱是无济于事的。诺曼人作为佣兵抵达之后定居在此，成功掌控了南意大利和西西里，即使如此他们也花了近一个世纪。当他们对外发动远征时——比如罗伯特·吉斯卡尔和博艾蒙德对拜占庭帝国发动的两次入侵——也都无一例外地失败了。曼努埃尔·科穆宁应当是认为阿普利亚和卡拉布里亚那些依然说希腊语，并坚持部分希腊生活方式的人们支持他，就像巴里的居民那样。他没有想到的是，首先此时这些人仅仅占总人口的很小一部分，其次西西里国王威廉的部队能够先他一步处理掉动乱。近期征战的结果，尽管起初颇有成效，却也算不上不幸，而是在所难免。

灾难的消息让君士坦丁堡陷入惊惶。被囚禁在巴勒莫的约翰·杜卡斯无法自证清白，就成了可怜的替罪羊，但所有人都清楚根本的责任还是在于皇帝，曼努埃尔也深感耻辱。次年夏季，西西里一百六十四艘战舰组成的舰队运载了近一万士兵，在繁荣的埃维亚岛上肆意烧杀抢掠，滨海乡镇均未能幸免。这支舰队继续转往沃洛斯湾（Volos）的阿尔米拉（Almira），同样进行一番劫掠，而后，按照尼基塔斯·霍尼亚特斯的说法，他们加速闯过赫勒斯滂海峡，通过马尔马拉海抵达君士坦丁堡，用银箭头射向皇宫之中。[1]

阿克索赫出使（1157）

117 很明显，帝国的对外政策必须紧急调整了。如果曼努埃

① 尼基塔斯是不是把这次掠夺和安条克的乔治在 1149 年那次掠夺混为一谈了呢？有可能，但这种掠夺行为确实有再来一次的可能。基本可以确定有误的是，他声称遭受攻击的是布拉赫内宫，但那里或者要登岸后绕过整段陆墙，或者海军驶入金角湾后才能抵达。他们攻击的更可能是马尔马拉海滨的旧宫殿。

尔不能通过武力夺回丢失的意大利省份，他的对手“巴巴罗萨”腓特烈也做不到——至少无法长期控制。然而腓特烈本人精力充沛野心勃勃，在时机允许时总归要再度远征亚平宁半岛，甚至可能推翻威廉。到那时，梦想着将两个帝国统一的他（这已是众所周知）又怎么不会把拜占庭当作下一个目标呢？结论很明显。威廉虽然是个篡权者，却也比腓特烈好得多。可以与他达成一些协议——当然，这份协议应当没有被盟友抛弃的教皇哈德良，在威廉的逼迫之下签署的协议那么屈辱。结果便是1156年6月签署的《贝内文托和约》，教皇承认威廉对西西里、阿普利亚、卡拉布里亚以及此前的卡普亚公国的统治，还承认他掌控那不勒斯、阿马尔菲、萨莱诺以及整个马尔凯和阿布鲁奇（Abruzzi）的北部边境地区。这份协议是送给：

> 威廉，荣耀的西西里国王与基督最亲爱的子。您的财富与成就远胜当世任何国王与显赫者，因您坚持正义，让您的臣民恢复和平，给基督敌人心中种下的深深恐惧，您辉煌的名字远播世间的每一个角落。

曼努埃尔自然不愿签署这样的一份协议。他坚持在和西西里国王谈判时保持一定的强硬。就此，1157年夏季，他派出一名新使节前往意大利，他正是大元帅阿克索赫的儿子，才能出众的亚历克修斯（Alexis）。亚历克修斯的任务表面上和米哈伊尔·帕列奥列格此前的任务基本一致，即和依然坚持抵抗的叛军联络，在滨海地区雇佣新部队，并尽可能制造混乱。但曼努埃尔交给了他另一个任务：与威廉秘密联络进行和谈。这两个任务并非表面上那样自相矛盾：此前的战斗越激烈，威廉给拜占庭提供的条件就会越丰厚。

亚历克修斯成功完成了两个任务。在他抵达一两个月之后，洛里泰罗的罗贝尔便在西西里王国北部再度大肆掠夺。
118 另一位叛军领袖，鲁佩卡尼纳伯爵安德鲁（Andrew of Rupecanina）在卡普亚地区活动，威胁卡西诺峰——1158 年 1 月，伯爵甚至在卡西诺峰之下的一场阵地战之中击败了国王的部队。与此同时，尽管亚历克修斯因支持两人的活动而无法亲自参与和谈，他还是得以联络上仍在巴勒莫囚禁的两位显赫希腊人——约翰·杜卡斯和亚历克修斯·布兰恩努斯（Alexius Bryennius）。靠着他们的调停，双方在初春达成了秘密协议。亚历克修斯以寻求人员与补给为名溜回君士坦丁堡，抛下了他的阿普利亚支持者；威廉尽管依然怀疑拜占庭帝国的动机，却也释放了所有的希腊俘虏，并派遣外交使团，在他曾经的教师与此时的好友亨利·亚里斯提普斯（Henry Aristippus）的率领之下前去觐见曼努埃尔。[①] 双方随即达成了和约，虽然其中的条款未见详细记载。突然之间失去了财政支援的诺曼贵族们被迫放弃战果，寻找新的且更可靠的支持者。

① 亨利带回了皇帝送给国王的一份珍贵礼物——托勒密的《天文学大成》(*Almagest*) 的希腊语手稿。这本鸿篇巨制汇集了古希腊天文学家的所有发现与研究，而西欧当时只有翻译自阿拉伯语的版本。

第八章　曼努埃尔的晚年（1158～1180）

安条克的居民完全没有因为皇帝的到来而高兴，但当他们发现无法阻止他前来时，便和奴隶一样跪倒在他的面前，用毛毯花瓣点缀街道……叙利亚的暴食者，伊苏里亚的扒手和奇里乞亚的海盗也和其他人一同跪倒在地。即使那些高傲的意大利骑士也低下了头，在凯旋的队列中步行。 119

——尼基塔斯·霍尼亚特斯，《曼努埃尔·科穆宁》，Ⅲ，ⅲ

在与西西里签订和约时，曼努埃尔·科穆宁已经在拜占庭帝国的皇位上坐了十五年。无人能指责他无所作为。在格外成功地解决了第二次十字军带来的诸多问题——军事问题、外交问题与行政问题——之外，他还亲自与安纳托利亚的塞尔柱人和达尼什曼德部、色雷斯的库曼人、科孚岛的西西里军队，以及多瑙河河畔的塞尔维亚人和匈牙利人作战；若不是忙于这些事务，他肯定会亲自出征南意大利。他即位之后关注最少的地区，正是他开始执政的地方——奇里乞亚，以及十字军的海外王国。1158 年秋，他亲率大军从君士坦丁堡出发，弥补多年来的疏忽。

他心怀愤恨，也有理由如此。他愤怒的首要目标是索洛斯（Thoros），鲁本家族的利奥尚在世的儿子之中的最年长者。索洛斯在 1143 年逃离了君士坦丁堡的监狱，投奔他的堂表亲埃德萨的乔斯林二世，并在那里聚集起他的三个兄弟和
120 一批志同道合者。在他们的帮助之下，他很快收复了他的家族城堡——托罗斯山中的瓦卡（Vahka）。1151 年，他从那里席卷而下进入奇里乞亚的平原，击溃了一只小规模的拜占庭军队，并在马米斯特拉击杀了帝国在当地的长官。曼努埃尔立即派出他的堂兄弟安德罗尼卡前去征讨，但索洛斯突袭击溃了安德罗尼卡的部队。七年之后，这个叛乱的王子仍未得到惩戒。

然而，安条克大公——沙蒂永的雷纳尔（Reynald of Châtillon）比任何亚美尼亚裔的冒险者都要危险。身为某个法兰西王国小贵族的幼子，雷纳尔加入了第二次十字军，而后决定在东方定居。他本该默默无闻地在那里度过余生，然而 1149 年 6 月 28 日，普瓦捷的雷蒙所部被埃米尔努尔丁包围，随后被屠戮。雷蒙的首级被装在银匣之中送给巴格达哈里发——而后很可能要和他的先辈博艾蒙德的头颅陈列在一处了。幸运的是，埃米尔并没有乘胜追击进军安条克，然而人们依然一致认定雷蒙的寡妻康斯坦丝公主必须尽快成婚。此时年仅二十一岁的康斯坦丝已经有四个孩子，她也正是如此打算的，但取悦她并不容易。她先后拒绝了自己的堂表亲耶路撒冷的鲍德温三世（Baldwin Ⅲ）推荐的

三个人选——至于曼努埃尔·科穆宁（应她的要求）派来的庇护人更是被一口回绝[①]——直到1153年，她才把眼光落到雷纳尔身上。正希望摆脱这个麻烦事的鲍德温表示同意之后，两人便立即举行了婚礼。

她的选择堪称大错特错。这个新大公不但是公认的粗野莽夫，自始至终也是毫无诚信且不负责任。此前他许诺曼努埃尔，若是承认他的大公身份，他便对索洛斯和他的兄弟们发动攻击，然而在进行了一次短暂战斗之后他就和这些人联盟了。当他们得到他的默许，大举进攻奇里乞亚仅剩的几个拜占庭据点时，他自己则在筹备另一场远征，目标是对帝国而言更加重要的、 121
安宁繁荣的塞浦路斯岛。这样的宏图大志自然需要资金支持，雷纳尔此时要求安条克牧首艾默里（Aimery）提供必需的资金，因为牧首的富裕众所周知，也因为牧首反对这次婚姻而遭雷纳尔忌恨。牧首拒绝听命，他随即被逮捕、拘禁和拷打，而后伤口被涂上蜂蜜，扔到城市堡垒的屋顶上，在安条克的酷暑之中忍受着炙烤，以及蜂拥蚁聚。傍晚时分，他最终屈服了；几天之后，愤怒的鲍德温三世派来两名使节要求立即释放牧首，而后他在使节的陪同之下起程前往耶路撒冷。

曼努埃尔远征奇里乞亚（1158）

1156年春，雷纳尔和他的盟友索洛斯联合对塞浦路斯

① 曼努埃尔的人选是恺撒约翰·罗杰，他姐姐玛丽亚的鳏夫。这位恺撒是诺曼人，皇帝或许认为他会得到安条克的拉丁人的支持，但康斯坦丝拒绝与年龄是自己两倍还多的人成婚，很快就把他打发走了。

岛发起攻击。当地的驻军由皇帝的侄子约翰·科穆宁和名将米哈伊尔·瓦兰纳斯（Michael Branas）指挥，他们英勇奋战，然而终于因人数不足而失败。两人均被俘虏，法兰克人和亚美尼亚人则大肆破坏、渎神、奸淫掳掠，而这是岛上的居民不曾经历的。三周之后，雷纳尔才下令撤军，因为船只载不动如此之多的掠获物，他还把一些赃物卖给了他们原本的主人。俘虏们也被迫筹集赎金，由于此时岛上已经没有足够的钱财，大部分显赫人物和他们的家人——包括约翰·科穆宁和瓦兰纳斯——都被押往安条克监禁，直到他们交付赎金为止。几名希腊教会的神父还被割去鼻子，送到君士坦丁堡作为挑衅。据称该岛再未能从这次劫掠之中恢复。

皇帝率大军走陆路赶往奇里乞亚时，内心愤恨不已。尔后他离开在狭窄的滨海多岩地带行进的主力军，仅和五百名骑兵率先出击，准备突袭亚美尼亚人，并取得了成功。两周之后，远至安纳扎布斯的所有奇里乞亚城市都重新收归拜占庭帝国所有。唯一的遗憾是，索洛斯在托罗斯山从一个路过的朝圣者那里得知了消息，带着家人及时逃走，躲进山中一座城堡的废墟之中。大军搜索了他几个星期，却无功而返。当曼努埃尔在摩普绥提亚城外集结起大军时，他依然愤恨难平。

如果说曼努埃尔依然愤恨，雷纳尔则陷入了恐慌。从他
122 收到的情报来看，他根本无力抵御帝国的大军，只能屈辱地投降。他派使节觐见曼努埃尔，许诺交出城市堡垒，允许帝国驻军。当条件被拒绝之后，他亲自换上粗布衣服前往皇帝的营帐。曼努埃尔并不急于召见他，此时本地的权贵乃至哈

里发派来的信使正在面见皇帝，安条克大公必须等待。当他最终得到召见时，雷纳尔和他的随从们必须赤脚脱帽从摩普绥提亚步行前往城外的营帐，而后他们在帝国精锐部队组成的阵列之中穿过，来到大帐之中觐见朝官与外国使节簇拥之下、端坐皇位之上的君主。雷纳尔跪倒在他的脚下，他的随从们则高举双手苦苦哀求。曼努埃尔依然在和他身边的人谈话，根本没有注意他们。当他终于屈尊倾听大公的投降请求时，他提出了三个条件——安条克的城市堡垒必须立即交给帝国驻军掌控；该城必须为帝国提供一支仆从军；城中的拉丁牧首必须换成希腊牧首。直到雷纳尔发誓遵守这三个条件之后，他才得到了宽恕与释放。

耶路撒冷国王鲍德温在几天之后赶来。尽管他和曼努埃尔素未谋面，两人却是很近的姻亲，不久之前他迎娶了皇帝的侄女、他兄长伊萨克的女儿塞奥多拉（Theodora）。新娘尽管年仅十三岁，却已经适婚，而且格外美貌，鲍德温也因此颇为欣喜。然而他并没有掩饰对雷纳尔被宽恕一事的不满，而皇帝误以为鲍德温企图将安条克据为己有，起初不肯接见他。但他不久之后便退让了，与国王会面，两人一见如故。鲍德温时年三十岁，机智文雅，他的魅力也堪与曼努埃尔相比。他在军营之中停留了十天，其间还保证索洛斯得到宽恕——索洛斯和雷纳尔一样宣誓臣服，但得以保留他带进山中的财宝。或许正是因为他的干预，换牧首的事才得以被无限期推迟。艾默里恢复了牧首之位，正式与雷纳尔和解——尽管从此后的发展来看，两人并没有成为朋友。

曼努埃尔在安条克 （1159）

123 1159年4月12日，复活节的星期日，曼努埃尔·科穆宁在典礼之中穿过加固的桥梁，进入安条克城。二十一年前，他在类似的典礼之中随他的父亲入城，现在的仪式则更为盛大。当地的权贵们竭尽所能阻止这次入城典礼，他们声称有人想要谋害曼努埃尔，进行典礼的话很难保证安全。曼努埃尔要求交出一系列的人质，并坚持所有参与典礼的法兰克人——包括耶路撒冷国王本人——都不得携带武器，但他拒绝取消入城典礼。在前方，金发碧眼身材高大的瓦兰吉卫队肩扛大斧开路，皇帝则身披紫袍遮住护身甲，头戴珠光宝气的皇冠入城。基纳摩斯记载称，他身边是“忙着催马”的安条克大公本人，其他法兰克人的臣属跟随其后，而后是脱帽的耶路撒冷国王鲍德温，最后才是帝国宫廷之中的其他人。艾默里在城门后侍立，等待接收牧首的长袍，他的教士们站立在他的身后。也正是艾默里引领队列穿过铺满花瓣的街道，首先来到圣彼得大教堂举行弥撒，而后来到宫中。

庆典持续了八天。在无休止的宗教典礼之外，便是各种各样的宴会、招待会、授职仪式和游行。为了讨好法兰克人，曼努埃尔甚至组织了骑士比武——这在东方还是前所未有——并亲自参与竞赛，而他绝大多数的旧有臣民都因此提心吊胆。正式场合中庄严威武、非正式场合中和善友好的皇帝，得到了安条克人的爱戴，无论贵族还是平民均如此。与此同时，他和耶路撒冷国王也成了至交好友，当鲍德温在打猎时弄伤手臂之后，曼努埃尔坚持亲自为他诊治，就像十二年前为国王康拉德诊治一样。

当皇帝离开安条克时，拜占庭帝国和十字军海外王国的关系已经是前所未有的友好，而且法兰克人希望他们共同向阿勒颇进军。但当他抵达边境时，努尔丁的大使便带着和约抵达了。埃米尔提出的条件相当丰厚：不但释放六千名基督徒囚犯，还会对塞尔柱突厥发动一次远征。曼努埃尔——可能心中颇有些宽慰——随即同意终止进攻，带着大军返回了君士坦丁堡。

法兰克人的反应可想而知。皇帝带着大军穿越整个小 124
亚细亚，如今还未和萨拉森敌人交手便要返回？他们并不在意那六千俘虏。其中确实有一些显赫的法兰克人，比如圣殿骑士团团长白堡的贝特朗（Bertrand of Blancfort）。但大多数人是第二次十字军时俘虏的德意志人，许多人已经重病缠身，只能成为国库颇为紧张的十字军国家的负担。无可改变的事实是，曼努埃尔得以接受这一切荣耀，都是因为十字军相信皇帝会彻底消灭威胁他们存续的劲敌。然而他无耻地和敌人签署了和约，留他们自生自灭。他们自然认为这是背叛。

事实上曼努埃尔几乎别无选择。尽管叙利亚对海外王国的十字军而言至关重要，但对他而言这里只是帝国许多的偏远行省之一，还不是最重要的。他皇位相对稳固，但也不能在远离都城数百英里外的地方长期停留，在近乎无法维持的交通线的另一端，任补给线被阿拉伯人和突厥人一次又一次袭扰。他已经收到君士坦丁堡有人谋反，以及欧洲边境不平静的消息，必须返回了。此外，努尔丁又能给他带来什么损害呢？相反，正是他让法兰克人恐惧，而曼努埃尔清楚法兰克人只有在恐惧之时才会臣服于他。安纳托利亚的塞尔柱人的威胁，总归胜过阿勒颇的阿塔贝格的威胁，而且努尔丁提出的和约本质上是盟约，皇帝也不会拒绝。

基利杰·阿尔斯兰在君士坦丁堡（1162）

随后的事态发展证明了他的判断。1159 年秋季，仅仅在君士坦丁堡停留三个月之后，他再度返回安纳托利亚与塞尔柱苏丹基利杰·阿尔斯兰二世（Kilij Arslan Ⅱ）开战。这次进攻兵分四路，皇帝率领主力军，在塞尔维亚大公的分遣队的支持之下顺米安德河河谷进攻；他的将军约翰·康托斯特凡诺斯率领雷纳尔和索洛斯提供的仆从军，以及一个佩切涅格人军团，从托罗斯山口向西北方向进攻；努尔丁按照约定，从幼发拉底河中游出兵；达尼什曼德部则从东北方向
125 侵袭。面对如此的大军，苏丹很快放弃了抵抗，1162 年年初，他签署协议，放弃了近年来他的臣民占据的所有希腊城市，许诺尊重新划定的边境线，禁止掠夺，并许诺在收到征召时为帝国提供仆从军。最终，在当年的春季，他抵达了君士坦丁堡。

皇帝决心在基利杰·阿尔斯兰抵达之初便震慑他。他首先把皇位安排在镶嵌着红水晶、蓝宝石和珍珠的金高台上，戴上皇冠，披上镶着更多珍珠与巨大宝石的紫色披风，接见他的客人。他的金项链上挂着苹果大的红宝石。基纳摩斯记载称当他邀请苏丹坐在自己身边时，苏丹惶恐得不敢遵命。而这仅仅是个开始。苏丹在都城停留的十二周中，每天的两

顿饮食都是使用金银器呈上，而这些金银器都直接赠送给他，不再拿回宫中。在一次宴会之中，曼努埃尔连桌子都送给了他。与此同时，几乎每天都有新奇且愈发精彩的娱乐节目，大竞技场中宴会、竞赛、马戏、赛车接连不断，甚至还有水上表演，展现希腊火的威力。然而在这一系列的典礼之中，皇帝从数以千计、微不足道，却又无法忽视的小细节里，宣示着他的这位客人并非异国的君主，而是臣属的王公。

苏丹想要显示威望的唯一一次举动既不幸，也颇不成功，当时他的一个随从宣称他能够飞翔。他披上缝满了大口袋的衣服，声称要靠这些口袋兜住风，支持他飞翔。尔后他爬上大竞技场的高台，在围观者的注视下一跃而起。不久之后，他的遗体便在观众们的哄笑声中被抬出竞技场，苏丹余下的随从在城中出现时，便再无法避开市民的讥讽嘲笑了。

约翰二世让拜占庭帝国在小亚细亚的力量处于曼齐刻尔特之战后前所未有的强势，他的儿子进一步巩固了其力量。塞尔柱苏丹屈服于帝国，摩苏尔阿塔贝格也已被震慑。曼努埃尔现在给两人提供了可谓最友好的条件，但他们也受到了教训。朝圣者从西方通往圣地的陆上通道再度通畅。基督徒 126
之中，只有海外王国的法兰克人依然有怨言，而不久之后他们就有更多不满的理由了。

1159 年年末，在丈夫出征安纳托利亚时，皇后伊琳妮，即苏尔茨巴赫的贝尔塔在君士坦丁堡逝世，留下两个女儿。曼努埃尔给她风光大葬，将她安葬在他父亲的全能基督修道院，但他依然想要留下一个儿子。因此，在合适的致哀期结束之后，他派自己的将军约翰·康托斯特凡诺斯率领使团前往耶路撒冷，向国王鲍德温提亲，要与海外王国的公主成婚。

有两个明显的候选人，两人都是鲍德温的堂表亲，而且据说都格外美貌。她们是的黎波里伯爵雷蒙二世（Raymond Ⅱ）的女儿梅利森达（Mélisende），以及安条克的康斯坦丝与普瓦捷的雷蒙生下的女儿玛丽（Mary）。对鲍德温而言，安条克公国就是个是非之地，因此他选择了梅利森达。东方的十字军国度很快陷入了兴奋。伯爵雷蒙三世（Raymond Ⅲ）为他姐妹慷慨购置嫁妆，准备婚礼，与此同时还整备了至少有十二艘战舰的舰队，准备护送她前往新家。然而不久之后他们发现君士坦丁堡并没有答复。发生什么事情了？难道婚礼不打算进行了？难道拜占庭大使自作主张，把那些仅仅因为准新娘的父母关系紧张，就认定她是私生子的谣言传到了皇帝的耳中？

也许如此，但皇帝推迟婚礼确有其他考量。1160 年 11 月，安条克大公雷纳尔被努尔丁俘虏。他的妻子康斯坦丝立即执掌大权，然而她向来不受欢迎，许多人有意推举她十五岁的儿子——“口吃者”博艾蒙德（Bohemund）。理论上，这个问题应当提请安条克公国的宗主拜占庭皇帝决断，安条克人却前往耶路撒冷，询问鲍德温而非曼努埃尔。国王认定博艾蒙德为继任大公，牧首艾默里则作为摄政者，直到他成年。愤怒且深受羞辱的康斯坦丝立即向帝国上书请愿。

鲍德温逝世（1162）

曼努埃尔也因鲍德温的冒昧而愤怒，正是这一事件，而

非梅利森达的生父问题，促使他做出了决定。然而他没有公 127
开表达意见，直到 1161 年夏季，失去耐心的雷蒙派出使团询问时，他才答复称婚礼不会举行了。的黎波里陷入了惊愕。可怜的梅利森达深受打击，从此再未能恢复；[①] 她兄长则把那十二艘舰船用于海战，袭扰塞浦路斯的滨海城镇。鲍德温对此颇为忧虑，他骑马赶往安条克，惊讶地发现君士坦丁堡的高级使团在安娜・科穆宁的儿子亚历克修斯・布兰恩努斯的率领之下，正在那里商谈，他们让康斯坦丝复位，并安排皇帝与美貌的公主玛丽成婚。1161 年 9 月，她从圣西米恩起航；在圣诞节，在君士坦丁堡、安条克和亚历山大的三位牧首的见证之下，她在圣索菲亚大教堂嫁给了曼努埃尔。

鲍德温只得接受这一结果，祝福了自己的表妹之后准备返回耶路撒冷，却再没能到达目的地。经过的黎波里时他突然身染重病。圣诞节过后，依然没能恢复健康的他挣扎前往贝鲁特，却无法继续前进了。他在 1162 年 2 月 10 日逝世，年仅三十二岁。

收到讣告时，曼努埃尔・科穆宁流下了热泪。鲍德温是一位好国王，勤奋、明智、政治敏锐性强，本可能成就伟业。尽管两人难免意见相左，私人关系却相当好，也都真心

---

① 她就是十二世纪的吟游诗人若弗雷・吕德尔（Jaufré Rudel）的长诗《远方的公主》（*Princesse Lointaine*）的公主原型，埃德蒙・罗斯唐（Edmond Rostand）的同名戏剧也是源自此事。另见彼特拉克（Petrarch）的《爱的胜利》（*Trionfo d'amore*）、斯温伯恩（Swinburne）的《时间的胜利》（*Triumph of Time*），以及布朗宁（Browning）的《吕德尔和的黎波里女士》（*Rudel and the Lady of Tripoli*）。

乐于与对方共处——对执政之中的君主而言这是难能可贵的。

但此时皇帝的关注点已经不在东方，而是要处理另一位国王逝世的后果——匈牙利国王盖萨二世（Geza Ⅱ）于1161年5月31逝世。匈牙利人向来是个惹是生非的邻居，夹在两个大帝国之间，又企图控制克罗地亚和达尔马提亚，他们和拜占庭敌对也是在所难免。盖萨更是不信任康拉德和曼努埃尔签订的盟约。早年他不敢发动什么大规模的行动，
128 但康拉德逝世之后他愈发大胆，在接下来的四年间时常和拜占庭帝国开战，而急于腾出手来进攻南意大利的曼努埃尔最终在1156年和他签署了和约。然而双方都清楚这是权宜之计，盖萨想要建立起一个强大独立的国家，曼努埃尔则想要摧毁匈牙利的独立地位，将其并入帝国。

盖萨的逝世引发了继承人的争端，曼努埃尔毫不犹疑地出手干预。他推举盖萨的兄弟斯蒂芬（Stephen），并赠送了可观的钱财与装备，但斯蒂芬没能成功，王位落入了盖萨的儿子斯蒂芬三世（Stephen Ⅲ）的手中。1163年，曼努埃尔派大使乔治·帕列奥列格前去觐见他，提出提议：如果斯蒂芬承认他的弟弟贝拉（Béla）继承克罗地亚和达尔马提亚，皇帝不但会让贝拉与他的女儿玛丽亚（Maria）成婚，还会让他成为自己的皇位继承人。斯蒂芬接受了，乔治·帕列奥列格随即护送年轻的王子返回君士坦丁堡。斯蒂芬按照东正教的习俗受洗并改名亚历克修斯（Alexius），获得“尊主”（Despot）这个原本只有皇帝才能使用的封号，就此成了地位仅次于皇帝的人，比尊贵者和恺撒都要尊贵。

此时，人们或许会认为，匈牙利的敌对行动将就此结束，但事态远没有如此发展。1164 年，曼努埃尔和贝拉以斯蒂芬没有遵守前一年的协议为由，渡过了多瑙河。随后双方开战，其间塞尔柱苏丹提供的仆从军展现了相当的英勇。1167 年，战争随着曼努埃尔的外甥安德罗尼卡·康托斯特凡诺斯（Andronicus Contostephanus）[①] 大败匈牙利人而结束，皇帝就此控制了达尔马提亚、波斯尼亚、西尔米乌姆[②]和克罗地亚大部。

贝拉和他的未婚妻在随后的典礼之中作为重要人物出席，但在订婚四年之后他们依然没有成婚。1169 年，当皇后玛丽为她的丈夫生下儿子时，婚礼延后的原因也就不言而喻了。这次曼努埃尔要食言了。他取消了贝拉与女儿的婚
约，而是让他和自己妻子的异母姐妹——沙蒂永的安妮 129
（Anne）公主成婚，同时将他降为恺撒。三年后，他立自己同样名叫亚历克修斯（Alexius）的儿子为共治皇帝。贝拉的不满却很快消散了，因为 1172 年春，他的兄长斯蒂芬逝世，在曼努埃尔的帮助之下他就此成了匈牙利的国王。在离开君士坦丁堡之前，他向皇帝宣誓效忠，许诺此后会为帝国的利益而奋战。他也遵守了这一诺言。

曼努埃尔在匈牙利的成功也带来了另一个好结果：不安分的塞尔维亚人就此失去了最重要的盟友。帝国军队每次都能够平息他们接连不断的暴乱，却无法将其彻底终结。1167

---

① 他是皇帝的姐姐安娜和斯蒂芬·康托斯特凡诺斯所生的儿子。

② 这一地区位于今克罗地亚北部和塞尔维亚西北部，在德拉瓦河（Drava）与多瑙河以南。

年，大首领斯蒂芬·内马尼亚（Stephen Nemanja）大败帝国军队，曼努埃尔仿佛棋逢对手；但匈牙利国王斯蒂芬三世的逝世，以及皇帝在1172年夏季的亲征，让内马尼亚的希望成了泡影。和沙蒂永的雷纳尔一样，他被迫跪倒在征服者面前，随后作为战败的叛乱者，随曼努埃尔的胜利大军返回君士坦丁堡。

威尼斯的顾虑（1172）

西欧各国之中，在事态的一系列发展之中受损最大的便是威尼斯。威尼斯同样希望控制达尔马提亚，因此愿意和拜占庭结盟对付匈牙利的侵袭，而里亚托得知皇帝将这一海岸地区吞并时的反应可想而知。这倒也不出他们的预料，皇帝允许热那亚人、比萨人和阿马尔菲人在君士坦丁堡巩固其贸易地位——此前外国商人之中只有“最尊贵的共和国”享有如此特权——他们为此愈发担忧。在距离威尼斯更近的地方，他几乎把安科纳——那里依然有一批说希腊语的居民——当成了拜占庭帝国的殖民地，甚至有传言声称他打算将那里纳入帝国，并就此恢复古时的意大利总督区。

但曼努埃尔有理由如此。此时在君士坦丁堡永久居住的拉丁人可能不少于八万人了，他们全部享受着他和他的父祖们在经济或政治上出现危机时被迫出让的特权，其中威尼斯
130 人数量最多，特权最大，也最受人厌恶。身为宫中书记长官的尼基塔斯·霍尼亚特斯甚至抱怨称他们“因富裕繁荣而愈发无礼，乃至蔑视皇帝的权威”。皇帝自然想要教训他

们，不久之后他也得到了绝佳的机会。1171 年年初，热那亚人在加拉塔——君士坦丁堡郊区，位于金角湾的远端——的定居点遭到袭击，损失甚大。破坏的主谋不得而知，然而对曼努埃尔而言，这给了他期待已久的借口。他立即认定威尼斯人为罪犯，并在 3 月 12 日下令逮捕拜占庭帝国境内的“最尊贵的威尼斯共和国”（Serenissima）的所有公民，并扣押他们的舰船与财产。一些人乘上一艘拜占庭战舰得以逃离，因为舰长是为拜占庭帝国服役的威尼斯人，但大多数人就没那么幸运了。仅在都城便有一万人被逮捕，由于监狱人满为患，修道院和修女院都被征用为临时的拘禁地。

消息传到里亚托，威尼斯人起初不肯相信，而后怒火中烧。人们相信对热那亚人的攻击是拜占庭帝国蓄意编造的借口，因为不但热那亚人宣称这次袭击与威尼斯人无关，更重要的是逮捕是在一天之内在帝国各地完成的，过程顺畅且高效，这无疑是几周之前便已经计划好的。他们也记得仅仅两年之前，为了平息这类流言，皇帝向威尼斯大使特别许诺要保护他们国民的安全——这一许诺增加了在东方定居的威尼斯人数量，也就此增加了他此时下手时获取的战利品。

威尼斯和拜占庭旧日的亲密关系就此彻底被遗忘了。共和国决意开战。他们强制征款，要求所有公民提供资助；①

① 为了征收这笔资助款，威尼斯被分为六个城区（sestieri），当地的邮政系统至今依然沿用这一划分。

海外的威尼斯人——当然不包括被曼努埃尔囚禁的人——则要返回家乡服兵役。仅三个月之后，总督维塔莱·米凯莱
131 （Vitale Michiel）便集结起至少一百二十艘战舰，并在次年9月驶出潟湖，进攻东帝国。在伊斯特里亚和达尔马提亚征召了更多威尼斯人之后，他继续进军绕过伯罗奔尼撒半岛，来到埃维亚岛，见到了在那里等待的帝国大使。他们带来了安抚信，强调他们的君主不想开战。总督只需要派和谈使团前往君士坦丁堡，就能够解决所有的分歧，并得到令他满意的条件。

总督遇刺 （1172）

维塔莱·米凯莱接受了。这是他一生之中最大的错误。在使团前往博斯普鲁斯海峡时，他带领舰队转往希俄斯岛等待谈判结果，灾难便在那里发生了。人满为患的舰船上，瘟疫出现后便迅速暴发。开春时，已有数千人死亡，幸存者虚弱沮丧，也无力再战了。此时大使刚刚抵达君士坦丁堡，他们遭到了恶劣对待，任务也彻底失败。皇帝的态度完全没有改变，此举仅仅是为了拖延时间巩固防务而已。米凯莱抑郁且屈辱地回去集结他的部队。他若是留在东方，情况也许还能更好。他此前轻而易举地落入了拜占庭帝国的圈套，如今他又要把瘟疫带回威尼斯。在威尼斯人看来，如此的无能是不可容忍的。人们集结起来要废黜他，不少人还要让他偿命。总督企图从侧门溜出宫中，赶往圣扎卡里亚（S. Zaccaria）修女院避难，但不走运的他走了没多远就被揪住刺死。

拜占庭与威尼斯的外交关系直到十四年后才恢复正常，而三十二年后威尼斯人进行了报复。但在维塔莱·米凯莱和他饱受瘟疫之苦的舰队返回潟湖仅仅五年之后，威尼斯共和国便成了基督教世界的关注焦点。1177 年 7 月 24 日，米凯莱的继任者塞巴斯蒂亚诺·齐亚尼（Sebastiano Ziani），作为东道主举行了十二世纪最重要的政治典礼：教皇亚历山大三世（Alexander Ⅲ）和西帝国皇帝“巴巴罗萨”腓特烈的和解典礼。

在 1155 年夏那次纷扰不断的加冕礼之后，腓特烈和教廷的关系便愈发恶劣。起初他决心在北意大利确立自己的权 132
威，但伦巴第绝大多数的大城小镇众口一词，坚定反对封建制的束缚，倾向于共和与自治，教皇哈德良也支持他们。1159 年 8 月，来自米兰、克雷马（Crema）、布雷西亚和皮亚琴察的代表在阿纳尼面见教皇，西西里国王威廉的代表也一同出席，他们发誓遵守协议，并最终形成了所谓伦巴第同盟的核心。各城镇许诺只有在得到教皇授权之后才会和共同的敌人谈判，教皇则一如既往地在四十天后革除皇帝的教籍。

但他没有做到。仍在阿纳尼时他突然心绞痛，于 9 月 1 日骤逝。他的逝世让“巴巴罗萨”腓特烈得以引发更多的纷乱。他意识到接下来的教皇若是由自由选举选出，就会继续前任的政策，于是他挑动了教廷内部分裂，在枢机主教锡耶纳的罗兰（Roland of Siena）——身为哈德良的大法官的他是教廷外交政策的主要制定者——在圣彼得大教堂成为教皇亚历山大三世时，他的同僚，即枢机主教圣塞西利娅

（S. Cecilia）教堂的奥克塔维安（Octavian）突然之间抢过教皇的披风自己披上。亚历山大的支持者抢回了披风，但奥克塔维安准备了另一件披风，并在一片混乱之中披上。尔后他冲向教皇之位，坐了上去，自称维克多四世（Victor Ⅳ）。此举虽然不可取，却依然有效。腓特烈在罗马的大使立即认定维克多为教皇。西欧的其他各国则都效忠于亚历山大。然而覆水难收，接下来的十八年间，教皇与僭称教皇撕裂了意大利的政坛。与此同时，最终在 1160 年 3 月被亚历山大革除教籍的腓特烈继续竭力制造破坏，甚至在维克多于四年后逝世时，拉拢了两个分裂派的枢机主教安排了一场新“选举”。

与教廷谈判（1166）

对曼努埃尔·科穆宁而言，“巴巴罗萨”和教皇的争执给了拜占庭帝国重新确立基督教世界最高权威的机会。既然西帝国不肯履行基督教世界庇护者的职责，这一职责就由他担负，而这一“亲善”谈判甚至可能让分裂一个多世纪的
133 东西教会重归于好。当两位高阶的教皇使节在 1160 年年初抵达君士坦丁堡，请求皇帝支持亚历山大对抗僭称教皇维克多时，他热情接待了他们，并在接下来的五年之中与教皇和法兰西国王——路易此前对拜占庭帝国的误解稍有缓和——保持着秘密联络，企图让欧洲的王公与意大利的城镇结成大同盟，彻底消灭腓特烈。

谈判的结果却令人失望。1166 年，曼努埃尔决定直面危机，给教皇亚历山大递上了一份坚定的提案。他会在神学

与宗教仪式问题上进行一系列的重大让步，以终结大分裂，并给教皇大笔补助，让他不但能买通罗马，乃至买通整个意大利；作为回报，亚历山大要亲自为他加冕，就此让帝国恢复原有的统一。这个提案提出的时机颇为精准，教皇的主要支持者西西里国王威廉在5月7日逝世，他同名的儿子与继承者此时依然年幼。亚历山大必须寻求其他支持，君士坦丁堡自然是显而易见的选择。不久之后两名枢机主教前往博斯普鲁斯海峡，与皇帝商谈细节。

然而这意义索然，教会的分裂如今已经太深，不可能达成任何协议。谈判细节我们不得而知，约翰·基纳摩斯记载称教皇的第一个条件便是曼努埃尔迁都罗马——若是如此他必然会拒绝，这样的提议根本不用考虑。枢机主教们无功而返，问题也远没有解决的意思。约一年后曼努埃尔再度尝试，却依然收效索然。他低估了自己在西欧不受欢迎的程度，特别是在第二次十字军之后，人们相信他对叙利亚与圣地图谋不轨，想要消灭法兰克王公并恢复东正教的仪式。他同样不能理解的是，在亚历山大看来他的要求和野心太大。教皇虽然需要支持，却也绝对不肯牺牲自己的权威，无论地上有两个帝国还是一个帝国，地位最高的必须是“基督在凡间的牧师”。

十二世纪七十年代的头五年，曼努埃尔·科穆宁达到了事业的顶峰。在东方，他让十字军海外王国承认了他的宗主权，以王室联姻巩固，并迫使塞尔柱苏丹退兵。在西 134
方，他的朋友——或者说他的傀儡——贝拉三世（Béla Ⅲ）成了匈牙利国王，并割让了大片土地；他还迫使塞尔维亚的大首领斯蒂芬·内马尼亚屈服，打击了帝国境内威尼斯人的势力，并从中获取大量的收益。他的唯一重大失败在于对南意大利的征服战争，除此之外，他的表现堪称绝佳。

然而东方和西方相隔一千英里，曼努埃尔也不可能无处不在，在和基利杰·阿尔斯兰签署和约之后他离开了小亚细亚，十年多不曾返回。其间塞尔柱苏丹可没有虚度光阴。他确实竭力避免和帝国开战，然而他还是逐渐消灭一个又一个主要的敌对穆斯林政权，直到只剩努尔丁一人。1173 年，君士坦丁堡收到了苏丹正在和摩苏尔阿塔贝格秘密会谈，商讨缔结军事同盟的消息。（皇帝不知道的是，基利杰·阿尔斯兰甚至联系了“巴巴罗萨”腓特烈。）曼努埃尔立即率军进入小亚细亚，在菲拉德尔菲亚（Philadelphia），即今阿拉谢希尔（Alaşehir）与苏丹对质，苏丹则温和地解释称努尔丁不肯原谅皇帝和基督徒结盟，而他别无选择，只能尊重皇帝的意愿。他向曼努埃尔保证，拜占庭帝国无需忧虑，而且他乐于延长此前的和约。

危险暂时避免了，然而在 1174 年 5 月 15 日，这位杰出的摩苏尔阿塔贝格逝世了，而他长期以来庇护的达尼什曼德部就此在塞尔柱苏丹的面前孤立无援。基利杰·阿尔斯兰毫不犹豫地吞并了这一地区，两位达尼什曼德部的流亡王公来到君士坦丁堡求援。接下来的两年间，双方进行了一系列的外交谈判——苏丹全程敷衍塞责，不断重申自己渴望和平和延长和约的意愿——也爆发了一些小冲突，其间曼努埃尔竭力加强他在边境的防卫。尔后，1176 年夏季，皇帝起兵向以哥念进军，穿越老底嘉（今德尼兹利）和米安德河上游河谷，抵达塞尔柱苏丹国边境的山地。他在那里见到了苏丹的使节，他们带来了最后一份和约，其中的条款颇为有利。皇帝的大部分高级军官都倾向于接受这一和约，指出携带重装备——他们随军携带了攻城武器——在塞尔柱人占据制高点的群山之中行军充满危险。不幸的 135
是，军中还有大批年轻的贵族，他们急于参与人生之中的第一场战斗。他们纷纷要求继续远征，热血上涌的皇帝也同意了他们的要求。

密列奥赛法隆之战（1176）

在已成废墟的密列奥赛法隆（Myriocephalum）堡垒之外，曼努埃尔抵达了基布里泽关口（Tzybritze）。9 月 17 日，帝国军队在穿越狭窄的关口时，辎重拖到了约十英里之外。至此，突厥人的反击仅限于少量部队发动小规模袭扰，现在他们发起了总反攻。他们从山间倾泻而下，并把箭矢集中射向驮畜身上，驮畜的尸体很快堵住了道路。皇帝的新妻舅、安条克大公鲍德温率领骑兵冲向山地，被大批敌军包围，他和部下全部战死。若是曼努埃尔以同样的英勇奋战，这一战也许还有转机，但在这一刻，他的勇气突然之间不复存在了。在仓促进行的战场会议上，他的高级指挥官们惊恐地听他提出逃跑的要求。指挥官安德罗尼卡·康托斯特凡诺斯坚决反对，一名在场的士兵也开言支持，并斥责皇帝想要抛弃因他的鲁莽而陷入死地的大军。皇帝被迫同意留下，但他的威望就此严重受损，再也没能恢复。

清晨，塞尔柱人继续发起攻击，仿佛彻底的屠戮仪式不可避免。然而战斗突然暂停，一名突厥使节来到皇帝的营帐之中，并带着一匹盛装骏马作为苏丹的礼物。他声称苏丹不希望继续流血杀戮，如果皇帝同意摧毁多利留姆和苏布留姆（Sublaeum）这两座他一两年前刚刚加固的堡垒，他就会欣然签署和约。惊异于如此好运的曼努埃尔立即接受了和平，两军就此撤退了。①

136 尼基塔斯·霍尼亚特斯记载称返回家乡时，皇帝希望换另一条路返回，但他的向导坚持要求他原路返回，让他亲眼见证屠杀的惨状。这是一段悲苦的旅程，残兵败将依然处于塞尔柱人间歇性的袭扰之下——他们认为这些理所应当的战利品因意料之外的和平而无法获得，因此拒绝承认和约。当他最终抵达苏布留姆时，曼努埃尔按照约定下令拆毁堡垒。几天后，在菲拉德尔菲亚，他派信使前往都城汇报惨败一事，并将其比作曼齐刻尔特之战——不过他指出，不同之处在于他没有和罗曼努斯四世一样被俘虏，而且基利杰·阿尔斯兰同意签署和约了。

然而问题依然存在：苏丹为什么这么做？他可以轻而易举地彻底肃清拜占庭帝国的军事力量，为什么不这么做呢？我们无从得知。也许他并没有意识到自己取得

① 叙利亚人米哈伊尔还提及苏丹要求支付一笔大额赔款，为此苏丹将释放被俘虏的基督徒，还许诺此后为帝国作战。这一说法得到了曼努埃尔的证实，他在给英格兰国王亨利二世（Henry Ⅱ）的信中提及此事（Roger of Hoveden, *Annals*, AD 1176）。

了何等胜利，他的部队也许也遭受了相当的损失，不像曼努埃尔那样认为胜负已分。也有可能是他认为自己依然需要帝国在外交乃至军事上的协助。无论如何，拆毁两座城堡，并让他的臣民就此自由蚕食桑加里斯河（Sangarius）和米安德河谷地，对他而言也是不小的回报，而且密列奥赛法隆的惨败让曼努埃尔再也无法重新统治整个小亚细亚。他可以继续进行防御或者发动小规模的出击，但他再无力大举远征东方了。在未来，他的残兵败将只能勉强守卫边境。

但东部的战争并没有就此结束。返回君士坦丁堡之后，曾经庄严宣誓的皇帝很快就明确毁约，不肯拆毁多利留姆的防御工事。大约在 1177 年——具体年份不得而知——愤怒的基利杰·阿尔斯兰率部进入帝国领土，席卷了整个米安德河谷地，劫掠了塔勒斯和皮西迪亚的安条克。但这一军事行动和接下来的一系列行动一样仅仅是掠夺，而非永久占领，并没有根本改变安纳托利亚的版图。

那么曼努埃尔在东方最终究竟取得了什么战果呢？对萨拉森人而言，毫无成果——这仅仅是因为一次致命失误。他过于信任在 1162 年与基利杰·阿尔斯兰签署的和约，让他 137
在十一年间自由行动。这种绥靖政策，加上苏丹在君士坦丁堡居住的十二个星期之中获取的大量金银，让苏丹得以剿灭所有穆斯林敌人，成为安纳托利亚东部唯一的强大势力。曼努埃尔就此在盲目的慷慨与诡异的政治盲动之中，让一个强大的首领取代了一批权势较小且互相敌对的统治者，并最终被此人击败。

曼努埃尔晚年的疾病（1180）

1178 年春，佛兰德伯爵腓力（Philip）从圣地返回时路过君士坦丁堡。皇帝以一如既往的热情好客接待了他，并把自己的小儿子亚历克修斯召来，希望伯爵在返回法兰西王国之后向法兰西国王路易提亲，让小皇子和国王的女儿成婚。腓力同意了，而后路易也同意了这一婚约。1179 年复活节上，法兰西公主阿涅丝（Agnes）——路易和他的第三任妻子香槟的阿利克斯（Alix）所生的女儿——出发前往君士坦丁堡，准备在东方开始新的生活。1180 年 3 月 2 日星期日，在圣宫之中的躺卧餐室，大牧首塞奥多西奥斯（Theodosius）主持了她和亚历克修斯的婚礼，将冠冕戴在她的头上。新娘时年九岁，新郎十岁。

这是曼努埃尔最后一次外交胜利。几周之后他便一病不起了。密列奥赛法隆战败之后一蹶不振的他体能与精神都日渐衰颓，愈发听信他的宫廷占星家，他们则安慰他称预言显示他还能活十四年，并率领他的大军取得一次又一次胜利。他直到生命垂危之前都坚信他们的话，甚至没有安排依然年少的亚历克修斯的摄政事宜。与此同时，那些占星家因为此前预测失败，急于转移注意力而宣称将发生地震以及各种各样的天灾，陷入恐慌的皇帝下令在宫中挖掘地洞躲避，乃至拆毁了宫中的一些建筑。

地震没有到来，但到了 9 月中旬，曼努埃尔意识到死亡即将到来。他流着泪嘱咐自己的儿子，告诉他继位之后将要面对的困难，却又无法安排任何应对策略了。最终他在牧首的恳求之下正式宣布放弃对占星学的盲信，而后一声长叹，诊脉之后请求穿上普通僧侣的僧袍。他脱下皇帝的仪服，竭力穿上粗布衣服，并在不久之后的 9 月 24 日逝世，享年约六十岁。他被安葬在全能基督教堂入口不远处。多年以前，他亲自将一块沉重的石头从布克里昂港扛到了圣宫之中，据说这块不久前从以弗所运回的石头安放过从十字架上卸下的基督。这块石头就此安放在他的棺椁之上。 138

我们难免要为曼努埃尔感到惋惜。科穆宁王朝的五位皇帝之中，他是才能最出众、最具想象力的人，然而聪明反被聪明误，或许正是这些品质害了他。他的父祖缓慢且耐心地尽自己所能修复曼齐刻尔特战败的损失，小心谨慎，步步为营。曼努埃尔的敏锐思维让他看到了太多的机会，并迅速出手。若是他能集中于一个方向——他也本该如此——全力在东方消灭基利杰·阿尔斯兰的威胁，他也许能够让整个安纳托利亚重新纳入拜占庭帝国的统治。然而他对西欧过于着迷，忙于先后和意大利、匈牙利、塞尔维亚、威尼斯、西帝国皇帝和教皇交战。他在军事与外交上都取得了许多次胜利，却没能巩固任何战果；离世之时，他的成果几乎都无法维持下去，而他结束执政时的帝国比他最初接手时的情况更差了。

帝国也更加穷困了。曼努埃尔的外交在相当程度上依仗补贴资助和贿赂，而且远超同时代的王公。他本人崇尚奢华，慷慨如痴，不仅对自己的朋友如此，而且几乎对面见自己的任何一个人都是如此。最终，他频繁的大规模征战耗干了帝国的人力与财力。他和自己的父亲一样安排战俘到帝国各地定居并要求他们服兵役，就此恢复帝国此前几个世纪中所依靠的小地产主农兵体系，但这样的举措只是杯水车薪。结果是他被迫雇佣越来越多的雇佣军，这些人完全靠当地人生活，如尼基塔斯·霍尼亚特斯所说，“不仅花光了他们的钱，连他们身上的衣服都要夺走”。[①]

总结（1180）

这一切足以让曼努埃尔在帝国的行省之中不受欢迎了，然而即使在君士坦丁堡之中，他似乎也几乎没有真正的朋
139 友。这依然是因为他对西欧的艺术、习俗和惯例的喜爱。他的臣民们见到西欧的访客总是比来自东部的访客更受皇帝欢迎，难免心生厌恶；他在建造新房屋与宫殿时无不采用西方建筑风格，令臣民格外不满。他们为他不合礼法的行为而震惊，比如他亲自参与西欧风格的骑士竞技（这本身就足够了），还和法兰克的低微骑士同场比武。最后，其中隐含的意思，即认为他们遵守旧日的习俗是抱残守缺，也令他们愤恨难平。他们对他的离去颇有欣喜之意。

① 曼努埃尔安排战俘定居，实际上是把税收崩溃的地区的土地，以“普罗诺亚”的方式赏赐给这些外来的战斗部队，希望以土地代替军饷。然而与希拉克略王朝的罗马野战军团士兵转为军区兵不同，这些混杂的战斗部队并没有被很好地组织起来，其训练与整备缺乏管理，战斗力往往难以久持；安排不会希腊语的外来者，以包税人的身份进入帝国农村，也无助于恢复这些地方的基层管理与财税体系。科穆宁王朝末期，以及此后的帕列奥列格王朝，帝国政府在地方，特别是农村地区的行政、财税和军事上均可谓有气无力，而“普罗诺亚”这一制度至少可谓帝国地方管理涣散的帮凶。——译者注

对他而言，幸运的是他走得及时，将风暴留给了他的继承者们。他也错过了第三次十字军，他清楚这次十字军在所难免，晚年也因此忧惧不已。必须承认，这不是他的错，然而拜占庭即将遭受的其他厄运，许多，或者说绝大多数，都是因他而起。他留下的遗产堪称沉重，哀哉，他的继承者们远远无法承担起这一重负。

第九章 “暴君”安德罗尼卡

(1180～1185)

140 这位皇子的一生，既出色又腐败，他既是顶尖的政客又是可鄙的暴君，本可以拯救帝国却加速了帝国的毁灭。结合以上情况，我们可以做一个意味深长的总结，他绝佳地将拜占庭社会之中所有本质特点，以及自相矛盾之处集于一身——善与恶混杂在一起，既庄严、活跃且奋进，又残忍、乖戾且堕落。这个社会在动荡不安的历史之中经历了这么多世纪，总是能够获取满足生存的一切，并创造出属于自己的荣耀。

——夏尔·迪尔，《拜占庭人物传》

(*Figures Byzantines*)，第二卷

亚历克修斯二世是个平平无奇的孩子，尼基塔斯·霍尼亚特斯记载称“这个年轻的皇子虚荣且傲慢，智慧与才能均颇为贫乏，连最简单的任务也无法完成……他一生忙于游戏与打猎，还染上了几个恶习”。与此同时，他的母亲安条克的玛丽则作为他的摄政者统治。对她而言，身

为第一个在君士坦丁堡城中执政的拉丁人，如此开始执掌摄政可谓凶险至极。对拜占庭人而言，她丈夫对西欧的热情就足够成问题了，现在意大利与法兰克商人获取的贸易特权更令他们担忧；当玛丽选择了另一个格外倾向西欧的人，即“首席尊贵者”（protosebastus）亚历克修斯——曼努埃尔的侄子，耶路撒冷王后的叔父——作为主要参谋时，他们愈发担忧了。不久之后人们大多相信她的这位参谋也是她的情人，尽管皇太后这位基督教世界公认的美人，不太可能喜欢尼基塔斯所描述的那个亚历克修斯。

> 他每天大部分时间躺在床上，还放下帷幕以免见到阳光……太阳出来时他就会躲进黑暗之中，如同荒野的 141
> 野兽一般；他也很喜欢摩擦他腐烂的牙齿，用新牙替代那些脱落的老牙。

随着不满情绪滋长，各种各样的阴谋开始出现，特别是玛丽的继女玛丽亚谋划的阴谋。阴谋泄露后，玛丽亚带着丈夫蒙费拉的兰尼埃（Rainier of Montferrat）和其他随从仓促逃到圣索菲亚大教堂避难，但摄政的皇太后并不打算尊重庇护所的任何权利。皇帝卫队奉命前往逮捕密谋者，牧首亲自出面才让大教堂免遭亵渎。此事让拜占庭人大为震惊，此后牧首因此遭到报复，被流放到修道院中，这让执政者愈发不受欢迎。在公众反对她的义愤之下，玛丽根本不敢处罚她的继女。此后当大批君士坦丁堡市民前往牧首被流放的修道院，抬着他返回都城时，她也没敢动一根指头。对事态掌控之无能，可谓难出其右了。

奇人（1180）

第一次政变失败了，但皇帝的另一个亲属引发了新的威胁，他的才能绝非玛丽亚可比。安德罗尼卡·科穆宁，这位皇帝的堂兄——他是尊贵者伊萨克之子——堪称奇人。1182年，已经六十四岁的他仿佛还不到四十岁，身高六英尺，体格极其健壮，相貌堂堂，思维敏锐，谈吐优雅，言语风趣，这种种举止和派头加上他在战场上和床笫间都近乎传奇的威名，让他的威望无人可比。他完成的征服几乎不可胜数，而他的艳史也不比战功少多少。特别是三件事让曼努埃尔愤怒。第一件事是安德罗尼卡和自己的堂姐妹——皇帝的侄女欧多西亚·科穆宁（Eudocia Comnena）通奸，还对批评者声称“臣民应当以领主为榜样，而且出自同一作坊的物件总归能良好搭配”——这无疑是在暗示曼努埃尔与欧多西亚的姐妹塞奥多拉的风流韵事，两人超越亲情的关系早已众所周知。几年后，安德罗尼卡突然离开奇里乞亚的指挥所，前去勾引美丽的安条克的菲利帕（Philippa）。他清楚这样做
142 会造成何种后果，菲利帕的兄长是安条克大公博艾蒙德三世，她的姐姐是曼努埃尔的妻子玛丽。然而这在安德罗尼卡看来，仿佛只是调情的些许点缀而已。尽管他时年四十八岁，女方只有二十岁，他在她窗前所唱的情歌似乎依然令她无法抗拒。几天之后他便添加了一段新的艳史。

得手之后，安德罗尼卡并没有享受太久。愤怒的曼努埃

尔立即召回了他，博艾蒙德也明确表示不会容忍如此丑闻。也可能是公主并没有他所想的那么迷人。无论如何，安德罗尼卡匆忙离开赶往巴勒斯坦，为耶路撒冷国王阿马尔里克（Amalric）服役。在阿科，他第一次见到自己的另一位堂妹——鲍德温三世的寡妻、时年二十一岁的王太后塞奥多拉。她成了他的一生挚爱。不久之后，安德罗尼卡因战功被阿马尔里克分封在贝鲁特，他前往新封地时塞奥多拉也一同前往。血亲关系让两人无法成婚，但他们还是公开同居，直到贝鲁特也容不下他们。

在东方的伊斯兰世界之中游荡很久之后，安德罗尼卡和塞奥多拉最终在帝国东部边境之外的科隆尼亚安定下来，靠着他们带来的钱财以及偶尔的温和抢掠度日。然而当塞奥多拉和他们的两个小儿子被特拉布松总督俘虏并送去君士坦丁堡时，他们的田园生活也就此结束了。痛苦的安德罗尼卡匆匆返回都城自首，浮夸地跪倒在皇帝面前，愿意答应一切条件以换回他的情人和孩子。曼努埃尔一如既往地宽恕了他们，塞奥多拉毕竟也是他的侄女。这样两个显赫人物，又定下了如此不合礼法的关系，自然是不能在君士坦丁堡常住，但他们还是被送到了黑海沿岸的一座舒适的城堡之中，在那里平和度日，皇帝也希望他们能够就此安分下来。

可惜事与愿违。安德罗尼卡向来图谋皇位，曼努埃尔逝世后，他得知城中人对摄政的皇太后不满，他几乎不需要任何劝说便立刻意识到自己的机会来了。他不是安条克的玛丽那样的“外国人”——她的臣民就这样轻蔑地称呼她——而是真正的科穆宁家族成员。

安德罗尼卡取胜（1183）

143 他精力、能力与决心兼备，更重要的是，此时他的风流韵事也让他在帝国格外受欢迎。1182 年 8 月他赶往都城，旧日的魔力依然不减。负责阻拦他的部队拒绝战斗，他们的指挥官安德罗尼卡·安吉洛斯（Andronicus Angelus）[①] 则直接投降加入了他，不久之后博斯普鲁斯海峡的帝国舰队指挥官也率部投奔。当他进军时，人们纷纷离家前去欢迎，很快路两旁便站满了支持者。他还没渡过海峡时，君士坦丁堡之中暴乱便已经开始，这两年间激化的排外情绪则彻底爆发。随后城中的所有拉丁人被屠杀，无论老弱妇孺，救济院中的病患也没能幸免，他们居住的城区则被付之一炬。首席尊贵者在他的宫殿之中躲避，惊恐地不敢逃跑，之后他被投入地牢，在安德罗尼卡的命令之下受瞽刑；[②] 小皇帝和他的母亲一同被带往菲罗帕提昂的皇家别墅，等待自己这位堂兄的处置。

他们的结局远比他们所想象的悲惨。胜利的安德罗尼卡展现了其性格之中的另一面——出乎绝大多数人预料的残忍暴戾，毫无同情、顾虑或理智。尽管掌控大权，他还不是皇帝，而他就此冷血且井然有序地清理掉了挡在他皇位面前的所有人。玛丽亚公主和她的丈夫最先死亡，他们死得突然且

---

① 据称安德罗尼卡·科穆宁在安吉洛斯叛变时一如既往开了个玩笑，声称："这正如福音书所说，'派遣天使，为汝开路'。"福音书里根本没有这句话，但安德罗尼卡也不是在意这种问题的人。

② 受刑之前，亚历克修斯还正式抗议称看押他的英格兰卫士——应当属瓦兰吉卫队——让他无法安眠。

神秘，却没有人怀疑是下毒。然后轮到了皇太后，她十三岁大的儿子被迫亲自签署她的处决判决，而后她便在监狱中被扼死。1183 年 9 月，安德罗尼卡加冕为共治皇帝，两个月之后亚历克修斯便被弓弦勒死，扔进博斯普鲁斯海峡。尼基塔斯写道：“皇室的花园之中，所有的树就此凋零了。”现在仅剩一个问题。在亚历克修斯短暂一生的最后三年半中，他和法兰西公主阿涅丝成婚，她也随即再度受洗并改名为更拜占庭式的名字 144
安娜。在她的丈夫被废之后，已经六十四岁的新皇帝迎娶了十二岁的皇后，而至少一位当代史学家[①]声称两人圆房了。

没有谁的执政以如此的不幸开始，然而在某个方面，安德罗尼卡给帝国带来的帮助远超曼努埃尔。他对官僚系统各方面与各种方式的腐败进行了全面打击。悲剧在于，当他渐进式地整肃政府之中的腐败时，被权力冲昏头脑的他自己也越来越腐败。他的武器仿佛只有暴力与残忍，他对军事贵族的合法整肃很快堕落成不分青红皂白的滥杀。一份记载如此声称：

> 布尔萨的葡萄藤弯曲并非因为挂满葡萄，而是因为挂满了他吊死的人；他还拒绝任何人安葬他们，想要让他们在太阳下风干，在风中晃动，仿佛果园中惊吓群鸟的稻草人一般。

然而不久之后，安德罗尼卡就要开始畏惧了。他所得的

① 见迪尔《拜占庭人物传》第二卷，其中安德罗尼卡和阿涅丝的简短生平既严谨又颇为可读。塞奥多拉的结局未见记载，她有可能也不幸离世，然而比较年轻的她更可能是被送进了修女院。

支持所剩无几，帝国的救星其实是个怪物。城中再度充满了叛乱与骚动的气息，阴谋则在都城与各行省之中四处爆发，叛国者处处皆是。那些落入皇帝手中的人往往在皇帝的面前被拷打至死，乃至由皇帝亲手行刑，但许多人逃往西欧，他们也受到了欢迎。安德罗尼卡同样清醒地意识到西欧从来没有忘记1182年的屠杀，风暴已经开始聚集。此前仅仅出于和曼努埃尔的友谊而停止敌对行动的匈牙利国王贝拉三世，在1181年便夺回了达尔马提亚、克罗地亚大部和西尔米乌姆地区，而这些土地是几年前皇帝花费极大代价后获取的。1183年，他联合塞尔维亚大首领斯蒂芬·内马尼亚对帝国发动大举入侵，劫掠了贝尔格莱德、布拉尼切沃
145 （Branichevo）、尼什和塞尔迪卡，乃至六年后穿越这一地区的第三次十字军士兵们发现这些城市只剩被遗弃的废墟。

亚洲也存在纷扰，不是来自穆斯林，而是来自安德罗尼卡格外怨恨的那些拥有大地产的军事贵族（即使皇帝本来就是其中之一）。他的一位远亲——曼努埃尔的侄孙伊萨克·科穆宁（Isaac Comnenus）甚至正式在战略要地塞浦路斯岛宣称独立，这也将成为帝国最终瓦解的第一步。

然而最大的威胁来自拜占庭帝国最古老也最坚决的敌人之一：诺曼西西里王国。

准备舰队（1185）

早在1185年1月，阿拉伯旅行者伊本·朱拜尔（Ibn Jubair）乘热那亚航船返回西班牙的途中，在西西里岛西部的港口特拉帕尼（Trapani）停靠。还有一两天就要出港时，

巴勒莫政府下达了命令：没有下达进一步的通知之前，港口向所有出港航船关闭。一支大规模的舰队已经基本整备完成，在舰队安全出发之前，其他的船只都不得离开。

类似的命令同时传达到了西西里的每一个港口之中，封锁的规模史无前例。即使在岛内也很少有人清楚发生了什么。伊本·朱拜尔记载称特拉帕尼的每个人对舰队的规模、任务和目标的猜测都不同。一些人认为舰队要驶向亚历山大，十一年前，西西里对那里的海上远征以灾难收场；其他人认为他们要进攻马略卡岛（Majorca），近年西西里掠夺者时常袭扰那里；自然也有人相信舰队要进攻君士坦丁堡。前一年中，从东方来的航船几乎无一例外地带来了安德罗尼卡令人发指的暴戾故事，而在来到西西里避难的拜占庭人之中，一个流传甚广的传说是一个神秘的年轻人自称是合法的皇帝亚历克修斯二世。如果这个年轻人确实得到了国王的庇护，并让国王相信自己所言属实，那“好人”威廉（William the Good）[1] 发动远征让他复位，不是理所应当吗？

巴勒莫的宫廷之中是否有过这么一个人我们不得而知， 146
倒也不是不可能。安德罗尼卡的政变夺权自然会产生一些皇位宣称者，1081 年，罗伯特·吉斯卡尔在出征拜占庭之前，便如此宣称以壮大自己的力量。在伊本·朱拜尔留下那段记载之前，下文将要具体提及的塞萨洛尼基都教区都主教尤斯塔西奥斯（Eustathius）则对希腊北部地区有个自称亚历克修斯二世的人已经习以为常。但无论流言是真是假，事实上

① “好人”威廉二世于 1166 年，其父“恶人”威廉一世逝世后继位。

威廉发动远征并不缺少理由：曼努埃尔的侄子——令人头疼的是，他也名叫亚历克修斯——近期投奔了西西里国王，而后他便恳切地请求国王向君士坦丁堡进军推翻篡位者。

1184 年与 1185 年之交的冬季，威廉都在墨西拿度过。他厌恶战场，若是能避免的话就绝不亲自出征，但这次他亲自主导准备远征。尽管他没有向任何人承认，他的最终目标却正是拜占庭城的皇位，他决心派出一支足以争夺皇位的军队——陆海军力量均要是西西里王国前所未有的，也确实如此。等到这支军队出征之际，整备完成的舰队由他的堂表亲莱切伯爵坦克雷德（Tancred of Lecce）指挥，据说拥有二百到三百艘战舰，总共载运了八万人，包括五千骑士和一支特别组建的弓骑兵队。这支庞大的陆军由坦克雷德的姐夫、阿切拉伯爵理查（Richard of Acerra）和一个名叫鲍德温的军官指挥，而对鲍德温的记载几乎只有尼基塔斯这段颇有趣味的描述：

> 尽管出身低微，他却颇受国王信任，并因为军事经验丰富而被任命为指挥官。他时常拿自己和亚历山大大帝相比，不只因为他和亚历山大的胸毛都多得如同生出羽翼一般，也因为他在更短的时间内完成了更大的创举——更重要的是，兵不血刃。

舰队在 1185 年 6 月 11 日驶出墨西拿港，直接驶向都拉佐。尽管威廉封锁所有西西里岛的港口的计划没能完全成功——伊本·朱拜尔记载的那位热那亚船长轻易靠贿赂离开
147 了特拉帕尼——但他的谨慎还是收到了一些成效，因为安德

罗尼卡对此毫无防备。就我们所知，他向来不信任西欧政权，他也清楚都拉佐是帝国最大的亚得里亚海港口，以及帝国境内的主干道路，即向东穿过马其顿和色雷斯抵达君士坦丁堡的伊格纳提亚大路的起点，那里必然成为西西里王国争夺的桥头堡，乃至可谓唯一选择。然而他既没有下令加固该城城防，也没有储备补给品。当他最终收到消息时，他立即派出自己麾下最有经验的将军之一——约翰·瓦兰纳斯前去救急，然而当瓦兰纳斯抵达都拉佐一两天之后西西里舰队便已经抵达，此时他也无力回天了。

都拉佐早在一百零三年前就曾经落入诺曼人的手中。然而那时他们进行了漫长且荣耀的战斗，双方都堪称英勇，拜占庭的军队由皇帝亲自指挥，诺曼人的指挥官则是同时代最出色的两位勇士——罗伯特·吉斯卡尔和他的儿子博艾蒙德；罗伯特的妻子伦巴第人西凯尔盖塔则展现了与自己的丈夫与继子相当的勇敢；勇悍的英格兰瓦兰吉卫士们手持大斧奋战至最后一人。这次的情况却截然不同。瓦兰纳斯自知他没有胜算，就立即投降了。6 月 24 日，舰队离开墨西拿不到两周之后，都拉佐便落入了西西里王国手中。

随后在巴尔干半岛上的进军迅速平稳，没有任何部队阻拦这支大军的前进。8 月 6 日，全部陆军在塞萨洛尼基城外扎营；15 日，绕过伯罗奔尼撒半岛的舰队也在此下锚，围攻就此开始。

围攻塞萨洛尼基（1185）

塞萨洛尼基兴旺繁荣，这座已经有一千五百多年历史的古城还有可以追溯至圣保罗时代的基督教传统。这里的海军基地掌控着爱琴海；作为商业中心则可以与君士坦丁堡相比；每年10月的大市集，当欧洲各地的商人前来与来自非洲和黎凡特的阿拉伯人、犹太人和亚美尼亚人贸易时，还要
148 更胜都城一筹。[①] 因为这一大市集，该城也有大批西欧商人在此永久居留。这些主要由意大利人组成的外来人口此后给围城者提供了相当的帮助。

然而塞萨洛尼基在1185年夏天遭受劫难的主要责任并不在外来者身上，而应归罪于当地的军事指挥官大卫·科穆宁（David Comnenus）。尽管皇帝令他率部利用一切机会竭尽所能进攻敌人，[②] 他也不像都拉佐的瓦兰纳斯那样没有时间准备防务和补给品，他却什么都没有做。围城几天后他的弓箭手就没有箭矢了，几天后连投石机的石块都找不到了。更严重的是，他根本没有检查蓄水池，当发现蓄水池漏水时为时已晚。然而他完全没有展露出半点的羞耻或困窘。很可能亲自与他打过交道的尼基塔斯·霍尼亚特斯留下了这么一段记载：

> 此人比妇女柔弱，比鹿胆怯，能正视敌军一眼就不

---

① 这个大市集断断续续地持续到了今天。犹太人在塞萨洛尼基的影响在奥斯曼帝国时代依然留存，一直延续到第二次世界大战时，城中约五万名塞法迪（Sephardi）犹太人被押往波兰的集中营，再也没能回来。

② “安德罗尼卡的命令是‘保证该城的安全，同时不要畏惧意大利人，扑上去撕咬他们’。这是他的原话，尽管我相信只有他自己明白这话是什么意思。那些好戏谑的人留下了一段极不合适的解读，我在此就不赘述了。”（引述自尼基塔斯。）

> 错了，根本无力击退他们。如果驻军中有人要求出城突击，他会立即禁止，就像猎人拴住猎狗一样。没人见过他拿起武器或穿上盔甲……当敌人的冲车撞击城墙，石块纷纷落下时，他还因响声而大笑，躲进最安全的角落之中和身边人说：“听啊，这个老太婆还真是吵啊！”他就是这么称呼敌人最大的攻城机械的。

尼基塔斯在那些艰难的岁月之中并不在塞萨洛尼基城中，然而他的记载来源相当可信，正是该城的教区都主教尤斯塔西奥斯。尽管颇有荷马的风格，尤斯塔西奥斯却不过度追求藻饰。身为爱国的希腊人，他向来不掩饰自己对拉丁人的厌恶，他认为这些人与野兽无异——他会这么想倒也无可厚非。然而他的《拉丁人夺取塞萨洛尼基史》（*History of the Latin Capture of Thessalonica*），尽管臃肿且偏颇，却是唯一一份围攻与破城之后的亲历者留下的记载。这自然不是个美好的故事。

即使准备充分，守备良好，塞萨洛尼基面对大批愤怒的 149
西西里军队的四面围攻也不可能久持。在指挥官允许的范围之中，守军尽他们所能进行了抵抗，但不久之后东部堡垒便开始松动了。与此同时西段的一批德意志雇佣兵也受贿打开了城门。8 月 24 日晨，西西里大军从东西两侧同时涌入拜占庭帝国的第二大城市。

劫掠塞萨洛尼基（1185）

西西里王国的大军自然包括不少希腊的流亡者，而来自阿普利亚、卡拉布里亚和西西里岛的希腊社区周边地区的士兵还要更多，他们熟悉希腊人的习俗与宗教传统，甚至能够说希腊语。他们本能够缓和他们那些不文明的战友的暴行，却没有那么做——至少是没能成功。西西里士兵在城中的凶残暴戾，在狄奥多西大帝于大竞技场屠杀七千市民[1]之后的八个世纪之中不曾有过。尤斯塔西奥斯记载称希腊平民的伤亡数据也是七千，很可能不只是巧合；然而诺曼军官的估计也有五千人，应当与事实相差不远。暴行也不止于杀戮，妇女和儿童惨遭蹂躏，房屋被掠夺和纵火，教堂遭到亵渎与毁灭。这最后的一系列暴行出人意料。这是诺曼西西里王国历史之上最恶劣、规模也最大的一次渎神事件。即使向来厌恶拉丁人的希腊人对此也既震惊又恐惧。尼基塔斯如此记载：

> 这些蛮族将暴行延伸到圣坛之下，在圣像面前杀戮……他们竟然摧毁我们的圣像，当作烹饪时的燃料。更大的罪业是，他们在圣坛之上跳舞，唱起渎神的歌，足以让天使颤抖。然后他们在教堂之中随意便溺，流得满地都是。

一定程度的抢掠在所难免，毕竟那被视为一次成功的围
150 城之战后对军队的奖赏，若是反过来，希腊人也会毫不犹豫地抢夺。但这次暴行略有不同，鲍德温立即采取了强硬手

① 见第一卷。

段。大军在清晨时入城，正午时分他已经基本掌控秩序。后勤问题随即产生。塞萨洛尼基无法供养突然涌进来的这八万人。城中食物被西西里人夺走之后，城中人很快陷入了饥饿。安葬死者的工作也颇为困难，他们花了几天时间才完成，但8月的暑热早已让尸体腐烂。随后瘟疫暴发，并因为城市的拥挤而加剧。尤斯塔西奥斯还提及了饮酒无度，最终占领军有三千人死亡，城中人的伤亡数据则不得而知。

教会礼仪的争执也从战争之初便开始了。拉丁人抢占了许多当地的教堂使用，但一些士兵依然冲进了由希腊人使用的教堂，打断仪式并撵走神父。更危险的事件是一批西西里人听到急促的连续敲击声时，把它当成了召集暴乱的信号并匆忙武装起来，幸好有人及时向他们解释，这是在敲击所谓的“集会梆子”，一种东正教用来召集信徒的木板。[①]

一两周之后，双方艰难地达成了妥协。鲍德温展现了自己的机巧，理论上仍是囚徒的尤斯塔西奥斯也竭尽所能避免不必要的摩擦。尤斯塔西奥斯的同胞们则很快发现这些不了解真实物价的外国人是不错的财源。不久之后他就因塞萨洛尼基的妇女与西西里士兵苟且而哀怨了。但城市之中的气氛依然紧张，而当大军留下少数驻军，再度向东进军时，希腊人和西西里人大概都松了一口气。

① 敲击集会梆子（semantron）是有一定象征意义的。教堂象征着救世的方舟，僧侣将六英尺的木板扛在肩上，用小木槌敲击，事实上是在模仿诺亚用工具召唤被选中的动物前来。在奥斯曼帝国时代，在教堂鸣钟被禁止之后，集会梆子依然在使用。如今已很少使用，只有阿索斯圣山上——那里依然保留着旧日的习俗——以及少量的乡村修道院中仍在使用。

安德罗尼卡的最后岁月（1185）

151 此时安德罗尼卡派出了至少五支部队前往塞萨洛尼基地区阻挡敌军进军。他部队的分散大概也标志着皇帝的愈发无能：如果这些部队在一位出色的指挥官的统一调度下，他们很可能挽救这座城市。结果却是这五支部队都退到了大路北侧的山地，仿佛中了邪一般静观西西里大军向他们的都城进军。鲍德温的先头部队甚至抵达了莫塞诺波利斯（Mosynopolis），几乎走完了去君士坦丁堡的一半路程。然而那里突然发生的一个事件彻底改变了事态，对入侵者而言更是如同灾难。无法忍受的臣民们暴动推翻了安德罗尼卡·科穆宁并杀死了他。

在君士坦丁堡和其他地方，塞萨洛尼基的消息都引发了恐慌。安德罗尼卡的应对一如既往地自相矛盾。一方面他竭力修复并加固城防，仔细地检查了城墙各段，城墙附近那些有可能帮助围城军队的房屋全部被拆毁；另一方面，一百艘战舰组成的舰队被仓促集结并整备起来。尽管舰队的规模仅有正在全速赶来的西西里舰队的一半，但在狭窄的马尔马拉海与博斯普鲁斯海峡上，他们依然能够与敌人一战。

但在其他时候和其他问题上，皇帝仿佛对紧急事态完全漠不关心，而是愈发沉浸在私人世界之中享乐。即位三年后，他的生活越来越堕落。

他想要效法赫拉克勒斯，和提厄斯忒斯（Thyestes）

> 的五十个女儿一夜交欢，[1] 但他依然要借助技巧来增强体能，靠涂香油来补充精力。他还时常食用所谓的“石龙子”（scincus），这种在尼罗河流域捕捉的动物与鳄鱼颇为形似，尽管被许多人厌恶，却在激发性欲方面最为有效。

此时的他也早已变成迫害狂，愈发残暴。没有杀死任何人的一天在他看来毫无意义。尼基塔斯还写道：“男女老幼 152
都生活在焦虑与悲痛之中，夜晚也无法安眠，因为被他残杀的人的凄惨幻影在他们的梦中浮现。”这一统治时期堪与君士坦丁堡漫长历史之中的每一个黑暗时刻相比。1185 年 9 月，恐惧达到了高潮，他以通敌为名，下令处决所有的囚犯和被流放者，以及他们的所有家人。

对帝国而言幸运的是，一场革命及时避免了悲剧。导火索是皇帝的表兄弟伊萨克·安吉洛斯（Issac Angelus），这个本来与世无争的贵族，只因预言家宣称他会继承皇位而冒犯了安德罗尼卡。伊萨克挥剑刺死了前去逮捕他的皇帝爪牙，而后骑马全速赶往圣索菲亚大教堂，自豪地向在场者宣称自己所做的一切。消息很快散布开来，人群开始聚集，伊萨克的叔父约翰·杜卡斯和其他许多人尽管没有参与其中，却清楚在目前人人自危的环境之中他们不可能洗脱关系。于是，如尼基塔斯所说，“发现自己无路可走，畏惧死亡的他

---

① 尼基塔斯此处说法有误，应是 Thespius 而非 Thyestes。赫拉克勒斯的第十三个功绩可谓最为劳累，然而战果也颇为丰厚：她们都生下了男孩，还包括不少双胞胎。

们便请求所有人协助他们”。

人们也做出了回应。在灯火通明的圣索菲亚大教堂度过一夜之后，次日清晨他们匆忙穿过城区，召集所有的随从武装起来。人们打开监狱，囚犯加入解放者的队伍。与此同时，伊萨克·安吉洛斯在大教堂中宣告为皇帝。

> 一名教堂司事登梯爬上圣坛顶端，拿下君士坦丁的皇冠戴在他头上。伊萨克不愿接受，并非出于谦恭或对皇位无动于衷，而是担心如此的鲁莽之举会让自己丧命。杜卡斯却立即上前，摘下帽子露出如满月的秃头，准备接受冠冕。然而聚集起来的人们高喊起来，声称他们已经受够老迈昏庸的安德罗尼卡，绝不再让一个衰朽的老头当皇帝，更何况是一个胡须已经长得像草叉的老头。

安德罗尼卡的结局（1185）

革命的消息传到安德罗尼卡在梅洛迪昂（Meludion）的乡村别墅，他自信地返回都城，自以为能够重新掌控事态。
153 他直接返回金角湾出口处的圣宫，下令卫队向暴民射箭，发现士兵们反应太慢，就亲自开弓猛烈射击。尔后，突然之间，他明白了事态的严重性。他仓促脱下紫袍和靴子，戴上“如同蛮族服饰”的尖头软帽，仓促带着仍是孩子的妻子和爱妾马拉皮提卡（Maraptica）——“一位绝佳的吹笛者，他对她沉迷不已”——登上一艘战舰，驶入博斯普鲁斯海峡。

与此同时，暴民冲进宫中，抢劫其中各种财物。一千二百磅的金币和三千磅的银币被抢走，丢失的珠宝与艺术品更是不计其数；连皇帝的礼拜室也不能幸免，墙上的圣像被剥下，圣坛的圣餐杯被夺走，最珍贵的圣物——装有耶稣基督写给埃德萨的国王阿布贾尔（Abgar）的亲笔信的圣物匣——则就此消失无踪。

皇帝、皇后和马拉皮提卡很快被俘虏。两名女眷保持着尊严和勇气，得到了宽恕；但安德罗尼卡的脖颈之上被戴上了沉重的镣铐，带到伊萨克面前由他处置。他的右手被当场切掉，他被投入监狱，而后在几天几夜水米未进之后，他被刺瞎了一只眼，绑到一头瘦骆驼上接受曾经臣民的怒火。他让他们受了许多苦难，他们因此急于复仇。尼基塔斯如此记载：

> 暴民的举措可谓最低劣可鄙的行为的集合……他们用拳头、石头痛击他，用钉子刺他，用污秽物投掷他，还有一个妇女把一桶开水倒在他的头上……而后他们把他从骆驼上拽下来，倒吊起来。他忍受了各种各样我无法描述的折磨，而他以超人的坚毅，面对疯狂的暴民乃至行刑者都一语不发。然而上帝啊，怜悯我吧，为何要践踏已经折断的芦苇呢？……最终他痛苦地死去，嘴还叼着他仅剩的那只手，一些人认为他是想把伤口流出的血吸回去。

如塞萨洛尼基的尤斯塔西奥斯所观察，这个人身上充满了矛盾，既可以高度赞扬，也应当强烈谴责；此人除了自制之外拥有其他所有的天赋，他的死和他的生平一样充满戏剧性。他是英雄，也是恶人；是庇护者，也是破坏者；是模范，也是教训。

当伊萨克·安吉洛斯最终接受皇冠时，他也接管了几乎
154 绝望的局势。莫塞诺波利斯的入侵部队此时距离君士坦丁堡只有不到二百英里了，与此同时，他们的舰队已经进入马尔马拉海，正在等待陆军抵达以发起夹击。即位之后他立即向鲍德温求和，和谈被拒绝之后他立即做了安德罗尼卡几个月之前就该做的事——任命自己麾下最出色的将军亚历克修斯·瓦兰纳斯指挥最后的五支部队，并把帝国能够提供的最多的援军一并交给了他。效果立竿见影，希腊人鼓起了新的勇气。他们也发现敌人开始骄傲自大，自以为无人可挡的西西里军队的戒心和纪律都松懈了。瓦兰纳斯精心选择了战场与时机，发起猛攻，彻底将他们击溃，并一路把他们赶回在安菲波利斯（Amphipolis）的重要基地。

按尼基塔斯所说，这是上帝的旨意。

> 一方面，那些不久之前还威胁要摧垮山峦的人们，如同遭受雷击一般崩溃了。另一方面，罗马人[1]则不再心怀畏惧，如同飞鹰捕捉小鸟一般满怀决心俯冲而来。

---

① 拜占庭帝国向来自认为是古罗马不曾中断的继承者。即使今天，他们的后代依然使用“Romiòs”这个词。请参考帕特里克·利·弗莫尔（Patrick Leigh Fermor）讨论“Roumeli”概念问题的出色论文。

君士坦丁堡获救（1185）

在安菲波利斯城外，斯特李蒙河（今斯特鲁马河）河畔的迪米特里扎（Dimitriza）①，鲍德温最终决定进行和谈。他为何如此依然是谜。他的主力部队未受莫塞诺波利斯战败的影响，此时依然井然有序地在他的军营周围驻扎。他依然控制着塞萨洛尼基。尽管君士坦丁堡的新皇帝并不像此前那位皇帝那样老迈，却也已经不再年轻，而他对皇位的宣称权并不及安德罗尼卡，甚至不及曼努埃尔的侄子亚历克修斯，亚历克修斯在大军离开墨西拿之后便很少离开鲍德温的身边。但冬季即将到来，色雷斯的秋雨连绵且寒冷。对一支打算在君士坦丁堡庆祝圣诞节的军队而言，莫塞诺波利斯的战败对士气的打击也许远远超过了其战略意义。

鲍德温也可能有自己的秘密企图，至少希腊人认定如 155
此。他们宣称鲍德温打算利用和谈借机发起突袭，就先下手为强了。11 月 7 日，尼基塔斯坚称他们“既没有等待号角声，也没有等待指挥官的号令”，便出击了。这出乎西西里军队预料，士兵们竭力抵抗之后被迫撤走。一些人在逃跑时被杀，还有不少人在渡过因暴雨涨水的斯特李蒙河时溺毙。还有一些人，包括鲍德温和阿切拉的理查则被俘虏，一同被

① 这一地点及其名称成谜，因为斯特李蒙河河畔根本没有这一地点的迹象。夏朗东称之为“Demetiza”，而后在括号之中认定这是突厥语的“Demechissar”的变体，但并未给出证据。如果他的说法正确，那么这个词应当是“铁堡垒”（Demir-Hisar）的变体，而他所说的也就是今希腊的“Siderokastron”，“迪米特里扎”可能就在此地。

俘的亚历克修斯·科穆宁被伊萨克指控为叛国者并施加瞽刑。逃走的人退回塞萨洛尼基，一些人打算登船返回西西里，然而因为西西里舰队主力仍在君士坦丁堡附近海域等待陆军前来会合，大部分人就没有那么幸运了。塞萨洛尼基市民发起了攻击，对三个月前的悲惨遭遇完成了血腥且彻底的复仇。夏季出征的那支信心满满的大军，如今只剩下少量残兵败将，翻越积雪的山口返回都拉佐。

拜占庭帝国得到了拯救。然而拜占庭人也应当把西西里王国的入侵当成警告。贪婪的西欧各国已经盯紧他们的帝国。二十年后的君士坦丁堡将再度遭受进攻，而那次进攻将取得成功。

第十章　耶路撒冷陷落（1185～1198）

光复耶路撒冷的日子正是先知归真的纪念日……苏丹上朝接受祝福……他坐在他虔诚的随从们、法学家和博学者之中时既谦虚又威严。他满面春风，大开宫门，仁德远播。任何人都可以觐见他，他的教诲深入人心，他的行动无往不胜，他走过的地毯都有人亲吻，他的脸颊满是红光，他的熏香芬芳怡人，他的恩典赐予众人……他的手背人人亲吻，他的手掌则是希望的天房。 156

——伊斯法罕的伊马丁（Imad ed-Din），
萨拉丁私人书记官

突然之间在意料之外掌控大权的安吉洛斯家族，可谓既不古老也不显赫。若不是亚历克修斯的女儿，即紫衣贵胄塞奥多拉（Theodora）爱上了伊萨克的祖父君士坦丁·安吉洛斯（Constantine Angelus），并与他成婚，这个家族应当还会留在吕底亚的菲拉德尔菲亚，保持旧日的默默无闻。但此后这个家族便平步青云了，曼努埃尔即位时这个家族已经是君士坦丁堡最显赫的家族之一，出了能力参差不齐的数名军官；当封建贵族们要和科穆宁王朝最后的极端行动对抗时，自然要选择安吉洛斯家族为领袖。

尽管如此，对帝国而言这是个悲惨的选择，在所有登上拜占庭皇位的家族之中，安吉洛斯家族是最差的一个。所幸他们的执政时代很短，三名皇帝，即伊萨克二世、亚历克修斯三世和亚历克修斯四世总共仅仅执政十九年，但每个人都带来了独特的灾难，而且对君士坦丁堡在最终陷落之前遭受的最大的一场劫难责无旁贷。

保加利亚与塞尔维亚叛乱（1190）

伊萨克执政的开始堪称顺利。诺曼人撤退时不但放弃了
157 塞萨洛尼基，还放弃了都拉佐和科孚岛。他们控制了邻近的凯法利尼亚岛——伟大的吉斯卡尔就是在此逝世的——和扎金索斯岛，该岛此后再未能回归帝国统辖。但相比之下，这样的代价实在微小，许多拜占庭人将其视为一次奇迹般的拯救。与此同时，帝国的另一个主要敌人——匈牙利国王贝拉三世则乐于签署和约，还把他的十岁女儿玛格丽特（Margaret）作为新娘交给伊萨克，她也随即改名为拜占庭式的名字玛丽亚。新皇帝一些敏感的臣民也许对他刺瞎先皇的幸存的两个儿子——其中一人在受刑后不久即伤重而死——的事感到悔恨，但对大多数臣民来说，他最初的统治如尼基塔斯所记载，如同春风拂过严冬大地，也如同风暴之后的安宁。

幻想很快就要破灭了。安德罗尼卡虽然有各种问题，却依然在竭力打压腐败；尼基塔斯记载伊萨克直接卖官鬻爵，

如同市场上卖菜一般。贿赂再度成为惯例，行省的税官重新开始敲骨吸髓，陆海军则日益衰颓，士气低落，只因为他们的薪酬被挪用去贿赂潜在敌人，或者浪费在愈发奢华的宫廷娱乐之中了。与此同时，曾经是地方管理与国防核心体系的军区制彻底瓦解，安德罗尼卡曾经竭力弹压的封建贵族则迅速发展，而且愈发跋扈。

皇帝倒不是完全无动于衷。尽管他完全没有试图收复丢失的爱奥尼亚群岛、塞浦路斯乃至奇里乞亚（被亚美尼亚人占据），他至少还是在竭力平定叛乱并巩固防务。1186～1187 年，他率部远征保加利亚与瓦拉几亚平乱，却无法阻止两名当地贵族建立起保加利亚第二帝国。此后在 1190 年的远征更是以灾难结束，他的部队遭到伏击，本人侥幸免于一死。与此同时，塞尔维亚的大首领斯蒂芬·内马尼亚和叛军结盟，并利用双方交战之机扩充实力。最终斯蒂芬同意和拜占庭帝国签订和约，他的儿子迎娶皇帝的侄女并得到尊贵者的封号。但此时所有人都清楚，如今的塞尔维亚和保加利亚一样成了独立国家。拜占庭帝国掌控整个巴尔干半岛的时代就此结束，此后再也未能重现。

然而祸不单行，对拜占庭帝国乃至整个欧洲而言，新的 158
危机正在出现。1187 年 10 月中旬，灾难的消息传来：萨拉森人夺取了耶路撒冷。

对任何理性观察黎凡特地区事务的人而言，萨拉森人占领耶路撒冷几乎不可避免。穆斯林一方，天才领袖萨拉丁迅速崛起，并发誓要为穆斯林收复圣城；基督徒一方，只剩下三个颓败的法兰克人政权，即耶路撒冷王国、的黎波里伯国和安条克公国，统治者均平庸无能，而且因内部争权夺利而趋于分裂。耶路撒冷自身更是雪上加霜，在萨拉丁掌权的关键时期，耶路撒冷国王鲍德温四世（Baldwin Ⅳ）却身患麻风病。1174年，十三岁的他即位时已经罹患这一恶疾，并在十一年后因病逝世，自然没能留下子嗣。当王国急需明智且坚定的领导者时，耶路撒冷的王冠却落入了他侄子，一个八岁孩子的手中。

小国王鲍德温五世（Baldwin Ⅴ）于次年早逝，也许算是不幸中之万幸了。然而寻找真正领袖的机会被放弃了，王位传给了那个孩子的继父——吕西尼昂的居伊（Guy of Lusignan），这个软弱易怒的人是个众所周知的庸才，他绝大多数的战友对他毫无敬意。当萨拉丁最终在1187年5月发起期待已久的圣战，穿越约旦进入法兰克人的土地时，耶路撒冷几乎要爆发内战了。在不幸的居伊的领导之下，基督徒的战败是毫无疑问的。7月3日，居伊集结起一支前所未有的大军穿越加利利山（Galilee），前往正在被萨拉丁围攻的提比里亚，在酷热的时节行军了一整天之后，他的大军被迫在没有水源的高地上扎营；次日，在热浪与饥渴之中疲惫乃至癫狂的他们，在一座有两个峰顶的丘陵之下，即所谓的哈丁角附近被穆斯林大军包围并歼灭。

萨拉森人随后只需要逐一肃清基督徒的堡垒了。提比里亚于哈丁角之战的次日陷落，而后阿科、纳布卢斯（Nablus）、雅法（Jaffa）、西顿（Sidon）和贝鲁特纷纷投降。萨拉丁挥师向南突袭夺取阿斯卡隆（Ascalon），加沙则不战而降。现在他准备进攻耶路撒冷了。圣城守军英勇地坚守了十二天，但在 10 月 2 日，城墙因穆斯林工兵的挖掘而坍塌，他们清楚战败已不可避免。守军指挥官伊贝林的贝里 159
昂（Balian of Ibelin）——国王居伊已经在哈丁角之战被俘——亲自与萨拉丁商谈了投降条件。

耶路撒冷陷落（1187）

萨拉丁了解并欣赏贝里昂，他既不渴望屠戮，也不打算报复，在一番谈判之后，他同意耶路撒冷城中的所有基督徒只要支付一笔赎金之后便可以离开。城中无法筹集赎身费的两万穷人之中，七千人得到基督教贵族们筹集的善款而得以离开。同日，征服者率军入城，这是八十八年之中的第一次，而且当天正是先知穆罕默德在睡梦中从耶路撒冷前往天堂的纪念日，他曾经收集的绿色旌旗在神庙区飘扬，他的神圣足印再度被取出，向信徒们展示。

城中各处都得以维持秩序，没有杀戮，没有流血，没有劫掠。没能得到赎金的一万三千名穷人留在城中，但萨拉丁的兄弟与副手阿迪尔（al-Adil）要求把一千人交给自己发落，并随即将他们释放。另外还有七百人被交给牧首，五百人被交给伊贝林的贝里昂，而后萨拉丁将所有年老者、妻子被释放的丈夫们和孤儿寡妇释放。被掳为奴隶的基督徒少之又少。这并不是萨拉丁第一次展现他的宽容，他的美名也早已在东方与西方传扬，但这样规模的宽容还是第一次。对比 1099 年十字军破城时的大屠杀，萨拉丁的克制更是难能可贵。基督徒自然也没有忘记那段历史，他们也因这截然不同的对待而震惊。萨拉丁是他们的死敌，却对留下的民众展现了相当的骑士精神，而且在接下来的几个月之中将依然如此。

耶路撒冷陷落的消息传到西欧时，教皇乌尔班三世（Urban Ⅲ）因震惊而暴毙，但他的继任者格里高利八世（Gregory Ⅷ）立即召集基督徒光复圣地。在集结部队之时，伊萨克便意识到这支十字军对帝国的威胁要比前两次大得多。十字军的最高领袖正是拜占庭帝国的宿敌“巴巴罗萨”
160 腓特烈，他此前和以哥念的苏丹进行了联络，并为巴尔干半岛的那些新独立的政权提供支持。比他友好不了多少的西西里国王威廉也宣布加入十字军。对拜占庭而言幸运的是，威廉在1189年11月逝世，年仅三十六岁，没有留下子嗣。但近四年前因为他的婚姻，王位传给了巴巴罗萨的长子亨利（Henry），这明显意味着西西里的对外政策不会有变化。另外两位许诺参加十字军的西欧君主之中，英格兰国王“狮心王”理查一世是威廉的妻舅，① 法兰西王国的腓力·奥古斯都（Philip Augustus）不会忘记自己妹妹阿涅丝的遭遇，因此态度也不会多好。

理查和腓力决定走海路前往圣地，就此避开帝国领土。因此他们对本书涉及的内容影响不大——尽管需要提及的是，1191年5月理查利用停靠在塞浦路斯岛的机会，从伊萨克手中夺取该岛（伊萨克被他用银镣铐送去的黎波里羁押），首先将其交给圣殿骑士，次年交给被废黜的耶路撒冷

① 1177年，威廉迎娶了十二岁的乔安娜（Joanna），即英格兰国王亨利二世（Henry Ⅱ）的幼女。

国王——吕西尼昂的居伊。“巴巴罗萨”腓特烈则走陆路行动，于1189年5月从拉蒂斯邦出发，部队多达十万到十五万人——至此规模最大的一支十字军。他自然将自己的进军意图通报了皇帝，并和拜占庭使节在几个月之前到纽伦堡签订了协议。但伊萨克清楚他和巴尔干的王公们——还有塞尔柱苏丹——密谋勾结，而当他得知斯蒂芬·内马尼亚在尼什以盛大典礼接待西帝国的皇帝，塞尔维亚人与保加利亚人都许诺向他宣誓效忠，并缔结盟约对抗拜占庭帝国之时，他的担忧愈发强烈了。他随后派曾经出使德意志的君士坦丁·坎塔库泽努斯和约翰·杜卡斯抵达边境等待这支大军，然而他们没有以皇帝的名义迎接“巴巴罗萨”，反而背叛自己的君主，鼓励他发动进攻。腓特烈欣喜不已，就如同进行征服战争一般占据了菲利普波利斯。

此时伊萨克近乎陷入恐慌，当“巴巴罗萨”的使节抵达之 161
后——他们仅仅是打算商议运输部队前往亚洲的事宜——他彻底失去了理智，把他们投入监狱，打算用他们作为人质，以免腓特烈胡作非为。这是个灾难性的决定。愤怒的皇帝立即命长子亨利——他留在德意志——请求教皇同意以十字军身份对抗分裂派的希腊人，组织一支舰队并全速将舰队带到君士坦丁堡。与此同时，他派次子士瓦本的腓特烈（Frederick of Swabia）夺取色雷斯城市季季莫蒂霍（Didymotichum）来报复。伊萨克担心都城遭受水陆并进的进攻，被迫投降。双方随后在冬季进行了断断续续的商谈，最终伊萨克许诺提供必要的运输舰船，以及穿越安纳托利亚时所需的补给品，腓特烈则许诺走达达尼尔海峡而非博斯普鲁斯海峡，就此避开君士坦丁堡。

“巴巴罗萨” 骤逝 （1190）

穿过海峡之后，帝国军队途经菲拉德尔菲亚、老底嘉和密列奥塞法隆——曼努埃尔士兵的白骨依然留在战场之上——之后抵达塞尔柱苏丹国的都城以哥念。突厥弓骑兵持续不断的袭扰已经让腓特烈清楚，尽管苏丹和自己进行了一系列的联络，他依然不打算让皇帝的大军穿越自己的领土，他甚至派出一支部队，由他的儿子库特卜丁（Qutb ed-Din）率领，保护都城。在城下进行了一次阵地战之后，腓特烈才得以胜利入城。休息一周之后，他继续前进，穿越托罗斯山来到滨海城市塞琉西亚。

1190 年 6 月 10 日，在漫长疲惫的行军之后，“巴巴罗萨”腓特烈率部进军滨海平原。暑热难当，见到穿越塞琉西亚入海的小河卡利卡德努斯河[①]自然是件喜事。一马当先的腓特烈立即催马冲了进去。他死在了河中。究竟是下马饮水时失足溺亡，还是马失前蹄把他甩下，抑或是山上流下的冰冷水流刺激了他衰老疲惫的身体——他年近七旬——我们不得而知。当人们救出他时为时已晚。他绝大多数随从抵达河边时才发现他已经死在河岸边。

162 他的大军几乎立即开始瓦解。士瓦本公爵接替他指挥大军，但他的能力无法与自己的父亲相比。许多德意志贵族率部返回欧洲，其他人则改乘船前往提尔，那里是基督徒海外王国依然控制着的唯一主要港口。余下的部队用醋将皇帝的

① 如今的土耳其，卡利卡德努斯河被称为格克苏河（Göksu）。

遗体勉强保存起来，悲哀地继续进军，不久之后许多士兵就在进入叙利亚时遭到了伏击。逃进安条克的幸存者无力再战了。腓特烈腐烂的遗体就此被仓促地埋葬在大教堂之中，并保存了七十八年，直到苏丹拜巴尔（Baibars）的马穆鲁克军队焚毁了这座大教堂，以及城中的绝大多数建筑。

对海外王国而言，幸运的是理查和腓力的部队基本上完整地抵达了，第三次十字军也是靠着他们才得以比第二次十字军多保存些许颜面。然而鉴于他们没能收复耶路撒冷，从根本上讲还是失败的。他们收复了阿科，那里也作为耶路撒冷王国的都城保持了一个世纪，直到被马穆鲁克王朝征服。但这个王国如今只剩位于提尔和雅法之间的一段狭窄的滨海领土，与十字军在巴勒斯坦曾经的庞大国土无法相提并论。他们又苟延了一个世纪，在 1291 年最终被拜巴尔灭亡，唯一奇怪的是他们居然能存留这么久。

废黜伊萨克（1195）

1194 年的圣诞节，靠着九年前和康斯坦丝（Constance）公主的婚姻，“巴巴罗萨”腓特烈的儿子亨利六世（Henry Ⅵ）在巴勒莫大教堂接受了西西里王国的王冠。他的妻子没有陪同他前往。四十岁的她首次怀孕，现在只想着两件事：顺利生产，并拿到本属于她的王冠。她并未推迟前往西西里的旅程，而是缓慢前往。抵达安科纳以西约二十英里处的小镇耶西（Jesi）时，她因即将临盆而暂停前行。在她丈夫加冕之后的一天，在中央广场的大帐之中，镇中所有妇女都可以前往观看生产，她就此生下了她唯一的儿子，一两天之后她便怀抱着婴儿再度出现在这座广场之中，自豪地给他哺乳。这个名叫腓特烈（Frederick）的孩子此后得到了“惊世奇才”（Stupor Mundi）的绰号，下文我们将提及。

163 腓特烈出生时，他的父亲正在筹划一场新的十字军，亨利也自然认定他父亲死后的溃败对帝国而言是奇耻大辱。若是“巴巴罗萨”在世，耶路撒冷必然能够光复，他有责任拿回家族应有的荣耀。若是成功，他不但能够增加自己在帝国之中的俗世与宗教上的威望，还有望缓和与教廷已然僵化的关系，就此间接让西西里的臣民接受他的统治。1195 年复活节期间，他接受了十字，并在周日，即 4 月 2 日于巴里公开召集十字军。几天之后他给伊萨克送去一封措辞强硬的信，明确要求他支持新的远征而非阻挠远征，并为此提供一支舰队。他还要求伊萨克把此前西西里王国夺取的从都拉佐到塞萨洛尼基的巴尔干半岛领土归还给他，而且宣称“瓦西琉斯”必须为他父亲率部穿越拜占庭领土时遭受的损失支付补偿。

这封信是典型的自吹自擂，却选错了对象。1195 年 4 月 8 日——也许正是写下这封信的那天——伊萨克·安吉洛斯在政变中被他的兄长亚历克修斯废黜，随后受了瞽刑，亚历克修斯则加冕称帝。如果说伊萨克是个昏君，亚历克修斯三世的昏庸则更甚。他柔弱胆怯，而且完全没有管理能力，难以理解的是，这样的人居然会觊觎皇位。伊萨克至少在处理对外事务时展现了一些活力，亚历克修斯则毫无作为。在他执政的八年间，帝国的瓦解愈发明显；当他离开时，帝国则彻底崩溃了，下文将具体叙述。

亨利六世对君士坦丁堡的政变不感兴趣，他不想停止施压，而且很快就发现亚历克修斯和前一任皇帝一样易于操纵。当他要求给自己的雇佣军支付大笔贡金时，惊恐的皇帝立即开征“阿勒曼尼税”（Alamanikon），即“德意志人税”，让臣民愈发厌恶他。而当这笔钱都无法满足需要时，他拆卸了圣使徒教堂皇帝墓地的一系列装饰物凑数。两年后，1197 年 5 月，亚历克修斯的侄女、失明的伊萨克的女 164
儿伊琳妮（Irene）被迫嫁给了亨利的兄弟——士瓦本的腓力（Philip），出席婚礼的亚历克修斯无可奈何。亨利此举堪称明智，他在巴勒莫找到了伊琳妮，此前她嫁给了西西里国王威廉的异母兄弟——莱切的坦克雷德的儿子，此人在威廉死后继承王位，并成功但未必合法地统治西西里王国，直到四年多之后去世。无论伊萨克打算让这对夫妇继承皇位的传言是否属实，亨利通过这场婚姻得以自封他们权益的保卫者，并在第四次十字军中巩固腓力的地位。

但第四次十字军并非在此时出征，那么 1195 年亨利号召的远征是如何结束的呢？德意志的许多显赫人物响应了他的号召，包括美因茨大主教、不莱梅大主教和至少九位主教——包括帝国的大法官，即希尔德斯海姆的主教，以及布拉班特（Brabant）公爵亨利（莱茵选帝侯）、布伦瑞克（Brunswick）的亨利、奥地利的腓特烈、达尔马提亚的贝特霍尔德（Berthold）和卡林西亚的乌尔里希（Ulrich），还有不计其数的其他贵族。他们在 1197 年夏从墨西拿起航，直接赶往圣地与萨拉森人作战。远征之初他们比较成功，一路向北抵达西顿和贝鲁特，这两座城市的守军将城市焚毁后逃走了。然而10月末，他们得知此前正在西西里平息大规模叛乱的亨利已经于9月28日在墨西拿突染热病逝世。许多大贵族决定立即返回，以便在接下来的权力斗争之中保护自己的利益，此后德意志爆发内战之后，更多部队踏上了返乡的道路。于是，1198年2月初，当德意志十字军准备抵御从西奈（Sinai）出征的埃及部队时，他们突然发现自己群龙无首，陷入恐慌，而后他们一路北逃，抵达安全的提尔，他们的舰船也正好在那里等待着。一周之后他们便全部撤走了。可以说，第二次德意志远征失败得比第一次还彻底。

第十一章　第四次十字军（1198～1205）

你们在肩上绣着十字，对十字和福音书发誓，在穿越基督徒的土地时绝不使用暴力，也不调转方向；你们保证你们的敌人只有萨拉森人，也只会让萨拉森人流血……然而你们没有荣耀十字，反而亵渎践踏。你们自称要追寻无价的珍宝，但你们把最宝贵的珍宝——救世主的圣体扔进污泥之中。萨拉森人都没有如此不敬。 165

——尼基塔斯·霍尼亚特斯，《亚历克修斯·杜卡斯》，Ⅳ，ⅳ

十二世纪结束时的欧洲陷入了混乱。东方与西方的帝国都失去了方向，诺曼人的西西里王国也就此灭亡，并再没能复国。德意志在内战之中四分五裂，英格兰和法兰西则因为“狮心王”理查于1199年阵亡而陷入了类似——虽然没有如此剧烈——的王位继承问题之中。在基督教世界的杰出人物之中，只有一个人仍掌控着局势：教皇英诺森三世（Innocent Ⅲ）。1198年，他即位之后立即要求发动一场新的十字军。他并不因没有国王愿意率领大军出征而担忧，此前的经验证明国王和大贵族难免激发国家间的对立情绪，并为优先权和礼节争执不休，制造的麻烦往往比带来的帮助还多。少数伟大的贵族倒是可以满足他的要求。英诺森还在寻找合适的人选时，收到了香槟伯爵蒂博尔德（Tibald）的信。

蒂博尔德是特鲁瓦伯爵、香槟的亨利的弟弟。亨利在1192年与阿马尔里克一世的女儿伊莎贝拉（Isabella）成婚，并成为耶路撒冷王国的实际统治者——然而他并未加冕称
166 王——直到1197年在阿科的宫殿意外坠楼亡故。蒂博尔德未曾陪伴亨利前往巴勒斯坦，但身为路易七世的孙子，以及腓力·奥古斯都和“狮心王”理查的侄辈，他身上流着十字军战士的血。他精力充沛且野心勃勃，在他于埃纳河（Aisne）河畔的埃克里城堡（Ecri）中举办一次骑士比武时，著名的布道者、在法国各地宣传召集十字军的讷伊的富尔克（Fulk of Neuilly）前来向他和他的朋友们布道，他也立即响应。在他给教皇英诺森送信，同意接受十字之后，领袖也就非他莫属了。

若弗鲁瓦在威尼斯（1201）

然而所有人都清楚目前他们面对的主要问题是什么。“狮心王”在离开巴勒斯坦之前就认定伊斯兰世界的软肋在埃及，若是发动新的远征便应当攻击埃及。这也就意味着新军要渡海进攻，而他们需要的大量舰船只能从一个地方获得：威尼斯共和国。因此在1201年四旬斋的第一周中，香

槟统帅维尔阿杜安的若弗鲁瓦（Geoffrey de Villehardouin）率领六名骑士抵达了威尼斯。他们在大议会的特别会议上提出请求，一周后收到了答复。共和国会提供足以运送四千五百名骑士及其战马、九千名侍从和两万步兵，以及九个月口粮的舰船。所需的费用是八万四千银马克。此外威尼斯也会自行出资供给五十艘装备齐全的战舰，条件是获取征服的一半土地。

陪同若弗鲁瓦和同伴一同返回的除了答复之外，还有威尼斯总督恩里克·丹多洛（Enrico Dandolo）本人。纵观威尼斯的历史，丹多洛确实可谓无出其右者。1193 年 1 月 1 日成为威尼斯总督的他，实际年龄我们不得而知，记载称当时他已经八十五岁，彻底失去了视力，然而当十年之后他在君士坦丁堡城下展现英勇时，这段记载便实在难以置信。即使他当时是七十多岁，在第四次十字军时的他也已经年过八旬。这个全心奉献，乃至近乎狂热的爱国者将一生之中的大部分时间花在为威尼斯服务上，他还是 1172 年共和国与曼努埃尔·科穆宁那次失败的和谈的谈判代表之一。

他是此时失去视力的吗？按照此后的史学家安德烈亚·丹多洛（Andrea Dandolo）记载，他因高傲顽固而激怒了曼努埃尔，曼努埃尔下令逮捕他并刺瞎他一只眼。然而同时代 167
另一份可能更可信的记载，即《阿尔蒂诺编年史》（*Altino Chronicle*）的附录声称威尼斯人见到前三名使节归来时毫发无伤，才决定派出新的使团前往君士坦丁堡。这一记载，加上我们对曼努埃尔性格的了解，以及这一足以让威尼斯人暴怒的挑衅事件全无其他旁证，足以说明他的失明和皇帝无关。另一种说法[1]则声称丹多洛在君士坦丁堡卷入了一场斗殴，眼部因此受伤。按照《阿尔蒂诺编年史》的记述，这一说法也并不可信，而且那时的他不复年轻，年龄大约应该是五十岁的他已经是外交老手。无论如何，三十年后的情况却颇为明朗。对他颇为了解的维尔阿杜安的若弗鲁瓦断言称："尽管他的双眼看上去完全正常，事实上他早已因头部受伤失去了视力，根本看不到伸到他面前的手。"

对后世而言幸运的是，若弗鲁瓦不仅记载了这次十字军本身，还记载了此前的商谈。他无疑是最好的证人，而且同时代的人几乎无人能记载得更好。他的记载明确有序，开头便生动地描述了威尼斯的民主决策。

> 在最为优美的圣马可大教堂，总督聚集起了至少一万人，聆听弥撒并寻求上帝的指引。弥撒结束后他召集使节，要求他们将请求传达给市民们。香槟统帅维尔阿杜安的若弗鲁瓦在他人默许下发言……之后总督和市民们高举双手，异口同声高喊："同意！同意！"喊声震天动地。

次日双方签署了协议。若弗鲁瓦记载称这一协议并没有把埃及作为直接目标。他没有具体解释，但他和他的同伴当然会担心这一消息传出去之后会让士兵们不满——事实也确实如此。毕竟耶路撒冷是发动十字军的唯一合法理由，他们

① Runciman, *A History of Crusades*, Vol. Ⅲ, p. 114.

没有理由在其他地方浪费时间。更重要的是对埃及的远征必须在一片充满敌意的海岸登陆，而不是悄然在基督徒控制的 168
阿科下锚，也没有在战斗之前休整一番的机会。威尼斯人同样乐于在这一问题上保持缄默，因为他们也怀有私心。此时他们的大使正在开罗商谈一个极为有利的贸易协定，据说商谈期间他们已经原则上同意不会参与对埃及的任何攻击。

然而这样的考量不应当影响十字军的计划，他们必须寻找更大的目标。十字军决定在 1202 年 6 月 24 日的圣约翰盛宴上集结，登上整备完毕的舰队。

十字军起航（1202）

恩里克·丹多洛是如何让法兰克十字军放弃进攻埃及的，我们不得而知。或许正是他和他的手下将攻击埃及的计划泄露到西欧各地，这一消息在相当短的时间便众所周知了。但如果他意图靠公众的不满情绪迫使十字军领袖改变想法，他就要失算了。改变想法的是他们的追随者。许多人得知远征目的地之后就退出了十字军，其他人则坚定前往圣地，从马赛登船经阿普利亚转往巴勒斯坦。在约定的日期，集结在利多（Lido）的军队只有不到预想的三分之一。

对那些按照计划抵达的人而言，情况堪称极度尴尬。威尼斯履行了自己的约定，按若弗鲁瓦所说，基督教世界之中任何人都不曾见过如此精良的舰队。然而其中的战舰和运输船足以运载的部队是实际抵达部队的三倍之多，而人数锐减的十字军无力支付此前许诺给威尼斯人的款项。他们的领袖蒙费拉侯爵博尼法斯（Boniface）——香槟伯爵蒂博尔德在若弗鲁瓦于前一年返回不久后病故——抵达威尼斯较晚，此时远征已经陷入危机。威尼斯人不但坚决拒绝在款项结清之前派出任何一艘船只，还在商议中断给这支大军提供补给——这支大军还大多被限制在利多，禁止入城。最后的举措并非蓄意为敌，只是这种情境之下在所难免的慎重之举，
169 以免产生纷乱或引发瘟疫，但这无法缓解紧张气氛。博尼法斯散尽钱财，许多骑士和贵族也纷纷效法，军队的所有人都被迫交出了一切，但最后即使算上大批金银器，他们依然欠威尼斯人三万四千马克。

只要仍有收入进账，老丹多洛就允许十字军继续拖延。当他确定自己得不到任何收入时，他便提出了一个条件。他指出，威尼斯人控制的扎拉[1]近期被匈牙利国王占据，如果在起航发动十字军之前，法兰克人同意协助威尼斯收复该城，那么欠款就可以暂时延缓结算。这是个颇为势利的提议，教皇英诺森得知这一提议后立即发出加急信，禁止他们发动攻击。但此后他得知，当时的十字军已经别无选择。

后来在圣马可大教堂的另一场典礼上，恩里克·丹多洛尽管已经年迈，却出色地完成了任务。在法兰克人全体指挥官的面前，他向民众做了演说。亲历者维尔阿杜安的若弗鲁瓦记载了他的演说文稿。

“先生们，如今与你们前来会合的是全世界最杰出的人，为最崇高的伟业而来。我年老力衰，体弱多病，

① 扎拉（Zara）即今扎达尔（Zadar），位于达尔马提亚海岸。

> 需要休息。但我清楚没有人能够像我——你们的领袖那样领导并管理你们。因此如果你们允许我领取十字并指引你们，让我的儿子代我守卫共和国，我愿和你们在朝圣的路上同生共死。”
>
> 听众们异口同声地喊道：“愿上帝庇佑您得偿所愿，和我们一同出征吧！”
>
> 他就此走下布道坛，前往圣坛，在那里跪下，流着眼泪接受了绣在大棉帽上的十字，保证所有人都能看到。

于是在1202年11月8日，第四次十字军从威尼斯起航。总督的旗舰引领着的四百八十艘舰船“涂成朱红色，前方还挂着红丝绸的雨篷，船头的水手们敲起铙钹，四名号手吹响号角”。然而舰队的目的地既不是埃及也不是巴勒斯坦。一周之后，扎拉被攻破并劫掠一空。随后法兰克人和威尼斯人几乎立即就战利品分配问题，以及未来的进军方向爆发了争吵，但最终双方归于和平，双方也在城中不同的城区 170
安歇过冬。与此同时，消息也传到了教皇那里。愤怒的他立即下令将所有十字军革除教籍。尽管他此后把打击面缩小，只处罚威尼斯人，但十字军可谓出师不利了。

但更大的问题还在后面。年初，士瓦本的腓力送给博尼法斯一封信。腓力和亨利六世同为“巴巴罗萨”的儿子，而亨利五年前的逝世让西帝国的皇位出缺至此，腓力还是被罢黜并受瞽刑的“瓦西琉斯”伊萨克·安吉洛斯的女婿。恰好在前一年，伊萨克的儿子亚历克修斯逃离了他和他父亲的拘禁地，他自然要到腓力的宫廷之中躲避。他在那里和正准备前往威尼斯的博尼法斯会面，三人或许就在那里制订了计划草案，腓力在这封信中将计划正式提交。如果十字军能够护送年轻的亚历克修斯返回君士坦丁堡并推举他登上皇位，赶走他篡位的叔父，亚历克修斯就会出资支持十字军继续进攻埃及，并支援一万拜占庭士兵，还要为圣地供养五百名骑士。他还会让君士坦丁堡的教会臣服于罗马教廷。

对博尼法斯而言，这样的计划实在值得接受。除了给十字军本身带来长期利益，支付赊欠威尼斯的大笔款项之外，他也可能从中获益。当他把这个想法告知丹多洛时——他得知此事时可能也吃惊不小——老总督立即热情地同意了。开除教籍并不会让他更为虔敬谨慎，威尼斯也不是第一次无视教皇的指令了，这也不会是最后一次。他此前的军事与外交经历让他对拜占庭帝国全无好感，而且目前的皇帝在前一位皇帝定下的贸易特权的问题上，进行了许多不可容忍的刁难。热那亚和比萨的竞争压力已是格外激烈，如果威尼斯要在东方市场上维持旧有的控制地位的话，此时必须做出决定性的举动。而这样的举动自然会推迟对埃及的远征。

十字军出乎意料地乐于接受计划的变更，一些人当场拒
171 绝提议并自行前往巴勒斯坦，但大多数人还是乐于参加让十字军王国巩固并获利，还能让基督教世界重归统一的远征。自大分裂起——其实分裂之前也基本如此——拜占庭帝国在西欧就不受欢迎了。帝国在此前的几次十字军中出力甚少乃至全无帮助，西欧大部分人相信他们几次背叛了基督教世界。年轻的亚历克修斯提出积极支援是一个对他们有利的变化，也是不能忽视的。最后，自然有许多实用主义者和他们

的领袖一样，因自己可能的获益而赞同。大多数法兰克人对拜占庭帝国了解索然，但所有人都听说过拜占庭城的豪富。对中世纪的所有军队而言，无论他们的旌旗上是否有基督的十字，一座繁华富裕的城市只代表着一件事：劫掠战利品。

十字军抵达君士坦丁堡（1203）

年轻的亚历克修斯在4月末抵达扎拉，几天后舰队起航，先后在都拉佐和科孚岛停靠，而两地都认定他为东帝国的合法皇帝。1203年6月24日，在威尼斯集结恰巧一年之后，舰队在君士坦丁堡下锚。眼前的景象让十字军震惊了。若弗鲁瓦如此记载：

> 你可以想象那些从未来过君士坦丁堡的人目瞪口呆的样子。当他们看到围绕全城的高耸城垛和坚实塔楼，以及华美的宫殿与悬空的教堂时，若不是亲眼所见他们绝对不可能相信。而且这座城市的长度与广度足以让其他一切城市臣服，他们从来都没有想过世间竟有如此富裕强盛的地方。必须提及，所有人都因眼前的景象而战栗，没有哪个勇敢者例外。这倒也不算奇怪，毕竟自创世之后，如此的壮观景象还是独一无二的。

亚历克修斯三世此前已经收到远征军即将抵达的警报，却一如既往地没有准备防务。自从十六年前，他愚蠢的兄长把拜占庭造船工作全部交给威尼斯人之后，船坞便闲置至今。尼基塔斯·霍尼亚特斯——曾经是皇帝书记官的他能清楚地了解此时发生的一切——记载提及他命令海军总指挥官（他的妹夫）把所有的铁锚、风帆和索具出售，内港之中朽烂成空壳的几艘破船也一同出售。他和他的臣民则震惊地在海墙上静观这支大规模的舰队驶来，突入博斯普鲁斯海峡。

172 大军并不急于开始围攻，首先在海峡的亚洲一侧登陆，在卡尔西顿的夏宫附近休整并储备补给。若弗鲁瓦写道：“周边的土地平坦且肥沃，新收割的谷物打着捆放在田间，人们可以各取所需。”他们轻而易举地击退了一支小规模希腊骑兵——他们在接战之后便立即逃离了，但他们的目的也可能仅仅是侦察而已——此后他们又以类似的无礼赶走了皇帝派来的使节。他们告诉他，如果他的君主自愿交出皇位给他的侄子，他们就可以请求亚历克修斯饶恕他，并慷慨地给他安排住处；如果不肯投降，就不要再派使者前来，准备守城吧。

7 月 5 日晨，日出之后，他们渡过了博斯普鲁斯海峡，在金角湾东北侧的加拉塔登陆。这个商业聚居区主要是外国商人居住，没有城墙，唯一的防御工事是一座大型圆塔。然而这座塔楼至关重要，因为那里巨大的绞盘可以升起或降下巨大的锁链，在紧急情况下封锁住金角湾。[1] 帝国为防守塔楼集结了一支可观的部队，皇帝还不寻常地亲自率领这支部队。也许守军在另一个人指挥之下能够表现得更好——不过，考虑到安吉洛斯家族执政后，拜占庭帝国整体军心涣散的情况，我们也无法下定论。所有人都清楚亚历克修斯三世是怎么夺取皇位的，而且他的性格既不讨人喜欢，也难以激

[1] 塔楼在 1261 年拆毁。现存的加拉塔塔楼是十四世纪在新址上重建的。

发臣属的忠诚。无论如何，面对从一百多艘战舰上迅速果决登岸的士兵，及其战马与器械——毕竟威尼斯人最出众的便是效率——他们个个惊惧不已，而当十字军挺枪准备冲击时，他们已经掉头逃跑，跑在最前面的正是皇帝。

在加拉塔塔楼中，驻军英勇地抵抗了二十四小时，但次日清晨时他们还是投降了。威尼斯水手们放开了绞盘，金角湾入口处那五百码长的巨大铁链就此轰然落入水中。舰队随即涌入，把内港之中的几艘仍能航行的帝国船只全部摧毁。海战全面胜利。

然而君士坦丁堡并没有投降。金角湾之外的海墙并不像 173
陆墙那样巨大壮观，但依然是可以坚定守卫的。此时的拜占庭人终于逐渐找回了勇气与决心。建城九个世纪之后，他们的都城还从未被异族攻破。也许在此之前他们也不认为城市会被攻破。当他们终于意识到目前面对的危机时，他们才开始准备抵抗。

总督的英勇（1203）

攻城战开始时，攻击的重点正是拜占庭守军防卫的弱点：布拉赫内宫面对的海墙。那里位于城市最西北角，陆墙与金角湾一侧海墙的交接处。进攻在 7 月 17 日星期四早晨开始，攻城者水陆并进。水路的威尼斯舰船，因为装备了太多围城机械而吃水极深，前甲板上有投石机，横桅杆臂间的绳滑车吊着跳板和云梯，覆在上面；陆路的法兰克骑士，起初被瓦兰吉卫队之中那些挥舞着大斧的英格兰人和丹麦人击退。最终，威尼斯人决定了战局，其中影响最大的正是恩里克·丹多洛。

老总督的英勇并非仅仅见于共和国此后流传的颂文，亲历者法兰克人维尔阿杜安的若弗鲁瓦也如此记述。他声称尽管威尼斯舰船距离海岸相当近，云梯上的士兵已经和守军开始白刃格斗，水手们却依然不肯冲上海岸并发起登陆。

> 英勇之举就是在此时发生。年迈且失明的威尼斯总督全副武装站在旗舰舰首，背后是圣马可旗，向部下高喊，为自己的尊严而战，然后冲上海岸。水手们奉命行事，将旗舰搁浅到海岸边。他和水手们跳下舰船，将大旗插到陆地之上。当其他的威尼斯人看到圣马可旗和总督的旗舰率先冲向海岸时，深感耻辱的他们纷纷效仿，冲上海岸。

在进攻势头愈发凶悍时，守军很快明白他们没有胜算了。不久之后，丹多洛便给他的法兰克同盟送去战报，声称威尼
174 斯人已经控制滨海的至少二十五座塔楼。此时他的部下正穿越突破口向城内冲击，将木质房屋点燃，直到布拉赫内宫所在的城区陷入一片火海。当晚，亚历克修斯三世抛下妻子和其他孩子，只带最宠爱的一个女儿和另外几名妇女悄悄逃出都城，随身带着一万磅黄金和一袋珠宝，面对未知的未来。

陷入前所未有的危机的拜占庭城如今失去了皇帝的领导，匆忙组织起来的一批人将伊萨克·安吉洛斯接出监狱，让他登上皇位。因为他的兄弟，此时他的视力还不如丹多洛，而且此前他也证明自己毫无领导能力。然而他毕竟是合

法的皇帝，让他复位的话，拜占庭市民自以为能够让十字军失去干预的合法理由。就算如此，亚历克修斯和博尼法斯以及总督签署的协议依然要履行。伊萨克必须批准这些协议，同时同意让他的儿子成为共治皇帝。那时法兰克人和威尼斯人才正式向他行礼致敬，而后他们撤回金角湾对岸的加拉塔，等待皇帝许诺的回报。

1203 年 8 月 1 日，亚历克修斯四世（Alexius Ⅳ）和他的父亲一同加冕，掌控了实权。他立刻为春天在扎拉仓促许下的诺言而后悔了。帝国的府库早已被他铺张浪费的叔父挥霍一空，他被迫征收的税款则遭到了臣民的公开抵制，毕竟他们清楚这笔钱要交给谁。与此同时，教会——他们向来是君士坦丁堡的重要政治力量——则因为他开始抢夺并熔化教堂之中的金银器而深感耻辱，得知他要让教会臣服于他们憎恶的罗马教廷时更是怒不可遏。入冬之时，皇帝已经愈发不受欢迎，贪得无厌的法兰克人则让紧张情绪愈发升级。一天夜间，一批在城中游荡的法兰克人来到了圣伊琳妮教堂附近的萨拉森人聚居区的一座小清真寺，掠夺一空后付之一炬。大火随即延烧起来，接下来的四十八小时之中，君士坦丁堡经历了自查士丁尼时代之后，近七个世纪以来不曾有的巨大火灾。

皇帝为逮捕他的叔父发动了一场短暂且不成功的远征， 175
当他返回时却发现都城已经基本成了废墟，他的臣民则几乎和法兰克人开战了。态势濒于失控，但几天后当三名十字军和三名威尼斯人的谈判代表前来要求立即支付欠款时，他依然一筹莫展。按可能正是谈判代表之一的若弗鲁瓦的记载，他们在前往皇宫和离开时都差点被暴民杀死。他写道：“战争就此开始了，双方都竭尽所能，从陆地与海上攻击对方。”

丹多洛的计划（1203）

讽刺的是，十字军和希腊人都不希望打这么一场战争。君士坦丁堡居民只想彻底赶走这些正在摧毁他们深爱的城市、榨干他们最后一滴血的野蛮暴徒；法兰克人则没有忘记他们出发的原因，本该和异教徒拼杀的他们，如今却被迫和一群在他们看来衰颓懦弱的人共处。即使希腊人偿还了全部欠款，他们也得不到任何收益，无非解决了该给威尼斯人的巨额欠款而已。

简而言之，这一切不可能事件的关键正是威尼斯，或者更准确地说，是恩里克·丹多洛。舰队何时起航只等他一声令下。若是他下令出发，十字军就摆脱了麻烦，拜占庭人则会大喜过望。此前他拒绝出发，理由是法兰克人若是得不到亚历克修斯和他父亲许诺的支付款，就再没有机会付清欠款了。然而事实上他对这笔欠款已经不甚关心——对十字军更是毫不在意。他考虑的是更大的伟业：推翻拜占庭皇帝，在君士坦丁堡的皇位之上扶植威尼斯人的傀儡。

就此，当和平已无可能时，丹多洛给法兰克盟友的建议也变了味道。他指出，伊萨克和亚历克修斯已经不可信任，毕竟他们背弃了帮他们登上皇位的朋友们。如果十字军想要获取欠款，就必须动用武力。他们靠着这番辩解摆脱了道义上的包袱：不必对不守信的安吉洛斯家族保持忠诚。进城之

后，当十字军的领袖之一成为皇帝之后，他们就可以轻而易
举地支付应给威尼斯的欠款，还能剩下大笔财富资助十字 176
军。这是他们的机会，机不可失，他们要先下手为强。

君士坦丁堡市民也认定亚历克修斯四世必须被赶下皇位。1204 年 1 月 25 日，大批元老院成员、教士和平民在圣索菲亚大教堂外聚集起来，宣布废黜他并选举继承人。在他们三天几乎毫无建树的讨论结束，最终准备推举不情愿的庸才尼古拉斯·卡纳乌斯（Nicolas Canabus）继承皇位时，那时的拜占庭帝国之中真正的实权派终于出手了。

亚历克修斯·杜卡斯（Alexius Ducas），因他浓密且相连的黑色眉毛而得名“连眉者”（Murzuphlus）[1]。这个贵族的家族已经出过两位皇帝，如今的他担任首席典衣官，可以自由出入皇宫。他在深夜之中冲进亚历克修斯四世的寝宫，把他叫醒并告诉他市民发动了暴乱，他必须立即逃走。他给皇帝披上长袍，穿过一道侧门领出宫中，而他的同谋者正埋伏在那里。这个不幸的年轻人随即被上了镣铐拖进地牢之中，在两度没能被毒杀之后，他最终被弓弦勒死。几乎与此同时，他失明的父亲也突然死亡。若弗鲁瓦以他编年史中一如既往的天真，记载称伊萨克是因为得知自己儿子的死讯而突然发病死亡。这场病来得那么凑巧，仿佛没有让他产生半点怀疑。[2]

---

① 或许并非实指，而仅仅是说亚历克修斯五世阴郁沉闷。——译者注

② 十字军克拉里的罗贝尔（Robert of Clary）的记载或许更接近事实：“……（‘连眉者’）用绳索勒住了（亚历克修斯四世）和他父亲伊萨克的脖颈，将两人绞杀。”

解决了他的对手，本该默默无闻的尼古拉斯·卡纳乌斯也隐退之后，“连眉者”亚历克修斯在圣索菲亚大教堂加冕，称亚历克修斯五世（Alexius V）。他立即展现了帝国之中缺失甚久的领导能力。十字军抵达之后，城墙和塔楼第一次进行了合宜的守军部署，工匠则夜以继日进行加固和加高工作。对法兰克人来说，这明确意味着不可能再进行和谈，更不可能指望没有签署任何条约的新皇帝为他们支付那笔欠
177 款了。他们的最后机会便是全力攻城，既然亚历克修斯五世不但谋朝篡位，还是弑君者，他们若是宣称作为亚历克修斯四世的盟友为合法皇帝复仇，在道义上反倒更说得过去了。

再度攻城（1204）

全力攻城正是恩里克·丹多洛数月间竭力煽动的事。亚历克修斯五世篡位之后，老总督就此被威尼斯人和法兰克人公推为总指挥官。蒙费拉的博尼法斯竭力想要维持自己的影响力，毕竟当皇位已经唾手可得时，他必须如此。但他和被废黜的皇帝关系过于紧密，亚历克修斯四世死后他的名声也多少因此受损。此外，他和热那亚人颇有联系——丹多洛当然清楚这一点。

3 月初，在加拉塔的营地之中召开了一系列的会议，他们考虑的重点并不是进攻计划——尽管亚历克修斯五世竭力重整防备，也已经无力回天——而是征服帝国之后对帝国的未来管理。他们达成协议，十字军和威尼斯人分别委派六名代表进行选举，选择新皇帝。如果他们选出法兰克人皇帝，那么牧首就要由威尼斯人担任，反之亦然。皇帝将会获取君

士坦丁堡的四分之一和帝国的四分之一领土作为直辖，包括金角湾一侧的布拉赫内宫和靠马尔马拉海的旧宫殿区。余下的四分之三则进行均分，一半给威尼斯人，另一半则分封给十字军之中的骑士作为采邑。威尼斯人之中，总督还不需要向皇帝宣誓效忠。所有的战利品要带到双方约定的地点进行比例大致相同的分配。最后，参与者在一年之内，即 1205 年 3 月之前，不得离开君士坦丁堡。

进攻在 4 月 9 日星期五开始。进攻重点正是九个月之前丹多洛和他的部下英勇奋战的那段海墙。然而这次进攻他们失败了。加高的海墙和塔楼已经超过威尼斯舰船桅杆所及的范围，希腊人的投石机则可以从上方全力打击围城者。下午过半时，攻城者开始将人员、马匹和重装备撤回舰船上，返回加拉塔的安全区域。接下来的两天在修整损失之中度过，而后在星期一的清晨，进攻再度开始。这次威尼斯人将两艘 178
舰船拴在一起，借此向塔楼之上投射此前两倍重量的弹丸石块。不久之后，一阵强劲的北风把船只吹到了靠桨手无法抵达的位置，围城者则得以在桅杆之下临时搭建的掩蔽物后工作。不久之后，两座塔楼被武力夺取，几乎与此同时，十字军突破了一道陆墙的城门，冲进城中。

英勇坚决地指挥着守军的亚历克修斯五世在街道之中纵马狂奔，想要集结起他的臣民。然而尼基塔斯如此写道：

> 他们陷入了绝望的漩涡，听不进他的命令与劝诫……发现自己无力回天，担心寡不敌众的他掉头逃跑，带着亚历克修斯三世的妻子尤弗洛斯内（Euphrosyne）

> 和她的女儿欧多西亚（Eudocia）——他对她颇为迷恋，此人向来沉迷女色，已经以不合教规的方式两度和妻子离异——逃走了。

三人逃到色雷斯，到亚历克修斯三世那里躲避。亚历克修斯五世最终得以和欧多西亚成婚，并集结部队准备反攻。

城墙被攻破之后，骇人听闻的野蛮行径便开始了，若弗鲁瓦也大为惊骇。直到入夜时，“因战斗和屠戮而疲惫不堪”的征服者们才最终同意停战，在城中最大的广场之一宿营。

> 当晚，一批十字军因担心遭到反击，在他们和希腊人之间的城区纵火……全城很快陷入一片火海，大火烧了一整夜，又烧了整整一个白昼，直到第二天入夜。这是法兰克人抵达君士坦丁堡后第三次纵火了，他们焚毁的房屋，比同时代法兰西王国最大的三座城市所有房屋加起来都多。[①]

尔后，少量仍没有放下武器的守军也失去了斗志。次日清晨，十字军发现全城的抵抗都停止了。

---

① 君士坦丁堡建城时，由于马尔马拉海上的群岛有丰富的大理石资源，大部分公共建筑也都由石料制成，而罗马帝国晚期到查士丁尼时代的几次大火，焚毁的范围都相当狭小。十字军和威尼斯人的几次纵火破坏极大，一个可能的原因是，接连不断的战乱迫使马其顿王朝期间一度极为繁荣的君士坦丁堡郊区，以及周边地区的平民涌入君士坦丁堡城中寻求庇护，他们搭建的大量木质棚屋拥挤且易燃，根本无法避免大火的延烧。——译者注

至暗时刻（1204）

但对君士坦丁堡的市民而言，悲剧刚刚开始。大军在世界上最富裕的都城之外等待可不是毫无理由的。他们控制了这座城市，在惯常的三日抢劫开始之后，他们便和蝗虫一样 179
拥了上去。在几个世纪前蛮族大规模入侵之后，欧洲还从未目睹过如此的凶残暴戾与肆意妄为，历史上也从没有如此多的华美与精巧能在如此短暂的时间之中化为乌有。无助且惊恐的亲历者尼基塔斯·霍尼亚特斯，完全无法相信一群自称基督徒的人能够犯下如此暴行，他如此记载：

> 我不知道该如何进行这段记述，不知道该如何开始，如何继续，如何结束。他们捣毁圣像，将殉道者圣洁的遗骨扔到我无颜说出口的地方，让救世主的圣体圣血散落在地。这些敌基督的传令兵夺走圣杯和圣餐盘，撬下珠宝并用作酒具……至于他们对大教堂的亵渎，我每次想到都会惊恐难当。他们摧毁了堪称惊世艺术品的圣坛，分发圣坛的碎片……他们还把骡马拉进教堂之中，以便载运教堂之中的器皿、皇位上镶嵌的金银、布道台、门板，以及各种各样的家具；当一些畜生滑倒时，他们就直接刺死它们，让教堂充满血污。
>
> 一个妓女被带到了牧首的座位上，只为羞辱耶稣基督，而她在那神圣的地方开始下流地歌舞……贞洁的少妇、无辜的少女乃至献身上帝的处女们也无法逃脱他们

> 的魔爪……街道、住房与教堂之中只剩下尖叫、悲鸣与号哭。

他还写道，这些人的肩上绣着十字，曾对十字许诺穿越基督徒的土地时绝不伤害他人，只和异教徒交战，完成神圣任务之前绝不追求俗世的享乐。

这是君士坦丁堡最黑暗的一刻，甚至可能比两个半世纪后该城最终被奥斯曼苏丹攻破时还要黑暗。但城中的财富并未全部毁灭。法兰克人和佛莱芒人（Flemings）疯狂破坏之时，威尼斯人却保持着清醒，他们清楚何为优美。他们也进行了抢掠，但绝不破坏，而是把能够搬动的一切都运往威尼斯。最先运走的就是早在君士坦丁大帝时代便俯瞰着大竞技场的那四匹青铜马，接下来的八个世纪之中，它们绝大部分时间都在圣马可大教堂正门之外继续担负类似的任务，俯瞰
180 着圣马可广场。[1] 君主大堂南面与北面满是这一时期抢夺的雕像和浮雕，在建筑物之中，北侧的交叉通道挂着一件圣物，即胜利圣母（Nicopoeia）的圣像——皇帝向来都要带着这幅圣像出征；南侧的库房则存储着世上最丰富的拜占庭艺术品收藏，那里也是威尼斯人贪婪的证据。

在骇人听闻的三天掠夺结束后，城中恢复了秩序。按照此前的约定，战利品——或者说没有被隐匿的那些——堆在三座教堂之中并进行了谨慎的分配：即将被选举出的皇帝分

① 哀哉，如今已不复如此。出于在日益严峻的空气污染中保护文物的考虑，意大利政府此前将其存放在君主大堂之中狭小黑暗的展览室里，把全无生气的玻璃纤维复制品放在原地。

四分之一，余下的由威尼斯人和法兰克人平分。分配结束后，十字军支付了赊欠恩里克·丹多洛的款项。礼仪问题满意地解决了，双方随即着手下一项任务：选举拜占庭城的新皇帝。

蒙费拉的博尼法斯竭力想要恢复此前失去的特权，巩固自己参选的资格，于是他找到伊萨克·安吉洛斯的遗孀玛丽亚并和她成婚。他根本不必多此一举，丹多洛坚定反对他成为皇帝——由于法兰克人意见不一，威尼斯人则众口一词，他轻而易举地操控了选举——而让随和且易于操控的佛兰德与埃诺（Hainault）伯爵鲍德温成为皇帝，他于5月16日在圣索菲亚大教堂加冕，也是不到一年之中第三位在那里加冕的皇帝。尽管新牧首威尼斯人托马索·莫罗西尼（Tommaso Morosini）[1] 此时还没有赶到君士坦丁堡，无法主持典礼，但在场的人几乎没有人能否认，这位新皇帝完全是靠着威尼斯共和国才获取的皇位。

作为回报，威尼斯获取了最大的利益。靠着共和国和十字军的协议，他们控制了都城和帝国领土的八分之三，以及在帝国所有领土自由贸易的权利，热那亚和比萨的贸易权则被严格禁止。在君士坦丁堡，总督要求将圣索菲亚大教堂和 181
牧首辖区周边，直到金角湾岸边的广阔土地割让；余下的领土他都是以加强共和国在地中海的势力为目的索取，以便控制从潟湖到黑海的一系列殖民地和港口。这些土地包括拉古萨（Ragusa）和都拉佐；希腊西海岸以及爱奥尼亚群岛；

① 尼基塔斯轻蔑地写道：“他肥得像头猪，穿着一身紧得如同扣进皮肉里的长袍。”尽管是僧侣，莫罗西尼在被选为牧首时还没有担任过任何教职。他被立即提升为助祭，十四天后提升为神父，又在次日成为主教。

整个伯罗奔尼撒半岛；埃维亚岛、纳克索斯岛和安德罗斯岛；赫勒斯滂海峡和马尔马拉海沿岸的所有主要港口，包括加利波利、雷德斯图姆和赫拉克利亚；色雷斯海岸；亚得里亚堡。和博尼法斯短暂商谈之后，他还掌控了至关重要的克里特岛。这些港口和岛屿都将完全属于威尼斯人掌控，至于希腊内陆地区，丹多洛则明确表示身为商业共和国，威尼斯对重要港口之外的土地毫无兴趣。对共和国而言，免于为除此之外的土地履行责任是件好事。

丹罗洛的成就（1204）

因此可以确定无疑地说，威尼斯人是第四次十字军的最大获益者，远胜过法兰克人、佛莱芒人和近乎傀儡的皇帝鲍德温本人，而他们的成功几乎要完全归功于恩里克·丹多洛。四年前，当法兰克使节来到里亚托请求共和国协助圣战时，他便将整场远征的发展带向了有利于威尼斯的方向。他收复了扎拉，免于攻击埃及而保证威尼斯与伊斯兰世界的贸易特权；他机巧地把法兰克部队带到君士坦丁堡，还把表面上的决策权交到他们手中。抵达之后，他的勇气激励了第一次攻城战，他的阴谋打垮了安吉洛斯王朝，实现了第二次攻城，并最终夺取了君士坦丁堡。他的外交手腕确保了一份协议，让威尼斯获取了超乎想象的巨大利益，让巨大商业帝国就此奠基。拒绝了拜占庭帝国的皇冠——他清楚掌控这一巨大政体，可能会在拜占庭帝国内造成难以克服的体制问题，还可能毁灭共和国——乃至拒绝担任选举代表的他，依然凭着自己的影响力掌控了选举（选举由他亲自主持，在他暂时居住的旧皇宫中举行），就此让威尼斯人获得了主动，保证了他推举人选的成功就任。最后，在鼓励法兰克人推行封建制时——他清楚这在所难免会引发瓦解与不和，就此让帝国再无法成为足以阻碍威尼斯拓展的强势力量——他让威尼 182
斯保持在封建体系之外，以征服者而非皇帝封臣的身份控制新领土。对耄耋之年的失明者而言，这样的成就绝非寻常。

然而此时的老丹多洛也没有休息。在都城之外，帝国的希腊臣民依然在反抗。亚历克修斯五世不会再制造任何麻烦了，成婚之后他就被妒忌他的岳父刺瞎，次年被法兰克人俘虏，而后带到君士坦丁堡，从城中央的狄奥多西石柱上推下摔死。但亚历克修斯三世的另一个女婿在尼西亚建立了一个流亡政权——下一章将具体叙述——科穆宁家族的两名贵族则在特拉布松自立，安吉洛斯家族的一个私生子则在伊庇鲁斯自立为自治的尊主。曾经的十字军必须四面征战以求生存，1205 年的复活节之后，在刚刚割让给威尼斯的亚得里亚堡城外，皇帝鲍德温被保加利亚人俘虏，作战坚决的老总督则得以率领残部返回君士坦丁堡。记载没有提到他受伤，但他在六星期之后逝世了。出人意料的是，他没有归葬威尼斯，而是安葬在圣索菲亚大教堂，南侧回廊的他的墓碑也留存至今。

威尼斯的责任（1205）

他为他的共和国做出了极大的贡献，奇怪的是威尼斯人并未为这位最伟大的总督竖立纪念碑。但从更广泛的世界意义上来说，他带来了一场灾难。尽管十字军的恶名并非因他而起，但那也只是因为十字军于十二世纪的掳掠已经在基督教历史上写下最为黑暗的一页。然而第四次十字军——如果也配十字之名的话——在背信、弃义、贪婪、残酷上胜过了一切先辈。十二世纪的君士坦丁堡不但是世界上最富裕的大都市，也拥有最浓厚的学术与艺术氛围，还是欧洲古典时代的希腊罗马文明的最大遗产宝库。君士坦丁堡遭受劫掠时，西欧文明遭受的损失，甚至超过蛮族在五世纪时对罗马城的劫掠，以及阿拉伯人在七世纪时对亚历山大图书馆的焚烧，或许是历史上最大的文明浩劫。

政治上的损害也是无法估计的。尽管拉丁人对博斯普鲁
183 斯海峡的统治持续了不到六十年，拜占庭帝国却再未能恢复旧日的强盛，也没能收复多少领土。在坚定的领导之下——在下个世纪之中也多次出现——繁荣强盛的拜占庭帝国可以及时阻挡突厥人的前进。然而帝国财政崩溃，领土萎缩，军力虚弱，无法抵挡奥斯曼帝国的进军。东方基督教世界瓦解，以及半个欧洲被穆斯林掌控约五百年，这一切却因一群打着十字旗号的人而起，也堪称历史上最讽刺的事件之一了。那些受恩里克·丹多洛煽动、鼓励并最终由他率领的部队，为威尼斯共和国而战；既然威尼斯从这场悲剧之中获取了最大的利益，那么共和国和那位出色的老总督自然也要为他们带给这个世界的浩劫负责了。

第十二章 帝国流亡（1205～1253）

希腊人对您不满的原因，与希腊人从骨子里憎恨拉 184
丁人的原因基本相同，这是希腊人因拉丁人到来而曾经遭受，也正在遭受的许多残害的后果。

——卡拉布里亚的巴拉姆（Barlaam of Calabria）

致教皇本笃十二世（Benedict Ⅻ），约1340年

总督丹多洛荣耀地自称“八分之三罗马帝国的领主”，和他截然相反的是，拉丁皇帝鲍德温一世控制的土地堪称悲惨。在帝国另外八分之三的土地作为帝国采邑分封给法兰克骑士们之后，他只剩下前一位皇帝统治土地的四分之一。本质上这些土地包括色雷斯——除了割让给威尼斯的亚得里亚堡——和小亚细亚西北部，以及包括莱斯沃斯岛、萨摩斯岛和希俄斯岛在内的一些爱琴海岛屿，但即使是继承这点悲惨的遗产也存在争议。特别是蒙费拉的博尼法斯，此前他自以为皇位舍我其谁，而得知自己甚至不能参选时怒不可遏，拒绝接受安纳托利亚的封地，而是夺取塞萨洛尼基，控制了马其顿和塞萨利的大部分地域后自立为王。他也得以将南面的

一批法兰克小领主收归自己的统辖，特别是控制维奥蒂亚和阿提卡，即所谓雅典公爵领的拉罗什的奥托（Otto de la Roche）和控制伯罗奔尼撒的法兰西人尚普利特的纪尧姆（William of Champlitte）——这片领土此后被维尔阿杜安家族继承。

后继政权（1205）

这些新统治者自然受拜占庭帝国曾经的臣民们怨恨。经济上几乎没有任何重大变化，不过是税款要交给拉丁地主而非希腊地主，地方城镇与乡村的生活可能并没有太大的变
185 化。然而，道德上和宗教上的情况完全改变了。法兰克人不但高傲自大，毫不掩饰对在他们看来低劣下等的民族的蔑视；他们还坚定拥护罗马教会，随时随地都毫不犹豫地推行拉丁教会的仪式。对当地的下层市民和农民而言，他们无力反抗，只得忍辱负重逆来顺受。但贵族们就不会那么轻易屈服了。许多不满的希腊贵族离开了祖辈的地产，来到继承拜占庭帝国的希腊政权那里，因为那些地方还保持着帝国原本的精神，以及东正教信仰。

在这些政权之中，最强盛也最重要的是所谓的尼西亚帝国。亚历克修斯的女婿塞奥多尔·拉斯卡里斯（Theodore Lascaris）在1206年自立为帝，并于两年后在此加冕。他控制着安纳托利亚半岛西端的狭长土地，从爱琴海延伸到黑海约两百英里。西北方向是拉丁帝国，东南方向则是塞尔柱苏丹国。尽管其官方都城在尼西亚——1208年之后这里还安排了牧首，加冕也在此地进行——继承塞奥多尔的约翰·瓦

塔特泽斯（John Vatatzes），即约翰三世（John Ⅲ）却主要居住在战略要地吕底亚的宁菲昂［Nymphaeum，今凯末尔帕夏（Kemalpasa）］。从君士坦丁堡流亡的五十七年之中，他们绝大部分时间都是在那里执政，而不是尼西亚。

另外两个政权则没有如此的重要性，一个位于亚得里亚海沿岸，另一个则位于黑海的东南角，它们过于偏远，很难影响事态，也不像尼西亚帝国那样拥有牧首。伊庇鲁斯尊主国（此后如此自称）在君士坦丁堡陷落不久之后由米哈伊尔·科穆宁·杜卡斯（Michael Comnenus Ducas）建立，他是尊贵者约翰·安吉洛斯·杜卡斯（亚历克修斯一世的外孙，生母是塞奥多拉）的私生子，因此是伊萨克二世和亚历克修斯三世的表亲，尽管他和他的父亲从来都不自称安吉洛斯家族成员——倒也不奇怪。在首府阿尔塔，他控制着整个希腊的西北海岸以及塞萨利的部分地区，他的异母兄弟塞奥多尔（Theodore）在1215年继承之后，又在九年后从拉 188
丁人手中收复了塞萨洛尼基，还自立为皇帝，与尼西亚的约翰三世唱起对台戏。然而这种情况并未持续下去，1242年，约翰三世迫使塞奥多尔的儿子约翰（John）放弃皇位，改称尊主，四年后又把塞萨洛尼基收归自己控制。

和尼西亚和伊庇鲁斯不同，特拉布松帝国并非因君士坦丁堡陷落而出现。科穆宁家族的两兄弟亚历克修斯（Alexius）和大卫（David）为安德罗尼卡一世的儿子曼努埃尔（Manuel）和格鲁吉亚公主所生。1204年4月，就在灾难发生几天之后特拉布松帝国建立。安德罗尼卡在1185年倒台时，两兄弟被安全护送到了格鲁吉亚，而后在格鲁吉亚的宫廷之中成长。他们决心继续科穆宁家族的王朝，与安吉洛斯王朝对抗，在格鲁吉亚女王萨马尔（Thamar）的支持下于 1204 年夺取特拉布松。同年大卫率领格鲁吉亚部队和其他的雇佣兵一路沿黑海推进，占据了帕夫拉戈尼亚乃至赫拉克利亚，但这些土地不久之后便再度丢失，而在这一政权二百五十七年的历史之中——在光复君士坦丁堡后一直存在到 1461 年被奥斯曼攻陷——绝大部分时间控制的土地仅仅是本都山脉与黑海之间的狭窄地带，不到四百英里长。

身为公认的拜占庭帝国正统流亡政权，拉斯卡里斯家族的塞奥多尔一世身处尼西亚，需要面对的难关绝非常人所能克服。除了在伊庇鲁斯和特拉布松的对手——1204 年秋季时大卫·科穆宁已经迅速西进——他的边境地域的希腊独立小政权也如雨后春笋般涌现，在菲拉德尔菲亚、米安德河河谷，以及米利都附近的小镇桑普松（Sampson）各出现了一个小政权。尔后当这个灾难般的年份行将结束时，鲍德温亲率的法兰克人大军，在他的兄弟亨利和布卢瓦伯爵路易（Louis）的共同指挥之下，渡过海峡进入小亚细亚。塞奥多尔正被迫重建整套行政管理体系和军队组织，他此时的准备近乎绝望；1204 年 12 月 6 日，他在马尔马拉海以南约四十英里处的波伊曼恩农（Poimanenon）——可能是今旧马尼亚斯（Eski Manyas）——遭遇惨败，让法兰克人控制了比提尼亚直到布尔萨的全部海岸地区。如果他们继续进军六十英
189 里就能抵达尼西亚，塞奥多尔的帝国也将在建立之后便立即被夷平。对他而言幸运的是，千钧一发之际，法兰克人因为巴尔干的危机而撤退了。

鲍德温的高傲给他带来了麻烦。原本色雷斯的希腊地产主是打算接受法兰克领主的，现在他们却发现自己成了二等公民。他们发动叛乱，并向保加利亚沙皇卡洛彦（Kalojan）求助，许诺将拉丁人赶出君士坦丁堡之后就立他为皇帝。沙皇欣然应允。1204 年年初，他已经被英诺森三世的使节加冕为保加利亚国王（尽管不是皇帝），并接受了罗马教廷，然而拉丁政权在巴尔干半岛的扩张仍让他颇为警惕，他和拜占庭人一样急于除掉这片土地上的十字军。1205 年年初他已经起兵；4 月 14 日，他在亚得里亚堡彻底击溃法兰克人的部队，击杀布卢瓦的路易，生擒皇帝，鲍德温此后再也没能重获自由，不日即瘐毙。在夺取君士坦丁堡仅一年后，拉丁帝国的军力就瓦解了。在小亚细亚，只剩马尔马拉海滨的小城佩盖［今卡拉比加（Karabiga）］仍在法兰克人手中。

在尼西亚加冕（1208）

塞奥多尔·拉斯卡里斯终于得以安定下来，开始建设自己的国家了，然而他在所有细节上都遵守帝国的旧制度，因为他坚信他的同宗迟早会收复帝国真正的都城。投奔他的皇帝随从以及政府大小官员都官复原职，流亡的主教以及其他重要教士则被召集到尼西亚，在牧首逝世后——他坚定拒绝离开在季季莫蒂霍的避难所——正是他们主持选举了牧首的继承人。他们推举的人选是米哈伊尔·奥托利亚诺斯（Michael Autorianus），他在 1208 年复活节期间为塞奥多尔加冕。

此时事实上同时存在两个东帝国皇帝，即君士坦丁堡的拉丁皇帝和尼西亚的希腊皇帝，以及他们各自的牧首。双方自然不可能保持和平，都坚决要消灭对方。鲍德温的兄弟、继承皇位的埃诺伯爵亨利在执政的最初十八个月中忙于和卡洛彦作战。保加利亚人在 1206 年夏季攻破亚得里亚堡，控制了色雷斯大部并进军抵达都城之下，但在 1207 年 10 月 26 日，正准
190 备围攻塞萨洛尼基的保加利亚沙皇被一名库曼首领谋杀[①]，亨利终于得以对尼西亚的对手施压了。他没有立即出兵——和塞奥多尔一样，他也要安排政府管理问题——1209 年，说服了踌躇的十字军同僚之后，他与以哥念的塞尔柱苏丹凯霍斯鲁（Kaikosru）缔结了军事同盟，凯霍斯鲁也认定小亚细亚西部的新兴希腊政权是对自己的挑衅和威胁。

苏丹的部队得到了一支法兰克部队的加强，正准备出兵进攻尼西亚帝国时，他的宫廷却来了一位不速之客——亚历克修斯三世。1204 年年末，亚历克修斯落入博尼法斯的手中，之后被囚禁在他封地蒙费拉的监狱中数年。1209 年或 1210 年，他的表亲伊庇鲁斯尊主米哈伊尔出钱为他赎身，他就此得以前往以哥念，徒劳地希望苏丹协助他复位。凯霍

① 在最后的远征之中，卡洛彦杀戮希腊人时和杀戮拉丁人一样毫不手软，并就此骄傲地自称“罗马人屠夫”（Romaioctonos），以类比巴西尔二世“保加利亚屠夫”的名号。此时他自然被希腊人憎恶，而他死在塞萨洛尼基的圣迪米特里乌斯盛宴当天，在希腊人看来无疑是圣人出手相助。事实却是卡洛彦一人解救了尼西亚帝国，使其免于在三年前被鲍德温灭亡，也让希腊人最终得以在半个世纪后收复君士坦丁堡。（保罗·史蒂文森教授认为，巴西尔二世的“保加利亚屠夫”绰号实际上就是希腊王国时期的民族主义者仿造卡洛彦的这个绰号而来。必须提及，记述巴西尔二世的两篇重要史料，即《普塞洛斯编年史》和《斯基里泽斯编年史》中完全没有“保加利亚屠夫”的绰号。——译者注）

斯鲁自然是想要彻底除掉希腊皇帝，而不想仅仅换个人选，但他依然立即把亚历克修斯当作重要的外交筹码，让他把自己包装成一个对抗篡位者的合法统治者。以推翻塞奥多尔、让亚历克修斯复位为名，1211 年春季他率兵入侵尼西亚帝国领土。双方实力旗鼓相当——其核心都是拉丁雇佣军——在进行了几次血腥而未能决定战局的战斗之后，双方在米安德河河畔的安条克进行了最后一战，苏丹落马被杀，而拜占庭资料的记载声称是皇帝塞奥多尔在决斗之中将他斩杀的。塞尔柱大军随即逃跑，亚历克修斯三世则再度沦为囚徒，被送到一座修道院中聊度余生。

十字军承认尼西亚帝国（1217）

胜利没有让塞奥多尔扩展多少土地，但他除掉了最后一个希腊对手，而凯霍斯鲁的继任者凯考斯（Kaikawus）立即同意签署和约，这让他得以暂时免于塞尔柱人的纷扰，将军力集中起来对付十字军。然而在这一方向他就没有这么成功 191
了。1211 年 10 月 15 日，在林达库斯河（Rhyndacus）河畔，他的军队面对亨利时再度战败，亨利得以进军帕加马和宁菲昂。然而此时拉丁帝国背后深受保加利亚的压力，无法继续进军。1214 年年末，两位皇帝最终在宁菲昂签署和约，亨利控制小亚细亚西北部，直到阿特拉米提昂［Atramyttion，今埃德雷米特（Edremit）］的滨海地区；远至与塞尔柱苏丹国接壤的其余地区，包括拉丁人近期征服的土地，全部由塞奥多尔统治。

这一协议也标志着尼西亚帝国繁荣的开始。这个年轻的帝国最终得到了十字军的承认，更重要的是其西面的边境如今和东面的边境一样安稳。几乎与此同时，拉丁帝国开始衰颓。成为鳏夫的皇帝亨利被迫和保加利亚公主成婚，并陷入近乎绝望的巴尔干政坛混乱；1216 年 6 月 11 日，年仅四十岁的他在塞萨洛尼基骤逝。身为拉丁帝国最出色的一位统治者，他在不到十年的时间里，便把几乎彻底崩溃的政权导入正规。和他那位令人无法容忍的兄长鲍德温不同，他尊重希腊臣民的权益与宗教信仰，甚至还保持了和尼西亚的权力平衡。若是他的继承者拥有他的一点能力，也许拜占庭城便再不会有希腊皇帝了。

尽管两度成婚，埃诺的亨利却没有留下孩子，君士坦丁堡的法兰克男爵们选举了他妹妹约兰达（Yolanda）的丈夫——库特奈的皮埃尔（Peter）继任。当时身在法兰西王国的皮埃尔在 1217 年年初赶往东方，他希望在罗马接受教皇霍诺里乌斯三世（Honorius Ⅲ）的加冕。教皇因为担心他若是在圣彼得大教堂加冕，也会宣称西帝国的皇位，便坚持要他在城外的圣洛伦佐（S. Lorenzo）教堂加冕，皮埃尔的失望也是显而易见。一两周之后他起航前往都拉佐，陪伴他的还有一支威尼斯人的舰队和五千五百名士兵，打算从伊庇鲁斯尊主塞奥多尔·杜卡斯的手中收复这座城市。然而远征以惨败告终，城市岿然不动，皮埃尔和他的大批部下则在阿尔巴尼亚的山间被俘虏。他被投入伊庇鲁斯的一座监狱之中，从此再未返回历史舞台。

192 皇后约兰达则明智地和她的孩子们走水路安然抵达了君士坦丁堡，她立即推举自己的儿子鲍德温（Baldwin）为皇帝。她的长子那慕尔侯爵腓力（Philip of Namur）坚决不肯和家人一同前往东方，她也就此作为摄政者直到1219年逝世，其间保持了她兄长与尼西亚帝国的调和政策，还把自己的女儿玛丽（Mary）嫁给塞奥多尔·拉斯卡里斯，成为他的第三任妻子。这一举措却让伊庇鲁斯的大卫惊骇，塞奥多尔·杜卡斯逮捕库特奈的皮埃尔——并很可能将其杀害——在他看来还不够，他愈发不肯承认拉斯卡里斯为合法皇帝了。

杜卡斯正在迅速崛起。法理意义上他的地位模棱两可，在君士坦丁堡陷落之后他在尼西亚帝国居住了五年，还在塞奥多尔·拉斯卡里斯的加冕典礼上向他宣誓效忠，直到收到他兄弟米哈伊尔的紧急召唤之后他才匆忙赶往阿尔塔。然而自此之后，情况便截然不同了。尼西亚帝国在1214年和法兰克人签署和约，这在塞奥多尔看来是不可饶恕的背叛；此后皇帝似乎打算进攻偏远的特拉布松帝国而非准备光复都城，他便不愿继续效忠了。拉斯卡里斯与拉丁公主的婚姻成了最后的导火索。

至少他如此对外宣称。真实情况要简单不少。仅仅作为伊庇鲁斯尊主并不能让塞奥多尔满意。和他身为私生子的兄弟不同，他是尊贵者约翰·安吉洛斯·杜卡斯的婚生子，因此是亚历克修斯一世的曾孙辈。他身上有科穆宁、安吉洛斯和杜卡斯家族的血统——他时常将三个姓氏一并使用以强调这一点——因此对皇位的宣称权比塞奥多尔·拉斯卡里斯更高。[①]

---

① 此处的族谱略有些复杂，因为尊贵者约翰（米哈伊尔和塞奥多尔的父亲）不难理解地拒绝接受他父亲的姓氏安吉洛斯，而是用了自己祖母的姓氏杜卡斯。查看科穆宁家族与安吉洛斯家族的谱系图之后，感兴趣的读者应该不难明白他们之间的关系。

他的下一个目标是塞萨洛尼基，但塞萨洛尼基毕竟只是帝国第二大城市。在塞奥多尔·安吉洛斯·杜卡斯·科穆宁眼中，那里不过是自己通向最终目标的垫脚石，而最终目标正是君士坦丁堡。

蒙费拉的博尼法斯在第四次十字军之后控制了塞萨洛尼基，那里的情况自此便不甚乐观。博尼法斯在 1207 年与保
193 加利亚人作战时阵亡，王国随即由他的遗孀统治，她成为其儿子迪米特里奥斯（Demetrius）的摄政。不少骑士返回了自己的家乡，进一步削弱了军事实力；约兰达返回之后，他们又无法和亨利执政时一样享受君士坦丁堡的军事援助了——即使他们依然是拉丁帝国最重要的封臣。当塞奥多尔在 1218 年进军塞萨利和马其顿时，很明显塞萨洛尼基的十字军公国时日无多了。事实上，尊主遭受了坚决的抵抗，直到 1224 年秋季，在漫长且艰巨的围攻之后，塞萨洛尼基才最终陷落，那个十字军王国也一同灭亡。塞奥多尔的领土就此从亚得里亚海延伸到爱琴海，控制着伊庇鲁斯、埃托利亚（Aetolia）、阿卡纳尼亚（Acarnania）、塞萨利和马其顿大部。不久之后——具体日期不得而知——他还在奥赫里德主教（他和尼西亚牧首早有仇隙）的主持之下加冕为罗马皇帝，而这是对塞奥多尔·拉斯卡里斯的公开挑衅。

四个帝国（1222）

于是，一代人之前依然统一的帝国领土之上出现了三位皇帝——两位希腊皇帝和一位拉丁皇帝。不久之后又出现了第四位皇帝：保加利亚第二帝国此时实力正在不断增强。趁

第四次十字军时巴尔干半岛上一片大乱之机，沙皇卡洛彦将他的控制范围扩展到色雷斯与马其顿。他的侄子伯利尔（Boril）没有那么成功，但1218年，伯利尔被他的表亲约翰·阿森二世（John Ⅱ Asen）推翻并受瞽刑，而约翰同样在觊觎君士坦丁堡。这四股势力之中，最羸弱的就是拉丁帝国，1225年时只剩下都城西北方向的临近土地和小亚细亚濒临马尔马拉海的少量土地。约兰达在1219年逝世，将皇位留给了她的儿子罗贝尔（Robert），但罗贝尔是个柔弱无能的年轻人，按特鲁瓦方丹的奥布雷（Aubrey de Trois-Fontaines）的记述，他“粗野且愚蠢”，完全不是塞奥多尔、约翰·阿森和约翰·瓦塔特泽斯——他在1222年从岳父塞奥多尔·拉斯卡里斯手中继承了尼西亚帝国——的对手。

拉斯卡里斯是一位伟大的统治者，他的成就在1205年时看来仿佛难以置信。他没有留下儿子，因此他选择了他的长女伊琳妮（Irene）的丈夫瓦塔特泽斯继位，也可谓合情合理。然而他仍在世的两个兄弟并不这么认为，他们匆忙前往君士坦丁堡，劝说年轻的皇帝进行武力干预。罗贝尔以一如既往的愚蠢同意了，而他一无所获，部队在波伊曼恩农被 194
瓦塔特泽斯彻底击溃——那里正是约二十年前，塞奥多尔·拉斯卡里斯被拉丁人击败的地方，尽管这次战败远比前一次严峻。他还没来得及从战败中恢复，就在几个月之后收到了塞萨洛尼基被攻破的消息。他再也无法承受了。他就此纵情享乐，沉醉于妇女的枕边，丝毫不在意她是希腊人还是法兰克人，并在教堂与修道院中劫掠剩余的那点财富，而几乎完全不顾自己帝国残余的那点土地。他还倾心于亚得里亚堡之战中阵亡的一名法兰克低阶骑士的女儿，和她秘密成婚后把她接进了布拉赫内宫。这次贵族们忍无可忍了。一天晚上，一群贵族冲进皇帝的寝宫，割掉了那个女孩的鼻子和嘴唇，让她彻底毁容，并把她的母亲溺死。罗贝尔一如既往没有采取行动，而是立即逃往罗马，并在那里向教皇格里高利九世（Gregory Ⅸ）正式提出抗议。格里高利对他几乎毫无怜悯之心，让他自行返回君士坦丁堡。1228 年 1 月，当他来到摩里亚（Morea）的克拉伦扎（Clarenza），即今基利尼（Killini）时染病亡故。

布列讷的让（1231）

皇帝罗贝尔没有留下婚生子，而他的兄弟，即继承皇位的鲍德温二世年仅十一岁，拉丁帝国必须再度寻找摄政者。君士坦丁堡的贵族们首先选择了他的姐姐玛丽，即塞奥多尔·拉斯卡里斯的遗孀，她在丈夫逝世后返回了君士坦丁堡。然而几个月之后她也撒手人寰，因此必须寻找新的摄政者。保加利亚沙皇约翰·阿森来了个出人意料的毛遂自荐，他提出让鲍德温与他的女儿海伦娜（Helena）成婚，而他将就此庇护拉丁帝国，并收复帝国沦陷的所有土地，包括塞萨洛尼基。但贵族们立即拒绝了他，选择了在世的十字军战士之中地位最显赫的人：第五次十字军[①]的领导者、曾经是耶

① 第五次十字军于 1215 年由教皇英诺森三世在第四次拉特兰宫会议上召集，战事基本全在埃及进行，与本书内容关系不大。

路撒冷国王的教皇卫队统帅布列讷的让（John of Brienne）。

这一提议只有一个问题：大约出生在1150年的让此时已经年近八旬。但他依然精神矍铄——他和第三任妻子卡斯蒂利亚的贝伦加丽娅（Berengaria of Castile）生下的女儿此时年仅四岁——而且远胜同僚。1210年，六十岁的他迎娶了十七岁的耶路撒冷王后玛丽亚（Maria）。她在两年后因难 195
产离世，让则以他襁褓之中的女儿伊莎贝拉（Isabella）的名义事实上统治王国，直到她在1225年嫁给西帝国皇帝“惊世奇才”腓特烈二世。他的女婿随即指出，既然他的女儿已经成婚，他就没有理由染指王位了。愤怒的他逃往罗马向教皇霍诺里乌斯请愿。同情他的霍诺里乌斯虽然无力让他复位，却还是任命他担任教皇在托斯卡纳地区地产的管理者。两年后格里高利九世继任教皇，西帝国的军队几乎立即对他发起了进攻，让则集结部队进行了坚决抵抗。

突然之间，君士坦丁堡的召唤出乎意料地到来了。让起初并不急于接受，但在格里高利的坚持之下——这毕竟是增强教皇对拉丁帝国控制的绝佳机会——他最终同意了。然而他为自己在鲍德温成年后的未来做了一系列的安排。小皇帝必须立即迎娶他四岁的女儿玛丽亚（Maria），并立即给她可观的土地作为聘礼；他本人则要成为皇帝，鲍德温则要在他死后才能执政；鲍德温若是在二十岁时依然没能成为皇帝，就要成为尼西亚的皇帝，并掌控法兰克人在小亚细亚的全部土地。即便如此，让也没有立即赶往君士坦丁堡，直到1229年年初，城中的贵族们才同意了他的条件，而他还必须结束自己和他痛恨的女婿之间的战争，才能离开意大利。

直到1231年秋季他才出现在金角湾，并在几天之后在圣索菲亚大教堂加冕称帝。

在三年的空缺期间，巴尔干的势力版图出现了剧变。在塞萨洛尼基等待的皇帝塞奥多尔相信君士坦丁堡已是前所未有地空虚，连一个摄政的领导者都没有，然而他必须顾忌保加利亚人。一两年前，他和约翰·阿森签署了和约，然而口血未干之时，沙皇便提出要为拉丁帝国收复塞萨洛尼基，此人自然无法信任。此外，当北方存在如此威胁时，他怎么可能收复旧都呢？只有一个解决方案：消灭保加利亚人。1230
196 年初春，塞奥多尔率部出征，装作无辜的阿森演了一场冤枉与愤怒的独角戏，还把和约写在旗帜之上，出征反击入侵者。1230年4月，两军在亚得里亚堡与菲利普波利斯之间，马里查河河畔的小镇克洛科特尼察（Klokotnitsa）交锋。

这一战迅速结束了。塞奥多尔尽管英勇善战，此前未尝败绩，却终于棋逢对手。他的部队被冲散，而他本人被俘虏。他的兄弟曼努埃尔得以在塞萨洛尼基继续保留尊主的称号，但这仅仅是因为他和阿森的女儿成婚了。曼努埃尔依然使用皇帝专用的绯红墨水签订条约——这给约翰·瓦塔特泽斯和他的臣民们增添了不少笑料——除此之外，他不过是自己岳父的傀儡，而且很少假充独立。

拉丁人逃过了几乎在所难免的劫难，解救他们的正是他们此前蔑视的国度。他们的感激之心很快就要被戒心取代，因为约翰·阿森畅通无阻地在色雷斯、马其顿和阿尔巴尼亚进军，轻而易举地吞并塞奥多尔此前控制的领土，直到让保加利亚人掌控了从亚得里亚海到黑海的整个北巴尔干。在他的都城特尔诺沃（Trnovo）的四十殉道者教堂之中，他在一份铭文上荣耀地记述了自己的战功。他宣称此时自己掌控了都拉佐和亚得里亚堡之间的全部土地，只有君士坦丁堡及其邻近土地依然在法兰克人手中，“他们也是我的封臣，因为他们没有皇帝，只能遵从我的指示，而这是上帝的旨意”。即使在理论上独立的塞尔维亚，他也让自己的女婿斯蒂芬·弗拉迪斯拉夫（Stephen Vladislav）取代了塞奥多尔的女婿斯蒂芬·拉多斯拉夫（Stephen Radoslav）。保加利亚沙皇也不是克洛科特尼察之战唯一的受益者。远在宁菲昂的皇宫之中，约翰·瓦塔特泽斯正在幸灾乐祸。塞奥多尔一度要成为他的严重威胁，君士坦丁堡几乎落入塞萨洛尼基的皇帝，而非尼西亚的皇帝手中，但这一威胁已经不复存在，也再没能出现。

最高权威的四位争夺者少了一位，自然会让另外三人的关系出现巨变。约翰·阿森再不会主动和博斯普鲁斯海峡畔的拉丁人打交道了，瓦塔特泽斯才是更有利的盟友，更重要的是他正在筹划一个影响更远的新决议：背弃罗马教廷。

约翰·阿森的犹豫（1237）

虽然卡洛彦已经改宗，西欧的基督教体系却从没能在保 197
加利亚人之中生根，他们向来遵循拜占庭帝国的旧日传统；此外，若是沙皇未来进攻拉丁帝国，也不必背负进攻同宗的恶名了。1232年和教皇格里高利的争执给了他期待已久的借口，他就此和教皇断交。在尼西亚的牧首，以及耶路撒冷、亚历山大和安条克的牧首们的默许之下，保加利亚再度出现了东正教的牧首，在特尔诺沃掌控他的牧首区。三年之后，约翰·阿森在加利波利和尼西亚帝国签署盟约，随后他的女儿海伦娜——七年前被年轻的鲍德温拒绝——在兰萨库斯（Lampsacus）嫁给了瓦塔特泽斯的儿子塞奥多尔·拉斯卡里斯，即塞奥多尔二世（Theodore Ⅱ）。1235 年仲夏，东正教的联军来到君士坦丁堡城下，发动水陆夹攻。

拉丁人再度陷入危机。布列讷的让虽然年事已高，却如同猛虎一般防卫他的帝国，威尼斯人的舰船则提供了无价的支援。当围攻持续到新的一年时，君士坦丁堡似乎陷入了绝望，但约翰·阿森突然改变主意，某一天他醒来时意识到，对保加利亚而言，生机勃勃的希腊帝国无疑比衰弱的拉丁帝国更危险，他就此终止了进攻，甚至派使节去尼西亚把不幸的海伦娜带回。1237 年夏季，他更是允许一大批库曼人——他们因蒙古人入侵多瑙河下游的谷地而来此躲避——穿越他的领地去给新皇帝鲍德温服役，而年近九旬的布列讷的让已经在前一年的 3 月逝世。当年秋季，约翰·阿森亲自率领保加利亚人、库曼人和拉丁人的联军进攻尼西亚帝国在色雷斯最重要的据点——兹卢鲁姆（Tzurulum）。

围攻尚在进行时灾难突然到来。信使带来了特尔诺沃暴发瘟疫的消息，沙皇的妻子、一个儿子和新任牧首均染病身亡。对约翰·阿森而言，这是上天的裁决。他立即撤军（他的库曼与拉丁盟友也随即撤走）并和瓦塔特泽斯和谈，没有给他制造更多纷扰。然而他很快便开始寻找新的妻子了，而他的囚徒，塞萨洛尼基的塞奥多尔——此前他因为阴
198 谋杀死沙皇而受瞽刑——说服他迎娶自己的女儿伊琳妮。这

场婚姻对约翰·阿森在外交上的意义并不清晰，对塞奥多尔却是救命稻草。成为沙皇岳父的他立即被释放，并在伪装之下返回塞萨洛尼基，推翻他的兄弟曼努埃尔，立自己的儿子约翰为皇帝。

约翰·瓦塔特泽斯的巩固（1246）

对于这些争执不休的帝国而言，1241 年是个分水岭。这一年结束之前，君士坦丁堡的主要争夺者中已有三人入土：保加利亚的约翰·阿森、塞萨洛尼基的曼努埃尔和教皇格里高利九世——他是拉丁帝国最可畏也最坚定的支持者之一。更重要的是，同一年，拔都汗（Batu Khan）率领的蒙古大军横扫摩拉维亚与匈牙利，进入多瑙河盆地，让保加利亚人无暇继续在东方冒险。一个曾经强悍的国家就此事实上被消灭了。塞萨洛尼基的实力在克洛科特尼察战败之后便崩溃了。拉丁帝国在不断衰微之后如今只剩下君士坦丁堡和周边地域，只因为其敌人之间的争斗才得以苟延残喘。拉丁帝国的敌人之中，只剩下一个政权准备收复旧都：约翰·瓦塔特泽斯统治下士气高涨的尼西亚帝国。

他还要先解决塞萨洛尼基的问题。尽管那个所谓的帝国已经再无军事意义上的威胁，但在法律上依然是君士坦丁堡的宣称者，而这是不能容忍的。自称皇帝的约翰无非柔弱虔诚的傀儡，只想早日进入修道院，而实权掌控在塞奥多尔的手中，他也一如既往地野心勃勃——尽管已经失明。因此 1241 年年末，约翰·瓦塔特泽斯邀请塞奥多尔前来尼西亚做客。他接受了邀请，这个老人也得到了殷勤接待，然而他准备返回时才被礼貌地告知他不能离开了。他事实上成了囚徒，并被软禁到次年夏季，之后瓦塔特泽斯派一支大军护送他返回塞萨洛尼基，派他作为使节和自己的儿子商议和谈。结果是约翰和此前的曼努埃尔一样放弃帝号改称尊主，并臣属于尼西亚。

199 瓦塔特泽斯正在塞萨洛尼基时，得知蒙古人正在进攻小亚细亚的塞尔柱人的土地，很快就要抵达他领土的边境了。接下来的几年之中情况近乎绝望，特别是 1243 年 6 月后，入侵者在库兹达格（Kösedağ）之战击溃了苏丹凯霍斯鲁二世（Kaikosru Ⅱ）并迫使他称臣纳贡。身为苏丹附庸的特拉布松皇帝也遭遇了类似的命运，改臣服于蒙古大汗。面对共同的敌人，瓦塔特泽斯和凯霍斯鲁缔结盟约，但这一谨慎之举最终成了多此一举，因为蒙古人再度离开了，完全没有进入尼西亚帝国的领土，而约翰三世的实力相比于邻国前所未有地强盛。

1244 年，他的力量得以进一步加强。他的第一位妻子，即塞奥多尔·拉斯卡里斯的女儿伊琳妮逝世，约翰随即和腓特烈二世的私生女康斯坦丝（Constance）成婚。腓特烈和鲍德温并没有什么分歧，两人又是远亲，鲍德温还是在希腊人居多的巴勒莫宫廷长大，对希腊人颇为了解，通晓希腊语，也同情失去了都城、长期流亡的他们。因此他欣然同意了婚姻——虽然时年十二岁的康斯坦丝未必会欣喜，毕竟她为此要重新受洗，改为拜占庭式的名字安娜，并嫁给一个比他大四十岁的男人，而且那时的他和自己一名侍女的无耻私情，早已众所周知。教皇英诺森四世（Innocent Ⅳ）得知这一婚姻时大为惊讶，尼西亚的牧首也难以接受瓦塔特泽斯对他那位不幸的年轻妻子的态度，然而两位皇帝之间的同盟关系并未因此受损。

在蒙古人离开，留下一个残破的苏丹国之后，约翰·瓦塔特泽斯可以把注意力转到巴尔干了。保加利亚人的帝国也因为近期的蛮族入侵而受损；1246 年，约翰·阿森时年仅十二岁的儿子——沙皇卡尔曼（Coloman）逝世，继承皇位的他的弟弟米哈伊尔陷入了更大的危机，也给了瓦塔特泽斯浑水摸鱼之机。同年秋季他夺取了塞雷，并以此为基地夺取了斯特李蒙河与马里查河之间的地域，以及马其顿西部的大片土地。当他在斯特李蒙河河畔的梅尔尼克（Melnik）宿营时，一批塞萨洛尼基人前来谈判。尊主约翰在两年前去世之后，他的父亲让他的弟弟迪米特里奥斯（Demetrius）继任， 200
但迪米特里奥斯轻佻放荡安于享乐，许多臣民已经无法忍受他和他的家人。如果皇帝愿意让市民们保有旧日的权益与特权，他们愿意献城投降。瓦塔特泽斯对此求之不得。12 月，他兵不血刃进入塞萨洛尼基，把塞奥多尔赶到乡间流放，迪米特里奥斯则被他带回小亚细亚软禁，还任命他的远亲安德罗尼卡·帕列奥列格（Andronicus Palaeologus）担任这一尊主国的领袖。

他在集中力量进攻君士坦丁堡之前还要对付最后一个敌人。约九年前，伊庇鲁斯地区脱离塞萨洛尼基的控制，再度自立为尊主国，其统治者是其首创者米哈伊尔一世的私生子米哈伊尔二世（Michael Ⅱ）。他们也趁蒙古人占据保加利亚的时机，收复了约翰·阿森在 1230 年占据的不少领土，在奥赫里德和普里莱普一带与尼西亚帝国接壤。约翰·瓦塔特泽斯并没有发动进攻，毕竟在那片荒山之中战争可能要持续数年。1249 年，他与米哈伊尔签署了和约，并把孙女玛丽亚（Maria）嫁给了米哈伊尔的儿子尼基弗鲁斯（Nicephorus）。

双方本可以相安无事，但年老的塞奥多尔一如既往地惹是生非，他说服了自己的侄子撕毁和约，再度和尼西亚帝国开战。米哈伊尔在 1251 年遵命行动，夺取普里莱普并一路进军到阿克西奥斯河［Axius，即今瓦尔达尔河（Vardar）］。约翰·瓦塔特泽斯不再打算谈判了。他率领麾下最大规模的部队渡海来到欧洲，在 1253 年年初他迫使这位尊主投降。米哈伊尔自然要为自己的鲁莽而悔恨，不但割让了他近期夺取的全部土地，还割让了从保加利亚人那里夺取的西马其顿领土，以及阿尔巴尼亚的部分土地。他的儿子尼基弗鲁斯被送进自己未婚妻祖父的宫廷之中作为人质。至于年老、失明且让人无法容忍的塞奥多尔，则被运到了马尔马拉海对岸，理所应当地在监狱之中囚禁至死。

第十三章　光复都城（1253～1261）

如果说我们能够在守军抵抗的情况下光复都城…… 201
这都是上帝的功劳，上帝让那些最为脆弱的城市坚不可摧（若是他希望的话），又让那些最坚固的城市脆弱不堪。我们收复君士坦丁堡的尝试失败了那么多次（即使我们的人数比守军还多），只是因为上帝希望我们认识到，能否拥有这座城市都要靠他的恩典。他仁慈地让我们在这座城市中统治，让我们为此感激，并就此给了我们收复沦陷省份的希望。

——皇帝米哈伊尔八世对臣民的演讲，乔治·帕希梅尔斯（George Pachymeres）引述

拉丁帝国已是日薄西山。1236 年，已经十九岁的鲍德温前去意大利，竭尽所能寻求兵员与资金，教皇格里高利九世也向西欧的基督教世界请愿，解救君士坦丁堡免于野蛮的分裂主义者的染指。然而回应寥寥无几。尽管布列讷的让已在 1237 年逝世，鲍德温却依然停留了近四年，他自己辩称停留是因为在法兰西王国处理私事，还受到腓特烈二世的蓄

意阻拦，直到1240年年初他才返回博斯普鲁斯海峡，赶在受难周期间接受了加冕。跟随他到来的部队约有三万人，但当他们发现皇帝无法筹措军饷时，他们就作鸟兽散。资金的严重匮乏也引发了另一个灾难性的决定，极大地打击了君士坦丁堡城内拉丁人和希腊人的士气：将城市最神圣的宝物，即基督在十字架上所戴的荆冠典当给威尼斯人。在典当到期
202 时皇帝无法支付赎金，法兰克的圣路易就此出资将其买下，圣物运往巴黎，路易为此建造了圣礼拜堂（Sainte-Chapelle）来存放荆冠。①

鲍德温显然不愿离开西欧了，这也是人之常情，在欧洲的宫廷之中巡游，即使是唯唯诺诺，也比生活在阴郁孤立的君士坦丁堡好。1244年他再度出发，去拜访腓特烈二世（请求他施加影响，以延长自己和约翰·瓦塔特泽斯的停战时间）；拜访图卢兹伯爵雷蒙；拜访里昂的英诺森四世（并和他一同参加1245年的宗教大会，两度被革除教籍的腓特烈在会上被宣告罢免）；拜访巴黎的圣路易；甚至前往伦敦，在那里亨利三世极不情愿地给了他一笔微薄的捐赠。但君士坦丁堡的拉丁帝国大势已去，当悲惨的皇帝在1248年10月返回时，他发现自己陷入了不得不开始变卖皇宫屋顶的铅来筹措资金的财政窘境。那时的他想不到自己还能够再统治十三年，很可能更想不到尼西亚的敌人比他活得更久，如果他那时知道，他不会那么做。但在1254年11月3日，六十出头的约翰·瓦塔特泽斯在宁菲昂逝世，他

① 这件圣物现存于巴黎圣母院。

的儿子塞奥多尔继位之后，原本积累的进攻势头便大打折扣了。

约翰·瓦塔特泽斯（1254）

这是历史上的另一个讽刺故事：约翰三世，这个为收复君士坦丁堡出力最多的人，却没能等到胜利的那天。在他人生之中的最后十年里，他的健康每况愈下，旧有的癫痫病发作得愈发频繁，一度让他彻底失去理智。比如1253年，他最出色的年轻军官米哈伊尔·帕列奥列格被指控谋反。乔治·阿克罗波里特斯（George Acropolites）——他的编年史是本书帝国流亡时期的主要希腊语参考资料——记载称这一指控仅仅是源于两个平民的谈话，而且其中一人此后还声称那是说者无心听者有意而已。然而皇帝不但下令追查，还命令米哈伊尔为了自证清白必须手抓烧红的铁条——这种西欧的审
判手段在拜占庭帝国还从未有过。幸运的是这一指控并未继 203
续下去，[1] 几个月之后约翰突然转变心意，将这位年轻将军提升为大统帅（西方的另一种创新），让他指挥全部拉丁雇佣兵。此时宫中所有人都能看出，皇帝已经无法掌控局势。

约翰·瓦塔特泽斯是一位伟大的统治者，或许也是帝国历史上最伟大的统治者之一。他从塞奥多尔·拉斯卡里斯手中继承的国度，虽然狭小却充满希望，以拜占庭帝国

---

① 米哈伊尔·帕列奥列格同意接受烧红的铁条，但前提条件是菲拉德尔菲亚都主教福卡斯（主要指控者之一）亲自把铁条递到他的手上。都主教反对这一要求，声称这是蛮族的举措，米哈伊尔也随即宣称，身为“罗马人生养的罗马人”，他也只愿服从罗马法的判决。

的模式建设、管理并有效防御；在他执政期间，他把控制的领土扩大了一倍多。三十二年后，当他把帝国传给自己的儿子塞奥多尔二世时，帝国控制的领土已经囊括巴尔干半岛大部和爱琴海的大部分地区，而帝国的敌人或者崩溃，或者消亡，皇帝终于做好了完成帝国初创时就定下的目标的准备。

皇帝的内政也同样出色。失去土地的地产主们来到小亚细亚投奔他之后，就会被奖赏从那些支持拉丁帝国的人手中没收的土地；在他领土的边境地区——他安排了前所未有的坚实防务——他还重新引入了拜占庭帝国的传统做法，将小规模的地产赏赐给士兵，在需要时就征召他们服兵役。特别是近期因蒙古人西征而流亡的库曼人，他们欣然在色雷斯、马其顿、弗里吉亚或者米安德河河谷安家落户之后，自然乐于为皇帝征战。他的臣民都清楚帝国处于紧急状态，只要君士坦丁堡没能光复，他们就必须做出牺牲。进口外国货品，特别是威尼斯的货品被严令禁止；手工业与农业都以自给自足为口号。瓦塔特泽斯更是亲自运营农场，并靠出售鸡蛋的收入为他的妻子伊琳妮买了一顶被他称为“鸡蛋皇冠”的镶嵌珠宝的皇冠，他公开向她赠送了这顶皇冠，并证明勤恳耕作多少会有些成果。

这顶王冠是当之无愧的，毕竟伊琳妮已经证明她是一位
204 贤妻。他们共同建立了不计其数的医院、孤儿院和慈善设施，捐赠教堂与修道院，并坚持不懈地救济穷人。他们鼓励发展文艺，也为他们的儿子塞奥多尔执政时的文化复兴奠基，让尼西亚在一代人的时间之中成为拜占庭文化的中心，

就像十二世纪的君士坦丁堡一样。约翰·瓦塔特泽斯得到了臣民真切且深沉的爱戴。他对自己第二位妻子的态度确实称不上公正，除此之外的各个方面都如他的朋友乔治·阿克罗波里特斯所说，“善良而且温和”。他在逝世后不久便被当地教会承认为圣人也就不难理解了。他死后被安葬在宁菲昂附近的索桑德拉（Sosandra）修道院中。

塞奥多尔二世与米哈伊尔·帕列奥列格（1256）

尽管约翰·瓦塔特泽斯没能亲眼见证收复君士坦丁堡，但病榻之上的他清楚，自己毕生奋斗的目标实现的那一天已经不远——虽然他也难免怀疑自己儿子与继承者的能力。并不是说年轻的塞奥多尔二世——继承他母亲的姓氏拉斯卡里斯——完全无法掌控皇权。他的教师尼基弗鲁斯·布莱米德斯（Nicephorus Blemmydes）或许是同时代最出色的学者，他也在短暂的人生之中忙于文学、神学与科学研究，但他并没有因这些兴趣而疏忽对政府事务的管理。他并不能为自己最大的弱点负责：他继承了自己父亲的癫痫病，而且病情严重得多。瓦塔特泽斯的病情——除晚年之外——仅仅让他偶尔无法处理事务，但他儿子因病情而无法执政，而且决断力愈发低下，体能也消耗殆尽，几乎让他的精力彻底耗竭。对君士坦丁堡来说，这已经足够危险，若是他率部出征，这更是要导致灾难。然而他在和保加利亚人作战时依然取得了一系列的成功，挫败了他们挽回八年前失利的企图，也展现了极大的勇气与惊人的军事技能。

塞奥多尔的统治坚定无情。本能地不信任贵族们的他开

始无视他们，转而依靠一批出身低微的文官，其领袖是首席典衣官乔治·穆扎隆（George Muzalon），以及他的兄弟塞
205 奥多尔和安德罗尼卡。他还任命理想主义且顽固的禁欲者阿尔森尼奥斯（Arsenius）为牧首，这让教士们大为不满，也在一瞬之间抹去了他父亲为教会统一所做的一切努力。在外交政策上，他似乎打算静观其变。塞尔柱苏丹曾经造成短暂的威胁，但蒙古人的进军及时解救了帝国。苏丹不但无法进攻塞奥多尔，反而要请求他支援自己对抗入侵者。

至于保加利亚人，1255～1256年的再度战败迫使他们签署和约；沙皇米哈伊尔·阿森（Michael Asen）在1256年被谋杀，次年即位的贵族君士坦丁·蒂克（Constantine Tich）立即与妻子离婚，迎娶塞奥多尔的女儿伊琳妮（Irene），就此巩固了双方的关系。另一场王室婚姻在1249年已经筹划，但直到七年之后才得以成行：约翰·瓦塔特泽斯的女儿玛丽亚（Maria）嫁给了伊庇鲁斯尊主米哈伊尔二世的儿子尼基弗鲁斯。这本能够加强伊庇鲁斯与尼西亚的联盟关系，然而不幸的是，这场婚姻起到了截然相反的效果，塞奥多尔鲁莽地在最后时刻要求交出都拉佐和马其顿城市塞尔维亚（Servia）作为聘礼。在马里查河的皇帝营帐，陪同前来的新郎母亲因担心被扣押而被迫同意，但当她返回，告诉自己的丈夫她被迫献出尊主国领土最重要的两座城市时，尊主自然怒火中烧，立即出兵进攻塞萨洛尼基，并鼓动塞尔维亚人和阿尔巴尼亚人出兵支持。马其顿很快陷入战火。

最适合处理这一情况的将军自然是米哈伊尔·帕列奥列格，但皇帝颇为厌恶他。两人童年时早已相识，那时内

向且病弱的皇帝自然会嫉妒那位杰出英俊的年轻贵族，毕竟他拥有自己缺少的所有天赋。他还继承了自己父亲对米哈伊尔的本能性的不信任——对他那位性格冲动的父亲而言，这种不信任几乎到了病态的程度。同年年初他就曾经无理指控米哈伊尔谋反，迫使这位年轻将军逃到塞尔柱人那里躲避，为苏丹指挥基督徒佣兵与蒙古人作战。米哈伊尔许诺为皇帝效忠，皇帝也随即发誓保证他未来的安全。然而皇帝还是在一番犹豫之后才委派他全权指挥，委派之 206
后疑心也不曾消除。担心他的将军背叛自己，他只调拨了一支规模极小不堪使用的部队。米哈伊尔和部下全力奋战，抵达都拉佐城下，但他们还是无力抵御伊庇鲁斯的总攻。夏初，敌军已经抵达塞萨洛尼基城下，米哈伊尔·帕列奥列格则在屈辱之中被召回，并在不久之后被革除教籍，投入尼西亚的监狱之中。

为何米哈伊尔此时没有进行任何反抗呢？也许他坚信能够说服皇帝自己无罪——事实确实如此——也可能是他清楚塞奥多尔时日无多了，若是皇位继承问题上存在争议，在尼西亚绝对比在巴尔干方便。无论他想法如何，在塞萨洛尼基处于危机之中时，皇帝仍如此对待帝国最出色的将军，这让尼西亚的显赫贵族们坚信他们的君主已经无法掌权。他执政之初便公开展现了对他们的敌意，对米哈伊尔·帕列奥列格的处置更是再度展现了他的冲动与多变。尽管他们在很大程度上被排挤在帝国管理之外，他们在陆海军高层中依然拥有相当的影响力；他们本可能发动一次军事叛乱，然而塞奥多尔·拉斯卡里斯在1258年8月因癫疾恶化而突然病逝，享年三十六岁。

他的长子约翰仍是个孩子，[①] 塞奥多尔一如既往无视公众的意见，委派了众人憎恶的乔治·穆扎隆为摄政者。在濒危之时，他要求显赫的贵族们向约翰和乔治效忠，然而他们实在是无法接受这位首席典衣官和他的同党。皇帝逝世仅仅九天后，在索桑德拉修道院的追思仪式上，他们直接冲上圣坛谋杀了穆扎隆和他的一个兄弟，并将他们分尸。随后的宫廷政变之中，他们推举刚刚被释放的米哈伊尔·帕列奥列格——基本可以肯定他就是主谋——接替摄政职务。

米哈伊尔·帕列奥列格登基（1258）

米哈伊尔那时三十四岁。在各种意义上他都是最佳选
207 择。他的家族古老显赫，先祖尼基弗鲁斯·帕列奥列格在十一世纪米哈伊尔七世执政时便是美索不达米亚的高官，而且他和杜卡斯、安吉洛斯和科穆宁这三个皇室家族都有亲属关系，他的妻子塞奥多拉（Theodora）则是约翰·瓦塔特泽斯的侄孙女。[②] 必须提及，他也并非全无污点。他曾被指控为叛国者，并曾在苏丹的宫廷之中流亡，更不用说刚刚被囚禁。但这一切发生的背景众所周知，没有人会多在意这些事。他作为谋杀穆扎隆的共犯——事实如此——确实是他人

① 四份主要资料之中，阿克罗波里特斯声称他八岁，帕希梅尔斯声称他九岁，格里戈拉斯（Gregoras）和斯法兰泽斯（Sphrantzes）声称他六岁（年代较远）。

② 声称米哈伊尔还是意大利维泰博的古老家族的后裔的说法缺乏证据，详见 D. J. Geanakoplos, *Emperor Michael Palaeologus and the West*, p. 18n。

生之中的污点，但首席典衣官受他人怨恨太深，几乎没有人会因此指责他。他在军中依然颇受欢迎，那些受他指挥的拉丁雇佣兵对他格外拥戴，教会对他的评价也甚高；甚至塞奥多尔·拉斯卡里斯对他模棱两可的态度，此时也对他有利了。他立即出任大总督（megas dux）职务，并很快在教会的坚持之下升任尊主。最终在1258年11月，他被盾牌托举起来，立为共治皇帝，在圣诞节于尼西亚加冕。他和塞奥多拉先戴上了满是宝石的冠冕，而后年幼的共治皇帝约翰四世（John Ⅳ）才得到了镶着一细圈珍珠的冠冕。

出席加冕典礼的人几乎无人会认为米哈伊尔八世（Michael Ⅷ）无法率领臣民收复故都。然而在此之前他们必须先解决一个敌人。1258年年初，西西里的曼弗雷德（Manfred）——腓特烈二世的私生子入侵了伊庇鲁斯，夺取了科孚岛和数座滨海城市，包括都拉佐、阿弗罗那和布特林托。尊主米哈伊尔不肯放弃进展顺利的马其顿远征和唾手可得的塞萨洛尼基，他没有和尼西亚缔结盟约，而是把自己的长女海伦娜（Helena）交给曼弗雷德，并许诺以他夺取的那些土地作为嫁妆。曼弗雷德欣然接受，并将四百名德意志骑士交给自己的岳父作为回礼。不久之后伯罗奔尼撒半岛北部的亚该亚（Achaia）的拉丁大公、维尔阿杜安的纪尧姆（William of Villehardouin）也加入了这一盟约，迎娶了米哈伊尔的次女安娜（Anna）。这一远征的最终目的当然是君士 208
坦丁堡，在此之前他们自然要先夺取塞萨洛尼基——尼西亚帝国在欧洲的首府。

因此，在米哈伊尔·帕列奥列格即位之时，希腊内陆地区已经结成和他敌对的联盟。1258 年即将结束时，他派大使前去劝说三位盟友放弃此前的敌对计划，还派使节前往罗马——教廷向来坚定反对霍亨斯陶芬家族——讨论东方教会与西方教会合并的事宜。但此时谈判为时已晚，使节也如他所担心的那样无功而返。幸运的是他做了两手准备，在同年秋季派出大批远征部队进入巴尔干半岛，部队包括来自匈牙利和塞尔维亚的重要部队，以及库曼人和突厥人雇佣军。这支部队由他的兄弟尊贵者约翰·帕列奥列格（John Palaeologus）和大元帅亚历克修斯·斯特拉特格普鲁斯（Alexius Strategopulus）指挥。1259 年年初，他下令他们进军。

伊庇鲁斯的米哈伊尔和他的部队依然在卡斯托里亚越冬，遭到伏击的他们逃到了阿弗罗那——那里仍在曼弗雷德的控制之下——尊主随即向这位盟友提出紧急支援的请求。他的请求得到了回应，曼弗雷德派出了另一支骑兵部队前去支援，纪尧姆大公更是亲自率大军从亚该亚赶来。数据难以确知，但估计这一联盟组织起的部队约有四万五千人。基本可以肯定的是，他们的规模远超约翰·帕列奥列格的部队，约翰率部北进。几星期之后——具体日期不得而知，应当是在初夏——两军在佩拉格尼亚［Pelagonia，今为比托拉（Bitolj）或莫纳斯提尔（Monastir）］交锋。

联军几乎一触即溃。尊贵者约翰得到了兄长的命令，有效地利用了三方的不和，而后他靠着出色的袭扰战术将其转化为胜利。尊主米哈伊尔和他的儿子尼基弗鲁斯相信他们的盟友正打算背叛并把他们交给敌人——这几乎毫无根据——就趁夜带着绝大多数部队逃出营地，到凯法利尼亚岛避难。

他的另一个儿子约翰（John）因不满维尔阿杜安的纪尧姆对其私生子身份的嘲讽，一怒之下加入了尼西亚一方。当约翰·帕列奥列格亲率整齐划一纪律严明的部队出战时，他发现只剩下纪尧姆和曼弗雷德的法兰西与德意志骑兵部队了，209
而他们在库曼弓骑兵的袭扰下无力还击。曼弗雷德的骑士们纷纷投降并被俘虏，躲到卡斯托里亚附近一垛干草堆的纪尧姆也被俘虏，人们认出了他显眼的门牙。约翰随后进军塞萨利，他的副手亚历克修斯·斯特拉特格普鲁斯则进军伊庇鲁斯，攻破其首府阿尔塔，大获全胜。

首次进攻君士坦丁堡（1260）

皇帝决心维持进攻势头，在1260年年初亲率大军进攻君士坦丁堡。不幸的是关于这一战的记载极少，主要参考资料对这次远征的两种描述（阿克罗波里特斯持一种说法，帕希梅尔斯和格里戈拉斯持另一种说法）截然不同，仿佛他们说的根本不是一件事。米哈伊尔收买了城中一个显赫的拉丁人，他许诺看到信号之后便打开城门，但在关键时刻他没能打开城门，皇帝随即改变计划进攻金角湾另一侧的加拉塔。但他对那里的攻击也以失败告终。没有海军①的他无法冲击封锁金角湾的铁链；与此同时，加拉塔的拉丁人在许多从君士坦丁堡划船赶来的支援部队的协同下，进行了出乎预料的坚定抵抗。不久之后他决定不再浪费时间，因为就算胜

① 尽管约翰·瓦塔特泽斯和塞奥多尔二世都曾竭力组织海军，尼西亚帝国的海军规模却一直相当有限。

利他也不会获得多少收益，便下令退兵了。

对君士坦丁堡那可怜的皇帝鲍德温而言，米哈伊尔·帕列奥列格率军离开并没有给他多少宽慰。佩拉格尼亚之战后，收复都城只是时间问题了，而且是指日可待。他曾经祈求救援的诸多势力之中，如今只剩教皇和威尼斯共和国尚有可能支援，而教皇亚历山大四世（Alexander Ⅳ）直接无视了他的请求，威尼斯人——让拉丁帝国落入如此境地的主要原因——此时正有三十艘舰船在金角湾和博斯普鲁斯海峡之间巡逻。为寻找巩固防务的资金，鲍德温在绝望的疯狂之中再度向里亚托的商人们借款，还拿自己的儿
210 子腓力（Philip）当成人质。但威尼斯人支援的意义也很快大打折扣，因为米哈伊尔·帕列奥列格为了获取海军而和威尼斯的死敌热那亚进行谈判。[1] 1261 年 3 月 13 日，他们在宁菲昂签署协议，热那亚人为此将获得威尼斯人曾经拥有的一切特许权，获取他们在君士坦丁堡以及帝国各主要港口的聚居区，并得以在黑海自由航行。对热那亚而言，这是历史性的协议，为他们在东方的商业帝国奠基；对拜占庭帝国而言，这最终成了灾难，两个贸易共和国的海军将最终肃清帝国最后的海军力量，在帝国领土之上与宿敌开战，让帝国无可奈何。但这是未来的问题。1261 年春，热那亚人的盟约对米哈伊尔和他的臣民而言，仿佛是上天的恩典。

---

① 和当代许多说法截然相反的是，基本可以肯定是热那亚人先提出联盟的。Geanakoplos, op. cit., pp. 83～85.

法兰克人逃跑（1261）

整整一个甲子的外交斡旋、纵横捭阖、沙场拼杀、英雄壮志与壮志未酬行将结束时，君士坦丁堡的光复却以颇为偶然的方式完成。1261 年盛夏，米哈伊尔八世派恺撒亚历克修斯·斯特拉特格普鲁斯[①]率少量部队前往色雷斯，监视保加利亚边境并在君士坦丁堡城外进行轻微恫吓，同时也侦察城市的防御情况。当他抵达瑟利姆布里亚时，亚历克修斯从当地的希腊居民口中得知拉丁人此时并未在此驻守，部队乘坐威尼斯人的舰队进攻尼西亚帝国控制的达夫努西亚岛（Daphnusia），那里是控制着博斯普鲁斯海峡与黑海之间航运的重要港口。[②] 他们还告诉他陆墙之上有一道暗门，他和他的部下可以由此轻易入城。理论上米哈伊尔在 1260 年 9
月从加拉塔撤军时签署的停战协议依然未到期，但拉丁人已 211
经出兵进攻达夫努西亚岛，亚历克修斯·斯特拉特格普鲁斯也不愿放弃如此良机。当天夜间，他最精锐的士兵们悄然溜进城中，突袭了守卫，把他们扔下城垛。之后他们悄然打开了一扇城门。1261 年 7 月 25 日黎明时分，大部队涌入城

---

① 他于 1259 年夺取阿尔塔后升任恺撒。十一世纪时恺撒依然是帝国之中最显赫的头衔，只有皇室成员才能获得，然而亚历克修斯一世将其地位降低之后，此时其地位低于尊贵者。

② 对达夫努西亚岛的进攻是不是米哈伊尔·帕列奥列格的调虎离山之计，以便斯特拉特格普鲁斯袭击君士坦丁堡呢？如果并非有意为之，那这一巧合堪称幸运之极，但吉纳科普洛斯（Geanakoplos, op. cit., pp. 97～104）在仔细考虑两种说法的证据之后，得出的结论是："尽管米哈伊尔向来足智多谋，人们也必须否定这一假说（即使不情愿）。"

中，几乎没有遭遇抵抗。[①]

在布拉赫内宫睡觉的鲍德温被喧闹惊醒，而后丢下皇冠和权杖仓皇逃命。他一路从城市的一端跑到了另一端，弄伤了手臂但侥幸免于被擒，抵达圣宫的布克里昂小港时见到了一名威尼斯商人。他随即和威尼斯的市政官（podestà）以及其他一些人一同逃走，来到拉丁人控制的埃维亚岛[②]避难。与此同时，亚历克修斯·斯特拉特格普鲁斯和他的部下在威尼斯人的住宅区放火，当水手们从达夫努西亚岛返回，看到住房已成废墟，受到惊吓的家人们在码头瑟瑟发抖时，他们无力发起反击，别无选择，只得返回故土了。余下的法兰克人陷入恐慌，希腊编年史家欣然将其记载下来。一些人躲进修道院中，假装僧侣以免恺撒的士兵们报复；其他人则竭力寻找其他地方隐藏，据说一些人甚至躲进阴沟里。

他们根本不必担忧，屠杀没有发生。他们逐渐从躲避的地方走出，登上在港口等待的三十艘威尼斯舰船，以及一艘近期刚从西西里带来的大航船，悄然离开——不少人还因为携带金银细软而步履艰难。没有人提到他们的数量，也许约有一千人。他们全部登船之后，这支船队同样驶向了埃维亚

① 这是乔治·阿克罗波里特斯的说法。格里戈拉斯的记载尽管在细节上大多与他相同，但他还提到了一条出口在圣泉修道院附近的地下通道。帕希梅尔斯的说法则是士兵在圣泉门外搭云梯入城。采信哪一种说法由各位读者判断。（“圣泉修道院”，源自据称存在神迹的“圣母之泉”，在君士坦丁堡城墙之外。以上说法的意思是，斯特拉特格普鲁斯走地下通道绕过了外城墙，而后直接搭上云梯突破内城墙。——译者注）

② 拉丁人以及许多后世的史学家称埃维亚岛为“Negropont”或“Negroponte”，然而这个名字也用来指代该岛、该岛首府哈尔基斯（Chalkis）、法兰克人的领主以及威尼斯在当地的行政机构，因此此处使用希腊语的说法更合适。

岛，一路上甚至不敢停下来补给，因为据称许多逃亡者没有抵达目的地即饥饿而死。

当信使带着捷报前来时，皇帝米哈伊尔还在两百英里之 212
外，小亚细亚的米特罗利乌姆（Meteorium）的军营之中安睡。他的姐姐尤洛基亚（Eulogia）[①] 叫醒了他——据阿克罗波里特斯的说法，她挠他的脚趾才弄醒了他——告诉他这一消息。起初他不肯相信，直到他见到鲍德温扔下的仪仗时才相信了。他立即着手准备，三周之后，1261 年 8 月 15 日，这位“新君士坦丁”（自认为再度“建立”君士坦丁堡的他如此自称）正式进入都城。这算不上凯旋，他也清楚这一事件的历史意义与象征意义，便以感恩的方式进行。进入金门之后，他首先停下聆听大部长、编年史家乔治·阿克罗波里特斯写下的祈祷文，而后他在圣路加（St Luke）亲自绘制的“引路圣母”（Hodegetria）圣像的引导之下，步行从主街穿过城区直到圣索菲亚大教堂，牧首阿尔森尼奥斯随即为他进行了第二次加冕典礼。然而这次加冕礼只为他和他的妻子加冕，并认定他们仍在襁褓之中的儿子安德罗尼卡（Andronicus）为继承人。

或许有人要问，米哈伊尔的共治皇帝、十岁的约翰·拉斯卡里斯此时又如何呢？他被留在了尼西亚，被无视并遗忘了。仅仅四个月之后的圣诞节上，他受了瞽刑，那天正是他的十一岁生日。[②]

---

① 帕希梅尔斯记载称尤洛基亚哄童年的弟弟睡觉时唱的摇篮曲，内容就是他会在未来成为皇帝，从金门进入君士坦丁堡。

② 此后他被囚禁在马尔马拉海南岸的达基拜扎（Dakibyze）堡垒，直到近半个世纪后的 1305 年才在那里撒手人寰。

第四次十字军的恶果（1261）

从一开始，君士坦丁堡的拉丁帝国便是个怪物。这个背信弃义与贪婪的产物，在存在的五十七年间，没有做出任何成就，任何贡献，也没有任何光辉可言。1204 年之后，拉丁帝国就不曾获取任何领土，边界线在不久之后便一路后退到君士坦丁堡城郊，那座帝国诞生之初便被破坏殆尽的城市。奇怪的是帝国竟然能持续如此之久。七位统治者之中，只有埃诺的亨利——若是不考虑耄耋之年的布列讷的让的
213 话——能力可谓出众，但他们似乎没有任何一个人打算了解他们的希腊臣民，更不用说学习他们的语言了。与此同时，法兰克骑士纷纷返回西欧，盟友各奔东西，国库一贫如洗。而拉丁帝国的结束比开始还要可耻——在守军进行徒劳无益的远征时，被少量士兵一夜之间占据。

这场可悲的闹剧若是仅仅影响帝国本身，也许只会在历史上留下可悲的一笔，本书读者也不必阅读如此漫长且可鄙的一章。哀哉，事情并非如此。拉丁帝国的悲惨下场不仅影响了拜占庭，也影响了基督教世界，乃至全世界。希腊帝国再也未能从那悲惨年代的损失之中恢复，精神上的破坏与物质上的破坏一样可观。曼齐刻尔特之战后失去了剩余领土的大部分，宏伟的建筑化作废墟，精美的艺术品被毁或被劫掠到西欧，帝国的士气也就此一蹶不振。自此以后，拜占庭帝国也许还能够自夸过去的光荣；但展望未来时，就只剩下惊惶恐惧了。

他们的损失还不止于此。在拉丁人掌控帝国之前，帝国

统一且不可分割，只有一位君主君临天下，接近天堂并与使徒等同。但这种统一已经不复存在。曾经伟大的观念不复可行。特拉布松的皇帝，在黑海岸边的弹丸之地中顽固地保持着独立。伊庇鲁斯的尊主，竭力想要恢复当年的威望，为此时刻准备迎接君士坦丁堡的敌人，并竭力引领反对者。现在已成碎片的希腊帝国，还能够担负此前的任务，作为东方的最后屏障，为基督教世界抵御伊斯兰教的侵袭吗？

然而基督教世界也在第四次十字军之后改变了。分裂已久的基督教世界如今更是两极分化了。在 1054 年大分裂之前与之后的几个世纪之中，东西方基督教教会的关系在求同存异与水火不容间波动，然而其分歧仅限于神学争议。在君士坦丁堡被十字军洗劫之后，情况就改变了。在拜占庭人眼
中，那些亵渎圣坛、掠夺家乡、奸淫亲人的蛮族再也无法被 214
称为真正的基督徒。此后的皇帝们多次努力要让东正教教会与罗马教廷统一，米哈伊尔·帕列奥列格在 1274 年的尝试还取得了短暂的成功。但这样的尝试不可能持续多久，只因为希腊人宁肯结束一切，也不愿臣服于罗马。“苏丹的头巾也胜过枢机主教的高帽。”他们是这么说的，也是这么做的。

第十四章　安茹王朝的威胁
(1261 ~ 1270)

215 米哈伊尔·帕列奥列格，教会分裂者，僭称帝号的人……夺去了皇帝的城市君士坦丁堡以及整个帝国，驱逐了皇帝鲍德温和那里居住的拉丁人……因此我们准备在上帝的帮助下履行虔敬的职责，修复教会分裂者撕裂的神圣罗马教会，我们共同的母亲。

——《第二次维泰博条约》，1267 年 5 月 27 日

“瓦西琉斯”返回了都城，君士坦丁堡之中仍存在的少量希腊人一直欢庆到了深夜，城中的钟全部鸣响，僧侣和修女们则从这个教堂赶往那个修道院布置装饰，仿佛重要的宗教庆典一般。然而米哈伊尔·帕列奥列格并没有参与这些庆典。当他看到自己即将统治的都城时，内心深受打击。城中是一片荒废的景象，教堂坍圮，宫殿倒塌，曾经繁荣的住宅区只剩一片焦土。即使免于 1204 年兵燹的建筑，也有不少被拆毁用作燃料。没有人打算重建，许多断壁残垣半个多世纪没有人动过。加冕之后，米哈伊尔悄然返回博斯普鲁斯海

峡一侧的圣宫——布拉赫内宫尽管更新也更舒适，在他看来却已被拉丁皇帝玷污①——考虑将要面对的巨大问题。

最紧迫的问题就是都城的防务。毕竟希腊大部分地区仍 216
在法兰克人的控制之下，伊庇鲁斯和塞萨利的统治者尽管是希腊人，却是坚定的敌人，塞尔维亚和保加利亚同样怀有敌意。威尼斯和热那亚控制着拜占庭帝国的领海以及东地中海大部。教皇乌尔班四世（Urban Ⅳ）——原名雅克·庞塔莱翁（Jacques Pantaléon），特鲁瓦一名皮匠的儿子，曾担任耶路撒冷的拉丁牧首，在收复君士坦丁堡十四天之后被立为教皇——不可能就此接受东方拉丁帝国的崩溃；返回西西里的曼弗雷德则竭力寻找着再度发起进攻的机会。若是这些西欧与巴尔干的势力部分或全部结成同盟，得到有效的组织与领导，就可以将收复故都的帝国扼杀在襁褓之中。因此皇帝的首要任务之一就是仔细检查陆地与海滨的城墙，并在必要处进行加固。他清楚，薄弱处正是金角湾一侧的海墙，十字军在 1203 年和 1204 年都是从那里突入城中。他最终修造了一道完整的内墙，就此任何舰队发起突击都需要突破两道城防。然而此时他先是建造了七英尺高五英里长、完全遮蔽住海墙的大型木栅应急，还在外面蒙上兽皮以期防火。

当然，在理想情况下，敌人根本就不能进入金角湾。皇帝随即整修了用于封锁敌方舰船航路的巨型铁链。但铁链总

① 帕希梅尔斯记载称宫中“满是意大利柴火烧出的浓烟，粗俗的鲍德温让他的仆人们如此生火”。

归不是坚不可摧，也无法代替强大高效的舰队。因此米哈伊尔在光复都城之后的最初几个月就开始集中修造舰队。同时他别无选择，只得依靠热那亚人——他在西欧唯一的盟友——并把威尼斯人的宫殿[①]转交给他们，竭力要求他们遵守几个月之前签署的《宁菲昂条约》。

之后就是转移政府机构的问题，而这不是件简单的事。拜占庭官僚系统复杂且时常臃肿，要把各种各样的机构——
217 更不用说机构之中的大小官员——迁移到一座被破坏殆尽的城市绝非易事。得以成行的唯一原因就是这一时期君士坦丁堡人口锐减。许多希腊人在十字军到来时就离开了，在此后的纷扰之中更有大批居民离开。拉丁人自然占据了可观的空间，但如今这些拉丁人也离开了，让整个荒弃的城区陷入一片死寂。皇帝的首要举措之一就是把此前背井离乡的难民们迁回都城，并于 1262 年建立了新的“扎科内斯人”（tsakones）聚居区，这些希腊人来自伯罗奔尼撒半岛东南部莫奈姆瓦夏（Monemvasia）附近，这一地区在前一年被亚该亚大公割让给了他。

向罗马示好（1262）

与此同时，帝国的军队开始了雄心勃勃的重建工作。他们的首要任务是修建必不可少的住处，但米哈伊尔也出力修复被毁的教堂与修道院，他清楚这对激发平民士气是必不可

① 原本是拜占庭帝国的全能基督修道院，热那亚人立即将其拆毁以宣示胜利，并把一些石料运回热那亚，镶嵌到著名的圣乔治银行之中。

少的。拉丁人认定这些无非他们憎恶的异端的纪念碑，对它们毫无尊重，他们剥去屋顶的铅，刮掉镶嵌画与壁画人像的脸，掳走其中的财宝与圣器。对拜占庭人而言，恢复宗教生活也同时恢复了他们内心之中的爱国情怀与国家荣誉，还让教会决心全力支持米哈伊尔的政策。皇帝也没有遗忘都城之中的公共建筑，比如法庭、剧院、市场和集会所。最终，为了纪念他所做的一切，他在圣使徒教堂前竖立了一根高大的石柱，上面是庇护者圣米迦勒的雕像，石柱底部则是皇帝本人的雕像，手中是君士坦丁堡的模型图，依照传统敬献大天使。他理当得到这座城市与他的臣民，也决心让历史记住这一点。

米哈伊尔·帕列奥列格清楚教皇乌尔班的态度，但他不打算无故激怒他。在尼西亚初次加冕之时他便谨慎地派使团前去教廷，正式告知他继承皇位的消息；此时再度加冕的他再度派出两名使节——他们虽然是希腊人，却曾为鲍德温担任秘书官——并为教皇献上厚礼。但如果希望就此免于承受教皇的愤怒，他的希望就要落空了。帕希梅尔斯记载称一名使节被活剥了皮，另一名使节侥幸逃离。尽管耸人听闻，但 218
教皇的敌意是确定无疑的。

与此同时，乌尔班在鲍德温的催促下准备组织一场新的十字军，为西欧收复君士坦丁堡，并就此革除了支持东帝国的热那亚人的教籍。威尼斯人自然全力支持他，乃至许诺免费运输愿和拜占庭皇帝作战的士兵们。然而其他地方都对此毫不热心，令教皇大失所望。十二世纪发动十字军时的狂热早已荡然无存。法国的圣路易理智地坚称十字军应当进攻异教徒而非基督徒，即使他们是分裂主义者。德意志则在腓特烈二世于1250年逝世后就陷入了混乱。阿拉贡王国对西西里觊觎已久，但对更遥远的土地兴趣索然。至于英格兰，尽管曾经在十字军中出力甚多，教皇似乎却并不关心。现在只剩下腓特烈的儿子曼弗雷德，这也正是他希望的远征，在获取大量领土之外，和罗马的联盟几乎可以保证教皇承认他为皇帝，让他得偿所望。他和鲍德温竭尽所能要和教皇和解，但无果而终。乌尔班继承了他前辈对霍亨斯陶芬王朝的厌恶，这样的联盟无疑可鄙。他清楚，西西里国王对君士坦丁堡有所企图，若是鲍德温得以复位，功劳最大的人却是曼弗雷德，这样的情况对他而言未免过于危险。

米哈伊尔·帕列奥列格早已建立庞大的情报网，他清楚他们在和教皇联络，也意识到这是致命的威胁。他多年以来试图和曼弗雷德和解，却毫无成效，1262年夏他再度尝试谈判。当时，曼弗雷德的异母妹妹安娜是约翰·瓦塔特泽斯的寡妻，她此时仍然住在帝国的宫廷之中。米哈伊尔提出与自己的妻子塞奥多拉离婚，与她成婚。无论是当时的史学家还是后世的研究者，都很难解读这个怪异的提议。这样的婚姻自然可以让两个统治者关系更近，然而同样会引发极大的宫廷丑闻，牧首阿尔森尼奥斯也一定会革除皇帝的教籍——牧首此前已经公开谴责他对年幼的约翰·拉斯卡里斯的残忍对待。

219 乔治·帕希梅尔斯宣称米哈伊尔如此做的原因是“热恋”安娜。这个说法也绝非荒诞，已经有两个私生女的米哈伊尔迷恋上一个三十出头的贵妇并非不可能，虽然她故去的丈夫对她的态度一般，但也许她确有迷人之处——我们只能如此推测了。但没有任何现存资料的说法能够确切证明这一点，仅能确知的是，米哈伊尔在牧首、安娜本人和塞奥多拉——她可不想如此被送进修女院——的压力之下放弃了这个计划，把安娜送到了她兄长的宫廷。作为回报，曼弗雷德放回了此前被伊庇鲁斯尊主俘虏、而后交给他处置的恺撒亚历克修斯·斯特拉特格普鲁斯，但米哈伊尔的政治同盟依然未能实现。

亚该亚的纪尧姆背信（1263）

他并未过于灰心，国内尚有许多任务要完成，他也决心恢复帝国在1204年之前的边境线。他首先进军伯罗奔尼撒半岛。1262年，他释放了三年前在佩拉格尼亚之战中俘虏的亚该亚大公纪尧姆，作为回报他获得了莫奈姆瓦夏、米斯特拉（Mistra）、迈纳（Maina）、耶拉基（Geraki）这些至关重要的堡垒，以及金斯特纳（Kinsterna）地区，帝国在伯罗奔尼撒半岛重新建立统治的第一步就此出色地完成了。他和纪尧姆随即庄严宣誓，绝不互相攻伐，同时纪尧姆还成为皇帝的儿子君士坦丁（Constantine）的教父，并获得了帝国的大元帅头衔。

不难想见，誓言几乎立即被背弃了。1262年5月，纪尧姆在底比斯和威尼斯人结盟对抗帝国；两个月之后在维泰博[①]，他又参与了教皇乌尔班、鲍德温、威尼斯和伯罗奔尼撒的所有拉丁贵族共同结成的同盟，教皇正式下令免除他对

---

① 教皇亚历山大四世在1257年选择在距离罗马约六十英里的维泰博居住。此后的教皇们也继续在此居住了二十八年，直到1285年马丁四世（Martin Ⅳ）逝世。

“希腊分裂主义者”的誓言。对米哈伊尔·帕列奥列格而言，这无疑是极大的挑衅。1263 年年初，新组建的帝国海军掠夺了法兰克人控制的科斯岛、纳克索斯岛和帕罗斯岛，攻击埃维亚岛另一侧的奥雷伊（Oreos）和卡里斯托斯
220 （Karystos），最终进攻摩里亚东南部，并夺取了拉科尼亚（Laconia）滨海地区大部。与此同时，约一万五千人的陆军——其中三分之一是塞尔柱佣兵——在皇帝的兄弟尊贵者君士坦丁（Constantine）的指挥之下由热那亚舰船运输到莫奈姆瓦夏，并从那里向西北方向进军，围攻拉科戴蒙（Lacedaemon），即古时的斯巴达。亚该亚的纪尧姆此时意识到事态严重，仓促赶往科林斯以动员贵族们，君士坦丁随即放弃围攻，强行军穿越伯罗奔尼撒，进攻纪尧姆的首府安兹拉维扎（Andravida）。

亚该亚公国的灭亡似乎在所难免了，然而纪尧姆留在那里驻守的邑督，一个名叫约翰·卡塔瓦斯（John Katavas）的当地希腊人挽救了事态。尽管他年迈且罹患痛风，卡塔瓦斯还是迅速集结了三百名守军抄小路赶往帝国军营。在简短侦察之后他发现入侵军队在长途跋涉之后已经疲惫不堪，此时仍在休息，于是立即下达了进攻命令。君士坦丁和他的部下对此毫无防备，无力抵抗。许多人被杀，余下的士兵则逃进森林之中躲避。侥幸逃走的尊贵者穿越半岛，一路逃到米斯特拉。

一两个月之后，在小岛斯佩察（Spetsai）附近的海域，总共四十八艘战舰的帝国－热那亚联合舰队向南往莫奈姆瓦夏航行时，遭遇了一支规模较小的威尼斯舰队，总

共有三十二艘战舰。这场海战的细节并不清晰，但可以确定的是热那亚人遭到惨败，据说他们有过半数战舰不肯参战，很快便被可耻地冲散了。他们的一名海军将领阵亡，据说人员损失也超过一千。[1] 他们直到多年之后才重新恢复在地中海东部的影响力，更重要的是，他们失去了米哈伊尔·帕列奥列格的信任，此前雇佣他们的海军巡航的他此时要求退款。

与热那亚的联盟终结（1263）

皇帝也有其他不满的理由。自从《宁菲昂条约》签署、威尼斯人被驱逐之后，热那亚人便涌进君士坦丁堡，大量定居下来并开展大规模贸易，对本地的商业社区构成了严重威胁。他们清楚拜占庭帝国需要依赖他们的船运，因而载运希腊人的货物时便不断加价，而他们激发的敌对情绪很快发展到了危险的程度。米哈伊尔无疑是基于这些考虑，
以及他们在斯佩察可耻的表现，才会在 1263 年秋季武断地 221
下令他们约六十艘战舰的舰队解散并返回家乡。《宁菲昂条约》并未就此结束，热那亚人不久之后派来了新的舰队，皇帝也勉强同意了。但这勉强为之的和解并未持续多久，次年热那亚人在君士坦丁堡的市政官古列尔莫·圭尔乔（Guglielmo Guercio）参与了一起阴谋，要把君士坦丁堡献给西西里国王曼弗雷德。铁证如山，在皇帝亲自质问之下，

① 数据源自威尼斯人卡纳莱的马蒂诺（Martino da Canale），他记载称己方损失为四百二十人。

圭尔乔立即认罪，他和他的同乡就此被驱逐出君士坦丁堡。《宁菲昂条约》签署仅仅三年之后，与热那亚人的盟约便以灾难告终。

米哈伊尔·帕列奥列格此时前所未有地需要盟友。曼弗雷德无视了他的友好提议，法兰西国王路易则忙于筹划十字军而无暇考虑拜占庭问题。现在只剩教皇乌尔班了。他的敌意一如既往，但这种敌意和他对曼弗雷德的态度不同，并非针对米哈伊尔本人，而是希望君士坦丁堡再度臣服于罗马。另一方面，他和霍亨斯陶芬家族的关系也愈发恶劣，他清楚曼弗雷德得陇望蜀，宁肯让异端的希腊皇帝控制博斯普鲁斯海峡，也不愿西西里国王取而代之——米哈伊尔也清楚这一点。和他谈判似乎可行。

此时卡拉布里亚的克罗托内（Crotone）的拉丁教会主教正好在君士坦丁堡。他和大多数卡拉布里亚人一样是希腊人，多年以来他都和帝国保持着联系，此前与约翰·瓦塔特泽斯和塞奥多尔·拉斯卡里斯均有联络。他是米哈伊尔求之不得的中间人，主教就此在 1263 年春前往罗马，给教皇送上一封信，提出让两教会重新统一。信中是否提出结盟对付西西里国王我们不得而知，但至少起到了不错的效果。7 月 18 日，教皇回信，宣布决定向君士坦丁堡派出四名方济各
222 会的教廷使节，全权负责签署教会统一的协议。与此同时，鉴于皇帝和亚该亚大公很快将成为同一宗教的兄弟，他要求双方就此停战。

然而乌尔班提出了太多的要求。如果米哈伊尔想要让东正教教会重新承认罗马教廷的主权，他也有自己的条件，他

依然坚定地要把拉丁人赶出希腊。因此10月初他继续进攻纪尧姆，并宣称教廷使节迟迟不到意味着教皇改变了心意。这个理由并不能让人信服，毕竟那时从罗马前往君士坦丁堡很可能要花三个月以上的时间。次年春季，方济各会的教士们还没有抵达，皇帝的理由也似乎更充分了，然而这一切最终影响索然。

尊贵者君士坦丁再度率领大军穿越伯罗奔尼撒半岛，进军亚该亚的首府安兹拉维扎，拉丁人也再度出兵迎击，在城外约十英里的地方，小镇瑟尔吉亚纳（Sergiana）之外，两军开始交战。战斗开始不久，大统帅米哈伊尔·坎塔库泽努斯（Michael Cantacuzenus）——他是君士坦丁的副手，但能力与勇气均远胜君士坦丁——便坠马被杀。尊贵者大惊失色，他立即逃离战场，带着部队围攻位于拉科尼亚北部价值小得多的堡垒尼克里（Nikli）。然而他在那里又遭遇了新的灾难。五千名塞尔柱佣兵的军饷已经拖欠六个月，他们突然之间要求付清欠款，而得不到欠款的他们就此全部叛逃到了敌军麾下。

无能的君士坦丁以疾病为由，抛弃余部返回都城，理所应当地退隐。亚该亚的纪尧姆则就此开始进攻，侵入拜占庭帝国在伯罗奔尼撒半岛南部的领土，在塞尔柱叛军的协助之下，他彻底击溃了当地的希腊部队，进军米斯特拉。直到那里，希腊人才进行了成功的抵抗，然而他们依然无力阻止纪尧姆的大军四处破坏，纪尧姆的大军一路抵达莫奈姆瓦夏城下，而后再安然返回尼克里。

对米哈伊尔·帕列奥列格而言，幸运的是纪尧姆此时决

定停止进军了。尽管取得了相当的军事胜利，战争还是给他的领土带来了相当的破坏，让他的许多臣民无家可归，部队
223 的损失也不小。[1] 急于恢复安宁的他甚至在考虑拜占庭帝国的提议，让他的女儿与继承人伊莎贝拉（Isabella）嫁给米哈伊尔·帕列奥列格在世的儿子之中最年长的安德罗尼卡，即使这意味着在他死后他的公国将就此并入帝国。在拉丁封臣们的压力之下——他们不希望自己的地产在有生之年被没收——他最终还是放弃了和谈。

米哈伊尔给教皇的信（1263）

皇帝原本距离兵不血刃控制整个摩里亚近在咫尺，当他收到这个消息时的打击也可想而知。沮丧、屈辱而孤立无援的他被迫再度求助于罗马。在近期颇无理地背弃协议之后，他清楚在未来的谈判之中，自己不可能再期望得到什么热情回应了——教皇也已经批准亚该亚公国和拜占庭帝国的战争为十字军战争。他只能给乌尔班提出一份他无法拒绝的提议。

> 至尊敬的教父至尊，上帝庇佑的古罗马的教皇，我们的神父陛下，君主乌尔班，使徒的教区至高神圣的大祭司……
>
> 使节和代表曾经时常往来，但他们无法交流，因为

---

① 萨努多（Sanudo）记载称一个不幸的妇女的七位丈夫全部战死。至于她是拉丁人还是希腊人则不得而知。

翻译的疏忽，很少能够达成共识。这就让我们同宗兄弟不和，失去和睦而掩盖了真正的信仰……

但来自西方的声音触动了我们的心灵，可敬的克罗托内主教尼古拉斯（Nicholas）就此来到了我们的帝国，他向我们展示了一切，我们也就此发现神圣的罗马教廷在信仰上和我们别无二致，我们还拥有共同的感情与赞美诗。因此我们尊崇、信奉并敬仰罗马教廷。教会之中的一切，所有的教士、所有的教区和所有的民族，只要奉献、顺从并敬爱教会，自此就要臣服于我们神圣的教皇陛下。

引述信件的这么一段节选就足以说明为何教皇立即做出了回应。这不但意味着拜占庭帝国将归顺罗马教廷，曼弗雷德也将因此被迫放弃对君士坦丁堡的野心。更重要的是米哈伊尔不仅提出教会统一，还提出支持十字军收复乌尔班依然 224
念念不忘的圣地。教皇在 1264 年 5 月 23 日写下的给“帕列奥列格，希腊人杰出的皇帝”的回复，辞藻也是同样的虚伪，时而油腔滑调。信件再度交到了克罗托内主教尼古拉斯手中，他也随即被任命为教皇的全权谈判代表，并带上另外两位方济各会的教士——普拉托的杰拉尔德（Gerard of Prato）和桑斯的雷纳琉斯（Raynerius of Sens）。[1]

使团在盛夏抵达，谈判立即开始，但如果教皇希望直接

① 一年前出发前往君士坦丁堡的那四位方济各会的教士又到哪里去了呢？乌尔班的指令是如果他们依然在城中，也要加入使团。然而他们仿佛彻底消失了一般。

指定条件，他很快就要失望了。皇帝的代表在谈判之初就解释称他们无权自行决断，而是坚定地要把涉及的所有问题，包括政治问题和宗教问题，交由一场各方都参加的大公会议讨论。教皇的使团别无选择只能同意——这是重大的让步，也导致了巨大的灾难，因为宗教会议召开之前，乌尔班于1264年10月2日在佩鲁贾骤逝。

霍亨斯陶芬王朝终结（1268）

教皇乌尔班在人生最后的岁月之中最关注的并非拜占庭重归拉丁教会，而是他的死敌——西西里的曼弗雷德。他们的争议不只是私人冲突，教皇和西帝国多年来的对立情绪已经割裂意大利政坛，让其分为两大对立派系：教皇一派的“圭尔菲派”（Guelfs），和支持霍亨斯陶芬家族也获得他们支持的“吉伯林派”（Ghibellines）。无论如何，乌尔班确实厌恶曼弗雷德。而且他依然怨恨曼弗雷德在1258年从他六岁的侄子康拉丁（Conradin）手中夺取西西里王国（控制了南意大利大部，都城位于那不勒斯）一事，此举让他的领土就此与教皇国的南部边境相接。所谓的西西里王国（Regno）传统上臣属于教皇，曼弗雷德发动政变之后，教廷便在寻找另一个更友好的王公来代替他。他们考虑过许多人，包括英格兰国王亨利三世之子兰开斯特的埃德蒙（Edmund of Lancaster），但他最终选择了安茹和普罗旺斯的伯爵查理（Charles），即法兰西国王路易的弟弟。

225 两兄弟之间有如此的差异确实可谓罕见。和虔敬的路易不同，查理是个典型的幼子，为他的出身而不满。冷酷、残忍、自大且野心勃勃的他正想借教皇的名义夺取曼弗雷德的王国。同样来自法兰西王国的新教皇克莱芒四世（Clement Ⅳ）完成了乌尔班开始的安排，查理也正式接受了这一任务，他的妻子（她完全认同他的野心）典当珠宝以支付这次远征；路易则不情愿地批准出发。1265 年的圣灵降临节，新国王抵达了罗马。自大的查理自以为能够立即住进拉特兰宫。他是个天生的独裁者，坚信自己是全能的主的神选之人。面对三万十字军——教皇克莱芒已经宣布这次远征为十字军——的曼弗雷德胜算索然。1266 年 2 月 26 日，他在贝内文托城外被杀，三天之后遗体才被发现。查理不允许以基督徒的方式下葬，他被扔在了贝内文托的桥下，每个经过的法军士兵都要向他的尸体扔一块石头。曼弗雷德的妻子伊庇鲁斯的海伦娜，以及她的三个幼子都被囚禁在诺切拉。此后他们之中三人再未见于历史记载，只有一个男孩例外，他在四十三年之后仍被囚禁在那里。查理明白斩草除根的道理。

1268 年，他再度决定性地证明了这个道理。曼弗雷德的侄子康拉丁从德意志向南，竭力想要挽回家族的遗产。8 月 23 日，查理在塔利亚科佐（Tagliacozzo）击溃了他的部队，康拉丁本人被俘虏，随后进行的所谓审判中，他被定为叛国者，在那不勒斯市场之中被斩首，年仅十六岁的他是霍亨斯陶芬家族的最后一个男丁。

塔利亚科佐之战标志着法兰西取代德意志成为南意大利的统治者。如今查理和圭尔菲派在各地掌权，恰如十年前时的曼弗雷德和吉伯林派一般。在君士坦丁堡密切关注着这一切的米哈伊尔·帕列奥列格并不希望这一变化到来。曼弗雷德已经制造相当的纷扰，而他怀疑查理会是个更难缠的敌人——事实最终证明了他的猜测。接下来的十六年中，他要继续和西西里王国争斗，这一争斗也将持续到他的人生结束。

既然开始，查理就打算继续下去。他即位一年之后便靠着坚持不懈的外交阴谋获取了科孚岛和伊庇鲁斯部分滨海地
226 域，而这是入侵希腊和马其顿的帝国行省的绝佳跳板。1267年5月，在维泰博的教皇驻地和教皇克莱芒、亚该亚大公纪尧姆和被废黜的皇帝鲍德温——他从未放弃夺回皇位的希望——商讨了一个月之后，他签署了两份协议，更明确地展露了他的长期意图。第一份协议让纪尧姆的女儿伊莎贝拉——此前打算与安德罗尼卡·帕列奥列格成婚——与查理的儿子安茹的腓力（Philip of Anjou）成婚，并在纪尧姆死后共同统治他的公国。第二份协议则具体叙述了查理恢复博斯普鲁斯海峡的拉丁帝国的计划，此处有必要进行简短转述。

西西里国王许诺在六至七年间，他或者他的继承人将提供两千名骑兵为鲍德温作战；作为回报，鲍德温需要交给查理亚该亚公国的宗主权，以及除莱斯沃斯岛、萨摩斯岛、希俄斯岛和科斯岛之外的所有爱琴海岛屿，还有即将征服的领土的三分之一，其中不包括君士坦丁堡以及那四个岛屿，但包括伊庇鲁斯、阿尔巴尼亚和塞尔维亚。如果勃艮第公爵于格（鲍德温在前一年把那块封地许给了他）没能完成任务的话，还要把塞萨洛尼基国王的头衔给查理。最后，如果鲍

德温和他的儿子库特奈的腓力没有留下合法继承人，皇位也要由查理继承。与此同时，威尼斯要获取在帝国的全部旧有特权，为了确立这一和约，库特奈的腓力将会与查理的女儿贝亚特丽斯（Beatrice）订婚，等她到适婚年龄之后便立即成婚。

这份文件无论如何看都可谓惊人。西西里国王确实没有直接索取皇位，鲍德温和教皇克莱芒（此时他已经因查理崛起的速度而不安）也不会同意。但这至少让他立即获取了东地中海的一个小帝国，让他得以从陆路或海路轻而易举地抵达君士坦丁堡——他的代价仅仅是模糊的许诺和稀少的援军，还是在多年之后。米哈伊尔·帕列奥列格得知这一消息时难免紧张不已，他此时也要面对严峻的威胁，如果安茹的查理成功，他很可能恰如之前的鲍德温一样，成为孤城之中的皇帝。

教皇出缺（1268）

尽管教皇乌尔班的逝世让教会统一的谈判就此延期，但此时的米哈伊尔清楚，在贝内文托之战后，他必须尽快改善和教廷的关系，他也竭力恢复和罗马的联系。然而克莱芒四 227
世远没有他的前任那么随和，坚定拒绝了希腊教会提出的大公会议提议，声称“信仰的纯洁性不容置疑”。因此“和子”问题、有酵饼问题、重要的教会司法问题都不会进行讨论，简而言之，让东西方基督教教会分裂至今的所有神学与礼仪问题将均不进行讨论。克莱芒送给皇帝的是一份“信仰声明”，要求他在谈判之前无条件接受。信中最后一段话如下：

> ……这封信给你一个机会，我们宣称我们既不打算为那些被陛下弹压的人伸张正义（本来也不该如此），也不放弃使用其他手段使天主拯救灵魂。

无论最后一句指的是不是打着圣战旗号的安茹大军，其中的威胁意味也足够明显了。

如果教皇保持如此态度的话，教会就不可能统一了。绝大多数东正教教士坚定反对，就算他们打算接受，也不可能接受目前提供的条款。米哈伊尔理智地选择无视了这些问题，而是提出对圣地发动十字军——他还许诺让亚美尼亚国王提供至关重要的帮助。但克莱芒不为所动，当他在 1268 年 11 月逝世时，教会的分裂一如既往。

然而教皇就算是不想合作，也总比不可能合作好。查理在教廷的影响相当可观，接下来的三年之中他成功保持教廷无人掌控，就此得以在没有罗马教廷干涉的情况下，随心所欲对待拜占庭帝国，乃至其他一切问题。现在，幸运的是，米哈伊尔还是获得了两个盟友。1267 年年末，他重新和热那
228 亚人签约，并允许圭尔乔事件之后被驱逐的所有热那亚人返回，还把金角湾另一侧的整个加拉塔区割让给他们。[①] 次年年初，

① 据称米哈伊尔把热那亚人安排到加拉塔是为了避免圭尔乔式的阴谋再度发生。然而事实上，在拉丁帝国时代乃至更早之前，他们就在这一地区聚集了。热那亚人对这一安排完全没有表示异议，他们也在这一地区保持着主导地位，直到被土耳其人征服。

他又签署了另一份协议——和热那亚的死敌威尼斯。

早在 1264 年，米哈伊尔便派另一批使节前往威尼斯；1265 年，他同意了一份授予威尼斯一系列特权的协议，就算不能和此前的风光相比，至少也比目前的情况好。威尼斯人一时间拒绝批准，拜占庭帝国依然处于混乱之中，帝国的未来尚不确定，没有必要立即表明立场。然而四年后，情况改变了。其间，缺乏黎凡特基地的他们极易遭受突厥和阿尔巴尼亚海盗的侵袭，也因查理获取科孚岛和伊庇鲁斯部分海岸地区而担忧，控制这些战略要地的他完全能够封锁整个亚得里亚海。出于这一系列考虑，《第二次维泰博条约》的空洞承诺便无足轻重了。1267 年 11 月，总督雷涅罗·泽诺（Renier Zeno）派属下最出色的两位外交官前往博斯普鲁斯海峡，全权负责谈判。1268 年 4 月 4 日，双方最终签署协议，并在不到三个月之后得到威尼斯的批准。

事实上这一协议仅仅维持了五年，但其间威尼斯人许诺停战，并停止了对帝国敌人的全部协助，释放了囚禁在克里特岛、莫多内（Modone）和克罗内（Corone）——他们希腊领海之中的三个主要基地——的全部希腊俘虏。作为回报，皇帝许诺尊重威尼斯在各地的定居点，并再度允许威尼斯商人自由居住、往来与贸易，在他的领地之中不会遭受任何阻挠，也不必支付任何税费。只有两项曾经的特权不复存在：威尼斯在君士坦丁堡和帝国的八分之三领土——尽管这一宣称的实际经济意义如今已经所剩无几——以及此前的独占经营权。米哈伊尔坚称，热那亚人要保留所有旧有的权利。此前，帝国只给一个共和国完全的特许权而排斥其他共 229

和国的政策，其危险已经显露无遗。自此，他们之间必须自由竞争——但他们必须特别保证不在海峡或者黑海之中开战——拜占庭帝国将从他们的对立之中获益，而不必担心失利者和帝国的敌人联手了。

反拜占庭帝国的联盟（1269）

如果说米哈伊尔的军事力量与外交地位在光复君士坦丁堡之后，此时正处于前所未有的有利态势，他的敌人却也愈发强势了。安茹的查理不再受教皇约束，公开准备对抗希腊帝国。西西里王国的所有船坞都夜以继日地工作，食物、钱财、其他补给品和部队被紧急运往摩里亚，查理打算将其用作远征之中的主要桥头堡。为了防止泄密，他禁止了意大利与希腊之间的所有商贸道路。查理也忙于组织与中欧王公的同盟：匈牙利的贝拉四世（Béla Ⅳ）、塞尔维亚的斯蒂芬·乌罗什一世（Stephen Urosh Ⅰ）、保加利亚的君士坦丁·蒂克——他的妻子伊琳妮是被刺瞎并软禁的约翰·拉斯卡里斯的妹妹，她也不会让自己的丈夫忘记米哈伊尔如何对待自己的兄弟。[①] 为保证万无一失，他甚至派使节联络塞尔柱苏丹、亚美尼亚国王和蒙古可汗；1269 年 8 月，他还和帝国的盟友热那亚签署了商业协议，愤怒的米哈伊尔也就此彻底

① 安茹王朝的记述提及约翰·拉斯卡里斯逃离了他的拘禁地，来到查理在那不勒斯的宫廷之中避难，然而这一记载与帕希梅尔斯和格里戈拉斯的说法都矛盾，而且极不可能。查理也许希望获得一个僭称者以给自己的计划增加合法性，就像 1080 年的罗伯特·吉斯卡尔。但他既然坚定支持鲍德温，就不太可能一并支持约翰的宣称。

今日伊斯坦布尔圣索菲亚大教堂（奥斯曼帝国征服后新建宣礼塔）

圣马可青铜马，当时位于圣马可大教堂西侧

遗憾的是如今此处放置的是复制品

ΜΡ

圣母与圣子，两侧是皇帝约翰二世和皇后伊琳妮。圣索菲亚大教堂南走廊，伊斯坦布尔

向基督献上教堂。塞奥多尔·梅托西特斯的镶嵌画，约 1320 年，位于霍拉的救世主教堂（卡
清真寺），伊斯坦布尔

全能基督修道院的拜占庭镶嵌画。约 1150 年，切法卢大教堂，西西里

曼努埃尔一世与皇后安条克的玛丽

全知圣母修道院，十四世纪晚期，米斯特拉

十字军城堡“骑士堡”，约 1140 年，叙利亚

塞尔柱建筑巴特曼桥，安纳托利亚，十三世纪

约翰六世，皇帝形象与僧侣形象。法国国家图书馆，巴黎

布西科元帅与圣凯瑟琳，源自“布西科画师”。雅克马尔·安德烈博物馆，巴黎

皇帝腓特烈“巴巴罗萨”。梵蒂冈图书馆，罗马

皇帝曼努埃尔二世（1391~1425）。法国国家图书馆，巴黎

约翰八世，皮萨内洛（Pisanello）制作的勋章，1438 年 。巴尔杰洛博物馆，佛罗伦萨

约翰八世，出自贝诺佐·戈佐利绘制的壁画《三博士来朝》，佛罗伦萨美第奇－里卡迪宫

皇帝安德罗尼卡二世。拜占庭博物馆，雅典

奥斯曼近卫军。真蒂莱·贝利尼（Gentile Bellini）绘制，十四世纪晚期，大英博物馆，伦敦

博斯普鲁斯海峡畔的如梅利堡垒，苏丹穆罕默德二世于1452年建造，伊斯坦布尔

HERE LYETH THE BODY OF THEODORO PALEOLOGVS
OF PESARO IN ITALYE DESCENDED FROM YE IMPERYALL
LYNE OF YE LAST CHRISTIAN EMPERORS OF GREECE
BEING THE SONNE OF CAMILIO YE SONE OF PROSPER
THE SONNE OF THEODORO THE SONNE OF IOHN YE
SONNE OF THOMAS SECOND BROTHER TO CONSTANTIN
PALEOLOGVS THE 8TH OF THAT NAME AND LAST OF
YE LYNE YT RAYGNED IN CONSTANTINOPLE VNTILL SVB
DEWED BY THE TVRKES WHO MARRIED WTH MARY
YE DAVGHTER OF WILLIAM BALLS OF HADLYE IN
SOVFFOLKE GENT & HAD ISSVE 5 CHILDREN THEO
DORO IOHN FERDINANDO MARIA & DOROTHY & DE
PTED THIS LIFE AT CLYFTON YE 21TH OF IANVARY 1636

纪念塞奥多尔·帕列奥列格——拜占庭帝国最后一位皇帝的后裔的铭文饰版，1636 年，圣莱昂纳德教堂，康沃尔兰杜尔夫

认定热那亚人朝秦暮楚。（向威尼斯提出的商业协议无果而终。）与此同时，流亡的前皇帝鲍德温和纳瓦拉国王、香槟的特奥巴尔德（Theobald）签署协议，许诺给他征服土地的四分之一——尽管此前许诺给查理、勃艮第公爵和威尼斯人的利益不能受损。当整个西欧与中欧就此联合反对他时，米哈伊尔·帕列奥列格和他的帝国的前景堪称绝望。

寻找其他潜在同盟没有意义，因为根本没有。皇帝自此只能依靠外交了。唯一的渺茫希望在于法兰西国王路易。路 230
易是虔诚的天主教教徒，也是安茹的查理的兄长，理论上不可能出手相助，米哈伊尔也清楚，他正在准备新的十字军，顾不上其他事情。拜占庭使节匆忙赶往巴黎，送上皇帝的信。信中说，皇帝乐于加入国王对北非的萨拉森人的远征，并提供大量部队，不幸的是国王陛下的兄弟正在筹备进攻皇帝，若是这场战争先开始，双方就都不可能给十字军提供应有的帮助了。1270 年春出发的第二批使节则宣称皇帝、教会和人民都准备臣服于罗马，而在与查理的争执问题上，皇帝愿意无条件听从路易个人的决定。

国王立即做出了回应。教皇空缺之时，他立即将消息转交教廷，建议考虑这一问题并派高阶使节前往君士坦丁堡。不久之后阿尔巴诺（Albano）主教便来到了博斯普鲁斯海峡。他得到了谨慎而全面的要求：教皇克莱芒此前信中的“信仰声明”，以及明确承认教皇权威的声明，要送到各希腊教堂与修道院中，让帝国之中的所有教会领袖署名，而后送到罗马保存。与此同时，君士坦丁堡要举行一次宗教会议，在会上朗读这一声明，皇帝、牧首、教士和平民要公开表示接受。

米哈伊尔再度决定无视这一提议，他感谢了阿尔巴诺主教的到来并允许他返回，同时派出第三批使节觐见国王路易，包括两名高阶教士，即圣索菲亚大教堂的书记僧侣约翰·贝库斯（John Beccus）和皇帝教堂之中的副主教君士坦丁·梅里特尼奥特斯（Constantine Meliteniotes），两人都携带了重礼。然而他们抵达西西里东南端的帕塞罗角（Passero）时，才发现十字军已经远征突尼斯。8 月初他们抵达那里时，路易已经身患伤寒，病势严重。两周之后他才勉强得以召见他们，轻声说出希望自己的兄弟和皇帝能归于和平。次
231 日，8 月 25 日，他逝世了。“他们两手空空，得到的只有承诺”，希腊使节就此返回了家乡，而此时，安茹的查理刚刚率海军抵达突尼斯。

查理的舰队被毁（1270）

兄长离世之后，全权掌握大军的查理为何不立即放弃十字军，然后出征君士坦丁堡呢？也许是出于他对路易的忠诚——虽然就我们对他性格的了解而言这不太可能。也许他认为这一战已经进展顺利，很可能大获全胜，因此不肯放弃机会——不久之后他还大败突尼斯埃米尔，进一步加深了他的决心。尔后在 11 月，他航向西西里的特拉帕尼过冬，他的陆海军整装待发，他和部下的士气因大胜而高涨。当兄长离世，最后可能约束他的力量也不复存在时，安茹的查理可谓前所未有地危险，米哈伊尔·帕列奥列格也陷入了前所未有的危机。或许只有奇迹才能拯救他了。

奇迹也就此到来。查理的舰队抵达特拉帕尼不久，11月22日，前所未有的猛烈风暴席卷了西西里岛西部。他最大的十八艘战舰都成了木柴，不计其数的小船、人员和马匹——不少人依然在船上——也一同毁灭，伤亡数以千计，另有大量的物资与补给品沉入海底。几个小时之后，查理的陆军和海军都毁灭了。米哈伊尔·帕列奥列格得知这一消息时激动落泪，圣母——君士坦丁堡的庇护者，再度解救了这座城。西西里国王在接下来几年都无法对帝国构成重大威胁了。

第十五章　勉强的统一（1270～1282）

232 因为如此机巧地避免了即将降临在我们头上的灾难，我们不应当受责备……而是应当得到谨慎者与睿智者的赞扬。我寻求教会统一只出于一个考虑：急于避免外部威胁成真……但若是为此，我根本不该开始这一切。

——米哈伊尔八世，乔治·帕希梅尔斯引述

1271 年 8 月的最后一周，在安茹的查理的阴谋之下，西欧的基督教世界整整两年零九个月的时间里没有教皇就职，这也是教廷历史上最长的一次空缺。若不是维泰博的市政官把举行选举的宫殿的屋顶拆下，空缺或许还要继续更久。他的举措起到了他预想的效果，9 月 1 日，列日（Liege）副主教泰奥巴尔多·维斯孔蒂（Teobaldo/Tedaldo Visconti）被选举为教皇。他当时正在巴勒斯坦，陪同英格兰王子爱德华——此后的英格兰国王爱德华一世（Edward Ⅰ）。他立即登上第一艘可出发的航船，匆忙赶回罗马就任，成为格里高利十世（Gregory Ⅹ）。

与格里高利十世联络（1272）

格里高利在东方的旅途给他留下了无法磨灭的印象。他向来关注圣地，也把他任职期间的主要任务定为收复耶路撒冷。然而他担心若是得不到希腊帝国的支持，收复圣地的可能会愈发渺茫，因此他比他的两位前任都重视弥合东西教会之间的裂痕。即使在离开巴勒斯坦之前，他就给米哈伊尔·帕列奥列格送去了一封言辞极为热切的信，强调自己希望教会统一；1272 年 10 月，他亲自邀请皇帝参
加两年后在里昂召开的教会会议。与此同时，他建议双方 233
应当立即开始进行非正式会谈，尽可能在会议召开之前解决分歧。他在信件中附上了克莱芒四世的“信仰声明”，但和他的前任不同，他更为现实。他比克莱芒更清楚米哈伊尔必须面对何种困难，也清楚在这么短的时间之内他不可能让所有教士、修道院和俗世人明确表达意见。他指出，只要主教们承认教皇的最高权威就足以了。他给自己的大使下达的指示之中，对自己的规划进行了更清楚的说明。

“我们自愿顺从于教会，承认并接受罗马教廷的权威”……若是“承认”难以保证，也可以加上这一句话或类似语句：“因此我，皇帝，认同天主教的正信。”……但如果“认同”也难以保证，还可以加上这一段话或类似语句：“我们愿意承认这一信仰，承担它，信奉它，并统合于……神圣的罗马教廷，我们的信仰之母……并

顺从于罗马教廷，承认其最高地位。”①

米哈伊尔八世清楚搪塞拖延很可能会让格里高利转而支持查理，便做了善意回应。他向教皇保证与他使节的商谈已经开始，他本人也把教会统一当作国家的首要任务。他的代表必然会参加随后的会议，他只希望教廷派人保护使团，以免查理“出于对和平的憎恨，提前破坏这一神圣的事业”。这个谨慎之举堪称明智，他清楚西西里国王可以轻而易举地让拜占庭使团在他的控制区域之中消失，而后再反咬一口，诬告拜占庭根本没有派出使团。

教皇也许有同样的担忧。他立即同意了要求，下令卡西诺峰修道院的院长在帝国使节抵达西西里王国时亲自前去迎接，并护送他们抵达罗马。与此同时，他在和查理商议时，
234 继续强调他应当协助促成统一，而非固执阻挠。国王反对称，在道义上，他有责任遵守1267年签署的《第二次维泰博协议》，在七年内，也就是1274年5月之前发起进攻。然而格里高利请求他推迟一年，在特拉帕尼的灾难之后舰队还没有整备完成的查理自然同意了。

里昂会议（1274）

尽管卡西诺峰修道院院长做了安排，西西里国王保持了克制，希腊使节前去里昂参会的旅途也并不顺利。他们在

① 格里高利信件的全文参见 J. Guiraud，*Les registres de Grégoire X*。译文以及本章的部分内容参考了 D. J. 吉纳科普洛斯（D. J. Geanakoplos）的前述著作。

1274 年 3 月离开金角湾，在马莱阿角（Malea）遭到了春季风暴，他们的一艘船因此沉没，船上的乘员全部罹难，包括财政部部长尼古拉斯·帕纳勒托斯（Nicholas Panaretos）和大译官乔治·沃尔霍约特斯（George Berrhoiotes）。皇帝送给教皇的大批礼物也就此沉入海底，包括数件无价的金圣像，另外还有一块绣金丝镶珍珠的圣坛盖毯，这是米哈伊尔·帕列奥列格七年前奉献给圣索菲亚大教堂的。

余下的三名使节——前任牧首日耳曼诺斯（Germanos）①、尼西亚都主教塞奥法内斯（Theophanes）和大部长乔治·阿克罗波里特斯——在 6 月末抵达里昂时，会议已经进行七周。西欧基督教教会中的所有显赫教士齐聚圣让教堂（和 1274 年时基本一样），包括所有的枢机主教和原君士坦丁堡的拉丁牧首，以及威尼斯人潘塔莱奥内·朱斯蒂尼亚尼（Pantaleone Giustinian），集会人数约有一千五百人之多。尽管信仰天主教的君主都收到了邀请，但只有阿拉贡国王海梅一世（Jaume Ⅰ）前来。安茹的查理的缺席更是颇为显眼。6 月 24 日，三名使节在教会的典礼之中被护送到教皇的宫殿，教皇迎接了他们并致以和平之吻。他们随后奉上皇帝、皇子安德罗尼卡和东正教教会主教们的信件。没有商谈，没有讨论。然而五天后，6 月 29 日，格里高利出席了特殊的双语弥撒，庆祝即将到来的教会统一，教会的使节们各司其 235
职，福音书、使徒书信和信经全部用拉丁语与希腊语朗诵，

① 日耳曼诺斯仅担任一年牧首之后便被迫于 1266 年逊位，原因是米哈伊尔八世对约翰·拉斯卡里斯施瞽刑，他的前任阿尔森尼奥斯因此革除了米哈伊尔的教籍，日耳曼诺斯却没能撤销这一处罚。

其中尖锐地重复了三次“和子”。这是最让拜占庭教会如鲠在喉的一句话，如果当时确实三度念出，使节至少是隐藏了自己的不满。

最终在 7 月 6 日，统一正式确立。在奥斯提亚枢机主教、未来的教皇英诺森五世（Innocent V）进行布道，格里高利致欢迎辞之后，皇帝信件的拉丁语译文被高声朗诵。其中包括了完整的“信仰声明”——自然包含“和子”——并承认教皇的最高地位，唯一的要求是拜占庭教会可以保留旧有的信经（在分裂之前已经存在）以及并不和大公会议的决议抵触的东方礼仪。接下来的两封信中，希腊主教也承认接受教会统一，但要求在任牧首逊位，并承认教廷“在分裂之前拥有的一切权威”——这句话可谓相当含糊，毕竟教皇的一系列宣称都是因为 1054 年的分裂才得以施行的。最后，大部长乔治·阿克罗波里特斯以皇帝的名义发誓，条件和他信中的条件基本一致；教皇吟诵了《赞美颂》（Te Deum），并进行布道以表达对教会和解的欣喜。信经再度以拉丁语和希腊语吟诵，典礼就此结束。二百二十年之后，东方与西方的教会终于统一了。

至少表面上如此。

统一的代价（1275）

1274 年夏季，博斯普鲁斯海峡保持着宁静，直到皇帝的使节在晚秋返回时，教士和俗世人才意识到此前谈判的重大意义。承认教皇的最高地位就是很大的屈辱，即使皇帝不断坚称，罗马与君士坦丁堡的距离之漫长与路程之艰难足以保证牧首不会失去事实上的独立地位。他提出，教皇什么时候才会到君士坦丁堡指挥希腊主教们，又有谁愿意经历如此之长的航程去罗马请愿呢？但在许多拜占庭帝国中的教士和俗世人看来，这就是背叛，而且背叛的程度远不止于此。帝 236
国是君权神授，皇帝是上帝在凡间的辅助统治者，地位与使徒相当。他在宗教上的象征意义远大于牧首。但他的权力也不是无限的。他们宣称，皇帝有什么权利改变他们宗教的根基，即东正教的信经呢？信经是缓慢而艰难地在七次大公会议之后才最终得出的，只有在新的大公会议上，五位牧首一同出席时才有权修改信经。因此皇帝直接冒犯了教会法，接受了西欧那本身就不合教规的信经。更重要的是，这样做更是冒犯了都城的庇护者——圣母。七十年前君士坦丁堡曾经失去她的庇护，而其结果，城中所有成年人都无法忘却。如今他们又要承受何种灾难呢？

皇帝的臣服也严重打击了他们的民族自信心。几个世纪以来，西欧在他们的眼中不但是异端，也鄙陋、无知、野蛮、粗野；西欧势力占据都城的五十七年之中，他们被一批半文盲的恶棍欺凌鄙视，这段经历更不会让他们改变看法。如今在重获自由仅仅十三年之后，他们便要再度受法兰克人奴役，而他们是不会轻易屈服的。

在 1275 年 1 月 16 日的一次特别活动之后，里昂的典礼在皇宫的礼拜堂中重演了一次。示威者首先走上了街头；当他们得知公开支持统一的约翰·贝库斯——四年前身为圣索菲亚大教堂书记僧侣的他是皇帝派去觐见圣路易的使节之一——被提升为牧首时，人们的情绪愈发激动了。教会陷入了堪与四世纪前的弗提乌斯分裂相比的对立，这种对立甚至影响到了皇室，皇帝的姐姐尤洛基亚——她如今已成修女——坚定反对自己兄弟的政策，皇帝被迫将她拘禁。她在不久之后逃离，来到保加利亚投奔自己的女儿，即于1272年成为保加利亚沙皇君士坦丁·蒂克的第二任妻子的玛丽亚（Maria），她们随即筹备和埃及的马穆鲁克王朝联盟，决定彻底将米哈伊尔赶下皇位。

237 幸运的是这个计划无果而终，而皇帝更担心的是伊庇鲁斯的统治者尼基弗鲁斯——几年前继承了他父亲米哈伊尔的封号——和他的兄弟私生子约翰，塞萨利的统治者。两人在很大程度上——如果不是全然——出于政治考量，将他们的控制地域作为反对统一者的避难所。约翰甚至自称正教的护卫者，并在1277年5月1日召开由避难的僧侣参加的“宗教会议”，正式谴责皇帝、牧首和教皇。

米哈伊尔·帕列奥列格误判了臣民们的情绪吗？或许在一定程度上如此。他坚信自己的筹划是解救帝国免遭拉丁势力发起的灾难性入侵的唯一办法，也希望臣民们和自己一样现实。但他清楚如果没能说服臣民，自己便要面对何种后果。在他看来，他是别无选择。抗议持续了几周之后，他依然不肯处理煽动者，直到他确定无法说服他们之后才动用武力。然而开弓没有回头箭，公开反对统一的人遭到监禁、流放乃至受瞽刑，其他人则被鞭打，还有人被查抄了财产。领导反对者的修道院遭受了格外严厉的待遇，一名格外健谈的僧侣梅勒提奥斯（Meletios）被割掉了舌头。

和罗马统一，就意味着西西里国王和名义上的拉丁皇帝库特奈的腓力——他的父亲鲍德温于1273年逝世——发动入侵的道义基础不复存在，能够暂时解救希腊帝国，也让西欧认定米哈伊尔获取君士坦丁堡的合法性，甚至消除了教皇对他的大计划，即肃清巴尔干半岛的拉丁残余势力的反对。但对皇帝和臣民而言，代价都相当高昂。

争夺埃维亚岛（1275）

使节在抵达里昂参加教会统一典礼之前，他们的君主在巴尔干的新征战已经开始。他的部队占据了阿尔巴尼亚的重要港口布特林托和内陆的堡垒培拉特（Berat），将安茹王朝的部队赶回亚得里亚海滨的都拉佐和阿弗罗那。西西里国王查理对此大为警惕，便尽可能派出了援军，但他忙于在意大 238
利和西西里与热那亚和他们吉伯林派的盟军作战，他们接连不断地袭扰西西里岛、阿普利亚和卡拉布里亚的滨海城镇。抽不出手的他无力反击，损失了可观的部队与领土。次年皇帝继续施加压力，同时对塞萨利的私生子约翰发起进攻，这支部队由他的兄弟尊主约翰·帕列奥列格指挥，还配备了一支拥有七十三艘舰船的舰队，用于袭扰拉丁人并截击援军。

私生子约翰对此毫无防备，被围困在自己的奈奥帕特拉斯（Neopatras）城堡，但他也不是第一次被困了。他趁月黑风高缒城而下，扮成找马的马夫，悄然穿过了希腊人的营地。三天后他抵达了底比斯，当地的公爵拉罗什的让一世（Jean Ⅰ de la Roche）借给了他三百骑兵。他带着骑兵返回奈奥帕特拉斯，从背后对希腊军队发起突袭。尊主约翰竭力集结起部队，但恐慌情绪传播开之后，他们还是溃逃了。

这次胜利展现了私生子约翰的勇敢机智，他不但击败了帝国军队，还羞辱了他们一番，拉丁贵族们因此士气高涨。他们从埃维亚岛和克里特岛迅速集结了一批威尼斯舰船，补充上他们能找到的其他所有舰船，在沃洛斯湾的迪米特里亚斯进攻希腊舰队。起初进攻方占了上风，许多希腊水手受伤或落水。然而尊主约翰及时率领一支当地集结起来的部队从塞萨利赶来，[①] 逐渐扭转了战局。夜间，几乎所有主要法兰克指挥官均被俘虏，拉丁一方的舰船也只有两艘免遭俘虏。米哈伊尔·帕列奥列格得知这两次战斗的消息时，明确表示他认定胜利远比失败意义重大。然而他的兄弟约翰不这么认
239 为，在他看来近期的胜利也无法弥补在奈奥帕特拉斯的失利，返回君士坦丁堡之后便辞去了指挥职务，悲哀沮丧地隐退。他的继任者本应当是首席马厩长（protostrator）[②] 亚历克修斯·菲兰索佩诺斯（Alexius Philanthropenus），即迪米特里亚斯之战中舰队的指挥官，但亚历克修斯在那一战中受伤，尚在休养，因此皇帝选择了叛变的意大利人利卡里奥（Licario）负责指挥。

就现存的资料来看，此人来自在埃维亚岛居住已久的某个显赫的威尼斯家族，却因为和一位拉丁贵族的寡妻——卡尔切里的费丽萨（Felisa dalle Carceri）过从甚密而让他们不

① 很难说迪米特里亚斯之战实际情况究竟如何。格里戈拉斯坚称这一战并非海战，而是在海滨进行，这至少能更好地解释事态的发展。另一个问题是，据说约翰是在奈奥帕特拉斯听闻这场战斗的，也就是说拉丁人在几个小时之内便集结起了部队发动进攻。但确定无疑的是，希腊人获得了胜利，而且胜利意义重大。

② 理论上负责指挥瓦兰吉卫队和轻骑兵。

满。1271 年，他投降帝国。他的第一次胜利——夺取卡里斯托斯——得到的回报，便是以帝国的封臣身份全权管辖埃维亚岛，作为回报，他将继续与两百名骑士为帝国服役。接下来的几年间他肃清了哈尔基斯之外的全岛，还从威尼斯统治者菲利波·吉西（Filippo Ghisi）手中夺取了斯基罗斯岛（Skyros）、斯科派洛斯岛（Skopelos）、斯基亚索斯岛（Skiathos）和阿莫尔戈斯岛（Amorgos），菲利波则被押往君士坦丁堡。随后他又夺取了凯阿岛（Ceos）、塞里福斯岛（Seriphos）和阿斯蒂法利亚岛（Astipalaia），以及桑托林岛（Santorini）和锡拉夏岛（Therasia）。利姆诺斯岛（Lemnos）因当地的统治者保罗·纳瓦加奥索（Paolo Navagaioso）和他的妻子坚决抵抗，被围三年之后才投降。

现在最终光复埃维亚岛的机会似乎已经到来，只有其首府哈尔基斯此时仍在拉丁人手中。城外的一场战斗中，该岛的统治者之一，维罗纳的费丽萨（Felisa da Verona）的兄弟吉贝托（Giberto），以及雅典－底比斯公爵拉罗什的让均被俘虏，但利卡里奥得以继续进攻之前，让的兄弟、统治纳夫普利亚（Nauplia）的雅克（Jacques）率大军前来，而拜占庭军队再度被私生子约翰大败的消息几乎同时传来。利卡里奥决定暂缓进攻哈尔基斯。他带着俘虏返回都城，皇帝就此授予他大统帅的头衔，让他负责掌控帝国的所有拉丁雇佣军——米哈伊尔本人就曾经担任这一职务。对维罗纳的吉贝托而言，这一打击太大了，自己最低微的一个臣属穿上奢华的官服，甚至能和皇帝密语，是他无法接受的。他当场中风暴卒。拉罗什的让更幸运，他在缴纳了三万索尔多（soldi）

的赎金后重获自由，然而他也在不久之后死去。

240 至于利卡里奥，这个突然出现在历史记载之中的名字，至此又突然消失了。没有人提及他死亡——无论是否战死——或者被解职，我们只能推测他或许在君士坦丁堡病故。他没能等到夺取哈尔基斯的那一天，也没有获取本该属于他的封地，自己土生土长的岛屿。然而身为同时代最出色的海军指挥官，以及米哈伊尔·帕列奥列格光复巴尔干的漫长努力之中的协助者之一，他应当在本书中留下属于自己的一页。

尼古拉斯三世继任（1277）

巴尔干和爱琴海接连不断的战争让教皇格里高利颇为悲哀，但他也意识到自己事实上无法阻止。1275 年，他至少成功安排米哈伊尔·帕列奥列格和安茹的查理签订了为期一年的停战协议，然后去世。他希望双方能借此考虑他支持的唯一一种军事行动：十字军。米哈伊尔八世提出十字军将不走水路，而是沿第一次十字军的行军路线穿越巴尔干抵达君士坦丁堡，而后渡过博斯普鲁斯海峡，走小亚细亚进入叙利亚和巴勒斯坦。初读此处想必会颇为惊讶。这样的计划可谓相当危险，在其他问题之外，拉丁人还可能就此对君士坦丁堡发起进攻。这还可能让他们从突厥人和蒙古人手中光复安纳托利亚。但他们即使得以成功，又如何保证这些土地回归他们原来的主人手中？在帝国的领土之上出现更多的拉丁小政权，对米哈伊尔而言绝非好事。

另一方面，如果十字军确实准备前来，那么更好地利用他们不是更好吗？他至少有机会让安纳托利亚彻底摆脱异教徒的侵扰，除此之外还能有其他机会吗？他的烈祖亚历克修斯·科穆宁不正是就此利用第一次十字军，并取得了可观的成功吗？米哈伊尔提出这一提议时应当是经过了深思熟虑。然而教皇格里高利对此颇感兴趣。收复基督教大城市，乃至安条克，足以让他动心，军队也可以就此免于忍受漫长且危险的海上颠簸。热切的他甚至打算在 1276 年复活节之后尽
快与米哈伊尔在布林迪西会面，如果米哈伊尔不愿踏入西西 241
里王国（他自然有理由如此），他便亲自渡过亚得里亚海，前往阿弗罗那。

然而 1 月 10 日，原定的会面日期三个月之前，教皇在阿雷佐（Arezzo）逝世，他温和且热爱和平的继任者英诺森五世虽然依然和希腊使节保持着紧密联系，对十字军却远没有那么热衷，既不想发动陆地远征，也不想和皇帝会面。两个计划随即均被放弃。这也是历史上最后一次联合基督教世界之力，将突厥人逐出安纳托利亚，并让那里在两百年之后重归拜占庭帝国的机会——虽然也只是个机会而已。出于本章结尾将要说明的原因，这个机会再也没能出现。

英诺森原名塔朗泰斯的皮埃尔（Pierre de Tarentaise），也来自法兰西王国，无耻地操纵教廷事务的安茹的查理自然因他就任而欣喜不已，匆忙赶往教皇的宫殿。查理无法原谅米哈伊尔在里昂战胜自己，也公开反对教皇格里高利与拜占庭帝国保持良好关系的政策。他对君士坦丁堡的觊觎依然不减当年，而当他发现新教皇对他们的同情远不及前一位时，据称他因愤怒而撕咬自己的权杖——帕希梅尔斯与同时代的

西西里编年史家内奥卡斯特罗的巴尔托洛梅奥（Bartolomeo of Neocastro）均如此记载。英诺森仅担任教皇五个月即逝世，他的继任者哈德良五世（Adrian V）则仅在位五个星期，哈德良的继任者约翰二十一世（John XXI）在即位七个月之后，在维泰博的宫殿的新书房中被垮塌的天花板击中逝世。[1] 直到 1277 年 11 月，枢机主教在一年半中的第四次教皇选举之中，花了整整六个月的时间才得以选出一个免于安茹的查理的阴谋干扰的新教皇，他较长的在位时期也在教廷历史上留下了重要的一笔。

改称尼古拉斯三世（Nicholas Ⅲ）的乔瓦尼·加埃塔尼·奥尔西尼（Giovanni Gaetani Orsini）来自罗马最古老也
242 最有权势的家族之一，因此他因查理对教皇事务的持续干预颇为厌烦，更厌烦他公开的皇帝宣称。西西里国王多年来借罗马元老之名干扰——或试图干扰——教皇选举，贿赂法兰西与意大利的枢机主教为他选择的候选人投票，就像他利用托斯卡纳的帝国摄政（Imperial Vicariate）职务实现自己在亚平宁半岛的政治野心一样。教皇在就任几周之后便将他的这两个职务全部解除，还彻底禁止了查理对君士坦丁堡发动进攻的企图。禁止命令并非出于对米哈伊尔·帕列奥列格的

① 约翰是唯一一位成为教皇的葡萄牙人，也是唯一一位出现在但丁的天堂之中的教皇。他也许也是唯一一位医生教皇，他的《眼科医学》（*Book of the Eye*）颇受欢迎，尽管 H. K. 曼（*The Lives of the Popes in the Middle Ages*, Vol. XVI）声称："他的一些治疗方法在当今看来令人厌恶，而其他的治疗方法过于怪异，难以描述。"事实上他是第二十位称名约翰的教皇，但一些编年史家错误地计算了两次约翰十五世，以讹传讹直至今日。

某种同情，也并非为拜占庭帝国着想，而是希望东帝国与西帝国之间保持一种平衡，教皇在其中纵横捭阖以防任意一方过于强大。但米哈伊尔对尼古拉斯的真实想法不甚在意，只要他的敌人屈服，帝国存在至今的威胁就此消除，就足够了。

教皇尼古拉斯施压（1279）

这位教皇仅在一个问题上和前几任教皇坚定保持一致：既然拜占庭帝国在里昂接受了统一，就必须证明统一已经完全实现，希腊教会在礼仪和教义的各种细节上都要遵守罗马的指示。米哈伊尔·帕列奥列格为此做了许多准备。在里昂的典礼之外，他还于1275年1月在君士坦丁堡同意了这一要求，引发了暴乱；1277年4月，他和儿子安德罗尼卡——1272年加冕为共治皇帝——于布拉赫内宫，在牧首、高阶教士和教皇使节的见证之下，再度口头发誓确认乔治·阿克罗波里特斯在里昂发下的誓言，之后他们签署了一系列的拉丁语文件，确认会谈的要点。其中包括"和子"、炼狱问题、罗马教会的七圣礼、弥撒使用无酵饼、教皇的最高权威，还有向教廷上书请愿的权利。之后一切本该继续进行，不幸的是希腊教士们拒绝进行类似的个人宣誓，而牧首约翰·贝库斯起草的信件特意在一系列重大问题上含糊其词。几个月之后，圣索菲亚大教堂召开宗教会议试图展现诚意，伊庇鲁斯的尼基弗鲁斯和私生子约翰因坚持旧日的东正教信仰而被谴责——不难想见，约翰也以同样的谴责回敬米哈伊尔、约翰·贝库斯和教皇尼古拉斯。然而对罗马教廷而言， 243

君士坦丁堡的希腊教会的真诚依然可疑。

尼古拉斯三世决心彻底解决这个问题，他不像格里高利十世那么耐心，外交技巧更无法与他相比。1279年春，他派格罗塞托（Grosseto）主教巴塞洛缪（Bartholomew）率领新使团觐见皇帝，提出了一系列的要求。首先，“牧首，以及所有的城堡、村庄和其他地点的其他教士，整体必须同意、接受并承认正信以及罗马教廷的优先地位，并为此发誓……而且不得有任何更改或附加条件”。他还附上了誓言的文本。其次，“那些负责布道的人必须公开且谨慎地向聆听者传播正信，并吟诵加上‘和子’的信经”。为了保证这一工作完成，教皇的使团要亲自前往帝国的主要城市，并要求各地大小教堂和修道院之中的所有人皈依正信并接受教皇的至高权威。署名的副本要送往罗马。直到那时希腊教士才能够申请确认他们的职务，此前所有希腊教会职务的任命都被视作不合教规，必须得到罗马教廷的承认。尼古拉斯特别否决了皇帝此前的请求——牧首的信中将请求重复了一遍——皇帝希望希腊教会保留大分裂之前已有的诸多习俗。他写道：“信仰若要统一，无论忏悔者还是听取忏悔者都不得存在分歧。”最后，教皇还要求任命一位枢机主教特使留在君士坦丁堡。

米哈伊尔向来对他的臣民们保证都城不会有常驻的教皇代表，最后一条要求无疑令他格外不满，但罗马的所有要求都开始愈发令人无法容忍。他的教会——其中大部分人本就不希望统一——明显因一任又一任教皇接连不断的烦扰而愤怒不已，他清楚自己不可能再施压了。更大的问题在于他和约翰·贝库斯之间出现了严重的分歧，结果约翰就此逊位，到曼加纳修道院中隐居。他向教廷使节掩盖了这一难堪的事实，声称牧首逊位只是因为年迈，还说服贝库斯邀请他们出席自己逊位的仪式。但他清楚，自己无法满足他们的要求。 244
他只能尽可能不冒犯他们，并再度尝试拖延，因此他需要教会的支持。他把高阶教士全部召到宫中，言语前所未有地直白。

> 你们清楚我为完成目前的协议经历了何等的艰难……我知道我强迫了你们，还冒犯了许多朋友，包括我的家人……我曾相信这一切能够结束，拉丁人不会再做更多要求……但因为那些吹毛求疵者，他们增加了证明教会统一的要求。目前我们的任务就是要完成他们的要求。我希望提前告知你们，以免使节到来时你们反应过度，或者因我的举动而怀疑我背弃信仰。
>
> 在上帝的见证之下，我不会修改我们信仰的一字一句、一丝一毫。我许诺保留我们父辈留下的神圣信经，不只是拉丁人，任何人若敢质疑信经，我都将坚定反对他们。如果我亲切地接待使节们，你们不会因此受损。我相信我们应当善待他们，以免惹出更多的麻烦。毕竟新教皇对我们的态度并不像格里高利那样友善。

他的话语起到了作用。希腊高阶教士们在巴塞洛缪主教发言时一语不发，保持了风度，但他们坚定拒绝发下誓言。皇帝所能做的只有写下与两年前类似的声明，但许多签署前一份声明的人如今也拒绝签署，他被迫编造一批主教，伪造一批签名，让文件显得有些惊人。与此同时，为了让教廷使节相信自己的真诚，米哈伊尔带他前往帝国的监狱之中，看看那些反对教会统一的人——包括皇室成员——遭受的下场。最后在9月1日，他和安德罗尼卡当着他们的面重复了口头与书面的誓言。

他们所能做的也只有这些了。巴塞洛缪和同伴们，无论是否相信米哈伊尔和他儿子的信仰真诚，希腊教会的态度足以让他们证实此前的怀疑。无论他们带回何种文件，真正的教会统一依然是异想天开。在拜占庭人的心中，分裂一如既往。

安茹的查理在巴尔干的计划（1279）

245 如果说教皇尼古拉斯没能让帝国全心全意地回归罗马教廷的掌控，他在调停帝国与安茹的查理的冲突一事上也同样失败。他确实禁止了查理发动他宣称的入侵，但他让冲突双方达成和约的尝试无一例外地被双方无视了——查理依然在暗暗地觊觎君士坦丁堡，米哈伊尔则认为和约会束缚他在巴尔干的行动，而他对亚该亚、伊庇鲁斯和塞萨利的王公们的进攻已经获得丰厚的回报。

亚该亚的纪尧姆在1278年5月1日去世，他的女婿与继承者安茹的腓力先他一年离世。因此，按照1267年的《维泰博条约》，查理将继承公国，并就此获取东欧所有由拉丁人掌控的土地的宗主权。对米哈伊尔八世而言，这个变化影响甚微。亚该亚自此不再有自己的统治者可供当地人效忠，而是由在外的异族统治者管理，对他意义不大——他毕竟在君士坦丁堡还有事要忙。查理派来以他的名义统治的邑督们一个接一个地腐化掠夺，而当地人，无论是拉丁人还是希腊人，都准备公开叛乱。帝国军队从莫奈姆瓦夏和米斯特拉的主要基地出发，可以加快收复摩里亚的步伐。

查理也并不在意。如果他打算对帝国发动海上远征，伯罗奔尼撒半岛的港口对他而言就相当重要，但他缺少运输船只，而且没能和威尼斯达成协议——他们反倒在 1277 年和米哈伊尔签订了新协议——海上远征无法成行。因此进攻要从陆路发起。教皇确实禁止进攻，但教皇已经年逾花甲，不可能活太久。无论如何，查理也有在必要时违逆他的心理准备。当进攻开始时，安茹家族的军队将走伊格纳提亚大路——这条穿越巴尔干半岛的古老交通要道——而这需要在阿尔巴尼亚或伊庇鲁斯北部安排一个桥头堡。拜占庭帝国对这一地区的压力也不断增加；1279 年 4 月 10 日，查理和尼基弗鲁斯王子正式签约，为了获取对抗帝国的军事援助，尼基弗鲁斯成为西西里国王的封臣，将一系列的重要据点割让给他。

在接下来的十八个月之中，人员与马匹接连不断地渡过 246
亚得里亚海，由查理最信任的军官之一、来自萨利的“红发”于格（Hugh the Red of Sully）集结成作战部队。和他们一同到来的是大量的武器装备和攻城器械，以及一批工兵、工程师和木匠以提供技术支持。尼古拉斯三世于 1280 年 8 月逝世——时机再好不过了——教皇的禁令就此终止。同年秋末，这支八千人的大军，包括两千骑兵和大批萨拉森弓箭手，向东穿过阿尔巴尼亚，来到拜占庭的堡垒城镇培拉特。培拉特位于俯瞰伊格纳提亚大路西端的高耸岩壁之上，是萨利的于格打算在通过半岛时夺取的诸多堡垒之中的第一座，他立即下达了围攻的命令。作为战略要地，这里安排了一支精锐的驻军，但安茹家族大军的规模意味着他们不会轻易放弃，当地的指挥官明智地派信使前往君士坦丁堡紧急求援。

信使发现米哈伊尔·帕列奥列格相当紧张——倒也可以理解。教会统一问题依然在激烈地讨论着，而他不能原谅他的反对者们，他担心其中许多人企图利用安茹家族大军入侵之机将他彻底解决掉。他对威尼斯人也没有多大的信心，他们在 1277 年的协议后返回了都城，他们的数量也在不断增加——即使威尼斯仅仅两年之后就废止了这一协议。如果培拉特陷落，查理将在几周之后抵达塞萨洛尼基，那君士坦丁堡的未来又将如何呢？他派自己的外甥米哈伊尔·塔尔哈内奥特斯（Michael Tarchaneiotes）——他姐妹玛丽亚（Maria）之子——指挥他能集中的最精锐部队前去救援，皇帝还下令全程守夜。至少在那个夜晚，教会统一被暂时搁置了，旧日拜占庭礼仪的礼拜声音回响在数以千计的教堂之中，人们为帝国的拯救而祈祷。

培拉特的胜利（1281）

围攻持续了一冬，其间查理接连不断地给他的爱将送信，鼓励他加倍努力，甚至在 12 月时下令他直接攻城。但培拉特绝佳的地理位置让攻城者无计可施。于格只能在周边

的乡村大肆破坏，期待着希腊守军因断粮而投降。与此同时，守军进行了坚决的抵抗，1281 年 3 月，他们终于看到 247
援军出现在地平线外。更令食物短缺的他们欣喜的是，援军带来了大批补给品，他们趁夜用木筏把补给从阿索内斯河［Asounes，今利乌姆河（Lium）］顺水送进了城中。与此同时，塔尔哈内奥特斯遵照皇帝的指令，避免交战，还将军队安排在周边山地的深沟中，等待时机到来。

时机很快到来了。一两天之后，于格决定亲自侦察希腊人的阵地，带着二十五名护卫骑马离开了营地——他的红发格外显眼。突然之间，一支箭射中了他的坐骑，一群突厥佣兵忽然闪了出来，将他和他的护卫包围。一些护卫闯了出去，逃回营地汇报消息；安茹家族的大军以为自己的指挥官已死，就在恐慌之中掉头逃跑，希腊人——包括城镇之中的守军——则立即发起追击。拉丁骑兵向来身披重甲，能够抵御帝国弓箭手的箭矢，但他们庞大迟缓的坐骑无遮无挡，一匹接一匹地倒下了。傍晚时分，安茹家族的大军大多已经成了拜占庭帝国的俘虏，指挥官几乎无人幸免。俘虏们，包括于格本人，被押到君士坦丁堡，在凯旋式上游街示众。

米哈伊尔八世此后下令在他的宫殿之中绘制展现这一胜利景象的壁画，而这不足为奇，毕竟这次胜利是自佩拉格尼亚的胜利和光复君士坦丁堡之后，帝国对拉丁军队的最大胜利。更重要的是，其直接结果是皇帝控制了整个阿尔巴尼亚内陆，以及直到约阿尼纳（Ioannina）的伊庇鲁斯北部。而对安茹的查理而言，这命运攸关的几个小时，让他成了盟友和敌人眼中的笑柄，他两年为组织大军而做的全部努力——

以及海量开销——化为乌有，他夺取东帝国皇位的梦想也必须无限期推迟了。

即使梦想必须推迟，也并不意味着就要放弃梦想。培拉特的惨败让查理更坚定了毁灭米哈伊尔·帕列奥列格的决心。尽管他损失甚大，情况倒也称不上绝望，而且对他十分有利的消息是，在教皇尼古拉斯逝世六个月之后，1281 年 2
248 月选出的新教皇是法兰西王国人布里的西蒙（Simon de Brie）。[①] 西蒙，即此后的教皇马丁四世，原本在圣路易的宫廷之中，而后作为教廷的使节负责安排查理获取西西里的王位。身为狂热的爱国主义者，他不相信所有意大利人，全心全意奉献法兰西王室，而且毫不掩饰让教廷屈服于法兰西王国的利益的打算。查理自此可以全力继续他的扩张政策，再不必担心来自罗马的阻碍了。

这些政策的第一个目标就是威尼斯。培拉特的惨败之后，再度对君士坦丁堡发动陆上远征已不可能。任何新的远征都必须从海上进军，只有依靠威尼斯人的舰队才能实现。查理近年来拉拢“最尊贵的共和国”的尝试都无果而终，因为 1277 年威尼斯和拜占庭签订了协议。但四年之后，威尼斯的态度有了明显的转变。威尼斯人很快发现这份协议几乎无利可图。威尼斯的贸易在不断衰退，商人被当作二等公民，协议要求的权利也被无视了。对他们而言最值得担忧的是，热那亚人正在迅速发展，享受着原本只有威尼斯人才能

① 不止查理一人推动选择西蒙为教皇。当时奥尔西尼家族（Orsini）在维泰博深受厌恶，以至于暴民闯进会议，劫走了两个奥尔西尼家族的枢机主教，并一直把他们扣押到了选举结束。

享受的所有特权。1279 年，总督废止了协议，威尼斯与帝国的关系进一步恶化；1281 年，他已经准备开始敌对行动。7 月 3 日，查理、“拉丁皇帝”库特奈的腓力以及共和国的显赫代表在奥尔维耶托签署协议，许诺对君士坦丁堡发动海上远征，而三位君主——查理（或者他的长子）、腓力和总督乔瓦尼·丹多洛（Giovanni Dandolo）——都要亲自参与，在 1283 年春季出发。威尼斯人要提供至少四十艘帆桨战舰，于 4 月 1 日前驶出潟湖，两个星期后与查理和腓力组织的运输船队在布林迪西会合。

皇帝被革除教籍（1281）

教皇马丁并没有签署协议，但协议在奥尔维耶托的教皇宫殿签署的事实，足以证明他对此热切支持。仅仅三个月之后，10 月 18 日，教皇更是突然——且貌似主动地——下令革除拜占庭皇帝的教籍。

> 我们宣布米哈伊尔·帕列奥列格，自封的希腊皇帝，因为支持希腊的教会分裂者和坚持异端信仰者而被 249
> 革除教籍……我们绝对禁止所有独立的国王、大公、公爵、侯爵、伯爵、男爵和其他所有的显赫人物，以及所有的城市、堡垒和其他地点与这个米哈伊尔·帕列奥列格结盟，在他被革除教籍期间和他的任何联络也都必须推迟……此外他占据的土地必须被教会封锁，他的所有教会地产都要被剥夺，他将会遭受我们认为最应当的精神惩罚，而任何与他的旧有盟约……我们都认定其无效。

次年，这一裁决两度重申，但对米哈伊尔而言，一次就够了。没有哪位瓦西琉斯能像他这样对教廷如此低声下气。他和他的儿子两度向罗马教廷宣誓效忠，还接受了他们的所有信条，包括“和子”。他竭尽所能劝说他的教士们效仿他——即使因此冒爆发内战乃至失去皇位的危险——并取得了一定的成功。如今，他没有得到任何回报，拉丁教会反而革除了他的教籍，在一瞬之间推翻了他——以及之前的至少六位教皇——二十年来的所有努力，让他独自面对他的敌人。奇怪的是，他直到此时也没有宣布放弃教会统一，依然相信誓言有效，认为马丁的继任者有可能取消禁令。但他还是下令把这位教皇的名字从双联饰板——上面刻有公众祈祷时要诵读的名字——上面除去，也暂停了让臣民接受拉丁教会礼仪的全部举措。与此同时，他竭尽所能恢复和希腊教会的关系。若是审判即将到来，他似乎必须得到他们的支持。

安茹的查理如今是欧洲权势最大的君主。除了西西里王国（包括整个南意大利）和阿尔巴尼亚之外，他也统治亚该亚、普罗旺斯、福卡尔基耶（Forcalquier）、安茹和曼恩（Maine）。他是突尼斯的宗主，也是罗马元老院的成员。法兰西国王是他的外甥，匈牙利国王和君士坦丁堡的拉丁皇帝是他的女婿。在外交方面，他也尽可能谨慎。他与塞尔维亚、保加利亚、伊庇鲁斯的希腊王公签署和约，并联合威尼斯共和国，以利用威尼斯海军在地中海的绝对统治地位。教皇是他的傀儡，被迫把一次征服战争升格成十字军。

250 前一年的挫败给了他不小的教训，此时他准备发动规模更大的海军远征，规模远超他此前的构想。为了实现这一构想，他在整个西西里征收苛刻的赋税，还以十字军的名义额外征收什一税，让他的许多臣民近乎赤贫。他获取的钱财让他的海军力量轻易超过了奥尔维耶托协议中规定的规模，他在那不勒斯、普罗旺斯和亚得里亚海的港口建造三百艘战舰，另外在西西里还整备了一百艘，这支庞大的舰队足以运输两万七千名骑士及其马匹。此外还有不计其数的攻城武器、大锤、斧子、绳索、沥青锅，数以千计的铁桩和铁镐，以及其他各种各样的备品，只为完成他一生之中最大的远征。

他的敌人有米哈伊尔·帕列奥列格、热那亚共和国和本书中第一次出现的阿拉贡国王佩德罗三世（Peter Ⅲ）。佩德罗的妻子康斯坦丝（Constance）是西西里国王曼弗雷德的女儿，他自封霍亨斯陶芬家族的合法继承人，自然厌恶在他看来窃据本属于自己的皇冠的安茹家族。自1276年即位之后，他和他出色的意大利大法官——普罗奇达的约翰（John of Procida）便在竭力推翻查理。阿拉贡使团曾经两次秘密前往君士坦丁堡拜访，每次返回时都带着拜占庭皇帝提供的大笔黄金到西西里资助反对者；① 1280年年末，佩德罗已经不再掩饰自己的攻击意图。他和米哈伊尔的动机或许截然不同，但对安茹的查理的态度是一样的。

阿拉贡的佩德罗和普罗奇达的约翰出色完成了任务。查

① 西西里人的传说，以及威尔第（Verdi）的歌剧《西西里晚祷》（*Les Vêpres Siciliennes*）之中，普罗奇达的约翰——他亲自出使君士坦丁堡——在随后的起义之中起了重要作用。然而约翰此时年且七旬，这一时期的阿拉贡文件上也有不少他的签名。斯蒂芬·朗西曼爵士（*The Sicilian Vespers*, pp. 208～209）认为秘密使节可能是他的儿子。

理在南意大利向来受欢迎，他在当地的统治基本上可谓干练精明，但西西里人向来怨恨他，近年为一场他们毫不感兴趣的战争——他们之中许多人是希腊人出身，因而倾向拜占庭帝国——而征收的重税，更让该岛的人民心怀不满。1282
251 年复活节，国王的庞大舰队在墨西拿港下锚，他的邑督们随即到农村与宅地之中挨家挨户强征粮食、草料、马匹乃至肉牛生猪以供大军支用，还不赔偿他们的损失。反对安茹家族的情绪濒于爆发。

西西里晚祷（1282）

火星终于在3月30日，复活节的周一出现。在巴勒莫存世至今的圣斯皮里托（Santo Spirito）教堂之外，人们聚集在广场上，在和暖的春光中等待开始晚祷的钟声。突然一批安茹家族的醉酒士兵出现，其中一人——名叫德鲁埃（Drouet）的军士——开始骚扰一名西西里少妇。不幸的是，她的丈夫就在旁边，看到此景之后便以西西里人的方式解决：扑上去将德鲁埃刺死。其他的士兵赶上来想为他报仇，却发现自己也陷入了包围。他们很快也送了命。当晚祷的钟声终于敲响时，巴勒莫的居民穿越城中，召唤他们的同胞与压迫他们的人战斗，并用西西里口音高声喊出："杀死法兰克人！"（Moranu li Franchiski！）他们此举绝非徒劳，杀戮持续了一整夜。多明我会和方济各会的托钵修士也被挨个拖出修道院，要他们说出"西西里"。他们认定"ciciri"的发音只有意大利人才能发出，没能说对的人都被当场杀死。受害者包括不少妇女，总共两千多人。次日清晨，巴勒莫一个法兰克人都不剩了。

叛乱很快扩散到西西里岛各地。4 月末，叛乱者已经抵达墨西拿，安茹家族在港口停泊的七十艘战舰被付之一炬。安茹的查理被迫再度推迟对希腊的远征，下令把南意大利主要港口的两百艘舰船全部调往墨西拿，集结准备征服君士坦丁堡的大军用于对抗叛乱者。与此同时他开始征募新军，在 7 月 25 日亲自率部渡过海峡围攻墨西拿。围攻持续了一整个夏天，但没能取得什么进展。8 月 30 日，阿拉贡国王佩德罗率大军在特拉帕尼登陆，在 9 月 2 日进军巴勒莫，并被立为西西里国王。[虽然他无疑希望获得更合适的加冕典礼，但巴勒莫的大主教因为是法兰克人而被杀，他来自蒙雷阿莱（Monreale）的同僚则逃走了。] 两周后他的使节便出现在安茹的查理在墨西拿城外的军营。

形势对查理而言极为不利。佩德罗进军时一路顺风，足 252
以说明他在岛上多受支持。阿拉贡的陆海军力量也堪与他一战。如果他留下来抵抗，有可能被他们的海军封锁，随即便在阿拉贡大军和墨西拿守军之间遭受夹击，无法撤出海峡。唯一理智的决定便是立即退兵意大利，安然重组部队并筹划新的远征，等到明年滨海地区局势有利时出击。他强作镇定，对佩德罗的使节宣称，尽管他自然不会同意他们君主对该岛的宣称权，他还是同意暂时撤退。撤军立即开始，并随着阿拉贡军队前进而愈发加速，但大量辎重和储备留在了岛上，那些不幸留在岛上的士兵则被胜利的墨西拿人尽数屠戮。10 月 2 日，佩德罗进入墨西拿。

对米哈伊尔·帕列奥列格和他的臣民们而言，“西西里晚祷”事件，以及帝国的死敌安茹的查理的威胁不复存在，即使称不上奇迹，至少也证明上帝支持他们。皇帝自然没有筹划圣斯皮里托教堂的事件，也没在此后出兵。然而，他靠着外交阴谋和对西西里叛军的慷慨财政资助，在很大程度上推动了事态发展；在临终之际，留给儿子安德罗尼卡的简短自述中，他也不打算在这件事上过于谦虚。

> 西西里人对蛮族国王的残余部队只有怨恨可言，他们鼓起勇气武装起来，为摆脱奴役而战；此时我愿宣称是上帝让他们得以解放，我则是上帝解放他们的手段。我所说的不过是事实。

然而他的紧张情绪至此仍未结束。当他意识到帝国不再遭受西西里国王的直接威胁时，他便对突厥人发动了一系列的进攻，此前突厥人趁他忙于西方事务之机加大了对东部边境的压
253 力。当他从安纳托利亚返回之后，他被迫对塞萨利的私生子约翰发动新的进攻——因为身为尊贵者的他的兄弟以及几位主要将军先后离世，他被迫亲自指挥。为了彻底剿灭约翰，他毫不犹豫地请自己的女婿钦察汗国的可汗诺盖（Nogay）[①] 出兵，诺盖立即派出四千鞑靼骑兵前去支援。

---

① 大约在1272年，米哈伊尔把私生女尤弗洛斯内（Euphrosyne）嫁给了诺盖。他的另一个私生女玛丽亚（Maria）则在1265年和蒙古的伊利汗旭烈兀（Hulagu）订婚，然而旭烈兀在成婚前逝世，玛丽亚随即嫁给了他的儿子阿八哈（Abagu）。在阿八哈于1281年被兄弟艾哈迈德（Ahmet）刺杀后，她返回了君士坦丁堡。她居住的修女院此后改建为以她为名的教堂——蒙古的圣玛丽亚教堂。教堂遗迹基本留存，那里也是唯一一座自突厥征服至今，持续由希腊人控制的拜占庭教堂。

米哈伊尔八世逝世 （1282）

但米哈伊尔如今已经五十九岁，他的精力已经耗竭。离开都城时的他明显称不上健康。皇后塞奥多拉曾竭力劝他留在君士坦丁堡，至少等到开春再出发，但他拒绝听从，于11月末在马尔马拉海北岸的瑟利姆布里亚登船。但随即一场风暴损坏了他的舰船，他被迫在仅二十英里外的雷德斯图姆（今泰基尔达）上岸。尔后他走陆路继续前进，但当他抵达色雷斯的小村帕霍米奥斯（Pachomios）时便无法继续前进了。他卧床不起，在1282年12月11日星期五逝世，推举其子共治皇帝安德罗尼卡即位。

安德罗尼卡执政后的首个决定也成了他一生最明智的决定之一。他毫不犹豫地下令在当晚趁夜将他父亲的遗体运到远处埋葬，盖上浮土以免野兽侵扰。不立坟墓，不安排典礼。按格里戈拉斯的说法，安德罗尼卡如此做的原因是厌恶背弃教会的米哈伊尔——当然他也承认安德罗尼卡是个少有的孝子，但基本可以肯定他的真实动机是让他父亲的遗体得以安宁。他清楚米哈伊尔在都城之中有多不受欢迎，而且既然米哈伊尔没有正式放弃天主教信仰，在东正教教徒的眼中他就依然是个异端——即使教皇已经革除他的教籍——因此不能进行国葬。如果教会必然拒绝他以基督徒的礼仪下葬，那么此事最好还是不要提起。他的遗体在埋葬地停留了数年，很久之 254
后，安德罗尼卡才下令将其迁到附近的瑟利姆布里亚的修道院。身为收复君士坦丁堡的皇帝，让帝国免于在西欧联军的全面攻击下灭亡的皇帝，他得到的回报却是生前与身后均被他的都城流放。

评价米哈伊尔八世（1282）

当代人对米哈伊尔八世的印象主要是收复君士坦丁堡，即使他只是后人乘凉。拉丁帝国已经奄奄一息，无力久持，入城时他甚至没有亲率部队。但他确实称不上军人皇帝，他执政时期几乎所有的重要战役都不是由他亲自指挥。尽管年轻时的他战功赫赫，即位后他却把战场指挥的任务交给了他人，只有必须走上战场时才如此。这并非因为他胆怯，只是因为在当时的形势之下，外交斡旋比军事行动更重要，而在外交方面他堪称大师，或许是拜占庭帝国历史之中最优秀的一位。当几乎整个欧洲都与他为敌时，他最清楚何时行动，何时搪塞；何时坚定，何时让步；何时缔结盟约，何时安排婚约，何时威逼利诱。为了保证帝国的安全，他愿意做出任何牺牲，乃至牺牲东正教教会的独立地位。当他离去时，帝国不但比十二世纪的任何一个时刻都安全，希腊教会也和旧日一样保持了独立。

也可以说他是个幸运儿，但绝大多数伟人都是幸运的，米哈伊尔八世也是一位伟大的皇帝。和所有伟人一样，他也有自己的问题。他并不诚实，而且狡诈多谋。他自己或许会辩称，身处绝境之时，他也是别无选择，而事实上无论在即位之前还是即位之后，似乎都很少有人信任他。此外，尽管他并不算易怒，但发怒时的他依然残忍决绝。为了实现教会统一，他在君士坦丁堡推行的政策，即使在拜占庭历史之中

也堪称恐怖。他也确实展现了冷酷无情，除了谋杀乔治·穆
扎隆和他的兄弟之外，他还对小皇帝约翰·拉斯卡里斯如此 255
残忍，以至于当世之人乃至他的家人都震惊不已，后人读来也难免侧目。然而我们对他的了解越多，我们越会相信，在帝国历史中最危险的时期之一，他的前辈们很少，乃至没有人能够如他这般稳定地掌控帝国。他确实是幸运的，但在危机之中得到他领导的人民更为幸运。

他们的后代就远没有那么幸运了。财政上，因为长期的贿赂与绥靖，米哈伊尔让帝国濒于破产。军事上，他返回君士坦丁堡并忙于欧洲事务，就此让突厥人和蒙古人在安纳托利亚肆意妄为，让他们巩固乃至扩大征服成果。他也许还是会辩称自己别无选择，既没有人力也没有物力在两条战线上同时作战，而且西欧的威胁比东方的威胁更大。从短期来看他确实是对的，但绝大部分有着明智思想的拜占庭人都清楚，帝国长久的威胁来自东方，穆斯林是比安茹王朝的国王更强大的敌人，即使暂时并非如此。如果都城位于尼西亚，拜占庭帝国在小亚细亚西部的力量也许能够保持平衡，更何况塞尔柱苏丹于1243年在库兹达格被蒙古人击败后就再没能恢复。从这个意义上考虑，政府迁回君士坦丁堡，几乎可谓灾难。

这也不算什么新鲜事。位于欧亚两洲的结合部，拜占庭必须同时望向东方与西方，而每一位合格的君主都必须将精力集中在某个方向。所以在当时的情境之下，米哈伊尔很难做出其他决定。即使要批评，我们要批评的也应该是西方的国家，特别是巴尔干半岛的那些东正教希腊政权，他们利令

智昏，一叶障目，因自己的野心而无视了更大的威胁，不仅有对自己的威胁还有对整个基督教世界的威胁。面对这样的威胁，若是拜占庭帝国强大且统一，或许还有力挽狂澜的可能。

第十六章　加泰罗尼亚佣兵团的报复（1282～1311）

在二十年的战争之中，战舰或军营成了他们的国家，武器是他们唯一的财产，勇敢是他们唯一的美德，他们的妻子或情人也和他们一样无畏。据说加泰罗尼亚佣兵的阔剑一下便能连人带马砍开，而这个传说本身就是有力的武器。 256

——吉本（评论加泰罗尼亚佣兵团），

《罗马帝国衰亡史》，第六十二章

皇帝安德罗尼卡二世返回君士坦丁堡时心中只想着一件事：废止里昂统一，让东正教教会再度回归独立状态。尽管身为共治皇帝时的他被迫支持自己父亲的政策，他内心之中却隐藏着怨恨。他向来虔诚，而且和传统的拜占庭人一样热衷神学——他在宗教问题上的执着也是他身为统治者最大的弱点之一——他无法忘记自己的父亲逝世时依然无法进入教堂，并为此要永受诅咒，至少他这么认为。他决不肯重蹈覆辙，返回都城之后他便立即正式背弃了此前对罗马的效忠。除先皇之外，牧首约翰·贝库斯是教会统一的最主要支持者，他被解除职务并软禁在修道院之中；与此同时，原本的牧首，即如今已经衰老不堪行将就木的约瑟夫（Joseph），被担架抬上了牧首之位并接受了典礼。那些因坚持信仰而被米哈伊尔监禁的人——无论是僧侣还是俗世中人——则在大街上巡游，接受如同殉道者一般的礼遇。在圣索菲亚大教堂
257 还进行了特别的净化与救赎仪式，就像二十一年前赶走拉丁人时那样。

阿尔森尼奥斯派（1290）

然而欢庆的氛围很快转为愤怒，人群中传来复仇的呼号，要审判那些背叛教会的人。最坚定也最张扬的人是一批教会分裂派，即所谓的阿尔森尼奥斯派。派系名称源自前牧首阿尔森尼奥斯，他此前因米哈伊尔八世残害约翰·拉斯卡里斯而将其革除教籍，最终在 1267 年被罢黜。尽管阿尔森尼奥斯早已撒手人寰，他们依然不肯承认他的继任者约瑟夫和约翰·贝库斯。在这个教派的最极端者看来，拉斯卡里斯才是合法的皇帝。米哈伊尔只是一个被革除教籍的篡位者，他受约瑟夫加冕的儿子也是如此。

安德罗尼卡竭力安抚阿尔森尼奥斯派，在君士坦丁堡给他们安排了一座教堂，甚至任命了他们之中的一员，萨迪斯主教担任自己的私人教士。然而当牧首约瑟夫在 1283 年年初逝世时，他选择的继任者是来自塞浦路斯的博学俗世人——他随即称格里高利二世（Gregory Ⅱ）——而并不是他们所希望的阿尔森尼奥斯派的成员，他们的怒火随即再度爆发。为了进一步安抚他们，格里高利立即在布拉赫内宫的教堂之中

安排了宗教会议。他的两位同僚，亚历山大牧首和安条克牧首受到征召，前来正式宣称放弃教会统一的宣言。安条克牧首得知此事后立即逊位并躲进叙利亚；米哈伊尔的寡妻、皇太后塞奥多拉则公开表示自己坚持希腊教会的正信，并庄重宣誓称她不会再要求让自己的丈夫获得基督徒的葬礼。

这些举动让东正教教徒基本平息下来，但阿尔森尼奥斯派依然坚定。1284 年，皇帝甚至允许将在流放地逝世的阿尔森尼奥斯的遗骸迁回都城，并在圣安德鲁修道院特别修建的圣祠之中安葬。六年后的 1290 年，他还做出了更重大的举措，亲自前去马尔马拉海滨的达基拜扎堡垒，拜访被囚禁在那里二十九年的双目失明的约翰·拉斯卡里斯。乔治·帕希梅尔斯对两人会面的记载相当简短，仅仅提及皇帝请求约翰宽恕米哈伊尔此前对他施加的恶行，并询问能否做出一些弥补，还请求他承认自己为拜占庭帝国的合法皇帝。帕希梅尔 258
斯或许是出于明哲保身的需要，并没有记载他得到了什么回复。

此时牧首格里高利受到了异端的指控，被迫逊位，而在漫长的空缺之后，安德罗尼卡最终让一名来自阿索斯圣山的隐士阿塔纳修斯（Athanasius）继任职务。对虔诚的皇帝而言，新牧首无可置疑的禁欲主义似乎能让教会最终免于牵涉进喧闹已久的政治事务之中；然而对他的教士们而言，这个人不过是个不肯洗澡的狂信徒，穿着粗毛衣和凉鞋，整天申斥他们世故且贪财。当他开始没收富裕教堂和修道院的财物时，他们便不再掩饰自己的敌意了。阿塔纳修斯遭到了攻击，甚至在街上被投石击中，一度在没有保镖时无法出门。

1293 年夏季，在小亚细亚忙了几个月的皇帝——他在日益萎缩的帝国领土上竭力安排行政管理与防务——返回都城，见到了显赫教士们组成的代表团，他们要求革除牧首的职务。他竭力表示反对，但这股力量终究是太强了。10 月，阿塔纳修斯最终宣告逊位——尽管他还是亲手写下了一份牧首诏书，诅咒他的敌人以及所有密谋反对他的人。这份文件被他藏在圣索菲亚大教堂北侧走廊的一根石柱顶端，几年后才被他人发现——而且自然引发了不小的骚动。

塞尔柱苏丹国瓦解（1300）

与此同时，帝国的政治局势愈发艰难了。形势在 1284 年时确实有过短暂的闪光点，成为鳏夫的皇帝[1]迎娶了蒙费拉侯爵纪尧姆五世（William V）的女儿、十一岁的约兰达（Yolanda）。纪尧姆依然自称“塞萨洛尼基国王”这个可以追溯至第四次十字军时的封号，这个封号则在名义上作为约兰达的嫁妆送给了他的新女婿。这个问题多年来无人提起，但安德罗尼卡明显认定帝国第二大城市的归属权——他为此
259 支付了可观的费用——不应该有任何的模棱两可。他更清楚如果塞萨洛尼基遭受进攻的话，他就很难进行支援了，因为他已经出于对帝国财政问题的考量，悄然决定大力削减军事力量。

节俭当然是必要的，军事方面也和其他方面一样需要节

① 安德罗尼卡的第一任妻子、匈牙利国王斯蒂芬五世（Stephen V）的女儿安妮（Anne）在他执政一年之前，即 1281 年逝世。

省。然而当他在亚洲的领土日削月割之时，皇帝做出如此不负责任的举措实在是令人难以置信。丧失安纳托利亚早已让帝国失去传统的人力资源来源，帝国多年来被迫依赖异族佣兵。安德罗尼卡的错误不但包括将其规模缩减到近乎自毁长城的程度，他还解散了为帝国服役多年的旧有佣兵军团，而且雇佣流浪者和难民组成的部队，薪酬低廉的他们自然没有纪律或经验上的保证。海军则被他彻底解散——这让热那亚人大喜过望，他们可以就此在提供舰船时漫天要价，并在君士坦丁堡、黑海和爱琴海发展势力，而不必担忧帝国出手干预。突厥人也成了受益者，他们终于抵达了地中海，开始组织海军。当数以千计一贫如洗又走投无路的水手前来投奔他们时，他们欣然接纳了这些舰船制造与航行的专家。

突厥人此时已经不是塞尔柱苏丹国全盛期的统一势力。苏丹于 1243 年的库兹达格之战被蒙古人击溃之后，他对安纳托利亚的控制就此瓦解；旭烈兀于 1258 年攻陷巴格达，就此灭亡阿拔斯帝国时，塞尔柱人已经沦为蒙古人的附庸。与此同时，一批突厥部落，以及无数来自波斯和美索不达米亚的土库曼牧民因蒙古人进军而西逃，最终在拜占庭帝国边境的无人地带定居下来。苏丹国瓦解之后，他们便时常在帝国边境侵袭破坏，而在 1261 年收复旧都之后，对小亚细亚的控制就再未恢复的帝国根本无力抵御他们的侵袭。他们开始认为这类掠夺事实上是所谓的伊斯兰圣战（jihad），即与异教徒进行的宗教战争，他们也几乎自认为“圣战士”（Ghazi）了。十三世纪后半叶，他们的规模持续扩大；十四世纪初，只剩下少数主要据点——尼西亚、尼科米底亚、萨 260

迪斯、布尔萨、菲拉德尔菲亚、洛帕迪乌姆（Lopadium）[①]和马格尼西亚（Magnesia）——以及少量黑海沿岸的孤立港口，如阿尼亚［Ania，今库萨达斯（Kuşadasi）］和赫拉克利亚依然在帝国的控制之下。除去这些孤立无援的飞地之外，余下的安纳托利亚已经完全被突厥人占据。

帝国西部的情况也在迅速恶化。安茹的查理在 1285 年逝世，把王位留给了他的儿子查理二世（Charles Ⅱ），而那时的查理还是阿拉贡国王佩德罗的囚徒，君士坦丁堡为此欢庆了一番。然而年轻的国王在四年后被释放，很快便对拜占庭帝国展现了和自己父亲同样的敌意与威胁性。1291 年——同年，十字军海外王国的最后据点阿科陷落——查理提出与伊庇鲁斯尊主尼基弗鲁斯结盟，并让自己的儿子腓力（Philip）迎娶了他的女儿萨马尔（Thamar）。[②] 安德罗尼卡立即进行回应，派出他所剩无几的部队，在热那亚舰队支援之下进攻伊庇鲁斯的首府阿尔塔。远征起初出乎意料地成功，他不但收复了约阿尼纳，还一度夺取都拉佐，之后被迫撤军，但这并不能阻止这场联盟。1294 年，腓力成婚之后，他以塔兰托大公的名义掌控了自己父亲在希腊的全部财产。自此伊庇鲁斯成为那不勒斯国王的封地。安茹家族对君士坦丁堡的第二次威胁依然不过如此，其存在却也确定无疑。

---

① 即今乌拉巴特（Ulubad）。

② 令皇帝更为恼怒的是，萨马尔的父母此前提出让她嫁给他此后成为共治皇帝的儿子米哈伊尔，而这一安排本可以让伊庇鲁斯重归帝国所有。哀哉，牧首以违反教规为名禁止了这场婚姻，这一机会也就此失去了。

与塞尔维亚联姻（1300）

与此同时，塞尔维亚的新君主斯蒂芬·米柳廷（Stephen Miliutin）在1282年[1]加冕，称斯蒂芬·乌罗什二世（Stephen Urosh Ⅱ），并在同年宣称支持安茹的查理和伊庇鲁斯结盟，对帝国发起攻击并夺取斯科普里（Skoplje），并定都于此。这让安德罗尼卡愈发紧张。斯科普里是阿克西奥斯河河畔的战略要地，控制着前往塞萨洛尼基和希腊北部的道路。更重要的是米柳廷正打算和塞萨利的约翰·杜卡斯的女儿成婚——塞尔维亚人与塞萨利的同盟不但将威胁塞萨 261
洛尼基，更会威胁向西穿越巴尔干半岛前往亚得里亚海的道路。

安德罗尼卡清楚他在军事上的无力，终于在1297年决定通过外交解决。听闻米柳廷的妻子亡故（此时他另有两名侍妾，而且还有那位塞萨利的公主），他提出让自己的妹妹欧多西亚（Eudocia），即特拉布松的约翰二世（John Ⅱ）的遗孀与他成婚。对塞尔维亚的统治者而言，成为拜占庭皇帝的妹夫实在是难以抗拒的提议，米柳廷欣然接受了。然而当安德罗尼卡向欧多西亚提出此事时，却遇到了一个难题：她不同意。她声称如果自己的兄长相信她会嫁给一个身边有好几个女人的淫荡蛮族，那他就大错特错了。此外，此人和

① 他的兄长斯蒂芬·德拉古廷（Stephen Dragutin），即斯蒂芬·乌罗什一世，在当年坠马受伤，决定把自己的王位分给米柳廷。两人名义上以共治状态统治，直到1316年德拉古廷逝世，但1282年后米柳廷便实际掌控着王国。

他妻子的姐妹——一名修女正打得火热，而这一丑闻早已尽人皆知。

皇帝清楚自己妹妹的脾气，自知无法说服她，而他也不想在米柳廷面前丢脸。只剩一个选择了：西蒙尼斯（Simonis），即他和约兰达（伊琳妮）所生的女儿。此时她只有五岁，而她的未婚夫已经近五十岁，但她必须做出牺牲。1299 年复活节，他亲自护送西蒙尼斯前往塞萨洛尼基，去见她的新郎，皇帝也亲自出席了这场由奥赫里德大主教主持的婚礼。据说米柳廷欣喜不已，特别是得知新娘的嫁妆是他占据的马其顿领土，不过他也同意让她留在塞尔维亚宫廷之中的儿童居所，直到她成年。君士坦丁堡牧首约翰十二世（John Ⅻ）为表示抗议而辞职，但他也找不到这一婚姻的不合教规之处，犹豫了几个月之后又在皇帝的劝说下复职了。

在君士坦丁堡，十三世纪末充满了无法解决的烦扰，十四世纪的开始则愈发恶劣。米哈伊尔八世虽然不受欢迎，至少强势且坚决；他的儿子除了近乎病态的虔诚之外，软弱无能，无法阻止帝国愈发迅速的衰颓。1292 年年初在小亚细亚时，他发现了一场阴谋，阴谋的领导者是他的兄弟君士坦
262 丁。叛变的皇子被投入监狱，直到十二年后瘐毙。但阴谋并未结束，1295 年秋，帝国最出色的将军亚历克修斯·菲兰索佩诺斯——二十年前迪米特里亚斯之战的英雄——因对突厥人的一系列胜利而居功自傲，便发动了公开叛乱。叛乱也无果而终，他被士兵背叛，遭到逮捕并受瞽刑。对他颇为欣赏并信任的皇帝却因为他的背叛而大为震动，再也没能完全恢复。

此外，君士坦丁堡不仅有自己的麻烦，也成了热那亚人和威尼斯人解决纷争的战场。1296 年 7 月——米哈伊尔八世竖立的石柱不幸在地震中倒塌仅几星期后——一支由七十五艘舰船组成的威尼斯舰队抵达博斯普鲁斯海峡，对热那亚人在加拉塔的聚居地发动猛攻，焚烧滨海的港口设施与仓库。帝国的驻军匆忙前去援救，威尼斯人则开始在君士坦丁堡放火，将所到之处，马尔马拉海海墙一侧的希腊房屋全部焚毁。安德罗尼卡立即派使节前往威尼斯强烈抗议，然而加拉塔的热那亚人无心讨论这些外交琐事。他们在 12 月发动反击，摧毁了城中威尼斯人的主要建筑，并将城中的威尼斯显赫人士全部屠戮。

此时又轮到威尼斯人动手了。次年夏季他们派来了另一支舰队，其中还有总督亲自委派的部队。他们指控皇帝挑唆热那亚人，要他为此前发生的一切负责，并支付全额赔款。若是假以时日，安德罗尼卡也许能够付清赔款并避免事态恶化。但在他筹款之前，威尼斯人趁着锁链还未绞起就突入了金角湾，在布拉赫内宫外下锚，焚毁了皇帝搁浅在岸上的舰船。尔后他们带着一批热那亚俘虏返回了威尼斯。几乎与此同时，一批威尼斯战舰突破了热那亚人在博斯普鲁斯海峡另一端的封锁，进入黑海，夺取了克里米亚的港口卡法（Caffa），即今费奥多西亚（Feodosia），在当地鞑靼人的猛烈攻击之下坚守到冬季才撤退。

1299 年，让拜占庭人愤怒的是，威尼斯人和热那亚人签署了和约，但威尼斯人依然坚持要拜占庭支付赔款，并于 263
1302 年再度掠夺君士坦丁堡，这是七年间的第三次。他们再度突入金角湾，焚烧所有拜占庭建筑。失去海军的皇帝根本无法阻拦他们。然而这次他们在一番破坏之后，还占据了马尔马拉海上的普林基波岛，即今比于克阿达岛（Büyükada）。当时那里是安纳托利亚那些因突厥人进军而无家可归的希腊难民的庇护所，威尼斯人威胁称，若是皇帝再不支付赔款，要将他们全部杀死或者掳走。安德罗尼卡面对如此无耻的敲诈却无可奈何，他被迫同意签署十年的停战协议，并确认威尼斯在君士坦丁堡的全部特权。

奥斯曼部进军（1302）

对拜占庭帝国而言，1302 年在各种意义上都是灾难性的一年。初春，皇帝的儿子米哈伊尔九世（Michael Ⅸ）——此前的八年间身为共治皇帝——在卡里亚的马格尼西亚（Magnesia）[①] 被突厥人击溃，米哈伊尔抛下残余部队只身逃走（必须提及，他的许多部下先他一步逃亡了）。后来威尼斯人发起了突袭；几星期后的 7 月 27 日，一支以阿兰人为主的拜占庭军队——蒙古人占领了多瑙河河谷，因此库曼人先阿兰人一步逃到帝国——在尼科米底亚城外遭遇了两倍于己的突厥军队，指挥官是当地的埃米尔奥斯曼（Othman）。这一战并不算血腥，战败的希腊人和阿兰人大多撤回了尼科米底亚城中，然而奥斯曼的进军道路已经畅

① 并非西比鲁姆的马格尼西亚（Magnesia ad Sipylum，今伊兹密尔附近的马尼萨），而是米安德河河畔的马格尼西亚，那里距离库萨达斯约三十千米。这里曾是罗马帝国亚洲行省的第七大城市，如今只剩阿尔忒弥斯神庙的废墟。

通，他已不可阻挡。他和他的部下向西南沿马尔马拉海南岸包抄，在整个比提尼亚大肆破坏，穿越特罗德（Troad），直到爱琴海海岸的阿德拉米提昂（Adramyttium）。他们没有在尼科米底亚、尼西亚、布尔萨和洛帕迪乌姆这些坚城浪费时间，这些未遭破坏的据点也成了附近地区无家可归的农民们的避难所。帕希梅尔斯描绘了当时悲惨而又颇为常见的情景。

> 道路上满是难民和牲畜，东奔西走，如同蚂蚁一 264
> 般。这一大群人之中，没有任何一个人能免于父母离世
> 之痛。妇女为丈夫流泪，母亲为女儿悲恸，兄长寻找失
> 散的兄弟，到处都是失去亲人的男女老幼。一些人来到
> 城墙之内寻求庇护，一些人在城外休息，余下的人则带
> 着他们所剩无几的家人与财产继续行走。见到如此多的
> 难民，谁能不心生怜悯？就算是铁石心肠，看到这一路
> 上病弱的儿童，绝望的妇女，老人与残疾者，又怎能不
> 落泪……这些恐怖景象，只能说是来自上天的愤怒，是
> 上帝收回了慈悲。

奥斯曼的名字就此初次出现在了历史记载之中。十三世纪末掌管着几乎是安纳托利亚最小的埃米尔国的他，最终建立的王朝却因他而得名奥斯曼帝国。

也是在1302年，安德罗尼卡·帕列奥列格收到了加泰罗尼亚大佣兵团的指挥官罗杰·德·弗洛尔（Roger de Flor）的信。

罗杰·德·弗洛尔（1302）

大佣兵团本质上是来自西班牙的专业佣兵，大部分来自加泰罗尼亚，虽然并非全部如此。阿拉贡国王佩德罗在1281年征募了这支部队，以便在北非和西西里作战。近期他们正在为佩德罗的儿子腓特烈（Frederick）作战，进攻他的兄弟阿拉贡国王海梅[①]和安茹王朝的查理二世。然而在1302年8月31日，腓特烈和查理在西西里的卡尔塔贝洛塔（Caltabellotta）签署了和约，该岛的独立地位就此得到确认，而无法返回西班牙的大佣兵团——海梅自然把他们当成了叛徒——必须寻找新的雇主。

罗杰·德·弗洛尔是个吉斯卡尔式的冒险者，所谓盛名之下其实难副，他们身后留下的传奇故事难免被转述者添枝加叶。据说他是里夏德·冯·德·布卢默（Richard von der
265 Blume）的儿子，这位格外英俊的养鹰人在雇主腓特烈二世逝世后，便忠实地为他的儿子曼弗雷德和孙子康拉丁服役。然而里夏德于1268年在塔利亚科佐被杀，安茹的查理胜利之后，不但斩首了康拉丁，还没收了他所有支持者的财产，里夏德在巴勒莫的寡妻随即陷入赤贫。然而她得以坐船带着两个儿子前往布林迪西，据说她因为饥饿而晕倒在妓院之

---

① 佩德罗三世于1285年逝世时，他的长子阿方索（Alfanso）继承了阿拉贡，次子海梅继承了西西里。阿方索于1291年逝世后海梅也控制了阿拉贡，但在教皇的压力下，他同意割让西西里以换取科西嘉岛和撒丁岛。然而西西里人不肯立即重归安茹王朝控制，他们邀请海梅的兄弟腓特烈成为他们的国王。

外。妓女们救助了她，不久之后她也基于感激和别无选择，成为其中一员。

她的长子没有留下什么记载，她的次子尽管年仅八岁，却乘上了圣殿骑士的战舰。当他在 1291 年再度出现于史书之中时，他已经在地中海航行近二十年，与巴巴里（Barbary）海盗作战，并将自己的名字鲁特格尔·冯·德·布卢默（Rutger von der Blume）改为罗杰·德·弗洛尔，并成了“猎鹰号”（Falcon）的舰长——名字起得倒是很合适。然而在这一年，十字军海外王国的最后据点阿科遭到马穆鲁克王朝①的最后围攻。罗杰作为圣殿骑士团的支援者之一，起初英勇奋战，但当他发现陷入绝境之后，他返回了自己的航船，随即被大批恐慌的妇孺包围，他们希望逃走以免落入异教徒之手。罗杰是他们最后时刻的拯救者，但面对如此之多的难民，他自然可以有所选择。他只允许那些携带了金银珠宝的人上船，并收取高昂的费用。“猎鹰号”随即装满了难民，当舰长在塞浦路斯安置难民，并航向母港马赛时，他已经聚敛大笔财富。

然而恶有恶报，时候已到。勒索难民的事被圣殿骑士团团长得知之后，罗杰被赶出了骑士团，并被教皇卜尼法斯八世（Boniface Ⅷ）宣布为窃贼与背教者。他走陆路逃往热那

① 马穆鲁克王朝的苏丹们自十三世纪中期统治了埃及和叙利亚，并延续到了十六世纪初。这些原本作为开罗的阿尤布王朝苏丹护卫的突厥奴隶在 1250 年谋杀了最后一位苏丹并夺取大权。十年后，他们的领袖拜巴尔在拿撒勒附近的艾因·贾鲁（'Ain Jalut）击败了旭烈兀的蒙古远征军，就此掌控了巴勒斯坦和叙利亚。

亚，说服了多里亚家族（Doria）给他整备了一艘新船“奥
266 利韦塔号”（Olivetta），随即开始海盗活动，并在接下来的几年之中让自己的财富又翻了几倍。直到那时他才开始为西西里的腓特烈服役，腓特烈也立即委派他掌控海军。身为海军将领的罗杰立即证明了自己的陆战能力与海战能力同样出色，他的身边很快聚集了一大批追随者。加泰罗尼亚佣兵团就此诞生。

也正是他在1302年年末派出两名信使觐见安德罗尼卡·帕列奥列格，提出为他服役九个月。在对他本人而言显而易见的利益之外——圣殿骑士和教皇从未忘记他的背叛，而他将就此离开他们的势力范围——他还一如既往索取了高昂的薪酬。他的部下要先获取四个月的预付薪金，数额是帝国佣兵平均薪酬的两倍；他本人则就任大总督——此时在拜占庭官僚系统之中排名第五——并迎娶皇帝的外甥女玛丽亚（Maria），即皇帝妹妹伊琳妮与保加利亚的约翰三世（John Ⅲ）的女儿。他的参谋长科尔伯朗·达莱（Corberán d'Alet）则就任帝国的大总管。

安德罗尼卡清楚自己无处可退，便全盘接受了这些条件。1302年9月，三十九艘战舰和运输船组成的舰队驶入金角湾，不但带来了两千五百名作战人员——其中骑兵居多——还带来了他们的妻儿或者情人侍妾，总人数高达六千五百人（这难免要让皇帝惊骇）。罗杰在君士坦丁堡成婚，然而他的部下远没有那么守礼。他们和城中的热那亚人爆发了冲突，按照西班牙编年史家的记述，新婚之夜的罗杰被迫抛下十六岁的新娘，到城中恢复秩序。同一资料估计三千名

热那亚人被杀，这个说法明显有所夸张，然而他们造成的破坏至少还是足以让皇帝下令加泰罗尼亚佣兵团提早离开。几天后，全军带着女眷渡过马尔马拉海抵达库齐库斯，而那里正在被突厥人围攻。

加泰罗尼亚佣兵团的战绩与野心（1303）

加泰罗尼亚佣兵就此展现了他们的价值。在他们的奋战之下，突厥人在 1303 年春便开始全面撤退。另一方面，安德罗尼卡也发现他开始无法掌控这支部队了。原本所有帝国佣兵都由希腊军官指挥，听从皇帝或者将军的指挥。然而加泰罗尼亚人完全不尊敬他们的拜占庭雇主。他们自作主张，267
安排作战计划，把所有战利品据为己有。他们的高傲自大更是让他们的盟军不满，不久之后和他们共同作战的五百名阿兰佣兵便发现他们的薪酬比自己多一倍了。结果自然是哗变，他们纷纷逃离了战场。当加泰罗尼亚佣兵团抵达共治皇帝米哈伊尔九世在佩盖的指挥部时，希腊人对他们毫无好感，直接关闭了城门。但他们并不在意佩盖，而在意菲拉德尔菲亚。

如今的阿拉谢希尔只是一座平平无奇的小镇，但当时的菲拉德尔菲亚是重要的边境城市与军事基地，那里正遭到围攻。围攻者并非奥斯曼部，而是当时在这一地区势力更大的卡拉曼部（Karamans）。在他们抵达之后加泰罗尼亚佣兵团立即投入行动。尽管已经强行军近一百二十英里，他们依然在次日黎明时分发起了进攻。突厥人进行了全力抵抗，但他们的箭矢无法杀伤身披重甲的欧洲士兵。按西班牙编年史家的记载，中午时分，突厥人阵亡了一万八千人，而埃米尔本人带着残部逃离了战场。对罗杰·德·弗洛尔而言，此时是乘胜追击的绝佳机会。他若是就此深入卡拉曼部的腹地，也许能够进一步击溃埃米尔，并让拜占庭帝国重新收复安纳托利亚。然而他没有这么做，却带着部下返回海滨与舰队联系——而他也欣然发现舰队此时已经占据希俄斯岛、利姆诺斯岛和莱斯沃斯岛。

不到两年的时间里，曾经的海盗成了皇室成员，决定性地战胜了突厥人的奥斯曼部和卡拉曼部，控制了小亚细亚西南大部。在如此的胜利之后，他几乎不会再想无私地为拜占庭帝国奋战了——虽然他也许从来都没这么想过。获取皇帝的薪酬当然是好事，但这几个月的经历给了他新的希望——在土地肥沃、气候宜人、敌人虚弱且散漫的安纳托利亚建立独立王国。就此，他在所到之处都独揽大权，甚至处罚或处死任何胆敢冒犯他的拜占庭文官、武官和教士。

加泰罗尼亚佣兵团调往色雷斯（1305）

268 1304 年年初，罗杰·德·弗洛尔开始了雄心勃勃的东征。他这么做的原因不得而知，毕竟这意味着任奥斯曼部和卡拉曼部重整旗鼓，但他和他的部队还是在初春出兵，在 8 月中旬抵达了塔苏斯的“铁门关”。那里的道路极为狭窄，驮畜都必须卸下包袱才能成一列通过，因此是绝佳的伏击场所。罗杰明智地派出斥候骑兵进行侦察。幸而他如此做了，因为一支突厥大军正在那里等待伏击他。一场恶战随即展开，加泰罗尼亚士兵再度取得了胜利。但他们在那里停止了进军。罗杰麾下的一些军官请求继续进军，渡过幼发拉底河进入叙利亚，但他们的领袖不同意，下令率部返回。

他为什么这么做？编年史家拉蒙·蒙塔内尔（Ramón Muntaner）——他随军参与了这次远征——记载称他接到了皇帝的召回命令。此时罗杰早就不会毫不犹豫地遵守皇帝的命令了。他在意的只是远征让他逐渐远离帝国，如果君士坦丁堡之中出现变故，他必须在附近才能及时利用这一机会。此外，他在马格尼西亚储存了大批财富，如今他开始担心那里的安全。他本人和麾下士兵的薪酬支付情况又是如何呢？尽管骄纵不法，他们理论上还是拜占庭帝国雇佣的部队，皇帝现在已经赊欠近一年的军饷。最后，尽管罗杰是个肆意妄为的冒险者，他也不希望冒不必要的风险。他一生之中一次次谨慎行事，约束冲动的追随者，否决他们的冒险计划。他解释称，在他们行军的安纳托利亚高原上，还有几个星期冬季就要到来了，他们必须在安全时段尽快返回。

他们就此撤兵，却发现希腊骑士阿塔利阿特斯（Attaliotes）趁他们离开时夺取了马格尼西亚，劫走了全部财富。他们就此开始围攻该城，但城破之前，皇帝送来了另一个更紧急的消息：将蒙古人赶出保加利亚的起义军首领塞奥多尔·斯维托斯拉夫（Theodore Svetoslav）如今已经控制包括拜占庭的黑海港口在内的保加利亚大部，入侵了色雷斯并正在威胁君士坦丁堡。安德罗尼卡凭自己的军 269
力根本无力抵抗，必须依靠罗杰才能拯救自己的都城。这样的消息自然不能忽视，罗杰立即意识到塞奥多尔带来了新威胁，如果不能有效解决，塞奥多尔也许会成为他长期计划的新阻碍。防御坚实的马格尼西亚必须暂缓攻击了。他率部穿越特罗德前往赫勒斯滂海峡，渡海后在加利波利扎营。

此后发生的事情并没有留下准确的时间线，希腊人和西班牙人的记述存在大量矛盾之处——而且均偏袒己方，以至于无法调和。然而似乎是在 1304 年到 1305 年的冬季，共治皇帝米哈伊尔给罗杰传信，声称他和他的部下不必继续服役了；不久之后罗杰还得知米哈伊尔向拜占庭部队下令，不再听从大总督的调遣。记述中没有解释原因，没有说明保加利亚人入侵的危机是否结束，也没有说明为何边境局势就此安定下来。后人难免怀疑，也许保加利亚的入侵危机根本不曾发生，而是拜占庭帝国编造了这一消息，只为让罗杰和他的部下从东方返回，以便监视。

无论情况如何，对罗杰·德·弗洛尔而言幸运的是，此时他正好在君士坦丁堡附近，因为 1305 年年初，九艘西班牙战舰出现在金角湾，其指挥官恩特卡的贝伦格尔（Berenguer d'Entença）是罗杰在西西里征战时的战友，此时阿拉贡的海梅二世委派他作为特使觐见皇帝。贝伦格尔此行的目的，除了提供援军之外——虽然罗杰没有求援，但他自然也会欣然接受——还有何种任务我们不得而知。热那亚人竭力散布流言称他参与了恢复拉丁帝国的阴谋，但此后的事态发展证明这纯属谣言；格里戈拉斯则声称他是受安德罗尼卡邀请，前来对付罗杰，这种说法近乎荒谬。无论如何，这位使节还是得到了高规格的接待，很快便成为大总督，罗杰则随即被提升为恺撒。

罗杰获得如此荣誉倒也算是理所应当。加泰罗尼亚佣兵团在安纳托利亚至少三次决定性地击溃了突厥人，在不计其数的前哨战中他们也几乎全部取胜。但这也是一种绥 270
靖政策。米哈伊尔无疑清楚，他在保加利亚人入侵时的举措危险且不必要地激怒了罗杰。更重要的是大佣兵团的薪酬已经一年没有给付，两位指挥官在和皇帝商讨时，言语之中的戾气也越来越重了。不幸的是安德罗尼卡依然束手无策。帝国的府库已经耗竭，近期他被迫再度将货币贬值，海博菲隆金币——讽刺的是，这个词的原意为“精炼”——的含金量已经不超过两成。罗杰愤怒地拒绝了用贱金属来搪塞他的企图。恩特卡的贝伦格尔则更有力地表达了他的愤怒。他归还了为他盛放食物的金银器——按帕希梅尔斯的记载，他在归还之前还用它们做了些极度可鄙的事——之后登上他的旗舰，驶向加利波利的佣兵团营地。离开布拉赫内宫时，他直接把总督的仪仗当着宫中所有人的面扔下了船。

双方最终还是达成了协议，安德罗尼卡为此答应了罗杰的要求，将拜占庭帝国的安纳托利亚领土全部划为他的封地。1305 年春，加泰罗尼亚佣兵团便开始返回亚洲。然而在前往封地之前，罗杰打算前往亚得里亚堡，正式拜访与他素昧平生的米哈伊尔九世。他清楚共治皇帝对他和他的部下没有什么好感，对他的不信任比对他父亲的不信任更甚。罗杰的真实目的也许是要改善两人的关系，至少达成一些共识——他和安德罗尼卡之间就没能达成共识。① 他怀有身孕的妻子玛丽亚和她的母亲都恳求他不要去面见自己公开的敌人，但他无视了她们。1305 年 3 月 23 日，在三百名骑兵和一千名步兵的护卫之下，他前往米哈伊尔的驻地。

罗杰遇刺（1305）

罗杰在亚得里亚堡得到了热情接待并停留了一周以上——这足以证明他并非打算做礼节性访问。米哈伊尔是有
271 意拖延时间，以召集援军歼灭加泰罗尼亚佣兵吗？也许确实如此。我们可以确认的是，4 月 5 日，起程前往加利波利的前一天晚上，罗杰·德·弗洛尔被刺杀了。当时远在一百多英里外的君士坦丁堡的帕希梅尔斯记载称，刺客是阿兰人的首领乔治·吉尔康（George Gircon），他的儿子在库齐库斯之战被加泰罗尼亚佣兵团杀死，因此对他们的领袖格外憎恨。他还记载称谋杀发生在共治皇帝的妻子、亚美尼亚的丽塔（玛丽亚）闺房的门槛处，至于罗杰为何会在那里则不得而知。西欧的记载——在这一问题上或许更可信——也声称刺客是吉尔康，但刺杀的场合是米哈伊尔安排的欢送宴会。在宴会行将结束时，米哈伊尔按照习俗离开，留他的客人们欢饮，然后一批全副武装的阿兰佣兵突然之间冲进了大

① 罗杰前去拜访米哈伊尔九世的真实原因之中，最有趣的一种猜测源自阿方索·洛（Alfonso Lowe）的《加泰罗尼亚佣兵团的报复》(*The Catalan Vengeance*)，声称他是被安德罗尼卡和米哈伊尔共同诱骗前往，借口则是讨论推翻塞奥多尔·斯维托斯拉夫并在保加利亚安排合适的统治者，即罗杰的妻舅。但这仅是猜测，是真是假无从确知。

厅，人数稀少还醉酒的加泰罗尼亚佣兵们被包围，无力还击，和罗杰一同被杀。

希腊人和加泰罗尼亚佣兵继续和谈已无可能，战争就此爆发。

消息传到加利波利的加泰罗尼亚佣兵团营地之后，他们往亚洲的进军立即停止，渡过海峡的人也被立即召回，而这座城镇所在的半岛也被宣称为西班牙人的领土。佣兵团之后穿越色雷斯，一路上制造骇人听闻的报复性破坏。他们的力量因亚得里亚堡事件而严重受损，但他们很快征募了大批突厥人与保加利亚人，规模很快恢复。多少要为此负责的米哈伊尔九世对事态的发展大为警惕，他竭尽所能阻止他们进军，但他的部队在雷德斯图姆附近的阿普鲁斯（Aprus）城堡之下被彻底击溃，英勇奋战的他仅以身免。

色雷斯省因为处于从西部抵达君士坦丁堡的必经之路上，几个世纪以来屡遭兵燹。阿瓦尔人、匈人、格皮德人、保加利亚人、斯基泰人、斯拉夫人和基督教十字军都曾在此破坏。加泰罗尼亚佣兵团却带来了前所未有的破坏。他们的屠杀野蛮无情，他们的暴行罄竹难书，仿佛不想让任何一个色雷斯人幸存一般。农田与村庄，乃至城镇被完全废弃，恐慌的难 272
民涌进君士坦丁堡，抛下火光冲天的农田。亚得里亚堡和季季莫蒂霍未被攻破，但驻军也不敢主动出击了。色雷斯，这个拜占庭帝国曾经最富裕肥沃的地区，如今沦为一片荒野。

但荒野无论是对征服者还是对居民而言都意义索然，1308 年夏季，加泰罗尼亚佣兵团向西进军塞萨洛尼基。他们没能夺取该城，但依然毁掉了其他几座较小城镇，并掠夺了阿索斯圣山的修道院，而后才南下塞萨利，并在1310年继续南下抵达维奥蒂亚，为雅典与底比斯的法兰克公爵布列讷的瓦尔特（Walter of Brienne）服役。瓦尔特对塞萨利觊觎已久，在加泰罗尼亚佣兵团的协助之下他轻而易举地将年轻多病的约翰二世[①]征服。然而不久之后，瓦尔特发现请神容易送神难，加泰罗尼亚佣兵团是危险的下属。1311年3月15日，佣兵团在赛菲索斯河（Cephissus）河畔歼灭了他的部队，他本人和属下大多数骑士均被杀死。胜利者就此进军雅典，建立起自己的公国，并维持了七十七年。

加泰罗尼亚佣兵团就此淡出了本书讨论的范畴。在不到十年的时间里，他们对拜占庭帝国的破坏堪与突厥人一个世纪的破坏相比，花的还是皇帝的军饷。为了支付他们的薪酬，安德罗尼卡·帕列奥列格被迫实行货币贬值，并向近乎陷入绝境的臣民征收了更繁重的税收。他们在色雷斯制造的破坏需要几代人的时间才能修复，被他们驱赶而无家可归的难民涌入君士坦丁堡，几乎导致了饥荒。如果他们履行和安德罗尼卡的协议，继续进攻突厥人，放弃占据领土的企图，他们也许能够阻止穆斯林进军的势头，黎凡特的历史也可能会截然不同。哀哉，这一切没有发生；反之，在第四次十字军几乎正好一个世纪之后，他们给帝国带来了新的重大创伤，而帝国再未能从其中恢复。

① 他是约翰·杜卡斯的孙子，他的父亲是君士坦丁（Constantine）。

第十七章　两安德罗尼卡内战（1307～1341）

自创世之初，恶魔便在残害众人，尽管他并不能随心所欲，至少还是取得了一些成功。 273

——安德罗尼卡二世对夺取君士坦丁堡的孙子安德罗尼卡三世所说

对拜占庭帝国而言，十四世纪的头十年笼罩在加泰罗尼亚佣兵团的阴影之下，但不幸的安德罗尼卡·帕列奥列格要解决的难题绝不止于此。在西方，塞奥多尔·斯维托斯拉夫依然保持着压力，直到1307年安德罗尼卡把他已经占据的黑海港口割让，还把米哈伊尔九世的女儿塞奥多拉（Theodora）嫁给了他。尔后查理二世的儿子塔兰托的腓力和阿尔巴尼亚的天主教教徒组成联军，夺取了都拉佐。与此同时，另一个西欧王公也加入了争夺：瓦卢瓦的查理（Charles of Valois），法兰西国王美男子腓力的兄弟。1301年，他迎娶了库特奈的凯瑟琳（Catharine），她是拉丁皇帝鲍德温的孙女；现在他又决心要恢复拉丁帝国了。

为此他寻求教皇克莱芒五世（Clement V）的协助——他也随即公开谴责了安德罗尼卡——并与威尼斯签订协议，联络塞尔维亚的米柳廷（他此时和他的岳父关系日渐疏远），甚至在1308年联络上了加泰罗尼亚佣兵团。然而他的妻子于同年去世，继承权落入了他们女儿瓦卢瓦的凯瑟琳手中，而查理自己彻底失去了宣称权——塔兰托的腓力和妻子萨马尔离婚之后，在1313年迎娶了凯瑟琳。尽管这场阴谋无果而终，总归让世纪之初的皇帝紧张了一阵。

274 在东方，加泰罗尼亚佣兵团于1304年离开安纳托利亚之后，突厥人卷土重来。艾登部（Aydin）于当年夺取以弗所；1307年，奥斯曼夺取了特里科吉亚（Trikokkia）堡垒，就此截断了尼科米底亚和尼西亚的联系；1308年，在夺取以哥念之后，卡拉曼部就此终结了存在两个多世纪、垂死已久的塞尔柱苏丹国。1309年，拜占庭帝国遭受了更重大的损失，罗德岛（那里已经被热那亚人实际控制多年）被圣约翰骑士团[①]占据。帝国日益衰微，皇帝也早已放弃阻止突厥人进军的想法。

君士坦丁堡之中的阿尔森尼奥斯派也愈发不安分了。滋事的苦修士阿塔纳修斯在1293年被罢黜之后他们获得的些许宽慰，因为皇帝在十年后坚持让他复职而荡然无存。[②]

① 即医院骑士团，全名为耶路撒冷的圣约翰医院骑士团。他们和圣殿骑士团一样在阿科于1291年陷落后被迫离开巴勒斯坦。此后他们转往罗德岛（那里巨大的救济院存世至今），1522年苏莱曼大帝（Süleyman the Magnificent）夺取该岛后又转往马耳他。

② 阿塔纳修斯堪称格外幸运。1303年1月15日，他在修道院中宣称上帝的愤怒将很快降临到君士坦丁堡的居民身上。当晚城中就发生了小规模的地震，两天后又发生了破坏更大的余震。

1304 年，安德罗尼卡所有安抚他们的尝试均告失败之后，他派全副武装的卫士控制了他们在莫瑟勒（Mosele）的修道院。次年，安德罗尼卡及时揭露了一场新的弑君阴谋，并发现煽动者约翰·德里米斯（John Drimys）和阿尔森尼奥斯派过从甚密，他随即下令彻底关闭那座修道院，并逮捕了大批派系成员。然而此时这一举措的动力正在迅速消失。被囚禁的约翰·拉斯卡里斯双目失明，已经不像二十年前那样适合登上皇位，而且原本的尼西亚帝国领土大多落入突厥人的手中。1309 年，牧首阿塔纳修斯——据说他把拜占庭帝国视作一个巨大的修道院——终于主动隐退到了小修道院之中，他的继承者尼丰（Niphon）则立即着手彻底弥合阿尔森尼奥斯派的分裂。他在一年之中便达成了这一目标：1310 年 9 月 14 日，在圣索菲亚大教堂的盛大典礼之中，东正教教会戏剧性地正式统一了。

伊琳妮、米哈伊尔与安德罗尼卡（1316）

安德罗尼卡对此自然是颇为宽慰，但同年他就要面对新
的敌人：他的妻子伊琳妮，即蒙费拉的约兰达。结婚时十一 275
岁的女孩如今野心勃勃且自作主张，夫妻关系也愈发紧张。问题的起因是伊琳妮要求她丈夫在死后不要把皇位传给长子米哈伊尔九世，而是让四个儿子均分国土——另外三个当然是她的儿子。安德罗尼卡自然也明智地立即否决了这一提议，皇后就此指责他偏袒长子，带着自己的三个孩子前往塞萨洛尼基，那里不但是她童年成长的地方，她十六岁的女儿西蒙尼斯在邻近的保加利亚宫廷也能够施加影响。她就此在

那里居住了七年直到逝世，其间不断筹划针对丈夫的阴谋——如果有人愿意听的话。

共治皇帝米哈伊尔在继母抵达那里不久之后也来到了塞萨洛尼基。尽管他只有三十多岁，却已经心灰意冷。勇敢却无能的他成年之后大部分时间都在战场上度过，但还没有赢得一场大胜。除了1304年与保加利亚人作战时取得的小胜之外，他的人生可谓接连不断的失败，无论是此前在小亚细亚，还是此后在巴尔干。他近期又被两千突厥人击败，那些人加入加泰罗尼亚佣兵团后便留在了色雷斯，佣兵团则在接下来的两年中转往希腊袭扰，劫掠所剩无几的乡村，严重威胁了交通线。1311年年初，米哈伊尔率军肃清他们，却一如既往地以灾难告终。他随即被解除了军队指挥权，赋闲于此。

他和亚美尼亚裔的妻子玛丽亚［原名丽塔（Rita），在成婚后按照惯例改用拜占庭人更习惯且可敬的名字］生下了四个孩子，长子安德罗尼卡（Andronicus）聪慧且格外英俊，1316年2月，十九岁的他被加冕为共治皇帝。现在皇位之上已经有三位皇帝，皇位继承也将会至少安稳地持续两代。然而年轻的安德罗尼卡很快显示出危险的轻佻。他酗酒欢宴，赌博取乐，欠加拉塔的热那亚人大笔借款，而且好色之名尽人皆知。加冕一年后，他迎娶了一名德意志贵妇，她
276 冗长无趣的名字是布伦瑞克－格鲁本哈根的阿德莱德（Adelaide of Brunswick - Grubenhagen），但生下一个孩子（不幸夭折）之后他便对她失去了兴趣，继续沉迷于旧日的享乐——不过他的好色或许从未中断。

此时这个年轻人的举动已经让他的父亲与祖父愈发不

安，但到了1320年问题才彻底爆发。他怀疑自己的一个情人不忠，就在她的住所外安排了埋伏，准备一举杀死情敌。结果前来的却是他的兄弟曼努埃尔（Manuel），曼努埃尔当场被杀，至于他确实是情敌还是碰巧路过则不得而知。米哈伊尔九世正在因女儿安娜（Anna）离世[①]而哀伤不已，又收到了如此噩耗，体弱多病的他无法承受如此的打击。他的健康迅速恶化，于10月12日在塞萨洛尼基病故。安德罗尼卡二世愤怒地废黜了自己的孙子，指定自己的幼子君士坦丁（Constantine）继承拜占庭帝国的皇位。

内战随即爆发。

帝国分裂（1321）

老皇帝已经年逾花甲，在拜占庭时代这也算是高寿了，而在他执政的近四十年间拜占庭帝国每况愈下。幸运的是作家与学者塞奥多尔·梅托西特斯（Theodore Metochites）在1290年成为他的主要幕僚（此后出任大部长），并任职到他执政结束，然而塞奥多尔也无力阻止帝国的衰退。色雷斯已成荒野，小亚细亚则已经沦陷。没有海军或商船队的帝国，贸易以及食物供应都要依靠争执不休的威尼斯人与热那亚人。税收与日俱增，但并非用于整备军队，而是要给加泰罗尼亚佣兵团和突厥人支付岁贡，乞求他们不在帝国领土上破

① 安娜的第一任丈夫是伊庇鲁斯尊主托马斯（Thomas），但1318年托马斯被他的外甥——凯法利尼亚伯爵意大利人尼古拉斯·奥尔西尼（Nicholas Orsini）谋杀。奥尔西尼随后改信东正教，继承伊庇鲁斯尊主并迎娶了他的寡妻。安娜于两年后亡故。

坏。当年轻的安德罗尼卡拒绝祖父的废黜敕令，在亚得里亚堡高举反旗时，都城之中自然有许多人积极响应——特别是贵族与地产主的儿子们——他们纷纷前来支持他。

小皇帝的副手是约翰·坎塔库泽努斯（John Cantacuzenus），
277 军事贵族的领袖人物之一。他的父亲曾经管理摩里亚，他则是帝国之中重要的地产主，在马其顿、色雷斯和塞萨利拥有大量地产。他比安德罗尼卡年长一两岁，两人是童年好友，而约翰将先后以幕后操纵者、大元帅、反叛者与皇帝的身份，在这个世纪之中的大部分时间里掌控拜占庭政坛。对后世而言，他更是留下了一部长篇的帝国历史，详细地记载了帝国从1320年到1356年的情况。在对亲身经历的回忆之外，他还大量引述了原始资料。这部历史难免存在偏颇，但作为同时代帝国最出色的军官与政治家，这部历史自然不能被无视。

安德罗尼卡三世的支持者中，仅次于约翰·坎塔库泽努斯的是塞尔吉安内斯·帕列奥列格（Syrgiannes Palaeologus）。他的皇室身份来自他的母亲，他的父亲则是库曼人后裔，而事实证明他是个不可信的盟友。然而他和约翰都购买了色雷斯的官职——卖官鬻爵在帕列奥列格王朝之时就已成惯例——并立即开始安抚在愈发严苛的税收盘剥下不满的当地人。1321年复活节，小皇帝也加入了他们。按照格里戈拉斯的记载，他的首要举措之一就是免除了这一行省的所有税收，借此举措以及其他许多夸大的许诺，他很快获取了他需要的支持。塞尔吉安内斯随后进军都城，而老安德罗尼卡担心叛乱扩大，便仓促开始和谈。6月6日，双方同意分割帝国，安德罗尼卡二世继续统治博斯普鲁斯海峡，安德罗尼卡三世则在亚得里亚堡统治。

几年前皇后伊琳妮提出类似的提议时，皇帝大为讶异，但如今的他如此轻易地接受了这一切，也说明了这几年帝国境况的恶化。为了维持表面上的统一，老安德罗尼卡坚持要求独自制定外交政策，但他的孙子起初便表明要主导独立的外交政策。不久之后帝国就事实上分裂了，他们制定的政策截然不同，而且时常互相抵触。

在如此的情境之下和平不可能持续多久，1322 年年初 278
双方便重新开战了。奇怪的是战争似乎是由塞尔吉安内斯引发的。他向来嫉妒约翰·坎塔库泽努斯，在他看来此人最受小皇帝喜爱，而这种嫉妒最终让他决心倒戈。他返回君士坦丁堡觐见老皇帝，鼓动他教训自己的孙子。但这无济于事。叛军在色雷斯和马其顿深受欢迎，如果这个老人继续反对他们，失去的土地必将更多。1322 年 7 月，两位皇帝再度签署协议，帝国分裂的问题就此解决，两人共同统治整个帝国，并认定安德罗尼卡三世为唯一的继承人。安德罗尼卡二世依然保持最高权威，有权否决自己孙子的政策。

这一次，和平持续了整整五年，其间的 1325 年 2 月 2 日，安德罗尼卡三世在圣索菲亚大教堂再度加冕；1326 年 4 月 6 日，奥斯曼突厥人在围攻布尔萨七年之后最终将其攻破，并定都于此。[①] 威胁更大的是安德罗尼卡的侄子，即塞

---

① 夺取布尔萨的是奥斯曼的儿子奥尔汗（Orhan），奥斯曼在同年逝世，没能看到他的新都城，但奥尔汗还是把他的遗体运进城中，在城市堡垒中下葬。布尔萨随后成了颇具象征意义的地方，奥斯曼帝国早期的苏丹均安葬于此。

萨洛尼基的管理者约翰·帕列奥列格宣称脱离帝国。约翰也是大部长塞奥多尔·梅托西特斯的女婿，尽管塞奥多尔忠于自己的君主，他的两个儿子——分别控制重要的军事基地梅尔尼克和斯特鲁米察（Strumica）——却立即宣称倒向叛军。约翰随后向塞尔维亚国王斯蒂芬·德钱斯基（Stephen Dechanski）寻求帮助（并把自己的女儿嫁给了他），还亲自前往塞尔维亚的宫廷。

若是他成功完成了和国王斯蒂芬的联盟，帝国也许就要面对一个更严峻的新威胁，而祖父与孙子也许会暂时放下分歧，对付共同的敌人。然而约翰·帕列奥列格在抵达斯科普里之后，突然且出乎预料地暴毙，这一威胁就此消失；1327年秋季，内战在七年间第三次爆发。此时两个皇帝都不是独立作战了。斯蒂芬·德钱斯基（他的妻子毕竟是老皇帝的
279 侄孙女）宣称支持安德罗尼卡二世，而保加利亚沙皇米哈伊尔·希斯曼（Michael Sisman）——他与斯蒂芬的妹妹离婚，迎娶了塞奥多尔·斯维托斯拉夫的寡妻、安德罗尼卡三世的妹妹塞奥多拉——欣然和他的新妻舅结成同盟。战争之中的战斗一如既往地少，也几乎毫不必要，因为年轻的安德罗尼卡——尝到甜头的他许下了越来越多的空洞许诺和捐赠——四处拉拢盟友。1328 年 1 月，他和约翰·坎塔库泽努斯一同前往塞萨洛尼基，并得到了隆重的欢迎，被承认为君主。色雷斯和马其顿的其他主要城镇与堡垒也几乎无一例外表示了支持。

与此同时，他悄然且不紧不慢地准备在春天的降雨结束后进军都城。然而进军之前，他收到了一个不利的消息：沙

皇米哈伊尔突然倒戈，派出三千名保加利亚骑兵前去保卫君士坦丁堡。安德罗尼卡不再迟疑了。他亲率先遣部队立即向东进军，截住了保加利亚人并对他们的指挥官声称这是违背他君主一年前签订的盟约，说服他立即撤退。尔后他在给沙皇送去一份愤怒的信件，要求他遵守协议之后，便留下来等待大部队赶上。

安德罗尼卡三世夺取君士坦丁堡（1328）

老安德罗尼卡在1328年春季受到的打击绝不止保加利亚骑兵退兵这一件事。威尼斯人和热那亚人故伎重施，将君士坦丁堡和周边水域作为他们的主战场，无视希腊居民的苦难。整个4月间，四十艘舰船组成的威尼斯舰队封锁了加拉塔区和博斯普鲁斯海峡的入口，让城中的食物供给近于匮乏。内战期间，敌军在富饶的色雷斯土地上几番践踏，早已摧毁当地的农业，干扰了来自西部各省份的陆路食物补给，现在海上的食物补给也不可行了。仅剩的些许食物都定了高价，而早已被重税榨干、经济活动停滞已久的市民们根本无力购买。人们对老皇帝的支持与日俱减，他的权威也愈发动摇了。

在如此情况之下，他的孙子若是想要进攻都城也不会遇 280
到什么抵抗了。1328年5月23日夜，安德罗尼卡和约翰·坎塔库泽努斯率领二十四人的先头部队，用云梯登上罗曼努斯城门对面的大型堡垒。城中的内应抛下绳索，云梯迅速搭好，小皇帝的部下几分钟之后便翻过了城墙，为同伴打开了大门。其间没有屠杀，没有伤亡，掠夺也极少。老安德罗尼卡从睡梦之中惊醒，起初颇为恐惧，但心情很快就平复了。

他只要签字同意逊位，就得以保留皇帝的头衔和徽号，而且可以在布拉赫内宫中居住。与此同时，他们派出使团前去释放牧首埃萨亚斯（Esaias），他一年前因为不肯遵守安德罗尼卡二世的命令革除他孙子的教籍，被软禁在曼加纳修道院中。格里戈拉斯记载称，在返回皇宫时，陪同他返回的并不是高阶教士，而是一批乐师、滑稽演员和舞女，他还因为其中一人的表演而大笑，差点摔下马来。

除了老皇帝之外——也许他会因为摆脱他无力承担的重担而宽慰——最不幸的便是他的大部长塞奥多尔·梅托西特斯。由于没有其他的替罪羊，这位温和的学者就此被认定是他君主所有不幸与失败的原因。他的财产被大部没收，住宅遭掠夺后被焚毁，他本人最初被流放，而后获准返回霍拉的救世主修道院——几年前他自己出资对那里进行了重建与装饰。[①] 在那里，陆墙与金角湾相接，布拉赫内宫投石可及，他在隐居生活之中度过了余生，于 1332 年 3 月去世。

他比安德罗尼卡二世多活了一个月。老皇帝逊位后在君士坦丁堡居住了两年，之后也被迫前往修道院，改名安东尼奥斯（Antonius）。1332 年 2 月 13 日，他和自己的女儿西蒙
281 尼斯，即塞尔维亚的斯蒂芬·米柳廷的寡妻饮宴，在离席不久之后便逝世了，享年七十三岁。他统治帝国近半个世纪。

① 霍拉（Chora）教堂，即今卡里耶清真寺（Kariye Camii），至今尚存。即使在伊斯坦布尔，其中炫目的镶嵌画与精美的壁画也可谓奇景。镶嵌画中还有塞奥多尔的画像，描绘他将教堂献给基督；教堂南侧祈祷室的拱顶上，壁画《地狱图》（*Anastasis*）或许是基督教艺术之中最杰出的作品。

在拜占庭的千年历史之中，或许这是最需要强势坚定的统治者的时期之一，而安德罗尼卡二世的软弱也是少见。若是安德罗尼卡二世少一点教士习气，多一点领袖气度；若是他主动解决问题，而不是被动采取行动；若是他拥有自己父亲的外交才能，他儿子的勇气，或者他孙子的勤奋，哪怕只有一半，他也许就能够借加泰罗尼亚佣兵团的到来以及塞尔柱苏丹国灭亡之机获利，甚至就此终止帝国的衰退。然而他既没有任何远见，也没有任何清晰的施政目标，只是让帝国从一个灾难滑向另一个灾难，直到安德罗尼卡三世——尽管他有种种缺陷，但他至少清楚自己的目标，也愿意为目标而奋斗——以温和而坚定的方式把他赶下了王位。至于他不幸的臣民们，在四面楚歌之中早已饥寒交迫，还要承担不可理喻的苛刻税收，自然乐于见他失去皇位。

安德罗尼卡三世（1332）

安德罗尼卡三世时年三十一岁。在这十年之间，他终于成熟了。必须承认，拥有一千名猎人、一千条猎狗和一千只猎鹰的他难免要沉迷于打猎之中，也不是所有臣民都支持他参加骑士比武，但他还是在他第二位妻子——萨伏依（Savoy）伯爵阿马德乌斯五世（Amadeus V）的女儿安妮（Anne）——的意大利随从们的鼓动之下，把这个竞技重新安排到拜占庭宫廷之中。[1] 除此之外，他把年轻时的放

[1] 如前文所述，科穆宁王朝的曼努埃尔一世就颇为热衷这个和拜占庭原本毫无关系的竞赛。

纵轻佻抛弃了，尽管他仍然会表现出轻佻与鲁莽——而且从来都不曾改掉夸海口的缺点——但他依然证明自己是个无畏的军人，也是个基本清醒的统治者。相比他的祖父，他总归要好得多。

最重要的是他是幸运的，在他十三年的执政之中，有一个政治与军事能力均堪称杰出的助手陪在他的身边，更重要的是此人对他绝对忠诚。约翰·坎塔库泽努斯不只是皇帝的朋友和幕僚，事实上他更鼓舞了皇帝的精神。正是他主导了
282 近期的叛乱，也正是他在叛乱成功之后指导帝国的政策制定。他拒绝了感激他的安德罗尼卡提出授予的所有头衔，乃至摄政者与共治皇帝，也没有任何的虚衔，[①] 只有一个大元帅的职务，即总指挥官。然而君士坦丁堡城中人几乎无人不知大权掌握在谁手中。

然而很可能是安德罗尼卡本人，而非大元帅主动做出了他执政时期第一个也最重要的决策。他清楚，因此受损的臣民们更是清楚，帝国的法律体系已经朽烂。约翰·坎塔库泽努斯和塞尔吉安内斯·帕列奥列格轻而易举地购买了色雷斯的官职，甚至因正直而闻名、道德高尚的大部长塞奥多尔·梅托西特斯也毫不犹豫地卖官鬻爵。安德罗尼卡二世大概在三十年前试图处理这一问题，一如既往地失败了。他的孙子在成为独帝不到一年之后，便在1329年安排了数名新法官，作为“罗马人的普世法官”。他们总共四人——两名教士，

① 帝国在之前几个世纪的萎缩导致许多旧有官职事实上已经无法履行原有的职能，变成虚衔，用来给皇帝们封赏宠臣。——译者注

两名俗世人，并事实上掌控了一个申诉法院，有权纠察帝国各地的司法问题，还要担负监察高级官员腐败和偷漏税的任务。边境地区的法官也被安排了类似的任务。必须承认的是，这一系统并不算非常成功。盘根错节的腐败向来难以肃清，1337 年年初，皇帝和牧首共同出席的圣索菲亚大教堂的特别法庭上，四名普世法官之中就有三人被证实受贿，就此被解除职务并流放。但他还是立即安排了继任者，这一机构也持续到了帝国终结之日。

塞尔维亚－保加利亚联盟（1334）

起初，安德罗尼卡铁面无私的对外政策很快起到了效果。在政变一个月后，保加利亚沙皇米哈伊尔·希斯曼再度入侵色雷斯，然而此时安德罗尼卡立即对他的领土发动进攻，夺取了保加利亚人的一座要塞据点；两个月之后米哈伊尔再度入侵时，一支拜占庭大军已经集结起来准备迎击。结果是双方签署了和约，避免了接下来两年间的纷扰。若不是保加利亚军队于 1330 年 7 月 28 日在沃尔巴兹德（Velbuzd）——今 283
丘斯滕迪尔（Kjustendil）——之战中被斯蒂芬·德钱斯基率领的塞尔维亚军队彻底歼灭，和平也许能持续更久。沙皇本人在这一战中受了重伤，被俘后不久不治身亡。斯蒂芬则安排了他的侄子约翰·斯蒂芬（John Stephen）[1] 统治保加利亚，可怜的塞奥多拉被迫逃亡。

---

① 约翰·斯蒂芬是德钱斯基的妹妹安娜与米哈伊尔·希斯曼所生，此后米哈伊尔为迎娶安德罗尼卡的妹妹塞奥多拉而与她离婚。

对安德罗尼卡而言，他妹妹的不幸倒是个万幸，这给了他干涉保加利亚事务的绝佳理由。他随即以为她报复的名义夺取了黑海沿岸的港口墨森布里亚和安西亚卢斯，而那里正是二十多年前他的祖父割让给保加利亚人的，此外他还控制了帝国边境的数个堡垒。然而他并没能控制那里太久，因为这两个斯拉夫国家在次年都爆发了宫廷政变。保加利亚的约翰·斯蒂芬和母亲安娜被推翻，希斯曼的外甥约翰·亚历山大（John Alexander）继任；塞尔维亚的德钱斯基则因为没能乘胜追击，被一批贵族谋杀，由他的儿子斯蒂芬·杜尚（Stephen Dushan）继任。两位新统治者随即缔结盟约，斯蒂芬·杜尚迎娶了约翰·亚历山大的姐妹海伦娜（Helena），巩固了这一联盟。尔后他们开始联合进攻，塞尔维亚人入侵马其顿，保加利亚人入侵色雷斯，只为实现他们共同的梦想：推翻"瓦西琉斯"，在君士坦丁堡建立巨大的斯拉夫人帝国。约翰·亚历山大轻而易举地收复了黑海的港口，斯蒂芬则一路向南突入拜占庭帝国边境——必须提及，帝国的内部纷争给了他很大的帮助，其中的重要事件便是1334年，塞尔吉安内斯·帕列奥列格叛逃到了塞尔维亚人的军中。

塞尔吉安内斯是个难以理解的人，他的母亲出身贵族，尽管父亲并非如此，但他是皇帝与大元帅的密友。他聪慧过人，而且似乎颇有魅力，但他既不守信也不忠诚。他已经在内战之中背叛他的君主，可耻地向安德罗尼卡二世倒戈。不久之后他又意图谋害老皇帝，因此被判终身监禁。然而安德
284 罗尼卡三世掌权后释放了他，塞尔吉安内斯在约翰·坎塔库泽努斯的坚持之下——记载如此——得到了正式宽恕，还被

任命为塞萨洛尼基的管理者。就职之后，他立即开始制造麻烦，密谋对付坎塔库泽努斯，并讨好皇帝的母亲丽塔（玛丽亚）——她在丈夫离世后便居住在这座城中——以至于她收塞尔吉安内斯为养子。1333 年，她也撒手人寰，塞尔吉安内斯的新阴谋很快又被揭露出来，这次他企图弑君，想要取代他登上皇位。他此时是否已和斯蒂芬·杜尚联系，我们不得而知，但塞萨洛尼基距离塞尔维亚边境实在太近，安德罗尼卡也不打算碰运气。塞尔吉安内斯随即被逮捕并带到都城审判，然而在审判之前，他逃过了金角湾，来到加拉塔，而后经埃维亚岛和塞萨利抵达了塞尔维亚。斯蒂芬·杜尚热情地接待了他，并允许他指挥一支部队，而他也在 1334 年春夺取了卡斯托里亚以及一系列的周边据点。

皇帝和坎塔库泽努斯匆忙赶往马其顿，打算彻底消灭塞尔吉安内斯。然而他们觉得仓促集结起的部队未必能完成这一任务，于是安排了一个诡计。他们派高级参谋军官斯法兰泽斯·帕列奥列格（Sphrantzes Palaeologus）① 担任塞萨洛尼基周边几座城镇的管理者，希望塞尔吉安内斯就此上钩，劝说他加入自己麾下。斯法兰泽斯接受请求后则立即获取他的信任，而后按计划轻松地逮捕塞尔吉安内斯，送交皇帝处置。

一切都按照计划进行，唯一的例外是在关键时刻斯法兰泽斯没有逮捕叛徒，而是擅自将他杀死了。他因此受到了责

① 他的姓氏未见记载，约翰·坎塔库泽努斯理当清楚，却只称他的名字，还声称虽然他是元老院的重要成员，出身却并不显赫。

备，但不久之后他还是被提升为大主将①并增加了工资。对皇帝而言这只是个微小的开支，一两个月之后的 1334 年 8
285 月，他就和斯蒂芬·杜尚在塞萨洛尼基边境地区会面，拜占庭许诺帮助塞尔维亚抵御匈牙利，塞尔吉安内斯夺取的土地则将全部归还帝国。

安德罗尼卡需要这些土地，斯蒂芬也清楚地表示，此前两年间他征服的其他土地——包括奥赫里德、普里莱普、斯特鲁米察甚至沃德纳［Vodena，今埃泽萨（Edhessa）］——都要由塞尔维亚人继续掌控。马其顿的大片土地就此永久沦陷，最后的崩溃已经开始。

佩勒卡诺斯之战（1329）

小亚细亚则在加速崩溃。1329 年 5 月末，奥斯曼部在奥尔汗的率领下封锁了尼西亚，消息传到君士坦丁堡后，皇帝和约翰·坎塔库泽努斯立即率领四千士兵渡过海峡来到卡尔西顿，沿马尔马拉海滨向东南方向进军。在行军的第三天，他们侦察发现小村佩勒卡诺斯［Pelekanos，今马尼亚斯（Manyas）］之外的小山上屯驻着一支突厥部队。他们不但拥有地利，规模也是他们的两倍，但在简短的军事会议之后，他们决定如果奥尔汗来到平原上发动进攻的话，他们就坚守阵地坚持战斗。战斗就此在 6 月 10 日开始。战斗在骄阳之下持续了一天，在傍晚时分拜占庭军队——此时已经击

① 主将即“Stratopedarch”。十四世纪的一份有关典礼的著作记载称，这一职务负责安排部队的补给供应，但其他的记载中这一职务似乎是纯粹的荣誉头衔。

退突厥军队的两次大规模进攻——占了上风。然而他们的伤亡已经相当惨重，他们更清楚此前预留了一支部队的奥尔汗肯定要在次日把他们投入战场。因此坎塔库泽努斯建议在黎明之后，他们应该秘密且有尊严地撤离战场。

他们也就此开始撤军。然而一些年轻且缺乏经验的士兵因突厥弓箭手的袭扰烦闷不已，他们冲出队列试图驱逐他们。坎塔库泽努斯清楚这样做的危险，他立即掉头想要追回他们，然而不久后见不到约翰返回的安德罗尼卡也掉头返回。他们遭遇了他们所担心的情况，那些冲动的年轻人被包围了，在接下来的恶战之中皇帝大腿受伤。他勉强重新集结起了部队——他受伤流血的坐骑在他抵达之后便倒下了。次日他躺在担架上返回了君士坦丁堡。事实上他伤得不重，然而一些士兵看到皇帝被抬走，误以为他已经死亡。他们陷入恐慌，而刚刚侥幸逃离的约翰·坎塔库泽努斯竭尽所能安抚 286
部下恢复了秩序，并及时在菲洛克雷内（Philocrene）城外击退了追击的突厥人。

佩勒卡诺斯之战是拜占庭皇帝与奥斯曼埃米尔第一次在战场上交手。这次战败的程度远不能与曼齐刻尔特之战相比，但可以确定的是，突厥人在小亚细亚的进军已无可阻挡。如果还需要什么证明的话，证明很快就会到来：七十年前的帝国都城尼西亚在 1331 年 3 月 2 日陷落。尼科米底亚则在六年后陷落。帝国在小亚细亚剩余的所有领土，除了一两座爱琴海中的岛屿之外，就只剩下一些突厥人尚不屑于进攻的孤立城镇了，比如菲拉德尔菲亚和黑海边的赫拉克利亚。但这些城镇的战略意义相当有限，所有人都清楚它们的陷落也只是时间问题。与此同时，奥尔汗控制马尔马拉海的亚洲一侧之后，他可以开始组织海军力量，并开始对欧洲一侧开展近乎接连不断的袭击。

在爱琴海的胜利（1333）

就帝国东方与南方的情况而言，安德罗尼卡只有三件小事能聊以自慰。其一，他开始和突厥人谈判。1333 年 8 月，他渡海来到尼科米底亚，他的借口是鼓励这座被围的城市，但事实上他是打算和奥尔汗进行秘密谈判，许诺给埃米尔支付一笔岁贡，以让他停止进攻拜占庭在亚洲的最后据点。其二，各种证据显示奥尔汗并不是人们所想象的那种疯癫狂热的蛮族，而是一个理智文明的人——就像他的父亲奥斯曼那样。他不打算向他占据领土之中的基督徒强行推行伊斯兰教，也没有报复曾经抵抗他的人。在夺取尼西亚之后，他允许城中的居民自行决定去留，而且可以带走圣像和圣物。（然而离开的人相当少。）他的主要目的是建立起一个国家，遵循他父亲在弥留之际的嘱托。他主持正义，热衷学术并笃信伊斯兰信仰，也接纳所有民族和所有教派的人。传教与征服是次要的，这些都是水到渠成的事，他也清楚日后将有十足的时间去做这些事。

最后一件可以称为宽慰的事便是拜占庭帝国在爱琴海
287 的力量得到了明显加强。安德罗尼卡在继位之后便开始重建海军，几年后拜占庭帝国的舰船就重新出现在这些岛屿之外。也许正因如此，希俄斯岛才会在 1329 年发生叛乱，热那亚的扎卡里亚家族（Zaccaria）二十多年的统治就此被推翻，该岛也重归帝国掌控。几乎同样重要的是，位于士麦那（今伊兹密尔）海湾北侧入口处的大陆城市新福西亚(Phocaea)[①]，在皇帝同年年末从希俄斯岛起航抵达那里之后也宣誓效忠。不幸的是，热那亚并非东地中海唯一的西欧势力。罗德岛的圣约翰骑士团、威尼斯人、塞浦路斯的吕西尼昂家族（Lusignan）[②]，以及扎卡里亚家族之类的势力——其中不少在第四次十字军之后便掌控了一些独立岛屿——都在为自己的利益而战。然而他们有一个共同的利益：让这一地区免于滨海地区的突厥埃米尔们的蹂躏。

因此不出意料的是，一个设想出现了——基督教政权结成大联盟，首先解决穆斯林海盗，再进军小亚细亚，而后发动全面的十字军进入圣地——这一设想也得到了阿维尼翁（Avignon）的教皇约翰二十二世（John XXII）的支持。[③] 然而又出现了一个问题：拜占庭帝国要扮演何种角色呢？尽管威尼斯和骑士团——大远征最主要的推动者——支持帝国参与其中，教皇却坚定反对。他声称只要帝国坚持教会分裂，就不能参与这一联盟。

历史总是惊人地相似，即使里昂会议的成果已经荡然无存，但教廷依然不肯相信，教会分裂不是皇帝一句话就能结

① 福西亚［今福恰（Foça）］在1307年或1308年不幸遭加泰罗尼亚佣兵团洗劫，在诸多财物之外，他们还劫走了真十字架的碎片、圣母为圣约翰做的衣服，以及圣约翰亲笔完成的《启示录》手稿。

② “狮心王”在第三次十字军时夺取了塞浦路斯岛，他最初将该岛交给了圣殿骑士团，而后在1192年交给了法国的吕西尼昂家族。

③ 教皇于1307年迁往阿维尼翁，此后教廷在那里停驻了七十年。

束的。安德罗尼卡三世自然不会反对教会统一，但他更不想再犯自己曾祖父的失误，不敢自上而下武断推行。其实他并
288 不在意教皇的态度。他不信任十字军，他的臣民也从来都不信任他们，而历史早已证明他们的判断。他忙于处理帝国内部事务，防卫都城和帝国各地——而他清楚，西欧对这一任务不可能有多少同情。对他而言，热那亚人制造的纷扰比突厥人还要多，在丢失希俄斯岛仅六年后，他们便在 1335 年晚秋占据莱斯沃斯岛，扳回一城。安德罗尼卡立即下令拆毁金角湾对面的加拉塔区的城防，作为报复。尔后他和约翰·坎塔库泽努斯航向爱琴海商讨结盟——商讨的对象是艾登埃米尔乌穆尔（Umur）帕夏。

绰号“真主之狮”的乌穆尔也是突厥文学中一篇著名史诗的主角，[①] 他是个典型的“圣战士”，一生致力于袭扰基督徒，特别是热那亚人、威尼斯人和圣约翰骑士。他主要活动在爱琴海岛屿附近，甚至在 1332 年和 1333 年突入埃维亚岛和希腊本土。他格外厌恶热那亚人，因此欣然接受了拜占庭的提议，结果拜占庭与突厥人的联合舰队在 1336 年收复了莱斯沃斯岛，不久之后他还会提供规模可观的军队为皇帝在欧洲作战，下文将具体叙述。但这次谈判的结果不只是盟约而已，埃米尔和约翰·坎塔库泽努斯也建立了延续一生的友谊。在未来，这一友谊的重要意义远比当时他们所能想象到的大。

---

① 《史诗》（*The Destan*）是十五世纪六十年代的诗人恩维尔（Enver）的作品。

伊庇鲁斯的纷扰（1337）

安德罗尼卡与坎塔库泽努斯留下的唯一领土上的成功便是塞萨利和伊庇鲁斯——即使控制时间短暂得可悲。早在1318年，这两个希腊政权的掌权家族在几个月的时间之中先后身亡，塞萨利的约翰二世乏善可陈，伊庇鲁斯的托马斯则被他的外甥尼古拉斯·奥尔西尼谋杀，此人也随即掌控了他的政权，迎娶了他的寡妻——安德罗尼卡三世的妹妹安娜。约翰死后，塞萨利的政权便瓦解了，大部分土地都遭到了加泰罗尼亚佣兵团、威尼斯人和各种贵族的分割，只为进行最后的掠夺。只有西北部，特里卡拉（Trikkala）与卡斯托里亚之间的一个角落，依然处于斯蒂芬·加布里埃罗普鲁斯·梅里森努斯（Stephen Gabrielopulus Melissenus）的控制之下——拥有尊贵者头衔的他可能是在皇帝的授权之下统治 289
这一地区。然而1333年他也撒手人寰，他统治的地区也陷入无政府状态。境况在皇帝——幸而此时他本人正在马其顿——以及塞萨洛尼基的管理者米哈伊尔·莫诺马修斯（Michael Monomachus）出手干预之后得以挽回。两人率军匆忙赶往陷入危机的地区，赶走伊庇鲁斯尊主约翰·奥尔西尼（John Orsini）——此人在1323年谋杀了兄长尼古拉斯——的部队，并迅速地重建起帝国对这一地区的统治，南部领土直接与加泰罗尼亚佣兵团控制的区域相接。

在帝国重新掌控塞萨利之后，掌控伊庇鲁斯也是时间问题了。许多臣民依然不肯接受奥尔西尼家族为他们的合法统治者，而接连不断的内部纷争，加上从未停息的外部攻击，早已让曾经繁荣的尊主国濒于瓦解。阿尔塔城中日益强大的支持拜占庭的党派，领袖正是尊主的妻子安娜[1]；1335 年，在近期塞萨利事态发展的鼓动之下，她毒死了自己的丈夫——这是十七年间奥尔西尼家族第三次谋杀亲人——她也随即以她七岁大的儿子尼基弗鲁斯（Nicephorus）的名义摄政。两年后，当皇帝返回这一地区平息阿尔巴尼亚人的叛乱时，安娜派使团到培拉特觐见皇帝，提出以承认帝国的宗主权为条件，让她和尼基弗鲁斯在伊庇鲁斯继续统治，但安德罗尼卡不会同意。伊庇鲁斯作为独立尊主国存在了一百三十多年，他坚持要由帝国的官员管理，官员也将直接听命于皇帝本人。那时他委派了自己的另一位亲密战友——首席马厩长塞奥多尔·塞纳德诺斯（Theodore Synadenus），此人也是九年前他对付自己祖父的反叛之中的主要参与者之一。安娜、她的儿子和两个小女儿在塞萨洛尼基得到了地产，准备在那里安然度过流放生活。

然而在拜占庭历史之中，计划往往赶不上变化，这次也不例外。年轻的尼基弗鲁斯突然消失，一批伊庇鲁斯贵族将他绑架，这些人无疑和西欧那些希望保持尊主国独立地位的
290 政权保持着联系。他被带到意大利，最终转往塔兰托的女大公，即名义上的拉丁女皇瓦卢瓦的凯瑟琳的宫廷。[2] 他在那里停留到 1338 年秋，凯瑟琳陪伴他前往她在亚该亚的住

① 安娜是希腊人，是安德罗尼卡·帕列奥列格（Andronicus Palaeologus）——并不是哪位皇帝，而是帝国在这一地区的一位军官——的女儿。

② 凯瑟琳是瓦卢瓦的查理及其妻子库特奈的凯瑟琳的女儿，是皇帝鲍德温的曾孙女。她的丈夫塔兰托的腓力是安茹的查理二世的儿子。

所——她的丈夫腓力也是那里的统治者——并在那里以他为傀儡安排了与拜占庭敌对的伊庇鲁斯叛乱。不久之后她取得了胜利。阿尔塔的帝国官员塞奥多尔·塞纳德诺斯被逮捕并囚禁。1339 年年初，年轻的尼基弗鲁斯返回了伊庇鲁斯，在滨海的据点索莫卡斯特罗姆（Thomocastrum）居住下来。

但这场叛乱没能持续多久。除了阿尔塔、约阿尼纳和其他一两座城镇之外，再无其他地区响应。皇帝在 1340 年一如既往带着坎塔库泽努斯返回，成功围攻了阿尔塔，当年结束之前双方便互相保证大赦，塞纳德诺斯重获自由。随后大元帅赶往索莫卡斯特罗姆，尽管安茹家族的舰队就在滨海地域巡航，他还是轻易说服了尼基弗鲁斯放弃他的宣称，返回塞萨洛尼基。在那里，为做出一点补偿的姿态，他获得了至尊者（panhypersebastos）的头衔，并与坎塔库泽努斯的女儿玛丽亚（Maria）订婚。对这个没年满十三岁的孩子而言，这一年确实可谓意义重大。

静修派争议（1341）

1341 年初春，皇帝在塞萨洛尼基庆祝了他侄女伊琳妮（Irene）与约翰·坎塔库泽努斯的长子马修（Matthew）的婚礼，两个家族的关系愈发紧密了。不久之后他和他的大元帅共同返回君士坦丁堡，淹没于新危机之中。然而这次的危机颇为特殊，或许只有拜占庭帝国之中才会出现。危机源自一批大多居住于阿索斯圣山的东正教隐士，即所谓的静修派（hesychasts）。

“静修主义”，希腊语所谓的“神圣沉默”，并不算新事物。基督教早期的希腊教会就保持着神秘主义的禁欲传统，信徒们一生沉默、静止、冥思。尔后在十四世纪三十年代，僧侣西奈的格里高利（Gregory of Sinai）在东地中海游荡，宣称靠着某些物理方式能够见到神的影像，即基督在他泊山（Mt Tabor）显圣容时，笼罩基督的神圣光芒。格里高利的
291 说法在圣山上颇受欢迎，他很快成了静修派的核心人物。不幸的是，此事再度激发了拜占庭帝国对宗教辩论的旧有热忱，特别是他们宣扬的方式——下颚抵胸，双眼盯住肚脐，控制呼吸并接连不断地重复耶稣祈祷文[①]——太容易引发批评，乃至嘲讽了。

反对静修派的先锋是来自卡拉布里亚的东正教僧侣巴拉姆。他的渊博学识很快引起了约翰·坎塔库泽努斯的注意，他也得到了君士坦丁堡大学的教职。1339 年，他作为秘密特使前往阿维尼翁，向教皇解释拜占庭帝国对教会统一的态度。然而他返回之后便鲁莽地和同时代最伟大的学者尼基弗鲁斯·格里戈拉斯进行了公开辩论，结果遭受惨败。也许很大程度上是为了掩盖自己的耻辱，他发动了反对静修派的激烈运动，认定这只是异端的迷信。但静修派也有他们的代表——神学家格里高利·帕拉马斯（Gregory Palamas），他写下了长篇大论的宣言《神圣静修派的辩护三论》（*Triads in Defence of the Holy Hesychasts*）。这份文件随即得到了他在圣山之上所有盟友的支持，成为强有力的证据，而且有力地说服了皇帝——强烈支持静修派的坎塔库泽努斯也出力甚

① “主耶稣基督，圣子，怜悯我吧。”

大——决定召开宗教会议解决这一问题。

宗教会议于1341年6月10日在圣索菲亚大教堂进行，皇帝本人亲自出席。会议在一天之中即结束了，静修派取得了压倒性的胜利。巴拉姆和他的作品遭到谴责。格里高利·帕拉马斯和他的朋友展现了值得赞扬的慷慨，拥抱了他，称赞了他的辩护。他起初承认了错误，然而随后对决议表示愤怒，大声抱怨称这次调查受到了针对自己的操控，而后深受打击颜面尽失的他返回了卡拉布里亚。按坎塔库泽努斯的说法，心灰意冷的他背弃了东正教信仰，投靠了罗马教廷，几番沉浮后成了杰拉切（Gerace）的主教。

在宗教会议的参与者们各自离去之后，皇帝宣称自己精 292
疲力竭，隐退到引路圣母修道院[①]，次日他突然罹患热病。接下来的四天之中他的病情迅速恶化，直到他于1341年6月15日病逝。他明智且出色地执政，远胜过那位竭力想要赶走他的祖父。年轻时任性的他在成熟之后，成了一位精力充沛、勤于国事而且基本保持着清醒——沉迷打猎之时除外——的皇帝。他的法律改革以及惩治腐败的政策让他得到了臣民的感激，因为他不但提出了这些政策，还实际践行。相比外交和行政，更热衷军事的他行动果断，更幸运的是约翰·坎塔库泽努斯自始至终陪伴在他的身边，皇帝也明智地听从了他的建议。

他以及他继承者们的悲剧在于，他们登上皇位时帝国大势已去。他在巴尔干的成果——与其说是源于拜占庭的军事

① 这座修道院就在圣索菲亚大教堂与海墙之间。

力量，倒不如说是因为这些政权内部分裂——没能持续下去，与彻底丢失安纳托利亚相比也可谓微不足道，奥斯曼部距离君士坦丁堡仅有咫尺之遥了。衰颓不是他的过错，他也无力回天。无论如何，他完成了大多数人眼中完全不可能的事，而他与大元帅之间的伙伴关系（确实如此）让悲哀沮丧的臣民们多少打起了精神，以迎接未来更猛烈的风浪。

第十八章　内战再起（1341～1347）

无论是共和国还是君主国，对国家破坏最大的都是开明睿智者的缺失。共和国的众多公民，君主国的众多大臣，若是能力出色，那么国家就能够迅速从厄运带来的损伤之中恢复。而当缺少人才时，国家就难免受辱。我因此谴责帝国目前的境况，这个曾经涌现了如此多杰出者的国家，如今已经沉沦至此，以至于当今的官员相比他们的下属没有任何出众之处。 293

——约翰·坎塔库泽努斯对皇太后安妮的使节所说

在安德罗尼卡三世下葬之前，人们便已经明白他犯下了一个灾难性的错误：他没有明确指定继承人。确定无疑的是，长子约翰（John）是理论上的继承者，而他在父亲逝世三天后才满九岁。但拜占庭帝国的君主理论上并非父死子继——即使实际上基本如此——他的父亲也意外地没有将他加冕为共治皇帝。大元帅约翰·坎塔库泽努斯并不想成为皇帝，安德罗尼卡曾经多次邀请他分享皇位，但他每一次都拒绝了。他对小皇帝和皇太后萨伏依的安妮的忠诚也毫无动摇。另一方面，他处理国事十三年了，在这种情况之下他也不会觉得自己会不再继续这一任务。他理所当然地进入皇宫之中，掌控司法并维持秩序，保证权力平稳交接。

294 然而这一任务的困难远超他的预期。他和先皇的紧密关系早已激起相当的嫉妒。安德罗尼卡在世时，这并没有显露出来，如今却显而易见了。也许最憎恶他的就是皇太后安妮，因为她的丈夫更喜欢大元帅陪伴在身边而非自己。之后是牧首约翰·卡勒卡斯（John Calecas），身为已婚的牧师①，他完全靠着坎塔库泽努斯才得到了提升，先在形式上的选举中成为塞萨洛尼基都主教，而后又得以成为牧首。但约翰·卡勒卡斯的野心战胜了感激之情。他声称，安德罗尼卡此前离开君士坦丁堡出征时已经两度任命他为摄政者，因此这意味着此时也应当由他摄政。

对坎塔库泽努斯的阴谋（1341）

大元帅可以轻易指出，鉴于他此前向来陪伴皇帝出征，因此不可能出任摄政职务，而且目前的情况与此前不同。然而他更在意的是另外一个曾经投靠他的人——亚历克修斯·阿珀考库斯（Alexius Apocaucus）。这个出身低微的冒险者既没有冒充贵族后代，也没有什么风雅举止。阿珀考库斯和坎塔库泽努斯、塞奥多尔·塞纳德诺斯、塞尔吉安内斯·帕

① 东正教教会之中，已婚的牧师在正常情况下都是不得得到提升的，主教以及其他重要教会职务由独身僧侣担任。

列奥列格一样，是安德罗尼卡三世反叛祖父时的主要支持者之一。自此他便投靠了大元帅，两人成了好友，他也靠着大元帅获取了可观的权力与大量财富。正是坎塔库泽努斯在不久之前给他安排了海军最高指挥官的职务，他得以掌控一支新组建的舰队守卫赫勒斯滂海峡，对抗突厥人的侵袭。安德罗尼卡逝世之后，他首先想到的便是从他和大元帅的关系之中获利，因此他坚持鼓动大元帅登上皇位，毕竟那已经是唾手可得，而他也可以与新皇帝建立起大元帅和先帝般的关系。

然而约翰·坎塔库泽努斯态度坚决。他有责任保护已经持续八十年，经历了三位皇帝——算上不幸的米哈伊尔九世便是四位——的帕列奥列格王朝，他相信王朝的合法性已经确立。在他看来，接手皇位就是篡权，因此拒绝了 295
这一想法。阿珀考库斯随即背弃了老朋友，决定除掉他，而皇太后、牧首与大元帅达成了一种妥协，共同处理国事。

这种妥协自然难以持续，然而一个月之后，这个三头统治体系便被迫筹备防卫帝国的事宜了。皇帝的死对周边政权而言向来是出兵制造纷扰的良机，没有新皇帝的时期则更是有利。不久之后拜占庭帝国的三个主要敌人便重新开始进攻：塞尔维亚人向塞萨洛尼基进军，保加利亚人集结在北方边境，突厥人则在色雷斯海岸掠夺。面对三个方向的威胁，约翰·坎塔库泽努斯被迫自费征募部队，并在 7 月中旬离开了君士坦丁堡。他取得了可谓惊人的成功，当他于 9 月返回都城时，他已经恢复边境地区的秩序，和斯蒂芬·杜尚、约翰·亚历山大与埃米尔奥尔汗分别签署了停战协议。此外还有一个来自摩里亚的代表团前来觐见皇帝，因为瓦卢瓦的凯瑟琳决定把公国交给佛罗伦萨的阿恰约利家族（Acciajuoli），当地的贵族们为此愤慨不已，遂派使团提出让亚该亚公国并入帝国。

在约翰·坎塔库泽努斯看来，最后一件事是最有利的，若是亚该亚重归帝国掌控，希腊南部的加泰罗尼亚佣兵团就必须主动与帝国和谈，帝国在巴尔干半岛的控制力量就会得到极大的加强。然而事实上，这一提议对他本人而言却极为不利，因为 9 月 23 日，为进行谈判，他率部前往色雷斯，而在他再度离开君士坦丁堡时，他的敌人行动了。在亚历克修斯·阿珀考库斯的率领之下，一群帝国显赫人物——包括皇太后安妮（她相信约翰打算谋害她和她的儿子）、牧首，乃至坎塔库泽努斯的岳父和保加利亚人安德罗尼卡·阿森（Andronicus Asen）——宣称大元帅为公众的敌人。他们很快集结起一批暴民——这在君士坦丁堡向来轻而易举——向他的宫殿进军，掠夺一空后付之一炬。他的乡村地产或者被毁或者被没收。牧首终于得以自封摄政者，阿珀考库斯则提升为大总督，并担任都城行政长官。与此同时，约翰的母亲
296 和他家族的其他成员都被软禁在家中，而那些与他关系密切的人或已逃走，或被逮捕。皇太后亲笔签署了一封信件，送去约翰在亚得里亚堡以南约二十五英里处的季季莫蒂霍的军营，要求解除他的职务，解散他的军队。

但这些阴谋家做得过火了。他们的举措堪称下作，利用约翰为帝国出征的机会，为一己私利而搬弄是非，引发了众

人的愤怒。当信使抵达季季莫蒂霍之后，士兵们全员支持约翰·坎塔库泽努斯。直到那时，1341 年 10 月 26 日，他们才立他为君主。他本人依然反对，坚称约翰五世（John V）——尽管尚未加冕——才是合法的皇帝。我们也没有理由质疑他的真诚。毕竟如果他想要获取皇位，他可以在安德罗尼卡死后轻而易举地将其窃据。他的编年史之中还颇不必要地说明自己接受皇位是不得已而为之。一段特殊而轻松的记述提及，他在就任典礼之上（他要求在欢呼时，皇太后安妮与约翰五世的名字要先于他和妻子伊琳妮）穿上匆忙准备的礼服，结果完全不合身，贴身的衣服太紧，而外衣又太大了。

不管约翰·坎塔库泽努斯怎么想，他都是新皇帝，以传统的方式由军队推举——尽管这是几个世纪以来的第一次；既然君士坦丁堡的政权不可能承认他，那么这就意味着内战要重新开始了。自立为帝几天之后便传来了牧首革除他教籍的消息；11 月 19 日，约翰五世在圣索菲亚大教堂加冕。双方随即开战。

叛乱扩大（1341）

然而情况对约翰·坎塔库泽努斯不利。多年以来，君士坦丁堡和各行省之中，平民和贵族之间的矛盾愈发激化。当拜占庭帝国的敌人接连不断地进军，大量流离失所的难民涌入都城时，贫民的境况愈发绝望；然而很少交税又能利用地方腐败——直到近期司法改革之前——的富裕地产主们却相对没有受损。

297 一贫如洗的帝国残存的财富就此集中到了少数贵族手中，大多数国民因此义愤填膺。在西欧社会之中，城镇之中正逐渐兴起由商人和手工业者组成的繁盛的中产阶级，他们有效地缓冲了富人和穷人的对立情绪。在拜占庭帝国，这一发展却未能出现，而经济上的两极分化已无法阻止，其丑恶也是显而易见。驱动暴民袭击大元帅地产的亚历克修斯·阿珀考库斯开了危险的先例。掠夺约翰的宫殿时，贫民们见到了前所未见的海量财富；对他母亲以及追随他的贵族们的类似处理则让他们获取了花样繁多且数量惊人的食物，更不用说金银珠宝了。阿珀考库斯——这次他终于要庆幸自己出身低微了——得以利用这一暴动，自封出身低微者的领袖，并掠夺约翰·坎塔库泽努斯授权之下分发的大量财富与特权。

暴动以惊人的速度传播开来。约翰加冕的次日，消息就传到了亚得里亚堡，这颗火星立即在城中引发了与都城类似的暴乱。当地的贵族自然支持坎塔库泽努斯，贫民们立即揭竿而起反对他们，在街道之中四处掠夺破坏。那些没被抓住的贵族纷纷逃命，而平民们以摄政一方的名义掌控了城市，阿珀考库斯也随即承认了他们，派自己的儿子曼努埃尔（Manuel）前往亚得里亚堡作为他的官方代表。几周之后整个色雷斯都陷入了暴动，地产主或者躲藏或者逃走。塞萨洛尼基的情况则更为戏剧性。约翰的老朋友、塞萨洛尼基的长官塞奥多尔·塞纳德诺斯原本许诺为他悄悄打开城门，但他还没能如此做就被赶出了城。一个被称为“狂热者”的政治团体代替了他，自行组织政府，并以恐怖统治打压反对者。阿珀考库斯打算再度行使权威，派另一个儿子约翰（John）去那里做名义上的管理者，但“狂热者”直接无视了他。在接下来的七年之间，塞萨洛尼基成了事实上独立的共和国。

此时的约翰·坎塔库泽努斯几乎绝望了。一个月之前他在君士坦丁堡的地位无人可比，拥有近乎无限的权力，并得 298
到大多数人的尊敬——少数政敌除外。他已经赢得一系列的军事与外交胜利，并等待着摩里亚的投降——这会让希腊重归帝国掌控，还很可能扭转拜占庭的国运。现在他成了逃犯，失去了教籍，还成了那个他衷心奉献半生的帝国的公敌。他的住宅已被摧毁，他的财产遭到洗劫，他的地产均被查封。他的母亲被赶出家中，一无所有的她无法经受如此折磨，几星期之后便故去了。他的密友纷纷背叛了他，包括塞奥多尔·塞纳德诺斯，因为他们清楚如果和他保持关系，也有被查抄地产的可能，甚至会被监禁乃至处决。他的名字成了富人剥削穷人的代表——即使他在成年之后便在竭力打击腐败。尽管他被推举成皇帝，尚未正式加冕，但他并不希望成为皇帝，在他看来，被迫接受皇位会让合法皇帝对他愈发不满，而他对皇帝的忠诚从未动摇。

他急需盟友，于是他给自己的老朋友艾登埃米尔乌穆尔送信。然而乌穆尔距离太远，对约翰·坎塔库泽努斯而言，他已经没什么时间等待了。于是在迟疑许久之后，他还是向斯蒂芬·杜尚求援了。他清楚斯蒂芬是帝国的宿敌，这样做自然会引发公众不满，因此起程前往塞尔维亚之前他允许他的部下选择是否追随，结果只有约两千人跟从，他对此也并不感到惊讶。另一方面，在目前的境况之下，他也不能挑剔，而且他还记得八年前在边境与塞尔维亚国王短暂会面时，两人相处得相当好。当他们于1342年7月，在斯科普里附近的普里什蒂纳（Prishtina）再度会面时，两人相处得更好了，斯蒂芬乐于乘人之危。若是约翰·坎塔库泽努斯欣然把拜占庭帝国控制的马其顿基本割让给他，他也许此后还能获取更多，但他还是欣然同意庇护、支持他的新朋友，为了展现善意，他还特意提供了一支佣兵部队协助约翰返回季
299 季莫蒂霍。幸好他派了这支部队，约翰·坎塔库泽努斯抵达塞雷时便发现道路被封锁了。他被迫攻城，然而攻城期间他的部队之中暴发了猛烈的瘟疫。他的精锐部队之中约有一千五百人于一周之内亡故，他经历了一番艰难之后才得以返回塞尔维亚边境。此时，在其他担忧之外，他发现自己与季季莫蒂霍，以及妻儿老小失去了联系。

态势逆转（1343）

在斯蒂芬·杜尚的协助之下，坎塔库泽努斯度过了1342年的余下时光。圣诞节之前不久，终于传来了他期待已久的消息：乌穆尔开始进军。埃米尔接到约翰的信之后便立即开始整备舰队。舰队整备完毕之后他便立即经爱琴海北上抵达马里查河入海口，而后率部前往季季莫蒂霍——那里的部队依然忠于坎塔库泽努斯——并加固了当地的城防，配备了驻军。由于当年冬季气候恶劣，他被迫放弃穿越色雷斯与他的老朋友会师的计划，但他能够提供的帮助已经是无价了，而他的慷慨、自愿以及迅速回应让约翰得到了他急需的

鼓励。

态势开始扭转。1342 年到 1343 年的冬季，塞萨利行省宣布支持约翰，开春之后马其顿几座重要城镇也宣誓效忠。阿珀考库斯对此甚为警惕，他率海军抵达塞萨洛尼基，但一两周之后，乌穆尔的旗舰带着约二百艘舰船出现之后，他便仓皇撤走了。这次两位朋友终于得以会面，并共同围攻塞萨洛尼基。该城过于坚固，两人无力攻破，但靠着埃米尔的六千部队的支持，坎塔库泽努斯得以突破封锁，抵达季季莫蒂霍，就此与分别近一年的妻子相见。

君士坦丁堡城中的士气在迅速瓦解，城中食物也出现了前所未有的短缺。约翰·坎塔库泽努斯近期的胜利是相当大的威胁，然而对皇太后安妮和她的党羽们来说，更大的问题在于突厥人就此得以在欧洲肆意妄为了。乌穆尔的部队一路上肆意妄为，色雷斯和马其顿的居民不幸经历过许多入侵军队的破坏，但在残暴上堪与突厥人相比的寥寥无几。突厥士兵并不是第一次进入这一地区，加泰罗尼亚佣兵团三十五年 300
前就雇佣了突厥人，安妮的亡夫安德罗尼卡在和自己祖父作战时也雇佣过。近期皇太后也在联系埃米尔奥尔汗，但她的提议被拒绝了，因为埃米尔觉得她的对手能赢。无论如何，这些异教蛮族的活动范围已经不限于亚洲，他们抵达了都城之下，这足以让她惊恐不已。1343 年夏，她派一名萨伏依骑士前往阿维尼翁，竭力向教皇克莱芒六世（Clement Ⅵ）请求，让自己进入拉丁教会——她毕竟是在拉丁教会之中成长——并让她的儿子约翰、大总督亚历克修斯·阿珀考库斯以及（最出人意料）君士坦丁堡牧首约翰·卡勒卡斯全部改信天主教。

至少后两人根本没有这种意愿，安妮因为担心教皇起疑心，她不久之后又向威尼斯和热那亚分别求援。然而她清楚这两个共和国都是无利不起早，她也清楚两场接连爆发的内战已经榨干国库，自己无力支付他们索取的高昂补贴。于是她做了一生之中最著名的骇人举动：在 1343 年 8 月，以三万威尼斯达克特（ducat）的价格把拜占庭帝国的皇冠典当给威尼斯共和国。皇冠自然再未能赎回，在某种意义上，皇太后的举措以最为戏剧性的方式表明，曾经称雄世界的罗马帝国，如今沦落到了何种地步。

然而她一无所获。阿维尼翁、热那亚和威尼斯都没有提供任何援助。现在当她敌人的地位日渐巩固，她最信任的一些支持者开始逃离。1344 年，色雷斯的高级军官约翰·瓦塔特泽斯（John Vatatzes）投向了坎塔库泽努斯；一两个月之后，亚得里亚堡的统治者——亚历克修斯·阿珀考库斯的儿子曼努埃尔也叛逃了，亚得里亚堡则在次年年初投降。至于亚历克修斯本人，他的举措也证明了他日益严重的绝望。他每次离开家中都带着大批卫士，还准备了一艘满是士兵与补给的舰船停泊在金角湾之中，以便在需要时迅速逃离。他怀疑的所有拜占庭人都被他立即逮捕——几乎所有富人都没能幸免。君士坦丁的圣宫——那里废弃已久，部分区域已经坍塌——划出了一块区域看押这些人。

阿珀考库斯身亡（1345）

301 阿珀考库斯就是死在那里。1345 年 6 月 11 日，在他对建筑工作进行定期视察时，一些庭院之中放风的囚徒看到他为了和自己属下官员谈话，离开了他的护卫们。他们立即抓住了机会，一批人——据说包括他的侄子——扑了上去。他们起初手中只有石头，很快他们找到了木棍，最后从工人手中拿到了斧子，直接砍掉了他的头颅。他们把他的首级挑在枪头上，骄傲地在监狱的墙头展览。护卫们见到此景，在恐慌之中纷纷逃离了。杀死他的囚犯们留在监狱之中，他们清楚可以在那里据守，避免惩罚，然而他们认为自己并不会遭到进攻。他们的所作所为，不正是为民除害，解决了帝国之中无人不憎恶的暴君吗？他们不是应该作为拯救者接受欢呼与奖赏吗？

得知这个消息之后，皇太后的处理命令介于两者之间。她下令至尊者伊萨克·阿森（Issac Asen）命所有囚徒返回家中，并许诺不会对他们做任何报复。不幸的是阿森没能完成任务——约翰·坎塔库泽努斯宽厚地解释称他是被工作累垮了；次日早上，阿珀考库斯的一名原属下官员说服了一批水手，前去为他们的长官报仇。水手们有武器，囚犯们可没有。尽管一些人——包括谋杀者在内——率先逃到了附近的新教堂之中，借此逃过一劫，但余下的两百人惨遭屠戮，许多人就死在教堂的门口。

尽管亚历克修斯·阿珀考库斯犯下了诸多罪行，他的死还是极大打击了摄政政府，但这还远不是结束。对约翰·坎塔库泽努斯而言，他在胜利进入君士坦丁堡前还要做许多工作。此外，他也有新难题要处理：斯蒂芬·杜尚背叛了他。决心征服整个马其顿的塞尔维亚国王甚至开始围攻塞雷，约

翰就此被迫在两条战线上同时与两个敌人作战。塞萨洛尼基的境况也令他失望，当地名义上的管理者约翰·阿珀考库斯
302 决心掌控大权，谋杀了“狂热者”的首领，掌控了城市政府。当他得知父亲的死讯时，他公开宣布支持坎塔库泽努斯，提出献城。不幸的是他的敌人先他一步了。约翰和他身在贝罗亚（今韦里亚）指挥的儿子曼努埃尔（Manuel）还没能抵达城中，阿珀考库斯及其一百多名支持者就全部被逮捕了。他们被扔出城市堡垒的城墙，而后被下面的暴民撕成碎片。暴民们随后冲上街道，将他们能找到的所有贵族打死。“狂热者”就此前所未有地牢固控制了塞萨洛尼基。

约翰此时再度急需盟友。斯蒂芬·杜尚背叛了他，埃米尔乌穆尔虽然不曾背约，却在1344年遭遇了教皇组织的拖延已久的基督徒大联盟的进攻，丢失了士麦那的港口，舰队也遭歼灭。然而次年，他还是在色雷斯为他的朋友进行了短暂的征战，但他的支持已经无法与往日相比。与他相邻的萨鲁汉勒（Saruchan）埃米尔如今在吕底亚定居下来，对约翰也持友好态度，曾经为他提供部队，未来也可能继续提供。然而对约翰·坎塔库泽努斯而言，如果他想收复都城，他需要的帮助规模远大于此。1345年年初，他便和奥尔汗进行了联络。

尽管约翰在政治与宗教意义上和他的同胞一样厌恶突厥人，他和他们的私人关系却相当好。他自己的说法是，他会说突厥语，即使是蹩脚的几句，也足以让他们满意了——毕竟同时代的希腊贵族几乎无人愿意试图学习。他很快和奥尔汗建立起与乌穆尔类似的友谊，两人的关系因为奥尔汗迷上

了约翰的二女儿塞奥多拉（Theodora）而更近一步。恩维尔记载称他的三个女儿都如同天堂女神一般；格里戈拉斯则声称为了迎娶塞奥多拉，奥尔汗许诺成为自己岳父忠实的封臣，率全部军队为他服役。他和塞奥多拉于1346年在瑟利姆布里亚成婚。新娘得以保留基督教信仰，此后她竭力在自己丈夫的埃米尔国之中帮助基督徒居民，无论他们是自由人还是奴隶。

坎塔库泽努斯进入君士坦丁堡（1347）

但同年发生了另一件不利的事。复活节的周日，在斯科普里大教堂，斯蒂芬·杜尚被塞尔维亚大主教——近期被他 303
提升为牧首——加冕成为塞尔维亚人与希腊人的皇帝。他的野心昭然若揭；几乎可以肯定的是，为了回应他的夸耀之举，五个星期之后的5月21日，在圣君士坦丁与圣海伦娜的盛宴上，约翰和他的妻子在亚得里亚堡由耶路撒冷牧首拉扎罗斯（Lazarus）加冕——皇冠是当地金匠仓促打造的。五年前称帝的他如今得到了确认。然而他拒绝让自己的长子马修加冕为共治皇帝，而把这个位置留给时年十四岁的约翰·帕列奥列格，他也认定约翰五世才是第一顺位的合法君主。

坎塔库泽努斯加冕两天之前，5月19日，君士坦丁堡发生了一起灾难：圣索菲亚大教堂东侧在屹立了八百多年之后，突然之间倒塌成为一片废墟。对一如既往迷信的拜占庭人而言，这是最可怕的征兆，上帝也要遗弃他们了。牧首向来不受欢迎，如今更是雪上加霜。同年年末，君士坦丁堡之中，或许所有人都在期盼着约翰·坎塔库泽努斯返回——当然，皇太后除外。

约翰终于做好了准备，他在城中的内应也安排了计划。他们选择在 1347 年 2 月 1 日迎接他进城，然而即使此时，行动也险些以失败告终。他从瑟利姆布里亚率一千精兵向都城进军时，有意选择了一条曲折的小路以免惹人注意，行军所花的时间比他想象的长，当他抵达城下时，距离约定的时间已经过去二十四小时。在《历史》（*History*）之中，他本人承认当时因担心他的朋友们不在那里而紧张不已，但不幸中的万幸是，他们前一晚因受到阻拦而没能抵达城门，因此也拖了一天才抵达。就此，2 月 2 日夜间，皇帝约翰·坎塔库泽努斯在离开五年半之后，从金门的狭缝之中溜进君士坦丁堡，他的一千名精兵随他入城。

次日清晨他在布拉赫内宫前集结起军队，以一如既往的谦恭请求面见皇太后。他的请求被拒绝了。

304 萨伏依的安妮清楚自己战败了，她仓促地竭力讨好征服者。前一天她甚至靠一场主教的集会罢免了牧首。但阿珀考库斯五年间的洗脑早已让她确信，坎塔库泽努斯要杀死她和她的四个孩子，因此坚定拒绝让他进宫。他的一批追随者——不少人在摄政时期被监禁折磨——最终失去了耐心，直接冲向皇宫。卫士们清楚，无论皇太后落得何种下场，最好不要把自己牵连进去，便违抗她的命令打开了宫门。

五天后的 2 月 8 日，双方最终达成了协议。接下来的十年之中两位皇帝将共同统治，约翰·坎塔库泽努斯的地位略高。尔后他们将保持同等的地位，政治犯将全部被释放。双方不得进行任何报复行动，查抄的所有财产要归还内战之前的所有者。简而言之，协议可谓相当合理，而问题在于，为什么六年前他们没能达成这一协议。

只有一人没有得到赦免——曾经的牧首约翰·卡勒卡斯，约翰·坎塔库泽努斯尚在人世的最大敌人。约翰·坎塔库泽努斯在 1341 年革除了他的教籍，还拒绝了他的一切和解请求。他不只是约翰·帕列奥列格的摄政者，也是战败的摄政政府名义上的统治者；他更因为在约翰·坎塔库泽努斯返回的前夜被罢黜而大受打击。然而这并不是后者的过错，也不完全是个政治问题。直接原因在于牧首一直反对僧侣格里高利·帕拉马斯以及静修派的信条。

约翰的第二次加冕（1347）

尽管圣索菲亚大教堂的会议闭幕已久，有关这一问题的争议却依然未能结束。巴拉姆在 1341 年离开之后，一个新人物便立即出现了：僧侣格里高利·阿金戴努斯（Gregory Acindynus）。他对西欧学术颇为了解，如今接替了那位名誉扫地的卡拉布里亚人，成为反对静修派者的新领袖。他口才极好，在 1341 年首次会议之后的两个月之间便获得了大批支持者，提出要举行第二次会议。坎塔库泽努斯再度出席，
得出的结论与此前一样，即支持帕拉马斯，阿金戴努斯则受 305
到谴责。然而第二次会议在 8 月举行，那时牧首正在密谋获取摄政之位，因而他坚定反对他死敌主持的宗教会议得出的结论。他和阿金戴努斯结成了同盟，而且轻而易举地获得了皇太后的支持。

静修派的争端自此以典型的拜占庭方式与内战联系到了一起。约翰·坎塔库泽努斯支持静修派，约翰·卡勒卡斯就要反对他们；格里高利·帕拉马斯支持坎塔库泽努斯成为摄政，格里高利·阿金戴努斯就要支持牧首。君士坦丁堡的摄政政府依然稳固时，静修派遭到了接连不断的打击。帕拉马斯在 1343 年被逮捕并囚禁，在 1344 年被革除教籍。而在坎塔库泽努斯即将胜利之际，宗教问题的天平也随之倾斜，帕拉马斯重获自由，牧首则被废黜。这样的分析自然过于简单，比如尼基弗鲁斯·格里戈拉斯就是在政治上支持坎塔库泽努斯，却强烈地——乃至狂热地——反对静修派，自然也会有许多支持静修派的人同时支持帕列奥列格家族。然而纷争的主线足够清楚，也明显地说明了拜占庭历史之中，政治问题与宗教问题从未能保持独立，总是在所难免地纠缠在一起。

也正是因为这种倾向，牧首才会出于政治目的操纵静修派。在他倒台、约翰·坎塔库泽努斯入城之后，他就无能为力了，故事的结局也颇为简单。坎塔库泽努斯和皇太后共同出席了 2 月末的宗教会议——卡勒卡斯理所当然拒绝参加——在缺席审判中将牧首罢免，认定格里高利·帕拉马斯的信仰为正统。阿金戴努斯则被迫离开君士坦丁堡，不久之后于流放地去世。新牧首伊西多尔·博哈里斯（Isidore Boucharis）就是静修派的僧侣，他任命老朋友帕拉马斯担任塞萨洛尼基大主教（即使该城此时仍在“狂热者”手中），正式解除了革除约翰·坎塔库泽努斯教籍的命令。最终在 1347 年 5 月 21 日，即坎塔库泽努斯在亚得里亚堡加冕一年之后，牧首在布拉赫内宫的圣母教堂中正式确立了他的第二次加冕。一周之后，约翰美丽的女儿之中最年轻的海伦娜（Helena）在同一座教堂中嫁给了共治皇帝——十五岁的约翰五世。[①] 306

加冕和婚姻应当是喜悦的场合，这两次典礼却笼罩着悲哀的情绪。传统的典礼应当在圣索菲亚大教堂进行，但由于一年前的坍塌，大教堂已经无法使用。拜占庭帝国的皇冠应当用珠宝制成，但老皇太后早已将其典当。在场的人悲哀地发现，皇冠的替代品竟然是用玻璃制造的，随后的饮宴之中酒具是用锡镴制成的，食物则装在廉价的陶盘中。曾经让游人眼花缭乱的金银珠宝已经不复存在，都被变卖，以筹措军费进行一场本不该进行的内战。

① 约翰五世与约翰六世的具体指代曾有混淆，目前公认约翰·帕列奥列格为约翰五世，约翰·坎塔库泽努斯为约翰六世。尽管约翰六世是执政皇帝，他依然坚持约翰五世的地位居于自己之上。

第十九章　不情愿的皇帝（1347～1354）

307 我们已经陷入如此可悲的羸弱境况，远远无法统御他人，反而竭力避免沦为他人的臣属……让我们就此再度赢得盟友的尊重与敌人的畏惧。如果继续在绝望中沉沦，陷入可鄙的怠惰，我们将很快沦为奴隶。只有这两种可能，或者维持自古以来的美德拯救帝国，或者以亡国奴的身份侍奉征服者。因此，为了你们的荣誉，为了你们的自由，为了你们的安全，为了你们的生命，做出高贵的选择吧。

——约翰·坎塔库泽努斯向臣民请求捐助，1347 年

尼基弗鲁斯·格里戈拉斯写道：“如果约翰·坎塔库泽努斯没有陷入帕拉马斯的异端，他也许能够成为拜占庭帝国最伟大的皇帝之一。”尼基弗鲁斯的异端指控未必属实，但他的意思我们不难理解。约翰六世正直、勇敢、机敏，对政治问题认识的深远程度也堪称屈指可数。如果他在安德罗尼卡三世于 1341 年逝世时登上皇位，他也许就能够阻止帝国

衰落，甚至能让帝国重归繁荣。然而六年之后已是覆水难收，造成的种种破坏已经无法恢复。约翰不幸地接手了分裂、破产、人心涣散且四面受敌的帝国。尽管他已经为解决帝国的政治与经济崩溃思考多年，也清楚要如何恢复帝国的境况，但当他终于获取了最高权威之后，依然缺少按照计划实施的最后一点力量。

他也有其他的不幸，其中之一便是同时代的斯蒂芬·杜尚，所谓塞尔维亚人与希腊人的皇帝。斯蒂芬成了内战之中真正的受益者，他在其中两面讨好，充分利用了摄政政府和 308
坎塔库泽努斯的无力。在他于 1345 年 9 月夺取塞雷之后，他就成了塞萨洛尼基之外的整个马其顿的统治者。一个月之后他在给威尼斯总督的一封信中，自称“几乎整个罗马帝国的统治者”（fere totius imperii romani dominus），这一称号也说明，他的野心并不止于马其顿。在接下来的几年之中他征服了阿尔巴尼亚、伊庇鲁斯、阿卡纳尼亚和埃托利亚，最终夺取了塞萨利。在这一系列的征服战争中，他仅仅进行了几次短期围攻，一次大规模决战都没有。在他于 1355 年逝世时，他的帝国从亚得里亚海延伸到爱琴海，从多瑙河延伸到科林斯湾，其面积远大于此时拜占庭帝国的残存领土。

那时的他几乎是个希腊人了。他的民族早已摆脱蛮族的形象，安德罗尼卡二世的大部长塞奥多尔·梅托西特斯于 1298 年的外交任务之中拜访塞尔维亚人的都城时，让他记忆深刻的不只是宫廷的奢华，更是其中浓厚的拜占庭风格；在此后的半个世纪中，希腊化的速度继续加快。杜尚在希腊统治着他帝国的南部领土，留他的儿子——此后的斯蒂芬·

乌罗什五世（Stephen Urosh V），但当时他还是个孩子——在名义上掌控北部的塞尔维亚领土。他本人能说流利的希腊语，任命希腊人为政府官员并授予希腊官职。在需要时他也毫不犹豫地接受希腊法律，比如拜占庭圣典学者马修·布拉斯塔勒斯（Matthew Blastares）编写的《司法指南》(*Syntagma*)。为了让新帝国建立稳固的司法体系，他在1349年颁布了这一指南，它也成了一系列新法律的基础。

斯蒂芬·杜尚野心的焦点无疑在于君士坦丁堡的皇位，而他实现这一目标只有一个弱项：塞尔维亚向来是内陆国，即使他获取了出海口，也没有有力的海军。帝国境况越危险，就越有必要修缮都城陆墙。尽管内战几度爆发，巨大的塔楼却依然难以攻破，因此必须从海上攻破君士坦丁堡。没有舰队的杜尚自然无法征服这座城，就像四个多世纪之前的
309 前辈西米恩。他一次次试图和威尼斯人联合进行最后的进攻，但威尼斯人每一次都拒绝了他的提议，他们绝不想让羸弱的拜占庭帝国被强悍的塞尔维亚帝国取代。

黑死病（1350）

然而斯蒂芬·杜尚并不是约翰六世面对的第一个难关，也不是最后一个。在执政的第一年，约翰便要面对比巴尔干半岛上的任何敌人都可怕的威胁。1347年春，君士坦丁堡遭遇黑死病的侵袭，基本可以肯定疫病源自克里米亚城市卡法，那里在蒙古人围攻之下疫病横行，从这个热那亚殖民地逃走的船只带来了致病源。都城多年以来经历了各种各样的瘟疫，却没有哪次瘟疫的烈度与规模可以与这次相比。同时

代的意大利城镇埃斯特（Este）的一位佚名编年史家记载称，君士坦丁堡的居民有九分之八死于瘟疫，我们可以不采信这一说法——即使我们找不到任何与之矛盾的数据。然而，对仅仅一代人时间之中爆发两次内战，精神已经趋于崩溃的拜占庭帝国国民而言，这也许是他们多年以来忧惧的最后证据：圣母，这座城的庇护者，在庇护了一千多年之后，终于遗弃了他们。

尽管帝国的整体境况不像塞尔维亚皇帝的进军或者黑死病的肆虐那样具有戏剧性，却同样令约翰·坎塔库泽努斯忧虑。帝国领土一度从直布罗陀海峡延伸到美索不达米亚，如今控制的领土仅仅包括原本的色雷斯行省——以及两座重要城市亚得里亚堡和季季莫蒂霍——还有爱琴海北部的少数岛屿（但希俄斯岛在1346年已经被热那亚人重新占据）。这点可悲的残余在1350年之后又增加了塞萨洛尼基，该城于同年彻底摆脱了“狂热者”的领导；但如今塞萨洛尼基不过是拜占庭帝国中被斯蒂芬·杜尚的领土包围的一块飞地，只能通过海路抵达。

经济上的境况更堪称灾难。内战已经将色雷斯乡村化作一片荒野，无法进行任何农耕，突厥入侵者还在接连不断地侵袭，滨海地域则继续经受小亚细亚各埃米尔国的海盗的侵袭。能够获取的食物都由热那亚人从黑海沿岸运来，而他们可以随意停止供给。贸易也早已陷入停滞，格里戈拉斯记载称热那亚人在加拉塔区的关税每年多达二十万海博菲隆金 310
币，金角湾对面的君士坦丁堡每年却只能收到三万——海博菲隆金币也在逐渐贬值。帝国政府的大额开销都要靠赏赐或者借款完成，而这还经常被挪用。大约在 1350 年，莫斯科大公西蒙（Symeon）奉献了大量黄金以期修复近年坍塌的圣索菲亚大教堂，但这向基督的虔诚奉献几乎立即落入了穆斯林的口袋：这些钱被挪用征募突厥雇佣军了。

约翰首要考虑的事便是巩固帝国残余的那点领土。他的幼子安德罗尼卡（Andronicus）在黑死病中亡故；他的长子马修负责管理色雷斯从季季莫蒂霍到克里斯托波利斯（Christopolis）的大片土地，与塞尔维亚接壤；次子曼努埃尔则在此后负责管理摩里亚，那里也自此成了自治的尊主国。有说法认为约翰进行这些安排是想要让这两位倔强的皇子各尽其才，但这样的解读在他和他们看来似乎没有那么正当。他清楚斯蒂芬·杜尚在夺取这两块土地之前是不会罢手的，他也清楚帝国领土在压力之下会多么轻易地沦陷。内战之后，拜占庭帝国的显赫人物之中就没有多少人依然能保持忠诚了，将这一任务安排给自己的儿子确实可谓明智，他无疑是要把日益萎缩的帝国之中的两块重要的土地交给自己能够信任的人。

然后他开始处理加拉塔区的热那亚人，他们此时正在勒索帝国，榨干帝国的最后一点价值。然而没有舰队——运输船以及战舰——就无法与他们作战，但他没有钱组织舰队。他向富人——仅仅是相对意义上——请求资助，但大多无果而终：他们所有人几乎都失去了大量财富，沮丧的他们对继续捐赠的想法毫无热情。皇帝在一番艰难之后才筹到了五万海博菲隆金币并开始造船，即使这笔钱远远不足。尔后便是关税问题。加拉塔每年的收入是君士坦丁堡的近七倍，这无

疑是不可容忍的。为了扭转这一不利态势，约翰下令极大削减进口税，外国进入金角湾的船只也终于开始向西停靠，而 311
不是向东停到加拉塔了。

金角湾的战斗（1348）

热那亚人自然进行了强烈抗议，被无视之后他们便毫不犹豫地诉诸武力。1348 年 8 月，他们的舰队穿越金角湾，焚毁了遭遇的几艘拜占庭舰船。约翰·坎塔库泽努斯此时正在色雷斯，他的妻子伊琳妮、幼子曼努埃尔和女婿尼基弗鲁斯——他们女儿玛丽亚的丈夫——则鼓动君士坦丁堡的市民进行坚决抵抗。海岸的热那亚仓库被纵火焚烧，巨石和火弹被投向了加拉塔。战斗断断续续地持续了几周，其间热那亚人得以从希俄斯岛征召更多战船与装备，并在两艘最大的战舰上安装巨型投石机。更可怕的是，他们在另一艘舰船上搭起高塔，塔甚至高过了海墙。完成之后，他们将九艘小船拖过了金角湾，在海墙之外进行了猛烈攻击。仿佛城市要遭遇大规模的入侵了。

然而热那亚人低估了自己的敌人。君士坦丁堡的居民们如同猛虎一般坚持战斗，保卫城市，格里戈拉斯称甚至奴隶们都得到了主人分发的武器，还有人教授他们使用弓箭。塔楼最终坍塌，进攻者在付出大量伤亡的代价后被迫退回加拉塔，次日他们派出使节向伊琳妮求和。然而此时拜占庭人热血上涌，皇帝在 10 月 1 日返回之后下令加速建造战船，钱财由君士坦丁堡乃至整个色雷斯的居民提供——必要时确实进行了强征。据说来自色雷斯森林的木材用巨大的牛车拖到城中，帝国已经没有运载木料的船只，更何况海路也控制在热那亚人手中。

与此同时，加拉塔正在进行大规模的工事修筑。金角湾一侧的城墙——从今加拉塔区延伸到阿塔图尔克桥（Atatürk）——被加高加固，还增加了两道聚拢在一起的城墙，穿过后方的山丘连成三角形的工事。在山顶建了一座巨
312 型圆柱形塔楼，所谓的“基督之塔”，并以“加拉塔之塔”之名存世至今。① 在进行修筑时，热那亚人时不时提出和谈，但皇帝依然不肯听从。他的舰队正在成形，他也决定将其投入使用。

1349 年初春，舰队整备完成，总共有九艘战舰和约一百艘小型舰船，一些是由富裕市民自费出资并整备的。3 月初，第一支分遣部队驶出马尔马拉海一侧的船坞，开向金角湾的出口，在 5 日夜间夺取并焚毁了热那亚人最大的战舰之一。然而随后的事件表明，最初的胜利也许只是运气使然，因为当其他拜占庭舰船在次日抵达之后，他们遭遇了灾难——也证明了舰队的指挥官与水手们对最基础的航行常识都缺乏了解。具体发生了什么难以确知。舰队在金角湾外，今萨拉基里奥角（Seraglio Point）集结时遭遇了一阵狂风？至少约翰·坎塔库泽努斯的说法以及同时代的另一位见证者，笔触充满爱国情怀的亚历克修斯·马克勒姆波利特斯（Alexius Macrembolites）的记载如此，但接下来的情况就没

① 旅游宣传和明信片声称该塔建于查士丁尼时代的说法并不可信。这座建筑如今用作酒店与夜总会。无论白天还是黑夜，外侧的露台都是观赏金角湾对面，博斯普鲁斯海峡畔的伊斯坦布尔城的最佳地点之一。

有合理解释了。所有同时代的资料，尽管都是希腊语资料，却断言称舰船上的人们突然之间同时陷入恐慌，士兵和水手如同旅鼠一般纷纷跳进海中，即使此时他们还未和敌人交战。热那亚人起初以为其中有诈，然而他们抵近之后，发现拜占庭的舰船都被遗弃，于是就轻而易举地将它们拖回了加拉塔。

屈辱战败（1349）

情况真的就如此单纯吗？除了一大群人突然因胆怯而全部发疯之外，就没有更好的解释吗？若是有，更好的解释又是什么呢？如果没有，一切只是因为突然的狂风而使毫无经验的水手们惊慌不已，舰长们为何不直接下令收帆划桨呢？这一切都不得而知了。但结果确定无疑。海上漂满了人，一 313
些人因为盔甲的重量而下沉，其他人则被水流带向了加拉塔，被热那亚人轻易解决。只有极少数人安全逃走。

但故事并没有到此为止。城中的围观者们也开始恐惧。

> 城内、城外以及城门都挤满了人，若是有号手鼓手的话也许能够激励他们作战，但他们如同尸体一般一动不动，直到突然之间掉头逃跑，自相践踏，让远处看到此景的敌人疑惑而惊异，乃至开始同情这场灾难，而非庆祝胜利了。他们认为这一定是恶魔的杰作，让人们在无人追逐的情况下，自愿丧命。[1]

---

① 格里戈拉斯（Ⅱ，864～865）。本段以及本书后几章中的其他引述要感谢 D. M. 尼科尔（D. M. Nicol）教授的著作《拜占庭的最后几个世纪：1261～1453》（*The Last Centuries of Byzantium, 1261－1453*）。

那些奉命绕到加拉塔东侧进行包抄的士兵同样大为惊骇，扔下武器逃之夭夭。在拜占庭帝国漫长的历史之中，1349 年 3 月 6 日的战败称不上损失最大的一次，却很可能是最可耻的一次。

然而一两周之后，当热那亚的全权代表提出正式签署和约时，条件却格外宽厚。热那亚共和国同意给帝国支付十万海博菲隆金币以上的补偿款，许诺撤离在加拉塔区之外侵占的土地，并保证再不对君士坦丁堡发动攻击，而拜占庭帝国不必为此做出任何让步。使节在离开时满载着各种礼物并得到格外隆重的欢送仪式，也是理所当然了：约翰和他的臣民获得的远比他们所期望的多，也比他们所应得的多。

在这些谈判胜利的鼓励之下，约翰·坎塔库泽努斯很快遗忘了近期的灾难。他决心恢复帝国在世界的名誉，无视他如今激起的不满情绪，向臣民开征新税，并再度开始整修舰队——这次他确保负责的军官和水手们都得到了适宜的训练。很快，他的运气也开始转好。同年年末，他说服了热那
314 亚人——他们终于意识到加拉塔区的繁荣关键在于拜占庭帝国的支持——将近期内战期间占据的希俄斯岛归还帝国。9 月，他将和威尼斯的和平协议——于 1342 年由约翰五世和皇太后安妮签署——延长了五年。

接下来要处理塞萨洛尼基的问题。1345 年的流血事件之后，“狂热者”加紧掌控，仅仅在名义上臣服于约翰五世，但坚定反对约翰六世，拒绝 1347 年被任命为大主教的格里高利·帕拉马斯入城就职。然而当他们公开讨论把城市献给斯蒂芬·杜尚时，他们终于做得过火了。斯蒂芬（可

能颇为鲁莽地）相信了他们的话，率部来到城外。1350 年年初，“狂热者”——此时已经陷入彻底分裂——的领袖们被城中人赶走，人们让塞奥多尔·梅托西特斯的儿子亚历克修斯主持政务，而他公开支持合法政府。约翰六世抓住了这个机会，他立即派出自己的长子马修率大军赶往塞萨洛尼基——包括女婿奥尔汗提供的两万突厥骑兵——他本人则和共治皇帝约翰五世从海路前往。奥尔汗突然把部队召回小亚细亚，几乎让远征就此失败，但抵达斯特李蒙河河口时，马修幸运地征召了一批突厥海盗，他们欣然加入。在他们的协助之下，两位皇帝在 1350 年秋季胜利进入塞萨洛尼基，城中的绝大多数人对他们致以热烈的欢迎。格里高利·帕拉马斯在不久之后随他们入城。余下的“狂热者”成员或者被流放，或者被送去君士坦丁堡审判。

静修派取胜（1349）

坎塔库泽努斯把约翰五世留在塞萨洛尼基，在马其顿和色雷斯进行了一番征战，收复了贝罗亚、埃德萨和其他一系列堡垒。1351 年年初他才返回都城，却发现静修派的争议再度泛起。他们的领袖与主要发言人帕拉马斯前往塞萨洛尼基之后，这一问题并未就此被遗忘，反而促使反对者重新开始攻击。约翰·卡勒卡斯和格里高利·阿金戴努斯均已去世，反对静修派的领袖成了史学家尼基弗鲁斯·格里戈拉斯，他得到了以弗所主教马修（Matthew）以及其他显赫教 315
士的支持。这一争议很快再度以典型的拜占庭风格歪曲甚至破坏一系列本不相关的事情，影响了整个政坛与官僚体系。

为了彻底解决这一问题，第三次宗教会议——约翰·坎塔库泽努斯和前两次一样亲自出席——在1351年5月28日于布拉赫内宫召开。从塞萨洛尼基匆忙赶来的格里高利·帕拉马斯和尼基弗鲁斯·格里戈拉斯各自进行了声情并茂的演说，为自己的信仰辩护，但会议的结果依然是静修派大获全胜，人们也早就预见到了这个结局。7月，第四次，也是最后一次会议确认了静修派的信条；8月15日，在圣索菲亚大教堂庄严的典礼之中，约翰向牧首卡里斯图斯（Callistus）正式提交了一份教章（*tomos*），具体阐述了问题，并号召将所有反对者革除教籍。约翰·帕列奥列格于次年从塞萨洛尼基返回之后也签署了这一文件——尽管格里戈拉斯声称他并不情愿。

可怜的格里戈拉斯无法忘怀自己的失败，也无法原谅自己的老朋友坎塔库泽努斯对自己的背叛。革除教籍让不久之前刚刚成为僧侣的他更是痛苦不已。在霍拉修道院——他在那里被软禁了三年——他每天都在分发传单谴责帕拉马斯、静修派和他们支持的一切。他在1354年获得了自由，但他经历的不公打垮了他，曾经是同时代首屈一指的史学家与神学家的他，如今成了不可救药的偏执狂，曾经的朋友与支持者们也彻底对他失去了同情——尽管他在五年后逝世时，遗体被拖过都城大街示众未免过分了。幸运的是他无法得知，自己的死敌格里高利·帕拉马斯最终在1368年被封为圣人，如今依然是东正教教会的圣人之一。

1349年年末，口血未干之时，约翰·坎塔库泽努斯自以为他与威尼斯和热那亚这两个海上强权的争斗随着和约签署而就此结束了。悲哉，黑海地区的巨大商业利益对这两个共和国而言都是无法抗拒的诱惑。他们再度开战，因为加拉塔与君士坦丁堡近在咫尺，拜占庭帝国不得不支持其中一 316
方——几乎每一次都选择了最终的输家。比如 1351 年 5 月，一支威尼斯人的舰队驶入金角湾攻击加拉塔区，热那亚人因拜占庭帝国没有及时出兵协助而搭起投石机向城中投射，约翰被迫和威尼斯人结盟。然而威尼斯人几乎立即撤走，他被迫独自面对热那亚人的愤怒。双方就此在 7 月 28 日再度进行了一场海战，热那亚人再度取胜。三个月后，热那亚舰队在前往加拉塔时夺取并掠夺了马尔马拉海北岸的港口赫拉克利亚。随后穿越君士坦丁堡进入博斯普鲁斯海峡的路途并不顺利——皇帝谨慎地警告了所有的城镇——但进入黑海之后，舰队随即折向西北，在毫无防备的索佐波利斯大肆破坏。

此时威尼斯人也愈发警惕起来了。前一年 11 月，热那亚人夺取了埃维亚岛——威尼斯人最重要的殖民地之一。他们无疑掌握了主动权，而且决心保持住这一主动权。然而威尼斯也有自己的潜在盟友：阿拉贡国王佩德罗。急于削弱热那亚在西地中海影响力的他和威尼斯人结盟，提供了二十六艘整备完毕的战舰，但要求他们支付三分之二的维护费用。约翰·坎塔库泽努斯也以同样的条件提供了十二艘战舰，并附加了几个条件：胜利之后加拉塔区要被夷平，热那亚人夺取的大量岛屿也要归还，另外还要归还帝国的皇冠——已经典当给威尼斯人七年了。

随后的外交谈判和军事整备花了太长的时间。和阿拉贡的盟约在1351年7月才签署，那时坎塔库泽努斯得知威尼斯人——在斯蒂芬·杜尚的协助下——正在和他的女婿约翰五世密谈，后者此时正在塞萨洛尼基。他们似乎许诺借给他两万达克特，让他割让赫勒斯滂海峡入口处有相当战略意义的特内多斯岛。[①] 坎塔库泽努斯此时无法离开都城，就派皇
317 太后安妮匆匆赶往塞萨洛尼基劝说儿子，并打算阻止斯蒂芬的危险安排。幸运的是她成功完成了两个任务，避免了一场内战，但这对和威尼斯人的盟约而言绝非有利。

海上决战（1352）

结果直到1352年年初双方舰队才在马尔马拉海开战。双方各自委派了杰出的海军指挥官，盟军由威尼斯人尼科洛·皮萨尼（Nicolò Pisani）指挥，热那亚人指挥官帕加尼诺·多里亚（Paganino Doria）则来自在共和国历史之中兴盛了五个多世纪的家族。2月13日，两军在博斯普鲁斯海峡入口，加拉塔区的城墙之下开战。主场作战的帕加尼诺拥有地利，他明智地布置舰船，这样进攻者若不收缩战线就无法对他展开攻击。皮萨尼立即看出了这个陷阱。海中风浪不小，白天也行将结束，此时进攻无疑过于莽撞。但阿拉贡指挥官不听指挥。在皮萨尼得以阻止他们之前，他们截断缆绳冲向热那亚人，威尼斯和拜占庭的舰船也被迫跟随。

随后的海战很快就成了威尼斯人和热那亚人的争斗。拜

① 按维吉尔的记载（Virgil, *Aeneid*, II, 21ff），当木马送进特洛伊时，希腊人就是藏在那里等待进攻的。

占庭舰船还没有和敌人接战就率先逃离，起初展现蛮勇的阿拉贡人不久之后也撤走了。这两个最强悍的海上力量便开始一对一厮杀，双方都毫不留情。大火很快燃起，随后的大风很快将火扩散到了整个舰队，但他们依然坚持作战直到入夜，靠着船只的火光照明。最终风向与水流均处于不利地位的威尼斯舰队被迫投降了。他们损失了大多数舰队，以及约一千五百名最精锐的战士，这在当时是相当惊人的损失。这一战发生在黑死病不到四年之后——瘟疫杀死了他们的六成人口——让损失显得更加惊人。日出之后，海面上飘满了船只残骸和死尸，以至于看不到海水了。多里亚发现己方的损失几乎同样惨重，以至于他被迫掩盖消息，以免加拉塔的市民陷入恐慌。他理论上赢得了胜利，但这场胜利的损失胜过许多场败战。

对约翰·坎塔库泽努斯而言，这是纯粹的失败。威尼斯 318
人和阿拉贡人都无力再战了，残部在尽可能修复船只之后起航返回西欧。约翰别无选择，只得和热那亚人签署和约。和约在 5 月签署，在塞萨洛尼基停留过久的约翰·帕列奥列格几乎在同时抵达都城。小皇帝时年二十岁，不再打算和从前那样一味服从自己的岳父了。约翰·坎塔库泽努斯在世的两个儿子已经控制帝国重要地域多年，小皇帝的母亲，皇太后安妮则于近期在塞萨洛尼基控制整个马其顿。此时他要拿回本属于自己的权力。

约翰六世清楚自己女婿的野心，也担心因此再度爆发内战。他就此许诺让共治皇帝掌控色雷斯大部，这里在战略意义上至关重要，控制着通往君士坦丁堡的道路，约翰五世欣然接受了。然而只有一个问题：这一地区包括大城市季季莫蒂霍，以及大部分约翰六世已经赐予自己儿子马修的领土。为了解决这一问题，他把亚得里亚堡和周边地域划归马修管理，但马修觉得被背弃了，对自己的妹夫心怀不满——更大的问题在于，此时他们的辖区直接相邻了。

出人意料的是，最先打破表面上的平静的却是约翰·帕列奥列格。或许是打算先发制人，他在 1352 年夏进入马修的辖区，围攻亚得里亚堡。马修立即向父亲求援，约翰六世亲率大批突厥部队前去解围——这支部队由埃米尔奥尔汗提供，由他的儿子苏莱曼（Süleyman）帕夏指挥。约翰五世则寻求塞尔维亚人与保加利亚人的协助，斯蒂芬·杜尚立即率四千骑兵响应。该城最终得以解围，但事实上意义索然。更重要的是帝国如今再度自相残杀，而更可怕的是约翰六世如今指挥着一批异教徒攻击自己的基督徒臣民。亚得里亚堡解围之后，苏莱曼的突厥部队得以肆意掠夺，在周边的城镇引发了极大的恐慌；在受害者和公众看来，老皇帝要为他们的举动负全责。

几个月之后，这些突厥人在封冻的马里查河击溃了塞尔
319 维亚－保加利亚联军，此时他们至少在名义上是作为帝国合法的雇佣兵与外国入侵者作战。然而此前的暴行截然不同。约翰·坎塔库泽努斯，无论是蓄意如此还是无力控制，他的威望都要因为与他们的联系而受损，而且再未能恢复。即使在君士坦丁堡，对他的支持也在迅速消失。人们清楚他并非来自真正的皇室，即使他没有篡位，他也只是作为代理者而已。既然年轻的约翰·帕列奥列格已经成年，他是否还有必

要与约翰六世分享皇权？更何况，这个人近年来给帝国带来的几乎只有灾难。

废黜约翰五世（1353）

此时的约翰六世或许彻底对权力失去了兴趣。他在1341年便已经买下阿索斯圣山的瓦托佩蒂（Vatopedi）修道院中的一小片土地；1350年，他为曼加纳的圣乔治修道院进行了慷慨捐赠，自此他便时常表示自己渴望成为僧侣。安德罗尼卡三世逝世之后，他自始至终都支持合法皇帝约翰·帕列奥列格，即使他可以轻易将其废黜——他的许多朋友也建议他如此。但年轻的约翰是否值得信任呢？更重要的是，此时他很可能成为威胁帝国存续的巨大弊端，沦为威尼斯人、保加利亚人和斯蒂芬·杜尚的傀儡，既没有避开威胁的决断力，也没有抵御利诱的坚定信念。1353年4月，在他于君士坦丁堡之中的支持者的建议下，约翰·坎塔库泽努斯终于做出了他加冕六年之前不敢想象的事：在布拉赫内宫的典礼上，他宣布正式废黜约翰五世，推举自己的儿子马修为共治皇帝。然而他表示帕列奥列格家族并没有彻底失去继承权，约翰的儿子安德罗尼卡（Andronicus，母亲来自坎塔库泽努斯家族）依然是继承者之一。他随后把自己不幸的女婿和他的家人一同流放到特内多斯岛。

然而这不是他第一次低估了反对者的力量。牧首卡里斯图斯坚定支持约翰五世，因而拒绝为马修加冕，而是宣布革除坎塔库泽努斯的教籍，而后辞职进入修道院。几天之后他偷偷来到加拉塔，在热那亚人的帮助下赶往特内多斯岛，被

320 废黜的皇帝热烈欢迎了他。与此同时，原赫拉克利亚主教菲罗西乌斯（Philotheus）被选举为他的继任者。他自然是坎塔库泽努斯家族的热情支持者，但直到1354年2月，马修和他的妻子伊琳妮才最终得以加冕，那时典礼自然也不是在圣索菲亚大教堂进行，而是在布拉赫内宫的圣母教堂举行。

不到一个月之后，3月2日，色雷斯大片土地遭受了猛烈地震的破坏。数以百计的城镇村庄就此化作废墟，在随后的暴雪暴雨之中，许多无处存身的幸存者又因为寒冷而死。曾经庞大的城市加利波利如今几乎没有任何一座房屋依然屹立——但大部分人幸运地乘船离开了。这一灾难本身就已经极其深重，然而突厥人的行动进一步深化了灾难，那些掠夺者就此在色雷斯安家，苏莱曼帕夏的部队更是从小亚细亚渡过了海峡。对苏莱曼而言，这是他期待已久的良机。当身在佩盖的他得知此事后，他立即起程前往受灾地域，带着尽可能多的突厥家庭来到荒弃的城镇之中居住。大部分人前往已成废墟的加利波利，他们的许多同宗在不久之后也前来加入他们。几个月之后城市便被整修一新，城墙修缮完毕，人口组成也从此前的希腊人为主变成了突厥人占绝大多数。

对帝国而言，突厥人在欧洲拿下第一个定居点，是比地震本身还要可怕的灾难。地震造成的损坏是可以修复的，加利波利——从色雷斯前往小亚细亚的主要渡口之一——却似乎要永久沦陷了。约翰六世正式要求归还该城，苏莱曼的回复却是该城是因安拉的意愿而陷落，归还将等同于渎神。他毕竟不是用武力夺取这座城的，他和部下只是占据了一座被当地居民遗弃的城市。皇帝为收复加利波利紧张过度，许诺给付他之前提出的补偿金四倍的钱财，但那位帕夏态度依然顽固。约翰随后向奥尔汗请求商议，后者同意在尼科米底亚会面以具体商谈。然而当约翰抵达时，他只收到了一封信，称埃米尔突然染病，无法前来会谈了。

此时的约翰·坎塔库泽努斯可能真的认为上帝遗弃自己 321
了。他不止一次想要及时放下俗世的纷扰，回归他所期待的祈祷与沉思的生活，听从创世者的劝导，在宁静中安享晚年。当年夏季，希望和他那位基督徒女婿达成一些协议的他出海前往特内多斯岛，但岛民甚至不肯为他安排停靠，而约翰·帕列奥列格自知态势对自己有利，就毫不犹豫地拒绝会见他。他悲哀地返回君士坦丁堡，面对他已经无力控制的事态变化。

两位皇帝和解（1354）

变化也来得很快。1354 年 11 月 21 日，约翰·帕列奥列格溜出了特内多斯岛。当晚天空一片漆黑，没有月光，时而降下大雨，但随后一阵顺风让他迅速通过赫勒斯滂海峡进入马尔马拉海。22 日凌晨，他已经抵达君士坦丁堡，在黑暗的掩护之下成功潜入城中。进城之后，他立即宣示了自己的到来。清晨时分，人们纷纷聚集在街道上欢呼他的名字。不久之后，他们难免开始了破坏。约翰·坎塔库泽努斯的家庭住宅再度被掠夺焚烧，他的许多支持者的住宅也遭到了类似的命运。一些暴动者夺取了武器库，其他人则进军布拉赫内宫。与此同时，约翰五世则在圣索菲亚大教堂对面的旧圣宫中暂住。

他在 11 月 24 日从圣宫之中给自己的岳父送信提出会面，而后的商谈之中他出人意料地体谅老约翰。约翰五世并不坚持要他逊位，而是提议两人继续共治，马修·坎塔库泽努斯则在亚得里亚堡继续终生管理那片土地。约翰六世必须交出金角湾那座他近期整修加固，并配备加泰罗尼亚雇佣兵驻守的堡垒，但他依然是地位较高的皇帝，可以继续在布拉赫内宫居住；约翰五世则在塞奥多尔·梅托西特斯的私人豪宅之中居住，那里是城中最庞大豪华的宅邸之一。

紧迫的危机就此结束了，两位皇帝庄严宣誓，许诺遵守他们达成的协议。然而依然有许多问题悬而未决。其一就是苏莱曼的突厥部队仍在色雷斯活动，另一则是约翰·坎塔库
322 泽努斯愈发不受欢迎了，而他自己也清楚这一点。他也知道在城中人公开的敌意之中，自己的支持者们开始迅速背离。在大约一周之中，他竭尽所能做了安排；在又一次格外激烈的抗议之后，他终于决心做出他斟酌已久的决定。12 月 4 日，在布拉赫内宫的典礼上，他庄严地摘下了皇冠，脱下礼服和带金色鹰徽的紫靴这些皇帝专用的仪服。尔后他穿上东正教僧侣的黑袍。他的妻子伊琳妮也摘下冠冕，在基拉玛莎（Kyria Martha）修女院——十三世纪七十年代，由米哈伊尔八世的姐妹玛丽亚建造——中成为修女，那里也是约翰六世母亲塞奥多拉（Theodora）的安息之地。约翰六世本人首先进入曼加纳的圣乔治修道院，而后转往另一座较小的修道院，那里近期由他的老朋友和支持者约翰·哈尔锡安内特斯（John Charsianeites）建造，并以他的名字命名。

约翰·坎塔库泽努斯，即此后的僧侣约瑟夫（Joasaph），

仅仅当了七年的皇帝，但在帝国实际掌权了二十五年，又指引了十年的方向。他又活了二十九年，直到 1383 年逝世。他隐居之后的头几年之中完成了他的《历史》，记述的时代至 1356 年为止。完成这一作品后他转而研究神学，并为辩护静修派写下了逻辑缜密的长篇大论。然而他并没能彻底离开政坛，即使他或许希望如此。下文将具体叙述。

帝国破产 （1354）

许多史学家，包括爱德华·吉本，质疑约翰所言是否真诚。他的逊位真的如他所说那样主动吗？他难道不是被自己野心勃勃的女婿赶下皇位的吗？我们并不应该这么想。约翰一生虔诚。他梦想退隐至少十五年了，而他近年来遭遇的屈辱与失望足以说服他走出自己盘算已久的那一步。很明显他的臣民已经用不上他，他也已经和女婿约翰五世和解，他比自己更有权登上皇位，至少展现了一些统治帝国的能力。他若是要逊位，现在是最好的时机。

我们难免要为约翰·坎塔库泽努斯感到惋惜。几乎没有哪位皇帝会如此勤奋地为帝国的利益而奋斗，也很少有人的私欲如此之少。他在十四世纪三十年代或许就能够成为安德罗尼卡三世的共治皇帝，在安德罗尼卡弥留之际获取皇位更是轻而易举，但他都拒绝了。直到帝国被内战撕裂之后，他才戴上了皇冠，即使那时他也依然衷心拒绝。他若不是相信约翰五世再度开战会让拜占庭帝国的未来彻底绝望，也绝不会废黜约翰·帕列奥列格而让自己的儿子取而代之。不幸的是，他这次自作主张来得太晚了。若是 1341 年如此，他也 323

许能够让帝国继续维持统一，让国民免于经历十三年的苦痛。但到了1353年，大错已经铸成。

他也确实堪称不幸。约翰·帕列奥列格的鲁莽、静修派的争议、黑死病的肆虐、突厥人的侵袭、热那亚与威尼斯的野心，若是能够免于这一切痛苦，他本可以大获全胜。但当这些压力一并袭来，他便无法完成任务了。然而最大的压力在于帝国已经破产——在财政意义上与精神意义上均如此。国库之中的财富荡然无存，帝国国民的信心也荡然无存了。他们旧有的自信已经化为乌有，恢复旧日伟大的意愿也不复存在。一个鼓舞人心的领袖也许能够激励他们奋斗，约翰·坎塔库泽努斯虽然是精明的政治家与卓越的将军，根本上却是学者习气，并不是一个激励他人的领导者。他没有用坚决与勇气鼓舞他的臣民，反倒失去了他们的爱戴与信任。献身帝国三十五年的他却落得了如此的回报。当他和他的妻子脱掉盛装，换上粗糙的僧袍时，他们心中除了宽慰之外，怕是也没有什么别的想法了。

第二十章　臣服苏丹（1354～1391）

沙皇选择天堂， 324
而非凡间称王。
他在科索沃建造教堂，
地板并非大理石铺就，
而是绸缎和红布。
他在那里召来塞尔维亚牧首
和十二位伟大的主教。
在那里他与士兵领取圣餐，
下令作战。
同时王公向士兵下令，
突厥人攻击科索沃……
尔后突厥人战胜了拉扎尔，
拉扎尔就此战死，
他的大军随他死亡。
七万七千名士兵，
每一名都神圣可敬，
遵从上帝的旨意。

——《科索沃组诗》

约翰六世离去后，基督教世界的王公们大多清楚拜占庭帝国濒于瓦解。然而帝国会被何种势力灭亡呢？威尼斯在君士坦丁堡的督政官（bailo）在辞职四个月之前向他的政府报告，声称拜占庭帝国已经愿意向任何一个要求他们臣服的政权臣服。四个月之后，威尼斯总督提出立即吞并帝国，只为让帝国免于被奥斯曼部吞并。

塞尔维亚帝国崩溃（1355）

然而此时在东欧有一个比威尼斯和突厥人都要强势的力量：斯蒂芬·杜尚。在塞尔维亚、马其顿和保加利亚大部之
325 外，他还控制着远达科林斯湾的希腊本土大部，仅有阿提卡、维奥蒂亚和伯罗奔尼撒除外。斯蒂芬一生之中只有一个梦想，即在君士坦丁堡统治他庞大的塞尔维亚帝国。为此他一次次和欧洲所有能够协助他的统治者们谈判，联络了突厥埃米尔，甚至联系教皇，并一如既往地以教会统一作为诱饵。他也许本能够实现自己的野心，并改变欧洲的历史走向，然而壮年的他于 1355 年 12 月暴病骤逝，享年四十六岁，而且没有做好继承安排。

他的帝国立即开始瓦解。他的儿子斯蒂芬·乌罗什五世原本负责控制北面的塞尔维亚故地，斯蒂芬·杜尚则掌控希腊人生活的“罗马土地”。他的儿子既没有能力也没有威望，无法阻止他的家人，乃至宫廷之中的低微人物[1]拥兵自

① 其中一人，武卡欣（Vukashin），以尊主身份统治普里莱普和奥赫里德湖，他原本只是斯蒂芬·杜尚的捧杯仆人。他的兄弟约翰·乌格列沙（John Uglesha）则是沙皇的马夫（hippokomos），此时也成了塞雷的尊主。

立。一年之内，“塞尔维亚人与希腊人的帝国”就荡然无存了。对拜占庭帝国而言，这仿佛奇迹一般，然而他们也清楚，羸弱不堪的帝国已经无力从中获取任何利益。约翰五世没有试图收复拜占庭帝国的旧有领土，被废黜的伊庇鲁斯尊主尼基弗鲁斯二世尽管竭力征战，却收效甚微，直到于1358年战死。事实上，杜尚的逝世无非让帝国向新的威胁臣服，塞尔维亚帝国的瓦解给了突厥人期待已久的良机。欧洲再没有任何一支力量能抵御他们的进军了。

约翰五世致信教皇（1357）

尽管约翰五世已经当了十四年的共治皇帝，此时他却只有二十三岁，性格也和他的岳父截然不同。坎塔库泽努斯恬不知耻地讨好奥斯曼突厥，甚至把自己的女儿嫁给了奥尔汗，约翰·帕列奥列格在外交问题上却没有那么好的耐心。他相信拜占庭帝国和突厥不可能和平共存——事实也确实如此——因此他必须解决敌人。这意味着战争，但以帝国现在 326
的情形来看，战争必须以对抗异教徒的基督教大联盟的方式发动。十字军的时代或许已经结束，近年来进行类似大同盟的举措也明显效果不佳。教皇克莱芒六世尽管被流放到阿维尼翁，却依然在1344年组织了对抗艾登埃米尔乌穆尔的联盟。突厥人既然在欧洲夺取了永固的桥头堡，西欧就必须意识到，无论是政治上还是外交上，都需要采取决定性行动，否则悔之晚矣。

执政一年后，1355年12月15日，约翰派信使前往阿维尼翁，带上了一封送给克莱芒的继任者英诺森六世

（Innocent Ⅵ）的信件，内容是一份详细的长篇请求，请教皇立即派五百名骑士、一千名步兵、十五艘运输船和五艘战舰到君士坦丁堡。这些部队由皇帝亲自指挥，在对付突厥人之外也用来对付他在巴尔干的希腊敌人，为期六个月。其间教皇使节将在都城停驻，监管教会重要职务的任免，以便实现教会统一。随后双方将进行大量的对话，帝国臣服于教廷也将再无阻碍。作为保证，皇帝将把他的次子曼努埃尔（Manuel）——时年五岁——送去阿维尼翁，若是他没能履行信中所做的保证，教皇就可以按照他的意愿抚养这个孩子，让他接受天主教教育，乃至迎娶任何人。与此同时，曼努埃尔的长兄安德罗尼卡，即皇位的法理继承人，将接受密集的拉丁语言和文学教育，他还会建立三个拉丁学院以便帝国贵族的后代们接受同样的启蒙。如果皇帝无法完成他期待的大规模改宗，至少他本人会改宗；若是他成功完成，那么他就要索取更多更大的协助：至少是一支基督徒大军，将突厥人彻底赶回中亚。这支大军也要由皇帝指挥，皇帝将就此成为“圣母的总指挥与掌旗官”。

这份不寻常的提议在1356年6月送到了阿维尼翁。来自法兰西的英诺森六世理智务实，对此并不上心。他进行了
327 礼貌的答复，对约翰打算收复罗马帝国故地的想法表示赞赏，但没有就他具体的提议进行任何评论。很明显，他不希望进行大规模的对话，也没有派基督徒大军的打算，他感兴趣的只有皇帝本人改信天主教一事。他因此表示愿意派两位特使前去，在教堂之中承认约翰为基督的忠实子民。

两名特使都是主教——加尔默罗会的彼得·托马斯

（Peter Thomas）和多明我会的威廉·孔蒂（William Conti）。两人在 1357 年 4 月抵达君士坦丁堡，得到了皇帝的热烈欢迎，然而谈判收效甚微。彼得·托马斯的圣徒传记作者①声称他成功主持了皇帝的改宗，但此后的事态发展证伪了这一点。事实上两位主教意识到情况与约翰在信中所说相差甚远，很快就放弃了努力。孔蒂返回了自己的修道院，彼得·托马斯则转往塞浦路斯，而后成为教皇在东方的代表。至于皇帝，他如此轻松地摆脱这些烦扰，可谓幸运。如果教皇当真，派出他要求的部队，而后要求他履行诺言的话，他将会陷入极度艰难的境地。君士坦丁堡确实有不少人不反对教会统一，包括迪米特里奥斯·凯多内斯（Demetrius Cydones），这位杰出的学者翻译了圣托马斯·阿奎纳（St Thomas Acquinas）的著作，在此时他也改信了天主教。但绝大多数的拜占庭帝国权贵，无论是俗世中人还是教士，依然坚持旧有的信仰。牧首卡里斯图斯——他在敌人约翰六世逊位后复职——近期刚刚促使保加利亚牧首和塞尔维亚牧首承认君士坦丁堡牧首的最高权威。在这样的情况之下，很难相信约翰五世会对教会统一有多少确实的期望，即便有，也应当在 1357 年夏消失殆尽了。

约翰·帕列奥列格给教皇送信的事值得在此叙述的原因只有一个：说明皇帝的不可信赖，他会在完全不考虑后果的情况下冲动行事。他的岳父约翰·坎塔库泽努斯向来清楚，

---

① 梅济耶尔的菲利普（Philippe de Mézières），这位塞浦路斯的法兰克人王国的大法官写作了《圣彼得·托马斯生平》（*The Life of St Peter Thomas*）。

328 约翰五世并不是在帝国内外交困、濒于瓦解之时，能够掌控大权的人。

皇帝前往匈牙利（1366）

与此同时，奥斯曼部在色雷斯迅速扩张。苏莱曼在1354年夺取加利波利后，他们获取了桥头堡，几乎立即开始进军。不久之后其他的突厥士兵，比如约翰·坎塔库泽努斯向艾登埃米尔或萨鲁汉勒埃米尔请求的援军，以及其他独立前来的海盗，也加入了他们的麾下四处掠夺。早在1359年，一支先遣部队就已经抵达君士坦丁堡城下。幸运的是这支部队规模太小，无法对该城构成任何直接威胁；但色雷斯的其他地区没有这么好的城防，也已经在内战中耗竭，纷纷陷落。季季莫蒂霍在1361年陷落，亚得里亚堡在1362年陷落。夺取的每一座城镇中，都有大批居民作为奴隶运往小亚细亚，突厥移民则鸠占鹊巢。奥尔汗也于1362年逝世。他的儿子穆拉德（Murad）——苏莱曼在两年前亡故——继承了他的埃米尔之位，他很快就证明了他比自己的父亲和兄长都活跃且坚定。他不但在色雷斯作战，还进入保加利亚，在1363年夺取菲利普波利斯，并向保加利亚沙皇约翰·亚历山大施压，要他共同进攻拜占庭帝国。

当他们筹划联军的消息传到君士坦丁堡时，约翰·帕列奥列格立即行动起来，在1364年带着残存的舰船与部队亲自对保加利亚的黑海港口发动了惩戒进攻，夺取了安西亚卢斯。这在战略意义上价值索然，但在提振士气上倒或许有些价值。尽管帝国已经无力回天，还是偶尔能取得胜利。皇帝返回时，他因教皇乌尔班五世（Urban Ⅴ）终于开始安排十字军的消息而短暂燃起希望，十字军的领袖将是匈牙利国王路易一世（Louis Ⅰ）和塞浦路斯的皮埃尔一世（Peter Ⅰ），他的表亲萨伏依伯爵阿马德乌斯六世（Amadeus Ⅵ）[①]也积极准备参加。但这支远征军并没有向突厥人进军，而是前往埃及，并在1365年10月可耻地战败。约翰必须再度寻找盟友了。

他试图和塞尔维亚——或者说其残余——联系，派牧首卡里斯图斯作为他的特使前往。牧首面见了斯蒂芬·杜尚的 329
遗孀，但他几乎在会面之后便立即逝世了，没有达成任何实质性的协议。毒杀流言在所难免地出现了，尽管没有根据，却无助于改善关系。热那亚和威尼斯虽然态度友好，却也帮不上忙。教皇乌尔班与塞浦路斯的皮埃尔已经出手，结果只是成了他人的笑柄。现在只剩下匈牙利国王路易大帝了。谨慎的他及时从埃及远征之中撤走，和许多信奉同一教派的教徒一样，相比异教徒更厌恶分裂派的他，准备发动一场自己的圣战，他的目标不是突厥人，而是同为基督徒的保加利亚人。1365年，边境行省维丁（Vidin）被匈牙利军队占据——大批方济各派的传教士随即涌进这一地区，他们立即开始以或多或少的强迫方式要求当地人改宗。

这绝非进行外交谈判的最佳场合，然而约翰也许认为他能够说服路易协助他，因此他决定亲自前往匈牙利。这是前所未有的举措。皇帝时常率领大军来到国境之外，但拜占庭

① 阿马德乌斯的父亲是约翰五世母亲安妮的异母兄弟。

历史之中，皇帝还是第一次纯粹作为请愿者前往西方。另一方面，约翰也许会辩称情况从未如此之紧急。他把帝国交给他的长子安德罗尼卡掌管，在 1366 年的最初几周沿黑海海岸向北航行，而后进入多瑙河抵达布达（Buda），他的两个小儿子曼努埃尔和米哈伊尔（Michael）陪他一同前往。国王路易以适当的礼节迎接了他们，但此时的他已经在和教皇商谈，他在商谈之初便明确表明了自己的立场：必须先改宗。只有皇帝和帝国臣服于罗马之后，才有进行军事协助的可能。这次约翰清楚他无法做任何承诺，即使他做了，路易也未必会相信。他把两个孩子留下作为人质（不过具体情况并不清楚）[①] 之后悲哀地返回了都城——路上还被保加利
330 亚人扣押，保加利亚人自然对拜占庭－匈牙利联盟抱有极大的戒心。

帝国历史之中只有一位皇帝曾被异族俘虏：罗曼努斯四世。他在近三个世纪前的曼齐刻尔特之战中被俘。然而罗曼努斯是被敌对的塞尔柱人俘虏，得到了礼遇，并在一周之后即被释放。约翰则是被他的基督教邻国俘虏，被保加利亚沙皇约翰·亚历山大彻底无视——即使他是约翰五世的长子安德罗尼卡的岳父——并困在一座边境城镇之中长达六个月。如此对待一位正统的罗马皇帝，上帝在凡间的辅助统治者，此前是不可想象的。这也许最有力地说明了帝国沦落到何等程度。甚至约翰最终重获自由也不是沙皇主动释放，而

① 两位皇子究竟在布达停留了多久我们不得而知，可以确定的是 1367 年 6 月商讨教会统一时，他们已经返回君士坦丁堡。

是颇出乎意料地靠他的表亲萨伏依伯爵阿马德乌斯出手相助。

1365 年远征失败之后，阿马德乌斯打算自行进行一次小规模的十字军。1366 年 5 月，带着十五艘舰船和约一千七百人，他从威尼斯起航前往君士坦丁堡，决心帮助自己的亲属对抗突厥人。在抵达赫勒斯滂海峡入口处时，皇帝的妹夫弗朗切斯科·加蒂卢西奥（Francesco Gattilusio），即约翰五世妹妹玛丽亚（Maria）的丈夫、热那亚在莱斯沃斯岛的长官，率部与他会合。两人随即联合进攻加利波利，并在两天的猛攻之后夺取该城。这一胜利对拜占庭士气的鼓舞可想而知。此前十二年间，加利波利成了突厥人的桥头堡，穆斯林在欧洲的第一座前哨，接下来的进军均从那里开始。自此穆拉德向色雷斯派出援军就要困难得多了。即使此时，君士坦丁堡城中还有不少人在议论，是否要让身为天主教教徒的士兵进入城中。幸好在迪米特里奥斯·凯多内斯的规劝之下，城门于 9 月 2 日打开。

阿马德乌斯也许直到此时才得知自己的表兄弟被俘虏了——虽然加蒂卢西奥可能已经告诉他。他进行了一个月的准备，而后起航北上黑海的港口，以帝国的名义夺取墨森布里亚和索佐波利斯，并对瓦尔纳发动围攻，还给特尔诺沃的沙皇送去最后通牒。拥有一个重要人质的约翰·亚历山大并没有要求将他夺取的港口作为赎回皇帝的条件归还，但此时保加利亚的军力与财力都相当羸弱，阿马德乌斯也不 331
难吓倒他。沙皇最终允许皇帝离开他的领土，约翰也得以在圣诞节之前抵达萨伏依伯爵在墨森布里亚的营地。两人共同在黑海岸边越冬，直到 1367 年春季才返回君士坦丁堡。

与罗马教廷商议（1367）

问题是，他们为何拖延了这么久？也许最主要的原因是他们要讨论一些重大问题。萨伏依伯爵此时急需资金，加利波利、墨森布里亚和索佐波利斯都需要驻军才能保持在拜占庭帝国手中，而这些驻军需要大量的人员与资金。对阿马德乌斯而言，帝国必须至少负担一定的供养费用，并提供士兵以继续进攻保加利亚。还有一个更重要的问题。为了得到教皇的支持，阿马德乌斯出征之时许诺为教会统一而奔走，事实上也带来了教皇的特使保罗（Paul）——原士麦那主教，此时被提升为名义上的君士坦丁堡拉丁教会牧首。对这个微妙问题的预先讨论，最好还是在都城之外进行。

抵达博斯普鲁斯海峡时，约翰也下定了决心。他不能迫使臣民改宗，更无力要求教会，即使他强行如此，也几乎必然被废黜。但他依然能以个人名义臣服于罗马，还可以安排保罗与东正教教会的领导者们进行谈判，以期弥合出现已久的巨大裂痕。但这样的安排也相当困难。牧首菲罗西乌斯[①]坚定反对和一个僭称自己职务的人进行谈判。然而约翰提出让他的岳

① 为免混淆，此处有必要解释一下：牧首卡里斯图斯和菲罗西乌斯（科西努斯）在 1350 年至 1376 年各自掌控了一段时间的牧首之位。支持约翰五世的卡里斯图斯最早在 1350 年就任，在 1353 年辞职。支持约翰六世的菲罗西乌斯继任，直到约翰于 1354 年逊位。卡里斯图斯随即重新出任牧首，直到 1363 年逝世；菲罗西乌斯随即于次年年初继任，直到 1376 年逝世。

父僧侣约瑟夫——也就是之前的约翰六世，牧首向来热切地支持他——代替他代表东正教教会时，牧首没有表示反对。 332

这样的安排倒也不算多出人意料。多年以来，人们认定约翰·坎塔库泽努斯在逊位之后便过着严格的教士隐居生活，沉浸在神学研究之中，只有偶尔皇帝召唤时才会离开。然而事实上，特别是在他的老朋友菲罗西乌斯于1364年重新出任牧首之后，他似乎愈发频繁地参与国事。菲罗西乌斯称他为“政府的支柱，最伟大的参谋，也是皇室真正的一家之长”①，这说明此时他的权力——至少是影响力——和他身为皇帝执政时相差无几。

会谈在1367年6月开始。从拜占庭帝国的观点来看，会谈可谓相当成功。约翰·坎塔库泽努斯指出，东正教教会也和天主教教会一样祈求教会统一，但现存的差异必须靠真正意义上的大公会议才能解决，教皇、牧首、大主教和主教们都要从各地赶来会谈，但罗马教廷是不肯接受的。他强调称除此之外别无他法。就像米哈伊尔八世在近百年前的悲剧那样，教会统一不可能片面地自上而下完成，皇帝也无法掌控自己臣民的灵魂。劝说保罗花了一些时间，但他最终还是同意进行他们提出的宗教会议，在两年之内于君士坦丁堡召开。与此同时，他本人将带着阿马德乌斯伯爵和东正教教士的代表，包括牧师与僧侣，返回西欧，为此后皇帝的到来做准备。

---

① *Antirrhetici libri XII contra Gregoram*, ed. J. P. Migne, M. P. G., Vol. cli, quoted by J. W. Barker, *Manuel II Palaeologus*, p. 37.

约翰五世向教廷臣服（1369）

同年年初，教皇乌尔班打算把教廷迁回罗马，但没能成功。在法兰西王国枢机主教的坚持之下，他被迫返回阿维尼翁，教廷也停留到了1377年。但拜占庭使团在当年夏季来到了意大利，而没有前往法兰西王国，乌尔班在维泰博热情地接待了他们。尔后他们陪同教皇前往罗马——悲凉，衰
333 颓，此时已经近乎废墟——并在10月16日正式入城。然而他们从此便愈发沮丧了，很明显那位牧首保罗前往君士坦丁堡之前没有得到教皇的明确指示。乌尔班根本不打算召集什么大公会议，更别说亲自参加了。他宣称，拥有最高权威的教廷进行决断之后，还有什么必要在大公会议上辩论呢？11月6日，他签署了二十三封信，分发给所有对教会统一感兴趣的重要人物，强调拜占庭帝国回归统一的重要性，以及皇帝亲自前往罗马的重要性。但信中完全没有提及大公会议，即使是讨论其可能性。约翰·帕列奥列格期待的十字军更是只字未提。

但约翰遵守了诺言。他把长子，即加冕为共治皇帝的安德罗尼卡四世（Andronicus Ⅳ）留在君士坦丁堡摄政，自己于1369年初夏在他的妹夫弗朗切斯科·加蒂卢西奥、迪米特里奥斯·凯多内斯以及其他一些倒向西欧的臣民的陪同下出发——但不包括任何东正教教徒，他们全部拒绝参与一个不肯让步的会议。在那不勒斯登陆之后，约翰在西西里女王的宫廷中做了几天客人，恢复体力并准备参与即将进行的各种讨论。尔后在10月18日星期二，他正式签署了一份文

件，宣称自己接受天主教信仰，臣服于罗马教廷和教皇，并用皇帝的金玺确认。周日，在教廷全体成员的面前，他在圣彼得大教堂的台阶前向教皇表示臣服，跪倒在他的面前并亲吻他的脚、手和唇。随后君主大堂中的弥撒开始。

典礼就此结束。然而这仅仅是私人行为，只代表皇帝一人而已。两教会已经不可能统一，并就此分裂至今；大公会议也不可能再度召开，也不会有对抗突厥人的军事援助。除了极大削弱自己在君士坦丁堡的地位之外，曾经真正的罗马人的皇帝在公开场合自轻自贱，没有得到任何好处。未来也将有更大的羞辱——约翰·帕列奥列格此时却还没意识到。

马里查河之战（1371）

皇帝首次开始和威尼斯总督安德烈亚·孔塔里尼 334
（Andrea Contarini）联络。总督声称，共和国非常清楚帝国目前的财政窘境，认为有必要提起皇冠的事。1343 年皇太后安妮以三万达克特的价格典当了皇冠之后，其利息正在迅速上涨。如果近期他们无法拿出赎金，共和国别无选择，只能将其出售了。而且此前他要求皇帝为威尼斯人在君士坦丁堡遭受的财产损失提供补偿，总共两万五千六百六十三海博菲隆，但此时仅收到了四千五百海博菲隆。在答复之中，约翰解释称他遭遇了种种困难，请求总督理解——但并不怎么成功。他在罗马收到了一封重修威尼斯－拜占庭和约的信件，和约已经过期两年，如今要继续五年，自 1370 年 2 月开始。总督允许补偿款以多年期付款的方式给付，还许诺在圣马可大教堂的府库之中将皇冠保留得更久。然而孔塔里尼提出皇帝可以在返回家乡之前去威尼斯，两人可以友好地商讨各种问题。

在 1370 年 3 月离开罗马，于那不勒斯短暂停留之后，皇帝的舰队在 5 月初抵达威尼斯。正常情况下，拜占庭皇帝首次拜访“最尊贵的共和国”应当得到前所未有的盛大典礼欢迎，但拜占庭帝国已经威信扫地。尽管约翰尽可能展现了风度，却也无法掩盖他和他的帝国欠下大笔债务的事实，而且威尼斯人对穷人没什么敬意。他得到了冷淡的接待以及最简单的典礼。当皇帝和总督会谈时，气氛却缓和了，因为约翰立即提出了一份威尼斯人无法拒绝的提议。多年以来他们觊觎赫勒斯滂海峡入口处的特内多斯岛，他提出割让该岛，威尼斯人为此将归还皇冠，并提供给他六艘战舰以及两万五千达克特——其中四千达克特要立即支付，因为他连返回家乡的资金都出不起了。

总督欣然同意，但灾难随即发生。在君士坦丁堡定居的热那亚人得知自己的死敌获取了如此战略要地而震惊不已，
335 他们向摄政的安德罗尼卡施压，安德罗尼卡也随即拒绝割让该岛。近期达成的协议就此被废止，约翰则陷入了艰难的处境。他没有离开潟湖的资金，事实上成了威尼斯人的俘虏。他绝望地向自己的儿子求救，希望他变卖一些教会财产乃至教堂的珍宝以解救他，但安德罗尼卡表示无法接受如此不虔诚的提议，根本不打算帮助他。最后约翰的二儿子，即近期成为塞萨洛尼基管理者的曼努埃尔出手相助。他在深冬离开该城，带着足以解救父亲的金银财宝穿越积雪的伊格纳提亚大路，并打算用抵押品换取更多借款。靠着他的帮助，约翰

才得以在1371年3月带着三万达克特以及回程补给离开威尼斯返回家乡。他花了七个月，直到10月末才返回都城。在离开的两年间，除了改信天主教之外，他一无所获。

还有更多的坏消息等着他。欧洲的突厥人自知无力进攻君士坦丁堡，他们便调转方向出兵马其顿。乌格列沙家族（Uglesha）的国王武卡欣——斯蒂芬·杜尚的塞尔维亚帝国瓦解后实力最强的继承者——以及他的兄弟塞雷尊主约翰·乌格列沙，仓促集结起联军迎敌。1371年9月26日，两军在亚得里亚堡以西约二十英里处，马里查河河畔的赫尔诺曼（Chernomen）交锋。这是突厥人侵入欧洲之后的第一次阵地决战，塞尔维亚军队在这一战中被彻底击溃。武卡欣和约翰均阵亡，河流被塞尔维亚士兵的鲜血染红。

这不只是塞尔维亚人的灾难，对拜占庭帝国乃至基督教世界而言都是灾难。入侵者席卷塞尔维亚、马其顿和希腊时再无任何阻碍。残存的少数塞尔维亚贵族虽然还有些许实力，但他们自此只是突厥领主们的附庸，被迫承认奥斯曼苏丹（穆拉德如此自称）的宗主权，支付岁贡，最可耻的是他们要为他提供军事援助。奇怪的是，其中一位封臣，武卡欣的儿子马尔科·克拉尔耶维奇（Marko Kralyevich）[①] 成了塞 336
尔维亚通俗文学之中的大英雄之一，对这个时常处于军事威胁

---

① 和其他使用西里尔字母的语言不同的是，塞尔维亚语有严格对应的转写体系——毕竟使用拉丁字母的克罗地亚语和塞尔维亚语的差别，就如同美式英语与英式英语的差别一般。因此，使用这个体系来写塞尔维亚人的名字更严谨，但一般读者可能会对Dusǎn（杜尚）、Uglješa（乌格列沙）、Kraljević（克拉尔耶维奇）这样的写法感到十分困扰。

之中的民族而言，这个名字他们记忆犹新，而且时常提起。[①]

对拜占庭帝国而言，这多少带来了一点宽慰，曼努埃尔·帕列奥列格借机离开塞萨洛尼基，占领乌格列沙的领土，包括塞雷城。但他无法长期占有这些地区，而他的父亲因帝国财政情况愈发恶劣而挪用了帝国修道院中残留的一半财产。他向修道院明确保证，如果财政情况转好就会把土地全部归还，但情况再未转好。相反，帝国政府被迫采取愈发苛刻的手段，约翰本人则愈发沮丧消沉。1373 年，他成了突厥人的附庸，保加利亚沙皇也是如此。在奥斯曼埃米尔获取欧洲土地上的第一个永久定居点仅二十年之后，巴尔干半岛上的三个主要政权便全部沦为苏丹的附庸了。

安德罗尼卡背叛 （1376）

约翰五世与穆拉德签署的协议条款我们无从得知，因为现存的同时代资料对此讳莫如深。双方大约是在皇帝返回一年之后，于 1372 年年末开始谈判，并在两三个月之后达成一致。约翰此举可能完全是源于绝望。突厥人控制了塞尔维亚和保加利亚之后，本来就虚无缥缈的十字军更是完全不可能出现了。拜占庭帝国如今彻底和西方断绝了陆路联系，甚至连表示抵抗都做不到了。约翰或许觉得只有和苏丹联合，

---

① “体格健硕的他，战锤用了六十磅铁、三十磅银和九磅金制成；战马皮耶巴尔德（Piebald）是世间最迅捷的良驹，懂得人言；他马鞍的一侧挂着战锤，另一侧挂着盛红酒的皮袋配重。马尔科向来好酒，却千杯不醉。”——丽贝卡·韦斯特（Rebecca West），《黑羊与灰鹰》（*Black Lamb and Grey Falcon*），Vol. ii，pp. 167～168。

才有可能拯救帝国残存的些许遗产。穆拉德至少可以让进入马其顿和色雷斯的突厥掠夺者保持一定的克制，也许还能支援约翰与令他愈发不安的儿子安德罗尼卡对抗。 337

但身为臣属自然有必须违心履行的责任。1373 年 5 月，签署协议几个月之后，约翰就被迫前往安纳托利亚与苏丹共同作战了。对他而言这已是极大的耻辱，但不久之后他又得知自己的儿子安德罗尼卡（他或许因父亲和二儿子曼努埃尔愈发亲密而怀恨在心）趁自己离开之机在都城发动公开叛乱——奇怪的是，他的同盟是穆拉德的儿子，同样心怀不满的萨乌吉（Sauji），他也反叛了自己的父亲。幸运的是暴乱没能成功，叛军很快便被迫投降了。愤怒的苏丹刺瞎了萨乌吉，这个无能的年轻人在不久之后死去。苏丹要求皇帝也刺瞎安德罗尼卡和他的幼子——即使他完全没有参与叛乱。约翰尽管厌恶酷刑，却也清楚自己别无选择，然而他还是悄然做了一些仁慈的安排。他们并没有彻底失明，但还是被囚禁在君士坦丁堡，安德罗尼卡失去了继承权。他的皇储身份被时年二十三岁的曼努埃尔接替，曼努埃尔也随即从塞萨洛尼基仓促返回，并在 9 月 25 日加冕为共治皇帝。

仅仅三年后，约翰就要为自己的忍耐而后悔了。1376 年 3 月，十艘威尼斯战舰抵达君士坦丁堡，带来了总督亲自派来的使节。他们提出，既然安德罗尼卡已经被废，就没有理由搁置六年前和威尼斯人定下的协议了。威尼斯人愿意为获取特内多斯岛而另外奉上三万达克特与皇冠，还允许岛上的居民自由保留信仰，希腊人仍可处于君士坦丁堡牧首的管辖之下。他们最后还保证，帝国的旗帜可以与圣马可旗一同在该岛上继续飘扬。

约翰·帕列奥列格自然是喜出望外，君士坦丁堡中的热那亚人的感受却截然不同。他们依然决心阻止威尼斯人获取特内多斯岛，再度向盟友安德罗尼卡求助。1376 年 7 月，他们成功协助他逃出监狱，秘密抵达加拉塔，而后他和穆拉德联系，穆拉德——颇为出乎预料地——给他提供了步兵与骑
338 兵部队，并在进行一个月的围攻之后冲进都城。约翰和余下的家人被迫在金门的堡垒之中抵抗了几天，但很快就被迫投降了。安德罗尼卡满意地把他们关进自己离开不久的阿内马斯塔（Tower of Anemas）[①]。他掌权之后的首要举措之一便是正式把特内多斯岛交给热那亚——这或许是让他逃走的条件之一。一年后，1377 年 10 月 18 日，他加冕为安德罗尼卡四世，并把自己的小儿子加冕为共治皇帝，称约翰七世（John Ⅶ）。

但热那亚人没有收到他们的回报。拜占庭帝国在特内多斯岛的统治者拒绝献出该岛，然而不久之后，当紧急赶来接受本该属于自己的岛屿的威尼斯舰队抵达时，他欣然向他们移交了主权。为了表示善意，安德罗尼卡被迫支持热那亚人武力夺取该岛。迪米特里奥斯·凯多内斯写道："他为此被迫准备舰船、补给，还要雇佣士兵，这对他而言比登天还难。"[②] 而他的准备自然没有取得成功。苏丹穆拉德更为幸运。他并不喜欢安德罗尼卡，之前就是他建议刺

① 这一建筑是亚历克修斯·科穆宁于约三百年前建造，全城最黑暗也最恐怖的监狱，其废墟存世至今，位于陆墙的北端，与布拉赫内宫相接。

② *Letters*, No. 167. Quoted by Professor Nicol, op. cit., pp. 290 ~ 291. 本章题词同样出自此信。

瞎此人，近期支持他叛乱也是有条件的：归还十年前萨伏依伯爵阿马德乌斯夺取的加利波利。安德罗尼卡掌权后立即割让了该城。1377 年年末，这个至关重要的桥头堡重归他的掌控，他在欧洲的领土终于恢复了和小亚细亚的联系，极大地帮助了他接下来的进军。

内战与后续（1382）

被关押的皇帝父子在阿内马斯塔中困了三年，他们如何重获自由则没有明确记载。似乎是他们主动逃离，也有可能是威尼斯人出手协助，就像热那亚人救出安德罗尼卡那样。无论如何，他们还是渡过了博斯普鲁斯海峡，来到他们唯一可能的庇护所：穆拉德在克里索波利斯的营帐。抵达之后，曼努埃尔——似乎由他负责谈判——向苏丹许诺，若是让他
和他父亲重掌大权，就增加岁贡，提供额外的军事支持，而 339
最为可耻的让步是献出拜占庭帝国在小亚细亚的最后据点——菲拉德尔菲亚。双方很快达成协议。突厥人提供了部队，乐于除掉坚定支持热那亚的安德罗尼卡的威尼斯人则提供了一支舰队。1379 年 7 月 1 日，约翰五世和曼努埃尔二世穿过哈尔希乌斯门（Charisius Gate）返回都城。安德罗尼卡逃到了加拉塔的热那亚盟友那里，并带走了自己的母亲海伦娜皇后，以及他的外祖父僧侣约瑟夫（曾经的约翰六世）作为人质，他怀疑两人参与协助约翰和曼努埃尔逃离。

次年约翰五世和安德罗尼卡四世之间爆发了内战，君士坦丁堡和加拉塔分别在威尼斯和热那亚的支持下开战。苏丹的态度颇为暧昧，表面上支持合法皇帝的他，实际上乐于见

拜占庭帝国自相残杀，也可能不时援助安德罗尼卡，只为延长战争。加拉塔的堡垒经受了漫长艰难的围攻，战斗持续了近两年，直到 1381 年 4 月，战争双方才达成了协议。安德罗尼卡将重新成为皇位继承人，他的儿子约翰也成为继承人，并在马尔马拉海北岸获取一块狭小的领土，以瑟利姆布里亚为首府，控制帕尼杜斯（Panidus）、雷德斯图姆和赫拉克利亚。

达成这一协议时曼努埃尔正在和穆拉德一同出征，他的反应未见记载。他比任何人都值得自己父亲信赖，他出资让父亲——并陪同父亲——从威尼斯返回，与父亲共同在君士坦丁堡被囚禁，而且和他的长兄不同，他一向忠于父亲。他在八年前得到了继承权，如今在如此情境下失去继承权，自然有理由怀恨在心。但他更无法原谅自己父亲的懦弱。他愿意为苏丹与他在安纳托利亚的穆斯林敌人作战，但他断然拒绝了突厥在巴尔干半岛的领土宣称，他依然相信那里是可以守卫的。1382 年秋，他返回了塞萨洛尼基——然而他此时并非以约翰委任的管理者名义统治，而是以皇帝身份独立统治——决心不再浪费本应用于与异教徒入侵者作战的人力、
340 物力与财力，去进行家族内斗。对他而言幸运的是，可憎的安德罗尼卡四世在最后一次反叛自己父亲期间，于 1385 年 6 月去世，他也就此成了拜占庭帝国残余土地的合法继承人。

1381 年，近期的内讧就此结束之后，另一个漫长的争斗也即将结束——威尼斯与热那亚的纠纷。从特内多斯岛的争夺开始，战争范围不断扩大，最后一战在意大利的领土与

领海上爆发，包括第勒尼安海、亚得里亚海乃至威尼斯的潟湖。然而此时战火燃烧殆尽，耗竭的两个共和国欣然接受了萨伏依伯爵阿马德乌斯的调停。双方都没有胜利，四年的破坏与流血牺牲之后，双方只是恢复了之前的政治版图。8 月 23 日签署的《都灵条约》进一步确认了这一点，两个共和国可以继续在地中海和黎凡特共同贸易。至于特内多斯岛则保持中立，拆除防御工事，当地居民迁往克里特岛和埃维亚岛，阿马德乌斯亲自保证该岛的中立地位。最终，为了展现善意，威尼斯和热那亚都许诺竭尽所能为罗马帝国重归天主教而奋斗。

但现在的帝国到底是什么？事实上，这已经不是帝国了，而是四个小政权的集合，由四个所谓的皇帝和一名尊主统治。1383 年之后，这些领土都由帕列奥列格家族的成员统治，但每个区域都独立于另外三个区域——然而要臣服于突厥人。约翰五世依然在君士坦丁堡统治，那里已经是奥斯曼苏丹的附庸，任威尼斯与热那亚摆弄；安德罗尼卡四世——在世之时——和他的儿子共治皇帝约翰七世在马尔马拉海北岸统治，对突厥人的依赖更强；曼努埃尔二世统治塞萨洛尼基；约翰五世的四子塞奥多尔（Theodore）则在遥远的摩里亚尊主国统治，首府位于米斯特拉。

最后一个安排需要做一点解释。希腊南部在三十多年之间由约翰六世的儿子曼努埃尔·坎塔库泽努斯卓有成效地统治，但没有后嗣的曼努埃尔在 1380 年去世，约翰五世决定委派自己的儿子塞奥多尔接替他。曾经的约翰六世依然没能从加拉塔围攻战的漫长囚徒生活中走出，他没有反对，也打

341 算转往米斯特拉居住。[1] 但他的一个孙子认定尊主国是他家族的合法领土，在突厥人和当地的拉丁王公的帮助下起兵。塞奥多尔最终还是得以开始统治，尽管他被迫承认突厥人的宗主地位。自此他让摩里亚成了衰朽的拜占庭帝国之中最坚实繁盛的地域。

塞萨洛尼基遭遇进攻（1383）

除此之外的所有方向上，帝国都在迅速瓦解。曼努埃尔·帕列奥列格以塞萨洛尼基为基地，依然试图重建拜占庭帝国在马其顿和塞萨利的统治，坚定地进行防卫，并在1383年夏秋季取得了一些鼓舞人心的胜利，却让他吓破胆的父亲在和苏丹外交谈判时颇为尴尬。然而面对奥斯曼大军，这样的胜利意义索然。一支令人生畏的突厥大军——包含大量被征服的基督徒——溯瓦尔达尔河进军，在1380年夺取了奥赫里德和普里莱普，而后向西北方向推进，进入阿尔巴尼亚。在东面，穆拉德的另一支部队席卷保加利亚，在1385年夺取塞尔迪卡，次年进军尼什。1386年，阿索斯圣山的诸多修道院共同向苏丹臣服。如今只剩下塞萨洛尼基，而该城也已经陷入极大的危机。约七十英里之外的塞雷已经在1383年9月陷落，当城破的劫掠结束之后，入侵者难免要把注意力转向他们和君士坦丁堡之间仍由基督徒掌控的最大一座城市。10月中旬，突厥将军海尔丁（Khaireddin），即“信仰的火炬”——他也是苏丹的大维齐——给塞萨洛

① 他于1383年6月15日在那里逝世，享年七十八岁。

尼基下达了最后通牒，不投降则城破后尽数屠戮。曼努埃尔·帕列奥列格立即做出回应，他召集他的臣民来到城中央的广场，发表了动人的长篇演说，请求他们竭尽全力抵御异教徒，随后他便开始主持城防修造工作。

塞萨洛尼基存留至今的原因仅仅是穆拉德没有强有力的海军力量，无法对该城完成有效封锁。因此欧洲的基督教王公可以轻而易举地从海路向孤城之中运送援军和补给。若是 342
他们出手相助，该城也许可以无限期地坚持下去，曼努埃尔和塞奥多尔也许可以共同统合希腊北部，让这一地区免于落入苏丹之手。但无人援助，几个月之后皇帝便发现他失去了自己臣民的支持，越来越多的人在公开讨论投降。尽管城中满是失败主义的论调，他依然坚守了三年半，但到了1387年春季，市民的士气彻底崩溃，继续抵抗已不可能。他本人依然拒绝投降。4月6日，他斥责塞萨洛尼基的市民懦弱无能之后，起航前往莱斯沃斯岛，任他们自生自灭。三天之后他们开城投降，免于遭受城破之后在所难免的屠戮与掠夺。

塞萨洛尼基陷落之后的三年或许是曼努埃尔一生之中最悲苦的岁月。他的征战已经失败，他也被塞萨洛尼基的市民背弃了，他父亲的绥靖政策取得了成功。他在莱斯沃斯岛上还要进一步经受羞辱，弗朗切斯科·加蒂卢西奥拒绝让他进入米提利尼，他和随从被迫在野外宿营，暴露在夏季的烈日之中。他从那里起程前往另一个对他的态度好不了多少的岛屿——或许是特内多斯岛。在他身边的突厥使团劝说之下，他向布尔萨的奥斯曼朝廷送信表示臣服。他在塞尔维亚与马其顿战败，丢失塞萨洛尼基之后，再与苏丹会面无疑颇为痛苦，这等于亲口承认他的失败，放弃基督徒在巴尔干胜利反击的一切希望。但穆拉德还是以礼相待，热烈欢迎了他，并坚持要求他返回君士坦丁堡，与自己的父亲讲和。

曼努埃尔放弃了斗争，两位皇帝也没有放不下争执的理由，但约翰五世——他只想让苏丹对拜占庭帝国，特别是对自己整体保持友好——因他儿子不听指挥而惊恐不已，决心在正式和解之前先做出处罚。他就此把曼努埃尔流放到利姆诺斯岛，疲惫、沮丧而无路可走的曼努埃尔也似乎毫无怨言地接受了这一惩罚。

科索沃之战（1389）

343 曼努埃尔尚在利姆诺斯岛流放时，1389 年夏季，塞尔维亚人进行了最后的英勇举动，决心摆脱奥斯曼人的奴役。在马里查河惨败之后，他们似乎无法统一作战了。尽管羸弱且分裂，回忆起不久之前斯蒂芬·杜尚建立起的短命却光辉的帝国，一批塞尔维亚波雅尔还是得以集结起来，在大公拉扎尔·赫雷贝利亚诺维奇（Lazar Hrebelianovich）——他在斯蒂芬·乌罗什五世于 1371 年逝世后控制了塞尔维亚北部——的旗帜之下集结起来抵御突厥人的进军。其中包括科索沃南部的统治者武克·布兰科维奇（Vuk Brankovich），波斯尼亚大公特夫尔特科（Tvrtko）不久之后也率部前来助阵。1386 年至 1388 年，苏丹被迫返回安纳托利亚时，这个联盟取得了相当的成功，在一系列前哨战中击败突厥人，甚至赢得了一两次决战。但 1389 年，穆拉德返回巴尔干，带着从亚洲征募的新军团；夏初，他进军科索沃平原，即

“黑鸟的原野”。

随后于6月15日进行的决战被写进了塞尔维亚的民间传说之中，即所谓的《科索沃组诗》，最伟大的中世纪史诗之一。沙皇拉扎尔——后人如此称呼——和马尔科·克拉尔耶维奇一样成为民族英雄。然而传奇之中的记述与真实情况相去甚远。塞尔维亚人军心涣散，王公们互不相让，许多人都在考虑背叛。这一战的前夜，拉扎尔本人进行了一次演讲，公开指责自己的女婿米洛什·奥布拉维奇（Milosh Obravich）协助敌人。另一方面，穆拉德尽管在当晚花了大量时间祈祷，但他还是坚信自己会大获全胜，于是下令赦免这一地区的所有堡垒、城镇与村庄，他将要统治这片土地，因而不打算毁坏工事，或者不必要地损害未来的臣民。

次日，苏丹按惯常的作战阵型集结起了军队。他本人指挥中军，其中主要是他的近卫军和私人骑兵卫队；右翼为欧洲部队，由他的长子巴耶塞特（Bayezit）指挥；左翼为亚洲部队，由他的次子雅库布（Yakub）指挥。起初，他进展不顺。塞尔维亚人无视了预先派出的两千突厥弓箭手，发动集群冲锋打垮了突厥左翼。但巴耶塞特立即率部包抄，催促部下全速进军解救他们，挥舞铁锤左冲右突。在这次反击之后，突厥人逐渐占了上风，但直到武克·布兰科维奇在天色 344
渐晚时逃离战场，并带走一万两千部下之后，残余的塞尔维亚人才最终崩溃逃跑。

布兰科维奇的背弃是不是因为他和苏丹定下了密约，我们不得而知。无论情况如何，穆拉德没有来得及说明就暴死了。他的死因也不甚确切，或许是被米洛什·奥布拉维奇杀死，只因为他的岳父诽谤他不忠，因而竭尽所能要证明自己的忠诚。按照最可能的一种记载，他假装背叛到敌军麾下，被带到穆拉德面前。他行礼的时候，趁卫士没有反应过来，突然抽出匕首两次插进苏丹的胸膛——据说匕首尖直接从他的背后穿出。他立即被按倒杀死，但苏丹已经死了。穆拉德最后的举措是召拉扎尔前来——他在这一战开始不久后便被俘虏——并下令将他处决。

苏丹被谋杀的消息传到了西欧，起初他们认为随后的战斗将以基督教一方大获全胜而告终。一两个星期之后，法兰西国王查理六世（Charles Ⅵ）甚至在巴黎圣母院中进行了感恩仪式。然而逐渐传来的新消息揭示了悲剧的事实。突厥人在新苏丹的出色领导之下取得胜利，塞尔维亚人的军队被彻底击溃。幸存的少数塞尔维亚贵族——包括拉扎尔的儿子斯蒂芬·拉扎列维奇（Stephen Lazarevich）——都被迫向巴耶塞特宣誓效忠。虽然支离破碎，但塞尔维亚政权已经不复存在。直到四百年后才得以重新出现。

若是沙皇拉扎尔和他麾下的波雅尔们在七年前团结一心，若是他们向曼努埃尔·帕列奥列格求援，若是曼努埃尔拼尽全力最后一搏以彻底阻止异教徒，科索沃之战会不会有不同的结果呢？有可能，但也仅仅是可能而已。即使基督徒在此时此地获得一场胜利，也很难对巴尔干半岛的未来产生什么深远影响。突厥人在一两年之后就能够卷土重来，带来装备更好、补给更多、规模更大的部队。他们的人力资源可谓无穷无尽，他们在几周之中便能从安纳托利亚征召新部
345 队，欧洲也有大批基督徒雇佣军愿意为高薪和掠夺的机会而

与自己的同宗兄弟开战。残酷的现实是，在十四世纪与十五世纪之中，奥斯曼军队是不可战胜的，除非面对集中全欧洲力量的十字军。尽管提出了许多次组织十字军的提议，最终却也没能成行。面对如此强大的力量，东方的基督徒没有希望可言，而他们能坚持这么久，倒也算是奇迹了。

苏丹巴耶塞特（1389）

在科索沃战场上自封苏丹之后，巴耶塞特的首要举措便是杀死他的兄弟与副手雅库布。死刑命令立刻执行了，那位年轻的王子被弓弦勒死。他在战场上英勇善战，颇受臣民爱戴，但对巴耶塞特而言，这些品质总有一天会引发叛乱。他就此开了手足相残的先河，巴耶塞特的曾孙穆罕默德二世更是将此立法，在接下来的三个世纪之中为奥斯曼土耳其统治家族添加无数弑兄屠弟的污点。①

苏丹决心继续他已经开展的任务。他的精力超乎寻常，他冲动且阴晴不定，迅速下决定之后就立即执行，对阻拦他的人毫不留情，臣民们给他取的绰号“雷电”（Yildirim）可谓恰如其分。在十三年的统治时间之中，他和自己的父亲一样是精明的外交家，但巴耶塞特和穆拉德不同，对他而言外交只是手段而已。他寻求征服，寻求建立帝国。一个苏丹的名号还不够，他现在自称罗姆苏丹，塞尔柱埃米尔在三百年前使用这个名号统治“罗马人”的安纳托利亚。对巴耶

① 比如苏丹穆罕默德三世（Mehmet Ⅲ），在1595年即位之后，便下令杀死至少十九个兄弟，以及他们后宫中六个受宠怀孕的女奴。（此后他还杀了自己的母亲和自己的亲儿子，但这并不是习俗的一部分。）

塞特而言，“罗姆”所指的范围比阿尔卜·阿尔斯兰和他的继任者们所认为的更大，不仅包括拜占庭帝国在小亚细亚的领土，也包含第二罗马——君士坦丁堡。

对新苏丹而言幸运的是，君士坦丁堡此时依然处于皇室的激烈内斗之中。老皇帝约翰五世依然在布拉赫内宫统治，
346 令人齿寒的安德罗尼卡四世已经入土，但安德罗尼卡对自己父亲的怨恨被他的儿子约翰七世继承下来——他在竭力保持自己的继承权的同时，在科索沃之战时于热那亚鼓动一场新的暴动。不久之后他返回都城，见到了巴耶塞特的信使。1390 年 4 月 13 日夜晚，在苏丹提供给他的一小股部队的支持下，他成功再度推翻了约翰五世，在次日清晨胜利入城。皇帝和曼努埃尔——他在两周前从利姆诺斯岛返回——以及一些忠于他们的人再度躲进了金门的堡垒①，以不寻常的勇气抵御围攻。

然而曼努埃尔溜出城寻找支援了。他解救自己父亲的前两次尝试没能成功，但 8 月 25 日，他租借了罗德岛圣约翰骑士团的两艘战舰，另外还从利姆诺斯岛、克里斯托波利斯以及君士坦丁堡（这倒是出人预料）各获取了一艘舰船，还从其他来源获得了四艘较小的船只。幸运的是金门堡垒距离马尔马拉海仅有几百码，还有附属的港口，这支小舰队得以轻易突入。战斗持续了三周，但 9 月 17 日星期六，老皇帝和他的部下突然冲出塔楼，趁他孙子不注意时击败了他，

① 这可能就是所谓“七塔堡垒”（Yediküle）的核心，穆罕默德二世征服君士坦丁堡之后对其进行扩建，其废墟存世至今。

将他赶出了城。

在最后彻底和解之后，约翰与曼努埃尔胜利返回布拉赫内宫。然而胜利是有代价的。远在安纳托利亚的苏丹没能让约翰七世成为皇帝，他不但将其视作政治挫败，更视作对他个人的冒犯。愤怒的他要求曼努埃尔立即前来加入他的远征，并给付所有拖欠的岁贡。类似的召唤也对约翰七世下达，他对约翰的不满几乎同样强烈。尽管两人厌恶对方，他们也只能听从。同年秋季，他们被迫接受苏丹的命令，参与围攻菲拉德尔菲亚。结果两位罗马皇帝要直接强迫拜占庭帝国在小亚细亚的最后据点投降了。[1] 在垂死的帝国遭受的各 347
种羞辱之中，这无疑是最讽刺的一个。

约翰五世逝世（1391）

不久之后巴耶塞特给约翰五世送了一封更加蛮横的最后通牒。金门的堡垒——这里让他在前一年保住了皇冠乃至性命——必须被拆毁。若不履行，苏丹军营之中的曼努埃尔将立即被逮捕并刺瞎。可怜的皇帝别无选择只得听从，然而这是他被迫忍受的最后一个耻辱。入冬之后他返回了私人居所，脸转向墙，一病不起。他在 1391 年 2 月 16 日逝世，享年五十八岁。

作为皇帝，他统治帝国近半个世纪——如果从他 1341 年 11 月加冕算起的话——他也是拜占庭帝国一千一百多年

---

① 究竟是约翰五世和曼努埃尔没有履行 1378 年向苏丹献城的许诺，还是菲拉德尔菲亚的居民拒绝臣服于苏丹，我们无从得知。

历史之中在位时间最长的皇帝。即使从约翰·坎塔库泽努斯于1354年逊位时算起，他也执政了近三十七年，时间与亚历克修斯一世和曼努埃尔一世相当，仅他的曾祖父安德罗尼卡二世和十世纪的君士坦丁七世时间比他更长。无论如何，这段时间太长了。在千年历史之中最危急的时期之一，帝国的统治者既平庸又无远见，没有半点成功政治家的特质。早在1355年，他向教皇英诺森提出那份异想天开的请求时，便显示出自己对政治的理解极度肤浅。此后他一次次冲动行事，又一次次引发灾难。在前往匈牙利进行至关重要的外交谈判——还要为此在隆冬时节远行——之前，不预先考虑可能得到何种接待，也不思考能有多大概率成功；在清楚自己赊欠威尼斯共和国大笔债务的情况下，依然仓促前往威尼斯，而且清楚谈判失败的话他连返回家乡的资金都没有；曾经四次被困——保加利亚边境一次，威尼斯一次，在自己的都城君士坦丁堡还有两次，完全要祈求他人解救。我们难免怀疑，他的前辈之中，有谁能做出任何一件如此愚蠢的事？
348 这些屈辱大多是自作自受，约翰因此没有获得多少怜悯，却获得了许多讥讽，而这些蠢事对他在西欧声望的打击，甚至比他在奥斯曼苏丹强迫之下的卑躬屈膝还要严重。

约翰五世臣服于突厥苏丹时的消极也和他早年的活跃形成鲜明对比。最终他确实无力回天了，甚至连说一句抗议的话都做不到，更别说抵抗了。然而我们难免要问一句，他的执政时期一定要如此屈辱吗（尽管并不是所有的灾难都可以避免）？他能否派出少许部队支援在马里查河或者科索沃平原上英勇奋战的塞尔维亚人呢？若是由他回答，答案自然是不行，他们也最终失败了。舍生取义的时刻真的到了吗？而且他不是发誓臣服于苏丹了吗？这些问题我们无法回答，但问题依然存在：马其顿人巴西尔一世，或者与他同名的“保加利亚屠夫”巴西尔二世，会如何应对类似的情形？科穆宁王朝的亚历克修斯一世，或者他的儿子约翰二世，乃至帕列奥列格王朝的米哈伊尔八世，又会怎么应对？他们都会和约翰五世一样懦弱卑屈吗？

我们难免觉得他们不会这么做。但他们又能让帝国的状况转好吗？这似乎是不可能的。在十四世纪最后十年之中，已经无法阻挡奥斯曼在东欧和小亚细亚的征服。苏丹的基督徒敌人之中，塞尔维亚和保加利亚已经被彻底征服。如今只剩拜占庭帝国，但拜占庭帝国已经如此萎缩、穷困、屈辱且沦丧，无法与曾经辉煌的罗马帝国同日而语了。不过，帝国尽管大势已去，却没有放弃抵抗。还有三位基督教皇帝将会在君士坦丁堡城中统治，这三位坚定且勇敢的领袖让帝国继续存在了六十年，帝国最终在英勇的奋战之中终结。

第二十一章　向欧洲求援（1391～1402）

349 关闭城门，在城中统治吧，城外的一切都是我的了。

——苏丹巴耶塞特致曼努埃尔二世

即位几天之后，曼努埃尔二世便展现了斗志。他清楚巴耶塞特可能以拜占庭帝国宗主的身份，安排他的侄子约翰七世成为执政皇帝，他是不可能放任如此危机发生的。当他父亲逝世的消息传来时，他依然是苏丹都城布尔萨之中的囚徒。他立即开始制订计划，在 1391 年 3 月 7 日晚上溜出军营，悄然赶往海岸，登上等待着他的一艘舰船，穿越马尔马拉海赶往君士坦丁堡。

城中人热情地欢迎了他。没什么人为先皇致哀，如果臣民们对约翰五世有过一点尊重——从来都没有爱戴——的话，这点尊重也早就耗尽了。领导能力和人品都乏善可陈的他，在之前的二十多年之中对苏丹愈发卑屈，让帝国在西欧受人讥讽蔑视。最恶劣的是，身为东正教教会最大支持者的东帝国皇帝，却背叛了自己的教会。曼努埃尔二世在这一系列问题上展现出与他截然相反的朝气。正当年的他——即位时已经四十一岁——拥有皇帝应有的气度，巴耶塞特本人发现他仅从外表上就能展露出自己的皇室血统，即使第一次见他的人也能看得出来。他身体康健，精力近乎无穷无尽，简而言之，他更像他的祖父而非父亲。可惜，他并不像约翰·坎塔库泽努斯那样留下一部编年史——现存的资料之中，对这段拜占庭帝国绝望岁月的记述资料又是少得可怜——然而他和约翰六世一样热爱文学，也和传统的拜占庭皇帝一样热 350
衷神学思考。迪米特里奥斯·凯多内斯在信件之中常称他为“哲人皇帝”。最令他宽慰的就是写作讨论基督教教条的文章论述，还要尽可能深奥。他的执行力也很强。1371 年和 1390 年，他两次解救了他那个愈发无能的父亲，而且两次都是大获全胜。换一个幸福年代的话，他或许能够成为伟大的统治者。

然而目前的境况已经容不得伟大。皇帝只是奥斯曼苏丹属下一个羸弱无望的附庸，苏丹本希望恭顺得多的约翰七世登上君士坦丁堡的皇位，因此为曼努埃尔擅自即位而恼怒不已。他的回应是两度羞辱不幸的拜占庭帝国。首先他将一个城区划归突厥商人支配，他们不必遵守帝国法律，他们的案件则由苏丹亲自任命的伊斯兰教法官（qadi）审理。尔后，1391 年 5 月，曼努埃尔成为唯一皇帝仅两个月之后，苏丹再度将他召到安纳托利亚参与新的远征，前往黑海沿岸——强迫履行臣属的义务已经是羞辱，更令他不满的是还有约翰七世陪同（他与此人依然几乎无话可说），他们所到之处的凄惨荒芜更是让他心生悲凉。他给朋友凯多内斯的信中如此写道：

> （我们驻扎的）平原一片荒芜，因为本地的居民躲进森林、洞穴与山顶，想要避开在所难免的厄运——毫无人性与正义可言的杀戮。妇女、儿童、老人与病弱者，无人幸免……
>
> 这一地区有许多所谓城市，但缺少一个可以被称为城市的要素：居民……当我询问这些城市的名字时，得到的回答都是："我们在摧毁这些城市的时候，名字也随之湮灭了。"……
>
> 最无法忍受的是，我要在这些人身边作战，增加他们的力量，损害我们自己。①

曼努埃尔再度加冕（1393）

351 皇帝在1392年1月中旬返回君士坦丁堡，2月10日星期六他与塞雷的塞尔维亚王公君士坦丁·德拉加什（Constantine Dragash）——他也是苏丹的附庸——的女儿海伦娜（Helena）成婚。婚礼次日进行了加冕典礼。对曼努埃尔而言这并非特别必要，他十九年前已经进行过一次，但他相信以完整的东正教仪式完成这一典礼并尽可能宣示权威，多少能够鼓舞他臣民们的士气。这也能提醒他们拜占庭帝国

① J. W. 巴克（J. W. Barker）全文引述了这些信件（op. cit., pp. 88 ~ 96）。这一段基本源自巴克的译文，只是进行了一些缩减，以免读者因曼努埃尔佶屈聱牙的文风而不快。

的意义：自古罗马时代起，皇帝接连不断地延续了十三个世纪——虽然偶尔被流放；无论他要面对何种危险，无论他要遭遇何种羞辱，他依然是基督教世界的最高权威，与使徒地位相当，是上帝在凡间的代理人。

寒冷的2月，当牧首安东尼奥斯（Antonius）缓缓为曼努埃尔戴上皇冠，曼努埃尔又为他的妻子加冕时，围观的大批群众也感受到了这一点。镶嵌画在烛光中闪着金光，穹顶之中熏香氤氲，大教堂中回荡着加冕的颂歌。此时，真正的皇冠仍然作为典当品留在威尼斯人手中的事实似乎并不重要了；皇帝崇高的半神身份在几个月前，因为陪同异教徒苏丹作战而遭玷污也不重要了；统治了几乎整个东欧的苏丹已经抵达都城之外也不重要了。至少这些鄙陋的现实考虑并不是斯摩棱斯克（Smolensk）大修道院院长伊格纳提奥斯（Ignatius）当时所想，他以狂喜记载了这次他有幸参加的典礼。一位佚名的拜占庭见证者也以同样的热情记载了新加冕的夫妇在向欢呼的臣民致意之后，“由恺撒、尊主和尊贵者牵马”返回宫中。

曼努埃尔在加冕一年半之后得以在相对和平之中度过，但1393年7月，反对苏丹的保加利亚严重暴乱迅速瓦解，次年冬季巴耶塞特把他的主要基督徒附庸召到了塞雷的营帐之中。除了皇帝之外，还有他的兄弟摩里亚尊主塞奥多尔、 352
他的岳父君士坦丁·德拉加什、他的侄子约翰七世以及塞尔维亚的斯蒂芬·拉扎列维奇。然而他们并不知道还有其他的客人到场，抵达之后他们才发现自己要任由苏丹摆布了。曼努埃尔相信巴耶塞特打算把他们全部屠杀，直到负责行刑的宦官——可能是阿里（Ali）帕夏，他是攻破塞萨洛尼基的海尔丁的儿子——拒绝执行或设法搪塞之后，苏丹才放弃了这一想法。他的宗主喜怒无常，时而盲目狂怒，时而谦恭而过度和蔼。此处再引述一个简短的证据。

> 他首先对我们的随从展现了愤怒，挖出他们的双眼，切掉他们的双手……他的癫狂情绪就此缓和，而后单纯地要求和我签订和约——即使已经以各种不公来冒犯与羞辱我——并赐予我礼物，送我返回家乡，就像给打了巴掌的孩子甜枣一样。

苏丹精神状况不稳且愈发危险的事实，还需要比这还好的证明吗？最终，在给他的臣属下达更恐怖的警告之后，他放走了他们——只有塞奥多尔例外，他被迫陪同苏丹征讨塞萨利，并在极大的压力下交出了莫奈姆瓦夏、阿尔戈斯（Argos）和伯罗奔尼撒半岛上的其他几座堡垒。不幸的尊主被迫同意，但幸运的是他很快逃回了自己的领土，随即废除了之前的许诺。与此同时，曼努埃尔依然因侥幸逃过一劫而心惊胆战，全速返回了君士坦丁堡。

都城被围（1395）

不久之后巴耶塞特再度召他前来。这次他直接拒绝了。塞雷的经历让他得出了一个结论：绥靖的时代已经结束。这样的政策在穆拉德在位时还能有效，尽管他时而展现残忍，却基本保持着理智，可以进行和平的商议。而巴耶塞特不但喜怒无常，还背信弃义。曼努埃尔的直觉是正确的，幸存353的唯一途径在于抵抗。然而与此同时，他也清楚他这一决定会带来何种重大后果。拒绝苏丹的召唤就等于抗命不遵，摆脱附庸国的地位，也就等于下战书。

让他走出这一步的只有一个原因：无论巴耶塞特下了多大的决心要战胜他，无论突厥军队如何强大，无论攻城武器如何优越，他依然相信君士坦丁堡坚不可摧。1203 年与 1204 年，该城在第四次十字军的攻击下两度陷落，但两次进攻都是从海上发起，进攻金角湾一侧防御较差的防守工事。巴耶塞特不可能完成这样的行动，他依然没有一支可用的海军。他只能从西面的陆墙进攻，尽管金门堡垒于近期被拆毁，陆墙却一如既往地坚实。城墙矗立了近一千年，拜占庭帝国在城墙下击败了许多野心勃勃的围城者，让他们为自己的无能而恼怒沮丧气，却时常不需要费一兵一卒。

曼努埃尔很快就有机会检验自己的想法了。1394 年春，大批突厥军队向君士坦丁堡进军，于秋初开始围攻。苏丹下令彻底封锁该城。尽管时而有舰船试图突破封锁——特别是 1395 年年初一艘威尼斯商船为城中提供了急需的粮食——重要的补给品却依然极度匮乏。城外的土地已经荒芜——更何况城中人也不可能抵达那里，唯一能够耕种的便只有城中的空地和花园了。许多房屋被拆毁以获取木材，让面包师烤制面包。对市民而言幸运的是，情况很快转好了。封锁并未结束，还持续了八年，其间城墙时而遭受攻击，但喜怒无常的巴耶塞特对围攻逐渐失去兴趣，参与其他更有利的行动之后，压力多少有所缓解了。曼努埃尔终于得以把时间用在外交上——他清楚，帝国在没有外国援助的情况下不可能支持多久。

354 拜占庭帝国面对的威胁，也是对西欧王公们的威胁，但西欧王公们很难相信这个显而易见的事实，为此付出相当代价的约翰六世也不是唯一一个意识到这一点的“瓦西琉斯”。然而十四世纪的最后十年之中，突厥人在巴尔干的迅速进军还是让他们陷入了焦虑。保加利亚随着都城特尔诺沃于 1393 年 7 月陷落而最终灭亡，两年后塞萨利也步其后尘。更南方的阿提卡和摩里亚原本已经混乱的形势因为约二十年前一群纳瓦拉（Navarre）冒险者的闯入而愈发复杂。他们坚定反对尊主塞奥多尔，以及近期从加泰罗尼亚佣兵团手中夺取雅典的阿恰约利家族。不久之后这一地区便陷入战争，突厥老将埃夫雷诺斯 - 贝格（Evrenos - Beg）得以浑水摸鱼。他在科林斯城下击败塞奥多尔，并在纳瓦拉人的协助下进入摩里亚，夺取了尊主国中心的两座拜占庭堡垒。之后在 1395 年 5 月 17 日，瓦拉几亚大公老米尔恰（Mircea）在路易大帝的女婿、匈牙利国王西吉什蒙德（Sigismund）的援助之下，在罗维内（Rovine）与突厥人作战。一些塞尔维亚王公作为苏丹的附庸出战，包括斯蒂芬·拉扎列维奇、传奇英雄马尔科·克拉尔耶维奇和曼努埃尔的岳父君士坦丁·德拉加什。虽然这一战没有决出胜负，但米尔恰因此被迫承认苏丹的宗主权。

这一切让西欧大受触动。受影响最深的西吉什蒙德向基督教的全体王公们请愿，这次王公们也回应了。两位对立教皇——罗马的卜尼法斯九世（Boniface Ⅳ）和阿维尼翁的本笃十三世（Benedict XIII）也做出了回应。法兰西的骑士们对此特别感兴趣，并在教皇的主持下组成了十字军。至少一万法兰西骑士，以及六千德意志骑士前去与西吉什蒙德的六万匈牙利军队和米尔恰集结的一万瓦拉几亚人会合。另外还有一万五千人分别从意大利、西班牙、英格兰、波兰和波希米亚赶来。曼努埃尔尽管在 1396 年 2 月和西吉什蒙德签署了协议并许诺提供十艘战舰，但因为处于封锁之中，无力提供多少战略上的协助；不过希俄斯岛和莱斯沃斯岛的热那亚人派出了舰队，负责守卫多瑙河河口和黑海沿岸，罗德岛的骑士团也提供了援助。甚至威尼斯也在漫长的犹豫之后—— 355
他们一如既往地考虑着对他们最有利的举措——派出一支小规模的舰队在赫勒斯滂海峡巡逻，并守卫十字军与君士坦丁堡之间至关重要的交通线。

尼科波利斯之战（1396）

这支大军——基本可以肯定总人数超过十万——在布达集结，于 1396 年 8 月沿多瑙河河谷出征。很明显，十字军起初便受相当的宗教热情束缚，热情的年轻骑士们自以为早年的骑士英雄，要把他们一路赶出圣墓教堂的大门。他们扬扬自得地夸耀，即使天塌下来，他们也可以用枪尖顶起来。西吉什蒙德试图严明军纪并谨慎行动，却无人响应。远征起初颇为顺利，保加利亚王公斯特拉齐米尔（Stracimir）无视对宗主苏丹发下的誓言，打开了维丁的城门；但随后十字军在拉霍瓦（Rahova）毫无理由地屠杀了当地居民，远征的未来也蒙上了阴影。出发约一个月之后，十字军抵达尼科波利斯（Nicopolis），并立即开始围攻。苏丹再度展现了自己的“雷电”之名，率部前去解围。

9月25日星期一早晨，一批法兰西骑士在附近的一座小山山顶上发现了少量突厥骑兵，他们就贸然发起了冲击。然而不幸的是，巴耶塞特的大军正在后面他们看不到的谷地之中埋伏。法兰西士兵很快就被包围了。突厥人很快解决了他们，而后冲下山来进攻对此全无防备的十字军余部。随后的战斗变成了屠杀，被俘虏的人之中，讷维尔伯爵约翰因为是勃艮第公爵的儿子，可以获得大笔赎金而没有被杀，其他的一些囚徒也因同样的原因而得以幸免。余下的俘虏，总共约一万人，则全部在苏丹面前被斩首。逃走的人——包括西吉什蒙德和圣约翰骑士团候任大团长纳亚克的菲利贝尔（Philibert de Naillac）——勉强登上了威尼斯人的战舰，得以一路逃往西方。一名德意志的俘虏因为年龄太小而得以免于处决，见证了一切的他记载称当船只穿过达达尼尔海峡时，他和另外三百名幸存的俘虏被迫站在海岸上，嘲笑战败的国王。[①]

356 这次怪异而沮丧的远征史称尼科波利斯十字军，也成了历史的里程碑。这不但是最后一次大规模的多国十字军，[②]也是天主教世界与奥斯曼苏丹的第一次交手。有这样的开头，未来也不会多么光明。

① Johann Schiltberger, *Hakluyt Society*, Vol. lviii, 1879.

② 尽管1444年还有一次同样不成功的“瓦尔纳十字军”，但其规模要小得多。

1395 年与 1396 年，君士坦丁堡的市民得到了短暂的宽慰。巴耶塞特有其他任务处理，对君士坦丁堡的封锁也大为削弱，大批食物与其他补给品得以运入被围困的城市之中。然而 1397 年年初，他再度返回，并决定如果君士坦丁堡不肯投降，就强攻破城。幸运的是曼努埃尔对陆墙的信心是正确的，以至于苏丹此后盯上了加拉塔以东较弱的城防。但热那亚人和拜占庭人组成了联军，成功击退了每一次进攻。拒绝放弃的巴耶塞特随后转向博斯普鲁斯海峡，加拉塔的守军惊骇地注视着对岸建立起一座巨型堡垒，这座堡垒存世至今，即所谓的阿纳多卢堡垒（Anadolu Hisar）。[①]

然而相比城防，曼努埃尔更担心的是君士坦丁堡之中的士气。城市再度被封锁，补给在迅速消耗，饥饿而死的人越来越常见。许多贫穷的市民趁夜溜出城，竭力渡过博斯普鲁斯海峡抵达亚洲，而突厥人将以食物和庇护所来热情欢迎他们。若是城中人同意让约翰七世成为统治者，苏丹就会停止围攻与封锁，这也已经是公开的秘密。约翰在城中向来有不少支持者，也会有许多人觉得让侄子取代叔父来终结三年的艰难困苦是值得的。

求援（1398）

开春时，皇帝已经颇为紧张。西吉什蒙德许诺进行新的 357
远征，但他遵守诺言的可能愈发渺茫。3 月，曼努埃尔准备

① 如今已然荒弃的堡垒在 1452 年得到了穆罕默德二世的整修，他在对岸建起了如梅利堡垒（Rumeli Hisar）。

在被迫离开时把城市交给威尼斯人。威尼斯人则在 4 月 7 日派出三艘战舰“以便皇帝和佩拉（即加拉塔）的热那亚人使用”——后一句倒是罕有的体贴——还表示一旦准备就绪就会派来更多的战舰。事实上，这样的紧急措施并没有派上用场，皇帝坚定守城，不久之后巴耶塞特终于承认君士坦丁堡坚不可摧，便对围攻失去了兴趣。但他并未彻底放弃。尽管食物补给比之前容易了一些，城中人依然要受苦。一年半之后，1398 年 9 月，威尼斯议会下令，海湾地区的海军总指挥官准备抵御来自加利波利的突厥海军对君士坦丁堡的进攻。曼努埃尔则依然处于极大的压力之下。杜卡斯（Ducas）记载称，每天的每一个小时，他都会轻声吟诵同样的祈祷文：

> 主耶稣基督，不要让世间的基督徒听到，这座城市和其中所有神圣可敬的圣物，在皇帝曼努埃尔在位时落入异教徒手中。

与此同时，皇帝听从威尼斯人接连不断的建议，愈发试图从国外寻求帮助了。这绝非易事，西欧统治者曾经能够燃起的十字军火焰，也因为尼科波利斯的战败而熄灭了。然而曼努埃尔的想法颇为不同：近期的远征尽管以灾难告终，但也证明了基督教世界如果打算为此努力的话，能够取得何种成就。任何一支新的十字军都将从过去的失误中吸取教训，也会在前人摔倒的地方站起来。突厥人可以被赶回亚洲，东欧经久不散的阴云也将彻底消失。于是在 1397 年与 1398

年，帝国的使团再次出发，前去觐见教皇，觐见英格兰、法兰西和阿拉贡的国王，以及莫斯科大公，牧首安东尼奥斯也派出了类似的使团觐见波兰国王和基辅都主教。

在罗马，教皇卜尼法斯九世依然因尼科波利斯的战败而羞耻，所以极其乐于洗清人生之中的这个污点。加上他向来 358
在考虑的教会统一事宜，他颁布了两篇诏书——1398 年 4 月一份，1399 年 3 月一份——召集西欧各国参与新的十字军，或者至少要为防卫君士坦丁堡提供财政支持。响应者可以得到完全赦免，各地的教堂也设立了捐款箱。当皇帝的舅父塞奥多尔·帕列奥列格·坎塔库泽努斯（Theodore Palaeologus Cantacuzenus）在 1397 年 10 月觐见法兰西国王查理六世时，收到的回应更为喜人。一年前，查理成了热那亚及其海外飞地的统治者[1]——约翰七世甚至打算以两万五千弗罗林（florin）以及一座法兰西王国堡垒把皇位出卖给他——因此他不可能对这座危城坐视不管。尽管他无法立即提供军事援助，他还是对塞奥多尔许诺会尽快派出军队，并赠给皇帝一万两千法郎以示善意。

拜占庭使团在 1399 年夏季抵达英格兰时，可谓来得太不凑巧了。理查二世（Richard Ⅱ）6 月和 7 月的大部分时间都在爱尔兰，返回英格兰时发现国内大部分地区已经起兵要推翻他。他在 8 月被亨利·博林布罗克（Henry

① 《都灵条约》之后不久，热那亚的政府管理体系便崩溃了。因党派斗争而分裂的共和国在五年内先后选举又罢免了十位总督。直到 1396 年，热那亚人才自愿臣服于法兰西王国的统治，而这一统治持续到了 1409 年。

Bolingbroke，未来的亨利四世）俘虏，9 月正式被废黜，次年 2 月死于谋杀（也可能是因为绝望而死）。事实上他比曼努埃尔的处境还要艰难，然而他还是接待了拜占庭使团，表达了他的态度，宣布全力支持募集资金——在圣保罗大教堂安排了捐款箱——并下令立即支付三千金马克，即两千英镑。（这笔资金此后全部被热那亚中间人贪污，但那也不是理查能够处理的了。）

另一方面，查理六世则信守承诺，许诺派出部队前往东方的他在 1399 年如约出兵。指挥官是同时代最伟大的法兰西军官让·勒曼格尔（Jean le Maingre），即著名的布西科元
359 帅（Marshal Boucicault）。元帅三年前参与了尼科波利斯之战，被俘的他在近一年后才付清赎金返回，他急于报仇。他在 6 月末从艾格 - 莫尔特（Aigues - Mortes）出发，率载运约一千二百人的六艘军舰，一路几次停靠征募士兵，最终突破突厥人在赫勒斯滂海峡的封锁，在 9 月抵达君士坦丁堡。曼努埃尔热情地欢迎了他，封他为大统帅，和他在博斯普鲁斯海峡两岸进行了一系列的小规模军事行动。但布西科元帅立即意识到这些行动意义索然。想要真正战胜突厥人，军队的规模必须远大于此，并且只能通过一种方式获得：皇帝亲自前往巴黎，向法兰西国王求援。

曼努埃尔乐于如此，但仍有一个问题：在他离开之后，谁来照看帝国呢？明显的人选是约翰七世，毕竟如果他另找旁人，约翰自然要再度起兵争夺皇位，但叔侄俩已经多年不曾说话。此时布西科元帅亲自出马，前去瑟利姆布里亚劝说约翰同意和解。两人随后返回君士坦丁堡，帕列奥列格家族

内部二十五年来的争斗很快平息了。按照他们的协议，约翰作为摄政者在曼努埃尔离开之后统治，曼努埃尔返回之后则封给他塞萨洛尼基。这座城市确实落入了突厥人手中，但在当时的情况下，他们有信心将其光复。

曼努埃尔驶向西方（1400）

于是在1399年12月10日，皇帝离开君士坦丁堡前往西方，布西科元帅、皇后海伦娜和他们的两个孩子——七岁的约翰（John）和四五岁的塞奥多尔（Theodore）陪同前往。事实上他并没有带他们前往法兰西王国，而是安排他们与自己的兄弟在摩里亚居住，这也足以说明他对约翰七世的真实态度。和解确有其事，但如果摄政还打算滋事，他至少不能让家人成为人质。即使如此曼努埃尔也没有放松下来：若是巴耶塞特对伯罗奔尼撒发动突袭怎么办？1400年的头几周，他忙着安排自己的妻儿向威尼斯人的港口莫多内和克罗内逃亡，并为那里的避难所做准备。直到保证了他们未来的安全，他才出发前往威尼斯，和布西科元帅在4月抵达。

两人随即分头行动，元帅径直赶往巴黎安排接待皇帝的 360
事宜。曼努埃尔则在威尼斯逗留了几天，而后通过帕多瓦、维琴察、帕维亚和米兰。米兰公爵吉安·加莱亚佐·维斯孔蒂（Gian Galeazzo Visconti）设宴款待皇帝，并赠予他大量礼物，还许诺如果其他统治者愿意出兵的话就亲自陪同他前往君士坦丁堡。与约翰五世在1370年抵达威尼斯时得到的冷遇截然不同，曼努埃尔在意大利穿行时，所到之处的城镇无不欢庆致敬。截然不同，却也并不算出人预料。约翰前去威尼斯时被视作赖账的乞丐，如今他的儿子被视作英雄。意大利终于意识到了突厥人的威胁。在意大利人眼中，这个高大出众的人——他毕竟是军人——就是基督教世界的主要守卫者，与欧洲潜在的拯救者。

这几年也发生了其他的变化。意大利人开始研究希腊语文学与科学，并对此深感兴趣。在十四世纪的最后十年之前，希腊语在意大利早已无人使用。彼特拉克拥有《荷马史诗》的希腊语手稿，尽管对荷马颇为尊敬，却看不懂手稿的内容。[①] 希腊语研究长期没有什么真正的进步，直到1396 年，迪米特里奥斯·凯多内斯的学生曼努埃尔·赫里索洛拉斯（Manuel Chrysoloras）成为佛罗伦萨新成立的希腊语学科的教授。随后知识如野火一般传播开来。1400 年年初，赫里索洛拉斯留下一批人数不多却颇为热切的希腊语学者，以及在意大利首次出现的希腊语语法著作，前往米兰迎接皇帝。在米兰以及其他各地，曼努埃尔发现受过教育的市民们急于学习希腊文化，倾听他的每一句话。身为学者的他也没有让他们失望。

皇帝在巴黎（1400）

曼努埃尔·帕列奥列格在 1400 年 6 月 3 日——五十岁

① 他和学生薄伽丘（Boccaccio）费了一番周折，最终从卡拉布里亚深处的某座巴西尔会（Basilian）的修道院中找到了一个年老而肮脏的僧侣，在 1360 年把他请到了佛罗伦萨。尽管他其貌不扬，而且行为怪异——彼特拉克称他如同“克里特岛迷宫的守护者”——薄伽丘还是让他住在自己的家中，请他翻译《伊利亚特》，然而僧侣还远没有完成翻译便不幸遭雷击而死。

生日三周之前——来到巴黎。查理六世在郊区的沙朗通（Charenton）骑着雪白色的马进入城中。来自圣丹尼的僧侣 361
见证了典礼全程，因曼努埃尔换马时的动作而惊异。

> ……皇帝穿着白丝绸的长袍，迅捷地骑在国王提供给他的白马上，脚根本不沾地。在场的人看到他中等身材，肩宽背阔，四肢有力，尽管胡须已经很长而且多有白发，却依然被他的气度折服，相信他是真正的皇帝之材。①

在盛大的队列之中，曼努埃尔来到古卢浮宫，宫殿的一侧整修一新以迎接他。他得到了奢华的娱乐接待，国王亲自与他围猎；他被请到索邦学院（Sorbonne）会见全国最显赫的学者们。他所到之处都得到了皇帝应有的尊崇。然而礼仪庆典不能掩盖的事实是，他没能达成自己的任务。他与国王及其幕僚们进行了几次谈判，其间他们同意再提供一千二百人，为期一年，指挥官依然是布西科元帅。但他和元帅都清楚，这点部队是杯水车薪。不发动一场全面的多国十字军就不可能战胜突厥人，而查理明显不肯考虑这一可能。

皇帝抵达几周之后，查理就陷入了周期性的精神失常，随后所有谈判被迫推迟，情势未见好转。而曼努埃尔此时正在与卡斯蒂利亚的国王和阿拉贡的国王商谈，两位国王都欣

---

① Religieux de Saint - Denis, *Chronica Karoli sexti*, quoted by J. W. Barker, op. cit.

然许诺支援——虽然对支援的规模都说得颇为含糊。他也和圣约翰骑士团的修道长彼得·霍尔特（Peter Holt）讨论前去英格兰的可能。霍尔特指出此时前去英格兰很难达成目的，他此前联络的理查二世在前一年被目前的统治者亨利四世废黜，亨利正在苏格兰平息叛乱。更重要的是虽然英格兰
362 与法兰西暂时保持和平，双方的关系却依然紧张，很难说英格兰国王是否会接待一位刚刚得到法兰西国王殷勤接待的统治者，即使他地位显赫。

幸运的是这个修道长的担忧并未成真。他和曼努埃尔在加来（Calais）沮丧地停留了两个月，等待亨利从苏格兰返回接见他们，12 月时他们终于渡海前往。在坎特伯雷（Canterbury）停留几天后，他们在圣诞节四天前抵达伦敦。国王在布莱克希思（Blackheath）迎接他们并陪同他们入城。他的态度并非冷淡，而是同样以至高的尊敬接待了他。他在王国之中的地位仍不稳固，许多臣民认定他是篡位者，或许还认为他是弑君者，因此他有必要借接待拜占庭皇帝的机会提升自己的威望。圣诞节当天，他在埃尔瑟姆（Eltham）的宫殿[①]之中设宴款待宾客。和在巴黎一样，所有人都被曼努埃尔的威严，以及他和随从身上一尘不染的白丝绸长袍触动。在场者之中包括法学家阿斯克的亚当

① 配有城壕的埃尔瑟姆宫存留至今，位于格林尼治东南方向一两英里处。早在爱德华三世在位时（1327～1377）便修造了这座王宫，爱德华四世在十五世纪七十年代进行了重修，配有巨大桁架屋顶的大厅就是在这一时期修造的。接待曼努埃尔·帕列奥列格的宫殿如今已经所剩无几，乃至荡然无存。

（Adam of Usk），他记载道：“我想，这位伟大的基督教君主在萨拉森人的威逼之下，被迫从最遥远的东方来到最遥远的西方岛屿上寻求援助，心中是何等的悲苦……上帝啊，古罗马的荣光，如今何在？”①

皇帝对国王亨利的印象似乎也同样深刻。

> 现在正款待我们的君主，大不列颠的国王（原文如此），他统治的领域可谓小世界了。他的功绩与德行都不胜枚举……他的外表和决断均可谓出类拔萃，他的力量威震四方，他的明察深乎众望。他乐于助人，雪中送炭。他让我们在海运与国运的双重风暴的夹击下，得到了真正的避风港……他的言语也让我们如沐春风，他赐予我们荣耀与关爱……他将为我们提供军事援助，提供重骑兵、弓箭手、资金以及护送这支部队所必要的舰船。

并非所有人都和亨利的客人一样热情，亨利本人尽管无 363
力提供他欣然允诺的军事支援，至少是真诚地同情拜占庭帝国。得知前一位国王提供的三千马克没能到账，他立即下令正式调查。得知这笔钱被私吞之后，他立即进行了补偿，还给曼努埃尔提供了四千英镑，据说是教堂的捐款箱中的资金——英格兰人会对一个几乎没有人去过，大部分人也几乎没有听过的国家如此慷慨，确实令人震惊。

---

① *Chronicon*, p. 57. Quoted by Runciman, *The Fall of Constantinople*, p. 1.

失望（1401）

在英格兰停留了约七周之后，曼努埃尔在1401年2月末返回巴黎。他停留了一年多，和阿拉贡国王、葡萄牙国王、罗马教皇和阿维尼翁的敌对教皇进行商谈，他或许还和查理——此时的他暂时恢复了清醒——共同联络蒙古领袖帖木儿（Tamburlaine），鼓动他率庞大且所向无敌的大军击溃巴耶塞特。他在整个夏季颇为乐观，他在这一时期在巴黎写下的信件得以存留至今，证实他此时依然相信多国准备组成联军共同出征。然而入秋之后，他信件中的语气便愈发失落。阿拉贡国王认定季节已晚；英格兰国王亨利忙于平息威尔士的新叛乱；佛罗伦萨对曼努埃尔派去求援的亲属迪米特里奥斯·帕列奥列格（Demetrius Palaeologus）的回复之中说了许多同情的话，但指出他们要对付意大利的“巴耶塞特”（米兰的吉安·加莱亚佐·维斯孔蒂）。

法兰西王国的答复是最令他失望的。理论上新的十字军应当由法兰西王国主导、组织、安排、创建并制订计划。然而查理六世已经基本失去处理朝政的能力，没有人知道他什么时候又会犯疯病。而这让他家族之中的其他成员借机争权夺利，让政府愈发陷入瘫痪状态。1401年秋，本应当率法军出征的布西科元帅被推举为热那亚的管理者，而后于10月末就任。但皇帝依然不肯放弃希望。几个月之后他向威尼斯写信，希望总督米凯莱·斯泰诺（Michele
364 Steno）代替查理领导十字军，但总督推脱了。他指出，威尼斯已经为“罗马的基督徒”付出相当大的代价，如今该轮到西欧其他国家出力了。

在如此挫败之后，为什么希望破灭的皇帝还要长时间留在西欧呢？一些人认为他无颜返回都城，这种说法不足为信。清醒理智的他有着强烈的责任感，已经近两年没有见到他的妻儿，若是事情顺利的话他不会多离开自己的家人和都城一天。但他也下定了决心。他父亲的绥靖政策已经破产，抵抗是唯一的出路。为了抵抗，只要尚存一线说服全欧洲的王公抑或几名贵族改变心意的希望，他也要留下来。

他愿意在此停留多久我们不得而知，因为1402年9月，沙托莫朗的让（Jean de Chateaumorand）爵士——布西科元帅让他带三百法军在君士坦丁堡坚守——带着让局势为之一变的消息返回了巴黎。帖木儿的蒙古大军歼灭了奥斯曼的部队，巴耶塞特本人被俘。对曼努埃尔·帕列奥列格而言，在西欧逗留已经没有意义，他开始准备返程。

第二十二章　帖木儿的遗产（1402～1425）

365 若您愿做我的父亲，我便愿做您的儿子。我们之间自此将再无对抗与分歧。

——王子苏莱曼对皇帝约翰七世所说

在曼努埃尔·帕列奥列格离开君士坦丁堡期间，都城大部分时间处于围攻之中。他的侄子约翰七世竭力抵御，沙托莫朗的让和他的法兰西士兵们也英勇奋战，趁夜或在围城者因其他缘故放松警惕时出城袭击。若是没有他们，这座城或许还要早陷落五十年，毕竟巴耶塞特向来高傲。一份佚名的记载提到，当他贪婪地注视那些宏伟的教堂和宫殿时，心里想的只有将其据为己有。他就想把圣索菲亚大教堂夺过来供自己居住。与此同时，他也在不断施加压力，或许在1401年的夏秋，他给约翰送去了最后通牒。

如果我将皇帝曼努埃尔赶出了这座城，我并不是因为你们，而是为了自己……如果你们打算表示友好，就

> 此撤离，我愿意把你们选择的任何一个行省交给你们居住；但如果你们拒绝，那么愿安拉与先知见证，我将会把你们全部消灭，不留一人……

拜占庭依然有足够的傲气回应突厥使节。

> 回去告诉你的主子，我们贫困疲劳，也没有可以依靠的强大力量——除了上帝，上帝将援助弱者战胜强者。就这样，你们随意吧。

但都城不可能永久坚守。1402 年夏季，当约翰从他的 366
叔父那里得知，西欧近期仍没有派出援军的可能，他清楚自己必须准备和谈。按照西班牙在撒马尔罕的蒙古宫廷的使节——克拉维约的鲁伊·冈萨雷斯（Ruy González de Clavijo）的说法，约翰事实上已经和苏丹达成协议，许诺在苏丹击败蒙古入侵者之后立即献城投降。梵蒂冈图书馆之中的一份希腊编年史的记载更是声称，君士坦丁堡已经派出拿着城门钥匙的使节赶往奥斯曼苏丹的营地。无论情况如何，对拜占庭帝国而言，巴耶塞特的战败来得太快了，而完成这一击的不是曼努埃尔，不是约翰，也不是布西科元帅或者沙托莫朗的让，而是帖木儿。

巴耶塞特被俘与亡故（1403）

帖木儿，即所谓的“跛子帖木儿”，于 1336 年出生，自称成吉思汗的后人，于 1369 年在撒马尔罕夺取汗位，三十年后他的统治领土包括阿富汗、印度北部直到安纳托利亚边境的广大地域。他的名字威震亚洲四方。尽管他此时六十有余，他的精力与野心却不减当年。1400 年的进攻中他夺取了塞巴斯蒂亚，将该城夷平，屠戮全部居民，然而他没有随即西进，而是转往美索不达米亚处理紧急事务。1402 年春，他再度返回小亚细亚，要和奥斯曼苏丹决一死战。

7 月 28 日星期五，在安卡拉以北的丘布克（Chubuk）平原，亲率突厥大军出征的苏丹以一万近卫军精锐为核心居中，左翼交给他的儿子苏莱曼，主要由欧洲部队组成的右翼则交给塞尔维亚的封臣斯蒂芬·拉扎列维奇。基督徒英勇奋战，但穆斯林的表现不尽如人意。巴耶塞特将安纳托利亚的鞑靼骑兵布置在第一线，这是个重大失误，不肯和同宗作战的他们开战之后立即倒戈。一两个小时之后，奥斯曼大军在战场上留下了一万五千具尸体，基督徒和穆斯林都无法幸免。然而巴耶塞特拒绝投降，他还没有打过败仗。他撤退到一座小山上，他和儿子们带着他的卫队和近卫军残部继续抵
367 抗直到入夜，情况最终还是陷入绝望了。他的长子穆斯塔法（Mustafa）的结局不得而知，再未见于任何记载，应当是阵亡了。另一个儿子穆萨（Musa）被俘虏。其他儿子逃离了战场，但他们的父亲无法及时逃离，他也被蒙古弓箭手俘虏，披枷戴镣押往帖木儿的大帐，而他的征服者正在和儿子下棋。

帖木儿首先向巴耶塞特致以被俘的君主应得的礼遇，然而他的态度很快便转变了。随后当他在安纳托利亚进军时，

据说他把苏丹装在铁笼子里随军行动。① 有时他还用他的俘虏垫脚上马，进一步羞辱苏丹。很快他便抢走了巴耶塞特的后宫供自己享乐，还要苏丹的塞尔维亚妻子德斯皮娜（Despina）裸体为他斟酒。在八个月的折磨之后，巴耶塞特的精神崩溃了。他在 1403 年 3 月突然中风，并在几天后死去——或许是因为病重，但很可能是自杀。②

帖木儿此时则如鱼得水。他的大军攻破奥斯曼苏丹国都城布尔萨，入城后大肆烧杀淫掠，而后他们转往自 1344 年便由拉丁人控制的士麦那——主要由圣约翰骑士团掌控。骑士团英勇抵抗，然而 1402 年 12 月该城还是被攻破了，基督徒在小亚细亚的最后据点化作了一片焦土。与此同时，所有奥斯曼苏丹之外的埃米尔们——来自艾登、卡拉曼、萨鲁汉勒等——此前被奥尔汗和穆拉德赶出了自己的领土，许多人逃到蒙古人那里避难，如今他们得到了自己当年的领土。帖木儿的长期目标似乎很快便要达成，即彻底剿灭安纳托利亚的奥斯曼力量。巴耶塞特的四个儿子多少算是阻碍，但他们正因为继承问题而自相残杀，只要挑唆他们内斗，他就可以保证他们无法构成严重威胁。

若是他在这一地区停留更久，他也许可以给奥斯曼家族 368
致命一击。然而帖木儿是个游牧民，他和所有的游牧民一样

① （帖木儿说：）“若是我如现在的你这样落入你的手中，你会如何处置我？”（巴耶塞特说：）“我会把你投入铁笼之中，在凯旋时带着你巡游我的王国。”（帖木儿说：）“那就如此处置你。”（Richard Knolles, *Turkish History*, London, 1687～1700.）

② 克里斯托弗·马洛（Christopher Marlowe）的《帖木儿大帝》（*Tamburlaine the Great*）中声称他撞向铁笼的栏杆，脑浆迸裂而死。

不愿在同一个地方停留太久。1403 年春，他率大军离开小亚细亚返回撒马尔罕，寻找新世界去征服。两年后他准备穿越草原进攻中国，但对中国而言，幸运的是他在途中逝世了——吉本声称他是因“滥用冰水”而加剧了热病。他没有留下帝国，没有留下合适的管理体系，只留下了毁灭与混乱。几年之后巴耶塞特的儿子们就可以在安纳托利亚腹地卷土重来了。

欧洲的情况却截然不同。帖木儿没有率军渡海，而鲁米利亚（Rumelia），即苏丹的欧洲领土，依然由奥斯曼苏丹稳固掌控。更严重的问题在于，那里驻守的大批突厥士兵如今得到了许多为躲避蒙古人而前来的突厥人的支援。最初几个月，即使拜占庭帝国也并不厌恶这些难民，毕竟在安卡拉之战后，帝国畏惧的是蒙古人而非突厥人。如果蒙古人渡过赫勒斯滂海峡，更多的人力自然更有助于抵御他们。直到得知他们不会发动入侵的消息时，东欧的基督徒们才意识到，他们周边地域的境况愈发恶劣了。

事实上他们也很快意识到，这场大战在很大程度上让事态转好了。首先，奥斯曼帝国因此一分为二，欧洲与亚洲部分不再有正常联系；其次，对君士坦丁堡的封锁就此解除——这对拜占庭人而言是直接的大喜讯，八年之后，食物供给终于恢复正常，人们终于得以重返日常生活，不必为下一餐而担忧了；最后就是国家士气问题，拜占庭依然处于绝望的危机之中，但事实证明苏丹也不过是凡夫俗子，并非不可战胜。他的军队既然被击败过，就可以被再度击败。

曼努埃尔返回君士坦丁堡（1403）

在法兰西王国得知巴耶塞特战败的消息之后，曼努埃尔·帕列奥列格似乎依然并不急于返回君士坦丁堡，他直到11月21日才离开巴黎。之后在沙托莫朗的让率领的两百人的护送下，他不紧不慢地前往热那亚，与老朋友布西科元帅 369
会合，布西科元帅也在1403年1月22日安排盛宴款待他。在2月10日离开该城之后，他在3月14日抵达威尼斯。其间他的行程未见记载，然而可以确知的是他在热那亚时试图安排热那亚、威尼斯和拜占庭的三方会谈——虽然没能成功。他也许是想要趁穿过意大利的机会和尽可能多的意大利城邦商议，协助他与突厥人作战。此前他的试探结果可谓失望，但巴耶塞特的失败让他相信，现在是集结欧洲军力最合适的时机，他也愿意为此竭尽全力。

威尼斯也热情欢迎了曼努埃尔，却希望他尽快返回君士坦丁堡。东方形势的变化明显会产生重大的外交变故，共和国也决心全力利用这一变故，他们更愿意和曼努埃尔谈判，而非公开倾向热那亚人的约翰七世。威尼斯因此给皇帝配备了三艘战舰和四十名随从，最终说服他在4月5日起航。即使那时他也坚持要在摩里亚停靠，接上自己的妻儿，并和他的兄弟塞奥多尔商议。① 直到1403年6月9日，他才在自己

① 塞奥多尔在1396年将科林斯卖给了圣约翰骑士团，骑士团随即决定控制整个伯罗奔尼撒半岛。然而当地人对此极为不满，尊主国也很快陷入混乱。此时艰难之中的尊主被迫向骑士团提议赎回该城，最终在1404年得偿所愿。

的都城上岸，赶到加利波利陪同他的约翰七世也随他一同入城。他离开了近三年半。

他还得知了更多的好消息。前一年 8 月，巴耶塞特在世的儿子之中最年长的苏莱曼抵达加利波利，企图控制欧洲各省份。他的性格和父亲截然不同，他宽容随和，倾向于妥协，更希望在谈判桌而非战场上解决问题，而最喜欢的还是享乐。在预先商谈几周之后，双方在年末进行了正式协商，
370 苏莱曼，以及威尼斯、热那亚、罗德岛骑士团、斯蒂芬·拉扎列维奇和纳克索斯岛的拉丁公爵共同组成的基督徒联盟一同出席。他们共同拟定了和约，并在 1403 年年初签署。

当曼努埃尔在抵达威尼斯时听闻这一协议的条件时，他几乎无法相信。拜占庭帝国不再是苏丹的附庸，不必支付岁贡，苏莱曼反而尊奉拜占庭皇帝为宗主。为了显示诚意，他归还塞萨洛尼基和周边地区，还有色雷斯的哈尔基季基（Chalcidice）与阿索斯圣山，从博斯普鲁斯海峡入口处到墨森布里亚，乃至瓦尔纳的黑海沿岸大片土地，还有爱琴海的斯基罗斯岛、斯基亚索斯岛和斯科派洛斯岛。拜占庭和其他签约国的所有俘虏将被释放。最后一个，也是最惊人的条件是，若无皇帝和联盟国其他成员全体批准，突厥舰船不得通过赫勒斯滂海峡或博斯普鲁斯海峡。作为回报，他只要求缔约各国承认他在色雷斯的统治，定都亚得里亚堡。

曼努埃尔返回都城的首要举动就是亲笔签署这一协议。然而，他对侄子的憎恶情绪再度燃起，将他放逐到了利姆诺斯岛，还很可能——虽然不能确定——剥夺了他塞萨洛尼基管理者的头衔，即使曼努埃尔在离开之前曾经如此许诺。无

论原因如何，约翰七世不会欣然接受流放。抵达利姆诺斯岛几周之后他便和岳父——统治西北方向约五十英里处的莱斯沃斯岛的热那亚人弗朗切斯科·加蒂卢西奥二世（Francesco Ⅱ Gattilusio）联系，9 月中旬两人率领七艘战舰前往塞萨洛尼基，要武力夺取该城。他们是否抵达该城，我们不得而知，也许他们出发的消息便足以让曼努埃尔清醒起来。10 月，双方达成协议，约翰就此在塞萨洛尼基成为“全塞萨利的皇帝”。

流放约翰七世的原因（1403）

曼努埃尔放逐自己侄子的目的是什么？在离开都城前往西方期间，约翰七世的表现堪称典范，他明智地统治，在现存资料中，他也没有表现出任何篡夺叔父皇位的意图；他和苏莱曼签署了极度有利的协议，极大地巩固了帝国的国力；曼努埃尔返回之后他也展现了风度，毫不犹豫地交出大权。371
然而曼努埃尔既可谓公正，也不热衷报复，这么做总归要有个原因。只是性格不合吗？只是他无法忍受自己的侄子，不愿让他留在君士坦丁堡吗？还是说他因约翰向巴耶塞特许诺，在战胜帖木儿之后献城投降——暂且假设传言属实——而愤怒？还是说，在西方遭受如此冷遇之后，他依然希望对突厥人发动军事进攻，因而厌恶签署和约，即使其条件在短期意义上如此有利？如果果真如此，那他为什么又在返回之后立即亲笔签署批准呢？

此外还有一些其他假说，但都没有绝对的说服力。一些人指出放逐约翰是故作姿态，皇帝只是想讨好帖木儿，因为帖木儿为拜占庭帝国在安卡拉之战后支持突厥人的政策而愤怒。另有人从两份很少提及的同时代文本中，指出小皇帝安德罗尼卡·帕列奥列格（Andronicus Palaeologus）在七岁时夭折的消息，他应当是约翰七世和伊琳妮·加蒂卢西奥（Irene Gattilusio）的儿子。（此前史学界甚至没有意识到这个孩童的存在，然而如今大部分人都接受了这些文本的说法。①）如果说小安德罗尼卡是在曼努埃尔前往西方时诞生的——毕竟如果约翰已有继承人的话，曼努埃尔也不会把帝国交给他那么久——并在曼努埃尔返回之前加冕成为共治皇帝，曼努埃尔会有如此举动也就不奇怪了。质疑这一假说的主要理由是尽管资料中称安德罗尼卡为皇帝，却没有指出他何时加冕。如果说典礼是在曼努埃尔离开期间进行，其他资料总归会提及。因此很可能是约翰在塞萨洛尼基，身为"全塞萨利的皇帝"时给儿子加冕，如此解释足以推翻这一理论。

真实情况我们或许永远无从得知了。幸运的是约翰在塞萨洛尼基已经满足，也不怀念在都城掌权的日子，没有给他
372 的叔父惹出什么新麻烦，还竭力建造并捐赠各种宗教建筑与慈善设施，以期拯救自己的灵魂。他在 1408 年 9 月逝世，临终时接受了僧袍，并和他的曾外祖父约翰·坎塔库泽努斯一样改名约瑟夫。他的继承人共治皇帝安德罗尼卡五世已经先他离去，帕列奥列格家族的长支就此绝嗣。

---

① 另外一份安德罗尼卡五世（Andronicus V）存在的证据是存于华盛顿特区敦巴顿橡树园（Dumbarton Oaks）的象牙雕刻，基本可以肯定上面描绘的是 1403 或 1404 年，约翰和安德罗尼卡共同在塞萨洛尼基的情景。

曼努埃尔再度在君士坦丁堡掌权时，发现角色出现了奇迹般的调换。几年前，拜占庭人为争夺皇位而开战，突厥苏丹在挑唆他们对抗之中渔翁得利。现在突厥人陷入了混乱，他们并不实行长子继承制，此时巴耶塞特至少有四个儿子在争夺奥斯曼苏丹之位；皇帝由于近期的和约被迫向曾经的敌人保持一定的友好，却也无法避免卷入纠纷。

曼努埃尔在摩里亚与塞萨利（1409）

第一阶段的争夺在曼努埃尔返回君士坦丁堡之前就结束了。四位王子之中，在帖木儿离开后控制布尔萨的伊萨（Isa）被他的兄弟穆罕默德（Mehmet）赶走。他逃到君士坦丁堡，约翰七世允许他在此暂时避难，不久之后他返回安纳托利亚再度开战，却再度被穆罕默德击败，并被下令处决。1404 年，另一位王子穆萨，此前和他父亲一同被俘，在巴耶塞特死后获准护送他的遗体返回都城安葬，随后他在亚得里亚堡对自己的兄弟苏莱曼宣战。三年断断续续的小战斗之后，苏莱曼突然表现出不寻常的主动，他进入小亚细亚，在 1407 年春季趁穆罕默德离开之机夺取了布尔萨。然而，他的最高权威并未持续多久。穆萨在穆罕默德的鼓动之下入侵色雷斯，并开始寻求周边地区基督教国家的支持，1409 年苏莱曼被迫匆忙赶回欧洲解救自己的领土。

这一切让曼努埃尔相信，不论 1403 年的协议提供了多少短期利益，也不能完全相信与亚得里亚堡的突厥政权的盟友关系，更别说安纳托利亚的突厥政权了。他也不能停止向欧洲的基督教国家发出号召，获取他们的实际支持。1404 年，

373 他已经向法兰西和阿拉贡派出新的使团；两年后，他和威尼斯续约；1407 年，他再度给总督斯泰诺写信，请求他和热那亚人放下成见，联合进攻突厥人。毕竟现在是行动的最佳时机，趁奥斯曼苏丹国在兄弟阋墙时出手，而这样的机会或许不可能再有了。但威尼斯人不为所动。同年他派自己的另一个密友——此前成功出使佛罗伦萨和米兰的学者曼努埃尔·赫里索洛拉斯作为使节觐见巴黎的查理六世。赫里索洛拉斯给国王的礼物之中有亚略巴古的丢尼修（Dionysius the Areopagite）的手稿这一无价之宝，用黄金和象牙装裱之后，还配有皇帝、皇后和三个儿子的细密画。① 查理收到礼物后欣喜不已，但并没有许诺支援；此后赫里索洛拉斯先后觐见了英格兰国王和阿拉贡国王，同样无功而返。

1407 年，曼努埃尔患病已久的兄弟、摩里亚尊主塞奥多尔病故。他是一位出色的统治者，尽管与邻近的突厥人和法兰克人——以及近期和圣约翰骑士团——常有摩擦，他却基本保全了领土的完整与帝国的威望。皇帝对他向来喜爱信任，亲自执笔写下了他的悼词；1408 年夏，他亲自前去米斯特拉吊唁，由于尊主没有婚生的儿子，他安排自己的次子塞奥多尔接替了他。9 月他仍在那里，得知了约翰七世的死讯。他也许能更淡然地对待这份讣告，但约翰也没有后嗣，必须安排继承。皇帝随即返回塞萨洛尼基，安排自己的三儿子，即八岁的安德罗尼卡（Andronicus）继承。

---

① 手稿原本打算保存在圣丹尼修道院的图书馆，中世纪时人们往往误以为丢尼修就是法兰西王国的庇护圣人。目前手稿保存在卢浮宫。

曼努埃尔在1409年年初返回君士坦丁堡时，无疑是希望直接掌控塞萨利和摩里亚这两个行省，就此加强帝国在希腊半岛的力量与威望。但在他能够如此安排之前，他再度卷入了奥斯曼苏丹国的内斗。同年秋季，焦急的苏莱曼来到了 374
君士坦丁堡。他返回亚得里亚堡时发现从多瑙河地区出兵的穆萨穿过了色雷斯，如今已经兵临城下。他称皇帝为挚爱的父亲，解释称如果没有拜占庭帝国的帮助他不可能从接下来的战斗之中幸存——他还提醒曼努埃尔，穆萨如果胜利的话，绝对不会像自己那么礼貌。为了展现善意，他还让自己的一儿一女作为人质，并提出与曼努埃尔的侄女——尊主塞奥多尔的私生女——成婚。

哀哉，婚姻未能持续多久。两兄弟在1410年6月与7月的最初两次战斗中，苏莱曼取胜。然而，尽管他并非胆怯，他的性格之中却有不利于掌权的巨大弱点。冬季，穆萨整军备战之际，苏莱曼却躲在宫中酗酒淫乐。1411年年初，他的大军遗弃了他——许多人厌恶他倒向基督徒的政策——亚得里亚堡几乎未做抵抗便陷落了。他作为俘虏在2月17日被带到他的兄弟面前，穆萨立即下令将他绞死。

对拜占庭帝国而言，这是个相当重大的事件。皇帝清楚穆萨的为人，他继承了他父亲巴耶塞特的暴戾、野蛮、活跃与高效，还有他对基督徒的憎恨。他在夺取亚得里亚堡的政权之后做的第一件事就是废止了1403年的和约，宣称他兄弟的各种让步均属无效。之后他派出部队进入塞萨利、围攻塞萨洛尼基，他本人则率领主力军进攻君士坦丁堡，一路烧杀抢掠大肆破坏。此时他也得以集结起一支小规模的海军力量，在无人阻挡的情况之下穿过赫勒斯滂海峡和马尔马拉海，重新开始封锁。

君士坦丁堡城中人的不安可想而知，他们在十年间第二次遭受水陆并进的围攻。然而幸运的是，他们并不会遭受巴耶塞特围攻时的苦难。拜占庭海军尽管羸弱，却足以将突厥
375 舰船赶回地中海，恢复了补给线；与此同时，尽管突厥人对陆墙竭力轰击，陆墙仍岿然不动。穆萨虽然无法突袭夺取该城，却也没有打算离开。若不是皇帝靠他擅长的纵横捭阖打破僵局，僵持可能持续更久。他清楚，让穆萨彻底离开政治舞台的方法只有一个：他的兄弟穆罕默德。1412 年年初，他派密使前往穆罕默德在布尔萨的宫廷。

穆萨战败（1413）

巴耶塞特的儿子们的夺权战争如今只剩两方：穆萨和穆罕默德。穆罕默德远比他的兄弟理智且清醒，在他看来，为了终止奥斯曼苏丹之位的争夺，和拜占庭结盟未尝不可。他立即骑马赶往克里索波利斯，曼努埃尔在那里与他会面，并护送他返回君士坦丁堡。皇帝安排了三天的奢华娱乐接待他，一支一万五千人的突厥大军则在同时渡过博斯普鲁斯海峡。第四天，穆罕默德率部进攻他依然在城下扎营的兄弟。最初的进攻并不成功，却也不算惨败，发现穆萨的部队比他想象的更强，穆罕默德及时撤退，返回小亚细亚征召援军。他的第二次进攻得到了少量拜占庭部队，以及斯蒂芬·拉扎列维奇的一小支军队的支援，却依然战败，但穆罕默德远不肯就此放弃。1413 年 6 月 15 日，一支全新的大军借助拜占

庭的运输船渡过海峡，第三次发动进攻。此时穆萨也让许多的部下不满——并非和苏莱曼一样因为无能，而是因为残忍无情——许多士兵悄然逃走。当他见识到穆罕默德部队的规模时，他只得仓促撤退。他和他的部下退回亚得里亚堡后又继续撤退，直到7月5日，在塞尔维亚的卡穆尔卢（Camurlu）的决战之中他彻底战败。他奋战到了最后一刻，直到被带到兄弟面前，被绞死。

> 请告诉我的父亲，罗马人的皇帝，我在神和我身为皇帝的父亲的帮助下，光复了本该由我继承的领土。自此我将成为他的臣属，如同儿子侍奉父亲一般。他会明白我的殷勤与感恩。他可以随意指挥我，我也乐于作为他的仆人行动。

史学家米哈伊尔·杜卡斯（Michael Ducas）记载称这是穆罕默德——此时鲁米利亚和罗姆（Rum）[1]的唯一统治 376
者——在胜利之后送给曼努埃尔·帕列奥列格的信。穆罕默德清楚，也承认这一战的胜利在很大程度上源于皇帝的帮助，而且立即承认了那些苏莱曼签署，却又被穆萨否认的让步。他也清楚在十年的内战之后，苏丹国急需休养生息，以便恢复秩序并重建政府，保证这一和平的最好手段在于，和拜占庭帝国在内的所有巴尔干半岛上的基督教国家，包括塞

① “鲁米利亚”通常指代突厥人控制的欧洲领土，“罗姆”（即罗马）本来指曼齐刻尔特之战后塞尔柱苏丹占领的地区，仍用于描述突厥控制的安纳托利亚。

尔维亚、保加利亚、瓦拉几亚和希腊保持友好关系，即使极其勉强。曼努埃尔对此求之不得，他清楚突厥人的野心，但目前的境况无疑比他继位二十二年之中的任何一个时候都好，更重要的是罗马帝国的皇帝在历史上第一次和一位博学且热爱和平的苏丹建立起了紧密的私人关系。未来在上帝手中，但拜占庭帝国或许还是有些希望的。

六里城防（1416）

曼努埃尔·帕列奥列格已经六十三岁，在同时代可谓高寿的他依然健康且精力充沛，而且决定要给他的儿子约翰留下一个尽可能坚实的帝国——即使崩溃在所难免。帝国的边境线确实距离君士坦丁堡郊区不远了，但是塞萨洛尼基和摩里亚依然归属帝国，此时分别在他的儿子安德罗尼卡和塞奥多尔的掌控之下。他把保护帝国都城之外的两个最后据点视作第一要务，他清楚这两个据点能在君士坦丁堡陷入危机时出手相救，甚至在城破之时作为避难所，给他们继续奋战的机会。他希望能在死去之前去那里拜访。

留下儿子约翰在君士坦丁堡摄政之后，曼努埃尔率领四艘战舰和两艘载运步骑兵的运输船，在1414年7月25日起程前往塞萨洛尼基。尔后他突然停靠在了本来微不足道的萨
377 索斯岛，那里正在遭受莱斯沃斯岛的统治者弗朗切斯科·加蒂卢西奥的私生子乔治（Giorgio）的威胁，而这正是他带部队出行的目的。曼努埃尔花了约三个月才得以重掌主权，然后转往塞萨洛尼基，时年约十四岁的小安德罗尼卡也热烈

接待了他们，父子共同在阿索斯圣山出席宗教典礼。1415年春，他完成了任务，率领部队通过埃维亚岛前往伯罗奔尼撒。3 月 29 日，复活节的星期五，他抵达小港科赫莱（Kenchreai），那里距离萨罗尼克湾（Saronic）的伊斯米亚（Isthmia）只有一两英里。

在此登岸是皇帝有意为之，因为皇帝此行的主要目的并不是与儿子塞奥多尔会面，而是实现 1408 年来到此地时便产生的想法：建立起横穿科林斯地峡的六英里长的坚固防御体系。这一区域基本与如今的科林斯运河相重叠。这并不算什么新想法，早在公元前 480 年抵御波斯王薛西斯（Xerxes）时就建设了类似的防御体系，公元前 369 年又扩建了一次。公元 253 年，罗马皇帝瓦莱里安又进行了扩建，六世纪初扩建的工事则远胜此前建造的工事，总共建造了一百五十三座塔楼，两端各有一个巨型堡垒，主持建造的正是查士丁尼。因此曼努埃尔的任务是整修而非创造，但他的工人们——应当就是从君士坦丁堡带出的士兵们——还是出色地完成了任务，二十五天就完成了任务。[①] 修建的工事因其长度而得名“六里城防”（Hexamilion），此后伯罗奔尼撒半岛在理论上成了拜占庭帝国的大岛——此时半岛大部分土地由希腊人控制，陆路无法突破，由常备的海军防卫海域，至少皇帝希望如此。修造的款项靠向当地人征收特别税收而得以募集，许多不满的当地人甚至发动公开叛乱，但曼努埃尔

---

① 其遗迹存留至今，位于今运河的西南方向。运河与工事的走向基本平行，因为土地高低不平，其距离在五百码到一英里半之间。

依然做好了准备。他稀少的军队投入作战，叛军于 7 月在卡拉马塔（Kalamata）被击败。直到那时，皇帝才起程前往米斯特拉，他的儿子塞奥多尔出城迎接。直到 1416 年 3 月他才返回君士坦丁堡。

六里城防是用来防御突厥人的，这明显意味着尽管曼努
378 埃尔和穆罕默德保持着友好关系，但他依然清楚长期威胁的存在。然而帝国暂时还是得以安稳。穆罕默德依然在安纳托利亚维持秩序，与艾登埃米尔和卡拉曼埃米尔作战；1416 年他被迫面对新的危机：一个自称巴耶塞特的长子穆斯塔法的人发动了叛乱，虽然穆斯塔法在安卡拉之战中应已战死，再未出现。叛乱很快就平息了，威尼斯人却鲁莽地安排他逃到了欧洲。此人抵达塞萨洛尼基，乞求年轻的尊主安德罗尼卡，并请求避难。穆罕默德得知这个消息之后，立即向皇帝请求不要如此公然违背双方的协议，曼努埃尔的回答却闪烁其词。他指出，避难的权利让他无权交出穆斯塔法，但他愿意让此人一生软禁在那里，只要苏丹愿意供给他生活。穆罕默德欣然同意，这个僭称者也就此被软禁在了利姆诺斯岛。双方对这一安排都可谓满意，皇帝和苏丹的关系也几乎没有受损，但曼努埃尔实际上完成了某种阴谋，穆罕默德也清楚这一点。无论那个穆斯塔法是真是假——很可能是假的——拜占庭帝国手中都控制了一个奥斯曼苏丹之位的僭称者，如果使用得当，此人便是个相当有用的棋子。

比萨会议（1409）

1414 年年末，宗教大会于康斯坦茨召开，以解决罗马

教会近四十年的分裂。分裂在1377年开始，当时的教皇格里高利十一世（Gregory XI）将教廷从阿维尼翁迁回了罗马。格里高利于一年后逝世，随后的教皇选举可谓一片混乱。罗马城中人清楚，如果法兰西王国的枢机主教们及其支持者成功，选出的人选将返回阿维尼翁，而且很可能一去不返。为了避免让他们的城市承受如此的灾难，他们直接冲进会场，惊恐的教士们选举了意大利人乌尔班六世（Urban VI），他也随即宣称留在罗马。不幸的是，在他就职几周之后，他就激怒了法兰西和意大利的枢机主教，以至于他们就此宣称他的教皇职务无效，并选举了一位新教皇克莱芒七世（Clement VII）来代替他。乌尔班在罗马岿然不动，拒绝屈服；随着争议继续，双方都继续选举各自的新教皇。当乌尔 379
班的第三个继任者——八十岁的威尼斯人安杰洛·科雷尔（Angelo Correr）在1406年12月19日就任，称格里高利十二世（Gregory XII）时，对立情绪依然毫无衰减。

不到一周之后，格里高利就在马赛和克莱芒的继任者、敌对教皇本笃十三世通信，提出会面。他还宣称，如果本笃同意逊位，他也愿意就此逊位，让枢机主教进行一次不受干扰的大选举。本笃同意了，并提出在萨沃纳（Savona）会面。然而问题几乎立即开始浮现。萨沃纳在法兰西王国境内，因此是支持本笃的区域，而从罗马前往那里路途漫长，花费甚大，耄耋之年的教皇很难走完。那不勒斯国王拉迪斯拉斯（Ladislas）出于自己的利益考虑希望分裂继续，他试图攻破罗马并强行阻止教皇离开。尽管他没能成功，但格里高利还是相信当自己离开之后，这座神圣的城市就不再安全了。最后，繁杂的工作让这个老人疲惫不堪，日益衰朽，愈发无法抵抗家人——特别是他正在贪污教廷钱财的两个侄辈——的压力，他们竭尽所能阻止他逊位。

出于这些原因，萨沃纳的会面最终未能成行。1407 年 8 月，格里高利最终向北出发，但在约定的日期，11 月 1 日，他刚刚抵达锡耶纳。次年 4 月，当他抵达卢卡时，他最畏惧的事成真了：拉迪斯拉斯出兵进攻罗马。这座城市群龙无首，贫穷困窘，士气低落，几乎没有抵抗便投降了。情况之恶劣堪称前所未有。教皇的支持者都处于流亡之中，互相指责对方不守信用。随着僵局的持续，和解的可能性似乎在迅速减少。这两位教皇自然是指望不上了。1409 年 3 月 25 日，约五百名教士参加的大宗教会议在比萨召开；6 月 5 日，会议宣布罢免格里高利与本笃，声称两人都是违抗正信的异端和分裂主义者。全世界的基督徒不必顺从两人，而是要见证一个普世的节日。随后会议选举了他们唯一的继任者——米兰大主教彼得·菲拉尔格斯（Peter Philarges），这个曾经在克里特岛乞讨的孤儿如今成了教皇亚历山大五世（Alexander V）。

读者或许会认为，现在这两位教皇应当安然退出历史舞
380 台了。但他们没有这么做，而这在很大程度上是这次宗教会议的责任。宗教会议不是他们任何一人召开，也没有请到他们任何一人——他们拒绝前来后会议便宣称他们违抗正信——这意味着会议的权威高于教廷。而这样的理论，任何一位教皇都不会同意的。若是多一点外交，多一点机巧，多一点谅解，这两个虽有分歧，却都诚实正直，而且本不希望

掌控教皇之位的老人完全可以和解，并就此弥合分裂。然而此时他们只能宣布这一会议不合教规并继续坚持。不久之后，人们就意识到比萨会议的唯一结果在于，让已同时存在两个教皇的基督教世界出现第三位教皇。但枢机主教不肯收回决定，当最无法承受压力的教皇亚历山大在1410年5月骤逝时，他们毫不犹豫地选举了继任者。

许多人认为正是成为教皇约翰二十三世（John XXIII）的巴尔达萨雷·科萨（Baldassare Cossa）①毒杀了亚历山大。他是否这么做了我们不得而知，然而他确实当过海盗，本质上也依然是个海盗。他干练、精力充沛、无所顾忌，他的平步青云完全是靠着天才般的阴谋与敲诈，他让教廷在道义上和精神上都堕落到堪与十世纪的“教皇艳事”时代相比。② 同时代的编年史家涅姆的塞奥多里克（Theodoric of Niem）记载了他在博洛尼亚——科萨曾在这里担任教廷委派的管理者——听到的惊人流言：科萨就任教皇的第一年之中便奸污了至少两百人，包括少妇、寡妇和处女，以及大批修女。他接下来三年间的艳史未见记述，然而平均数据似乎相当可观。他在1415年5月29日的另一场宗教大会——于前一年的11月在康斯坦茨召开——之中因此遭到指控。吉本总结称：“这是世上最可耻的指控，基督在凡间的牧师被指控为海盗、谋杀者、强奸犯、鸡奸者和乱伦

① 他即位的情况以及此后被罢黜的事实，意味着他不应当被列入教皇的名单。1958年被选举为教皇的枢机主教安杰洛·龙卡利（Angelo Roncalli）却颇出人意料地选择了这个称号。

② 见第二卷。

者。”所有指控自然属实，宗教会议却从之前在比萨的遭遇中吸取了教训，要求他自己批准这一判决。

381 尔后在7月初，教皇格里高利十二世同意自愿逊位，要求他作为仅次于未来教皇的教会第二人物存在。不过考虑到一个事实——他已经年且九旬而且极度衰朽，这个特权倒也不算过分，人们认为他不会占据这个位置多久。他确实在两年后离世。那时，敌对教皇本笃也已被罢黜；1417年选出了新的合法教皇马丁五世（Martin V），分裂就此结束了。

天主教的公主（1421）

曼努埃尔·帕列奥列格向来幻想着一场大规模的十字军，以便让拜占庭彻底摆脱奥斯曼苏丹的侵袭，因此密切关注着事态的发展。此前几年中教皇明显没有提出什么重大提议的可能，而康斯坦茨宗教会议——由曼努埃尔的老盟友匈牙利国王西吉什蒙德（自1410年成为西帝国皇帝）发起，而且西吉什蒙德坚持允许东方与西方教士的代表共同参加——似乎提供了一个表达他焦虑情绪的机会。不幸的是，他四处出访的使节曼努埃尔·赫里索洛拉斯——他也是大会的主要组织者之一——在罢黜约翰六周之前，于1415年4月在康斯坦茨离世。但曼努埃尔还是立即派出了新的使节参加会议，再度提出教会统一问题，并为显示善意，提出让他最年长的两个儿子约翰和塞奥多尔迎娶天主教的公主。

新的教会统一商谈和此前的商谈一样无果而终，但两位皇子的婚姻达到了他们父亲期望的结果。1420年，摩里亚尊主塞奥多尔——二十五岁的他依然未婚——迎娶了里米尼伯爵的女儿克莱奥帕·马拉泰斯塔（Cleope Malatesta）；[①] 1421 年 1 月 19 日，曼努埃尔的长子约翰则极不情愿地迎娶了蒙费拉的索菲亚（Sophia）。约翰的第一位妻子安娜（Anna）是莫斯科大公瓦西里一世（Basil Ⅰ）的女儿，在三年前染瘟疫离世，成婚四年的她那时只有十五岁。约翰的第二次婚姻生活则愈发不幸。按米哈伊尔·杜卡斯的说法，382
不幸的新娘索菲亚相貌平平，他毫不客气地记载称她前胸如四旬斋，后背如复活节。约翰根本不愿多看她一眼。他尊重父亲的意愿，没有直接把这个女孩送回家，却把她冷落在宫中的偏远角落，而且据说他完全不肯圆房。她最终在 1426 年登上加拉塔的热那亚人的航船逃离，返回她的父母身边，而后成为修女。

约翰·帕列奥列格的第二次婚姻的重要性并不在于这给了他一个无法容忍的新娘，而是提供了加冕为共治皇帝的场合。曼努埃尔清楚自己早年在继承争议之中遭遇的困难，明确表示要让自己的长子继承皇位。他也严苛地训练约翰学习帝国管理，以便在精神上与道德上都符合君主的要求。1414 年，曼努埃尔把摄政的任务委托给他；1416 年，为了增加他的管理经验，曼努埃尔还把他派到摩里亚协助他的兄弟塞

① 十五世纪最伟大的作曲家之一、时年二十岁的纪尧姆·迪费（Guillaume Dufay）为订婚礼谱写了赞美诗《为公主欢庆》（*Vasilissa ergo gaude*）。尽管新娘貌美而且道德高尚（至少记述如此），婚姻却并不成功。塞奥多尔颇为厌恶她，以至于一度打算就此逊位并进入修道院，只为彻底离开她。

奥多尔。在希腊停留近两年之后，二十六岁的约翰返回了君士坦丁堡，而他和他父亲都相信他能够掌控皇权了。

穆拉德进军（1422）

加冕之后，约翰八世（John Ⅷ）在处理事务时的表现愈发突出，他的影响力也与日俱增。最能体现他影响力的就是帝国和奥斯曼苏丹的关系。穆罕默德在1413年继位之后，双方得以享受和平。然而其间无疑是突厥人获益更多，穆罕默德借机修复了内战之中的许多损失；而君士坦丁堡的年轻一代，包括约翰在内，相信帝国若是要继续存续，就必须采取更激进的手段。若是曼努埃尔和穆罕默德在世，既成事实不会有多大变化。1421年，当穆罕默德请求取道君士坦丁堡从欧洲返回亚洲时，曼努埃尔拒绝了他幕僚们提出将他逮捕并谋杀的建议。曼努埃尔不但立即允许他通行，还亲自护
383 送他渡过海峡，在克里索波利斯与他同席共餐后才返回。然而不久之后，穆罕默德在1421年5月21日突然逝世。他的死因存在许多互相矛盾的记述，一些人说是打猎事故，一些人说是急性痢疾，还有人认为是毒杀。但没什么人指控拜占庭帝国。苏丹国几周之内秘不发丧，以便尽可能减小即位带来的问题。当讣告终于发出时，穆罕默德的长子和储君穆拉德二世（Murad Ⅱ）已经牢固掌握政权。[①]

---

① 穆罕默德最大的纪念碑就是布尔萨的绿色清真寺。他逝世时仍未完全建成，并就此保持了未完工的状态，却依然可谓盛景。使用绿松石装饰的苏丹陵寝——在1855年大地震损毁后修复——就在清真寺后方，同样华丽。

君士坦丁堡主战派的声音此时越来越高，他们公开指责曼努埃尔——此时他在全知圣母修道院中躲避肆虐全城的瘟疫——没有及时谋杀苏丹。主战派的领袖包括共治皇帝约翰，现在他们拒绝承认穆拉德，并扶植仍在利姆诺斯岛的僭位者穆斯塔法与他对抗。曼努埃尔得知这一提议时的惊恐似乎并非夸张，但他年事已高，见自己无法说动约翰便任由他决策了。很快他就证明了自己判断的正确。穆斯塔法被释放后，在拜占庭帝国的协助之下控制了鲁米利亚大部，但他拒绝如约将加利波利交还给帝国，声称穆斯林不能把征服的土地归还给异教徒。不久之后约翰和他的朋友们就意识到，信任一个冒险者是何等的失算。

但这还只是个开始。1422 年 1 月，穆斯塔法及其支持者登上热那亚的舰船渡海，却被穆拉德决定性击溃，被迫逃回欧洲。一两周之后，穆拉德从小亚细亚率领大军返回，并迅速打破了僭称者的希望。但逮捕并处决穆斯塔法并不足以平息苏丹的愤怒，他决定开战。他拒绝听从前去缓和事态的拜占庭使节的劝说，派部队封锁了塞萨洛尼基；他本人则率主力进攻君士坦丁堡——这并非惩戒打击，而是决心突袭夺取该城。

1422 年的围攻战和巴耶塞特的围攻相当不同。巴耶塞 384
特进行的是消耗战，让居民断粮，但穆拉德远没有祖父的耐心。按同时代的见证者约翰·卡纳努斯（John Cananus）的记述，他建起了从马尔马拉海延伸到金角湾，与陆墙平行的巨大土墙，并将投石机和其他器械放到土墙上，以便攻击城中的守军。然而城中的男男女女共同努力，和每一次君士坦丁堡遭受围攻时的市民一样勇敢与顽强。身为最高指挥官的约翰八世堪称典范，他似乎无处不在，出现在每一段城墙，无休止地工作，接连不断地呼喊激励他人，用他的精力与效率鼓舞身边的每一个人。

对拜占庭帝国而言，幸运的是苏丹颇为迷信，他来到欧洲时带了一个圣人，据说此人是先知的后代，他声称该城会在 8 月 24 日星期一陷落，而穆拉德在当天集结重兵大举攻城。战斗漫长且艰苦，但守军最终守住了城防，突厥人被迫撤退。他们竭尽全力却无功而返。不到两周之后，失望沮丧的苏丹下令放弃围攻，城墙上的哨兵们见到几乎攻破该城的大军拔寨起程向西撤退时，几乎无法相信自己的眼睛。几乎没有人知道，因年迈体虚而愈发无法参与守城的曼努埃尔，实际上悄然密谋让老苏丹的小儿子、十三岁的穆斯塔法（Mustafa）——此前穆罕默德把他交给曼努埃尔看护——趁兄长离开之机登上奥斯曼苏丹之位。穆拉德得知此事后被迫返回以避免内战再起。在众人看来，这只有一个解释：这座城市的庇护者——圣母，再度拯救了城市。

将塞萨洛尼基献给威尼斯（1423）

秘密支持穆斯塔法是曼努埃尔为帝国立下的最后一件功劳。年轻的王子避开了兄长的掌控，在 9 月 30 日带一批随从抵达君士坦丁堡接受盟约；但次日，在曼努埃尔得以接见
385 他之前，老皇帝严重中风，半身瘫痪。幸运的是他思维依然清楚，但这依然导致他的儿子掌控了和穆斯塔法的谈判，以及和方济各会的地区教长（Provincial）马萨的安东尼奥

（Antonio da Massa）率领的教皇使团进行的谈判，他们在三周前带着教会统一的九点计划抵达。

事实上这两件事都没有给约翰带来什么麻烦。1423 年年初，年轻的穆斯塔法被交给了他的兄长，随即被弓弦勒死。教皇的提议和此前不计其数的提议并无二致，还是坚定要求希腊教会“归入”罗马教会，而后才能考虑军事远征。然而其他方面的事态都在继续恶化。君士坦丁堡暂时得以解困，但塞萨洛尼基依然处于围攻之中，虽然海上能够提供一些补给，贸易却彻底陷入停滞。开春之后，城中陷入严重的饥荒，曼努埃尔的儿子、年仅二十三岁的安德罗尼卡罹患象皮病①，无力应对。夏初，他做出了出人意料的决定：在父兄批准之后，他派使节觐见埃维亚岛的威尼斯长官，将城市献给了威尼斯。

塞萨洛尼基不是被出售，也不是投降。安德罗尼卡极其直白地解释了理由。帝国再无力防卫这座城市，他本人也身染重病，无力应对危机。如果威尼斯愿意承担重任，他只有一个要求：保持该城的所有行政机构与宗教机构原封不动。威尼斯人花了些时间决定，但最终还是同意了。总督的两名代表赶往塞萨洛尼基，还带来了六艘满载着食物与补给的运输船。9 月 14 日，城外的突厥人无奈地看着土墙上升起圣马可旗。停留了一段时间之后，安德罗尼卡便和妻儿离开，前往摩里亚，成为僧侣并在四年后去世。威尼斯人则派使团

① 哈尔科康戴拉斯（Chalcocondylas）的记载如此，其他资料称他罹患麻风病或癫痫。采信哪种说法请读者自行斟酌。

觐见苏丹，正式通知他主权转移一事，但他不肯接见他们。

这一年行将结束时，穆拉德依然不肯停止战争。约翰·
386 帕列奥列格打算最后一次向西方求援。在他看来，此时欧洲的所有人应该都能看出危险了。突厥大军随时可以重新围攻君士坦丁堡。在目前的状况下城市不可能久持，如果城市陷落的话，还有什么能阻止苏丹继续西进呢？他把摄政大权交给自己十九岁的兄弟君士坦丁（Constantine），并授予他尊主之位，自己则在 11 月 15 日起航前往威尼斯。他在那里停留了一个多月——其间威尼斯议会同意支付津贴以供他开销——却一无所获。威尼斯人决心为自己的利益奋战到底——埃维亚岛、塞萨洛尼基、摩里亚和其他希腊岛屿。但他们对拜占庭帝国的态度不曾改变：如果约翰说服了西欧其他国家发动远征，共和国自然愿意参与；没能说服，就算了。

在 1424 年 1 月底离开威尼斯之后，皇帝前往米兰和曼托瓦（Mantua），分别和当地公爵菲利波·玛丽亚·维斯孔蒂（Filippo Maria Visconti）与詹弗朗切斯科·贡扎加（Gianfrancesco Gonzaga）会谈。夏初他赶往匈牙利，却再度大失所望。正如他所担忧的那样，西吉什蒙德认定在东西方教会依然处于分裂之时，没有进行有效支援的可能。约翰让匈牙利和宿敌威尼斯和解的提议也没收获多少善意的回应。悲哀而幻灭的皇帝坐船驶出多瑙河，在 11 月 1 日返回君士坦丁堡。

曼努埃尔二世逝世（1425）

境况比近一年前离开时缓和了一些。帝国终于和苏丹讲和了。和平的代价相当高昂，要支付可观的岁贡，并把苏莱曼和穆罕默德赐予的马尔马拉海与黑海的滨海地区归还苏丹。但君士坦丁堡的市民终于得以安歇，而不必担心突厥人的攻城机械立即出现在城外了。约翰发现自己的父亲依然在世时也可能颇为意外。曼努埃尔没能从中风之中恢复健康，他卧床不起，病情日益沉重。然而他的思维依然清晰，并开始为他儿子过大的野心而担忧，在病榻上与他长谈，说明不必要地激怒苏丹或者强行推行教会统一，可能产生什么风险。在一次谈话结束之后，约翰双唇紧闭、一言不发地离开了房间。曼努埃尔对他的老朋友及历史学家乔治·斯法兰泽斯（George Sphrantzes）如此说道：

> 若是在历史之中的另一个时刻，我的儿子也许能成 387
> 为一位伟大的君主，但现在就不合时宜了。他的眼界相当广阔，若是在我们先辈的繁荣时代，这自然是合适的。然而在如今江河日下之时，我们的帝国不需要伟大的君主，而是需要精明的管理者。我担心他的宏图大志反倒会让我们的家族就此灭亡。

不久之后，依照习俗，老皇帝发誓成为僧侣，穿上僧袍，并改名马修（Matthew）。他在 1425 年 6 月 27 日如此度过了自己的七十五岁生日。二十五天后他撒手人寰，于同日在全能基督修道院中安葬。在他葬礼上演讲的是二十五岁的僧侣贝萨里翁（Bessarion），下文还会提及此人。斯法兰泽斯记载称他得到的哀悼远胜任何一位先辈，如果情况确实如此，那也是他应得的。

第二十三章　天主欢庆（1425～1448）

388　当都主教们下船时，市民们惯常地迎接他们，询问："情况怎么样？会议什么结果？我们胜利了吗？"他们的回答是："我们出卖了信仰，抛弃了虔诚，背弃了真正的牺牲，要使用无酵饼了。"

——米哈伊尔·杜卡斯

1425 年 7 月 21 日，当三十二岁的约翰·帕列奥列格成为唯一的皇帝时，他继承的帝国已经仅限于君士坦丁堡城墙之内，而君士坦丁堡如今也是一片凄凉。早在 1403 年，克拉维约的鲁伊·冈萨雷斯便记述了城中诡异的荒弃。

尽管城市庞大，城墙环绕范围广阔，城中的人口却极少；城中一些山丘与谷地之中还有庄稼地、葡萄园和许多果园，房屋如同农村一般聚集在这些耕地附近，而这还是城中央的景象。

二十多年后，城市已经遭受三次围攻——每次都有大批市民逃走，而且大部分人再没有返回——和数次瘟疫，人口必然愈发减少。准确的数额难以估量，但1425年时，城中的居民不太可能超过五万人，甚至可能远少于这个数字。

君士坦丁堡的困境（1425）

帝国在经济上也陷入绝境。君士坦丁堡是昔日文明世界之中最富裕繁忙的商业中心，但其贸易早已被威尼斯人和热那亚人把持，现在因为接连不断的战火以及政治上的不稳而愈发艰难，微薄的关税成了拜占庭唯一的财政收入。货币制度已经瓦解，货币如今还在继续贬值。由于接连不断的围攻 389
以及人口减少，食物供给濒于崩溃，时而彻底中断。居民因此严重营养不良，缺乏抵抗力的他们在瘟疫肆虐城中时自然难以幸免。

人力与财力的同时匮乏导致他们无法修复建筑。目前几乎所有建筑都严重受损。许多教堂与空壳无异。君士坦丁巨大的竞技场因为不断坍塌，已经被用作马球场。牧首也早已离开自己的教堂，去更温暖更干燥的地方居住了。即使皇帝的布拉赫内宫也濒于坍塌。约翰执政晚期，另一位卡斯蒂利亚的旅行者佩罗·塔富尔（Pero Tafur）如此记载：

> 皇帝的宫殿本应该极为奢华，但如今宫殿和城市都展现着其中居民曾遭受并正在遭受的厄运……建筑内部几乎没有维护，只有皇帝、皇后和他们的随从居住的地方才进行整修，而且范围极小。皇帝的国度依然和从前

> 一样壮丽，古时的典礼依然在按部就班地完整进行，但实际上，他是个没有教区的主教……
>
> 城中人口稀少。全城分成几个城区，滨海的城区人口最多。居民衣不蔽体，贫困不堪，显示着他们经受的苦难——虽然对这些恶毒的罪人而言，这样的报应还不够。

这份遗产并不会让人欣喜，约翰或许会嫉妒自己的兄弟。尊主君士坦丁的情况比他好不了多少，在他父亲逝世后他控制着一块君士坦丁堡以北的狭小区域，包括黑海港口瑟利姆布里亚、墨森布里亚和安西亚卢斯，突厥人近期允许帝国控制这一地区。从战略上来说这些地方确有一定的重要意义，但皇帝控制这一地区的前提条件是作为苏丹的封臣，而如果穆拉德打算收回这一地区，乃至穿过这一地区进攻都城，很难说他或者君士坦丁又能做什么反抗。曼努埃尔另外四个儿子都在摩里亚——这明确表明了这个希腊南部的尊主国在帕列奥列格家族之中有何等的重要意义。原因也同样明确。摩里亚是可以防卫的，君士坦丁堡则无法防卫。都城的
390 陆墙依然存在，而且在此前二十五年间已经抵御三次围攻。但在这一时期，人口衰减同样不曾间断，每天能够守卫城墙的强健男女都在减少。更大的问题在于士气崩溃。明眼人之中几乎无人怀有获得解救的希望。西欧的援助愈发渺茫，突厥人在短暂的挫败之后，如今由坚决且难缠的穆拉德二世统治，已是前所未有地强大。他必将卷土重来，而当他打算再度发动围攻时，居民很可能主动献城投降，只为免于城破之

后在所难免的屠杀与掳掠。

摩里亚却相对稳固。近期这一地区确实遭到了可观的破坏，1423 年，突厥大军入侵阿尔巴尼亚之后南下塞萨利，几乎无视了曼努埃尔引以为傲的六里城防。但他们没能久持，城墙此后还被加高加固，而威尼斯——因突厥人出现在亚得里亚海沿岸而愈发警惕——许诺在突厥人再度入侵时立即提供支援。威尼斯人的舰船已经在海滨巡航，稚嫩的突厥海军依然无力抵抗他们。群山之中依然存在少许法兰西或者意大利的小王公，控制着狭小的独立领土，但他们的势力已经大不如前，无法激起多大风浪。

难免存在一些问题。曼努埃尔十年前就抱怨过，伯罗奔尼撒人似乎只为自己而战。尊主竭尽所能调和各派之间的关系，但当地的希腊贵族们不肯效忠拜占庭帝国，公开宣称他们是从遥远的君士坦丁堡前来统治他们的异族势力，这无疑增加了调和的困难。然而相比都城，摩里亚的情况可谓安稳；1425 年时，若是可以选择在君士坦丁堡还是米斯特拉居住的话，很少有人会心存犹疑。

米斯特拉（1425）

米斯特拉位于伯罗奔尼撒南部的泰格图斯（Taygetus）山脉的山坡上，该城于 1249 年由维尔阿杜安的纪尧姆主持建造，他是第四次十字军的编年史家的侄孙。仅仅十二年后，在米哈伊尔·帕列奥列格收复君士坦丁堡之后，纪尧姆 391
被迫向拜占庭献出该城，以及莫奈姆瓦夏和马塔潘角（Matapan）的堡垒迈纳。接下来的半个世纪之中，这一地区基本上是个狭小偏远的希腊飞地，深入法兰克人的领土，而拜占庭委派的管理者自然更愿意居住在莫奈姆瓦夏，以便和都城保持定期联系。此后，希腊人控制的地域不断扩展，拉丁人的范围不断萎缩，莫奈姆瓦夏也成了前哨。1289 年，凯法莱（Kephale）在位置更居中的米斯特拉定居；皇帝约翰六世也在 1349 年，该城建成整整一百年后，把自己的儿子曼努埃尔，即第一任摩里亚尊主安排在了米斯特拉。

约翰五世的四子塞奥多尔·帕列奥列格继承了曼努埃尔的尊主之位，他于 1407 年去世后，他同名的侄子又继承了他，称塞奥多尔二世（Theodore Ⅱ）。此时米斯特拉已经不只是一个省的首府，而且是堪与一个世纪前的君士坦丁堡相比的艺术、学术与宗教中心。城中第一座重要教堂始建于 1300 年，几年后便并入了一座巨大的修道院——布隆托希昂（Brontochion）修道院，城市也随即建起了一座新教堂，献给“引路圣母”。都主教的圣迪米特里乌斯教堂也基本建成，另外两座大教堂——天后圣母教堂（Pantanassa）和全知圣母教堂（Peribleptos）也在不久之后建成，或许尊主曼努埃尔亲自主持了这些建造工程。他无疑负责建造了圣索菲亚教堂，并将其用作宫殿礼拜堂。哀哉，这些建筑如今或严重受损，或彻底坍塌，但许多壁画，特别是全知圣母教堂的遗存，依然摄人心魄。

单是这些教堂本身就足以说明米斯特拉对拜占庭帝国的伟大艺术家们有何等的吸引力，该城对学术界而言也同样重要。曼努埃尔·坎塔库泽努斯和他的兄弟马修——他在 1361 年理论上成为共治的尊主，但他把政府管理都交给曼努埃尔处置——都颇有学识，他们的父亲，即逊位的皇帝约翰则是同时代最伟大的学者之一，他时常拜访米斯特拉，并最终于1383年在那里逝世。其他学者纷至沓来也就不足为奇了，包括著名的都主教尼西亚的贝萨里翁，以及此后成为基辅都主教的伊西多尔（Isidore）——两人此后都成了罗马教会的枢机主教，另外还有哲学家与神学家乔治·斯库拉里 392
奥斯（George Scholarius），他此后以真纳迪奥斯二世（Gennadius Ⅱ）之名担任君士坦丁堡陷落之后的首任牧首。然而米斯特拉学界之中，最伟大的时刻无疑是拜占庭思想家中最具原创性的乔治·格米斯托斯·柏列东（George Gemistos Plethon）来到此地。

乔治·格米斯托斯·柏列东（1430）

和其他人不同，柏列东并非主动迁居到米斯特拉。早年间他便与东正教教会发生冲突，东正教教会惊讶地得知他在突厥人占据的亚得里亚堡居住了多年，并在那里研究亚里士多德学术、琐罗亚斯德教理念和犹太教神秘哲学。当他在大学发表了柏拉图主义的演讲时，这个在他们看来堪称颠覆性的演讲令教会警惕不已，他们本打算指控他为异端，但皇帝曼努埃尔二世，即他的朋友与仰慕者，提出他可以前往米斯特拉，那里的风气更适合他。这正是柏列东所希望的。他清楚，拜占庭帝国不仅是罗马帝国的继承者，也是古典希腊的文明与学术的继承者；他宁愿在古希腊人生活过的地方生活并教学，也不愿在蛮族的土地上生活。更重要的是，身为柏拉图主义者，他同意这位精神导师屡屡提出的观点，反对雅典式民主，支持斯巴达式的纪律。在米斯特拉，这个距离斯巴达古城仅五英里的地方，他找到了自己的归宿。

除了此后在意大利生活的时期——本章随后将具体提及——之外，柏列东的余生都生活在米斯特拉。他成为元老院的成员与政界要人，但他自认为是这个尊主国的宫廷哲学家，也就是古时柏拉图在锡拉库萨，乃至苏格拉底所扮演的角色。他和学生们在本地的集会广场（agora）之中巡回演讲，并无休止地试图改革、巩固并最终拯救摩里亚尊主国——往往基于斯巴达式的思想。这种改革要依靠由希腊公民组成的常备军，代替此前的异族雇佣兵，征收严苛的奢侈税，并要求高度的忍耐与献身精神。土地收归公有，严密监控进出口贸易，僧侣必须参与劳动以奉献社会。柏列东以一系列备忘录的方式正式提出这些改革，在 1415 年至 1418 年交给皇帝曼努埃尔和他的儿子尊主塞奥多尔，但这一切无果而终。即使在如此的危急关头，他提出的政治制度对拜占庭人而言也过于专制集权，或者说，太“斯巴达”了。他们
393 一如既往将希望寄托于上帝与圣母，如果必须改革的话，要改革的也不是政治或者社会问题，而是信仰。

若是清楚柏列东的思潮最终将走向何方，他们会更为警惕的。他暮年完成的《论法律》（*On the Laws*）——他最终于 1452 年逝世，享年九十岁——之中提出了一种极度特殊的全新宗教，部分基于波斯的琐罗亚斯德教教义以及古希腊万神殿创造，复兴旧神——尽管仅仅是作为符号——并臣服于全能的宙斯。悲哀的是，我们只知道这个特殊作品的大纲，余下的部分，在作者逝世之后，他朋友乔治·斯库拉里

奥斯（未来的牧首）在惊恐之中将其全部焚毁。尽管乔治·格米斯托斯·柏列东这位先驱者逝世时，他在本国之中没有得到什么荣誉，但在西欧——特别是文艺复兴的意大利——他得到了相当的尊崇。科西莫·德·美第奇（Cosimo de' Medici）为纪念他建造佛罗伦萨学园；1465 年，意大利雇佣兵（condottieri）之中最博学的人，里米尼的西吉斯蒙多·潘多尔福·马拉泰斯塔（Sigismondo Pandolfo Malatesta）率领一支威尼斯军队进入米斯特拉，他将柏列东的遗骨从简陋的坟墓中迁出，运回自己的家乡下葬。至今，他的坟墓依然在圣弗朗西斯科大教堂之中，墓志铭上荣耀地称他为“同时代最伟大的哲学家”。

塞萨洛尼基大屠杀（1430）

新皇帝执政的最初五年，摩里亚尊主国的发展颇为顺利。1427 年，约翰八世在兄弟君士坦丁和乔治·斯法兰泽斯的陪同下，亲率大军在帕特雷湾入海口歼灭了凯法利尼亚与伊庇鲁斯的统治者卡洛·托科（Carlo Tocco）的舰队。随后签署的和约之中，托科将侄女马达莱娜（Maddalena）嫁给了君士坦丁，同时割让了伯罗奔尼撒半岛西北部的埃利斯和港口克拉伦扎。两年后君士坦丁又从拉丁大主教手中夺取了帕特雷，甚至得到了苏丹穆拉德的承认，将其纳入尊主国。1430 年，摩里亚的几乎全部土地都在希腊人的掌握之中——仅有威尼斯人控制的重要港口克罗内、莫多内和纳夫普利亚除外。

南方的进展却无法与北方的灾难相比。1430 年 3 月，

塞萨洛尼基再度落入苏丹手中。威尼斯人对该城的七年统治
394 并不成功。奥斯曼帝国继续封锁，而威尼斯统治者完全无视了在权力交接时许下的承诺，当地人的不满情绪日积月累，以至于他们宁肯无耻地打开城门，接受异教徒的统治。威尼斯人远没有按照许诺把塞萨洛尼基变成另一个威尼斯，而是在接受尊主的献城之后不久便后悔了，他们抱怨称他们每年因此要损失六万达克特——苏丹迫使该城支付岁贡。另一方面，他们还是有荣誉感的，当穆拉德于 3 月 26 日率领十九万人的大军——这一数据无疑极大夸大了——要求他们立即献城投降时，得到的回复是城上发射的箭矢。

次日，据说瓦塔德昂修道院（Vlataion，在北侧城墙之内，留存至今）的僧侣们给苏丹送了一封信，建议他切断城外的供水管道。他们是否如此背叛了城市，我们不得而知，但可能性并不大——苏丹也更不可能按照他们的建议行动。这次，他决定依靠纯粹的武力，既然已经集结起一支大军，自然要使用。攻击自 3 月 29 日黎明开始，穆拉德本人指挥部队进攻东侧城墙，他认为那里是最脆弱的地段。三个小时之中，他的投石机与冲车大肆破坏，他的弓箭手则以箭雨射击每一个敢在塔楼上露头的守城者。塞萨洛尼基的居民逐渐清楚城市已经无望坚持，他们愈发沮丧，许多人开始逃跑；上午九点之后不久，苏丹的部下开始架设云梯。不久之后一名突厥士兵冲上了城头，扔下一颗威尼斯士兵的首级，激励他的战友们跟进。

塞萨洛尼基的居民十分清楚，一个不肯投降的城市将会遭受何种命运，而突厥人刚刚突入了这座城市。然而对他们

之中的许多人而言，接下来的七十二小时之中发生的一切，远比他们所想象的情景恐怖。一个目击此事的希腊人约翰·阿纳格诺斯特斯（John Anagnostes）描述称，突厥士兵高声号叫着冲进城市的街道之中，疯狂屠杀与掠夺；喊杀声与从父母手中抢走的孩童的哭喊声，与从丈夫身边抢走的妇女的尖叫声混杂在一起。所有的教堂遭到掠夺，许多教堂被摧 395
毁；贵族的住宅被洗劫一空之后，或者被占据，或者被焚毁。屠杀之中的丧生者数量无法估计，但阿纳格诺斯特斯认为，至少有七千人——大多是妇女和儿童——被掳走。

在惯例的三天洗劫之后，穆拉德下令停止掠夺。塞萨洛尼基是拜占庭帝国的第二大城市，他并不希望将其彻底变为废墟。城中居民得到了惯例的教训，幸存者也得到了应得的惩罚。他下令大赦，将一批被囚禁的显赫市民释放，允许富裕者与贫穷者返回家中，并许诺不会再对他们作恶。各地的基督教信仰将会得到尊重，但一些教堂还是要被改为清真寺，其中就包括最受尊崇的神迹圣像教堂（Panaghia Acheiropoietos），那里已有近一千年的历史。①

或许有读者要问，那么城中的威尼斯统治者——那些曾经自夸要将城市变为第二个威尼斯，并因为坚持抵抗而引发随后的劫掠与屠杀——又是什么结局呢？他们在一片混乱之中跑到港口，登上准备好的航船，驶向最近的威尼斯人领

① 教堂名称源自其中曾经珍藏的圣物，据说是因神迹而制成。穆斯林控制着那里，直到二十世纪初（该城直到1913年仍为土耳其所控制），然而此后仍不幸遭受数次破坏——1923年，来自小亚细亚的希腊难民在其中安置；1978年6月又遭到大地震破坏。

土，即由他们控制的埃维亚岛。当他们返回家乡的潟湖时，才发现总督和元老院对他们的表现极为不满：他们被指控玩忽职守，逃离他们负责守卫的城市，因此遭到囚禁。只得到这点惩罚的他们应该沾沾自喜了，毕竟他们的罪责远超他们的审判者所知。

皇帝前往费拉拉 （1437）

远在西方，罗马天主教教会依然在一片混乱之中。康斯坦茨会议没有完成什么事实上的改变，反而在至少一个方面是适得其反，因为与会者称之为全体会议，也就是说其权威直接源自上帝，因此超过教皇本人。这危险地加剧了支持全
396 体会议者与支持教皇绝对权威者之间的旧有争议，以至于对教会的纪律构成严重威胁。教皇马丁五世宣布将于 1431 年在巴塞尔（Basel）召开新的宗教会议，在很大程度上就是为了彻底解决这一纷争。

对约翰八世而言，这样的会议犹如希望之光。和在康斯坦茨一样，来自西欧各个基督教国家的代表都将前来。尽管上一次会议的结果令人失望，这十五年间发生的许多变化也改变了他们的想法。特别是威尼斯，他们刚刚和奥斯曼在塞萨洛尼基交战，这一战的失败带来的不仅是财政与战略上的损失，还严重打击了共和国的国际威望——这才是最重要的。匈牙利国王西吉什蒙德也是如此，当苏丹在前一年的夏季从塞萨洛尼基北上，穿过巴尔干半岛抵达伊庇鲁斯时，他也是无可奈何。约阿尼纳未经抵抗就投降了，苏丹得以继续穿越阿尔巴尼亚，将他的边境不断向西吉什蒙德的领土推

进。这次，也许他们会接受拜占庭帝国的请求，而只要威尼斯和匈牙利做出表率，其他国家自然会追随。约翰参与了全体会议权威问题的辩论。近期所有试图统一教会的尝试也全部在同一个基本问题上争论，拜占庭帝国坚持要求在君士坦丁堡召开大公会议，而拉丁教会拒绝考虑这一提议。如今，在支持全体会议者之中，会不会有能扭转态势的潜在盟友呢？

帝国的使节在1431年夏末抵达教皇的宫廷，他们发现气氛颇为紧张。教皇马丁于2月逝世，他的继任者尤金四世（Eugenius Ⅳ）正竭尽所能确立自己的权威，下令与会者离开巴塞尔，在意大利进行余下的所有会议，以便他牢固掌控，然而与会的代表们则宣称拒绝转移。12月18日，尤金颁布敕令，下令会议解散，并宣称他们的辩论全部无效。这次与会代表则直接动用了康斯坦茨会议时颁布的敕令，宣称这次会议也是全体会议——即使这次会议只有十四位高阶教士出席——因此他们拥有最高权威。接下来的两年之中争议仍未结束，其间，约翰发现自己得到了双方更加恳切的请求：会议方请求他尽快派官方代表前往巴塞尔，教皇则同样紧张地要求他不派代表前往。直到1433年皇帝才下了决定， 397
指定了三名使节代表他出席大会。当教皇使节前来抗议时，他另派使团前往觐见尤金。他就这样左右逢源，直到1437年夏季问题才最终了结。

教皇此时被迫放弃了此前的决定，承认会议的合法性。对约翰八世而言更重要的是，教皇也不情愿地同意了拜占庭一方向来主张的观点：真正的统一必须靠整个东方与西方教会的全体代表召开大公会议才能实现。在大多数人看来，这样的大会显然不适合在巴塞尔召开。此前的六年间已经见证各种不满和恶意，如果期望大会取得成功，就必须重新开始。会议方中的顽固派们表示反对，甚至在1439年宣布罢黜教皇，并选举了一位敌对教皇，但这种武断的分裂耗尽了他们所剩无几的威望，各个基督教国家也先后承认了尤金的权威。

理想的情况下，皇帝当然希望在君士坦丁堡召开新的大公会议，但他也被迫承认，在当前的情境下这是不现实的。因此他接受了教皇的选址费拉拉（Ferrara），并声称他本人将和牧首一同率领帝国的代表团前来。尤金得知这个喜讯之后便立即行动起来。9月，他的特使已经抵达君士坦丁堡，开始商讨细节，其他人则和威尼斯人商讨雇佣舰队，以便拜占庭使团以合适的礼仪前往费拉拉。因此约翰八世再度把兄弟君士坦丁留在君士坦丁堡摄政，在1437年11月27日星期三，他开始了这段历史性的旅途，带上约七百人的庞大使团，包括大批第一次来到西欧的东帝国基督教教会要人。还有牧首约瑟夫二世本人——年近八旬，心脏疾病让他行动困难，但依然受众人的爱戴——和十八位都主教，包括亚历山大牧首、安条克牧首和耶路撒冷牧首的代表，其中还有一位青年才俊——尼西亚都主教贝萨里翁。同行的还有君士坦丁堡的圣迪米特里乌斯修道院院长伊西多尔，此前他参加了巴塞尔的会议，并在前一年被提升为基辅与全罗斯的主教。另
398 外还有十二名其他主教。使团的俗世人之中包括乔治·斯库拉里奥斯，他们希望凭借乔治对拉丁神学，特别是圣托马

斯·阿奎纳的思想的了解，能够驳倒西欧的学者。最重要的是，乔治·格米斯托斯·柏列东也从米斯特拉赶来。他们都或多或少倒向西欧。坚定的正统派一方的领袖是马克·欧根尼库斯（Mark Eugenicus），以弗所都主教。身为希腊教会神学家之中的领军人物，他坚定反对“和子句”，而他会在接下来的几个月之中让约翰愈发愤怒与紧张。

皇帝也带上了自己的兄弟迪米特里奥斯（Demetrius），此人在1429年受封尊主。他并不认为迪米特里奥斯能在接下来的辩论之中起多少作用，但他清楚此人是个危险的阴谋家，想要就此看住他，以免他兴风作浪。此后的事态发展也证明了他的判断。

在费拉拉的繁文缛节（1438）

代表们在1438年2月8日来到威尼斯，船只在利多下锚。这一次，威尼斯共和国决心不惜开销，为皇帝布置最壮观的迎接典礼。次日清晨，总督弗朗切斯科·福斯卡里（Francesco Foscari）前来迎接他。按照乔治·斯法兰泽斯的说法——他并不在场，但声称他的记载源自在场的尊主迪米特里奥斯——总督对皇帝十分尊敬，他深施一礼，脱帽站立，让约翰八世就座。过了一小段时间之后总督才入座，而他的座位在皇帝左侧，略低于皇帝。两人随后商议了约翰入城典礼的具体事宜。福斯卡里而后返回安排正式的接待典礼。

中午，总督一如既往在六名议员的陪同之下，登上总督的典礼驳船“布森托罗号”（Bucintoro），船侧面挂着绯红的织毯，圣马可的金狮则在船尾烁烁放光，桨手的衣服上也绣着金丝。旗舰前进时，其他的船只在旁边各就各位，三角旗在桅杆上飘扬，乐师在甲板上演奏。福斯卡里的驳船与皇帝的旗舰并行，而后福斯卡里登上皇帝的旗舰，再度向他行礼。他原本希望两位统治者乘坐典礼驳船入城，但约翰表示反对。他认为，身为皇帝，他必须坐着自己的舰船进入威尼斯。随后总督下令，将他的旗舰将从利多拖到皮亚泽塔
399 (Piazzetta)，全城的居民都在那里迎接这位贵宾，为他齐声欢呼。队列从那里缓缓前往威尼斯大运河，在里亚托木桥下，更多的居民在那里等待着，旌旗招展，鼓乐喧天。直到日落时分，他们才来到费拉拉侯爵的大宫殿①中，那里将在皇帝出访期间供皇帝居住。皇帝在那里居住了三周，给欧洲各地的王公写信，请求他们亲自或至少派代表前来参会。月末，他本人开始了这段旅途的最后一段行程。

相比在威尼斯的礼遇，约翰八世抵达费拉拉时的迎接典礼堪称乏味，还遭遇了瓢泼大雨。教皇尤金热情地欢迎了他，即使如此也无法掩盖接下来将要发生的问题：教皇要求牧首在几天之后到来时，在自己的面前下跪并亲吻教皇的脚。老约瑟夫是极为温和且礼貌的人，但即使是他也无法接受这样的冒犯。收到约翰的警告之后，他拒绝下船，除非教皇收回这一要求。尤金最后还是退让了，若非如此，或许费拉拉的会议根本不可能召开。这仅仅是接下来一系列麻烦的

---

① 这座十三世纪的宫殿，在十九世纪六十年代进行了重建，由于世事变迁，如今被称为土耳其商馆（Fondaco dei Turchi），依然位于大运河上游，位于圣玛库拉汽艇站对面。

仪式问题之中的第一个，而皇帝和教皇都对影响自己权威的问题格外关心。比如，大教堂中两人座椅的位置，就这个问题双方一度争得不可开交。尔后，当会场转往教皇的宫中时，约翰还坚持要骑马前往自己的座位。由于这不可能实现，他下令在墙上打一个洞，坐在座位上由随从抬进去，以免他人看到他下马，双脚也不必触地。这一切此后都照做了，会议也因为打洞而推迟了很久。

这样的极度“拘谨”看上去或许毫无必要，乃至荒谬。某种意义上这是拜占庭宫廷之中旧有的繁文缛节的一部分，但在费拉拉以及之后的佛罗伦萨，如此坚持也可谓蓄意为之。如果约翰这次出访西欧能够成功，那么重要的是，他必须被视作一个伟大的——如果不是唯一的——基督教帝国的君主；作为基督教世界不可或缺的一部分，他必须不惜一切 400
代价保护其免遭贪得无厌的突厥人侵袭。牧首的官员西尔维斯特·塞罗普鲁斯（Sylvester Syropulus）留下了价值极高却存在偏见的记录，记述了会议的幕后细节，比如前文记载的那段轶事。此外他也记载了皇帝在返回君士坦丁堡之前，就希腊教会教士的态度对牧首提出要求：“如果教会保持了尊严，他们将会尊敬我们，信任我们；如果教士们肮脏不洁，他们就会轻蔑我们，无视我们。”

即使刨除那些繁文缛节上的琐碎争议，会议的开始也相当恶劣。约翰要求在四个月后才开始正式讨论教义问题，主要的原因之一是等待欧洲各地的王公及其代表到来，并向他们寻求帮助，而他也决心在他们到来之前不做任何重大决定。然而等了整整一春，直到入夏，也没有哪位王公到来。

拉丁世界的耐心日益枯竭，教皇——他负责整个希腊代表团的食宿——也愈发在意他的资金消耗了。6 月与 7 月，为了找点事做，数量有限的希腊人和拉丁人讨论了炼狱问题。无疑，与会者之中的许多人觉得自己此时就在炼狱之中，但他们没有得出任何结论。

8 月暴发了瘟疫，奇怪的是，希腊人似乎对此免疫——不过皇帝此时大部分时间都不在费拉拉城中，而是沉迷于他的爱好打猎之中——但城中的拉丁教会代表与普通市民深受其害。与此同时，拉丁人也对这些客人愈发不满。对他们而言，幸运的是，希腊人的耐心也快要耗竭了。在这个极度紧张且多变的时期，他们已经离开家乡大半年，直到现在也没有取得什么成就。许多人已经没有钱财可用，因为教皇的补助款发得越来越少了。最终，再明显不过的是，欧洲的王公没有任何人对这次会议感兴趣，因此根本没有必要继续等待他们。10 月 8 日，与会者终于开始考虑具体事宜，他们也都松了口气。

佛罗伦萨的进展（1439）

最初的三个月之中，他们几乎完全在考虑“和子句”问题，也就是说将这句话写入《尼西亚信经》之中是否符合教法，甚至连圣灵是源自圣父与圣子，还是仅仅源自圣父
401 的问题都无法与这个问题相比。希腊一方的主要发言人是都主教马克·欧根尼库斯，他以 451 年的以弗所会议上的一句话作为论点的核心论据：“任何人都不得背诵、书写或者编纂言论，与圣洁的神父们在尼西亚定下的信条相悖。”拉丁

教会则辩称，他们争论的“和子句”是一句说明，而不是添加内容，他们也指出希腊教会之中此时诵读的《尼西亚信经》已经和尼西亚会议上的原版内容有相当的出入。但都主教不肯接受。无论如何，他们还是指出在这个问题上纠缠意义索然；都主教则试探性地回答称，那他们又为什么如此坚决地要留下这句话呢？这个问题还涉及语言学问题。绝大多数与会代表只会说自己的母语，会上也没有合格的翻译者。更大的问题在于，他们发现本来应当完全相同的部分之中也有差异。比如，希腊语的“ousia”，其意义为本质，却与拉丁人所说的“substantia”有不少差异。这次会议在12月13日结束，距离达成协议依然遥远。

此时，教皇成功说服与会代表转往佛罗伦萨。他提出的理由是费拉拉的瘟疫仍未结束，但真正的动机几乎完全是一个财务问题：会议已经持续八个月，而且毫无进展。会议仿佛要无休止地继续下去，教皇的资金也因此愈发紧张。而在佛罗伦萨，美第奇家族至少能帮上忙。迁移的益处也不止于此。当会议在1439年2月末重新开始时，希腊人——疲劳、紧张、思乡且饥饿（按塞罗普鲁斯的说法）——似乎比前一年时更愿意妥协了。3月末，他们同意了拉丁教会的说法——圣灵源自圣父与圣子，而且与希腊教会近年的说法，即圣灵源自圣父而通过圣子产生的说法可以等同。取得这个突破之后，老牧首约瑟夫逝世了。然而，正如某个旁观者颇为刻薄的评论所说，他除了调整个把介词之外，还能做什么呢？

在“和子句”问题最终解决之后，其他的突出问题也

纷纷解决。希腊教会反对罗马教会对炼狱的论述（但在这一问题上他们并没有正当理由），反对在圣餐时使用无酵饼
402 （在他们看来，这不但与犹太教相同，也是对酵母所象征的圣灵不敬），此外他们也谴责拉丁教会对信众使用两种圣礼，并禁止世俗牧师成婚。但这一系列问题得到的只有一系列反对。另一方面，当拉丁教会全力攻击东正教教会最近才定下的教条，即对上帝能量的论述时，他们却放弃了辩解。教皇权威问题此前向来是个难题，但巴塞尔会议之后，这个问题过于微妙，因此被尽可能地忽略了。[①] 主要在皇帝本人——他靠着利诱与威逼迫使臣民服从——的推动之下，盛夏时各个重大问题都达成了共识。7 月 5 日星期日，正式的《统一敕令》——几乎完全是拉丁教会原本意见的宣言，仅仅做了一两处妥协，允许使用希腊语——得到了所有东正教教会的主教与修道院院长的签署，唯一的例外是以弗所都主教，他坚定拒绝妥协，但约翰拒绝他提出反对。拉丁教会随后加上了己方的签名，次日敕令在佛罗伦萨大教堂之中公开宣读，首先由枢机主教朱利亚诺·切萨里尼（Giuliano Cesarini，他在会议全程担任拉丁教会主要发言人）用拉丁语宣读，而后由尼西亚都主教贝萨里翁用希腊语宣读。拉丁版本的开头是“天主欢庆”（Laetentur Coeli）。然而事态的发展很快证明，没什么可欢庆的。

① 在讨论这一问题期间，《君士坦丁奉献书》最后一次作为证据使用，这份文件声称君士坦丁大帝在迁都君士坦丁堡时，将皇冠交给教皇，允许他按照自己的意愿立皇帝。仅一年后，文艺复兴时代的人文学者洛伦佐·瓦拉（Lorenzo Valla）就证伪了这一作品。（见第一卷。）

会议失效（1444）

1440年2月，约翰八世途经威尼斯返回君士坦丁堡。他的回程堪称悲哀。他的第二任妻子蒙费拉的索菲亚在十四年前逃回了意大利，在这次不幸的婚姻结束之后，他迎娶了玛丽亚（Maria）——特拉布松皇帝亚历克修斯四世的女儿。她是约翰一生的挚爱，而他在下船时得知她于几周之前不幸去世，大受打击。对帝国而言，更严重的问题在于，佛罗伦萨的会议几乎受到了一致谴责。耶路撒冷、亚历山大和安条克的牧首拒绝承认其代表们在这一文件上的署名。以弗所都主教马克·欧根尼库斯则成了当时的英雄。签署众人厌恶的 403
“天主欢庆”敕令的人，都被当作背叛信仰者，在都城之中如过街老鼠一般，甚至遭到了殴打——以至于1441年，其中一大批人公开宣称，对签署这一敕令表示后悔，正式收回他们对此的支持。

如此普遍的厌恶情绪无疑对皇帝本人的地位有相当的威胁。1442年夏，他向来野心勃勃的兄弟迪米特里奥斯——他陪伴约翰前往佛罗伦萨，但此后他和乔治·斯库拉里奥斯、柏列东一同先行离开，而后返回了他在墨森布里亚的狭小尊主国——以维护东正教的名义发动叛乱，企图争夺皇位。尽管突厥人出兵支持，他依然迅速失败，被皇帝俘虏并软禁。但他的叛乱只是公众不满的一角，而这种不满不断积累，并在以弗所都主教于次年返回君士坦丁堡时激化。事实证明，马克·欧根尼库斯的威胁远超迪米特里奥斯。在其他的情况下，他不过是个顽固的保守派，可以轻易将他解职，但此时的他成了最无畏也最坚决的信仰卫士。在费拉拉和佛罗伦萨的经历，使他成长为出色的辩论者；他的虔敬与高洁，又让皇帝无法靠对他私人的指控而将他除掉。

此时确有一批支持统一的显赫人物，他们本可以支持约翰，然而，尼西亚的贝萨里翁在 1439 年改信天主教后几乎立即成为枢机主教，返回君士坦丁堡几个月之后，他便厌恶地离开了，迫不及待地登上去意大利的船只，再也未曾返回拜占庭帝国的土地。[①] 他的朋友基辅的伊西多尔，即枢机主教的候选人，就没有那么幸运了，他在返回莫斯科之后就被立即解除职务并囚禁——但他此后还是得以逃离，返回意大利，并最终以教皇代表的身份返回君士坦丁堡，下文将具体叙述。乔治·斯库拉里奥斯，这位显赫的拉丁学者则露出了本来面目，他在不久之后便否决了“天主欢庆”敕令，进入修道院中隐居，1444 年马克·欧根尼库斯逝世后，公众推举他为反对教会统一者的领袖。

教皇组织十字军（1444）

404 教皇在君士坦丁堡的代表自然将这一切的发展忠实汇报了，并认为皇帝要为这一切负责。然而教皇尤金选择暂时无视这些问题——至少暂时如此。教会如今至少在名义上统一了，而他有义务发动十字军，远征拜占庭帝国的敌人。他若是以教会纠纷为理由拒绝出兵，这不但意味着违背对皇帝的

① 在罗马，贝萨里翁建造了一座学院，以翻译古希腊作家的作品并将其出版。当他于 1472 年逝世时，他已经积累大批希腊语抄本，并将其全部捐赠给威尼斯——这也成了马尔恰纳图书馆藏书的核心。

许诺，也等于宣告佛罗伦萨的会议彻底失败，“天主欢庆”敕令将沦为一纸空文。此外，发动十字军的必要性也日益增加，因为奥斯曼帝国的进军无人可挡。多瑙河河畔的巨大堡垒斯梅代雷沃（Smederevo）[①]，由乔治·布兰科维奇（George Brankovich）在1420年于贝尔格莱德东南约二十五英里处建造，1439年在遭受三个月的围攻之后投降，布兰科维奇本人逃到匈牙利避难。尽管贝尔格莱德继续坚持抵抗，但塞尔维亚北部已经基本被突厥人占据。1441年，苏丹的军队突入特兰西瓦尼亚，匈牙利无疑将是他的下一个目标。

因此正是匈牙利人——以及乔治·布兰科维奇率领的塞尔维亚人——组成了这次十字军的主力。匈牙利国王拉迪斯拉斯（他也是波兰国王，此时两国暂时统一）委任一位匈牙利将军——杰出的约翰·胡尼奥迪（John Hunyadi），特兰西瓦尼亚总督将军（Voyevod）[②]——为总指挥官，拥有全权的军事指挥权。他把组织十字军的任务交给了枢机主教朱利亚诺·切萨里尼，即佛罗伦萨会议上拉丁教会的主要发言人，他向来是尤金的左右手，主要处理外交问题。必需的舰队由威尼斯人、勃艮第公爵和教皇本人提供。舰队将航向赫勒斯滂海峡，穿越马尔马拉海和博斯普鲁斯海峡抵达黑海，在必要时溯多瑙河而上与陆军会合，陆军则同时从西北方向开始进军。

---

① 其遗址存留至今，而且依然壮观。

② “Voyevod”源自斯拉夫语，直译类似于“军阀”，一般是作为地区最高长官的武官。——译者注

1443 年夏末，十字军出发时，规模大约为两万五千人，几周之后在塞尔维亚城市尼什城下，他们击溃了鲁米利亚的突厥统治者。进军畅通无阻的他们继续向保加利亚进军，圣诞节之前不久，索菲亚在稍做抵抗之后迅速投降。1444 年 1 月，他们再度取得大胜；暮春时节，苏丹终于警惕起来了。
405 突然之间，他的帝国四面受敌。在安纳托利亚，他正忙于平息卡拉曼部的叛乱。在阿尔巴尼亚，乔治·卡斯特里奥蒂（George Kastriotes），著名的“斯坎德培”（Scanderbeg），在克罗亚（Croia）城堡之中高举反旗。在摩里亚，君士坦丁·帕列奥列格——他和他的兄弟塞奥多尔交换了领地，离开了黑海沿岸的原封地后，于前一年 10 月接任尊主之位——重建了六里城防，并向科林斯湾发动进攻，并很快夺取了雅典和底比斯，迫使原本臣属于苏丹的当地公爵内里奥·阿恰约利二世（Nerio II Acciajuoli）把岁贡支付给他。显然，如果要维持突厥人的统治，穆拉德必须和敌人进行和谈。

6 月，苏丹在亚得里亚堡的宫廷之中接见了拉迪斯拉斯国王、乔治·布兰科维奇和约翰·胡尼奥迪派来的使节。随后的和谈确立了十年的停战协议，在其他的各种让步之外，穆拉德还许诺放弃对瓦拉几亚的蚕食，并归还布兰科维奇在塞尔维亚的封地。一个月之后，拉迪斯拉斯在塞格德（Szegedin）批准了这一和约。苏丹自以为解决了这里的问题，于是前往安纳托利亚，试图彻底解决卡拉曼部的叛乱。消息传到罗马时，教皇尤金和他的教廷都因此惊恐不已。胡尼奥迪近年的胜利，以及近期威尼斯人许诺提供支持的消息，意味着终于有可能把突厥人彻底赶出欧洲了，但如今十字军所有的成果就要如此付诸东流了吗？枢机主教切萨里尼格外愤怒，他绝不肯让自己精心组织的一切无果而终。他匆忙赶往塞格德，立即宣称拉迪斯拉斯国王在苏丹面前的誓言无效，几乎直接下令十字军继续开进。

拉迪斯拉斯应当拒绝的，这不但意味着他违背了对苏丹的誓言——即使有人宣称无效——而且此时他的部队被严重削弱了。原来的十字军部队有不少人已经返回家乡，乔治·布兰科维奇因为和约的条款而欣喜不已，因而决心遵守和约。但还是有少量援军从瓦拉几亚赶来，于是年轻的国王决定完成自己的任务。9 月，他率领大军返回，枢机主教本人也陪同他前来，十字军再度出征，尽管遭遇了少许抵抗，他还是成功穿过了保加利亚，抵达瓦尔纳附近的黑海海滨，拉迪斯拉斯认为舰队会在那里等待着他。然
而那支舰队此时在别处。穆拉德得知遭到背叛之后，匆忙 406
率领八万大军从安纳托利亚返回，而盟军的舰队——以威尼斯舰船为主——竭尽所能阻止他渡过博斯普鲁斯海峡。他们失败了。强渡海峡之后，愤怒的苏丹沿黑海沿岸一路北上；1444 年 11 月 10 日，他将被撕毁的条约钉在军旗上，率部猛攻十字军。基督徒们坚守阵地，在绝境之中展现了英勇，但他们毕竟在人数上处于绝对劣势，不到对方的三分之一，没有任何胜算。拉迪斯拉斯战死，切萨里尼也在不久之后阵亡。大军被全部歼灭，主要指挥官中只有约翰·胡尼奥迪率残部逃出生天。对欧洲的突厥人发动的最后一次十字军就此以灾难告终。这是决定性的一击，基督徒的士气再也没能恢复。

苏丹在摩里亚（1447）

对皇帝约翰·帕列奥列格而言，瓦尔纳的灾难意味着他的努力就此付诸东流，他的外交斡旋全部无果而终，他的希望已成泡影。他也清楚，为了这一切，他冒险周游各国，忍受各地王公们几乎不加掩饰的蔑视，背叛自己的教会，并遭到大多数臣民的怨恨。然而最后的羞辱还没有到来。当胜利的苏丹返回之时，身为他忠诚的附庸，约翰被迫在他凯旋之时欢迎他，向他祝贺。

皇帝的兄弟君士坦丁则没有气馁。他找到了新的盟友——勃艮第公爵腓力五世（Philip V）。腓力颇为热衷与异教徒作战，他提供了——或至少许诺提供——舰船来支持那次失败的十字军。他和君士坦丁一样，并未因十字军的失败而气馁。1445 年夏季，他派出几百名士兵来到摩里亚，让尊主国得以向希腊中部发动一次新的掠夺，一路抵达品都斯山脉，进入阿尔巴尼亚。一路上，居民纷纷前来欢迎他，而至少一名威尼斯统治者被迫仓皇撤离。与此同时，君士坦丁在亚该亚安排的统治者，率领少量骑兵与步兵离开沃斯提萨（Vostitsa）的基地，渡海来到科林斯湾北部，将突厥人赶出了福基斯西部，即德尔斐周边地区。

最后的冒犯是苏丹无法容忍的。仅仅几个月之前，他逊位给自己的儿子穆罕默德（Mehmet），此时他愤怒地重掌大
407 权，对暴乱的希腊人发动报复。1446 年 11 月，在刚刚被驱逐的雅典与底比斯公爵的陪同下，他率领约五万大军席卷摩

里亚。福基斯被夺回，君士坦丁和他的兄弟尊主托马斯（Thomas）仓促返回重建的六里城防，决心全力据守。但他们低估了穆拉德的装备水平。他不仅携带了常备的攻城武器和云梯，也准备了希腊人从未见过的新武器：火炮。他的重炮对城墙进行了连续五天的轰击；12 月 10 日，他下令发动总攻。大部分守军或者被俘或者被杀，两位尊主仅以身免，逃回米斯特拉。

但苏丹并没有打算发动征服战争。这是迟早的事，此时的他还不着急。他此时只是想要惩戒希腊人，给他们一个教训，让他们清楚谁才是摩里亚以及其他地区的真正统治者。他将半数部队交给部将图拉罕（Turachan），向南进攻米斯特拉；他本人则率领奥斯曼近卫军沿科林斯湾南岸进军，在所到之处的村镇之中大肆破坏。帕特雷城——尽管大多数平民已经逃到海湾另一侧的诺帕克特斯（Naupactus）——决定坚持抵抗，拒绝投降；穆拉德无视了该城，进军克拉伦扎，与图拉罕会合。他的这位部将没能抵达米斯特拉，此时正是隆冬时节，大雪封山无法通行。但他同样进行了大肆破坏与劫掠，所到之处的村镇无一幸免。史学家劳尼库斯·哈尔科康戴拉斯（Laonicus Chalcocondylas）——他的父亲曾经在战争之初作为君士坦丁的信使给苏丹送信，被扣押之后，得以见证了六里城防之战——记载称当穆拉德和将军们返回亚得里亚堡时，他们带走了至少六万俘虏，后世估计有两万两千人死亡。

在某种意义上，尊主们可谓幸运：他们的首府没有遭受进攻。意大利旅行家与古籍收藏家安科纳的奇里亚科

（Ciriaco）在1447年7月抵达米斯特拉，他觉得那里和他十年前造访时几乎毫无变化。他觐见了尊主托马斯，拜访了年迈的柏列东，并在劳尼库斯·哈尔科康戴拉斯的引领之下，欣然参观了城下平原处的古斯巴达遗迹。这位现代考古学之父当然对这些更感兴趣，而不是同时代的米斯特拉，但他还
408 是注意到那里的土地肥沃，收获丰富，在伯罗奔尼撒半岛南部的生活也可谓正常——至少对平常的旅行者而言如此。然而实际情况可能截然不同。米斯特拉得以幸免只有一个原因：当年入冬很早，而且持续严寒。如果苏丹在5月或者6月发动进攻，而不是11月，图拉罕完全可以抵达伯罗奔尼撒半岛上每一个偏远的角落，而米斯特拉所有的教堂和辉煌壁画，也将化为乌有。

君士坦丁在突厥入侵之后的两年之中，把绝大部分时间都用在修复损害上了；苏丹则依然在扩张他的帝国。1448年夏，他转向进攻约翰·胡尼奥迪，即当时的匈牙利摄政者。胡尼奥迪也准备好了。他已经集结一支匈牙利人、瓦拉几亚人和佣兵组成的军队，向南与阿尔巴尼亚的斯坎德培会合。然而斯坎德培忙于和威尼斯人争斗，胡尼奥迪被迫在10月17日，在不到六十年前摧毁了塞尔维亚的科索沃之战的平原上，独自面对敌人。战斗持续了整整三天，但到了20日，匈牙利人已经无力再战。约翰·胡尼奥迪逃离战场，但几乎立即被曾经的盟友乔治·布兰科维奇逮捕——此时他成了苏丹的忠实附庸——直到他同意为匈牙利军队在塞尔维亚造成的破坏支付补偿之后，才得以重获自由。

评价约翰八世（1448）

十一天后，1448 年 10 月 31 日，约翰八世于君士坦丁堡逝世。年仅五十六岁的他，因这几年间的失望而未老先衰，在悲哀之中崩溃。在瓦尔纳与科索沃的战败之后，十字军不会再来了。欧洲也几乎无人认为帝国尚有可能免于被异教徒灭亡，而且有许多人开始怀疑，拯救帝国值不值得——至少在拉丁世界如此。在拜占庭皇帝之中，有关约翰外表的记述最多，特别是贝诺佐·戈佐利（Benozzo Gozzoli）在佛罗伦萨的美第奇－里卡迪宫（Palazzo Medici－Riccardi）完成的《三博士来朝》壁画。[1] 但很难说他的成就与他的名声相符。弥留之际的曼努埃尔二世明白，帝国此时不需要一位伟大的君主，而是出色的管理者，然而后人意识到，[2] 约翰这两者都称不上。

他既没有自己父亲的能力，也没有自己兄弟的魅力。他 409
违背了曼努埃尔的明智建议，在统治时期大部分时间之中，都在追寻一个不可能实现的构想，结果是他牺牲了教会的独立性，损害了自己的声誉，最终仅仅带来了一次远征，而且这次远征不但可谓可悲，也完全得不偿失。

然而我们也不该苛责约翰八世。他尽力而为了，也勤奋地沿着他自认为正确的道路前进。此外，他继承时的境况早已毫无希望可言，在如此的情境下，他做任何尝试都难免失

① 见彩插。

② Nicol, op. cit., p. 386.

败。也许，一切已经注定。拜占庭帝国内部腐朽殆尽，外部四面楚歌，几乎没有进行任何长期或独立决策的可能，沦为欧洲地图上一个几乎找不到的小点，帝国所需要的——或许比其他曾经伟大的国度都更需要——正是一个了结。等待了很久之后，如今，一切终于要落幕了。

第二十四章　灭亡（1448～1453）

汝等可曾听说两面临海一面接陆的城市？在七万以撒之子夺取这座城之前，审判之时不会到来。 410

——先知穆罕默德，出自古伊斯兰传说

约翰八世没有留下子嗣。他的第一任妻子年仅十五岁时便染瘟疫早逝了，第二任妻子则让他厌恶至极，他深爱的第三任妻子也没能给他留下继承人。他还有五个兄弟——事实证明他的兄弟太多了，他们互相争执不休，约翰又没有能力维持秩序，其中二弟塞奥多尔早他四个月去世，三弟安德罗尼卡则在塞萨洛尼基早逝。余下的三个兄弟是君士坦丁、迪米特里奥斯和托马斯。约翰正式宣告君士坦丁为继承人，但利欲熏心的迪米特里奥斯，在他兄长六年前从佛罗伦萨返回时，就已经发动一次失败的叛乱，此时他仓促从瑟利姆布里亚赶往君士坦丁堡夺权。他自称反对教会统一者的领袖——乔治·斯库拉里奥斯也承认这一点——因此在都城之中得到了可观的支持，只是因为他母亲皇太后海伦娜的干预才没能成功。她立即宣称君士坦丁为合法继承人，同时自封摄政者，等待他从摩里亚赶来。幼弟托马斯在11月中旬来到了君士坦丁堡，他全力支持自己的母亲，迪米特里奥斯自知无望成功，便就此退缩了。12月初，皇太后派乔治·斯法兰泽斯前往苏丹的宫廷，请求他批准新皇帝加冕。

未加冕的皇帝（1451）

411 与此同时，两名信使起程赶往摩里亚，请君士坦丁登基。他们自然无权执行加冕礼，米斯特拉也没有牧首，因此1449年1月6日，在那里进行的典礼可谓纯粹的公众致敬，当地的居民集体欢呼行礼之后，他简单地披上了紫袍。这样的程序至少有一个绝佳的合法先例：科穆宁王朝的曼努埃尔一世也是以类似的方式称帝，约翰二世在奇里乞亚的荒原中安排他登基。然而那时，或者是加冕礼被迫在都城之外进行时——比如1341年的约翰·坎塔库泽努斯——皇帝也必须尽快赶往圣索菲亚大教堂，接受牧首的加冕，才能获取真正的皇权。然而君士坦丁十一世（Constantine Ⅺ）——他更喜欢使用自己母亲的姓氏德拉加什的希腊语变体，即德拉加瑟斯（Dragases）——自始至终都没有接受牧首主持的加冕礼。为什么呢？东正教教会自从佛罗伦萨会议之后便陷入了分裂。牧首格里高利三世（Gregory Ⅲ）坚定支持教会统一，因此一半以上的教士们不肯承认他为牧首，而视他为叛徒。君士坦丁本人尽自己所能平息此事，尽管如此，他也从未公开谴责教会统一，在他看来，如果保持教会统一能够增加西欧提供援助的可能，即使这种可能微不足道，他也必须负起责任，维持统一。但其代价极为高昂。反对统一者依然坚定认为，向西欧的异端寻求拯救，而无视全知全能的主，不肯在自己的教堂之中祷告，是愚蠢的。没有在圣索菲亚大教堂加冕，就意味着君士坦丁无法在道德上要求教士们，或者任何一个臣民忠于自己，然而进行加冕又会引发大范围的骚乱，甚至引起全面内战。

因为没有任何可用的拜占庭舰船，君士坦丁十一世被迫乘威尼斯人的船从希腊前往君士坦丁堡，帝国境况的悲凉可见一斑。1449 年 3 月 12 日，当他第一次以皇帝的身份步入都城时，他立刻明白形势是何等的绝望。然而教皇尼古拉斯五世（Nicholas V）——尤金于 1447 年逝世后继任——不肯，也不能承认他的皇帝身份。自首次讨论教会统一事宜起，教廷就屡屡无视拜占庭一方存在的现实困难，尼古拉斯和他的先辈们一样视若无睹。1451 年 4 月，君士坦丁再度试图说服他，他给罗马送去了一封长信，详细列举了反对教会统一派的具体宣告，然而教皇的回复只是要求皇帝坚定对抗反对者：如果他们反对教会统一，或者蔑视罗马教廷，那么身为罗马教会的成员的他们就要受到惩罚。与此同时，他还提出，牧首格里高利——此前因绝望短暂逊位——必须复 412
职；佛罗伦萨会议签署的敕令也必须在圣索菲亚大教堂宣读，并以感恩弥撒庆祝。1452 年 5 月，教皇最终失去了耐心，派出枢机主教基辅的伊西多尔，以教皇特使身份彻底解决这一问题。

与此同时，皇帝有其他要考虑的问题，其中最大的问题就是继承人。他已经四十多岁，而两次婚姻都以丧偶告终。

虽然他的两次婚姻可谓幸福，但都没有留下子女。他的结发妻子马达莱娜·托科，在结婚仅过一年之后便于1429年11月去世；他的第二位妻子卡泰丽娜·加蒂卢西奥（Caterina Gattilusio）——莱斯沃斯岛的热那亚统治者的女儿——于1441年嫁给了他，但在成婚几个月之后，她和君士坦丁被奥斯曼舰队暂时困在了利姆诺斯岛上的帕莱奥卡斯特罗（Palaiokastro），她在岛上暴病而亡。此时他必须三婚，并寻找可能的人选。在西欧，有一位葡萄牙公主，她也是阿拉贡和那不勒斯国王阿方索的外甥女；塔兰托大公的女儿伊莎贝拉·奥尔西尼（Isabella Orsini）也是可能的人选。在东方，他或许要从特拉布松或者格鲁吉亚的统治家族之中选择新娘。因此皇帝的老朋友乔治·斯法兰泽斯奉命前去进行外交访问，试探他们的态度。

1451年2月，斯法兰泽斯在特拉布松时，他得知了穆拉德二世的死讯。他立即想到了一个妙计。苏丹的寡妻玛丽亚——突厥人所谓“马拉”（Mara）是老乔治·布兰科维奇的女儿，尽管她在十五年前嫁给穆拉德，却没有留下子嗣，大多数人认为他们的婚姻有名无实。然而她毕竟是她丈夫的儿子、十九岁的穆罕默德的继母，而这个精力充沛野心勃勃的新君主公开与拜占庭敌对。让她就此成为新皇后，不正是控制这个年轻人的最佳手段吗？当皇帝得知这一计策时，他立即被吸引了。帕列奥列格家族和布兰科维奇家族早有姻亲，君士坦丁的侄女海伦娜（Helena）——他幼弟托马斯的女儿——已经和玛丽亚的兄弟拉扎尔（Lazar）成婚。他们立即派出使节赶往塞尔维亚，与女方的父母商议。乔治和他的妻子欣然同意，唯一的反对者是玛丽亚本人，她的反对极为坚决。她解释称，多年以前她曾经发誓，如果能够脱离异教徒的掌控，她将独自度过余生，守贞并做慈善。众人的劝说无法让她改变心意，此后事态的发展也证明了其实她才是 413
正确的。可怜的斯法兰泽斯被迫前往格鲁吉亚继续谈判，这次谈判很快取得了成果，但提出的婚姻也没有成行，君士坦丁因此孤独地度过了短暂的余生。

穆罕默德二世（1451）

奇怪的是，当那位年轻的奥斯曼王子在亚得里亚堡即位时，君士坦丁堡城中人对他依然知之甚少，西欧基督徒对他的了解则更少了。1433 年出生的穆罕默德是穆拉德的三子。他的童年并不幸福。他的父亲公开倾向于让他的两位异母兄长艾哈迈德（Ahmet）和阿里（Ali）继位，他们的母亲出身高贵，而穆罕默德的母亲只是后宫之中的奴婢，可能还笃信基督教（但这一点无法确知）。两岁时他就被送到了阿马萨（Amasa），这个安纳托利亚北部的省份由他十四岁的长兄统治，然而艾哈迈德在四年之后去世，六岁的穆罕默德随即继承了他的职务。尔后在 1444 年，阿里在自己的床上被勒死，凶手是谁却不得而知。穆罕默德就此成了苏丹的继承人，他被紧急召回了亚得里亚堡。此前他的教育被基本忽视了，现在他却要接受宫廷之中最出色的学者的教育，他们在接下来的几年之中为他打下了学术与文化的基础，让他此后因此闻名世界。即位之时，除了母语突厥语之外，他还能够流利地使用阿拉伯语、希腊语、拉丁语、波斯语和希伯来语。

在他人生的最后六年之中，苏丹穆拉德曾两次宣告退位，让位给自己的儿子，而他的大维齐哈利勒（Halil）帕夏又两度说服他重新掌控大权。他宣称，年轻的穆罕默德高傲且自行其是，向来自作主张的他决心无视大维齐的建议。一次，他曾经接纳了一个狂热的波斯云游僧人，此人却被逮捕并火刑处死，他因此大为恼怒；另一次，他无视了希腊与阿尔巴尼亚边境的骚动，却头脑发热打算直接进攻君士坦丁堡。穆拉德在第二次不情愿地复出之后，彻底放弃了退隐的打算，再度在亚得里亚堡掌权，并把他不满的儿子赶到了安纳托利亚的马格尼西亚，穆罕默德也是在那里得知，他的父亲于1451年2月13日因中风而逝世。

414 新苏丹仅用五天时间便从马格尼西亚赶到亚得里亚堡，他以正式典礼承认他父亲的官员们的地位，调动了一些人的职务。在典礼之中，穆拉德的遗孀前来祝贺他继位。穆罕默德热情地接待了她，并和她长谈一番，而当她返回后宫时才发现，自己襁褓之中的儿子已经被溺死在浴缸中。看来，年轻的苏丹要除掉所有的威胁。

但他年仅十九岁，在西方看来，他依然太年轻，太不成熟，无法像他父亲那样构成严重的威胁——穆罕默德也在尽力显示这一假象。即位几个月之后他便和匈牙利的约翰·胡尼奥迪、塞尔维亚的乔治·布兰科维奇、威尼斯总督弗朗切斯科·福斯卡里签署和约，并给瓦拉几亚大公、罗德岛的圣约翰骑士团和莱斯沃斯岛与希俄斯岛的热那亚统治者送信，表示善意。在君士坦丁十一世派去祝贺他即位的使者面前，据说他进行了一番浮夸的表演，向安拉和先知发誓，要与皇帝和他的臣民保持和平，和皇帝维持他父亲与约翰八世所维持的友好关系。也许后一个许诺反倒让君士坦丁警惕起来，他很可能正是第一个清醒起来的人，意识到这个年轻的苏丹表里不一，事实上极度危险。

在小亚细亚，卡拉曼部的领袖们却没有这么清醒。1451 年秋，他们以为穆罕默德年幼无知，趁他在欧洲时发动了叛乱，企图恢复旧日的埃米尔国。几周之后穆罕默德便率军赶来，他们此时完全有理由为自己之前的鲁莽而后悔。对与此事不直接相关的绝大多数人而言，这只是个不太重要的小插曲，但对拜占庭而言此事有重大的影响。返回欧洲时，穆罕默德本可以乘船渡过达达尼尔海峡，但当他得知一支意大利舰队在海峡附近巡逻时，他决定从博斯普鲁斯海峡渡海，登船的地点正是巴耶塞特建造阿纳多卢堡垒的地方，距离君士坦丁堡只有几英里远。在这里，海峡最狭窄处，穆罕默德决定建造另一座堡垒，就在他曾祖父建造的堡垒的正对面的欧洲一侧。这将使他得以完全控制博斯普鲁斯海峡，并获取一个绝佳的军事基地，可以从 415
东北方向进攻君士坦丁堡，而那时，这座城市唯一的外围防御就只剩下金角湾了。

这个计划存在一个细微的问题：穆罕默德准备建造堡垒的那处土地理论上属于拜占庭帝国。他无视了这一点。随之而来的整个冬季，他都用来召集施工人员了，总共集结一千名专业的石匠，并雇用了尽可能多的非熟练工。初春，周边地区所有的教堂与修道院都被拆毁，以便提供额外的建筑材料。1452 年 4 月 15 日，星期六，堡垒开始动工。

如梅利堡垒 （1452）

君士坦丁堡对此的反应可想而知。皇帝徒劳地派遣使团，愤怒地指责他口血未干之时背弃了盟约，而且还指出，当巴耶塞特在亚洲一侧建造要塞时，他出于礼貌询问了曼努埃尔二世的意见，即使这并不是必需的。帝国的使节根本没来得及觐见苏丹就被赶走了。不久之后，第二个使团携带厚礼接踵而至，请求苏丹，能否至少宽恕周边地区的拜占庭村庄？但这些使节也没能见到苏丹。一两周之后，君士坦丁做了最后的尝试：苏丹能否保证，建造这座堡垒不是为进攻君士坦丁堡做准备呢？这次，穆罕默德受够了。使节们被全部逮捕并处决，留皇帝自己去揣测苏丹的想法。

自 8 月 31 日星期四，巨大的如梅利堡垒建成之后，这座位于博斯普鲁斯海峡欧洲一侧、在小村贝贝克（Bebek）之外不远处的堡垒一直存留至今，而且几乎毫无变化。仅仅花了十九个半星期完成全部建筑工作，即使现在也难以置信。堡垒完工之后，苏丹在距离海岸最近的塔楼上布置了三门巨炮，向所有经过的船只宣称，无论它们所属哪个国家，从哪个海港起航，都必须停船接受检查。很快他就履行了宣言。11 月初，两艘自黑海前来的威尼斯舰船无视了警告。船员们避开了持续的炮弹射击，然而两周之后，另一艘满载食物与其他补给品前往君士坦丁堡的货船就没有那么幸运了。虽然没能阻拦这艘船，奥斯曼的炮火还是将其击毁，船员被全部处决，船长安东尼奥·里佐（Antonio Rizzo）则被桩刑处决示众，警告每一个企图效仿他的人。

西欧各国的观念也迅速转变了。看来，穆罕默德二世是 416
认真的。

苏丹对不幸的里佐的处理在基督教世界之中引起了震动。教皇尼古拉斯惊恐不已。此时他真诚地期望出手相助，却也清楚此时的自己无力回天。前一年的 3 月，当新的西帝国皇帝——哈布斯堡王朝的腓特烈三世（Frederick Ⅲ）前来罗马加冕时，他已经要求新皇帝给苏丹下最后通牒。没有谁对此在意，更不可能吓倒穆罕默德。法兰西王国依然在百年战争的破坏之中恢复，勃艮第公爵“好人”腓力（Philip the Good）的十字军热情也难免因他的父亲——无畏的约翰（John the Fearless）曾经在尼科波利斯之战被俘虏一事而打折扣；英格兰也在高尚但能力有限的亨利六世领导下恢复与法兰西王国的战争造成的创伤，而后政局迅速陷入混乱，并在三年后爆发玫瑰战争；葡萄牙与卡斯蒂利亚的国王们，此时忙于进行自己的十字军；苏格兰和北欧的国王们，或者是不清楚这个消息，或者根本就不在乎。现在，只剩下阿拉贡的阿方索，在 1443 年成为那不勒斯国王之后他便热切地想要出兵君士坦丁堡，但阿方索早已公开承认他是想要夺取拜占庭帝国的皇位，因此得不到什么支持。

1452 年夏季，当如梅利堡垒的塔楼在狭窄的海峡旁耸立时，曾经担任基辅都主教的伊西多尔已成为罗马教廷的枢机主教，并出任教皇在君士坦丁堡的代表，于此时出发就任。他在那不勒斯耽搁了一段时间，由教廷出资征募了两百名弓箭手，带着他的热那亚人同僚米提利尼大主教莱昂纳德（Leonard）在 10 月末抵达。他的任务相当简单：

按照十三年前佛罗伦萨会议上的安排，监管东方教会与西方教会的统一得以确实执行。他清楚，皇帝完全同意这一点——无论他是否保留意见。都城市民的意见仍然处于分裂之中，如今似乎更倒向伊西多尔了。反对统一的派系依然拥有相当的支持，但当时主管政务的海军总指挥官、大都督卢卡斯·诺塔拉斯（Lucas Notaras）正竭尽全力寻求妥协的方案，因此达成最终的协议并非全无可能。一两周之后，这位枢机主教就没有那么乐观了：曾经的乔治·斯库拉里奥斯，如今的僧侣真纳迪奥斯与反对派领袖公开宣
417 称只靠全能的主就能拯救帝国之时，背弃正信是极度愚蠢的，而达成协议依然遥遥无期。但那时，千钧一发之际，威尼斯舰船被击沉、船长被处决的消息传来，态势的天平再度开始倾斜。

1452 年 12 月 12 日星期二，皇帝和他朝廷之中的所有官员，在枢机主教伊西多尔和希俄斯大主教的陪同下进入圣索菲亚大教堂参加弥撒仪式。他们正式宣读了“天主欢庆”敕令，和在佛罗伦萨时一样；教皇和缺席的牧首格里高利得到了合宜的致敬。至少在理论上，统一已经完成。而对伊西多尔、莱昂纳德和他们的朋友而言，这样的胜利毫无实际意义。尽管枢机主教下了相当的保证，但过犹不及，参加者很少。按照莱昂纳德的说法——他很明显在这个问题上更为现实——连皇帝也是三心二意无精打采，诺塔拉斯则已表达公开敌对的态度。此后，没有人欢庆，反对派也保持了平静。真纳迪奥斯悄然返回修道院，没有进行任何评论。然而需要注意的是，所有支持教会统一的教堂，包括圣索菲亚大教堂

在内，此后几乎无人前去。市民们或许能够接受无可奈何的事实，但他们依然只尊崇维持旧日礼拜仪式的教堂，让东正教的教堂把他们的祈祷传达给上帝。

穆罕默德表明态度（1453）

1453 年 1 月，穆罕默德二世召集他的大臣们到亚得里亚堡开会。他告诉他们，拜占庭帝国依然相当危险，尽管国力衰微，但这些人天生擅长阴谋诡计，能够给奥斯曼家族带来更大的损害。更重要的是他们有许多的潜在盟友，而这些盟友的实力远强于他们，如果他们自知无法防卫君士坦丁堡，将这座城交给意大利或者法兰西，那时怎么办？简而言之，若是这座城市仍在基督徒的手中，苏丹自己的帝国将不得安宁，他也无法安坐苏丹之位。因此必须夺取这座城市，而现在正是进攻的良机——城中人正士气低落，分歧严重。必须承认，这座城市的城防极佳，但也不是坚不可摧，而且此前的围攻失败，在很大程度上是因为围城者无法阻止食物与补给品从海上输入。现在，突厥人首次取得了制海权。如果不能强攻夺下君士坦丁堡，他们至少可以坚持到城内人因饥饿而投降——而且必须坚持下去。

穆罕默德所说完全属实。拜占庭帝国对敌军规模的估计向来不可信，但接下来几周之中，在君士坦丁堡的意大利水 418
手们发现，突厥舰队至少有六艘三桨座战舰[①]、十艘双桨座

① 和古典时代的多桨座帆船不同，奥斯曼帝国的多桨座战舰仅有一列桨。三桨座战舰中，每三人操一只桨；双桨座战舰中，每两人操一只桨。

战舰、十五艘帆桨战舰、约七十五艘快速长战船、用于运输的二十艘重型帆驳船，以及大量的轻型帆船与小艇。当舰队在 1453 年 3 月于加利波利集结完毕时，即使不少苏丹最亲密的幕僚也为其规模而惊异不已，但他们的惊异之情无法与拜占庭人相比。一两周之后，这支舰队缓缓穿过马尔马拉海，在城下下锚时，城中人的心情可想而知。

与此同时，奥斯曼帝国的陆军正在色雷斯集结。和海军一样，穆罕默德在前一年的冬季亲自监管陆军的组织，确保其武器、装备与工程机械准备得当。他调动了所有的部队，禁止任何一个人离开军营，还集结了海量的非正规军与雇佣兵，只留下少量部队保卫边境和担任大城市的警卫。其数量同样是无法准确估计的。希腊人认为三四十万的说法可谓荒谬。现存的奥斯曼方资料——应当更为可信——认为有八万正规军和两万非正规军，即所谓“巴什 - 巴祖克”（bashi - bazouks）。正规军中还包括一万两千名奥斯曼近卫军，这些苏丹的精锐部队由基督徒家庭中被掳走的孩子们组成，他们被迫改信伊斯兰教，并进行多年的严格军事训练与宗教灌输，其中一些人还接受了攻城挖掘与机械方面的特别训练。在法律意义上他们只是奴隶，在军营生活之外再无任何人权；他们得到了正常的薪水，但不肯卑躬屈膝。1451 年，为获取更高的薪水，他们就几乎发动了兵变。近卫军的叛乱此后也成为奥斯曼帝国历史之中的重要组成部分，并延续到了十九世纪。

穆罕默德为他的陆军而自豪，更为他的海军而自豪，但他最自豪的还是他的大炮。这些武器虽然颇为粗糙，却也使用了一百多年：爱德华三世（Edward Ⅲ）在 1347 年攻打加来时已经使用一门大炮，而在北意大利使用的记载更是比这早了二十多年。

围攻开始（1453）

当时的这些火炮尽管对临时工事有效，面对坚固的石墙 419
却依然无能为力。1446 年，整整一个世纪之后，它们已经足以摧毁六里城防；但直到 1452 年，德意志的工程师乌尔班（Urban）才来到苏丹面前，提出为他修造足以击毁古巴比伦城墙的重炮。[1] 这正是穆罕默德期待的人。他给了乌尔班他索要的一切，还把他要求的薪水增加三倍；仅仅三个月后便得以在如梅利堡垒安置重炮，并击沉安东尼奥·里佐的运输船。他随后要求建造比第一组火炮大一倍的巨炮，于 1453 年 1 月完成，其长度近 27 英尺，口径达 2.5 英尺，铸造巨炮的青铜厚达 8 英寸。在测试巨炮时，一颗约 1340 磅重的炮弹被打到了 1 英里以外的地方，在地面上打出了 6 英尺深的弹坑。两百人奉命准备把这个恐怖的武器运到君士坦丁堡，一路上开道架桥；3 月初，由六十头牛拉动，二百人维持稳定的巨炮终于开始移动。

苏丹本人留在亚得里亚堡，直到最后一支部队从安纳托利亚赶来；直到那时，3 月 23 日，他才率部起程，穿越色

① 此前乌尔班觐见了拜占庭皇帝，提出为他建造巨炮，但君士坦丁既没有他索要的钱财，也没有建造巨炮需要的原材料，只得拒绝。如果他同意，接下来两年的态势可能有相当的改变。但无论我们如何猜测，这样的变化也几乎无法改变拜占庭帝国的结局。

雷斯。中世纪的军队，特别是携带攻城器械的部队，行动往往缓慢，但4月5日，穆罕默德已经将营帐扎在君士坦丁堡城外。他的大军在三天前已经抵达。决心分秒必争的他立即遣使高举免战牌进入城中，宣称他愿意遵守伊斯兰教教法赦免他和他的臣民，保证他们和他们家人的人身与财产安全，只要他们立即主动投降。如果他们拒绝，那么他将毫不留情。

如他预料的一样，他没有得到任何回复。4月6日，星期五的清晨，他的火炮开始轰击。

早在看到第一批突厥士兵到来之前，君士坦丁堡的居民
420 就已清楚围攻是不可避免的。前一年，全城的男女老幼在皇帝的率领之下工作了整整一冬，整备防务：修补并加固城墙，清理城壕，储备大量的食物、箭矢、投石、工具和希腊火[①]，以及其他各种防卫围攻时必备的物资。尽管主攻方向无疑是西侧的陆墙，马尔马拉海一侧和金角湾一侧的海墙也进行了加固。城中人清楚，第四次十字军时，法兰克人和威尼斯人正是从布拉赫内宫方向的海墙突入城中。开春之后，准备工作终于完成了。4月1日是复活节。即使在那一天，基督徒欢庆的日子，拜占庭的大多数居民也不肯前往圣索菲亚大教堂。但所有人，无论他们支持哪一方，无论接下来几个星期乃至几个月的围攻将走向何方，他们只能虔诚地祈祷，希望他们已经准备好应对接下来的进攻。[②]

① 见第一卷。希腊火在八百年来都是拜占庭帝国的秘密武器，十五世纪时似乎依然和七世纪时一样高效。

② 实际上君士坦丁堡守军也有从舰船上拆下的火炮，然而由于缺乏火炮技师和弹药储备，发挥的效果很有限。——译者注

君士坦丁也在尽力而为。前一年的秋季，他派出新的使团前往西欧，但依然效果索然。安东尼奥·里佐被处决三个月之后，1453 年 2 月，威尼斯共和国终于意识到事态的严重性，投票表决后派出两艘运输船，各携带四百人，前往君士坦丁堡助阵，十五艘帆桨战舰也将在整备完毕之后立即前往支援。但 3 月 2 日，他们依然在讨论这支舰队的组织问题；3 月 9 日，他们又通过了新的决议，要求尽快组织完成；4 月 10 日，他们给罗马写信，颇自以为是地要求所有的支援舰船要在 3 月末到达达尼尔海峡附近等待，在此之后激烈的北风将让舰船难以突入海峡。他们自己的舰船则直到 4 月 20 日才离开潟湖，而那时，教皇尼古拉斯亲自租下的三艘热那亚舰船已经载运着他出资购买的食物与战备物资抵达君士坦丁堡——下文将具体叙述。

外族守城者（1453）

幸运的是，为了“最尊贵的共和国”之名，城中的威尼斯人贸易区——必须提及，这里曾为帝国制造了太多的麻烦——决定荣耀地面对目前的威胁。其督政官吉罗拉莫·米诺托（Girolamo Minotto），早在 1 月 26 日便向本国政府送信，要求派舰队前来解救，同时他数次向皇帝保证援军将迅速到来。与此同时，他还许诺全力支援皇帝，除非得到他特 421
别批准，所有威尼斯船只都不得离开港口。两艘本打算从黑海返乡的威尼斯商船此时正好在君士坦丁堡停泊，两艘船的船长都同意留下来尽力而为。简而言之，威尼斯人提供了九艘商船，其中三艘来自他们控制的克里特岛。他们提供给皇帝的人力规模则难以确知。威尼斯航船上的外科医生尼科洛·巴尔巴罗（Nicolò Barbaro）在他生动的见闻之中记载称有六十七位“贵族”[①] 同胞出手相助，支援守城的威尼斯平民数量自然更多。

守城者之中也包括一支热那亚部队。他们之中许多人正来自他们的加拉塔贸易区，若是突厥人取胜，那里恐怕很难存续。此外还有一批来自热那亚的志愿者，那些年轻人不满本国政府的怯懦——热那亚只许诺给君士坦丁提供一艘船——他们决心为基督教世界而战。他们的领袖乔瓦尼·朱斯蒂尼亚尼·隆哥（Giovanni Giustiniani Longo）是共和国一个显赫家族的成员，而且是众所周知的围城战专家。他在1月29日抵达，随行的还有七百名私兵，包括一个名字特殊的工程师——约安内斯·格兰特（Johannes Grant），很可能来自苏格兰。最后，还有一位年长的西班牙贵族，自称科穆宁家族后裔的托莱多的唐弗朗切斯科（Don Francisco de Toledo），率领少量的加泰罗尼亚人作战，他们大多是城中的常住人口，也有一些水手自愿加入作战。这种超越国别的团结多少给了皇帝一些鼓励，但随即传来了一个严重的打击：2月26日夜，七艘威尼斯舰船——六艘来自克里特岛——悄然溜出了金角湾，穿过赫勒斯滂海峡抵达特内多斯

① 此处的“贵族”需要进行一些解释。威尼斯贵族并没有世袭封地（原因显而易见），而是源自古时的显赫家庭。在共和国历史行将结束时，一些新贵家族偶尔也有机会靠钱财成为贵族，但十五世纪时贵族身份有严格的限制，只有那些在约一百五十年之前的“金册”之中的家族才算是贵族。

岛，还带走了约七百意大利人。几天之前，他们的舰长刚刚庄严宣誓要留在城中。对君士坦丁而言，失去如此多的守城者——这事实上抵消了隆哥在一个月前提供的支援——近乎灾难，但或许更伤人的是，他信任的盟友竟能如此背信弃义。

直到现在，皇帝才能准确估量他在守卫都城时所能动用 422
的资源规模。停泊在金角湾的船只中，有至少八艘威尼斯舰船（三艘来自克里特岛）、五艘热那亚舰船，以及来自安科纳、加泰罗尼亚和普罗旺斯的各一艘船，另外还有拜占庭海军残余的十艘舰船，总数达二十六艘，与苏丹的舰队相比简直少得可怜。但当他组织人力时，君士坦丁才真正意识到自己境况的严重性。3 月末，他要求他的秘书斯法兰泽斯调查城中适宜守城的男丁数量，包括僧侣与教士。所得的人数远比他想象的少：四千九百八十三名希腊人，以及不到两千的外族。他要用这不到七千人，在穆罕默德的十万大军面前，守卫十四英里长的城墙。他告诉斯法兰泽斯，这个数据绝对不能告知他人。只有上帝才能拯救这座城市了。

4 月 2 日星期一，当哨兵报告称突厥人的先头部队出现在西面的地平线上时，皇帝下令关闭城门，拆毁城壕上的桥梁，升起海墙对面加拉塔区阿克罗波利斯（Acropolis）的塔楼（今萨拉基里奥角）的巨型铁索，封闭金角湾的入口。现在所能做的只有祈祷，以及等待首次突击了。

城防（1453）

1453 年，在那个决定命运的春季，拜占庭帝国依托的城墙从马尔马拉海延伸到金角湾，形成君士坦丁堡的西侧边界。城墙已有千年的历史，因于狄奥多西二世在位期间建造完成而被称为狄奥多西城墙，但事实上 413 年建造完成时他依然年幼，真正主持建造的是当时的禁卫军执政官安特米乌斯，在狄奥多西二世在位的最初六年作为他的监护人与东帝国的摄政。不幸的是，仅仅三十四年后，447 年，安特米乌斯主持建造的塔楼中至少有五十七座被剧烈的地震损毁——那时著名的匈人王阿提拉正在向君士坦丁堡进军。重建工程立即开始，并在仅仅两个月之后完成，还增加了外墙与外壕。阿提拉在目睹这一切之后立即掉头离开，接下来的许多个世纪之中，拜占庭帝国不计其数的敌人同样步他的后尘离去。这也不足为奇，毕竟在中世纪的攻城战中，君士坦丁堡
423 陆墙可谓牢不可破。任何攻城部队都要先穿越六十英尺宽的壕沟，而且大部分的区域还有三十英尺深的水。壕沟之后是一道低矮的垛墙，后面是大约三十英尺宽的坡道，而后便是七英尺厚近三十英尺高的外墙，上面总共有九十六座塔楼。外墙之后又是宽阔的坡道，而后就是主要的防御工事。内侧城墙的底部约十六英尺厚，总共四十英尺高。上面同样有九十六座塔楼，和外城墙的塔楼交错布置。这或许是中世纪建造的最复杂的防御工事。只有北端，贴近布拉赫内宫的位置，仅有一段石墙，而不是三重防御工事，但布拉赫内宫也有独立的坚固城防，而且另有一道壕沟防卫，这道由约翰·坎塔库泽努斯主持挖掘的工事，刚刚由一批水手修整完毕。

4 月 6 日，星期五的清晨，大多数守城者已经在城上站定，皇帝和朱斯蒂尼亚尼亲自在最脆弱的部分，即距离陆墙

北端大约一英里的“城防连接段”（mesoteichion）督战，吕科斯河在那里穿过城墙，苏丹无疑打算在这里集中攻击。马尔马拉海与金角湾的海墙防守人员则要少一些，但驻军也担负放哨的任务，监视突厥战船的行动。他们向皇帝报告称，奥斯曼帝国的海军指挥官，即保加利亚的背教者苏莱曼·巴尔塔奥卢（Süleyman Baltoğlu），不但在马尔马拉海一侧不断地巡逻，就此封锁了君士坦丁堡在马尔马拉海一侧的小港，还将舰队集结到博斯普鲁斯海峡的入口，正对着所谓的“双柱”码头[①]。围攻开始三天之后，他率领自己最大的舰船撞击铁索，试图将其击毁，但铁索纹丝不动。

与此同时，苏丹则集中了围攻战中前所未有的大批火炮，猛轰陆墙。攻城第一天的傍晚，他已经将哈尔希乌斯门方向的一段城墙摧毁，而君士坦丁堡主街正是从那里穿越城市中央，通往圣索菲亚大教堂。他的士兵接连不断地冲击城墙，但他们在箭矢的射击之下又一次次被迫撤退，直到入夜 424
后结束进攻，返回营帐。次日清晨，城墙已经修整完毕，穆罕默德决定暂停射击，将更多的火炮集中到一点。其间，他下令对城外的两座堡垒发动进攻，一座位于博斯普鲁斯海峡岸边那座新堡垒附近的小村塞拉皮亚（Therapia），另一座位于小村斯托迪奥斯。两地的守军都进行了英勇抵抗，但最终还是被迫投降。俘虏被全部处以桩刑并示众，而陆墙的守军可以清楚地看到斯托迪奥斯守军的结局。巴尔塔奥卢也接到了新命令，夺取马尔马拉海中的王子群岛。仅有最大的岛

① 今多尔玛巴赫切宫。

屿普林基波岛进行了抵抗，这位海军指挥官最终下令将堡垒烧毁，还往火中投入硫黄和沥青。那些没有被烧死的驻军都被立即处决，平民则全部被掳为奴隶。如此暴行所要传达的信息显而易见：不要轻视苏丹。

4 月 11 日，火炮准备完毕，炮击再度开始，并接连不断地持续了四十八天。尽管一些巨炮要两三个小时才能发射一次，它们造成的破坏却相当恐怖，仅仅一周之后，吕科斯河上的外墙已多处坍塌，尽管守城者接连不断地用木栅修补，他们也早已清楚这不可能永久持续下去。即使如此，18 日夜间的突袭还是被英勇地击退了，按照巴尔巴罗的记载，四个小时的恶战之中突厥人有二百人被杀，基督徒却无人阵亡。海上，皇帝的舰船也取得了值得一提的胜利：巴尔塔奥卢使用从黑海调来的重型舰船，再度试图冲击铁链，结果却依然如故。这些舰船上也有火炮，但无法与高耸的基督徒战舰对抗；希腊人、热那亚人和威尼斯人的弓箭手则从战舰的塔楼上射击，杀伤突厥舰船上的水手与士兵，迫使他们撤回。

不久之后，同样的水域之中进行了一次更为决定性的战斗。三艘教皇亲自出资整备的热那亚舰船，尽管因为天气状况在希俄斯岛耽搁，如今却终于从赫勒斯滂海峡赶来。他们与一艘阿拉贡国王阿方索提供的、来自西西里的重型拜占庭运输船会合。穆罕默德急切地把海军集结到君士坦丁堡城外，
425 错误地放松了对海峡的警戒，舰船随即得以安然进入马尔马拉海。4 月 20 日，星期五早晨，当他们出现在海平线上时，苏丹立即骑马赶往金角湾，亲自向他的海军指挥官下令，绝对不能让他们抵达城中。如果不能将他们俘虏，就全部击沉。

巴尔塔奥卢立即准备发动进攻。他的帆船迎着南风，无能为力，但双桨座战舰与三桨座战舰——其中几艘船装有轻型舰炮——立即起航；正午刚过，大舰队便冲向了那四艘船。数量占绝对劣势的帝国舰船，在旁观者看来成功的希望极度渺茫，但风向对它们有利，波浪也让沉重的突厥战舰难以操控。更重要的是，帝国的舰船有高度上的优势。突厥舰长们再度暴露在箭矢、标枪和其他投射武器的打击之下，只要进入射程他们就无法躲避，被迫静观这四艘船平静地驶入金角湾。然而，正当他们抵达入口时，风突然停止了。阿克罗波利斯角，即金角湾、博斯普鲁斯海峡与马尔马拉海交汇的地方，早在古时就因水流强劲多变而闻名，当基督徒舰船上的帆随着风息而落下时，船员们发现水流正将他们向北推向加拉塔区。

阿克罗波利斯角之战（1453）

情况现在对突厥人有利了。巴尔塔奥卢依然不敢贴近，他把重型舰船尽可能地贴近，用火炮轰击。但这毫无效果。他的火炮射程太近，无法杀伤敌人。基督徒的舰船上中了几支火箭，但火焰被迅速扑灭，没有造成什么损害。绝望的他清楚，以苏丹现在的心境，失败就意味着死亡，于是下令前进发动接舷战。他的旗舰直接撞上了帝国的运输船的尾部。热那亚人则被迅速包围，尽管船员继续投射，但面对周围的三四十艘突厥舰船，他们无能为力。然而他们舰船的高度再度扭转了态势。强行登上敌人的舰船向来困难，而当遭受进攻的船只远比进攻者的舰船高时，进攻者必须迎着箭矢爬过 426

这段高度，几乎不可能成功。热那亚的水手们手持大斧，砍杀了每一个企图攀爬的敌人。最终，突厥人的船桨纠缠在一起，无法动弹，他们的船只成了活靶子。

此时，帝国的运输船仍处于艰难之中。幸运的是，上面装备了可观的希腊火，因此可以抵抗敌人。尽管驱逐了试图登船的敌人，船员却无法摆脱后方的突厥旗舰，武器弹药也即将耗竭。见到运输船受困，热那亚舰船的船长们成功调转方向，将四艘船捆在一起，仿佛海上的城堡一样，抵御周围的混乱。船员们团结一心，英勇奋战，但他们不可能永远抵御几乎无穷无尽的敌船，他们也愈发绝望。然而傍晚时分，风再度吹起，基督徒的风帆张开，这座巨大的浮动堡垒再度开始移动，缓慢而坚定地驶向金角湾，并撞开所有阻挡的突厥舰船。巴尔塔奥卢眼上中箭——据说还是从己方舰船射来——身受重伤，他清楚自己已经失败。在黑暗之中，他只得下令舰船返回锚地停泊。几个小时之后，在夜晚的死寂之中，铁索悄然沉下，四艘船在寂静之中驶入金角湾。

苏丹在岸上目睹了这一战的全过程，激动的他一度骑马冲进海中，以至于长袍在水中拖行。他愤怒时的暴戾举世闻名，而当他看到自己的舰队遭受如此羞辱时，他大发雷霆，以至于他身边的人开始为他的健康与理智担忧。次日，他召巴尔塔奥卢前来，公开叱骂他愚蠢胆怯，并下令将他立即处决。这个不幸的军官因为他的下属们证实他曾英勇作战而得到了宽恕，但死罪可免活罪难逃，他被鞭笞一番后解除了职务，财产也被全部查抄——穆罕默德把这些财产分给了他宠信的近卫军。巴尔塔奥卢此后再未见于任何历史记载。

转移舰船（1453）

在那个决定性的星期五，拜占庭堪称极度幸运，而他们甚至没有充分意识到这一点。热那亚舰船的冲击把苏丹吸引到双柱码头，次日他仍在那里时，一门重炮击毁了外墙的瓦 427
克塔提尼安（Bactatinian）塔楼，而这座巨型塔楼正在吕科斯河河谷之上，外墙也因此大段坍塌。如果围城者立即发动突击，君士坦丁堡围城战或许能够早五个星期结束，但穆罕默德并不在那里，无人下令，这个战机也转瞬即逝。当晚，希腊工程师修复了损坏的城墙，次日清晨城墙便依然坚实如故——至少看上去如此。

苏丹却另有打算。刚刚经历的惨败让他把注意力集中到一个任务上——夺取金角湾的控制权，无论使用何种手段。早在围攻之初他便在考虑这个问题，并派他的工程师在加拉塔后方铺平一条道路，从马尔马拉海的双柱码头附近开始，穿过今塔克西姆（Taksim）广场附近的山头，在卡斯帕萨（Kasimpaşa）抵达金角湾。他们铸造了铁轮与铁轨，木匠们则匆忙打造木支架，以供拖动中等大小的舰船。这是个浩大的工程，但穆罕默德有足够的人力物力将其完成。4 月 21 日，这一工程已完成；22 日，星期日的清晨，加拉塔的热那亚人惊异地发现，约七十艘突厥船只在不计其数的公牛拖拽之下，越过二百英尺高的小山，拖入金角湾。

拜占庭城中人则远比他们惊愕，他们完全不知道苏丹是如何完成此举的，无法相信自己的双眼。不但他们的主港不再安全，他们也必须额外防卫三英里半的城墙，十字军在

1204年突破的正是这一段城防。一周后，他们竭尽所能想要摧毁突厥人的舰船，但突厥人收到了在加拉塔的密探的报告，事先做好了准备。随后的海战之中，突厥人仅仅损失了一艘舰船，基督徒则有五十名最优秀的水手被杀，另外四十人游上岸后，便在城中人的注视下被当场杀死。作为报复，希腊人也把他们俘虏的二百六十名突厥士兵带到海滨，在金角湾对面的同胞的注视下，将他们全部斩首。自此，双方都不可能让步了。

即使此时，皇帝也没有立即意识到穆罕默德完成了何等壮举。在督政官米诺托的鼓励之下，他依然期待着威尼斯人
428 的解围舰队。就算这支舰队前来，又怎么可能安然靠岸？他也渐渐发现加拉塔的热那亚人已经背叛。必须承认，他们之中的一些人在同胞乔瓦尼·朱斯蒂尼亚尼·隆哥的指挥下集结起来，在城墙上英勇奋战，但大多数人根本没有出手相助，更没有解救基督教兄弟的意思。要他们阻止苏丹将舰船拖入金角湾或许不可能，但他们为何也不发出任何警告呢？真实情况是，如君士坦丁所料，热那亚人向来都不喜欢希腊人，也不认为自己有义务向他们效忠。基督教确实是一种纽带，理论上两个教会更是已经统一，但对大多数的热那亚人（以及大多数威尼斯人）而言，贸易才是最重要的。他们必须支持胜利的一方，而胜利的一方将是谁已经显而易见。

似乎为了展现他对加拉塔的完全掌控，穆罕默德如今派人在金角湾上架桥，位置距离布拉赫内宫西北方向不过几百码。此前，他在城外的信使必须绕过一个大圈才能抵达双柱码头的舰队锚地；如今，他们只需要不到一个小时

就能抵达了。桥梁也有其他的作用，可供五人并排行进的桥梁也可以承受重型车辆，也就是说，如果在车辆两侧加上特制的木筏，重炮就可以用来掩护士兵前进，或者直接轰击海墙了。

5月初，皇帝清楚他不可能久持了。城中的食物已经严重短缺，在马尔马拉海捕鱼早已不可能，突厥舰船进入金角湾后也无法在那里捕捞了。城墙上的守城者必须花越来越多的时间为家人寻找食物。如今只剩下一点希望——而且极度渺茫：威尼斯的援救舰队。米诺托送信求援已经是三个月前的事，但根本没有回信传来。救援舰队在路上吗？救援舰队规模如何，有什么货物？最重要的是，什么时候能够到来？这些问题的答案攸关君士坦丁堡全城人的命运。于是，5月3日，星期四的午夜，一艘威尼斯双桅帆船离开金角湾，挂上突厥旗帜，十二名水手换上突厥人的装扮，从铁索之下悄 429
然穿过。

23日，星期三的晚上，他们返回城中，迎着激烈的北风，在突厥人的追逐之下闯进马尔马拉海。幸运的是，威尼斯人的航行能力远胜突厥人，入夜时他们成功进入了金角湾。舰长立即向皇帝与米诺托做了汇报。他带来的消息再坏不过了。他在爱琴海航行了三周，完全看不到那支舰队的踪迹，甚至连任何威尼斯舰船都看不到。当他意识到继续搜寻毫无意义之后，他召集了水手，问他们该怎么做。有一个人要求返回威尼斯，因为君士坦丁堡可能已经在突厥人的手中，但其他人喝断了他的发言。对其他人而言，他们的责任很明确：履行诺言回禀皇帝。他们就这样，冒着再也无法活着离开这座城市的危险，返回城中。君士坦丁十一世哽咽着感谢了他们每一个人。

凶兆显现（1453）

此时，凶兆也开始显现。城中的消极者几个月以来都在说，君士坦丁堡的第一位皇帝是海伦娜之子君士坦丁，最后一位皇帝也将是海伦娜之子君士坦丁。本该是满月的5月24日到来之前，却出现了更大的凶相：5月22日发生了月食；一两天后，当人们抬着城中最神圣也最珍贵的圣母像在城中巡游，寻求拯救时，圣像从台上滑落。人们艰难地将圣像放回原位——突然之间，圣像仿佛沉重无比——并继续巡游，但刚走了几百码，一场城中人都不曾经历的猛烈雷暴席卷全城，滂沱大雨与冰雹直接漫上了街道，巡游被迫中止。次日，君士坦丁堡城中人醒来时发现全城笼罩在浓雾之中，如此浓雾在5月末极为罕见；当晚，圣索菲亚大教堂的穹顶上，一道凡间不曾有过的红光缓缓从底照到顶，又悄然消散。最后的征兆连加拉塔和双柱码头的突厥人也能看到，穆
430 罕默德原本颇为烦扰，但他的占星家宣称这意味着正信将很快照耀到这座教堂之中，让他得以安心。对拜占庭城中人而言，这只意味着一件事：圣灵离开了他们的城市。

乔治·斯法兰泽斯和其他大臣们再度请求皇帝，在仍有一线生机时离开君士坦丁堡，到摩里亚躲避，等待率领大军收复都城的机会，恰如他的祖辈米哈伊尔八世在两个世纪前所做的那样。他们发言时，疲惫不堪的君士坦丁一度昏厥，但清醒过来之后的他依然坚定。他的城市还在，他的臣民还

在，他不能弃他们而去。

5月26日，星期六，穆罕默德二世召开了军事会议。他对左右的人说，围攻进行太久了。他的大维齐、年长的哈利勒帕夏——他原本就不支持这次围攻，或者说，他向来与顽固的年轻苏丹不和——立即表示同意，并请求他的君主，在解救的舰队或者约翰·胡尼奥迪——传言称他已经出征——的陆军抵达之前尽快撤军。但穆罕默德不肯接受。他依然坚称，希腊人已经弹尽粮绝，沮丧不堪。总攻的时机已经到来。年轻的军官们纷纷表示支持，哈利勒的意见被无视，会议达成了决定。次日将进行准备，再进行一天的休整与祈祷，进攻将在5月29日，星期二的清晨展开。

苏丹没有打算向城中的守卫者隐瞒他的计划，奥斯曼营中的一些基督徒士兵甚至把信绑在箭上射入城中，告知城中人苏丹的打算。但这样的举动意义索然。接下来的三十六个小时，准备工作接连不断地进行着——填充壕沟，整备火炮，组装投石机与攻城器械，搬运箭矢、火药、食物、绷带、灭火用水和大军所需的其他不计其数的补给品。夜间，他们点起巨大的营火照明，以便继续工作，鼓声和号声则激励他们努力工作。28日黎明时分，突然之间，一切都归于平静。工作停止了。当他的部下进行最后的物质与精神准备时，穆罕默德进行了整整一天的巡视，直到夜深才安歇。

总攻前夜（1453）

城中，之前几个星期的紧张战斗已经让守军近乎崩溃。希腊人、威尼斯人和热那亚人向来关系不佳，而此时已经几 431

乎无法交流。即使在最重要的城防问题上，他们都要过问每一个命令，都要争论每一个建议，都要怀疑每一个动机。似乎在一瞬之间，在帝国历史的最后一个星期一，这一切改变了。最后时刻即将到来时，所有的争执与差异都被放下了。城墙上的修理工作依然在继续——突厥人可以休息，但守城者没有喘息之机。城中的其他地方，君士坦丁堡的所有居民离开家中，聚集起来，进行最后一次集体祷告。在教堂的钟声之中，最神圣的圣像画与最珍贵的圣物被取出，加入希腊人与意大利人自发组成的漫长队列。无论是东正教教徒还是天主教教徒，都穿过街道，从城墙的一端走到另一端，在每一处损毁严重的地点，或者苏丹可能在次日集中轰击的位置，进行一段特别祷告。

皇帝也很快加入了队列，队列结束之后，他把麾下军官们召集起来，进行最后一次讲话。他的演讲稿留下了两个版本，他的秘书斯法兰泽斯和米提利尼大主教莱昂纳德各自留下了一份记载，尽管细节和措辞略有差异，但内容大致相同，将君士坦丁最后一段演讲的主要内容流传到后世。他首先对希腊臣民讲话，告诉他们，人应当为了四种理由而慷慨赴死：为信仰，为祖国，为家人和为君主。如今，他们要准备好同时为这四个理由而死。他本人愿为自己的信仰、都城和臣民而死。他们是伟大高尚的民族，是古希腊和古罗马的英雄们的后裔，在守卫自己的都城时，无疑能够展现出他们先祖的精神，阻止异教徒的苏丹用所谓先知取代耶稣基督的位置。然后他转向意大利人，感谢他们所做的一切，保证他在面对将要到来的危险时，依然爱着他们，信任他们。他们和希腊人此时在上帝的旌旗下统一，在上帝的帮助下无往不胜。最后，他缓慢地绕着房屋行走，为自己曾经可能的冒犯，向每个人道歉。

黄昏时分，全城人本能地前往圣索菲亚大教堂。此前的五个月中，希腊人大多不肯进入其中，他们认为那里被拉丁教会玷污了，虔诚的拜占庭人不应接受。现在，他们第一次 432
也是最后一次放下了礼仪上的差异。圣索菲亚大教堂是拜占庭帝国的精神中心，其他任何一座教堂都无法与之媲美。十一个世纪以来，自从君士坦丁大帝的时代，这座城市的大教堂便矗立在这里；查士丁尼建造的巨大镀金穹顶也闪耀了九个多世纪，象征着城市与帝国的信仰。在绝境面前，他们无处可去。

大教堂之中的最后一次晚祷，无疑也是最激动人心的一次。城墙上的守城者依然无法离开岗位，但其他所有人，无论男女老幼，都聚集在圣索菲亚大教堂，领取圣餐，共同祈祷，在他们熟悉的金色镶嵌画面前，寻求救赎。牧首的座位依然空着，但数以百计的东正教主教、牧师、僧侣和修女自发前来——即使他们之中许多人曾发誓，如果不彻底清理掉罗马教廷的污秽，就绝不踏足此地。同样在场的还有枢机主教伊西多尔，曾经的基辅都主教，人们眼中可憎的背教者，但他此时再度以原来的东正教礼仪分发圣餐，吟诵祷文时，人们也再度心怀敬意聆听。

典礼仍在进行时，皇帝和他的军官们匆匆赶来。他首先向在场的每一位主教，无论是天主教教徒还是东正教教徒，请求赦免自己的罪业，而后和其他人一起参与圣餐礼。

不久之后，除了几支长明蜡烛之外的其他灯火全部熄灭后，大教堂笼罩在黑暗之中；皇帝独自返回教堂，进行了短暂的祈祷，而后返回布拉赫内宫，向自己的随从告别。午夜时分，在乔治·斯法兰泽斯的陪同下，他最后一次巡视陆墙，保证尽可能加固城防。返回时，他带着自己忠实的秘书来到布拉赫内宫附近的一座塔楼之上，两人共同静观了一个小时，聆听寂静。然后他屏退了乔治。这也是两人最后一次会面。

第一轮进攻（1453）

君士坦丁十一世或许几乎不曾入眠，因为穆罕默德根本没等到天亮就开始进攻。凌晨一点半，他便下达了进攻信号。突然之间，夜晚的寂静被喧天的鼓号声打破，令人毛骨悚然的突厥人战吼随之而来，仿佛死人都因此震醒。
433 教堂的钟再度鸣响，警告全城人最后一战已经开始。城中的老弱妇孺拥入最近的教堂，或者来到金角湾的圣塞奥多西亚教堂，[①] 那里铺满了玫瑰，正在庆祝这位圣人的盛宴。余下的男人赶往城墙，与已经在那里的人会合，许多妇女也一同前往。

苏丹从未低估过自己的对手。他清楚如果要夺取这座城，必须先耗竭其中的守城者，以车轮战不断进攻，不让他们休息。他首先派出“巴什－巴祖克”，其中既有基督徒也

---

① 土耳其语称“玫瑰清真寺”（Gül Camii）。格外高耸的圣塞奥多西亚教堂存留至今，但成为清真寺后进行了改建。传说这里是君士坦丁十一世的安息之地。

有穆斯林，他们来自欧洲各地与西亚各地，穆罕默德的军队之中有数以千计的这类非正规军。他们大多未受过训练，使用他们拥有的各种武器，不太可能持久作战，然而他们的最初进攻依然引起了恐慌。对穆罕默德而言，他们有另一个好处：李代桃僵。可以用他们打击敌人士气，让随后跟进的精锐部队能更容易地杀死守城者。他们对城墙猛攻了两个小时，对吕科斯河河谷这个战略要地进行了集中攻击，然而由于乔瓦尼·朱斯蒂尼亚尼·隆哥和部下的英勇抵抗，堡垒岿然不动。在凌晨四点之前，苏丹下令他们停止进攻。他们没能突破城防，却也完成了任务，让守城者不得安歇，精疲力竭。

第二轮攻击接踵而至。这次进攻的部队是安纳托利亚的突厥人部队，他们和那些非正规军截然不同，所有人都接受了训练，纪律严明。他们每个人都是虔诚的穆斯林，坚定地想要在天堂之中获取永久的荣耀，成为第一个进入基督教世界最大城市的人。他们以极大的勇气投入战斗，在一门巨炮在城墙上打出巨大的缺口之后，他们立即冲了进去，然而基督徒在皇帝的亲自率领之下围拢上来，将冲进来的人杀死，将余下的人赶回护城壕中。得知这个消息时，苏丹一如既往地大发雷霆，却并不担心。他们确实是优秀的士兵，但他也并不希望安纳托利亚人拿走这一战的桂冠。如此的荣誉，当然要由他最宠信的近卫军拿走，此时，他把他们投入了战斗。

基督徒根本来不及重组与休整就要面对第三次攻击了。434
首先飞来的是一系列的投射物——箭矢、标枪、投石，乃至枪弹。投射还没完全结束，在稳健、冷酷、闻者胆寒的整齐节奏之中，奥斯曼帝国的精锐部队急行军穿越了平原，无论城上如何投射，队列都不曾改变。保持他们行进节奏的军乐声本身就如同武器，震耳欲聋的鼓号声即使在城市的另一端，乃至海峡对岸都能听到。他们一次又一次冲向缺口，砍杀守军，趁机架设云梯，并奉命跟随前进，或者休整待命。但城墙上的基督徒不可能有休息的机会。战斗已经持续五个多小时，而且肉搏战越来越多。尽管他们此前成功击退了围城者，但他们也清楚，自己不可能久持了。

灾难终于到来了。破晓后不久，一门重炮的弹药击中了乔瓦尼·朱斯蒂尼亚尼·隆哥，当即击穿了他的护甲与胸膛。伤并不足以致命，但朱斯蒂尼亚尼自从这一战开始便在战事最激烈的地方指挥作战，如今已经无力继续。他在剧痛之中倒地不起，尽管皇帝恳求他留下，他还是坚持让随从把他带到港口的热那亚舰船上。君士坦丁对这个受重伤的人的要求或许不近人情，但他清楚，朱斯蒂尼亚尼离开后，他的同胞会怎么样。在城门关闭之前，热那亚守军鱼贯而出。

在城壕对面观战的苏丹是否看到朱斯蒂尼亚尼被击中，我们无从得知，但他还是立即意识到城上出了问题，于是立即下令近卫军再发动一轮进攻。引领冲锋的是巨人哈桑（Hassan），守军还来不及阻拦，他已经闯进缺口。尽管他随后被杀，但越来越多的近卫军追随他的脚步入城，希腊人
435 便很快退往内城墙防守。困在两段工事之间的他们成了突厥大军的猎物，许多人被当场杀死。

攻城战结束（1453）

此时，那些抵达内城墙的近卫军欣喜不已，他们互相祝贺，庆祝自己成为最早入城的人。正在此时，他们惊异地发现内城墙北段已经升起突厥人的旗帜。大约一个小时之前，大约五十人的突厥非正规军在巡逻时，在城下找到了一个小门，那里位于塔楼底部的隐蔽处，并不牢固。事实上那里是所谓的“剧场门”（Kerkoporta），一个暗门。这一段城墙的指挥官，即热那亚的博基亚尔迪家族（Bocchiardi）的三兄弟，通过这道门对突厥营地发动了数次奇袭。“巴什－巴祖克”勉强打开了这道门，攀上狭窄的台阶，登上塔顶。在没有任何支援部队的情况下，这样的举动无异于自寻死路，但在朱斯蒂尼亚尼受伤之后的混乱中，他们没有遭遇任何抵抗，并得以在不久之后升起突厥人的旗帜，并打开大门让后来者入城。几乎可以肯定，是他们，而不是近卫军，最先入城。

然而此时，突厥人已经从缺口之中涌入。君士坦丁本人意识到“剧场门”的境况已经绝望，便返回了吕科斯河河谷的指挥部。在那里，他和托莱多的唐弗朗切斯科——尽管年事已高，唐弗朗切斯科还是在这一战中表现英勇——以及他的侄子塞奥菲洛斯·帕列奥列格（Theophilus Palaeologus）和朋友约翰·达尔马塔（John Dalmata）坚持作战，守卫城门，直到朱斯蒂尼亚尼得以通过。最后，意识到大势已去的他，脱掉了所有的皇帝仪服，在他朋友们的陪同下投入最激烈的混战。此后，再也没有人见过他。

清晨，残月高悬之时，君士坦丁堡围城战结束了。城墙上满是死者与濒死者，几乎见不到幸存的强壮守城者。存活的希腊人匆匆返回家中保护家人，竭尽所能保护他们免遭已经开始的掠夺与奸淫；威尼斯人冲向他们的舰船，热那亚人则赶往相对安全的加拉塔。他们发现金角湾格外宁静：大多数突厥水手已经弃船登岸，迫不及待地加入陆军的劫掠。威尼斯人的指挥官阿尔维塞·迪耶多（Alvise Diedo）安然率
436 领水手割断了加拉塔铁索的缆绳，在七艘热那亚舰船和几艘拜占庭舰船的陪同下驶入马尔马拉海，而后穿越赫勒斯滂海峡离开。每一艘船都装满了难民，不少人跳进海中，游上他们的船，只为免遭城中的劫难。

他们这么做至少可谓明智，因为城中的劫难极为深重。正午时分，城市的街道已经被鲜血染红。房屋被洗劫一空，妇孺被奸淫或杀死，教堂被夷为平地，圣像画被从金框架中拆除，书本的银封也被撕下。布拉赫内的皇宫已成空壳。霍拉的救世主教堂的圣像画与壁画神秘地幸免于难，但帝国最神圣的圣像，据说由圣路加亲自绘制的《引路圣母》(Virgin Hodegetria)[1]，被砸成四片摧毁。然而最恐怖的场景发生在圣索菲亚大教堂。那里正在晨祷时，疯狂的征服者便冲了过来。其中的人迅速关闭了巨大的青铜门，但突厥士兵很快砸开大门冲了进去。其貌不扬的穷人们被当场杀死，余下的人则被押往突厥人的军营之中，供征服者淫乐。牧师们

① 该画像原本在布拉赫内的圣母教堂，毗邻宫殿。但为了更好地鼓励守城者，它被转移到更靠近城墙的教堂。

继续着他们的弥撒，直到被杀死在圣坛前。但虔诚的正教徒依然相信，在最后时刻，一两位牧师拿起珍贵的圣盘圣杯，神秘地消失在圣坛的南墙里。他们将在南墙继续躲避，直到君士坦丁堡再度成为基督徒的城市，他们才会回来继续那次被打断的典礼。[①]

苏丹入城（1453）

苏丹穆罕默德许诺让他的士兵按照伊斯兰教的习俗，进行三天的劫掠；然而如此暴行之后，劫掠在仅仅一天后就奉命结束，士兵们也没有什么怨言。那时城中已经没有值得劫掠的财物，士兵们大多忙于分配与变卖战利品，与俘虏淫乐了。苏丹本人等到一切暴行结束之后才进入城中。尔后，当天下午，在主要官员、伊玛目和近卫军卫士的陪同下，他骑马缓慢通过主街，来到圣索菲亚大教堂。他在正门外下马，捧起一抔土撒在头巾上，以示谦卑，而后进入大教堂。当他 437
走上圣坛时，他阻止了正在拆毁大理石地板的士兵。他宣称，掠夺并不包括毁掉城中的公共建筑。无论如何，他决定将这座象征神圣智慧的大教堂改为城市的主要清真寺。高阶伊玛目奉命登上布道坛，高唱安拉，仁慈怜悯的真主，真主之外别无主宰，穆罕默德是真主的使徒。苏丹顶礼膜拜，祈

① 拜占庭帝国残余的部分皇帝卫队，在一座塔楼坚持抵抗到苏丹下令停止劫掠，因而得以在放下武器后和平离开君士坦丁堡。在帕列奥列格王朝，来自北欧的战士几乎不可能得到马其顿王朝与科穆宁王朝时开出的巨额薪水，曾经武功赫赫的瓦兰吉卫队也迅速萎缩，在十五世纪时早已不复见于记载。但在最后一战之中，卫队之中的一些士兵依然挥动着双手大斧，或许他们就是瓦兰吉卫队的孑遗。——译者注

祷，感恩。

离开大教堂，他穿越广场来到旧日的圣宫，这个十一个半世纪之前由君士坦丁大帝主持建造的宫殿如今已经坍圮不堪。当他的便鞋踏上碎石铺成的地面时——上面的一些镶嵌画存留至今——据说他吟诵着波斯诗人的作品：

> 蜘蛛在恺撒的宫殿结网，
> 猫头鹰在阿夫拉西阿卜的塔楼上远望。[①]

他实现了自己的野心，君士坦丁堡是他的城市了，而那时的他，年仅二十一岁。

① 佚名作。

尾　声

征服君士坦丁堡的消息让整个基督教世界陷入了恐慌。438
难民涌向西欧时，他们也带来了这个史诗般的故事，故事也得以完整地流传开来。然而人们说法差异最大的就是拜占庭帝国最后一位皇帝的结局。当然，其中有他逃出生天的传说，但大多数人——包括君士坦丁十一世的好友斯法兰泽斯，若是君士坦丁幸存，不可能不和他联系——在记载中基本肯定他是在城破之后被杀。枢机主教伊西多尔扮成乞丐混出城，而后逃到了克里特岛，按他的说法，君士坦丁的遗体在死后被辨认出来，头颅还作为战利品奉献到苏丹面前。苏丹在对死去的君士坦丁一番羞辱之后，带着他的首级胜利返回了亚得里亚堡。与枢机主教的说法类似的各种传言也广为流传。

皇帝的遗体

对君士坦丁堡的陷落的记述中，最有趣的一份记述源自埃维亚岛的威尼斯人尼科洛·萨古迪诺（Nicolò Sagundino），他几乎是在一切发生之后立即完成了这份记载。他在突厥人于 1430 年夺取塞萨洛尼基之时被俘虏，此后在费拉拉和佛罗伦萨会议上担任口译员，之后他代表共和国进行了一系列的外交任务，因此他的见闻应当是相对可信的——尽管他的说法和其他人基本类似，仅仅是基于道听途说。1454 年 1 月 25 日的那不勒斯，在对阿拉贡国王阿方索五世（Alfonso V）的一次正式演说之中，他详细地描述了君士坦丁的死亡，他宣称因为这值得永世纪念。按照他的说法，乔瓦尼·朱斯蒂尼亚尼·隆哥受伤之后，他告诉皇帝拜占庭一方已经战败，请求他尽快逃离。君士坦丁拒绝了这个建议，指责他胆怯，他本人坚持要为自己的帝国战死。向城墙缺口行进时，他发现敌人已经涌入城中，不愿被活捉的他要求同伴杀
439 死他，但他们都没有这样做的勇气。尔后，他扔掉了身上所有的皇帝仪服，手持长剑加入了格斗。他几乎被立即杀死。战斗结束之后，本希望生擒他的苏丹下令搜索他的遗体。找到他的遗体之后，苏丹下令将他的首级挑在木桩上，到军营之中巡游示众。之后苏丹将君士坦丁的首级，以及城中二十名俊男与二十名美女作为礼物赠送给埃及苏丹。

另一种说法源自马卡里奥斯·梅里森努斯（Makarios Melissenos），这位十六世纪的莫奈姆瓦夏都主教留下了乔治·斯法兰泽斯编年史的扩展版本，他声称寻找皇帝遗体的突厥士兵发现他，是因为他的护胫甲和靴子上有雕刻或刺绣的皇帝鹰徽。这个说法与君士坦丁将身上的所有仪服抛弃的说法略有不符，但混乱之中他也许只扔掉了方便脱下的那些，也不太可能立即找到用来替换的鞋，或者直接赤脚上阵。梅里森努斯还提到，苏丹下令将他的遗体以基督徒的礼

仪下葬，这一点没有得到任何其他资料的佐证，而且他的记述是君士坦丁堡破城一个世纪之后的事，因此必须谨慎采信。穆罕默德这样的人，真的会给皇帝留下墓地，甚至是埋骨地，供城中怀念拜占庭帝国的人朝圣与凭吊吗？

即使有这样的考虑，依然有极小的可能是，皇帝的遗体——或者他人所认为的皇帝遗体——被忠实的臣民隐匿并在此后秘密安葬。梅里森努斯声称他最终安葬在圣索菲亚大教堂的说法不可信。十九世纪时在今维法广场（Vefa Meydani）附近发现最后一位皇帝坟墓的奥斯曼政府的说法同样不可信，这个传说——毫无根据，却被同时代的旅行者狂热传播——基本可以肯定是当地咖啡馆的老板们编造的。如果他的坟墓存在（即使可能性极低），最可能的位置就是圣塞奥多西亚教堂，即今玫瑰清真寺，传说君士坦丁就埋葬在东南边的堤防下面。那里确实有一座小墓室，通过堤防内部狭窄的台阶之后，里面有一具棺木，门楣上用突厥语写着“使徒、基督信徒之墓——愿他安息”。这个传说尽管古老，
却是在征服之后出现的，棺木上覆盖的是绿色的布，而这是 440
伊斯兰教常用的礼节。另外当地也有说法认为那里属于一位伊斯兰教的圣人居尔·巴巴（Gül Baba）。君士坦丁十一世的结局，在不计其数的传说之外，或许是最可能也最简单的：他的遗体没有找到，最后一位皇帝和他的士兵们一同埋葬在了集体墓葬中。

和皇帝的遗体几乎同样神秘的，是皇帝的佩剑。在都灵的王室武器库中，一把雕满基督教符号的华丽佩剑上刻着希腊语的“君士坦丁皇帝”。十九世纪，奥斯曼政府将其赠送

给了都灵派遣的使节；1857 年，法国学者维克多·朗格卢瓦（Victor Langlois）对其进行了辨认，认定这把剑无疑正是君士坦丁十一世的佩剑，是苏丹穆罕默德二世的陪葬品。[①] 然而他既没有解释这把剑是如何从苏丹的墓地之中取出，也没有说明为什么另一把剑——据说是枢机主教伊西多尔在 1452 年赠予皇帝——在整个十九世纪之中都留存在君士坦丁堡。此外还有一把剑，与前两把剑非常类似，是君士坦丁堡的希腊居民赠给君士坦丁皇子，即希腊王国的继承人的，作为他 1886 年的成年礼。一些人也以为这是皇帝的佩剑，尽管当时一份雅典的报纸强调这一说法缺乏依据。[②]

由于他的地位以及充满戏剧性的结局，君士坦丁十一世的传说难免无穷无尽，以至于他成了一个传奇人物。他也确实值得被称为传奇，而五个半世纪之后，将史实与传言分离开来也是相当困难了。史学家能做的只有转述记载，并尽可能地推测。他们指出了迷宫的入口，却无法指出迷宫通向何方。

幸存者的结局

441 并非所有拜占庭贵族都和他们的皇帝共命运了。一艘于 5 月 29 日逃离金角湾的热那亚船只的旅客名单上，就有六个

---

① "Mémoire sur le sabre de Constantin XI Dracosès, dernier empereur grec de Constantinople", *Revue de l'Orient et de l'Algérie et des Colonies*, Paris 1858; "Notice sur le sabre de Constantin XI, dernier empereur de Constantinople, conservé à l'Armeria Reale de Turin", *Revue archéologique*, 14: 1, 1857.

② 这些信息，以及本章其他部分的许多内容参考了 D. M. 尼科尔教授的《不朽的皇帝》（*The Immortal Emperor*），其中对君士坦丁堡陷落的后续事件的记述，是现有英语作品之中最完备的。

帕列奥列格家族成员的名字，另外还有坎塔库泽努斯家族的约翰和迪米特里奥斯，两个拉斯卡里斯家族的成员，两个科穆宁家族的成员，两个诺塔拉斯家族的成员，以及没有那么显赫的其他家族的成员。他们抵达希俄斯岛，一些人就此定居，其他人则通过其他途径转往摩里亚、科孚岛、爱奥尼亚群岛或意大利，威尼斯则成了拜占庭流亡者的主要集结地点。出身帕列奥列格家族的安娜·帕列奥列格·诺塔拉斯（Anna Palaeologina Notaras）公主——大都督卢卡斯·诺塔拉斯之女——和她外甥女欧多西亚·坎塔库泽努斯（Eudocia Cantacuzena）在威尼斯居住了多年，君士坦丁堡陷落三十年后，这两位贵妇成了希腊流亡者社区的中心人物。

那些没有在围城战中城破时死亡，也没能逃到西方的拜占庭贵族们，在征服该城的第二天被带到苏丹的面前。绝大多数贵族妇女都被立即释放，但她们最貌美的女儿们——和几个儿子——则被苏丹留下了。被押来的男性贵族之中包括诺塔拉斯和另外九名大臣。他亲自出资为这十个人赎身，并释放了他们。然而这种恩典转瞬即逝。仅仅五天后，在宴会上，有人悄悄告诉苏丹，诺塔拉斯时年十四岁的三子格外英俊。穆罕默德立即下令他的宦官把他抓走，而当宦官回禀称愤怒的大都督不肯让他的儿子离开时，苏丹就派士兵将父子二人全部逮捕，还抓走了诺塔拉斯的女婿，即大元帅安德罗尼卡·坎塔库泽努斯的儿子。被带到苏丹面前之后，诺塔拉斯依然坚持己见，穆罕默德则下令将他们三人当场斩首。大都督唯一的要求是让两个少年先受刑，免得自己的死让他们胆怯。在他们受刑之后，他也慨然引颈就戮。

至于那些幸存的希腊平民，苏丹决定让他们在他的帝国之中，以自治的社区继续留存，由他们自己选择的领袖来管理，这名领袖也将为他们的言行举止负责。拜占庭贵族体系几乎被完全肃清之后，可能的领袖只剩下牧首了。最近的一位牧首格里高利三世，早在三年前便逊位并逃往罗马了。然
442 而他毕竟支持教会统一，逃走也好：穆罕默德本能地猜忌任何一个和西欧有联系的拜占庭居民。他此时明智地选择了僧侣真纳迪奥斯，即曾经的乔治·斯库拉里奥斯。尽管此人参加过费拉拉与佛罗伦萨的会议，但他已经放弃此前所有教会统一的观点，成了支持东正教一派的领袖。他和修道院中的其他僧侣一样被掳为奴隶，但他最终还是成了亚得里亚堡一个富裕突厥人的仆人，几乎又立即被任命为牧首。1454 年 1 月，他在圣使徒教堂之中——而非圣索菲亚大教堂之中，那里已经是清真寺——就职。他的仪服，包括长袍、权杖和胸前的十字架则由苏丹交到他的手上，恰如之前的牧首们从“瓦西琉斯”们手中接过一样。

穆罕默德借此自封为他的希腊臣民们的庇护者，在帝国之中为他们划出一个区域，让他们自由地信奉基督教。他们不会再有皇帝了，但他们至少还是保留了牧首，成为他们宗教以及民族精神的中心。[①] 真纳迪奥斯三次出任牧首之位，

---

① 苏丹此举的影响在希腊东正教教会之中延续至今，大主教达马斯基诺斯（Damaskinos）从 1945 至 1946 年曾担任希腊的摄政者，大主教马卡里奥斯（Makarios）更是成了塞浦路斯总统（1959～1974、1975～1977）。近五百年来，教会履行着宗教与民族主义的双重功能，这种传统如今依然不曾消失。

其间他成功地在突厥征服者的统治之下达成了妥协。他仅仅犯下了一个严重的错误：就职几个月之后，他自愿放弃了圣使徒教堂，[1] 迁往塞奥托科斯·帕玛卡里斯托斯（Theotokos Pammakaristos，“庇佑一切的神之母”）教堂，苏丹也得以借此拆毁了圣使徒教堂，在君士坦丁堡七丘的第四座上建造如今的法提赫（Fatih，“征服者”）清真寺。[2]“神之母”教堂作为牧首的驻地持续到了1568年，五年后那里也改成了清真寺，今称“征服者清真寺”（Fethiye Camii）。[3]

直到1601年，牧首才转往毗邻金角湾的费内尔（Fener）城区，并在那里存续至今。然而对忠实的东正教教徒而言，相比牧首具体所在的教堂这个问题，更重要的是牧首，即如今的全希腊教会普世牧首，依然在今伊斯坦布尔。 443
他在本地的信众很少，尽管直到1913年巴尔干战争结束时，奥斯曼帝国之中的希腊人口数量也远多于希腊王国，拥有的财富也更多，但那都是过去的事了。如今君士坦丁堡牧首的主要任务是管理西欧、美国和澳大利亚的各个东正教团体。从这一点来看，这个驻地称不上理想，但对每

---

① 圣使徒教堂是拜占庭帝国诸多皇帝的墓葬地，其中原本有大量贵重物品，第四次十字军入城时将其劫掠一空，并对墓葬的棺椁大肆破坏。或许，牧首是因为无法忍受其中的凄惨景象而决心离开的。当然，也有苏丹蓄意断绝城中罗马皇帝象征的可能。——译者注

② 圣使徒教堂原本由君士坦丁大帝建造，作为他和他继承人的安息之地（见第一卷）。由查士丁尼重建之后，巴西尔一世又进行了整修，并装饰了镶嵌画。法提赫清真寺和周围的大批建筑物则是在1463年至1470年建造，也是城中最早的奥斯曼帝国纪念碑。

③ 塞奥托科斯·帕玛卡里斯托斯教堂如今依然值得游览。十四世纪初的侧室礼拜堂（parecclesion）之中保留了精美的镶嵌画，与卡里耶清真寺的镶嵌画基本出自同一时代，近年美国拜占庭学会对其进行了修复。

个希腊人而言，其象征意义是不可估量的，继续提醒着他们继承了拜占庭帝国的遗产。尽管皇家血脉在君士坦丁十一世之后就断绝了，牧首却延续了一千六百年，自四世纪起便不曾中断。东正教源自君士坦丁堡，那里依然是东正教的中心。

西欧的反应

尽管深切且衷心地惊惶，西欧却没有因为拜占庭帝国的灭亡而剧变。两个遭受直接影响最大的政权——威尼斯和热那亚，毫不犹豫地开始和苏丹谈判，以尽可能维持他们的利益。威尼斯人的援救舰队——很大程度上是教皇尼古拉斯整备的——在希俄斯岛下锚，等待合适的风向以继续前往君士坦丁堡，却遇到了从加拉塔逃出的热那亚舰船，得知了灾难的消息。舰队指挥官贾科莫·洛雷当（Giacomo Loredan）主动撤往埃维亚岛，等待新的指令。直到7月3日，阿尔维塞·迪耶多和从君士坦丁堡撤出的威尼斯舰船才返回潟湖。次日，迪耶多对议会进行了完整的报告。如今，威尼斯人或许是第一次开始考虑这一切对他们的重大意义。这不只是基督教世界的东帝国都城陷落而已，就这一点而言，情绪上的触动在所难免，但拜占庭帝国的政治意义早已消散一空。他们也并不算失去了一个重要的贸易港口，尽管据威尼斯人估计，在围城战与后续的巷战中有约五百五十名威尼斯人或克里特人死亡，损失了三十万达克特。在第三个方面，问题却严重得多：胜利的苏丹将自此随意征服他所想要征服的一切。如今一切都要靠他的善意来决定了。

7 月 5 日，洛雷当和议会选择的威尼斯大使巴尔托洛梅奥·马尔切洛（Bartolomeo Marcello）接到了命令。洛雷当 444 要尽可能保卫埃维亚岛，并将原本打算运往君士坦丁堡的货物转往伯罗奔尼撒半岛的莫多内待命。马尔切洛的任务是向穆罕默德保证，共和国决定坚定遵守他的父亲和他曾经签署的协议，要求奥斯曼归还他们掳走的所有威尼斯舰船，并指出这些并非军舰，而是商船。如果苏丹同意延长协议，马尔切洛就应当询问威尼斯能否保留城中的贸易区域，并保留希腊人统治时拥有的所有特权，还要试图让他释放所有被俘的威尼斯人。如果他拒绝或试图提出新的条件，大使必须先和威尼斯议会商议。与此同时，他也获准支配一千二百达克特，用于购置礼物赠送穆罕默德及奥斯曼宫廷官员，以便进行谈判。

马尔切洛很快发现和穆罕默德讨价还价极度困难，接下来许多使节也将明白这一点。直到次年春季，在进行了近一年的谈判之后，他们才得以签署协议。奥斯曼帝国归还了剩余的舰船和俘虏，威尼斯贸易区也得以恢复，由新的督政官负责——吉罗拉莫·米诺托在围城战后已经被处决。然而，那些领土与商业的特权都不复存在了，那正是威尼斯商人得以强大与繁荣的关键。马尔切洛在君士坦丁堡停留了两年，竭尽所能说服苏丹改变心意。他失败了。拉丁世界在东方的影响力已经开始衰退。

热那亚人的情况比威尼斯人更危急，他们在继续耍弄两面下注的把戏。在加拉塔，他们的市政官——相当于威尼斯的督政官——在突厥人进城之时打开了城门，并竭尽所能避免他的同乡们离开。他尽可能早地派出了两名信使祝贺穆罕默德的胜利，并希望热那亚人贸易区的特权保持不变，但苏丹愤怒地赶走了他们。两天后，第二个使团前来时，苏丹的心情好了一些。加拉塔的热那亚人可以保留他们的财产，也可以继续保留宗教信仰，但不能敲钟或者建造新教堂。他们可以在奥斯曼帝国的领土与领海之中自由行动与贸易，但他们必须交出全部武器装备，并拆毁陆墙与防御工事。所有的
445 男性都必须支付人头税，任何旧日的特权也不复存在。加拉塔此后也将与其他任何自愿臣服于突厥征服者的基督徒社区完全一样。理论上，热那亚在黑海北岸的所有贸易区域可以继续保留，包括克里米亚半岛繁荣的卡法港，但在安东尼奥·里佐死后，便很少有水手再敢强闯海峡，也几乎没有商人愿意支付极度高昂的过路费。除了希俄斯岛之外——热那亚人在那里的统治维持到了1566年——热那亚的商业帝国在十五世纪结束时便化为乌有了。

在罗马，教皇尼古拉斯完全没有表现出和那两个商业共和国一样的犬儒主义和自私自利。他竭尽所能号召西欧发动十字军，呼应他的不只是希腊的枢机主教伊西多尔和贝萨里翁，教皇在德意志的代表埃尼亚斯·西尔维鲁斯·皮科洛米尼（Aeneas Sylvius Piccolomini），即未来的教皇庇护二世（Pius Ⅱ），也全力奔走呼吁。但这毫无用处。西帝国皇帝腓特烈三世既没有组织十字军的手段，也没有号召十字军的权威，只能写下几封展现虔诚信仰的信；法兰西与英格兰在百年战争之后依然疲惫不堪，勃艮第公爵好人腓力——欧洲最富裕的王公——尽管表面上最为狂热，在真正需要他的时

候却一个子都不肯出。只有匈牙利的拉迪斯拉斯急切希望出征，但没有盟友他不可能出征，而现在他连约翰·胡尼奥迪都无法指挥，两人的关系早已破裂。

从拜占庭的角度来看，这一切意义索然。如此规模的突厥大军驻扎在君士坦丁堡之中，收复该城已不复可能，让帝国复国也不可能了。行动的时机早就过去了。一个世纪之前，将西方基督教世界的力量集中起来对抗奥斯曼部，也许能够扭转态势——至少能推迟在所难免的灭亡。这样的行动，尽管进行了无休止的讨论，却最终也没有发生；在欧洲踌躇之间，拜占庭帝国已经灭亡。

欧洲的无力

东方的基督徒相信十字军显然不可能到来，他们只能尽可能帮助他们战败的同胞，并获取对自己有利的协议。塞尔维亚的乔治·布兰科维奇、摩里亚的尊主迪米特里奥斯和托马斯、特拉布松的皇帝约翰·科穆宁（John Comnenus）、莱 446
斯沃斯岛和萨索斯岛的加蒂卢西奥家族领主，以及圣约翰骑士团的大团长，纷纷派遣使节前来，在苏丹的宫廷之中进进出出。穆罕默德对所有使节的答复完全一致：他不打算和他们争吵，只要求他们承认自己为宗主，并支付更多的岁贡。其他政权都同意了，只有骑士团反对，他们的理由是苏丹要获得教皇的承认，但很显然教皇绝不会如此做。穆罕默德让使节离开了，毕竟以后还有机会对付他们。

事实上，骑士团反而比其他的基督徒政权存留得更久。穆罕默德在 1480 年进攻罗德岛，但没能成功，并于一年后逝世。他的曾孙苏莱曼大帝在1520年突袭夺取该岛。[①] 布兰科维奇和胡尼奥迪均于1456年逝世。摩里亚的尊主国此前已经因两兄弟的内讧而分裂，最终在1460年被消灭。次年8月15日，米哈伊尔八世光复君士坦丁堡两百年后，大卫·科穆宁（David Comnenus），特拉布松的最后一位统治者，拜占庭世界的最后一个皇帝，向苏丹投降。两年后，他和他成年的子侄们在君士坦丁堡被处决，尸体扔到城外喂狗。

帕列奥列格家族的后裔

帕列奥列格家族却继续存在了一段时间。尊主迪米特里奥斯成为僧侣，在君士坦丁堡死去；他唯一见于记载的孩子——女儿海伦娜（Helena），和她的母亲一同被带进苏丹的后宫。他的兄弟托马斯逃往罗马，并把圣安德烈的头颅带走，作为礼物献给教皇庇护二世。[②] 他仍年幼的两个儿子由枢机主教贝萨里翁抚养。长子安德鲁（Andrew）于君士坦丁堡陷落当年出生，他的表现令人失望。自称“君士坦丁堡英白拉多”的他娶了一个罗马城的妓女，把所有的封号卖给西班牙的斐迪南（Ferdinand）和伊莎贝拉（Isabella）之后，于1502年在穷困潦倒之中离世。幼子曼努埃尔

---

① 但骑士团的漫长历史至此仍未结束。在游荡了几年后，他们在马耳他安定下来，直到最终被拿破仑驱逐。骑士团如今在罗马居留，依然享受着独立政权的特权，也和许多天主教国家维持着外交关系。

② 这一情景也再现在了罗马圣安德烈教堂——《托斯卡》（*Tosca*）第一幕的发生地——的庇护二世墓地浮雕上。

(Manuel) 此后返回了君士坦丁堡，他在那里成婚，留下了两个儿子约翰（John）和安德鲁（Andrew）——后者改信伊斯兰教，并靠着苏丹提供的少量补助安度余生。托马斯的幼女佐伊［Zoe，索菲亚（Sophia）］在1472年嫁给了莫斯科大公伊凡三世（Ivan Ⅲ）。身为君士坦丁堡最后一位皇帝的侄女，她将双头鹰作为嫁妆带给了自己的丈夫，在他看 447
来，她也带来了拜占庭的精神遗产——就此让莫斯科得以自称"第三罗马"。伊凡雷帝（Ivan the Terrible）正是她的孙子。

如前文所述，至少在十一世纪时帕列奥列格家族便在帝国之中出现了，而在被奥斯曼帝国征服之前很久，便有许多帕列奥列格皇室的远亲，与当时的皇帝有近乎不存在的亲属关系。帝国灭亡之后，许多人流亡到欧洲，意大利就有许多姓帕列奥列格的人，特别是在威尼斯、佩萨罗和维泰博。此后这个姓氏又传到了马耳他、法国和凯法利尼亚，以及奥斯曼帝国境内各地，比如雅典、罗马尼亚和基克拉泽斯群岛上的锡罗斯岛（Syros）。甚至有人来到了英格兰，康沃尔的兰杜尔夫（Landulph）的圣莱昂纳德教堂，一片黄铜饰板上的铭文读来依然激动人心。

> 这里安眠着来自意大利佩萨罗的塞奥多尔·帕列奥列格，他是希腊最后一位基督教皇帝的后裔、卡米里奥（Camilio）的儿子，普罗斯博（Prosper）的孙子、塞奥多罗（Theodoro）的曾孙、约翰的玄孙。约翰是君士坦丁·帕列奥列格的二弟托马斯的儿子，君士坦丁是君士

坦丁堡最后一位统治者，直到那里被突厥人占领。塞奥多尔迎娶了来自萨福克（Sovffolke）的哈迪耶的威廉·鲍尔斯（William Balls of Hadlye）的女儿玛丽，留下五个孩子——塞奥多罗（Theodoro）、约翰（John）、费迪南德（Ferdinando）、玛丽亚（Maria）和多萝西（Dorothy），于1636年1月21日在克利夫顿（Clyfton）撒手人寰。

我们倒是愿意相信这段话，哀哉，没有证据显示尊主托马斯有个名叫约翰的儿子。乔治·斯法兰泽斯负责记录皇室家族所有后裔的名字，但他只记录了前文提到的安德鲁和曼努埃尔。然而有趣的是，一个名叫利奥·阿拉提奥斯（Leo Allatius）的人——必须提及他是在1648年写下的这段话——明确记载称“安德鲁、曼努埃尔与约翰，尊主托马斯·帕列奥列格之子”。[①] 很明显，他的可信性无法和斯法兰泽斯相比，但确有可能托马斯有一个名叫约翰的私生子，
448 或者是铭文上有误，提到的约翰是托马斯的幼子曼努埃尔之子，这一点确有可信资料的证实。

无论哪一种说法属实，塞奥多尔都将成为曼努埃尔·帕列奥列格，即曼努埃尔二世的后裔。有趣的是他和他的两位叔父在佩萨罗——身为美第奇家族的臣属——被指控犯下谋

① Leo Allatius, *De ecclesiae occidentalis atque orientalis perpetua consensione*, col. 956.

杀罪。[1] 塞奥多尔被流放，最终来到了英格兰，成为一名士兵，而后又成为林肯（Lincoln）伯爵雇的刺客。他和玛丽·鲍尔斯的婚礼在约克郡的科廷厄姆（Cottingham）隆重举行——或许只是为了避免萨福克人的口舌，毕竟他们的长子塞奥多罗在婚礼十周之后就出生了。尼科尔教授写道："埃克塞特大教堂记载（老）塞奥多尔于1636年10月20日下葬，而非铭文所说的1月21日。1795年，他的坟墓被意外打开，露出了橡木棺。开棺后，他的遗体保存完好，人们发现塞奥多尔·帕列奥列格身材格外高大，有一个大鹰钩鼻，以及很长的白胡须。"

塞奥多尔的儿子费迪南德在英国内战爆发不久之前移居巴巴多斯（Barbados），与丽贝卡·庞弗雷特（Rebecca Pomfret）成婚。他于1678年去世，安葬在圣约翰教堂之中。刻着多利安式石柱和君士坦丁十字的墓碑上，写着一段铭文："这里安葬着费迪南德·帕列奥列格，最后一位基督徒的希腊皇帝的后裔，1655～1656年任教区教会委员，担任教区代表二十年。于1679年10月3日去世。"他的儿子塞奥多里奥斯（Theodorious）与巴巴多斯的玛莎·布拉德伯里（Martha Bradbury）成婚，并和她返回了英格兰，在斯特普尼（Stepney）定居，而后于1693年在科伦纳（Corunna）去世。他的遗腹女的名字颇为古怪——"戈德斯考尔"

① 这个故事出自尼科尔教授的《不朽的皇帝》。在最后一章，他不仅提到了塞奥多尔，也提到了其他的冒充者，并给出了全部的参考资料。另见帕特里克·利·弗莫尔的《旅人蕉》（*The Traveller's Tree*），pp. 145～149。

(Godscall)。她的故事我们不得而知，若是无法发现新的证据，我们只能认定，这个丧父的斯特普尼女孩是拜占庭帝国皇帝最后一个确知的后裔——姑且认为那位约翰·帕列奥列格确实存在吧。

总结

东罗马帝国于330年5月11日，星期一，由君士坦丁大帝创立；在1453年5月29日，星期二终结。在那一千一
449 百二十三年零十八天之中，八十八位皇帝或者女皇曾登上皇位——不包括拉丁帝国时期窃据皇位的七位统治者。这八十八位君主之中，其中的一些人——君士坦丁一世、查士丁尼一世、希拉克略、巴西尔一世与巴西尔二世、亚历克修斯一世——堪称伟大；其中的一些人——福卡斯、米哈伊尔三世、佐伊和安吉洛斯王朝的皇帝们——则令后世不齿；大多数则是勇敢、正直、虔敬且实干的统治者，他们尽力而为，成就也或多或少。拜占庭帝国或许没能践行其最高理想，可又有哪个政权能如此呢？但至少，帝国不应当落得如十八世纪和十九世纪时在英格兰的恶名（这在很大程度上源自爱德华·吉本）——“文明世界之中一切卑劣无耻的集合”。[1]这个荒谬的说法无视了诸多事实，拜占庭帝国是高度宗教化的社会，至少在社会中上层之中几乎没有文盲，而且一位又一位皇帝因学识渊博而传名后世；这个社会相当勉强地掩饰了其对十字军领袖们的轻蔑——那些自称贵族的人竟连写自

① W. E. H. 莱基《欧洲道德史》，1869年。

己的名字都很勉强。同样被无视的是，在西欧的学术之光几乎熄灭之时，这个依然留存了希腊与拉丁古典文化遗产的文明，对西欧文明有何等的恩惠。

最后，同样被无视的是摄人心魄的拜占庭艺术。尽管其题材可谓狭窄，几乎完全限于基督教信仰的诸多神迹，然而在如此的限制之下，拜占庭艺术依然达到了前无古人，后无来者的深沉与超脱，这些杰作——圣索菲亚大教堂南走廊的《祈祷》（*deesis*）、西西里切法卢（Cefalù）大教堂穹顶的全能基督像、君士坦丁堡霍拉的救世主教堂侧室礼拜堂的《复活》——正是以这些精神为名因此位列人类精神世界最崇高的创造之中。拜占庭帝国之中，画师与镶嵌画师得到的要求可谓简洁——“展现上帝的精神”。这是极大的挑战，西欧的艺术家也很少进行如此尝试。然而在东方基督徒的教堂与修道院中，艺术家们忠实又可谓杰出地多次完成了这一创举。

二十世纪首个也最出色的希腊文化仰慕者罗伯特·拜伦（Robert Byron），依然坚信拜占庭帝国的伟大源自他所说的
“三者合一”，即罗马的体魄、希腊的思想与东方的神秘灵 450
魂融为一体。这三股影响自始至终存在，也各自塑造了帝国独特的个性；事实上也可以说，每一位皇帝或者女皇的性格，都是这三种元素以不同的方式所得的精妙结合。出于这个以及种种其他原因，拜占庭人对人生和世界的看法与我们截然不同。然而本质上，他们不过是和我们一样的凡人，拥有同样的弱点，屈服于同样的诱惑，和我们一样有好有坏，相差无多。然而他们不应当和之前的几个世纪一样，被我们

禁锢在历史的角落之中。他们的愚行确实很多，他们的罪业同样如此，但当他们的最后一位皇帝勇敢地面对结局时，这一切也应当被原谅了，就像那些世界历史之中诸多的光辉史诗一样，无论是胜者还是败者，都被写入传奇之中，拥有同样的荣耀。这也是为什么，在五个半世纪之后，整个希腊世界依然相信，星期二是一周之中最不幸的一天；这也是为什么，土耳其的旗帜上不是新月而是残月，这提醒着我们君士坦丁堡陷落时残月高悬；这也是为什么，除了圣索菲亚大教堂之外，君士坦丁堡陆墙——坍圮，残破，却依然从一个海洋延伸到另一个海洋——依然是那座城市最宏大也最悲哀的纪念碑。

皇帝列表

拜占庭帝国皇帝

1081～1118	亚历克修斯一世
1118～1143	约翰二世
1143～1180	曼努埃尔一世
1180～1183	亚历克修斯二世
1183～1185	安德罗尼卡一世
1185～1195	伊萨克二世
1195～1203	亚历克修斯三世
1203～1204	伊萨克二世与亚历克修斯四世共治
1204	“连眉者”亚历克修斯五世
1204～1222	塞奥多尔一世
1222～1254	约翰三世
1254～1258	塞奥多尔二世
1258～1261	约翰四世
1259～1282	米哈伊尔八世
1282～1328	安德罗尼卡二世
1328～1341	安德罗尼卡三世
1341～1391	约翰五世
1347～1354	约翰六世
1376～1379	安德罗尼卡四世
1390	约翰七世
1391～1425	曼努埃尔二世
1425～1448	约翰八世
1449～1453	君士坦丁十一世

拉丁帝国皇帝

1204～1205	鲍德温一世
1206～1216	埃诺的亨利
1217	库特奈的皮埃尔
1217～1219	约兰达
1221～1228	库特奈的罗贝尔
1229～1261	鲍德温二世
（1231～1237	布列讷的让）

伊庇鲁斯尊主

1204～约1215　米哈伊尔一世
约1215～1224　塞奥多尔

称帝，后改称塞萨洛尼基尊主

1224～1230　塞奥多尔
1230～约1240　曼努埃尔
约1240～1244　约翰
1244～1246　迪米特里奥斯

伊庇鲁斯尊主

约1237～1271　米哈伊尔二世
1271～1296　尼基弗鲁斯
1296～1318　托马斯
1318～1323　尼古拉斯·奥尔西尼
1323～1355　约翰·奥尔西尼
1335～1340　尼基弗鲁斯二世

塞萨利尊贵者

1271～1296　约翰一世
1296～1303　君士坦丁
1303～1318　约翰二世

穆斯林君主列表

罗姆苏丹

1077（1078）～1086	苏莱曼一世
1092～1107	基利杰·阿尔斯兰一世
1107～1116	马利克沙
1116～1156	马苏德一世
1156～1192	基利杰·阿尔斯兰二世
1192～1196	凯霍斯鲁一世
1196～1204	苏莱曼二世
1204	基利杰·阿尔斯兰三世
1204～1210	凯霍斯鲁一世
1210～1220	凯考斯一世
1220～1237	凯库巴德一世
1237～1245	凯霍斯鲁二世
1246～1257	凯考斯二世
1248～1265	基利杰·阿尔斯兰四世
1249～1257	凯库巴德二世
1265～1282	凯霍斯鲁三世
1282～1304	马苏德二世
1284～1307	凯库巴德三世
1307～1308	马苏德三世

至君士坦丁堡陷落的奥斯曼苏丹

1288～1326	奥斯曼
1326～1362	奥尔汗
1362～1389	穆拉德一世
1389～1402	巴耶塞特一世
1402～1421	穆罕默德一世
［1402～1410	苏莱曼］
［1411～1413	穆萨］
1421～1451	穆拉德二世
1451～1481	穆罕默德二世

教皇列表

（1073～1455，斜体为僭称教皇）

1073～1085 格里高利七世
1080～1100 克莱芒三世
1086～1087 维克多三世
1088～1099 乌尔班二世
1099～1118 帕斯夏二世
1100～1102 狄奥多里克
1102 阿尔贝特
1105 西尔维斯特四世
1118～1119 杰拉斯二世
1118～1121 格里高利八世
1119～1124 卡里西图斯二世
1124～1130 霍诺里乌斯二世
1124 塞莱斯廷二世
1130～1143 英诺森二世
1130～1138 阿纳克雷图斯二世
1138 维克多四世
1143～1144 塞莱斯廷二世
1144～1145 卢修斯二世
1145～1153 尤金三世
1153～1154 阿纳斯塔修斯四世
1154～1159 哈德良四世
1159～1181 亚历山大三世
1159～1164 维克多四世
1164～1168 帕斯夏三世
1168～1178 卡里西图斯三世
1179～1180 英诺森三世
1181～1185 卢修斯三世
1185～1187 乌尔班三世
1187 格里高利八世
1187～1191 克莱芒三世
1191～1198 塞莱斯廷三世
1198～1216 英诺森三世
1216～1227 霍诺里乌斯三世
1227～1241 格里高利九世
1241 塞莱斯廷四世
1243～1254 英诺森四世
1254～1261 亚历山大四世
1261～1264 乌尔班四世
1265～1268 克莱芒四世
1268～1271 （出缺）
1271～1276 格里高利十世
1276 英诺森五世
1276 哈德良五世
1276～1277 约翰二十一世
1277～1280 尼古拉斯三世
1281～1285 马丁四世
1285～1287 霍诺里乌斯四世
1288～1292 尼古拉斯四世

教皇列表

1294	塞莱斯廷五世	1389 ~ 1404	卜尼法斯九世
1294 ~ 1303	卜尼法斯八世	*1394 ~ 1423*	*本笃十三世*
1303 ~ 1304	本笃十一世	1404 ~ 1406	英诺森七世
1305 ~ 1314	克莱芒五世	1406 ~ 1415	格里高利十二世
1316 ~ 1334	约翰二十二世	*1409 ~ 1410*	*亚历山大五世*
1328 ~ 1330	*尼古拉斯五世*	*1410 ~ 1415*	*约翰二十三世*
1334 ~ 1342	本笃十二世	1415 ~ 1417	（出缺）
1342 ~ 1352	克莱芒六世	1417 ~ 1431	马丁五世
1352 ~ 1362	英诺森六世	*1423 ~ 1429*	*克莱芒八世*
1362 ~ 1370	乌尔班五世	*1424*	*本笃十四世*
1370 ~ 1378	格里高利十一世	1431 ~ 1447	尤金四世
1378 ~ 1389	乌尔班六世	*1439 ~ 1449*	*菲利克斯五世*
1378 ~ 1394	*克莱芒七世*	1447 ~ 1455	尼古拉斯五世

参考文献

I 原始资料

资料合集

Archivio Storico Italiano. 1st ser. Florence, various dates. (A.S.I.)
Byzantinische Zeitschrift. (B.Z.)
Byzantion. Revue Internationale des Etudes Byzantines. Paris and Liège 1924–9; Paris and Brussels 1930; Brussels etc. 1931– . (B.)
Corpus Scriptorum Historiae Byzantinae. Bonn 1828– (incomplete). (C.S.H.B.)
COUSIN, L. *Histoire de Constantinople*. Fr. trans. 8 vols. Paris 1685. (C.H.C.)
DE BOOR, C. (Ed.) *Opuscula Historica*. Leipzig 1880. (B.O.H.)
Dumbarton Oaks Papers. Cambridge, Mass. 1941– . (D.O.P.)
GUIZOT, F. *Collection des Mémoires Relatifs à l'Histoire de France*. 29 vols. Paris 1823–7. (G.M.H.F.)
HAGENMEYER, H. *Die Kreuzzugsbriefe aus den Jahren 1088–1100*. Innsbruck 1902.
MAI, Cardinal A. (Ed.) *Novae Patrum Bibliothecae*. 10 vols. Rome 1844–1905. (M.N.P.B.)
MIGNE, J. P. *Patrologia Graeca*. 161 vols. Paris 1857–66. (M.P.G.)
— *Patrologia Latina*. 221 vols. Paris 1844–55. (M.P.L.)
Monumenta Germaniae Historica. Eds. G. H. Pertz, T. Mommsen *et al*. Hanover 1826– (in progress). (M.G.H.)
MULLER, C. I. T. *Fragmenta Historicorum Graecorum*. 5 vols. Paris 1841–83. (M.F.H.G.)
MURATORI, L. A. *Rerum Italicarum Scriptores*. 25 vols. Milan 1723–51. (M.R.I.S.)
Recueil des Historiens des Croisades. Académie des Inscriptions et Belles Lettres. Paris 1841–1906.
— Historiens Grecs, 2 vols. 1875–81. (R.H.C.G.)
— Historiens Occidentaux, 5 vols. 1844–95. (R.H.C.Occ.)
Revue des Etudes Byzantines. Bucharest and Paris, 1946– . (R.E.B.)
Revue des Etudes Grecques. Paris 1888– . (R.E.G.)
Revue Historique. (R.H.)
SANSOVINO, F. *Historia universale dell' origine et imperio de' Turchi*. 3 vols. Venice 1646.
Studies in Church History. (S.C.H.)

参考文献

个人资料

ACROPOLITES, George. *Opera*. Ed. A. Heisenberg. Leipzig 1903.

ADAM of Usk. *Chronicon*. Ed. E. M. Thompson. London 1904.

Altino Chronicle. A.S.I. Vol. 8.

ALBERT of Aix (Albertus Aquensis). *Liber Christianae Expeditionis pro Ereptione Emundatione et Restitutione Sanctae Hierosolymitanae Ecclesiae*. R.H.C.Occ., Vol. 4.

ANAGNOSTES, John. See SPHRANTZES

ANNA COMNENA. *The Alexiad*. Ed. Ducange, R.H.C.G. Vol. 1. Eng. trans. by E. A. S. Dawes, London 1928; another by E. R. A. Sewter. London 1969.

Arab Historians of the Crusades. Select. and trans. from the Arabic sources by F. Gabrieli. Eng. trans. by E. J. Costello. London 1969.

ATTALEIATES, Michael. *Historia*. C.S.H.B. Vol. 50. Partial Fr. trans. by H. Grégoire, *Byzantinische Zeitschrift*. Vol. 28 (1958) and E. Janssens. *Annuaire de l'Institut de Philologie et d'Histoire Orientales et Slaves*. Vol. 20. 1968–72.

BARBARO, N. *Giornale dell' Assedio di Costantinopoli*. Ed. E. Cornet. Vienna 1856. Eng. trans. by J. R. Jones. New York 1969.

BRYENNIUS, Nicephorus. *Histories*. C.S.H.B. Vol. 26. Fr. trans. by H. Grégoire. B. Vol. 23. 1953.

CANANUS, John. *De Constantinopoli oppugnata*. Ed. I. Bekker. C.S.H.B. 1838 (with Sphrantzes, q.v.).

CANTACUZENUS, John. *Historiae*. Ed. L. Schopen. 3 vols. C.S.H.B. 1838 (Fr. trans. in C.H.C. Vols. 7, 8. Ger. trans. by G. Fatouros and T. Krischer, Stuttgart 1982).

CHALCOCONDYLAS, Laonicus. *De origine ac rebus gestis Turcorum*. C.S.H.B.

Chronicle of the Morea. Fr. version by J. Longnon. *Livre de la Conqueste de la Princée de l'Amorée*. Paris 1911.

CINNAMUS, John. *Epitome Historiarum*. C.S.H.B. Eng. trans. by C. M. Brand. New York 1976.

CLAVIJO, Ruy González de. *Embajada a Tamorlan*. Ed. F. López Estrada. Madrid 1943. Eng. trans. by G. Le Strange. London 1928.

CYDONES, Demetrius. *Letters*. Ed. with Fr. trans. by G. Cammelli. *Démétrius Cydonès, Correspondance*. Paris 1930.

DUCAS, Michael(?). *Historia Turco-Byzantina*. C.S.H.B. New edn ed. V. Grecu. Bucharest 1948.

EUSTATHIUS of Thessalonica. *De Thessalonica a Latinis capta, a. 1185*. Ed. I. Bekker. C.S.H.B. German trans. by H. Hunger. Vienna 1955.

GLYCAS, M. *Chronicon*. Ed. I. Bekker. C.S.H.B.

GREGORAS, Nicephorus. *Byzantina Historia*. Ed. L. Schopen and I. Bekker. In C.S.H.B. Ger. trans. by J. L. van Dieten. *Nikephoros Gregoras, Rhomäische Geschichte*, 3 vols. Stuttgart 1973–88.

— *Letters*. *See* Guilland, R.

GREGORY of Cyprus. *Laudatio*. M.P.G. Vol. 142.
IBN AL-ATHIR. *Sum of World History* (selection, with Fr. trans.) in R.H.C.Occ. Vol. 1.
IBN JUBAIR. *The Travels of Ibn Jubair*. Trans. R. J. C. Broadhurst. London 1952.
IGNATIUS of Smolensk. *Pélérinage d'Ignace de Smolensk*. Ed. G. P. Majeska, *Russian Travelers to Constantinople in the 14th & 15th C*, Washington, DC 1984.
LEONARD of Chios, Archbishop of Mitylene. *Epistola ad Papam Nicolaum V*. M.P.G. Vol. 159. 1866 (Italian version in Sansovino, *Historia Universale*, III).
Liber Pontificalis. De Gestis Romanorum Pontificum. Text, intro. and comm. by L. Duchesne. 2 vols. Paris 1886–92. (Reprint, Paris 1955.)
MALATERRA, Geoffrey. *Historia Sicula*. M.P.L. Vol. 149. M.R.I.S. Vol. 5.
MATTHEW of Edessa. *Chronicle*. Fr. trans. by E. Delaurier. Paris 1858.
MICHAEL the Syrian (Patriarch). *Chronicle*. Ed. with Fr. trans. by J. B. Chabot. Paris 1905–6.
MOUSKES, Philip, *Chronique rimée de Philippe Mouskès*. Ed. F. A. de Reiffenberg. *Collection de Chroniques Belges inédites*. II. Brussels 1838.
MUNTANER, Ramón. *Crónica*. Barcelona 1886. (Eng. trans. by Lady Goodenough in Hakluyt Society edition, London 1920.)
NICETAS CHONIATES. *Historia*. C.S.H.B. (Fr. trans. in C.H.C.)
ORDERICUS VITALIS. *Historia Ecclesiastica*. (Ed. A. Le Prevost and L. Delisle.) In *Société de l'Histoire de France*. 5 vols. Paris 1838–55. Eng. trans. with notes by T. Forester. 4 vols. London 1854.
OTTO of Freising. *Chronica, sive Historia de Duabus Civitatibus*. M.G.H. *Scriptores*. Vol. 20. Eng. trans. by C. C. Mierow. New York 1953.
— *Gesta Friderici Imperatoris, cum continuatione Rahewini*. Ed. Wilmans. M.G.H. *Scriptores*. Vol. 20. Eng. trans. by C. C. Mierow. New York 1953.
PACHYMERES, George. *De Michaele et Andronico Palaeologis*. 2 vols. Ed. I. Bekker. C.S.H.B. (French trans. in C.H.C., Vol.6.)
— *Georges Pachymérès: Relations historiques*. Ed. A. Failler. Vol. 1 (with Fr. trans. by V. Laurent). Paris 1984.
PRODROMUS, Theodore. *Poemata*. Selections in M.P.G. Vol. 133. R.H.C.G. Vol.2.
PSELLUS, Michael. *Chronographia*. Eng. trans. by E. R. A. Sewter. London 1953. Fr. trans. by E. Renauld. 2 vols. Paris 1926.
ROBERT of Clary. *La Conquête de Constantinople*. Ed. Lauer. Paris 1924.
ROGER of Hoveden. *Annals*. Eng. trans. by H. T. Riley. London 1853.
SANUDO, Marino. *Istoria del regno di Romania*. Ed. C. Hopf. In *Chroniques gréco-romanes*. Berlin 1873.
SPHRANTZES, George. *Chronicon Maius*. Ed I. Bekker. C.S.H.B. (includes Anagnostes).
STEPHEN, Count of Blois. Letters Nos. IV and X, in Hagenmeyer, *Die Kreuzzugsbriefe*.

SYROPULUS, Silvester. *Memoirs*. Ed. R. Creyghton, *Vera historia unionis non verae inter Graecos et Latinos*. The Hague 1660. (See also Laurent, V. below.)
THEOPHYLACT, Archbishop of Ochrid. *Letters*. M.P.G. Vol. 126.
VILLEHARDOUIN, Geoffrey of, *La Conquête de Constantinople*. Ed. E. Faral. 2 vols. Paris 1938–9.
WILLIAM of Tyre. *Belli Sacri Historia* and *Historia Rerum in Partibus Transmarinis Gestarum*. R.H.C.Occ. Vol.1. Also with French trans. G.M.H.F. Vols. 16–18.
ZONARAS, Joannes. *Annales*. Ed. L. Dindorf. 6 vols. Leipzig 1868–75. Also in M.P.G., Vols. 134–5.

II 现代著作

AHRWEILER, H. *L'Expérience Nicéenne*. D.O.P. Vol. xxix. (1975) pp. 23–40.
ANGOLD, M. *The Byzantine Empire, 1025–1204: A Political History*. London 1984.
— *A Byzantine Government in Exile*. Oxford 1975.
BARKER, J. W. *Manuel II Palaeologus (1391–1425): A Study in Late Byzantine Statesmanship*. New Brunswick, N.J. 1969.
BERGER de XIVREY, J. *Mémoire sur la Vie et les Ouvrages de l'Empereur Manuel Paléologue*. Paris 1853.
BERTELÈ, T. 'I gioielli della corona byzantina dati in pegno alla repubblica bveneta nel sec. XIV e Mastino della Scalla'. In *Studi in Onore di A. Fanfani, II: Medioevo*. Milan 1962, pp. 90–177.
BIBICOU, H. *Une Page d'Histoire Diplomatique de Byzance au XIe. Siècle: Michel VII Doukas, Robert Guiscard et la pension des dignitaires*. B. Vols. 29–30. 1959/60.
The Blue Guide to Istanbul. Ed. J. Freely. 2nd edn. London and New York 1987.
The Blue Guide to Turkey (*The Aegean and Mediterranean Coasts*). Ed. B. McDonagh. London and New York 1989.
BRÉHIER, L. *Le Monde Byzantin, I: Vie et Mort de Byzance*. Paris 1947.
BUCKLER, G. *Anna Comnena*. London 1929.
BURY, J. B. *History of the Later Roman Empire*. 2 vols. London 1889.
— *History of the Eastern Roman Empire*. London 1912.
— *The Roman Emperors from Basil II to Isaac Komnenos. English Historical Review*. Vol. 4. 1889.
CAHEN, C. 'Notes sur l'histoire des croisades et de l'orient latin'. *Bulletin de la Faculté des Lettres de l'Université de Strasbourg*. Vol. 29. 1950–51.
— *Pre-Ottoman Turkey*. Trans. J. Jones-Williams. New York 1968.
Cambridge Medieval History. Esp. Vol. 4 (in two vols.). *The Byzantine Empire, 717–1453*. New edn, ed. J. M. Hussey. Cambridge 1966–7.

CHALANDON, F. *Les Comnène: Etudes sur l'Empire Byzantin aux XIe and XIIe Siècles*. Vol. 1: *Essai sur le Règne d'Alexis Ier Comnène*. Paris 1900. Vol. 2: *Jean II Comnène et Manuel Comnène*. Paris 1913. (Both volumes reproduced New York 1960.)

— *Histoire de la Première Croisade*. Paris 1925.

CHAPMAN, C. *Michel Paléologue, restaurateur de l'empire byzantin (1261–1282)*. Paris 1926.

COBHAM, C. D. *The Patriarchs of Constantinople*. Cambridge 1911.

DÉCARREAUX, J. 'L'arrivée des Grecs en Italie pour le Concile de l'Union, d'après les Mémoires de Syropoulos'. *Revue des études italiennes* 7. 1960. pp. 27–58.

Dictionnaire d'Histoire et de Géographie Ecclésiastiques. Eds. A. Baudrillart, R. Aubert *et al*. Paris 1912– (in progress).

Dictionnaire de Théologie Catholique. 15 vols. in 30. Paris 1909–50 (with supplements).

DIEHL, C. *Etudes Byzantines*. Paris 1905.

— *Figures Byzantines*. 1st ser. Paris 1906; 2nd ser., Paris 1913.

— *Histoire de l'Empire Byzantin*. Paris 1918.

— *Choses et Gens de Byzance*. Paris 1926.

EBERSOLT, J. *Le Grand Palais de Constantinople et le Livre des Cérémonies*. Paris 1910.

Enciclopedia Italiana. 36 vols. Rome 1929–39 (with later appendices).

Encyclopaedia Britannica. 11th edn. 29 vols. Cambridge 1910–11.

— 15th edn. 30 vols. Chicago 1974.

Encyclopaedia of Islam. 4 vols. Leiden, London 1913–34. (New edn in progress, 1960–).

FINLAY, G. *History of the Byzantine and Greek Empires from 716 to 1453*. Vol. 2. London 1854.

FLICHE, A. and MARTIN, V. *Histoire de l'Eglise, depuis les Origines jusqu'à nos Jours*. Paris 1934.

FRENCH, R. M. *The Eastern Orthodox Church*. London and New York 1951.

GAY, J. *Le Pape Clément VI et les affaires d'Orient (1342–1352)*. Paris 1904.

GEANAKOPLOS, D. J. *Emperor Michael Palaeologus and the West, 1258–1282: A Study in Byzantine–Latin Relations*. Cambridge, Mass. 1959.

GIBBON, E. *The History of the Decline and Fall of the Roman Empire*. 7 vols. Ed. J. B. Bury. London 1896.

GILL, J. *The Council of Florence*. Cambridge 1959.

— *John VIII Palaeologus: A Character Study*. Originally published in *Studi byzantini e neoellenici*, Vol. 9. 1957. Reprinted in author's collection, *Personalities of the Council of Florence, and Other Essays*, New York 1964.

GODFREY, J. *The Unholy Crusade*. Oxford 1980.

GRUMEL, V. *La Chronologie*. Vol. 1 of *Traité des Etudes Byzantines*, ed. P. Lemerie. Paris 1958.

GUILLAND, R. *Correspondance de Nicéphore Grégoras*. Paris 1927.

GUIRAUD, J. *Les registres de Grégoire X*. Paris 1892–1906.
HAUSSIG, H. W. *History of Byzantine Civilisation*. Trans. J. M. Hussey. London 1971.
HEYD, W. *Geschichte des Levantehandels im Mittelalter*. Stuttgart 1879. (Fr. trans. by F. Raynaud, *Histoire du commerce du Levant au moyen âge*, 2 vols. Leipzig 1936.)
HITTI, P. K. *History of the Arabs*. 3rd edn. New York 1951.
HOOKHAM, H. *Tamburlaine the Conqueror*. London 1962.
JANIN, R. *Constantinople Byzantine*. Paris 1950.
JENKINS, R. *The Byzantine Empire on the Eve of the Crusades*. London 1953.
KEEGAN, J. *A History of Warfare*. London 1993.
KINROSS, Lord. *The Ottoman Centuries*. London 1977.
KNOLLES, R. *Turkish History*. 3 vols. London 1687–1700.
LAURENT, V. Les *'Mémoires' du grand ecclésiarque de l'Église de Constantinople Sylvestre Syropoulos sur le Concile de Florence (1438–1439)*. Rome 1971.
LOENERTZ, R. J. *Jean V Paléologue à Venise (1370–71)*. R.E.B. Vol. 16. 1958.
— *Byzantina et Franco-Graeca (Articles parus de 1935 à 1966, réédités avec la collaboration de Peter Schreiner)* [Storia e Letteratura: Raccolta di Studi e Testi 118]. Rome 1970.
LOWE, A. *The Catalan Vengeance*. London 1972.
MAGDALINO, P. *The Empire of Manuel I Komnenos, 1143–1180*. Cambridge 1993.
MANGO, C. *The Mosaics of St Sophia at Istanbul*. Washington (Dumbarton Oaks) 1962.
MANN, H. K. *The Lives of the Popes in the Middle Ages*. 18 vols. London 1902–32.
MANZANO, R. *Los Grandes Capitanes Españoles*. Barcelona 1960.
MILLER, W. *The Latins in the Levant: A History of Frankish Greece, 1204–1566*. London 1908.
— *Essays on the Latin Orient*. Cambridge 1921.
NEANDER, A. *General History of the Christian Religion and Church*. 9 vols. Eng. trans. London 1876.
New Catholic Encyclopedia. Washington, DC 1967.
NICOL, D. M. *The Despotate of Epirus*. Oxford 1957.
— *The Byzantine Family of Kantakouzenos (Cantacuzenus) ca. 1100–1460. A genealogical and prosopographical study*. Dumbarton Oaks Studies, 11. Washington, DC 1968.
— 'The Byzantine Reaction to the Second Council of Lyons, 1274'. S.C.H. Vol. 7. 1971.
— *The Last Centuries of Byzantium, 1261–1453*. London 1972.
— *The Immortal Emperor*. Cambridge 1992.
NORWICH, J. J. *The Normans in the South*. London 1967.
— *The Kingdom in the Sun*. London 1970.
(The above two volumes published in one, under the title *The Normans in Sicily*, London 1992.)

— *A History of Venice: Vol. I, The Rise to Empire*. London 1977.
— *A History of Venice: Vol. II, The Greatness and the Fall*. London 1981.
(The above two volumes published in one, under the title *A History of Venice*, London 1982.)
— *Byzantium: The Early Centuries (330–800)*. London 1988.
— *Byzantium: The Apogee (800–1081)*. London 1991.
OBOLENSKY, D. *The Byzantine Commonwealth*. London 1971.
— *The Bogomils*. Oxford 1948.
OCKLEY, S. *History of the Saracens*. 4th edn. London 1847.
OSTROGORSKY, G. *History of the Byzantine State*. Trans. J. M. Hussey. 2nd edn. Oxford 1968.
Oxford Dictionary of Byzantium. Ed. A. P. Kazhdan *et al.* 3 vols. Oxford and New York 1991.
RAMSAY, Sir William. *The Historical Geography of Asia Minor*. Royal Geographical Society, Supplementary Papers. Vol. 4. London 1890.
ROWE, J. G. *Paschal II, Bohemund of Antioch and the Byzantine Empire*. Bulletin of the John Rylands Library. Vol. 49 (1966–7), pp. 165–202.
RUNCIMAN, Sir Steven. *A History of the Crusades*. 3 vols. Cambridge 1954.
— *The Medieval Manichee*. Cambridge 1946.
— *The Sicilian Vespers*. Cambridge 1958.
— *The Great Church in Captivity*. Cambridge 1968.
— *Mistra: Byzantine Capital of the Peloponnese*. London 1980.
SCHLUMBERGER, G. *Expédition des Almugavares ou routiers catalans en orient de l'an 1302 à l'an 1311*. Paris 1902.
— *Un Empereur de Byzance à Paris et Londres*. In *Byzance et les Croisades: Pages médiévales*. Paris 1927.
— *Le siège, la prise et le sac de Constantinople en 1453*. Paris 1926.
SETTON, K. M. (Editor-in-chief). *A History of the Crusades*. 2 vols. University of Wisconsin Press, Madison, Milwaukee and London 1969.
— *Catalan Domination of Athens, 1311–1388*. Cambridge, Mass. 1948.
SKOULATOS, B. *Les Personages Byzantins de l'Alexiade*. Louvain 1980.
SMITH, W. and WACE, H. *Dictionary of Christian Biography*. 4 vols. London 1877–87.
TAYLOR, J. *Imperial Istanbul: Iznik – Bursa – Edirne*. London 1989.
TEMPERLEY, H. W. V. *History of Serbia*. London 1919.
VASILIEV, A. A. *History of the Byzantine Empire, 324–1453*. Madison, Wisconsin 1952.
— *Manuel Comnenus and Henry Plantagenet*. B.Z. Vol.29. 1929–30. pp. 238–44.
VRYONIS, S. *Byzantium and Europe*. London 1967.
— *The Decline of Medieval Hellenism in Asia Minor and the Process of Islamization from the Seventh through the Fifteenth Century*. Los Angeles 1971.
WEST, Rebecca. *Black Lamb and Grey Falcon*. 2 vols. London 1944.
ZAKYNTHOS, D. *Le Despotat grec de Morée, 1262–1460*. Vol. 1. Paris 1932.
ZIEGLER, P. *The Black Death*. London 1969.

索　引

（以下页码为原书页码，即本书的页边码）

Abagu, Mongol Ilkhan, 253n
Abbasid Caliphate: destroyed, 259
Abelard de Hauteville, 21
Abu-Shara, Emir, 68
Acarnania, 308
Acciajuoli family (Florence), 295, 354
Acerbus Morena, 108n
Achaia, 220–23, 226, 245, 295
Acindynus, Gregory, 304–5, 314
Acre, 158, 162, 260, 265
Adam of Usk, 362
Adana (fortress), 46, 75–6
Adela, Countess of Blois, 40, 44
Adelaide of Brunswick-Grubenhagen, wife of Andronicus Palaeologus, 276
Adelaide, wife of Roger I of Sicily; then of Baldwin I, 74
Adhemar, Bishop of Le Puy, 32
Adramyttium, 263
Adrian (or Hadrian) IV, Pope (Nicholas Breakspear), 108–10, 113, 117, 132
Adrian V, Pope, 241
Adrianople (*now* Edirne): Barbarossa burns monastery, 94; Venice wins, 181–2, 184; Kalojan's victory and sacking of, 189; and Catalans, 272; 1341 revolt, 297; surrenders to John VI, 300; remains in Empire, 309; granted to Matthew Cantacuzenus, 318; in Ottoman hands, 328, 374
Aetolia, 308
Agnes, Princess of France, 137, 144, 153, 160
Ahmet, Mongol Ilkhan, 253n
Ahmet, son of Murad II, 413
Aimery, Patriarch of Antioch, 121–3, 126
'Ain Jalut, battle of (1260), 265n
al-Adil, Saif ed-Din, Sultan, 159
Alan tribesmen, 263, 267
Alaşehir, *see* Philadelphia
Albania, 308
Albano, Bishop of, 230
Albert of Aix, 33n
Aleppo, 78–9, 99, 123
Alexander III, Pope, 131–3
Alexander IV, Pope, 209, 219n
Alexander V, Pope, 379–80
Alexis, son of Axuch, 117–18
Alexius I Comnenus, Emperor: accession, 1, 7, 9; subdues Roussel, 2; submits to Botaneiates, 3; popularity, 4; adopted by Mary of Alania, 5; rebellion against Nicephorus, 6–8, 64; appearance and character, 9; relations with Ducas family, 10–11; relations with Mary of Alania, 10–12; coronation, 11; married life, 12; and Norman offensive, 16, 19, 21–2, 25; and defeat of Pechenegs, 26–8; strengthens navy, 26, 52; relations with Popes, 29–30; disapproves of First Crusade, 32, 34–5, 42; dealings with Crusaders, 35–41, 44, 61, 240; and occupation of Jerusalem, 43; Bohemund accuses, 46; recaptures fortresses, 46; and Crusader hostility, 47; subdues Bohemund, 48; rule criticized, 50–1; fiscal and economic policy, 52–3; military interests and powers, 52, 61; reforms, 54–5; religious convictions, 54–5; unpopularity, 54, 62; and East–West church differences, 56–7; illness, 57–60; and renewed Turkish attacks, 57–9; achievements, 61–2; death and succession, 61; recovers Laodicia, 68
Alexius II Comnenus, Emperor, 128, 137, 140, 143

Alexius III Angelus, Emperor, 156, 163, 171–2, 174, 190
Alexius IV Angelus, Emperor, 156, 170–71, 174–6
Alexius V Ducas (Murzuphlus), Emperor, 176–8, 182
Alexius IV, Emperor of Trebizond, 402
Alexius Apocaucus, 294–5, 297, 299–301, 303
Alexius Branas, General, 154
Alexius Bryennius, 118, 127
Alexius Comnenus, John II's son, 83
Alexius Comnenus of Trebizond, grandson of Emperor Andronicus, 188
Alexius Macrembolites, 312
Alexius Metochites, 314
Alexius Philanthropenus, 239, 262
Alexius, *protosebastus*, 140–41, 146, 154–5
Alexius Strategopulus, Caesar, 208–11, 219
Alfonso III, King of Aragon, 264n
Alfonso V, King of Aragon, 416, 424, 438
Alfonso, son of Raymond IV of Toulouse, 39
Ali Pasha, 352
Ali, son of Murad II, 423
Alice, daughter of Baldwin I of Jerusalem, 76–7
Allatius, Leo, 447
Almira, 116
Almus, King of Hungary, 70–71
Alp Arslan, Sultan, l
Altino Chronicle, 167
Amadeus V, Count of Savoy, 281
Amadeus VI, Count of Savoy, 328, 330–32, 338, 340
Amalric, King of Jerusalem, 142
Amorgos, 239
Anadolu Hisar (castle), 356, 414–15
Anastasius IV, Pope, 107–8
Anatolia, 30, 32, 259–60
Anazarbus (*now* Anazarva), 76
Anchialus, 283, 328, 389
Ancona, 129
Ancyra (*now* Ankara), 44–5, 72
Andravida, 220, 222
Andrew, Count of Rupecanina, 118
Andrew Palaeologus, son of Manuel, 456
Andrew Palaeologus, son of Thomas, 446–7
Andria, 112–13
Andronicus I Comnenus, Emperor, 141–4, 146–53
Andronicus II Palaeologus, Emperor: proclaimed heir, 212; proposes marriage to Isabella, 223; supports father over church reunion, 242, 244, 249; accession, 253; and father's body, 253–4; abrogates Union of Lyon, 256; ecclesiastical reforms, 257–8; remarries (Yolanda), 258; military economies, 259; conspiracies against, 261–2, 274; and Catalan Company, 264, 266, 270, 272; anathematized by Clement VI, 273; and succession disputes, 274–7; divides rule with Andronicus III, 277–9; abdicates, 280; death, 280–81
Andronicus III Palaeologus, Emperor: as co-Emperor, 275, 277–9; and succession to Andronicus II, 276–8, 280–81; occupies Constantinople, 279–80; character, 281; foreign policy and campaigns, 282–5, 288; reforms legal system, 282; wounded at Pelekanos, 285; relations with Ottomans, 286; and Church reunion, 287; rebuilds navy, 287; achievements, 292; death and succession, 292–3, 323
Andronicus IV Palaeologus, Emperor: and succession, 319; Latin instruction, 326; and father's absence in Hungary, 329; crowned co-Emperor, 333; denies Tenedos to Venice, 335; revolts against father, 335, 337, 339–40, 346; seizes throne, 337–8; flees Constantinople, 339; reinstated as heir, 339; death, 340, 346; jurisdiction, 340
Andronicus V Palaeologus, Emperor, 371–2
Andronicus Angelus, General, 143
Andronicus Asen, 295
Andronicus Cantacuzenus, Grand Domestic, 441

索 引

Andronicus Cantacuzenus, John's son, 310
Andronicus Comnenus, Alexius's second son, 60, 64, 83
Andronicus Contostephanus, Manuel's cousin, 91, 120
Andronicus Contostephanus, Manuel's nephew, 128–9
Andronicus Ducas, 4
Andronicus Muzalon, 204
Andronicus Palaeologus, Byzantine commander, 289
Andronicus Palaeologus, Despot of Thessalonica, 373, 376–8, 385
Andronicus Palaeologus, father of Michael VIII, 200
Andronicus, son-in-law of John II, 87
Andros, 181
Angelus family, 156; ***and see under individual Christian names***
Ania (***now*** Kuşadasi), 260
Anna, Empress (***formerly*** Constance), 199, 204, 218–19
Anna, Tsarina, wife of Michael Sisman, 283 & n
Anna Comnena: on Mary of Alania, 3; biography of father (Alexius), 4n; and Alexius's rebellion, 6 & n; on Alexius's appearance, 9; on Nicephorus Botaneiates, 9; betrothed to Constantine, 15; on Guiscard's army, 16; on Venetian sea battle with Normans, 24; on battle of Levinium, 27; on Bohemund, 37–8, 46n; on Constantinople 'orphanage', 55; on Turkish campaigns, 58–9; on mother (Irene), 59–60; and father's death, 63; hatred of brother John, 63–4; banishment, 64–5; marriage (to Nicephorus Bryennius), 64; John shows leniency to, 66
Anna Contostephana, 128n
Anna Dalassena, 4, 11, 51, 54n, 59, 62
Anna, daughter of Michael IX, 276 & n
Anna Palaeologina Notaras, 441
Anna Palaeologina, wife of George, 6
Anna, Princess of Antioch, wife of William of Villehardouin, 208
Anna, wife of Despot John Orsini of Epirus, 289
Anna, wife of John II of Thessaly; then of Nicholas Orsini, 288
Anna, wife of John VIII, 381
Anne, Princess of Châtillon, 128–9
Anne of Savoy, second wife of Andronicus III, 281, 294–6, 299–300, 303–6, 316–17
Anne, wife of Andronicus II, 258n
Anselm, Archbishop of Milan, 44
Antalya (***formerly*** Attaleia), 68, 83
Anthemius, Praetorian Prefect, 422
Antioch: falls to First Crusade, 42–3; John II captures, 74, 76–8, 80–81; Manuel reclaims from Reynald, 122–3; Frankish rule in, 158; and Gregory X's Crusade, 240
Antonio da Massa, 385
Antonius, Patriarch of Constantinople, 351, 357
Aprus, castle of (near Rhaedestum), 271
Apulia: revolt in, 111–13, 115
Aragon: and Sicily, 218
Argos, 352
Armenians: in Cilicia, 74–5, 79, 157
Arsenites, 257, 274
Arsenius, Patriarch of Constantinople, 205, 212, 218, 234n, 257
Arta, 185, 209, 289–90; battle of (1082), 22
Asclettin, Norman General, 112
Asen, ***see under individual Christian names***
Asia Minor: political situation in, 67–8; John Comnenus campaigns in, 68; Turk advance and settle in, 259, 273–4, 286
Astipalaia, 239
Athanasius, Patriarch of Constantinople, 258, 274
Athens, 272, 405
Athos, Mount ***see*** Mount Athos
Atramyttion (***now*** Edremit), 191
Attaleia (***now*** Antalya), 68, 83
Attaliotes, 268
Attica (Duchy of Athens), 184
Attila the Hun, 422

Aubrey de Trois-Fontaines, 193
Avignon: Papacy at, 287n, 332; Papacy leaves, 378
Avlona (*now* Valona), 208, 237, 241
Axuch, John, Grand Domestic, 66, 68, 86–7, 98
Aydin tribe, 274

Baghdad, 259
Baghras (castle), 83
Baibars, Mameluke Sultan, 162, 265n
Baldwin II, Emperor: born, 191; regency, 194; absences in West, 201–2; coronation, 201; and Michael VIII's attacks on Constantinople, 209; flees Constantinople, 211–12; and Manfred, 218; alliance with Urban IV, 219; alliance with Charles of Anjou, 226; treaty with Theobald of Champagne, 229; death, 237
Baldwin I of Boulogne, Count of Edessa, King of Jerusalem, 36–7, 42–4, 46, 70, 74, 76–7
Baldwin I of Flanders and Hainault, Latin Emperor, 180–82, 184, 188–9, 191, 199
Baldwin II, King of Jerusalem, 70, 74, 76–7, 79
Baldwin III, King of Jerusalem, 120–23, 126–7
Baldwin IV, King of Jerusalem, 158
Baldwin V, King of Jerusalem, 158
Baldwin of Antioch, son of Raymond of Poitiers, 127, 135
Baldwin, General, 146, 150–51, 154–5
Balian of Ibelin, 159
Balkans: Byzantines lose control of, 157; Michael VIII's expeditions in, 238–40, 245
Balls, Mary (*later* Palaeologus), 448
Baltoğlu, Süleyman, 423–6
Barbaro, Nicolò, 421, 424
Barbarossa, *see* Frederick I Barbarossa
Bari, 1, 112, 115
Barlaam the Calabrian, Bishop of Gerace, 291, 304
Bartholomew, Bishop of Grosseto, 243–4
Bartolomeo of Neocastro, 241
Basel: Church Council (1431), 396–7, 402
Basil II, Emperor (the Bulgar–Slayer), 75
Basil, the Bogomil, 54
Basil Curticius, General, 22
Basil of Ochrid, Archbishop of Thessalonica, 90
Basil, St, 4
Batu Khan, 198
Bayezit, Ottoman Sultan: at Kosovo, 343–4; kills brother Yakub, 345; reign, 345; enforces vassalage on Byzantine Emperors, 346–7; and Manuel II, 349–53; instability, 352; besieges Constantinople, 353, 356–7, 365; defeats Sigismund's Crusade (1396), 355; builds castle, 356, 414–15; defeat and capture by Tamburlaine, 364, 366–9; death, 367; succession, 372
Beatrice, daughter of Charles of Anjou, 226
Beirut, 158
Béla III, King of Hungary, 128–9, 134, 144, 157
Béla IV, King of Hungary, 229
Béla, son of Almus of Hungary, 70
Belgrade: sacked (1183), 144
Belisarius, General, 18
Benedict XIII, anti-Pope, 354, 363, 379, 381
Benevento, battle of (1266), 225–6
Benevento, Treaty of (1156), 117
Berat (fortress), 237, 246–7
Berengaria of Castile, wife of John of Brienne, 194
Berenguer d'Entença, 269–70
Bernard, St, Abbot of Clairvaux, 93–4, 105, 107
Bernard of Valence, Patriarch of Edessa, 43, 46
Berrhoea (*now* Veria), 302, 314
Bertha of Sulzbach, *see* Irene
Berthold, Duke of Dalmatia, 164
Bertrand of Blancfort, 124
Bessarion, Cardinal (*earlier* Metropolitan of Nicaea), 391, 397, 402–3, 445–6
Bitolj, *see* Pelagonia

索 引

Black Death, 309–10, 317, 323
Blastares, Matthew, *see* Matthew Blastares
Boccaccio, Giovanni, 360n
Bocchiardi (Genoese brothers), 435
Boeotia, 184
Bogomils, 26, 54
Bohemund I of Taranto, Prince of Antioch: appearance, 17, 37–8; in campaign against Alexius, 17–22, 24, 52, 147; carves out principality, 25; with First Crusade, 37; becomes Prince of Antioch, 42; captured by Turks and ransomed, 43, 45; attitude to Byzantium, 44; returns to West, 46; besieges Durazzo and surrenders to Alexius, 47–8; death, 48, 57
Bohemund II, Prince of Antioch, 72, 74
Bohemund III (the Stammerer), Prince of Antioch, 126, 142
Bolkan, Zhupan of Rascia, 71
Boniface VIII, Pope, 265
Boniface IX, Pope, 354, 357, 363
Boniface, Marquis of Montferrat: leads Fourth Crusade, 168–70, 174, 177, 180–81; territorial gains, 184, 192; captures Alexius III, 190; killed, 192
Boril, nephew of Tsar Kalojan, 193
Borilus, 5
Boucicault, Marshal (Jean Le Maingre), 358–61, 363–4, 369
Bradbury, Martha (*later* Palaeologus), 448
Branas, *see* Alexius Branas; Demetrius Branas; John Branas; Michael Branas
Branichevo: sacked (1183), 144
Brankovich, *see* George Brankovich; Lazar Brankovich; Vuk Brankovich
Brescia, 132
Brindisi, 114–15
Browning, Robert: *Rudel and the Lady of Tripoli*, 127n
Brusa (*now* Bursa), 260, 263, 278, 367; Green Mosque, 383n
Bryennius, *see* Alexius Bryennius; Nicephorus Bryennius
Bulgaria and Bulgars: rebel against Isaac II, 157; Second Empire formed, 157, 193; alliance with Barbarossa, 160; revert to Orthodox Christianity, 196–7; and Mongol invasion, 198, 200; Theodore II campaigns against, 204–5; hostility to Michael VIII, 216; Roger de Flor and, 269; treaty with Andronicus III, 282; alliance with Serbia, 283; Velbuzd defeat (1330), 283; hold John V, 329–30; Ottomans overrun, 341, 348, 354; insurrection against Bayezit (1393), 351; and Crusade of Varna, 404–6
Bursuk, 91
Busilla, Queen of Hungary, 103
Butrinto (Albania), 237
Büyükada (*formerly* Prinkipo), 263, 424
Byron, Robert, 449

caesar: as title and rank, 210n
Caesarea (*now* Kayseri), 72
Caffa (*now* Feodosia), 262, 309, 445
Callistus I, Patriarch of Constantinople, 315, 319, 329, 331n
Caltabellotta, Treaty of (1302), 264
Camurlu (Serbia), battle of (1413), 375
cannon: development of, 418–19
Cantacuzenus, *see under individual Christian names*
Catalans, Grand Company of: service with Andronicus II, 264, 266–7, 270; expedition to East, 268; and murder of Roger de Flor, 271; take vengeance, 272; and Charles of Valois, 273
Caterina Gattilusio, Empress, second wife of Constantine XI, 412
Catharine of Courtenay, wife of Philip of Valois, 273
Catharine of Valois, wife of Philip of Taranto, 273, 289–90, 295
Cecilia, Princess, wife of Tancred, 47
Ceos, 239
Cephalonia, 24, 70, 157
Cesarini, Cardinal Giuliano, 402, 404–6
Ceyhan river (*formerly* Pyramus), 72
Chaka, Emir of Smyrna, 26, 50
Chalandon, F., 6n, 75n
Chalcedon, 172
Chalcondylas, Laonicus, *see* Laonicus Chalcondylas

Chalkis, 239–40
Chankiri (*formerly* Gangra), 72–4
charisticum, 55
Charles VI, King of France, 344, 358, 360–61, 363, 373
Charles of Anjou, King of Sicily and Naples: war against Manfred, 224–5; as threat to Michael VIII, 225–7, 229, 233–4, 245–8, 255; interference in papal appointments, 227, 232, 241–2, 248; allies, 229; and brother Louis' death, 231; Crusade in Tunis, 231; fleet destroyed, 231; and Michael VIII's negotiations with Gregory X, 233–4; absent from Lyon Church Council, 234; Balkan reverses, 237–8; 1275 treaty with Michael VIII, 240; and Innocent V, 241; subdued by Nicholas III, 241–2, 245; Balkan territories and campaigns, 245–6; Berat defeat, 247; alliance with Venice, 248–9; power and dominance, 249–50; and Sicilian Vespers (massacres), 251–2; and Peter III of Aragon, 252; death, 260
Charles II of Anjou, King of Naples, 260, 264
Charles of Valois, Prince, brother of Philip the Fair, 273
Chateaumorand, Jean de, *see* Jean, Seigneur de Chateaumorand
Chernomen, battle of (Maritsa; 1371), 335, 343, 348
Chios, 131, 184, 267, 287–8, 309, 314, 445
Chosroes, Persian King, 21
Christian League, 287, 302, 326
Chrysopolis (*now* Usküdar; Scutari), 7 & n, 375
Chubuk plain, battle of (1402), 366
Church Councils: Piacenza (1095), 30–31; Clermont (1091), 31–2, 39; Lyon (1245), 202; Lyon (1274), 232, 234–5, 237, 242, 256; Constance (1414–15), 378, 380–81, 395; Pisa (1409), 379–80; Basel (1431), 396–7, 402; Ferrara (1437–8), 397, 399–401; Ephesus (451), 401; Florence (1439), 401, 404, 411–12, 416; *see also* Eastern Church; Roman Catholic Church
Cibotus, 34–5
Cilicia, 74–7, 79, 83, 119–21, 157
Cinnamus, John, *see* John Cinnamus
Ciriaco of Ancona, 407
Civitate, battle of (1053), 13–14
Clement IV, Pope, 225–7, 230, 233
Clement VI, Pope, 273, 300, 302, 326
Clement VII, anti-Pope, 378–9
Cleope Malatesta, wife of Theodore II of Morea, 381
Clermont (Clermont-Ferrand): Council (1091), 31–2, 39
coinage, 4, 51–2, 270, 310
Coloman, Tsar of Bulgaria, 199
Coloman, King of Hungary, 70–71, 103
Comnenus, *see under individual Christian names*
Conrad, King of the Romans: alliance with Manuel I, 89–90; title, 89n; and Second Crusade, 92, 94–6, 98–100; friendship and alliance with Manuel I, 100–102, 105, 123; Roger II of Sicily plots against, 103, 105; death, 106–7
Conrad, son of Henry IV, 31
Conradin, Manfred's nephew, 224–5, 265
Constance, Princess of Antioch, wife of Raymond of Poitiers, 76–8
Constance, Princess, wife of Bohemund, 47 & n
Constance, Princess, wife of Raymond, then of Reynald of Antioch, 120, 126–7
Constance, Queen of Sicily, 160, 162
Constance, Queen, wife of Peter III of Aragon, 250
Constance (city): Treaty of (1153), 106, 110; Great Council (1414), 378, 381, 395
Constantine VII Porphyrogenitus, Emperor, 25
Constantine IX Monomachus, Emperor, 12, 54n
Constantine XI Palaeologus (Dragases), Emperor: assumes temporary regencies, 386, 397; despotate of the Morea, 389, 393, 405; fate, 391, 431n, 435, 438–40; alliance with Philip V, 406; accession, 410–11; and Mehmet II's accession, 414; threatened by Mehmet, 415,

419–20; in final siege and fall of Constantinople, 421, 427–31, 434–5; addresses commanders, 431; sword, 440
Constantine Angelus, 156
Constantine Bodin, King of Zeta, 2, 20
Constantine Cantacuzenus, 160
Constantine Dalassenus, 26
Constantine Dragash, Prince of Serres, 351–2, 354
Constantine Gabras, Duke of Trebizond, 67, 82
Constantine Meliteniotes, Archdeacon of the Imperial Clergy, 230
Constantine Palaeologus, son of Andronicus II, 276
Constantine Palaeologus, son of Michael VIII, 219, 261
Constantine, *sebastocrator*, brother of Michael VIII, 220, 222
Constantine, son of Michael VII, 3, 5, 12, 14
Constantine Tich, Tsar of Bulgaria, 205, 229, 236
Constantinople: First Crusade reaches, 33–4; impression on Crusaders, 41, 171; 'orphanage', 55–6; John II's triumph in, 72–3; Manuel I's largesse in, 88; Venetians resident in, 129–30; massacre of Latins in (1182), 143; siege and capture (1203–4), 172–5, 177–8, 353; fire (1204), 174–5, 215; Fourth Crusade agrees on division of, 177, 180–81; plundered and sacked, 179–80, 182; John Asen besieges (1235), 197; John Vatatzes prepares to conquer, 198; pawns Crown of Thorns to Venice, 201; Michael VIII attacks and occupies, 209, 210–12, 215; Latin Empire assessed, 212–13; rebuilding, reorganization and reforms in, 216–17; walls and defences strengthened, 216; population, 217; Andronicus III occupies, 279–80; civil war (1341), 296–7; Black Death in, 309; Turkish rights in, 350; besieged and blockaded by Ottomans (1394–5), 353, 356–8, 365–6; Manuel II believes impregnable, 353; blockade lifted, 368; Musa besieges, 374–5; Murad II besieges (1422), 383–4; depopulation and poverty, 388–90; Mehmet II threatens, 414–15, 417–20; final siege and defence, 421–2; falls to Mehmet II, 435–8, 450; rule under Mehmet, 441–3; modern Patriarchate, 443
BUILDINGS: Boucoleon, 10; Great Palace of Constantine, 10n, 300; St Paul's, 55–6; Blachernae Palace, 173–4; church of the Chora (*now* Kariye Camii), 280n; Nea church, 301; St Sophia, 303, 306, 310, 431–2, 437; Land Walls (Theodosian Walls), 308, 353, 375, 389, 422–3, 450; Hippodrome, 389; Charisius Gate, 423; St Theodosia church (*now* Gül Camii), 433, 439; Kerkoporta, 435; Theotokos Pammakaristos (*now* Fethiye Camii), 442
Constantius Ducas, Michael VII's brother, 20
Contarini, Andrea, Doge of Venice, 334
Contostephanus, *see* Andronicus Contostephanus; Anna Contostephana; John Contostephanus; Stephen Contostephanus
Corberán d'Alet, 266
Corfu: Normans lose and recapture, 22, 24; Venetian siege (1122–3), 70; siege and fall (1149), 88, 98, 102–3; George of Antioch takes (1147), 96; Sicilians evacuate, 156; Charles of Anjou acquires, 225, 228
Corinth, 369n, 377
Corone, 228, 393
Cos, 219
Cosimo de' Medici, 393
Cosmas, Patriarch of Constantinople, 8, 10–11
Cosmidion (monastery), 6
Crema, 132
Crete, 181, 228
crown jewels (Byzantine): pawned to Venice, 300, 306, 334, 351
Crown of Thorns (relic), 201–2
Crusades: First, 31–47, 240; Second, 92–6, 98–101; Third, 139, 159–64; Fourth,

165, 168–71, 172–5, 177–8, 182–3, 213; Fifth, 194 & n; Gregory X's (proposed), 240–41; John XXII's (proposed), 287; Sigismund's (1396), 355–6; of Varna (1443–4), 356n, 404–6
Cumans (Scythians), 27, 58, 67, 98, 197, 203, 208
Curticius, *see* Basil Curticius
customs revenues, 309–10
Cyprus, 121, 145, 160
Cyzicus, 5, 266, 271

Dalassena, Anna, *see* Anna Dalassena
Damascus, 82, 99–100
Damaskinos, Archbishop, Regent of Greece, 442n
Dandolo, Andrea, 166
Dandolo, Enrico, Doge of Venice: supports and leads Fourth Crusade, 166–70, 174, 177, 181–3; at siege of Constantinople, 173, 180; policy towards Byzantium, 175, 177; nominates new Emperor, 180; territorial claims, 181; death, 182
Dandolo, Giovanni, Doge of Venice, 248
Danishmend Turks, 43 & n, 44, 71–4, 82–3, 134
Daphnusia, 210–11
David Comnenus, Emperor of Trebizond, 446
David Comnenus, Governor of Thessalonica, 148
David Comnenus, grandson of Andronicus, 188
Dechanski, *see* Stephen Urosh III, King of Serbia
Demetrias, battle of (1275), 238–9, 262
Demetrius Branas, 91
Demetrius Cantacuzenus, 441
Demetrius Cydones, 327, 330, 333, 338, 350
Demetrius, Despot of Thessalonica, 200
Demetrius Palaeologus, 363
Demetrius Palaeologus, Despot of Mesembria, 398, 403, 410, 445–6
Demetrius, son of Boniface, 193
Demetrius Zvonimir, King of Croatia, 2
Despina, wife of Bayezit, 367
Devol, Treaty of (1108), 48–9, 56–7
Didymotichum, 161, 272, 295–6, 298–9, 309, 318, 328
Diedo, Alvise, 435, 443
Diehl, C.: *Figures Byzantines*, 144n
Dimitriza, 154 & n
Dioclea (*now* Zeta), 2n
Dionysius the Areopagite, 373
Donation of Constantine, 402n
Dorylaeum, 96, 98, 135; battle of (1097), 42
Dragutin, *see* Stephen Urosh I, King of Serbia
Drouet, Sergeant, 251
Ducas family, 10–11; *and see under individual Christian names*
Dufay, Guillaume, 381n
Durazzo (*formerly* Dyrrachium; *now* Durrës): Normans capture, 17–20, 49, 147; recaptured, 22; Bohemund besieges, 47; and Sicilian expedition (1185), 147; Sicilians evacuate, 156; Venice claims, 181; Peter of Courtenay captured at, 191; Theodore II demands, 205–6; Angevins withdraw to, 237; Philip of Taranto captures, 273

Eastern Church: differences with Roman Church, 56, 227; hostility to Roman Church, 213–14; proposed reunion with Roman Church, 214, 221–3, 227, 230, 233; 1274 union with Roman Church, 235–7, 242; creed and doctrine, 236, 243, 400–404; Pope Nicholas II demands obedience, 242–3; reaction against union, 257; 1310 reunion, 274; Andronicus II supports union with Rome, 287; Councils of 1341, 291, 304–5; Councils of 1351, 315; 1367 discussions on reunion with Rome, 331–3; and 1431, Basel Church Council, 396–7; and 1438–9 Ferrara–Florence Councils, 397–402, 416–17; internal schism, 411
Edessa, 46, 91–2, 314
Edhessa (*formerly* Vodena), 285

Edirne, *see* Adrianople
Edmund, Duke of Lancaster, 224
Edremit (*formerly* Atramyttion), 191
Edward I, King of England, 232
Edward III, King of England, 418
Egypt: and Crusades, 166–8, 181, 194n
Eleanor of Aquitaine, Queen
92–3, 95, 99–100, 104
Eltham Palace (England), 362 & n
Elvira, Princess of Aragon, Countess of Toulouse, 38
Emessa (*now* Homs), 78
Ephesus, 274; Council of (451), 401
Epirus: Despotate of, 182, 185, 188, 200, 213; campaign against Thessalonica, 205–6; defeated by Nicenes (1259), 209; hostility to Michael VIII, 216; as fief of Naples, 260; Andronicus III gains, 288–9; Stephen Dushan captures, 308
Ereğli (*formerly* Heraclea Cybistra), 45
Esaias, Patriarch of Constantinople, 280
Euboea (or Negropont, Negroponte), 116, 181, 211, 239, 316, 443–4
Eudocia, wife of Alexius V, 178
Eudocia, wife of John II of Trebizond, 261
Eudocia Cantacuzena, 441
Eudocia Comnena, Alexius's daughter, 63
Eudocia Comnena, Manuel I's niece, 141
Eudocia Melissena, 7
Eugenius III, Pope, 92–3, 105–7
Eugenius IV, Pope, 396–7, 399, 401, 404–5, 411
Eulogia Palaeologina, Princess, 212 & n, 236
Euphrosyne, Empress, wife of Alexius III, 178
Euphrosyne, wife of Khan Nogay, 253n
Eustathius, Metropolitan of Thessalonica, 146, 148–50, 153
Evrenos-Beg, 354

Felisa delle Carceri, 239
Feodosia, *see* Caffa
Fermor, Patrick Leigh: *Roumeli*, 154n; *The Traveller's Tree*, 448n
Ferrara: Church Council (1437–8), 397, 399–401
Filioque (doctrine), 227, 235, 242–3, 249, 398, 400–401
Filippo Maria Visconti, Duke of Milan, 386
Flochberg, battle of (1150), 106
Florence: Church Council (1439), 401, 404, 411–12, 416
Foça (*formerly* New Phocaea), 287 & n
Foscari, Francesco, Doge of Venice, 398, 414
France: and Manuel II's appeal for aid, 358–63
Francesco Gattilusio, 330, 333, 343, 377
Francesco II Gattilusio, 370
Francisco de Toledo, Don, 421, 435
Frederick I Barbarossa, Western Emperor: on Second Crusade, 94, 96; coolness towards Byzantium, 106–7; succeeds Conrad, 106; appearance and character, 108; coronation, 109–10; meets Pope Adrian IV, 109; and expeditions against William of Sicily, 111–12, 116; reconciliation with Pope Alexander III, 131; and Kilij Arslan I, 134; leads Third Crusade, 159–61; death, 161–2
Frederick II, Western Emperor (*Stupor Mundi*), 162–3, 195, 199, 201–2, 218
Frederick III of Hapsburg, Western Emperor, 416, 445
Frederick, Duke of Austria, 164
Frederick, King of Sicily, 264 & n, 266
Frederick, Duke of Swabia, 161–2
Fulk of Anjou, King of Jerusalem, 77–8
Fulk of Neuilly, 166

Gabras, Constantine, *see* Constantine Gabras
Gagik II, Bagratid King of Armenia, 75
Galata (or Pera): Genoese settle at, 130; Fourth Crusade at, 172, 177; Michael VII attacks, 209; ceded to Genoese, 228; Venetian–Genoese conflicts at, 262, 279, 315–17; Andronicus III destroys defences, 288; customs revenues, 309–10; fights with Genoese at, 311–13; Tower of, 311, 312n; Andronicus IV in, 339; and Ottoman capture of Constantinople, 421, 427–8, 444–5

Gallipoli, 181, 320, 328, 330–31, 338
Gangra (*now* Chankiri), 72–4
Garidas, Patriarch of Constantinople, 11
Gattilusio, *see* Caterina Gattilusio; Francesco Gattilusio; Giorgio Gattilusio
Geanakoplos, D. J., 207n, 210,, 233n
Gennadius II, Patriarch of Constantinople (George Scholarius), 392–3, 398, 403, 410, 416–17, 442
Genoa and Genoese: fleet threatens Ionian coast, 57; Byzantine trading concessions to, 70; relations with Manuel I, 129–30; excluded from Constantinople, 180; Treaty with Michael VIII (1261), 210, 216, 221; control Byzantine waters, 216; excommunicated by Urban IV, 218; naval defeat at Spetsai (1263), 220; Michael VIII dismisses and ends alliance, 221; agreement with Michael VIII (1267), 227–9; treaty with Charles of Anjou (1269), 229; campaign against Charles of Anjou, 237; favoured in Constantinople, 248; and Andronicus II's abolition of Byzantine navy, 259; conflicts with Venetians at Constantinople, 262, 279, 315–17; fights with Catalans, 266; activities in Eastern Mediterranean, 287–8; customs revenues, 309–11; conflict with John VI, 311–13; naval victory over Venetians (1352), 317; in Tenedos dispute with Venetians, 337–8; reconciliation with Venice, 340; surrender to French domination, 358n; Manuel II visits, 368; at final siege of Constantinople, 420–22, 424–6, 428, 430; ships escape from Constantinople, 436, 441; agreements with Mehmet II, 443–5; *see also* Galata
Geoffrey, Bishop of Langres, 95
Geoffrey de Villehardouin, Marshal of Champagne, 166–9, 171–3, 175–6, 178
Geoffrey Malaterra, 18, 20
George Acropolites, Grand Logothete, 202, 204, 211n, 212, 234–5
George of Antioch, 96–7, 103, 116n
George Berrhoiotes, 234
George Brankovich, 404–5, 408, 412, 414, 445; death, 446
George Gemistos Plethon, *see* Plethon, George Gemistos
George Gircon (Alan chieftain), 271
George Kastriotes, *see* Scanderbeg
George Melissenus, 22
George Muzalon, 204, 206–7, 254
George Pachymeres: on John IV's age, 206n; on Michael VIII's campaigns, 209, 211n; on Michael VIII's occupation of Constantinople, 215n, 217; on Michael VIII's passion for Anna Vatatzes, 219; on Charles of Anjou's rage, 241; on Andronicus's visit to John IV, 257–8; on Turkish advance to Adramyttium, 263–4; on Berenguer, 270; on assassination of Roger de Flor, 271
George Palaeologus, husband of Anna Ducas, 6, 8, 10, 18, 20
George Palaeologus, Manuel I's ambassador, 128
George Scholarius, *see* Gennadius II, Patriarch of Constantinople
George Sphrantzes *see* Sphrantzes, George
Geraki (fortress), 219
Gerard of Prato, 234
Germanos, Patriarch of Constantinople, 234
Germanus, 5
Geza II, King of Hungary, 127–8
Ghazi II, Danishmend Emir and Malik, 67, 72–4, 76
Ghibellines, 224
Ghisi, Filippo, 239
Gian Galeazzo Visconti, Duke of Milan, 360, 363
Gianfrancesco Gonzaga, Duke of Mantua, 386
Gibbon, Edward, 88, 322, 368, 380, 449
Giberto de Verona, 239
Giorgio Gattilusio, 377
Giustiniani Longo, Giovanni, 421, 423, 428, 433–5, 438
Godfrey of Bouillon, Duke of Lower Lorraine, 36, 43–4

Golden Horn: Mehmet controls, 427–8
Gonzaga, Gianfrancesco, *see* Gianfrancesco Gonzaga
González de Clavijo, Ruy, 366, 388
Gozzoli, Benozzo, 408
Grant, Johannes, 421
Greek fire, 18, 420n
Gregoras, Nicephorus, *see* Nicephorus Gregoras
Gregory II, Patriarch of Constantinople, 257–8
Gregory III, Patriarch of Constantinople, 411, 417, 441
Gregory VII, Pope, 2, 20, 23, 25, 29
Gregory VIII, Pope, 159
Gregory IX, Pope, 194–5, 197–8, 201
Gregory X, Pope (Teobaldo or Tedaldo Visconti), 232–5, 240, 243; death, 241
Gregory XI, Pope, 378
Gregory XII, Pope (Angelo Correr), 379, 381
Gregory Acindynus, 304–5, 314
Gregory Palamas, St, Archbishop of Thessalonica, 291, 304–5, 307, 314–15
Gregory of Sinai (monk), 290
Grottaferrata, Abbot of, 56
Guelfs, 224–5
Guercio, Guglielmo, 221, 228n
Guiraud, J.: *Les Registres de Grégoire X*, 233n
Guiscard, Robert, *see* Robert Guiscard
Gül Baba, 440
Guy de Hauteville, 24
Guy of Lusignan, King of Jerusalem, 158–60

Habal Pasha, Grand Vizier, 413, 430
Hadrian IV, *see* Adrian IV
Hama, 78
Haram, battle of (1128), 71
Harding, Abbot Stephens, *see* Stephen Harding
Harran, near Edessa, 46
Hassan (Janissary), 434
Hattin, Horns of (hill), 158
Hauteville, de, *see under individual Christian names*
Helena, Empress, mother of Constantine I, 107
Helena, Empress, wife of John V, 306
Helena, Empress, wife of Manuel II, 351, 359, 369, 410
Helena, Empress, wife of Theodore II, 194, 197
Helena of Epirus, wife of Manfred of Sicily, 207, 225
Helena Palaeologina, wife of Despot Demetrius, 446
Helena, wife of Lazar Brankovich, 412
Helena, wife of Tsar Stephen Dushan, 283
Helena, daughter of Robert Guiscard, 15–17
Henry III, King of Castile, 361
Henry I, King of England, 47
Henry II, King of England, 135n, 160n
Henry III, King of England, 202
Henry IV (Bolingbroke), King of England, 358, 361–3
Henry VI, King of England, 416
Henry IV, Western Emperor, 20–21, 23, 29
Henry V, Western Emperor, 56–7, 108
Henry VI, Western Emperor (*earlier* King of Sicily), 160–64
Henry, Duke of Austria, 100
Henry Aristippus, 118
Henry, Duke of Brabant, 164
Henry, Duke of Brunswick, 164
Henry of Champagne, Count of Troyes, 165–6
Henry of Hainault, Latin Emperor of Constantinople, 188–91, 212
Heraclea, 181, 260, 286, 316
Heraclea Cybistra (*now* Ereğli), 45
Heraclius, Emperor, 22
Herman, son of Humphrey de Hauteville, 21
hesychasm and hesychasts, 290–91, 304–5, 307, 314–15, 322–3
Hexamilion (defensive wall), 377, 390, 405, 407, 414
Holt, Peter, 361–2
Homs (*formerly* Emessa), 78
Honorius III; Pope, 191, 195

Hospitallers (military order), 92
Hugh, Duke of Burgundy, 226
Hugh, Bishop of Jubala, 92
Hugh the Red, of Sully, 246–7
Hugh, Count of Vermandois, 35–7, 44–5
Hugo Falcandus, 114
Hulagu, Mongol Ilkhan, 253n, 259, 265n
Humbert, Cardinal of Mourmoutiers, 47
Humphrey de Hauteville, Count of Apulia, 21
Hungary and Hungarians: unrest, 2; on Dalmatian coast, 67; war with John II, 70–71; aid Serbs against Byzantium, 103; Manuel subdues, 106, 134; hostilities with Manuel, 127–9; invade Vidin, 329; John V seeks alliance with, 329–30
Hunyadi, John, *see* John Hunyadi
hyperpyron (gold coin), 52, 270, 310

Ibn Jubair, 145–6
Iconium (*now* Konya), 45, 58, 134, 161, 274
Ignatius, Archimandrite of Smolensk, 351
inflation, *see* money
Innocent II, Pope, 78n
Innocent III, Pope, 165–6, 169–70, 194n
Innocent IV, Pope, 199, 202
Innocent V, Pope (Pierre de Tarentaise), 235, 241
Innocent VI, Pope, 326, 347
Ioannina, 290, 396
Ionian Islands, 181
Irene Ducas, Empress, wife of Alexius Comnenus: marriage, 4, 12, 59; and Alexius's relations with Mary of Alania, 10; coronation, 11, 54; position and authority, 59; schemes against son John's accession, 60–2; and death of Alexius, 63
Irene, Empress, wife of John III, 193, 199, 203–4
Irene, Empress, wife of John VI, 311, 322–3
Irene (*formerly* Bertha of Sulzbach), Empress, wife of Manuel I, 89–91, 101, 126
Irene (*formerly* Piriska), Empress, wife of John Comnenus, 66, 71, 73, 82n
Irene (*formerly* Yolanda), Empress, wife of Andronicus II, 258, 274–5, 277
Irene (*née* Gattilusio), Empress, wife of John VII, 371
Irene, Tsarina, wife of Constantine Tich of Bulgaria, 205, 239
Irene, Tsarina, wife of John II Asen of Bulgaria, 198
Irene, Tsarina, wife of John III Asen of Bulgaria, 266
Irene Angelina, Queen, wife of Philip of Swabia, 164
Irene Cantacuzena, wife of Matthew, 290, 320
Isa, Prince, son of Bayezit, 372
Isaac II Angelus, Emperor, 152–3, 156–7, 159–61, 163–4, 174–6
Isaac Asen, *panhypersebastos*, 301
Isaac Comnenus, Alexius I's uncle, 4
Isaac Comnenus, John II's son, 83–4, 88
Isaac Comnenus, Manuel I's great nephew, 145, 160
Isaac Comnenus, *sebastocrator*, Alexius I's brother, 6–7, 12, 21, 51–2, 59
Isaac Comnenus, *sebastocrator*, Alexius I's third son, 72, 81, 86, 88, 141
Isabella, Western Empress, wife of Frederick II, 195
Isabella, daughter of Joscelin II, 83
Isabella Orsini, Princess, 412
Isabella, Princess, wife of Philip of Anjou, 223, 226
Isabella, wife of Henry of Champagne, 165
Isidore, Cardinal (*earlier* Metropolitan of Kiev), 391, 397, 403, 412, 416–17, 432, 438, 440, 445
Isidore Boucharis, Patriarch of Constantinople, 305
Italy: revival of Greek in, 360
Italy, Southern: Normans in, 2, 13–14; Alexius fails to regain, 57, 62; revolt and campaign against William the Bad, 111–15; Alexis's mission in, 117–18; Manfred rules, 224; *see also* Sicily
Ivan III, Grand Prince of Muscovy, 456
Ivan IV (the Terrible), Tsar, 447

Izmit, *see* Nicomedia

Jacques de la Roche, Governor of Nauplia, 239
Jaffa, 158
James I, King of Aragon, 234
James II, King of Aragon, 264, 269
Janissaries: status, 418; at fall of Constantinople, 433–5
Jaufré Rudel, *see* Rudel, Jaufré
Jean le Maingre *see* Boucicault, Marshal
Jean I de la Roche, Duke of Athens-Thebes, 238–9
Jean, Seigneur de Chateaumorand, 364–5, 368
Jerusalem: in Muslim hands, 32 & n; captured and occupied by First Crusade, 42, 92; falls to Saracens (1187), 158–9; kingdom collapses, 162
Joanna, Queen, wife of William II of Sicily, 160n
Joasaph, *see* John VI Cantacuzenus
John I Tzimisces, Emperor, 3, 72–3
John II Comnenus, Emperor: status, 51; mother intrigues against, 60; succeeds on father's death, 61, 63; early conspiracies against, 64; appearance and nickname ('the Beautiful'), 65; character and temperament, 65–6; campaigns in Asia Minor, 68; subdues Pechenegs, 69–70; concessions to Venetians, 70; defeats Hungarians and Serbs, 71; expeditions against Danishmends, 72–4, 82–3; triumph in Constantinople, 72–3; and Norman threat, 74–5; campaign against Cilicia, 76, 79; takes Antioch, 78–9; at Shaizar, 79–80; military powers, 80; death and succession, 84–6
John III Ducas Vatatzes, Emperor: reign, 185–8, 193–5, 197; marriage to Irene, 193, 203; prepares for reconquest of Constantinople, 198–200; second marriage (to Constance/Anna), 199, 204; subdues Epirus, 200; achievements, 202–4; death and burial, 202, 204; truce with Baldwin II, 202
John IV Lascaris, Emperor: accession, 206–7; blinded, 212, 218, 234n, 255, 257; death, 212n; and Charles of Anjou, 229n; Andronicus II visits, 257; decline, 274
John V Palaeologus, Emperor: regency and succession question, 293, 296; crowned, 296; and mother's appeal to Clement VI, 300; and John Cantacuzenus's crowning, 303; marriage to Helena, 305–6; in expedition to Thessalonica, 314; signs document upholding hesychasm, 315; Venetians attempt to subvert, 316–17; return to Constantinople (1352), 318; conflict with Matthew Cantacuzenus, 318; John VI declares deposed, 319, 323; fails to recover lost territories, 325; hostility to Turks, 325–7; proposals to Innocent VI, 326–7, 331, 347; held by Bulgars, 329–30; personal mission to Hungary, 329, 347; freed by Amadeus VI, 330–31; encourages church reunion and converts to Roman Catholicism, 331, 333, 335, 349; visits Venice, 334–5, 360; conflicts with son Andronicus, 335, 337, 339–40, 345–6; as Ottoman vassal, 336–42, 345–9; imprisonment and release, 338; jurisdiction, 340; death, 341n, 347, 391; John VII rebels against, 346; reign assessed, 347–9
John VI Cantacuzenus, Emperor (*later known as* monk Joasaph): supports and advises Andronicus III, 276–82, 294; pleads for Syrgiannes's life, 284; campaigns against Ottomans, 285–6; alliance and friendship with Umur Pasha, 288; champions Barlaam, 291; defends hesychasts, 291, 305, 307, 314, 322–3; position at death of Andronicus III, 293–5; campaigns in Balkans, 295; outlawed in civil war, 296–8; proclaimed *basileus*, 296; campaigns in civil war, 301; first crowning (1346), 303, 411; returns to Constantinople, 303; agreements over rule, 304, 321; second crowning (1347), 305, 411; and state of Empire, 309–10, 323; builds fleet, 311–13; and conflict

with Genoese at Galata, 311–13; recovers Thessalonica and campaigns in Balkans, 314; and Genoese–Venetian conflicts at Constantinople, 316–18; and son's conflict with John V, 318; declining reputation and unpopularity, 319, 321–2; and Turkish occupation of Gallipoli, 320; abdication and retirement to monastic life, 322–3; achievements, 322–3; negotiates on church reunion, 331–2; reinforces Constantinople defences, 423; *Histories*, 303, 322
John VII Palaeologus, Emperor: as co-Emperor, 338, 340; as heir, 339, 356, 359; and Bayezit, 346–7, 352; and Charles VI of France, 358; defends Constantinople in Ottoman siege, 365–6; pro-Genoese sympathies, 369; Manuel II banishes, 370–1; reinstalled as *basileus* of Thessaly, 370–1; relations with Manuel II, 370–1; death, 372–3
John VIII Palaeologus, Emperor: childhood, 359; as heir, 376, 382, 388; as temporary Regent, 376; marriages, 381–2, 402; relations with Ottomans, 383; defends Constantinople against Murad II, 384; appeals to West for help, 385–6, 397–9; visits Venice, 386, 398–9; state of Empire, 388, 409; campaigns in the Morea, 393; and Roman Catholic church councils, 396–402; and Varna defeat, 406; assessed, 408–9; death, 408; succession struggle, 410
John II Asen, Tsar of Bulgaria, 193–8, 200
John III Asen, Tsar of Bulgaria, 266
John Alexander, Tsar of Bulgaria, 283, 295, 328, 330–31
John Anagnostes, 394–5
John Angelus Ducas, 185, 192
John Apocaucus, 297, 301–2
John Axuch, *see* Axuch, John
John the Bastard of Thessaly, 208, 237–9, 242, 252–3
John Beccus, Patriarch of Constantinople, 230, 236, 242–3, 256
John Branas, 147
John of Brienne, ex-King of Jerusalem, 104–5, 197, 201, 212
John Calecas, Patriarch of Constantinople, 294–5, 300, 304–5, 314
John Cananus, 384
John Cantacuzenus, 441
John Charsianeites, 322
John Cinnamus, 68n, 73, 82n, 98, 115, 123, 125, 133
John Comnenus, Emperor of Trebizond, 445
John Comnenus, Manuel I's nephew, 121
John Comnenus, son of Isaac, John II's brother, 81–2, 86
John Contostephanus, 91, 124, 126
John Dalmata, 435
John Drimys, 274
John Ducas, ambassador to Barbarossa, 160
John Ducas, Caesar, 2, 6–7
John Ducas, General, 111–12, 114–15, 118, 152
John, Duke of Durazzo, 53
John Hunyadi, Voyevod of Transylvania (*then* Regent of Hungary), 404–6, 408, 414, 430, 445–6
John Italus, 54
John Katavas, 220
John, Count of Nevers, 355
John Orsini, Despot of Epirus, 289
John the Oxite, Patriarch of Antioch, 50
John Palaeologus, Despot, 238
John Palaeologus, Governor of Thessalonica, 278
John XII, Patriarch of Constantinople, 261
John Xiphilinus, Patriarch, 5
John XXI, Pope, 241
John XXII, Pope, 287
John XXIII, Pope (1410; Baldassare Cossa), 380
John XXIII, Pope (1958; Angelo Roncalli), 380n
John of Procida, 250
John Roger, Caesar, 87, 120n
John of Salisbury, 108n

John Palaeologus, *sebastocrator*, 208
John Stephen, Tsar of Bulgaria, 283
John, Despot of Thessalonica, 188, 198–9
John II Ducas, Despot of Thessaly, 272, 288
John Uglesha, Despot of Serre, 325n, 335
John Vatatzes, General, 300
John (Joannes) Zonaras, 4n, 5, 50, 58, 59n, 63
Joscelin I of Courtenay, Count of Edessa, 46
Joscelin II of Courtenay, Count of Edessa, 79–81, 83, 119
Joseph, Patriarch of Constantinople, 256–7
Joseph II, Patriarch of Constantinople, 397, 399, 401
judicial system: reforms under Andronicus III, 282

Kaikawus, Sultan of Iconium, 190
Kaikosru, Sultan of Iconium, 190
Kaikosru II, Sultan of Iconium, 199
Kalamata, battle of (1415), 377
Kalojan, Tsar of Bulgaria, 189–90, 193
Karabiga (*formerly* Pegae), 189, 267
Karamans, 267, 274, 414
Karystos, 219, 239
Kastamon (*now* Kastamonu), 72–3
Kastoria, 20, 22, 284
Kastriotes, George, *see* Scanderbeg
Kayseri (*formerly* Caesarea), 72
Kemalpasa, *see* Nymphaeum
Kenchreai, 377
Khaireddin ('Torch of the Faith'), Grand Vizier, 341
Kilij Arslan I, Seljuk Sultan, 26, 45
Kilij Arslan II, Seljuk Sultan, 124–5, 134–8, 160
Kinsterna (district), 219
Kjustendil, *see* Velbuzd
Klokotnitsa, battle of (1230), 196, 198
Knights Templar, *see* Templars
Konya, *see* Iconium
Kösedağ, battle of (1243), 199, 255, 259
Kosovo, battles of: first (1389), 343–4, 348; second (1448), 408
Kuşadasi (*formerly* Ania), 260

Ladislas, King of Hungary and Poland, 404–6, 445
Ladislas, King of Naples, 379
Laetentur Coeli (decree, 1439), 402–4, 414
Langlois, Victor, 440
Laodicia (Phrygia), 68
Laonicus Chalcocondylas, 385n, 407
Larissa, battle of (1083), 22, 49; *see also* Shaizar
Lazar Brankovich, 413
Lazar Hrebelianovich, Serbian Prince, 343–4
Lazarus, Patriarch of Jerusalem, 303
Lecky, W. E. H., 449n
Lemnos, 239, 267, 342–3
Leo VI (the Wise), Emperor, 4n, 26
Leo III, King of Armenia, 227, 229
Leo, King of Lesser Armenia, 75, 79
Leo IX, Pope, 13
Leonard, Archbishop of Mitylene, 416–17, 431
Lesbos, 184, 267, 288, 370
Levunium, battle of (1091), 27, 50, 69
Licario, Grand Constable, 239–40
Lombard League, 132
London: Manuel II visits, 362
Lopadium (*now* Ulubad), 260, 263
Loredan, Giacomo, 443
Lothair III, Western Emperor, 75
Louis, Count of Blois, 188–9
Louis VII, King of France: leads Second Crusade, 92–5, 98–100; divorce, 99–100; meets Roger II in Sicily, 104–5; negotiates with Manuel I, 133; daughter marries Manuel's son, 137
Louis IX, St, King of France, 202, 218, 221, 229–31
Louis I (the Great), King of Hungary, 328–9
Lowe, Alfonso: *The Catalan Vengeance*, 270n
Lucas Notaras, *megas dux*, 416–17, 441
Lusignan family (of Cyprus), 287
Lyon: Great Council (1245), 202; General Council (and Union; 1274), 232, 234–5, 237, 242, 256

Macedonia, 193, 205, 285, 299, 335
Maddalena Tocco, Empress, wife of Constantine XI, 393, 412
Magna Graecia, 14; *see also* Italy, Southern
Magnesia (*now* Manisa), 260, 268–9; battle of (1302), 263
Maina (fortress), 219, 391
Maingre, Jean le *see* Boucicault, Marshal
Maio of Bari, 114
Makarios, Archbishop, President of Cyprus, 442n
Makarios Melissenos, Metropolitan of Monemvasia, 439
Malatesta, Sigismondo Pandolfo, 393
Malik Ghazi, 45
Malik-Shah, Sultan of Iconium, 3, 58
Mameluke dynasty, 265n
Mamistra, *see* Mopsuestia
Manfred of Sicily, 207–9, 216, 218–19, 221, 223–5
Mann, H. K.: *The Lives of the Popes in the Middle Ages*, 241n
Mantua, 386
Manuel I Comnenus, Emperor: treats with Genoese, 57n; Constance offered in marriage to, 77; heroism, 82; accession, 84–6, 411; returns to Constantinople, 87–8; appearance and character, 88–9; first marriage (to Irene/Bertha), 89–90; relations with Church, 89, 132–3; sexual activities, 89, 141; learns of Second Crusade, 94–6; treaty with Turks, 95, 97; hostilities with Sicilians, 96–8, 104–5; friendship and alliance with Conrad, 100–102, 105; and Barbarossa, 110–11; supports Norman revolt in Apulia, 111–16; treats with William of Sicily, 117–19; campaigns in Cilicia, 119–22; recovers and enters Antioch, 122–3; jousting, 123, 281n; truce agreement with Nur ed-Din, 123–4; receives Kilij Arslan II, 125, 137; remarries (Mary), 126–7; birth of son Alexius, 128–9; acts against Venetians, 130; negotiates with Pope Alexander III, 132–3; dominance, 133–4; failed campaign against Kilij Arslan II, 134–7; decline and death, 137–8; achievements and unpopularity, 138–9; extravagance, 138; pro-Western stance, 138–40; and Enrico Dandolo, 166–7
Manuel II Palaeologus, Emperor: father proposes Western education for, 326; accompanies father to Hungary, 329; as Governor of Thessalonica, 335–6; secures father's release, 336; crowned, 337; imprisonment and release, 338; and succession question, 339–40; jurisdiction, 340; resists Ottomans, 341–2; exile on Lemnos, 342–3; and Kosovo, 344; forced to support Bayezit, 346–7; rescues father from John VII, 346; character and appearance, 349–50, 361; succeeds and returns to Constantinople, 349: marriage and second coronation, 351; relations with Bayezit, 351–2; and siege of Constantinople, 353, 356–7; seeks Western help, 357–9; personal embassy to Paris and London, 359–64; returns to Constantinople, 368–70; exiles John VII, 370–71; relations with John VII, 370–71; and Mehmet's succession to Sultanate, 375–6; rebuilds Corinth defences, 376–7; and Ottoman pretender Mustafa, 378; and reunion of churches, 381; relations with Ottomans, 382–4; suffers stroke, 384–6; death, 387; and Plethon, 392
Manuel Angelus Ducas Comnenus, Despot of Thessalonica, 196, 198
Manuel Apocaucus, 297, 300
Manuel Cantacuzenus, Despot of the Morea, 302, 310–11, 318, 340, 391
Manuel Chrysoloras, 360, 373, 381
Manuel Comnenus, Alexius's brother, 4
Manuel Comnenus, son of Andronicus, 188
Manuel Palaeologus, son of Andronicus II, 276
Manuel Palaeologus, son of Thomas, 446–8
Manyas, *see* Pelekanos
Manzikert, battle of (1071), 1–4, 330
Maraptica, concubine, 153

Marcello, Bartolomeo, 443–4
Maria, Empress, wife of Isaac II, then of Boniface, 157, 180
Maria, Empress, wife of John VIII, 402
Maria (*formerly* Rita), co-Empress, wife of Michael IX, 271, 275, 284
Maria (Mara) Brankovich, wife of Murad II, 412–14
Maria Cantacuzena, daughter of John, 290, 311
Maria Comnena, Alexius's daughter, 63
Maria, daughter of John of Brienne, 195
Maria, daughter of Manuel I, 128, 141, 143
Maria, Queen of Jerusalem, 195
Maria, Princess, wife of John Roger, 87
Maria Traiana Ducas, 6
Maria, Tsarina, wife of Constantine Tich of Bulgaria, 236
Maria, wife of Ilkhan Abagu ('Mary of the Mongols'), 253n
Maria, wife of Nicephorus, 200
Maria, wife of Roger de Flor, 266, 270
Maritsa, battle of, *see* Chernomen, battle of
Mark Eugenicus, Metropolitan of Ephesus, 398, 401–3
Marko Kralyevich, 335–6, 343, 354
Martha Palaeologina, sister of Michael VIII, 246, 322
Martin I, King of Aragon, 361, 363
Martin IV, Pope (Simon de Brie), 219n, 247–9
Martin V, Pope, 381, 396
Martino da Canale, 220n
Mary of Alania, Empress, wife of Michael VII, 3–5, 10–12, 59, 62
Mary of Antioch, Empress, wife of Manuel I, 126–8, 140–41, 143
Mary, Empress, wife of Theodore I, 192, 194
Mas'ud, Sultan of Iconium, 67, 94
Matthew, Bishop of Ephesus, 314
Matthew Blastares, 308
Matthew Cantacuzenus: marriage, 290; not crowned as co-Emperor, 303; official responsibilities, 310, 314, 318; conflict with John V, 318; father names as co-Emperor, 319; crowned, 320; John V's concessions to, 321; as co-Despot of the Morea, 391
Mehmet I, Ottoman Sultan, 372, 375–6, 378, 382–3
Mehmet II (the Conqueror), Ottoman Sultan: legitimizes fratricide, 345; building, 356n; accession, 406, 412–14; character and background, 413, 416; threatens Constantinople, 414–15, 417–18; military power, 417–18; final siege and assault on Constantinople, 423–8, 430, 432–3; enters Constantinople, 436–7; and fate of Constantine XI, 438–9; and administration of Constantinople, 441–2; agreements with Venetians and Genoese, 443–5; and Western embassies, 445–6; death, 446
Mehmet III, Ottoman Sultan, 345n
Meletios, monk, 237
Mélisende, wife of Fulk of Anjou, 77
Mélisende, daughter of Raymond II of Tripoli, 126–7
Melitene, 43n, 72
Mersivan, near Amasea (*now* Amasya), 44
Mesembria, 283, 330–31, 389
Messina, 251–2
Michael VII Ducas, Emperor, 1–2, 4, 14–15, 17, 29
Michael VIII Palaeologus, Emperor: agrees to ordeal by hot iron, 202–3; relations with Theodore II, 205–6; regency and accession, 206–8; campaigns against Epirus, 208–9; unsuccessful attack on Constantinople, 209; treaty with Genoa (1261), 210; enters and recovers Constantinople, 212–13, 215, 446; encourages union of Churches, 214, 221–3, 227, 230, 233, 235–7, 242–3, 246, 256, 332; rebuilding, reorganization and reforms, 216–17, 219; and Anna Vatatzes, 218–19; actions against Peloponnese, 219–20, 222–3; disenchantment with Genoese, 220–21; negotiations with Urban IV, 221–4; threatened by Charles of Anjou, 225–6, 231, 242, 246–7; negotiations with

Clement IV, 226–7, 229; alliance with Genoa (1267), 227–9; alliance with Venice (1268), 228–9; approaches Louis IX, 230; Gregory X negotiates with, 232–3; campaigns in Balkans, 238–40, 247, 252–3; and Gregory's Crusade 240; Berat victory over Angevins, 247; excommunicated by Pope Martin IV, 248–9, 256; campaign against Turks, 252; and Sicilian Vespers, 252; death and burial, 253–4; reign and achievements, 254–5
Michael IX Palaeologus, co-Emperor, 260n, 263, 267, 269–71, 275–6
Michael Asen, Tsar of Bulgaria, 199, 205
Michael Autorianus, 189
Michael Branas, General, 121
Michael Cantacuzenus, Grand Constable, 223
Michael Cerularius, Patriarch of Constantinople, 47
Michael I Comnenus Ducas, Despot of Epirus, 185, 190, 200
Michael II Comnenus Ducas, Despot of Epirus, 200, 205–8, 219
Michael Curcuas, Patriarch of Constantinople, 88
Michael Ducas, brother of Despot Theodore Ducas, 192
Michael Ducas (historian), 375, 381–2
Michael Ducas, husband of Mary of Alania, 3n, 4
Michael Monomachus, Governor of Thessalonica, 289
Michael Palaeologus, General, 111–14
Michael Palaeologus, son of John V, 329
Michael Psellus, 2, 54
Michael Sisman, Bulgar Tsar, 279, 282–3
Michael the Syrian, 68n, 135n
Michael Tarchaneiotes, 246–7
Michael, Prince of Zeta, 2
Michiel, Domenico, Doge of Venice, 70
Michiel, Vitale, Doge of Venice, 130–31
Milan, 132, 386
Milan, Anselm, Archbishop of, 44
Miliutin, *see* Stephen Urosh II, King of Serbia
Milosh Obravich, 343–4
Minotto, Girolamo, 420, 427–9, 444
Mircea the Elder, Prince of Wallachia, 354
Misis, *see* Mopsuestia
Mistra, 219, 222, 245, 341, 377, 390–93 407–8
Modone, 228, 393
Mohammed, Danishmend Emir, 73, 82
monasteries: lay administration of, 55
Monastir, *see* Pelagonia
Monemvasia, 217, 219–20, 222, 245, 352, 391
money: devaluation of, 4, 51, 270, 310
Mongols: reach Danube basin, 198, 200; Kösedag victory over Seljuks, 199, 255, 259; as threat to Vatatzes, 199; advance in Anatolia, 205, 255; capture Baghdad, 259; defeated by Baibars at 'Ain Jalut, 265n; defeat Ottomans (1402), 364, 366; reputation, 366, 368; *see also* Tamburlaine
Monte Cassino, Abbot of, 233–4
Monte Cassino, battle of (1158), 118
Monte Cassino, Chronicle of, 56
Mopsuestia (*later* Misis; *then* Mamistra; *now* Yakapinar), 46 & n, 76, 86, 121
Morea (Peloponnese) : Venice claims, 181; Michael VIII's actions in, 219–20, 222–3, 245; as Charles of Anjou's base, 229; status, 310; Theodore I in, 340–41; Ottomans conquer, 354, 407; Manuel II and, 373, 376–7; defensible nature, 389–90; as cultural centre, 391–2; Byzantium recovers, 393; end of Despotate, 446
Morena, Acerbus, *see* Acerbus Morena
Morosini, Tommaso, Patriarch of Constantinople, 180
Mosele monastery, 274
Mosynopolis, battle of (1185), 153–4
Mount Athos: Catalans plunder, 272; submits to Ottomans, 341; restored to Byzantium, 370; Manuel II visits, 377
Muntaner, Ramón, 268
Murad I, Ottoman Sultan, 328, 330, 335–8, 341–4
Murad II, Ottoman Sultan, 383–6, 389–90, 393–6, 404–8, 412–13

Murzuphlus, *see* Alexius V Ducas
Musa, Prince, son of Bayezit, 367, 372, 374–6
Mustafa, Prince, son of Bayezit, 367; pretender, 378, 383
Mustafa, Prince, son of Mehmet I, 384–5
Myriocephalum, battle of (1174), 135–7, 161

Nablus, 158
Nauplia, 393
navy (Byzantine): Alexius strengthens, 26, 52; Michael VIII develops, 216; Andronicus II abolishes, 259; Andronicus III rebuilds, 287
Naxos, 181, 219
Negropont, *see* Euboea
Nemanja, Stephen, *see* Stephen Nemanja
Neocaesarea (*now* Niksar), 82
Neopatras, 238–9
Nerio III Acciajuoli, Duke of Athens and Thebes, 405, 407
New Phocaea (*now* Foça), 287 & n
Nicaea: and First Crusade, 34; captured by Crusaders, 42; Turks besiege (1113), 58; emperor in exile in, 182, 185, 188–9, 198, 203; treaty with Franks (1214), 191–2; treaty with John Asen (1235), 197; cultural revival under Theodore II, 204; campaigns, 208–9; lacks navy, 209n; and Turkish occupation of Anatolia, 260, 263, 274; Ottomans blockade and capture, 285–6
Nicene Creed, 400–401
Nicephorus III Botaneiates, Emperor, 3–9, 15–16, 26, 29, 56
Nicephorus Blemmydes, 204
Nicephorus Bryennius, *dux* of Dyrrachium, 3, 7
Nicephorus Bryennius, husband of Anna Comnena, 51, 60–61, 64–5
Nicephorus II, Despot of Epirus, 325
Nicephorus Gregoras: on John IV's age, 206n; on Michael VIII's campaigns, 209, 211n; on battle of Demetrias, 238n; on burial of Michael VIII, 253; on Berenguer d'Entença, 269; on Andronicus III, 277; on Patriarch Esaias, 280; hostility to hesychasm, 291, 305, 307, 314–15; and Theodore Cantacuzenus, 305; on John VI's reign, 307; on economic poverty, 309; death and degradation, 315; excommunicated, 315
Nicephorus Melissenus, 7–8, 12, 51
Nicephorus Orsini, 289
Nicephorus Palaeologus, father of George, 8, 20
Nicephorus Palaeologus, Governor of Mesopotamia, 207
Nicephorus Phocas, 3
Nicephorus, son of Michael II of Epirus, 200, 205, 208, 237, 242, 245, 260
Nicephorus, son-in-law of John VI, 311
Nicetas Choniates: on death of Alexius I, 63 & n; on character of John II, 66; on John II's return to Constantinople, 68n; on John's campaigns, 71n; on Manuel I's appearance, 88; on Manuel I's wife Irene, 90; on Norman expeditions against Manuel I, 96–7, 116; on siege and fall of Corfu, 102–3; on Venetians in Constantinople, 130; on Manuel's withdrawal from Iconium, 135; on mercenaries, 138; on Alexius II, 140; on David Comnenus, 148; on Sicilian atrocities at Thessalonica, 149; on Andronicus, 151–3; on Branas' defeat of Sicilians, 154; and depletion of Byzantine shipping, 171; on Alexius V, 178; on sack of Constantinople, 179; on Morosini, 180n
Nicetas, Governor of Bulgaria, 33
Nicholas III, Pope (Giovanni Gaetani Orsini), 241–3, 245–6
Nicholas V, Pope, 411, 416, 420, 443, 445
Nicholas, Bishop of Crotone, 221, 223–4
Nicholas Canabus, 176
Nicholas Orsini, Count of Cephalonia, Despot of Epirus, 276n, 288–9
Nicholas Panaretos, 234
Nicol, D. M.: *The Immortal Emperor*, 440n, 448n; *The Last Centuries of Byzantium 1261–1453*, 313n, 338n

Nicolò Pisani, 317
Nicomedia (*now* Izmit), 34, 260, 263, 286
Nicopolis, battle of (1396), 355, 357, 359
Nikli (fortress), 222
Niksar (*formerly* Neocaesarea); fortress, 82
Niphon, Patriarch of Constantinople, 274
Nish, 33, 144, 160, 341, 404
Nogay, Khan of the Golden Horde, 253
nomisma (gold coin), 4, 51
Normans: capture Bari, 2; attack Roman Empire, 12, 15–22, 24, 50; in Southern Italy, 13; withdraw, 22; suffer epidemic, 24; as threat to John II, 74–5; sail against Manuel I, 96–7, 103; revolt and campaign against William the Bad, 111–15; rule in Sicily ends, 165; *see also* Italy, Southern; Sicily
Notaras, *see* Anna Palaeologina Notaras; Lucas Notaras
Nur ed-Din, Atabeg of Mosul, 99–100, 120, 123–5, 134
Nymphaeum (*now* Kemalpasa), 185, 191; Treaty of (1261), 210, 216, 221

Ochrid, 200, 285, 341
Octavian, Cardinal, 132–3
Odo, Bishop of Bayeux,40
Omar, Caliph, 32n
Oreos, 219
Orhan, son of Emir Othman: captures Brusa, 278n; Pelekanos victory, 285–6; treaty and friendship with John Cantacuzenus, 295, 300, 302, 325; marriage to John's daughter, 302, 325; military support for John, 314, 318; and Turkish settlement of Gallipoli, 320; death, 328
Orsini, *see* Isabella Orsini; Nicephorus Orsini; Nicholas Orsini; Nicholas III, Pope
Othman, Ghazi Emir, 263–4, 274, 278n
Otto de la Roche, 184
Ottoman Turks: capture Brusa, 278; blockade Nicaea, 285; Pelekanos victory, 285–6; westward advance, 292, 328; in Thrace and Macedonia, 299–300, 320–21; support John VI, 318–19; settle in Gallipoli, 320–21; Chernomen victory (1371), 335; conquests and administration in Europe, 336, 341–5, 348, 354, 368; Kosovo victory (1389), 343–4; fratricide, 345; siege of Constantinople (1394–5), 353–4; defeat Sigismund's 1396 Crusade, 355–6; defeated by Mongols, 364, 366; treaty with Byzantines (1403), 370, 372; Sultanate succession struggle, 372–6; conquests in Balkans, 393–6; and Crusade of Varna, 404–5; in the Morea, 407–8; threaten Constantinople, 414–15, 417; naval superiority, 417–18, 422; final siege and conquest of Constantinople, 422–4; *see also* Turks
Outremer (Crusader lands), 44

Pachymeres, George, *see* George Pachymeres
Paganino, Doria, 317
Palaeologus family: survival and line, 456–8; *see also under individual Christian names*
Palaeologus, Ferdinand (d. 1678), 448
Palaeologus, Godscall (17th century), 448
Palaeologus, John (16th century; son of Manuel), 446
Palaeologus, Theodore (d. 1636), 447–8
Palaeologus, Theodorius (d. 1693), 448
Palermo, 251
Pantaleone, Giustinian, Latin Patriarch of Constantinople, 234
Paolo Navagaioso, 239
Paphlagonia, 188
Paris: Manuel II visits, 359–61
Paros, 219
Paschal II, Pope, 46, 56, 108
Patras, 393, 407
Paul, Latin Patriarch of Constantinople, 331–3
Pechenegs: unrest, 2, 25–6; defeated by Cumans, 27–8, 50; escort Crusaders, 39, 41; John II subdues, 67, 69; serve John II, 76; serve Manuel I, 124
Pegae (*now* Karabiga), 189, 267
Pelagonia (*now* Bitolj or Monastir), battle of (1259), 208–9, 219

Pelagonia, Theme of, 53n
Pelekanos (*now* Manyas), battle of (1329), 285–6
Peloponnese, *see* Morea
Pera, *see* Galata
Pergamum, 191
Peter III, King of Aragon, 250–52, 264, 316
Peter I, King of Cyprus, 328–9
Peter of Courtenay, Latin Emperor of Constantinople, 191–2
Peter the Hermit, 33–5, 41
Peter Thomas, St, Bishop, 327
Petrarch, 360; *Trionfo d'Amore*, 127n
Philadelphia (*now* Alaşehir), 188, 260, 267, 286, 339, 346–7
Philibert de Naillac, 355
Philip, Count of Anjou, 226, 248
Philip III (the Good), Duke of Burgundy, 416, 445
Philip V, Duke of Burgundy, 406
Philip of Courtenay, 226, 237
Philip, Count of Flanders, 137
Philip I, King of France, 36, 47
Philip Augustus, King of France, 160, 162
Philip, Marquis of Namur, 192
Philip of Swabia, King of the Romans, 164, 170
Philip of Anjou, Prince of Taranto, 260, 273, 290
Philippa of Antioch, sister of Empress Mary, 141–2
Philippe de Mézières: *The Life of St Peter Thomas*, 327n
Philippopolis (*now* Plovdiv), 71, 160, 328
Philocrene, 286
Philomelion, 59
Philotheus (Coccinus), Patriarch of Constantinople, 319–20, 331 & n, 332
Phocaea (*now* Foça), 287n
Phocas, Metropolitan of Philadelphia, 203n
Phocis (region), 406–7
Piacenza 30–32, 132
Piriska, *see* Irene
Pisa, 57, 170, 180, 379–80
Pius II (Aeneas Sylvius Piccolomini), 445–6
Plethon, George Gemistos, 392–3, 398, 403, 407; *On the Laws*, 393
Plovdiv, *see* Philippopolis
Poimanenon, battle of (1204), 188, 194
Prilep, 200, 285, 341
Prinkipo (*now* Büyükada), 263, 424
Prishtina, 298
Prodromus, Theodore, 100n
Psellus, Michael, *see* Michael Psellus
Ptolemy: *Almagest*, 118n
Pyramus river (*now* Ceyhan), 72

Qutb ed-Din, 161

Radulf, Count of Pontoise, 16–17
Radulph of Domfront, Patriarch of Antioch, 77
Ragusa, 181
Rahova, 355
Rainier of Montferrat, 141
Rainulf I, Count of Aversa, 13
Raymond of Poitiers, Prince of Antioch: vendetta with Leo of Lesser Armenia, 75; marriage, 77–8; surrenders Antioch to John II, 77–9, 81; at Shaizar, 80; John II demands further surrender of Antioch, 83; conflict with Manuel I, 87, 91; seeks help from Manuel I, 91; and Second Crusade, 99; killed, 120; daughter, 126
Raymond, Count of Toulouse, 202
Raymond IV of Saint-Gilles, Count of Toulouse and Marquis of Provence, 38–42, 44–5
Raymond III, Count of Tripoli, 126–7
Raynerius of Sens, 224
Regno (Kingdom of Sicily), 224, 229; *see also* Italy, Southern; Sicily
Reynald of Châtillon, Prince of Antioch, 120–23, 126
Rhaedestum (*now* Tekirdag), 181, 271, 339
Rhodes, 274, 287, 446
Rhyndacus river, 191
Richard, Count of Acerra, 146, 155

Richard, Count of Andria, 113
Richard I (Cœur de Lion), King of England, 160, 162, 166, 287; death, 165
Richard II, King of England, 358, 361
Richard von der Blume, 264–5
Rita of Armenia, *see* Maria, co-Empress
Rizzo, Antonio, 415–16, 419, 445
Robert of Courtenay, Latin Emperor of Constantinople, 193–4
Robert, Prince of Capua, 113
Robert of Clary, 176n
Robert II, Count of Flanders, 40
Robert Guiscard, Duke of Apulia: captures Bari, 2; campaigns against Roman Empire, 12, 15–21, 24, 35, 147; background and character, 14; and Michael VII's offers, 14–15; adopts pretender, 16, 229n; returns to Italy and takes Rome, 20–21, 23; aids Gregory VII, 23, 29; death, 24–5; divorce and remarriage, 37; claims to Constantinople, 74; barons revolt against, 111
Robert, Count of Loritello, 112, 114–15, 117
Robert, Duke of Normandy, 40
Roger Borsa, Duke of Apulia, 23–4, 37, 40, 57, 67
Roger de Flor, Caesar, 264–71
Roger I de Hauteville, Great Count of Sicily, 14
Roger II de Hauteville, King of Sicily: rule, 67, 74, 77; Conrad and Manuel ally against, 89, 101; and Second Crusade, 92; campaigns against Manuel I, 96–7, 103; plots against Conrad and Manuel, 103–6; receives Louis VII, 104; death, 107; barons revolt against, 111
Roland, Cardinal Archbishop of Siena, *see* Alexander III, Pope
Roman Catholic Church: differences with Eastern Church, 56, 227, 400–402; and Latin conquest of Byzantium, 185, 213–14; proposals for union with Eastern Church, 214, 221–3, 227, 230, 233; 1274 union, 235–7, 242; demands obedience from Eastern Church, 243–4; 1367 discussions on reunion, 332–3; internal (papal) schism, 378–81; *see also* Church Councils
Romanus II, Emperor, 25
Romanus III Argyrus, Emperor, 9
Romanus IV Diogenes, Emperor, 1, 3–4, 80, 330
Rome: plundered by Normans, 23; Barbarossa battles in, 110; Papacy in, 378
Rostand, Edmond: *La Princesse Lointaine*, 127n
Roussel of Bailleul, 2, 35
Rovine, battle of (1395), 354
Ruben, Armenian prince, 75
Rudel, Jaufré, 127n
Rum, Sultanate of, 3, 30
Rumeli Hisar (castle), 356n, 415–16, 419
Rumelia (Turkish European dominions), 368, 376n
Runciman, Sir Steven: *The Sicilian Vespers*, 250n

Sagundino, Nicolò, 438
St John, Knights of, 274, 287, 367, 369n, 373, 446
Saladin (Salah ed-Din Yusuf), Sultan, 158–9
Samos, 184
Sampson, near Miletus, 188
Santorini, 239
Sanudo, Marino, 223n
Saracens: capture Jerusalem (1187), 158
Sardica (*now* Sofia), 33, 144, 341, 404
Sardis, 260
Saruchan, Emir of, 302
Sauji, son of Sultan Murad I, 337
Savona, 379
Scanderbeg (George Kastriotes), 405, 408
Scutari (*formerly* Chrysopolis), 7 & n, 366
Sythians, *see* Cumans
Sebasteia, 366
Seleucia (*now* Selifke), 76, 161
Seljuks: defeat Empire, 1–2; serve with Manuel I in Hungary, 128; war with Manuel, 134–6; Kösedag defeat, 199, 255, 259; abandon *sebastocrator*

Constantine, 222; Sultanate ends, 274
Selvo, Domenico, Doge of Venice, 18, 24n
Selymbria (*now* Silivri), 210, 339, 389
semantron (wooden plank), 150 & n
Semlin (*now* Zemun), 33
Serbs and Serbia: acknowledge Byzantine sovereignty, 67; war with John II, 70–71; rebel against Manuel I, 103; Manuel subdues, 106, 129; win independence, 157; alliance with Barbarossa, 160; hostility to Michael VIII, 216; as threat to Andronicus II, 260; alliance with Bulgaria, 283; Macedonian gains, 284–5; Empire disintegrates after death of Stephen Dushan, 325, 335; Chernomen (Maritsa) defeat, 335, 343, 348; Kosovo defeat, 343–4, 348; resist Ottoman advance, 343, 348
Sergiana, battle of (1263), 222
Sergius IV, Duke of Naples, 13
Sergius, Patriarch of Constantinople, 21
Seriphos, 239
Serres, 299, 301, 308, 336, 341
Servia, 205
Shaizar (*formerly* Larissa; *now* Saijar), 78–80
Sichelgaita of Salerno, Duchess of Apulia, wife of Robert Guiscard, 18–19, 25, 37, 147
Sicily: Normans occupy, 14; revolt in (1155–6), 111–15; peace treaty (1158), 118–19; expedition against Andronicus, 145–54; atrocities in Thessalonica, 149; defeated by Branas, 154; withdrawal, 156–7; Norman rule ends, 165; Aragon covets, 218; Manfred rules, 224; harassed by Genoese, 238; hatred of Charles of Anjou, 250; massacres ('Sicilian Vespers'), 251–2
Sidon, 158
Sigismund of Luxemburg, King of Hungary and Emperor of the West, 354–5, 357, 381, 386, 396
Silivri, *see* Selymbria
Simonis, wife of Stephen Urosh II, 261, 275, 280
Skiathos, 239, 370
Skopelos, 239, 370
Skoplje, 260
Skyros, 239, 370
Smyrna (*now* Izmir), 302, 367
Sofia, *see* Sardica
Sophia of Montferrat, Empress, second wife of John VIII, 381, 401
Sozopolis, 68, 316, 330–1
Spetsai, battle of (1263), 220–1
Sphrantzes, George, 206n, 386–7, 393, 398, 410, 412–13; and final siege of Constantinople, 422, 430–32; on fate of Constantine XI, 438; on Palaeologi, 457
Sphrantzes Palaeologus, 284 & n
Steno, Michele, Doge of Venice, 363, 373
Stephen, Count of Blois, 40–41, 44
Stephen, brother of Geza II of Hungary, 128
Stephen Contostephanus, Duke, 98
Stephen Dushan, King of Serbia, 283–5, 295; relations with John VI, 298–9, 301–2, 307–10; crowned, 302–3; conquests, 308; lacks fleet, 308; qualities, 308; at Thessalonica, 314; supports Venetians, 316–17; supports John V, 318–19; power and dominance, 324–5; death, 325; Empire divided, 335
Stephen, King of England, 92
Stephen Gabrielopulus Melissanus, *sebastocrator*, 288–9
Stephen Harding, Abbot of Cîteau, 93
Stephen II, King of Hungary, 71
Stephen III, King of Hungary, 128–9
Stephen Lazarevich, 344, 352, 354, 366, 370, 375
Stephen Nemanja, Serbian Grand Zhupan, 129, 134, 144, 157, 160
Stephen Radoslav, King of Serbia, 196
Stephen Urosh I (Dragutin), King of Serbia, 229, 260n
Stephen Urosh II (Miliutin), King of Serbia, 260–61, 273
Stephen Urosh III (Dechanski), King of Serbia, 278, 283
Stephen Urosh V, King of Serbia, 308, 325, 343

Stephen Vladislav, King of Serbia, 196
Stracimir, Bulgar Prince, 355
Strumica, 285
Strymon river (*now* Struma), 154–5
Studius (village, near Constantinople), 424
Sublaeum (fortress), 135–6
Suger, Abbot of Saint-Denis, 105
Süleyman the Magnificent, 274n, 446
Süleyman Pasha, Orhan's son, 318, 320, 328
Süleyman, Prince, son of Bayezit, 366, 369–70, 372, 374, 376
Süleyman, Seljuk Sultan, 20
Swinburne, Algernon Charles: *Triumph of Time*, 127n
Sylvester Syropulus *see* Syropulus, Sylvester
Symeon, Bulgar Khan, 26
Symeon, Grand Duke of Muscovy, 310
Syrgiannes Palaeologus, 277–8, 282–5, 294
Syropulus Sylvester, 400–1
Szegedin, Treaty of (1444), 405

Tafur, Pero, 389
Tagliacozzo, battle of (1268), 225, 265
Tamburlaine (Timur the Lame), Mongol ruler, 364, 366–8
Tancred of Antioch, Bohemund's nephew, 45, 47, 49
Tancred de Hauteville, the Elder, 13
Tancred, Count of Lecce, 146, 164
Tarsus, 46, 75–6
Tekirdag, *see* Rhaedestum
Tell el-Bashir (*formerly* Turbessel), 83
Templars (military order), 79, 92, 160, 287n
Tenedos, 316, 319, 321, 334–5, 337–8, 340
Thamar, Georgian Queen, 188
Thamar, wife of Philip of Anjou, 260, 273
Thasos, 376
Theano, woman philosopher, 59
Theobald of Champagne, King of Navarre, 229
Theodora, Empress, wife of Michael VIII, 207, 212, 218–19, 253, 257
Theodora Cantacuzena, mother of John VI, 322
Theodora Cantacuzena, wife of Orhan, 302
Theodora, daughter of Alexius I, 185
Theodora, niece and supposed mistress of Manuel I, 89, 100, 141
Theodora, Queen, wife of Baldwin III, 122, 142
Theodora, wife of Constantine Angelus, 156
Theodora, wife of Theodore Svetoslav, then of Michael Sisman, 273, 279, 283
Theodore I Lascaris, Emperor, 185–94, 203
Theodore II Lascaris, Emperor, 197, 201–6
Theodore I Palaeologus, co-Emperor and Despot of the Morea, 340–41, 352, 354, 369, 373, 391
Theodore II Palaeologus, Despot of the Morea, 369, 373, 376, 381, 391–2, 405, 410
Theodore Angelus Ducas Comnenus, Despot of Epirus: assumes imperial title, 185–8; succeeds brother, 185; captures Peter of Courtenay, 191–2; campaign in Thessaly and Macedonia, 193; crowned Emperor of Romans, 193, 195; defeat and capture at Klokotnitsa, 196; blinded, 197; daughter marries John Asen, 197–8; deposes brother and enthrones son John, 198; Vatatzes subdues, 198; appoints son Demetrius to throne, 199; exile and final imprisonment, 200
Theodore Metochites, Grand Logothete, 276, 278, 280, 282, 308, 321
Theodore Muzalon, 204
Theodore Palaeologus Cantacuzenus, 358
Theodore Svetoslav, Tsar of Bulgaria, 268–9, 270n, 273
Theodore Synadenus, *procrastor*, 289–90, 294, 297–8
Theodoric of Niem, 380
Theodosius I (the Great), Emperor, 149
Theodosius, Patriarch of Constantinople, 137, 141
Theophanes, Metropolitan of Nicaea, 234
Theophilus Palaeologus, 435

Theophylact, Archbishop of Ochrid, 52
Theotokos Kecharitomene convent, 64
Therapia (village, near Constantinople), 424
Therasia, 239
Thessalonica: Sicilians besiege and capture (1185), 147–51; Sicilians evacuate, 155–6; Boniface of Montferrat establishes kingdom, 184; Theodore captures (1224), 185–8, 193–4; Vatatzes appropriates and subdues, 188, 198; Kalojan threatens, 190; Epirots campaign against, 205–8; hostility to Michael VIII, 216; Andronicus II assumes title to, 258–9; and Serbian alliance, 260–61; Catalans at, 272; Zealots in, 297, 302, 314; John Cantacuzenus besieges, 299; as Byzantine enclave, 309; returned to Byzantium, 314; falls to Ottomans, 341–2; Süleyman restores to Byzantium, 370; Manuel II and, 373, 376; besieged by Murad II, 385; offered to Venice, 385; Ottomans recapture and pillage (1430), 393–5
Thessaly, 288–9, 299, 308, 354
Thomas, Despot of Epirus, 276n, 288
Thomas Palaeologus, Despot of the Morea, 407, 410, 445–7
Thomocastrum, 290
Thoros, son of Leo the Rubenid, 119–22
Thrace: Turks in, 58, 320–1, 328; Pechenegs overrun, 69; Baldwin I rules, 184; Bulgarians expand into, 193; Alexius Strategopulus in, 210; Catalans ravage, 271–2; armies traverse, 279; Umur in, 299; remains in Empire, 309; earthquake (1354), 320; Süleyman's terms for, 370
Tibald, Count of Champagne, 165–6, 168
Tiberias, 158
Timur, *see* Tamburlaine
Tocco, Carlo, Lord of Cephalonia and Epirus, 393
Trebizond, 67, 182, 188, 213, 446
Trikokkia, 274
Tripoli, 46, 158
Trnovo, 354
Trybritze pass, 135
Tsouroulos, 5–6
Turachan, Ottoman General, 407
Turbessel (*now* Tell el-Bashir), 83
Turcomans, 67–8, 83
Turcopoles, 45 & n
Turin, Treaty of (1381), 340
Turks: Alexius seeks help from, 30–1; and First Crusade, 34–5, 42; revive hostility against Alexius, 57–8; expand into Anatolia, 255, 259–60, 263, 273–4, 286; establish navy, 259, 286; *see also* Ottoman Turks
Tvrtoko, Prince of Bosnia, 343
Tzurulum, 197

Ulrich, Duke of Carinthia, 164
Ulubad (*formerly* Lopadium), 260, 263
Umur Pasha, Emir of Aydin, 288, 298–9, 302, 326
Universal Justices of the Romans (board of judges), 282
Urban II, Pope, 29–31, 40, 56
Urban III, Pope, 159
Urban IV, Pope (Jacques Pantaléon), 216–18, 221–4, 226
Urban V, Pope, 328–9, 332–3
Urban VI, Pope, 378
Urban, German engineer, 419
Usküdar (*formerly* Chrysopolis), 7 & n, 375

Vahka (castle, Taurus mountains), 120
Valerian, Roman Emperor, 377
Valla, Lorenzo, 402n
Valona, see Avlona
Varangian Guard, 19–20, 30, 69, 123, 147, 173
Varna, 330; Crusade of (1444), 356n, 404–6
Vatatzes, *see under individual Christian names*
Velbuzd (*now* Kjustendil), battle of (1330), 283
Venice and Venetians: and Norman threat, 18, 24; aggression towards John II, 70; mock Manuel I, 89, 103; support Manuel I against Sicilians, 97–8, 102–3,

106; and Manuel's annexation of Dalmatia, 129; position in Constantinople, 129–30; abortive expedition against Manuel, 130–31, 134; supply ships for Fourth Crusade, 166–9; at siege of Constantinople (1203), 172–3; policy towards Byzantium, 175–7; plunder Constantinople, 179–80; appoint new Emperor, 180; territorial claims and benefits from Fourth Crusade, 181, 183; Crown of Thorns pawned to, 201; and Michael VIII's threat to and occupation of Constantinople, 209–11; control Byzantine waters, 216; support Urban IV against Michael VIII, 218–19; Spetsai victory over Genoese (1263), 220; agreements and treaties with Michael VIII, 228–9, 245, 248; Charles of Anjou and, 248; conflicts with Genoese at Galata and Constantinople, 262, 279, 315–16, 317; raid Constantinople, 262–3; activities in Eastern Mediterranean, 287; Byzantine crown jewels pawned to, 300, 334, 351; reject Serbian alliance, 309; peace treaty extended, 314, 334, 373; propose annexation of Constantinople, 324; demand payments from John V, 334; John V visits, 334–5, 360; Tenedos offered to, 334–5, 337–8; aid restoration of John V, 339; reconciliation with Genoa (1381), 340; and siege of Constantinople (1394–8), 357; Manuel II seeks support from and visits, 363–4, 369, 373; support pretender Mustafa, 378; govern Thessalonica, 385, 393–4; John VIII visits, 386, 398–9; and Ottoman capture of Thessalonica, 394–6; and Mehmet II's position at Rumeli, 415, 417; and final siege and fall of Constantinople, 420–22, 428–30; nobility, 421n; ships escape from Constantinople, 435–6; treat with Mehmet II, 443
Verdi, Giuseppe: *Les Vêpres Siciliennes*, 250n
Veria (*formerly* Berrhoea), 302, 314
Via Egnatia, 17, 33, 147, 245–6
Victor IV, anti-pope, 132–3
Vidin: province, 329; city, 355
Visconti, *see* Filippo Maria Visconti; Gian Galeazzo Visconti
Viterbo: First Treaty of (1262), 219; as papal residence, 219n; Second Treaty of (1267), 226, 228, 234, 245; palace roof removed, 232; Church reunion discussed at (1367), 332
Vlataion monastery, Thessalonica, 394
Vodena (*now* Edhessa), 285
Vuk Brankovich, Serbian boyar, 343–4
Vukashin, King of Serbia, 325n, 335

Walter of Brienne, Duke of Athens and Thebes, 272
Welf, Duke of Bavaria, 44–5, 103, 105–6
West, Rebecca: *Black Lamb and Grey Falcon*, 336n
William, Duke of Achaia, 217, 219–20, 222–3, 226, 245
William, Duke of Apulia, 67
William, Duke of Aquitaine, 44–5
William of Champlitte, 184
William Conti, Bishop, 327
William V, Marquis of Montferrat, 258
William, Count of Nevers, 44–5
William I (the bad), King of Sicily: character and appearance, 107; revolt and campaign against, 111–15; victory over Byzantines, 115–16; Manuel I treats with, 117–18; and Lombard league, 132; death, 133, 145n
William II (the Good), King of Sicily, 145 & n, 146, 160
William of Tyre, Archbishop, 65, 80, 112
William of Villehardouin, Prince of Antioch, 207–9, 390–91

Xerigordon, 34
Xerxes, Persian King, 377

Yakapinar, *see* Mopsuestia
Yakub, son of Sultan Murad I, 343, 345
Yanino, battle of (1082), 22

Yolanda, Latin Empress Regent of Constantinople, 191–3
Yolanda, wife of Andronicus II, *see* Irene

Zaccaria family, 287
Zacynthus, 157
Zara (*now* Zadar), 169, 181
Zealots (Thessalonica party), 297, 302, 314
Zemun (*formerly* Semlin), 33
Zengi, Imad ed-Din, Atabeg of Mosul, 76, 78–80, 82, 91–2
Zeno, Renier, Doge of Venice, 228
Zeta (*formerly* Dioclea), 2n
Ziani, Sebastiano, Doge of Venice, 131
Zoe, Empress, wife of Romanus III, then of Michael IV, then of Constantine IX, 60
Zoe-Sophia Palaeologina, wife of Ivan III of Muscovy, 456
Zonaras, John (Joannes) *see* John (Joannes) Zonaras

图书在版编目(CIP)数据

拜占庭的衰亡：从希腊君主到苏丹附庸 /（英）约翰·朱利叶斯·诺里奇（John Julius Norwich）著；李达译. -- 北京：社会科学文献出版社，2020. 4

书名原文：Byzantium：The Decline and Fall

ISBN 978 - 7 - 5201 - 6195 - 4

Ⅰ. ①拜… Ⅱ. ①约… ②李… Ⅲ. ①拜占庭帝国 - 历史 Ⅳ. ①K134

中国版本图书馆 CIP 数据核字（2020）第 026184 号

拜占庭的衰亡：从希腊君主到苏丹附庸

著　　者 /［英］约翰·朱利叶斯·诺里奇（John Julius Norwich）
译　　者 / 李　达

出 版 人 / 谢寿光
组稿编辑 / 董风云
责任编辑 / 张　骋　成　琳

出　　版 / 社会科学文献出版社·甲骨文工作室（分社）（010）59366527
地址：北京市北三环中路甲 29 号院华龙大厦　邮编：100029
网址：www. ssap. com. cn
发　　行 / 市场营销中心（010）59367081　59367083
印　　装 / 三河市东方印刷有限公司

规　　格 / 开　本：889mm × 1194mm　1/32
印　张：20. 625　插　页：0. 5　字　数：439 千字
版　　次 / 2020 年 4 月第 1 版　2020 年 4 月第 1 次印刷
书　　号 / ISBN 978 - 7 - 5201 - 6195 - 4
著作权合同登记号 / 图字 01 - 2016 - 0692 号
定　　价 / 96. 00 元